REISE KNOW-HOW
Mallorca

Ferieninsel Mallorca

Palma de Mallorca

Rund um d…

Str…
Aus…
Gast…

Reisep…
und - v… …g

Rund um die Bucht von Palma

Die nördliche Ostküste

Routenvorschläge für Tagestrips

Auf der Insel

Orte und Ziele im Südwesten

Bereich zentrale Ostküste

Organisierte Programme

Bereich zentrale Westküste

Der Südosten

Geschichte und Kultur

Der Nordwesten rund um die Bucht von Pollenca

Orte und Ziele im zentralen Hinterland

Das kulinarische Mallorca

Die **roten und blauen Griffmarken** finden sich auf gleicher Höhe an der Schnittkante des Buchblocks und erlauben so einen schnellen »Zugriff« auf die einzelnen Kapitel. Das abgestufte Blau der Griffmarken für die Kapitel des Hauptteils »**Mallorca entdecken**« dient lediglich zur besseren Unterscheidung der Markierungen und ist im Buch ohne farbliche Entsprechung.

Titelfoto: Cala Moro südlich von Cala Llombards (Ostküste)

REISE KNOW-HOW

Verlag Dr. Hans-R. Grundmann
Verlagsgruppe REISE KNOW-HOW

Hans-R. Grundmann

Mallorca

Das Handbuch für den optimalen Urlaub

Hans-R. Grundmann

MALLORCA

Handbuch für den optimalen Urlaub

24. komplett überarbeitete
und aktualisierte Auflage 2017
mit 3 separaten Beilegern:
- Wander- und Naturführer
- Optimal unterkommen auf Mallorca
- Mallorca-/Palmakarte

ist erschienen im

Reise Know-How-Verlag
Dr. Hans-R. Grundmann
Am Hamjebusch 29
26655 Westerstede

ISBN 978-3-89662-743-8

Gestaltung
Umschlag: Carsten Blind, Asperg, Hans-R. Grundmann
Satz und Layout: Hans-R. Grundmann
Zeichnungen: Folkmar Immel, Westerstede
Karten: map solutions, Karlsruhe

Fotos ➢ Fotonachweis auf Seite 507

Druck
Zertani Die Druck GmbH, Bremen

Dieses Buch ist in jeder Buchhandlung
in Deutschland, Österreich und der Schweiz erhältlich.
Die Bezugsadressen für den Buchhandel sind

- Prolit Gmbh, 35463 Fernwald
- Buch 2000, CH-8910 Affoltern
- Mohr & Morawa GmbH, A-1230 Wien
- Barsortimenter

Wer im lokalen Buchhandel Reise Know-How-Bücher nicht findet,
kann diesen und andere Titel der Reihe auch im Buchshop des
Verlages im Internet bestellen: **www.reisebuch.de**

Zur Konzeption dieses Buches

Mallorca ist nicht gleich Mallorca; zwischen manchen Zielen liegen Welten. Umso wichtiger ist eine gründliche Vorausinformation.

Dieser Reiseführer liefert die nötigen Kriterien und Hinweise, die das Herausfiltern des persönlich geeigneten Urlaubsortes aus einer Zahl möglicher Ziele erleichtert und – mit etwas Glück – sogar optimiert. Ist der richtige Ort gefunden, helfen das ausführliche Kapitel zur Unterkunftsfindung und -wahl, das auch typische Problemaspekte und »Fußangeln« anspricht, sowie der Blick in den Beileger mit zahlreichen **Quartierempfehlungen von der Klosterherberge bis zum Luxushotel**. Der Leser darf davon ausgehen, dass alle genannten Häuser zu den besseren ihrer Kategorie gehören und überwiegend vom Autor incognito »inspiziert« und zu einem nicht geringen Teil auch persönlich »erprobt« wurden.

Egal, ob über Pauschalbuchung des Urlaubs oder in individueller Zusammenstellung der Bausteine, nach Mallorca muss man zunächst einmal hin, überwiegend per **Flug**. Auch dazu gibt es eine ganze Menge zu sagen und ein bisschen auch zur Alternative »**Anfahrt mit Auto und Fähre**«. Einmal dort, stellt sich für alle, die nicht nur am Strand liegen wollen, die Transportfrage. Zum öffentlichem Nahverkehr, zu Taxis und Fahrzeugmiete vom Fahrrad über Quads und Mopeds bis zum Cabrio finden sich alle aktuellen Informationen mit Stand Ende 2016. Und was den Urlauber so ganz allgemein auf Mallorca erwartet am Strand, beim Einkauf in Läden aller Art und Märkten, in Kneipen und Restaurants, steht auch im Buch.

Das Hauptgewicht dieses Reiseführers liegt auf den Kapiteln unter der Überschrift »**Mallorca entdecken auf eigenen Wegen**« (blaue Griffmarken, ➪ erste Seite ganz vorne). Sie führen den Leser rund um die Insel an den Küsten entlang, ins Hochgebirgige Serra Tramuntana und in die zentrale Ebene. Kein Ort, keine Sehenswürdigkeit und keine Bucht von Interesse wird dabei übersehen und durchaus schon mal unter kritischem Blickwinkel betrachtet. Zur Frage »Lohnt sich der Besuch/ein Umweg?« oder »Welches sind die schönsten Strecken« finden sich – wo immer möglich – klare Aussagen. **Kompakte, thematisch geordnete Übersichten** helfen überdies, in Frage kommende Ausflugsziele rasch und ohne lange Suche zu orten. Zwölf sinnvoll aufeinander abgestimmte **Vorschläge für Tagestouren** per Mietwagen und zum Teil auch mit Bus und Bahn ergänzen die Orts- und andere Zielbeschreibungen.

Eine Besonderheit dieses Buches sind die durch **Piktogramme** differenzierten **Restaurant- und Kneipenempfehlungen**. Piktogramme weisen auch auf die zahlreichen Möglichkeiten zu kurzen und langen **Spaziergängen** und **Wanderungen** hin, die weit über die im Beileger beschriebenen Routen hinausgehen. Dass Strände, Schwimmlöcher an Felsküsten und Pools eine wichtige Rolle in einem breit angelegten Mallorcaführer spielen, ist natürlich auch klar. Die **Schwimmpiktos** sind schon beim Durchblättern nicht zu übersehen.

Ein Exkurs »**Literarischer Streifzug ...**« ist Poeten und Schriftstellern gewidmet, die sich mit Mallorca befasst haben. Wer sich intensiver für die immer länger werdende Liste der Mallorcaliteratur interessiert, findet eine ausführlichere Fassung des Beitrags im Internet.

Die **Wanderrouten** im Beileger wurden z.T. vom mallorquinischen Wanderführer *Paco Ponce* und seiner deutschen Frau ausgewählt und beschrieben. Sie haben auch die **Rezepte zur Küche Mallorcas** geliefert. Die einheimische **Flora** hat der leider vor kurzem verstorbene Naturexperte *Herbert Heinrich* gezeichnet und erläutert. Von ihm sind auch die den Text zu **Mallorcas Geschichte** ergänzenden subtilen **Comics**.

Weitere Beiträge beziehen sich aufs **Radfahren/Biken** und **Geocaching** auf Mallorca.

Eine gute Zeit auf Mallorca wünscht Ihnen *Hans-R. Grundmann*

TEIL 1 FERIENINSEL MALLORCA 10

Info Rauchen auf Mallorca 12
Info Schreibweise der geographischen Bezeichnungen 12

1 Mallorca - nur 2 Flugstunden in die Sonne 13

1.1 Mallorcatourismus aktuell 13
1.2 Was bietet Mallorca? 15
1.2.1 Bevölkerung und Geographie 15
1.2.2 Klima 17
1.2.3 Saisonzeiten auf Mallorca und der Reiseveranstalter 20
1.2.4 Vielfältige Möglichkeiten der Urlaubsgestaltung 22
– Übersicht 22
Thema Spas und Wellness auf Mallorca 23
– Tennis & Reiten 26
– Badeurlaub und Wassersport 26
– Segelurlaub 28
– Wandern 29
– Radfahren/Biken 33
– Golf 37
Info Golfplätze auf Mallorca 37
– Cluburlaub 38
– Entdeckungsurlaub per Mietfahrzeug 39
– Stadturlaub in Palma oder: Mallorca entdecken mit öffentlichen Verkehrsmitteln 40
Thema Mallorcaurlaub und Kultur 41
– Kombinierter Urlaub: Von jedem etwas 42
– Und sonst noch? 42
1.2.5 Welcher Urlaub in welchem Ort? 43
Thema Geocaching, eine moderne Variante der Schnitzeljagd 45

2 Reiseplanung und -vorbereitung 47

2.1 Die Wahl der »richtigen« Unterkunft 47
2.1.1 Hotels, Hotel-Apartments und Pensionen 47
– Qualitätsstandards und »Sternchen« 47
Thema Die Vermehrung der 4-Stern-Hotels 49
– Die Angebote der Reiseveranstalter 50
Thema Subjektive Ratschläge 52
– Die individuelle Hotelbuchung 53
Thema Turismo Rural, Agroturismo und Turismo de Interior 55
2.1.2 Ferienwohnungen und Ferienhäuser/Fincas 57
– Miete vom Wohnort aus in Eigeninitiative 57
– Suche und Miete vor Ort (für längerfristige Aufenthalte) 59

2.1.3	Sonstige Quartiere	60
2.1.4	Campen auf Mallorca	61
2.2	**Die Reise nach Mallorca**	**62**
2.2.1	Pauschalurlaub inklusive Flug	62
Thema	Der Umwelt zuliebe	62
2.2.2	Individuell nach Mallorca fliegen	64
2.2.3	Nach Mallorca auf dem Land- und Seeweg	66
2.3	**Reisevorbereitungen**	**68**
2.3.1	Personalausweis, Pass und Führerschein	68
2.3.2	Versicherungen	68
2.3.3	Die Finanzen	70
2.3.4	Was es sonst noch zu bedenken gibt	70
Thema	Nach Mallorca mit Behinderung	70
3	**Auf der Insel**	**72**
3.1	**Ankunft**	**72**
3.1.1	Flughafen San Joan von Palma de Mallorca	72
3.1.2	Transfer zum Urlaubsort	74
3.1.3	Ankunft mit dem Fährschiff	74
3.2	**Touristinfo, Banken, Post,Telefon, Internet**	**75**
Info	Wireless LAN bzw. »Wifi« am Strand und anderswo	77
3.3	**Strand- und Badeleben**	**78**
3.4	**Was ist los am Urlaubsort?**	**79**
3.4.1	Sportliche Aktivitäten	79
3.4.2	Einkaufen und Shopping auf Mallorca	79
Info	Einkaufszentren rund um Palma	80
3.4.3	Snackbars, Restaurants und Kneipen	82
Info	Beach Clubs allerorten	84
3.4.4	Die Tanz- und Discoszene	88
Thema	Ökologie und Umwelt auf Mallorca	90
3.5	**Unterwegs auf Mallorca**	**93**
3.5.1	Ausflugsziele und -motive	93
3.5.2	Öffentliche Verkehrsmittel	94
	– Busverkehr	95
Info	Abfahrts-/Ankunftszeiten der Busse und Tarife im Internet	96
	– Eisenbahn	98
	– Bootsverkehr und -ausflüge	100
	– Taxen	102
3.5.3	Mietfahrräder allerorten	102
3.5.4	Mopeds, Motorroller und -räder	103
3.5.5	Über 50.000 Mietwagen warten auf Kundschaft	104
Info	Aktuelle Tempolimits/Alkohol am Steuer	107

TEIL 2 MALLORCA ENTDECKEN AUF EIGENEN WEGEN 108

Kapitelsystematik & Bedeutung der Piktogramme 110

4 Palma de Mallorca 114

4.1 Anfahrt, Transport und Parken in Palma 114
Info Parkhäuser und Parkdecks in der und rund um die Altstadt 115
Thema Zum Parken in Palma und anderswo auf Mallorca 116
Thema Palmabesichtigung per Fahrrad, E-Vehikel, Segway und Ninebot 117
4.2 Stadtbesichtigung Palma 118
4.2.1 Ausgangspunkte 118
4.2.2 Die Altstadt 119
Info Die Kathedrale in Zahlen 121
4.2.3 Passeig Maritim, Terreno und Santa Catalina 135
4.2.4 Poble Espanyol, Mercat Baratillo, Plaça de Toros 141
Thema Stierkampf - Corrida de Toros 143
4.3 Das leibliche Wohl in Palma 144
4.4 Bars und Kneipen 148
4.5 Zwei Tagesprogramme für Palma 150

5 Ortschaften und Ziele nach Regionen 154

Info Aufbau des Kapitels 154
5.1 Rund um die Bucht von Palma 156
5.1.1 Die östliche Seite der Bucht 156
• Cala Blava 166
• S'Arenal 158
• Platja/Playa de Palma 160
Thema Bestrafung bei »Fehlverhalten« in Palma und an der Playa 162
• Can Pastilla 166
• Uferpromenade von Can Pastilla bis Palma 167
5.1.2 Die westliche Seite der Bucht 171
• Cala Mayor und Sant Agustin 171
Thema Joán Miró 173
Thema Spaniens Königsfamilie und Mallorca 174
• Genova 175
• Illetes 175
• Bendinat, Portals Nous und Port Portals 177
• Palma Nova 179
• Magaluf 180
• Portals Vells und Cala Falco 183
5.2 Orte und Ziele im Südwesten 184
5.2.1 Die Südwestküste 184
• El Toro/Port Adriano 184
• Santa Ponça 186

	• Peguera	190
	• Cala Fornells	195
	• Camp de Mar/Cala Llamp	197
	• Port d'Andratx	199
Thema	Immobilienskandal rund um Port d'Andratx	200
Thema	Pedro Otzoup	202
	• S'Arraco	203
	• Sant Elm	204
Info	Sant Elm–Dragonera und zurück mit der »Margarita«	206
	• Insel Dragonera	206
Wanderung	Von Sant Elm nach Sa Trapa und zur Cala Embasset	207
5.2.2	Im Hinterland des Südwestens	209
	• Andratx	209
	• Capdella & Calvia	211
	• Galilea	212
	• Puigpunyent	213
	• Esporles	214
5.2.3	Die südliche Westküste	216
	• Küstenroute Ma-10 bis Banyabufar/Estellencs	216
	• Banyalbufar	217
	• Port des Canonge	218
5.3	**Orte und Ziele im Bereich der zentralen Westküste**	**219**
5.3.1	Von Valldemossa nach Lluc	219
	• Port de Valldemossa/Valldemossa	219
Thema	Valldemossa, die »Kartause« und Frederic Chopin	221
Thema	Mallorcas Heilige Catalina Tomás	222
	• Ermita de Trinitat, Miramar & Son Marroig	224
Thema	Der Erzherzog »Lluis Salvador« von Österreich	225
	• Deià	227
	• Soller	231
Thema	Die Orangen von Soller	235
	• Port de Sóller	236
Info	Die Boote nach Sa Calobra	238
	• D'en Repic	241
	• Fornalutx und Biniaraix	242
	• Sa Calobra	244
	• Cala Tuent	246
Thema	Abenteuer Torrent de Pareis	247
	• Klosteranlage Lluc	249
Thema	La Morenita, die schwarze Madonna	248
5.3.2	Orte am Ostrand der zentralen Serra Tramuntana	252
	• Bunyola	252
	• Orient	254
	• Alaró	255
Thema	Das Castell d`Alaro	257

	• Tossals Verds	258
	• Lloseta	259
	• Biniamar/Mancor de la Vall	260
	• Caimari, Binibona und Moscari	260
	• Selva	261
5.4	**Der Nordwesten rund um die Bucht von Pollença**	**262**
5.4.1	Port de Pollença und Umgebung	262
	• Pollença	263
Thema	Nostra Senyora de Puig	265
Wanderung	Zum Castell del Rei	266
	• Cala de Sant Vicenç	267
	• Port de Pollença	270
	• Halbinsel Formentor	275
5.4.2	Die Westflanke der Bucht von Pollença und Alcudia	277
	• Halbinsel La Victoria	277
	• Alcúdia	281
5.5	**Rund um die Bucht von Alcudia**	**284**
	• Port d'Alcúdia mit Ciudad Blanca	284
	• Las Gaviotas	289
	• Can Picafort mit Son Bauló	292
	• Von Son Bauló nach Son Serra de Marina	294
	• Colonia de Sant Père	296
5.6	**Die nördliche Ostküste**	**297**
5.6.1	Die Achse Arta-Cala Rajada	297
	• Artá	297
	• Die Umgebung von Artá	299
	• Capdepera	301
	• Cala Mesquida	302
	• Cala Rajada	304
Thema	Juan March	307
	• Cala Agulla (Guya)	308
Info	Kleine Küstenkletterei	309
	• Cala de sa Font	309
5.6.2	Die Küste von Canyamel bis Sa Coma	310
	• Platja/Playa und Costa de Canyamel	310
	• Costa des Pins (de los Pinos)	312
	• Cala Bona	315
	• Cala Millor	315
	• Son Servera	319
	• Sa Coma und S'Illot	320
5.7	**Die zentrale Ostküste**	**322**
5.7.1	Ziele an der Küste	322
	• Portocristo	322
	• Ostküste zwischen Portocristo und Portocolom	326
	• Portocolom	332

	• Cala d'Or	334
	• Portopetro	339
	• Cala Mondragó (mit Font de N'Alis und S'Amarrador)	340
5.7.2	Orte im Hinterland	342
	• S'Alqueria Blanca	342
	• Ca's Concos	342
	• Felanitx	343
5.8	**Der Südosten**	**346**
	• Cala Figuera	346
	• Cala Santanyi	348
	• Santanyi	350
	• Cala Llombards	351
	• Ses Salines	353
	• Colonia de Sant Jordi	354
Info	Nationalpark Insel Cabrera - Boote und Infocenter	356
	• Ses Covetes	358
	• Sa Rapita & S'Estanyol/Cala Pi	359
	• Campos	359
Thema	Talaiots Capocorb Vell: Die Spur der Steine	360
	• Cala Pi mit Vallgornera	361
5.9	**Orte und Ziele im zentralen Hinterland**	**363**
5.9.1	Die Achse Palma-Manacor und südlich	363
	• Llucmajor	363
	• Randaberg	364
Thema	Ramon Llull/Raimundus Llullus	365
	• Algaida	366
	• Montuiri	368
	• Porreres	369
	• Vilafranca (de Bonany)	370
	• Petra	371
Thema	Bon Any 1609, das gute Jahr	373
	• Manacor	373
Info	Via Verda - Jogging- und Bikeroute von Manacor nach Artá	376
5.9.2	Die Achse Palma-Inca-Alcudia	377
	• Die Drei-Dörfer-Gemeinde Marratxi	377
	• Santa Maria (del Cami)	379
	• Binis(s)alem	381
	• Biniagual	382
Thema	Celler-Lokale in Inca	382
	• Inca	383
	• Campanet	386
	• Sa Pobla	388
5.9.3	Sineu und Umgebung	390
	• Sineu	390
	• Costitx	391
	• Ariany/Santa Margalida/Muro	392

TEIL 3 KOMPAKTÜBERSICHTEN, AUSFLUGSROUTEN UND VERANSTALTERANGEBOTE 393

6 Sehenswürdigkeiten, Ausflugsziele, Märkte, Gastronomie und mehr 394
in tabellarischen Übersichten

- Mallorcas beste Buchten und Strände 395
- Kloster, Eremitagen und Heiligtümer 398
- Sehenswerte Festungen, Burgruinen, Wachttürme und andere antike Relikte 400
- Höhlen und andere kommerzielle Touristenattraktionen 403
- Die sehenswertesten Museen 404
- Besonders empfehlenswerte Restaurants, eine subjektive Zusammenstellung 405
- Die schönsten Picknickplätze 411
- Mallorcas Märkte/Bewertung der Märkte 413/414
- Mallorcatypische Produkte und Mitbringsel 415

7 Routenvorschläge für Tagestrips 416
und 1 Woche per Fahrrad von Ort zu Ort

Route 1	Südwestliche Sonnenküste und Hinterland	418
Route 2	Die schönste Küsten- und Inlandsroute der Insel	419
Route 3	Der»klassische« Ausflug nach Sóller/Port de Sóller und über Deià nach Valldemossa oder umgekehrt	420
Route 4	Über Sóller/Port de Sóller und/oder über das Kloster Lluc zum Torrent de Pareis	423
Route 5	Kleine Rundfahrt durch das »andere« Mallorca (Mandelblüte) mit Aufstieg zum Castell d'Alaró	425
Route 6	Durch die nördliche Serra Tramuntana zu Höhlen und Heiligtümern	427
Route 7	Rund um die Bucht von Pollença mit den Halbinseln Formentor und La Victoria	429
Route 8	Durchs Hinterland der Bucht von Alcudia mit Sineu (Mittwochsmarkt), Els Calderers und Petra	431
Route 9	Der vielseitige Insel-Nordosten Mallorcas, eine Dreiecksrunde mit Küstenabstechern	433
Route 10	Zwei Rundfahrten im küstennahen zentralen Osten zwischen Cala Millor, Portocristo und Portocolom	435
Route 11	Zwei Rundstrecken im küstennahen südlichen Osten zwischen Portocolom und Cala Llombards	437
Route 12	Rundfahrt durch den zentralen Süden der Insel zu Heiligtümern und zum »Traumstrand« Es Trenc	439
Bikeroute	Per Tourenrad in einer Woche rund um die Insel	440

8	**Organisierte Programme**	442
8.1	**Reiseveranstalter und Agenturen vor Ort**	442
8.2	**Tagestrips mit Bus, Boot und Jeep**	443
8.3	**Abendprogramme**	449
TEIL 4	**WISSENSWERTES UND NÜTZLICHES**	452
9	**Geschichte und Kultur**	454
9.1	**Mallorcas Geschichte in Wort und Bild**	454
Thema	Immobilienboom, Wirtschaftskrise und Erholung	475
9.2	**Kulturelle Gegenwart**	476
9.2.1	Sprache	476
9.2.2	Folklore	478
9.2.3	Musikfestivals	478
9.2.4	Fest- und Feiertage	479
Exkurs	**Auf den Spuren von Poeten und Schriftstellern –** Ein literarischer Streifzug durch Mallorca	482
Thema	Der spanische Bürgerkrieg in der Mallorca-Literatur	489
10	**Das kulinarische Mallorca**	490
10.1	**Typisch spanisch oder mallorquín?**	491
Thema	Pata Negra Bellota	489
10.2	**Essen wie die Einheimischen: Rezepte zum Appetitanregen und Nachkochen**	496
Info	Übersicht über alle Rezepte	497
	Info-Anhang	504
	• Spanische Touristeninformation in D, A und CH	504
	• Touristeninformation auf Mallorca	504
	• Konsulate deutschsprachiger Länder	504
	• Kliniken, Ärzte, Zahnbehandlung, Medikamente	505
	• Fluggesellschaften und Reiseveranstalter	506
Info	Trink- und Kochwasser für Selbstversorger	506
	Alphabetisches Register - Index	517
	Kartenverzeichnis	524

Ferieninsel Mallorca

Die neue Touristensteuer seit Juli 2016

Als Anfang des Jahrtausends die links-grüne Balearenregierung eine »Ökosteuer« für Touristen einführte, resultierte das in Deutschland zu einem Aufschrei der Medien und sorgte für eine spürbare Mallorcaverweigerung deutscher Urlauber. Prompt trug die konservative Nachfolgeregierung die Ökosteuer wieder zu Grabe. Als 2015 eine Linkskoalitation erneut das Ruder übernahm, hatte sich die Situation verändert. Die Balearen boomten und so wurde das alte Projekt leicht verändert zum zweiten Mal aus dem Hut gezaubert. Und siehe da, niemand protestierte; Veranstalter und Gäste nahmen die nun direkt als Touristensteuer bezeichnete Abgabe ohne großes Murren zur Kenntnis. Immerhin sollen die Einnahmen daraus Umweltprojekten zugute kommen.

Die 2016 eingeführte Regelung besagt, dass für alle Urlauber auf den Balearen, die dort eine Unterkunft – gleich welcher Art – belegen, eine Sondersteuer entrichtet werden muss. Sie beträgt – voraussichtlich noch für das ganze Jahr 2017 – **€0,50 bis €2,00 pro Person und Tag plus 10% MWSt**. Der Tagessatz hängt von der Sternekategorie der Unterkunft ab. Mieter von Privatwohnungen (z.B. über Airbnb) zahlen **€1/Person und Tag**. Ab dem 10.Tag halbiert sich der Tagessatz, ebenso generell von November bis April. Kinder und Jugendliche unter 17 Jahren werden nicht besteuert. Aber es mehren sich schon Stimmen, die eine baldige Erhöhung für angebracht halten. Damit muss wohl 2018 gerechnet werden.

Die Steuer wird dem Urlauber bei Ankunft im Hotel etc. in Rechnung gestellt.

Schreibweise der geographischen Bezeichnungen

Mit der Wiederbelebung des *Catalán*, der unter Franco verbotenen Regionalsprache Kataloniens und der Balearen, wurden bereits in den 1990er-Jahren auf Mallorca nahezu alle Orts- und Straßennamen verändert. Für Ortschaften bedeutete das in den meisten Fällen eine gegenüber dem Hochspanischen nur leicht modifizierte Schreibweise (so z.B. *Peguera* statt Paguera, *Sant Elm* statt San Telmo); manche Ortsnamen blieben auch unverändert. Bei den Straßen (***Carrer*** statt *Calle* = *Straße*, ***Avinguda*** statt *Avenida* = Allee, ***Passeig*** statt *Paseo* = Passage/schmaler Weg u.a.) gab es oft zugleich Namensänderungen, vor allem, um unliebsame Erinnerungen an Personen aus der Zeit der Franco-Diktatur zu beseitigen. Ganz anders bezeichnet als vordem sind manche Buchten und Strände.

Nach der Jahrtausendwende gedruckte (Straßen-) Karten von Mallorca, Stadt- und Ortspläne berücksichtigen weitgehend die Umstellung. Nur selten findet man immer noch spanischsprachige »Reste«. Dieses Buch und die beiliegende Karte wurden ebenfalls schon vor Jahren aufs Katalanische umgestellt. Vielfach sind sich aber die Mallorquiner selbst nicht ganz einig, wie denn nun eine Bucht oder eines der zahlreichen Kaps in ihrer Sprache richtig heißt. Die Leser/Leserinnen mögen Verlag und Autor daher gelegentliche Abweichungen nachsehen.

Nur in deutschsprachigen auf Mallorca verlegten Wochenzeitungen und in Katalogen wie Internetauftritten verschiedener deutscher Reiseveranstalter hält man großenteils aus unerfindlichen Gründen immer noch an den vor Ort mittlerweile völlig ungebräuchlichen kastilischen Orts- und Straßennamen fest.

Mehr zur Sprachensituation auf Mallorca steht auf den Seiten 476ff.

1. MALLORCA - NUR 2 FLUGSTUNDEN IN DIE SONNE

1.1 Mallorcatourismus aktuell

Jüngste Entwicklung

Spanien ist der größte Gewinner der Krisen rund ums Mittelmeer Auf den Kanarischen Insen und den Balearen waren schon 2015, mehr noch in 2016 in hochsaisonalen Zeiten kaum noch Betten frei – trotz gestiegener Preise sowohl für Pauschalurlaube als auch bei individueller Buchung von Flügen und Unterkunft.

Die Auswirkung der Umleitung erheblicher Urlauberströme von der Türkei, Ägypten und Tunesien auf Spaniens Inseln war auf Mallorca gut zu beobachten. Der Airport in Palma platzte im Sommer zeitweise aus allen Nähten und selbst im Oktober herrschte dort 2016 zu den Stoßzeiten noch Betrieb wie früher nur in der Hauptsaison. Dabei spielten – zumindest im Herbst – deutsche Urlauber die wichtigste Rolle, wie sich in deren Hochburgen und an bevorzugten Ausflugszielen besichtigen ließ. Während in den eher britisch dominierten Orten wie Magaluf oder Santa Ponsa bereits Ruhe eingekehrt war, freute sich das Tourismusgewerbe z.B. in Peguera, Port de Sóller, Alcúdia, Pollença mitsamt seinem Port und Cala Rajada über das unerwartet hohe Besucheraufkommen aus deutschen Landen.

Saisonale Schwankungen

Auch wenn es manchen Mallorquinern – nach der »Durststrecke« 2008-2012 – beim Besucherrekord 2016 von rund 13 Mio. (➪ Seite 15) nun langsam zuviel wird mit dem touristischen Erfolg ihrer Insel, ist für andere die Welt trotzdem noch lange nicht in Ordnung. Hatte man sich vor der großen Krise schon über Dekaden abgemüht, das Jahr saisonal zu entzerren und die Vorzüge der langen Wintersaison (Mitte November bis Ostern) in den Herkunftsländern der Gäste durchaus mit einigem Erfolg propagiert, sprang trotz des Aufschwungs der **Wintertourismus** nach der Krise bis heute nicht wieder so an, wie man sich das vorgestellt hat.

Promenade an der Bucht von Palma zwischen Ciutat Jardí und Es Molinar an einem Sonnentag im Januar

Wintersaison

Dafür ist nicht nur das im Konkurrenzvergleich (Kanaren, Karibik) ungünstigere Wetter verantwortlich, sondern auch der Zusammenhang zwischen Touristenzahlen, Flugangebot und Infrastruktur. Die Fluggesellschaften verringerten in der Krise die Zahl der Mallorca-Verbindungen, und die Gastronomie wie auch andere Dienstleister verkürzten die Saison auf die lukrativeren Monate des Jahres. Damit wurde eine Spirale nach unten in Gang gesetzt, die erst im Winter 2015/16 gestoppt werden konnte. Für 2016/17 ergaben sich langsam steigende Zahlen. Dennoch herrschte in den meisten Orte gähnende Leere. Zumal sich die zusätzlichen Winterbesucher auf einige wenige Ziele vor allem im Südwesten einschließlich Palma, aufs Umfeld einiger Golfplätze und auf die immer beliebter werdenden Biker-Stützpunkte konzentrierte.

Mallorca von November bis April

Zeitlich flexiblen Mallorca-Interessenten, die die Ruhe der langen Wintersaison positiv bewerten, bieten sich daher ab November bis Ostern und teilweise noch danach Möglichkeiten für relativ preiswerte Tage und Wochen auf Mallorca bei allgemein angenehmen Wetterbedingungen – vom Frühling zur Zeit der Mandelblüte nicht zu reden. Die letzten Winter einschließlich 2016/17 zeigten sich außerdem durchweg warm mit Tagestemperaturen von über 15°C; bereits eine Folge des Klimawandels?

Um eines kommen aber auch Winterbesucher nicht herum: die seit Juli 2016 fällige **Touristensteuer**, wiewohl die sich für Aufenthalte von November bis April halbiert; ➪ Seite 12.

Hochsaison

Die gute Nachricht auch für Hauptsaisonurlauber – die sich wohl 2017 und darüberhinaus wieder auf ein hohes Besucheraufkommen einstellen müssen – ist, dass die Infrastruktur Mallorcas damit insgesamt gut zurecht kommt. Auf Promenaden und Caféterrassen wird es selbst zu Spitzenzeiten selten wirklich eng. Die Kapazitäten der Gastronomie übersteigen auch dann die Nachfrage, und Konkurrenz hält die Preise im Zaum. Übervollen Stränden kann man per Fahrrad oder Mietwagen meist leicht entkommen oder von vornherein das Urlaubsquartier so wählen, dass in Fußgängerdistanz genug Strand für alle da ist, z.B. an Mallorcas Nordküste.

Rauchen auf Mallorca

Seit 2011 gilt in ganz Spanien das schärfste Antirauchergesetz Europas. Zuvor erlaubte Raucherzonen in der Gastronomie wurden abgeschafft und Rauchen in der Öffentlichkeit weiter eingeschränkt. So darf in unmittelbarer Nähe (was immer das im Einzelfall heißen mag) von Kindergärten und Spielplätzen, Schulen, Krankenhäusern etc. nicht mehr zum Glimmstengel gegriffen werden. Raucherecken oder -kabinen in Bahnhöfen und Flughäfen sind nicht mehr gestattet, nur Hotels dürfen noch Raucherzimmer ausweisen. Auch öffentliche Verkehrsmittel einschließlich Taxen sind Rauchverbotszonen, selbst offene Oberdecks von Doppeldeckerbussen.

In Gaststätten darf zwar noch auf der Terrasse draußen geraucht werden, aber es gelten strikte Auflagen für deren Ausstattung.

1.2 Was bietet Mallorca?

1.2.1 Bevölkerung und Geographie

Fläche und Einwohner

Leicht unterschätzt man die Größe Mallorcas. Die Insel verfügt über eine Ausdehnung von **3603 km²**, was ziemlich genau der zusammengenommenen Fläche des Saarlandes und der Stadtstaaten Bremen und Hamburg entspricht. Bei einer Bevölkerung (mit gemeldeten Ausländern) von ca. **875.000** liegt die durchschnittliche Dichte mit ca. **243 Einwohnern/km²** etwas über dem Niveau von Sachsen. Die Mehrheit lebt im **Raum Palma** (ca. 431.000) und entlang der Hauptverkehrsachsen Palma-Alcúdia und Palma-Manacor.

Touristen 2016

Die Küsten- und Gebirgsregionen und das Flachland im Südosten sind auf Mallorca nur dünn besiedelt. Außer in der Saison von Ende Mai bis Mitte Oktober. Dann reist das Gros der **Touristen nach Mallorca** und füllt die Ferienzentren der Insel.

Vorläufige Zahlen für 2016: insgesamt rechnet man mit nahezu 13 Mio. Touristen, darunter 4,3 Mio. aus Deutschland, ca. 2,8 Mio. aus Großbritannien; ca. 800.000 aus Skandinavien, ca. 300.000 bzw. 500.000 aus Österreich und der Schweiz, Frankreich 600.000, aus den Benelux-Staaten 400.000, rund 1,8 Mio aus dem eigenen Land Spanien und über 1 Mio aus weiteren Ländern zusammen.

Eckdaten Geographie

Mallorca hat die Form eines gegen Norden auf die Spitze gestellten leicht gestauchten Quadrates mit Dellen oben rechts und unten links, verursacht durch die Buchten von Pollença, Alcúdia und Palma. Der bis zu 20 km breite Gebirgszug ***Serra de Tramuntana*** mit zahlreichen Gipfeln über 1000 m Höhe zieht sich entlang der zerklüfteten nordwestlichen Küste von der Insel Dragonera bis zum Cap de Formentor und bedeckt ein Viertel der Inselfläche.

Binnenland

Die sich nach Osten anschließende, oft wellige **Ebene *Es Pla*** wird im zentralen Bereich von kleineren Höhenzügen unterbrochen. **Klöster** und **Wallfahrtskirchen** krönen die markantesten Erhebungen. Während sich im Südosten die Ebene bis zur Küste fortsetzt, liegen die östlichen Hafenstädtchen und Urbanisationen von Portopetro bis Cala Rajada mehr oder minder im Schutz der ***Serra de Levante***, einer **Gebirgsregion**, die sich im Norden auf die gesamte Halbinsel von Artà erweitert. Sie erreicht – vom Meer aus gesehen – durchaus eindrucksvolle Höhen von über 500 m.

West- und Ostküste

So verschieden wie die Landschaften im Inselinneren präsentieren sich die Küstenstriche. Findet man in den wenigen zugänglichen Buchten an der hochaufragenden **Steilküste im Nordwesten** nur in Port de Sóller und Cala Sant Vicenç Sandstrände, stößt man an der ebenfalls überwiegend **felsigen Ostküste** auf eine Vielzahl idyllischer kleiner Buchten mit Stränden. Tiefe Einschnitte in die Küstenlinie (Cala d'Or, Cala Mondragó) und sich nach dem Durchbruch erweiternde Buchten (Portopetro, Portocolom) bieten geschützte **Wassersportreviere**. Im **Nordosten** liegen **breite offene Strände** mit türkis schimmernder Wassertransparenz (Sa Coma, Cala Millor und vor allem die *Calas Agulla* und *Mesquida*).

Nordküste

Im **Inselnorden** bietet die Bucht von Pollença – einschließlich des schönen, südlich orientierten Strandes von *Formentor* – kleinere Strandabschnitte an ihren felsigen Flanken und Sandstrand wechselnder Qualität am flach auslaufenden Ufer entlang der Küstenstraße. Fast **8 km ununterbrochene Strandlinie** hat die Bucht von Alcúdia zwischen Port d`Alcúdia und Can Picafort aufzuweisen. Wegen der ungeschützten nordöstlichen Lage baut sich dort nicht selten kräftige Brandung auf. Östlich von Can Picafort/Son Baulo beginnt eine flache Felsküste mit nur wenigen Strandabschnitten.

Süd-und Südwestküste

Ein Sonderfall sind der helle, ebenfalls **kilometerlange Strand *Es Trenc*** zwischen Colonia de Sant Jordi und Sa Rapita sowie seine kleineren südlichen Verwandten. Außer den Stränden vor einem kiefernbewachsenen, schmalen **Dünengürtel** bietet diese Inselecke jedoch landschaftlich nichts. Westlich von S`Estanyol steigt die Küste an und ist mit wenigen Unterbrechungen bis hin zur **Bucht von Palma** kaum noch zugänglich. Letztere präsentiert sich hinter künstlich verbreiterten Stränden weitgehend zugebaut. Nur das äußerste Ende der Westflanke mit der **Cala Falco** und den Buchten von **Portals Vells** entging der Vollurbanisierung.

Der sich anschließende **sanft gebirgige Südwesten** gehört zu den beliebtesten Regionen der Sonnensucher. Dessen große und kleine Buchten mit und ohne Strand befinden sich weitgehend in der Hand von Tourismusindustrie und Immobilienfirmen.

1.2.2 Klima

Klimawandel?

Milde Winter, ein sonnenreiches Frühjahr und ein langer Herbst mit angenehmen Luft und Wassertemperaturen galten lange als kennzeichnend für das Klima auf Mallorca. Ein sonnensicherer, heißer Sommer mit nur seltenen Regentagen sowieso. Das Klima war daher zu jeder Jahreszeit ein Motiv für den Mallorcaurlaub.

In den letzten Jahren kamen indessen Zweifel. Mancher Sommer hatte weit mehr Regentage als im langfristigen Mittel seit den 1950er-Jahren zu erwarten war. Und einige Winter waren ziemlich ungemütlich, mancher Spätherbst durchsetzt mit kompletten Regenwochen »am Stück«. Dafür war es in den letzten Jahren ungewöhnlich warm und freundlich bis weit in den November hinein. Bereits ein Zeichen des Klimawandels? Kaum.

Denn die meisten Wetterforscher sagen, dass auch die starken Schwankungen im neuen Jahrtausend noch im normalen Bereich lägen. Daher entsprechen die folgenden Kennzeichnungen der Klimata in den Jahreszeiten den altbekannten Erfahrungen. Man muss aber wohl von der Möglichkeit größerer Abweichungen als bisher ausgehen.

Winter

Angenehme Ferientage auf Mallorca sind durchaus auch im Winter möglich. Vorausgesetzt, eine heizbare Unterkunft steht zur Verfügung, und die dann kühlere Witterung, die aber tagsüber **bei gutem Wetter selten unter 10°C-15°C** sinkt, wird für angepasste Aktivitäten genutzt. Vor allem im Dezember/Januar gibt es auch schon mal kältere Perioden mit reichlich **Regen**, **Wind** und – in den Höhenlagen der ***Tramuntana*** – ab und zu sogar **Schnee**. Bis November/ab Februar sind warme Tage voller **Sonnenschein**, die wir als sommerlich bezeichnen würden, nicht selten.

Frühjahr

Mancher **Februar** war schon wärmer und sonniger als die beiden Folgemonate. Grundsätzlich muss jedoch im Frühjahr **bis Mitte Mai mit regelmäßigen Regentagen** und »durchsetzten« Wetterperioden gerechnet werden. Abends kann es bis weit in den **Mai** hinein noch **recht kühl** sein, weshalb sich das Meer nur langsam erwärmt. Lediglich an flacheren Stränden findet man **Wassertemperaturen um 20°C bereits Mitte Mai**, bei tieferem Wasser kaum vor Ende des Monats.

Kloster Lluc im seltenen Schnee

Sommer Von da ab erwärmt sich parallel zur nun kontinuierlicheren Sonneneinstrahlung das Meer rasch. Regentage und bedeckter Himmel werden im Juni zur Seltenheit und sind im **Juli** und **August** die große Ausnahme. Die **Tagesdurchschnittstemperaturen** steigen dann von Mitte 20°C auf über 30°C. Im August bringt das Baden bei **Wassertemperaturen** von **25°C-28°C** nur noch kurzfristig Abkühlung. Eine an den Küsten meist wehende leichte Brise sorgt aber dafür, dass die Hitze erträglich bleibt. Jedoch im Inselinneren ist der Sommer extrem heiß.

Juli/August Alle **Aktivitäten** mit Ausnahme des Wassersports sind im Juli/August allemal schweißtreibend. Unternehmungen wie die Besichtigung Palmas oder ein kleiner Ausflug im Auto werden dann leicht als Strapaze empfunden. Eine im Juni zunächst noch sehr erfreuliche Begleiterscheinung der steigenden Temperaturen sind die **lauen Abende**, die dem Urlauber auch den späten Besuch der vielen Gartenrestaurants und Kneipenterrassen ohne Frösteln ermöglichen. Im Sommer reicht die nur noch leichte nächtliche Abkühlung oft nicht aus, um die Hitze aus dem Hotelzimmer herauszubringen. In der Vor- und Nachsaison erfreut registrierte Sonnenbalkons würden viele Urlauber jetzt gern mit einem Raum zur Schattenseite tauschen. **Klimaanlagen** in den Zimmern sind erst ab ****Unterkünften zu erwarten.

Herbst Im **September** sinken die Lufttemperaturen langsam auf das Juniniveau, das **Wasser** bleibt fast so warm wie im Vormonat. Der **Oktober** bringt wieder mehr Regen; Luft- und Wassertemperaturen liegen jedoch immer noch über dem Maimittel. Erst im **November** zeigt sich Mallorca häufiger herbstlich kühl, aber ➪ Seite 17 oben.

Klimatabelle

Monat	Durchschnittliche Tagestemperatur Mittags-zeit (°C)	früher Abend	Wasser-tempe-ratur (°C)	Sonnen-stunden pro Tag	Wolken-lose Tage	Tage mit Nieder-schlag
Januar	15	10	12	5	8	8
Februar	15	10	12	6	8	6
März	17	12	14	7	9	6
April	19	14	15	8	9	5
Mai	22	17	17	9	11	5
Juni	27	21	21	10	13	3
Juli	30	24	25	11	18	1
August	30	25	26	11	19	3
September	28	22	24	9	10	5
Oktober	23	18	21	7	9	9
November	19	13	18	6	7	8
Dezember	16	11	15	5	7	8

Klimatabelle

Das aktuelle Mallorcawetter findet man im Internet auf diversen Websites: z.B. unter www.wetter.de/spanien/wetter-mallorca-1636758.htm

Die Klimatabelle gibt die **statistische Verteilung** von Temperaturen, Sonnenstunden, sowie »strahlenden« Sonnen- und Regentagen (an denen Niederschläge fallen, die aber deshalb nicht total verregnet sein müssen) auf die einzelnen Monate wieder. Mit Ausnahme der Wassertemperaturen kommt es aber in einzelnen Jahren und eher noch in ein paar Urlaubswochen zu manchmal erheblichen Abweichungen von den langjährigen Mittelwerten.

Beachtet werden muss darüber hinaus, dass sich in Frühjahr und Herbst recht deutliche Unterschiede zwischen Monatsanfang und Monatsende ergeben können, besonders in den Monaten **Mai** und **Oktober**. So sind etwa die **Wassertemperaturen** Anfang Mai noch sehr niedrig, während sie Ende Mai im allgemeinen bei 20°C und darüber liegen. In Verbindung mit dem vorstehenden Text vermittelt die folgende Übersicht aber ein recht zutreffendes Bild über die klimatischen Bedingungen auf Mallorca.

Flora

Den Schwankungen über das Jahr entspricht das Erscheinungsbild der Insel. Ab Ende Januar füllen sich Täler und Ebenen mit bis in den Mai hinein wechselnder **Blütenpracht**. Die **Mandelblüte** wird im März abgelöst von der nicht minder attraktiven **Pfirsichblüte** vor dem dann zarten bis satten Frühjahrsgrün allerorten. Die ausgedehnten **Orangen-** und **Zitronenplantagen** tragen ebenfalls ab Ende Januar bis Ende April – in einigen Regionen zuweilen noch im Juni – eine unglaubliche Fruchtdichte. Blumen schießen auch ohne besondere Pflege üppig ins Kraut; ganze Wiesen leuchten gelb, rot und blau, je nach Saison. Doch mit der **Trockenheit im Juni** verblassen Frische und Farben der Flora.

Mehr zu den Pflanzen und Blumen Mallorcas steht im separaten Wander- und Naturführer

Nach der Hitze des manchmal nahezu regenlosen Hochsommers ist im September alles braungelb verdorrt. Selbst der sonst immergrüne Bewuchs der Ebenen erscheint, von Staub bedeckt, grau. Erst mit dem Herbstregen setzt sich ab **Oktober** wieder langsam das Grün als beherrschende Farbe durch.

1

Sommeranfang an der Playa de Palma mit grellfarbenen Strandliegen

1.2.3 Saisonzeiten auf Mallorca und der Reiseveranstalter

Hochsaison

Klimatische Bedingungen und saisonale Abgrenzungen in der Tourismusindustrie entsprechen einander. Anzahl der Sonnenstunden pro Tag und Wassertemperaturen über 25°C im Verein mit der Lage europäischer **Sommerferien** determinieren die absolute Hochsaison für die Monate **Juli** und **August**. Viele Quartiere sind in dieser Zeit zu 100% ausgelastet, die Preise hoch und die Strände manchenorts bis zum letzten Quadratmeter belegt.

Vor- und Zwischensaison

Die **Hochsaisontarife** der Unterkünfte bei Individualbuchung (bei Pauschalbuchung ➪ Seite 62f) gelten oft bereits ab Mitte Juni bis Mitte September. **Mai** und **Oktober**, sowie **Juni** bzw. **September** bis zum Beginn bzw. ab Ende der auch vom Ferienort abhängigen Hochsaison stehen für eine Art Zwischensaison. **März** und **April** sind eindeutig Vorsaison, sieht man von den Osterwochen ab. Dann kommen traditionell viele Festlandspanier auf die Insel. Die restlichen Monate sind fast überall »Saure-Gurken-Zeit«.

Inselsaison

Ein verlässlicher **Indikator für die »wirklichen« Saisonzeiten**, ist die Höhe der auf Mallorca von Vermietern geforderten Preise für Apartments und Ferienwohnungen. Tages-, Wochen- oder Monatsbasispreise der Vorsaison erhöhen sich im **Mai** oder **Oktober** meist noch relativ moderat, werden aber im **Juni** und **September** um einen kräftigen Prozentsatz angehoben. Je nach Qualität und vor allem Lage der Objekte gilt im **Juli/August** der doppelte bis mehrfache Preis der Vorsaison. Dafür sind von **November** bis **Februar** einfache 2-Zimmer-Apartments für Mieten unter €50/Tag zu haben, bessere und größere ab ca. €60/Tag.

Vorabbuchung Individuell kurzfristig ohne Vorabbuchung Anreisende kamen früher selbst im Juli/August normalerweise noch irgendwie unter, obwohl nicht unbedingt im Ort und/oder Hotel der Wahl. Diese Zeiten sind vorbei. Wegen der Situation in einst wichtigen Urlaubsländern wie Türkei und Ägypten war Mallorca 2015 und 2016 im Hochsommer komplett ausgebucht. Eine Anreise von Juni bis September ohne Reservierung zumindest der ersten Nächte ist daher nicht ratsam, ➪ dazu auch die Seiten 57ff.

Orte/Strände Schaut man sich zu verschiedenen Jahreszeiten in Ferienzentren, an Stränden und Ausflugszielen um, fällt bis in den Juni hinein und spätestens ab Oktober dennoch auf, dass bei weitem nicht alle touristischen Einrichtungen ausgelastet sind. Das gilt von der Gastronomie über Tennisanlagen, Golfplätze und Wassersportschulen bis hin zu den Vergnügungsparks. Auch in der Hochsaison vermitteln trotz voll belegter Unterkünfte durchaus nicht alle Orte den Eindruck überfüllt zu sein. Selbst knackvolle Strände tagsüber sind nicht unbedingt gleichbedeutend mit Gedränge auf Promenaden und Straßen oder Wartezeiten in Lokalen. Das liegt nicht zuletzt daran, dass die Mallorquiner im Sommer zu den Besucherzahlen an den beliebtesten Stränden kräftig beitragen, ohne touristische Infrastrukturen selbst in Anspruch zu nehmen. Ein Großteil der Gäste mit Halbpension bleibt zudem nach dem Abendessen häufig im Hotel, *all-inclusive*-Bucher weitgehend auch tagsüber.

Die **Kapazität der mallorquinischen Gastronomie** war schon immer – gemessen an der Nachfrage – während der meisten Zeit des Jahres und bis heute sogar noch in der Hochsaison in fast allen Urlaubsorten **überdimensioniert**.

Nebensaison Urlauber dürfen davon ausgehen, dass **Mallorca außerhalb** der **Hochsaison bislang nirgendwo überlaufen** wirkt, auch wenn in den populären Orten schon vor Mitte Juni und noch im September allerhand Betrieb herrscht. **Bis einschließlich Mai** (außer um Ostern herum) bis in den Juni hinein und ab Ende September sind viele, wiewohl nicht alle Urlaubsorte eher als ruhig zu bezeichnen.

Im Winter (November bis März) schließt das Gros der Hotels und Restaurants seine Pforten, nur in größeren Orten bleibt für die dann geringere Schar der Inselbesucher noch genug geöffnet. Aber ab Ostern sind fast alle touristischen Einrichtungen wieder aktiv.

Sonniger Sonntagnachmittag im März an der Platja Oratori (Costa de Bendinat) hinter dem Yachthafen Port Portals

Katalog-Saison

Die **Saisonzeiten <u>auf</u> Mallorca** überschneiden sich zwar mit den Saisondefinitionen in den Angeboten der Reiseveranstalter, stimmen aber nicht mit ihnen überein. Die jeweils höchsten Preise kommen – relativ unabhängig von der mallorquinischen Saison vor Ort – in den Ferien der Bundesländer zum Tragen. Durch die geschickte Wahl des Flughafens lassen sich dadurch bedingte Preisaufschläge aber häufig umgehen.

Saisonkategorien der Veranstalter/ Kataloge und Websites

Der Vergleich von Veranstalterangeboten zeigt außerdem große **Unterschiede zwischen den reisezeitabhängigen Preiskategorien (A, B, C ...)**. Bis zu acht solcher Kategorien gibt es da – von Terminen zu **Sparpreisen (S)** bis zur teuersten **Saison E, F** oder **G**.

In jedem Fall sollte man **vor der Buchung Kataloge bzw. die Internetportale mehrerer Reiseunternehmen studieren**. Denn ohnehin vorhandene Preisdifferenzen zwischen Veranstaltern für dasselbe Haus können sich wegen abweichender Daten für die Preiskategorien S, A, B etc. noch vergrößern.

Direkt auf Mallorca sind Termine deutscher Herbst- und Pfingstferien keine saisonalen Faktoren, anders als **Ostern und Weihnachten**, die in allen Quartieren höhere Preise mit sich bringen.

Kurzfrist-angebote

Reiseveranstalter nutzen heute die Möglichkeiten des Internet intensiv und reagieren rasch auf Nachfrageveränderungen und/oder noch nicht voll ausgelastete Kapazitäten mit Angeboten und Tarifen, die nicht im gedruckten bzw. zum Download verfügbaren Katalog stehen. Selbst eine Hauptsaisonreise kann daher für Kurzfristbucher durchaus preisgünstig ausfallen.

1.2.4 Vielfältige Möglichkeiten der Urlaubsgestaltung

Übersicht

Jeder dürfte eine gewisse Vorstellung davon haben, was sich im Urlaub auf Mallorca so alles anfangen lässt:

Sommer-urlaub

Strandleben, **Baden** und **Wassersport** sind **ab Mitte Mai bis Mitte Oktober** ohnehin klar und stehen an erster Stelle sommerlicher Aktivitäten der meisten Mallorcatouristen. Es lässt sich bei einer Mallorcabuchung wenig verkehrt machen, wenn es zunächst auf **Sonne** und **Wasser**, danach auf angenehme Abendstunden ohne spezifische Ansprüche ankommt. Man muss nur ein bisschen aufpassen, dass man nicht als Urlauber gesetzteren Jahrgangs in eine Hochburg des Jungvolks oder als Naturfreund ausgerechnet an die Playa de Palma gerät. Die Ortskapitel ab Seite 156 und die Empfehlungen im Beileger »**Optimal unterkommen auf Mallorca**« helfen bei der Auswahl des richtigen Ferienortes.

Frühjahr, Herbst und Winter

Im Frühjahr bis Mai und darüber hinaus, sowie spätestens ab Oktober und teilweise auch den Winter hindurch treten andere auch bei uns populäre sportliche Aktivitäten in den Vordergrund. Dafür bietet Mallorca nicht nur klimatisch gute Voraussetzungen. Eine Tischtennisplatte besitzt noch die kleinste Pension, und **Volleyball** wird an vielen Stränden von März bis November gespielt. Da kann

Spas und Wellness auf Mallorca ein Beitrag von Peter Neumann, Palma

Spa und *Wellness* sind ein Mega-Trend. Seit mehreren Jahren erlebt dieses Segment der Gesundheitsbranche ein vehementes Wachstum. Auch auf Mallorca hat man sich auf die steigende Nachfrage eingestellt. In zahlreichen Hotels wurden mittlerweile Spas und Wellnessbereiche geschaffen.

Der Begriff **Spa** ist eine Abkürzung aus dem Lateinischen: ***sanus per aquam*** – Gesundheit durch Wasser. ***Wellness*** stammt natürlich aus dem Englischen. Bereits seit dem 17. Jahrhundert wird damit ein Zustand des allgemeinen Wohlbefindens, basierend auf körperlicher Gesundheit, bezeichnet. Ende der 1950er-Jahre wurde der Begriff von Ärzten in den USA neu interpretiert als eine Kombination der Wörter ***Well**-being* (Wohlbefinden) und *Fit**ness***.

Der **älteste Spa Mallorcas** ist schon über 2000 Jahre alt. Die **heißen Quellen** der ***Banys de Sant Joan*** zwischen Campos und Colónia Sant Jordi wurden von den Römern nach der Eroberung kurz vor der Geburt Christi entdeckt und genutzt. Die alten Gemäuer des in die Jahre gekommenen Thermalbades wurden vor kurzem kernsaniert und in das *****Design-Hotel Font Santa*** umfunktioniert. Details und Preise unter www.fontsantahotel.com, © 971 655016.

Spa und Thalasso-zentrum Biomar in Sa Coma an der Ostküste (➪ nächste Seite)

Im Gegensatz zur Warmwassertherme historischen Ursprungs in der tristen Umgebung des Flachlandes zwischen Campos und Colonia de Sant Jordi stehen die luxuriösen Spas einiger Fünf-Sterne-Hotels. Sie verfügen über weitläufige »Badelandschaften« mit beheizten Meerwasserbecken, Saunen, Dampfbädern und umfassenden Wellness- und Kosmetikangeboten.

Star unter den Spas ist der 4700 m^2 große Wellnessbereich des Hotels ***St. Regis Mardavall*** in Bendinat (www.starwoodhotels.com, Stichwort Hotelverzeichnis anklicken, dort unter »Spain«; © 971 629 629). Aber die Wellnesseinrichtungen der Hotels ***Iberostar Son Antem*** bei Llucmayor (www.iberostar.com/de/hotels/mallorca/iberostar-son-antem, © 971 129 100) mit zwei Golfplätzen vor der »Haustür« und ***Valparaiso Palace*** in Palma (www.gprovalparaiso.com, © 971 400 300) stehen dem kaum nach.

Neben den großen Luxusherbergen haben sich auch kleinere First Class Hotels wie das ***La Residencia*** in Deià (www.belmond.com/la-residencia-mallorca, © 971 639 011), das ***Hospes Maricel*** in Sant Agustí/Cala Mayor (www.hospes.com/de/hotel-mallorca-maricel, © 971 707 744), das ***Reads*** bei Santa Maria (www.readshotel.com, © 971 140261) und die ***** ***Gran Hotels Son Net*** bei Puigpunyent (www.sonnet.es, © 971 147 000) und ***Son Julia*** bei Llucmajor (www.sonjulia.com, © 971 669 700) mehr als ansehnliche Spas zugelegt.

Ebenso verwöhnen immer mehr **** **Häuser** wie das ***Aimia*** in Port de Sóller (www.aimiahotel.com, © 971 631 200), das ***Cala Santany***i (www.hotelcalasantanyi.com, © 971 165 505) und das ***Eurotel Punta Rotja*** (www.eurotelmallorca.com, © 971 840 380) oder feine Landhotels wie das ***Amoixa Vell*** bei Manacor (www.sonamoixa.com, © 971 846 292) oder das ***Petit Hotel Cas Comte*** in Lloseta (www.hotelcascomte.com, © 971 873 077) ihre Gäste mit sprudelnden Whirlpools und verschiedenen buchbaren Anwendungen.

Wer gezielt nach bestimmten Spa-Aktivitäten, Massagen, Behandlungen (z.B. gegen Rheuma) oder einschlägigen Therapien sucht und seine Unterkunft unter diesem Gesichtspunkt auswählen möchte, informiert sich am besten im Internet über die vorhandene Einrichtung und Service-Palette der in Frage kommenden Unterkünfte. Die mittlerweile erreichte Vielfalt des Angebots ist erstaunlich. Es gibt nichts, was es nicht gibt: Aroma-, Bioresonanz-, Edelstein-, Farblicht-, *Hot Stone*, Magnetfeld-, Thalasso-, Ultraschalltherapie u.v.a.m. Massagen jeder Art, *Qigong*, *Reiki* und Yoga sowieso und für eine totale Entspannung das Rosenblütenbad.

Neben Einzelanwendungen finden sich auch unterschiedlich gestrickte »Wohlfühlpakete« von ganztägiger bis mehrwöchiger Dauer. Hilfreich für einen Überblick über die Möglichkeiten ist das Programmangebot des ***Spa- & Thalassozentrums Biomar*** in Sa Coma, www.proturbiomarspa.com/de/treatment_list.

Auch wer in einem Haus ohne Spa unterkommt, kann mittlerweile auf ein breit gefächertes Angebot zurückgreifen, sei es als externer Gast in einem der entsprechend ausgestatteten Hotels (z.B. im *Iberostar Son Antem* und *Valparaiso Palace* gegen eine Tagespauschale) oder sei es in den zahlreicher werdenden ***Day Spas***. Diverse dieser Art, meist mit Fitness-Studio, öffneten in den letzten Jahren besonders in der Inselhauptstadt ihre Tore. Die größten sind:

- ***Centro Illes S'Aigua Blava***, Avenida Picasso 42;
  © 971 016 888, www.illescw.com/centro-illes-saiguablava
- ***Hidropolis***, Carrer Francesc Borja i Moll 22;
  © 971 213 392 www.hidropolis.com

In ihnen kann man für eine Pauschale zwanglos mehrere Stunden oder den ganzen Tag verbringen. Anwendungen, Massagen etc. und Verzehr kosten extra.

U.a. werben neben den oben genannten auch folgende Hotels für der Saison 2017 mit Spa und Wellness:

Dorint, Camp de Mar; ***Melia de Mar***, Illetes; ***Pula Suites***, Son Servera; ***Castillo Son Vida***, Palma; ***Port Adriano*** ebendort; ***Tryp***, Palma; ***S'Entrador Playa***, Cala Rajada; ***Sa Coma Playa***; ***Sa Bassa Rotja***, Porreres; ***Lindner***, Illetes; ***Los Naranjos***, Palma; ***Jardin del Sol***, Santa Ponsa; ***Parc Natural***, Platja de Muro, ***Hilton Sa Torre***, Bahia Grande, ***Grupotel Playa de Palma Spa & Resort***, ***Son Caulelles*** in Marratxi und das ***Gran Vista*** in Can Picafort.

Urlaub und auch ein bisschen Arbeiten in entspannter Fincaatmosphäre ist nur eine der vielen Möglichkeiten auf Mallorca; hier auf der Finca Son Palou in Orient mit Blick über die Ländereien des Landguts

sich, wer will und halbwegs mithält, leicht einklinken. **Joggen** und **Walken** lässt sich auf der Insel so gut wie anderswo, wenngleich gekennzeichnete Routen, größere Parks oder geeignete Sportanlagen in Unterkunftsnähe meist fehlen. Doch viele der in den letzten Jahren neu angelegten oder ausgebauten Promenaden und sowieso längere Strände eignen sich gut dafür.

Inselentdeckung

Dass man das ganze Jahr über an **Bustouren** teilnehmen kann, die ausgetretenen Pfaden des Massentourismus folgen (➪ Seite 442f), ist auf Mallorca wie anderswo; und die **Entdeckung der Insel auf eigene Faust per Mietfahrzeug** wird schon von den Veranstaltern propagiert. Darüberhinaus wartet an bewölkten Tagen die sehenswerte, dann aber eben deshalb oft ziemlich volle **Hauptstadt Palma**.

Entspannung

Man kann andererseits auf Mallorca die Zeit wunderbar mit süßem **Nichtstun** verbringen, in der Sonne liegen, einen Drink oder mehrere davon schlürfen, **deutschen Kuchen und Kaffee wie zu Hause** genießen und sich dabei zweifellos wohlfühlen.

High Life

Einige Orte sind für ihre **Kneipen- und Discoszene** bekannt, wo Bier und *Sangría* »in Strömen« fließen und der Betrieb nach Mitternacht (nur in geschlossenen Räumen) erst richtig los geht, ➪ Seiten 86f und die Ortskapitel ab Seite 160.

Sport in Gruppen

Wer sich lieber in Gruppen als individuell sportlich betätigen möchte, findet mittlerweile für alle auf der Insel möglichen Sportarten **professionelle Anbieter**, darunter auch solche für Extremsportarten wie *Free Climbing*, *Canyoning* oder *Paragliding*.

Kultur auf Mallorca

Das gilt ebenso für kulturelle Interessen, die sich auf **Kunst**, **Architektur** und **Historie** Mallorcas, aber auch auf den in letzter Zeit stark beachteten **Weinanbau** auf der Insel beziehen.

Internet

Eine **Gesamtübersicht** über alle Aktivitäten auf Mallorca, sportlich, kultur- oder konsumorientiert bietet www.sunbonoo.com.

Im Folgenden finden sich zu allen wichtigen auf der Insel möglichen Aktivitäten Hinweise und weiterführende Adressen.

Tennis

Tennis im Hotel oder Club

Zu besseren Hotels und Apartmentanlagen gehört der **Tennisplatz** so unverzichtbar wie der Pool. Die Hausgäste dürfen ihn im Allgemeinen kostenfrei nutzen. An der Peripherie aller größeren Ferienorte gibt es Tenniszentren, teilweise ganze **Clubanlagen** mit allen Schikanen. Darüber hinaus existiert eine Reihe öffentlicher Tennisanlagen, die auch von ausländischen Besuchern genutzt werden können; Liste unter www.mallorca.de/sport/tennis.php5.

Tennis extern

Die externe Platzmiete liegt im Bereich €12-€20/Stunde, eine Buchung ist meist kein Problem. Und wenn es auf der Anlage des eigenen Hotels mal eng wird, ist der nächste freie Court selten weit.

Tennis-center

Kurse gibt es in allen größeren Orten und natürlich in den Clubanlagen. Anmeldung erfolgt vor Ort oder gleich beim Reiseveranstalter. Die meisten kooperieren mit bestimmten Tennisschulen; Eine der besten Adressen für Tennis-Ferien ist das ***Tenniscenter Paguera*** mit der ***Tennis Academy Mallorca***: http://tennisacademymallorca.com, ✆ 0034 971 687 716.

Eine besonders schöne Anlage hat ***Sunshine Tennis***; sie befindet sich an der Ostküste Mallorcas am Ortsrand des ruhigen, nicht verkehrsbelasteten Canyamel (➪ Seite 310) nur 200 m vom Strand entfernt: www.sunshinetennis.com, ✆ 0034 971 841 255.

Im Oktober 2016 eröffnete die ***Rafa Nadal Academy*** bei Manacor mit einer eindrucksvollen Anlage für Tennis-Cracks mit Wellnessbereich, Café und Museum; www.rafanadalacademy.com/de.

Reiten

Reitstall

Zahlreiche **Reitställe** und **-clubs** vermieten ihre Pferde stunden- und tageweise, organisieren **Reitausflüge** und bieten Kurse. »Nur so« und gelegentlich reiten kann man in oder nahe bei fast allen Ferienorten. Reitunterricht kostet ab ca. €13/Stunde bei mehreren Teilnehmern, aber eher €15 oder mehr. Eine ziemlich komplette Übersicht über Reitställe und Reitsportzentren findet man im Internet unter http://mallorca.de/sport/reiten.php5.

Anfänger und Gelegenheitsreiter sind gut aufgehoben im ***Rancho Grande Park*** zwischen Can Picafort und Artà mit Ausritten und Reitspaß nach Cowboyart (www.ranchograndemallorca.com) und bei ***Rancho Bonanza*** in Cala Rajada (www.ranchobonanza.com).

Für Urlaub, in dem **Reiten im Mittelpunkt** steht, eignet sich die ***Finca Predio Son Serra***, www.finca-son-serra.com, ➪ auch »Ausgewählte Quartiere« im Beileger »Optimal unterkommen ...«.

Badeurlaub und Wassersport

Richtiger Badeurlaub ist, wie aus den Erläuterungen zum Klima hervorgeht, kaum vor Mitte Mai möglich, aber dann durchaus bis Mitte Oktober. Die Saison für die **wichtigsten Wassersportarten Segeln, Wind-/Paddle-Surfing und Tauchen** beginnt Ende März/Ostern und endet Ende Oktober, bisweilen im November.

Surfen, Windsurfing, Stand-up Paddle Surf

Es gibt keine größere Bucht, in der nicht gesurft wird. An allen frequentierten Stränden existieren eine oder auch mehrere **Verleihstationen**, häufig verbunden mit Kursangeboten, zumindest aber mit Basisinstruktionen. Die größeren Veranstalter (TUI, Neckermann, Thomas Cook etc.) bieten an ausgewählten Basen Kurse verschiedener Stufen mit Scheinerwerbsoption zu vernünftigen Preisen. Man kann die Kurse vorbuchen, muss das aber nicht. Vor-Ort-Buchung hat den Vorteil, dass man sich noch umentscheiden kann, wenn einem Revier oder Material nicht passen sollten.

Transport

Für **Surffreaks** mit eigenem Brett gibt es **spezielle Tarife** für den Transport im Charterverkehr der Pauschalveranstalter.

Kat-Segeln/ Segelkurse

Nicht ganz so flächendeckend, aber dennoch rings um die Insel findet man **Katamaranverleiher**, oft identisch mit den Surfboardunternehmen. Segelkurse werden indessen nicht an jeder Ecke angeboten. Wer einen Schein machen will, sollte sich an eine der **Segelschulen** wenden, z.B. ***Fabian Sport*** in **Cala d'Or** (✆ 0034 616 893 000, www.marimonte-mallorca.com) oder ***Sail & Surf Pollença*** (✆ 0034 971 865 346, www.sailsurf-pollensa.de).

Kayaks

Wo Wassersport betrieben wird, sind heute Kayakvermietung und -kurse samt geführten Touren nicht weit. Z.B. findet man auf den Portalen www.piraguasgm.com/kayakmallorca, http://mondaventura.com und www.mallorcakayak.com Angebote und Preise.

Kayakpaddeln von Bucht zu Bucht unter der sonst weitgehend unzugänglichen Steilküste im Nordwesten hat die Firma ***atemrausch*** in Cala San Viçente im Programm: www.atemrausch.com.

Tauchen

Schnorcheln als erweiterte Badeaktivität, die überall betrieben wird, wo felsige Küste und klares Wasser zusammen auftreten; ist hier nicht gemeint, sondern das Sporttauchen mit Gerät.

Tauchschulen gibt es in **Cala Rajada, Cala d'Or, Portocolom, Calas Figuera** und **Santanyi, Can Picafort, Illetes, Port de Soller** und **Pollença**. Deren Reviere sind durchaus geeignet zum Tauchenlernen, aber nicht besonders reich an Meeresflora und -fauna mit Ausnahme von Mallorcas Südwestspitze: ***Scuba Activa*** ist eine Tauchschule unter deutscher Leitung in **Sant Elm** (✆ 0034 971 239 102, www.scuba-activa.com); ***Cool Divers*** residiert in **Port d'Andratx** (✆ 0034 630 682510, www.cooldivers.net). Als gutes Tauchrevier gelten auch die Küsten rund um die **Insel Cabrera**.

Pause beim Sea Kayaking

Segeln

Ideales Revier mit günstigen Tarifen

Das Segelrevier rund um die Baleareninseln ist fantastisch. Um Mallorca vom Wasser aus zu erleben und das vielleicht jeden Tag in einem anderen Hafen, einer neuen Bucht, benötigt man kein eigenes Boot. Offiziell gibt es über tausend zur Vermietung gemeldete Segel- und Motoryachten. Die Charterkosten liegen im Bereich ab €1000/Woche. Ein 9-10 m-Boot mit 4-6 Schlafplätzen kostet je nach Saison €1200 bis €4.000/Woche und damit bei voller Nutzung der Kojen pro Person im Schnitt kaum mehr als ein ***Hotelzimmer. Hinzu kommen die Liegegebühren und Nebenkosten. Die Tageskosten/Person sind auch damit kaum teurer als im Hotel der oberen Mittelklasse. Und selbst bei Belegung mit nur vier Personen kommt man nur in der Hochsaison auf Kosten, die denen in einem *****Quartier entsprechen.

Charter/ Internetkontakt

Wer sich für Charterboote interessiert, wird vor allem nach Angeboten im Internet suchen und ggf. auch einen Blick in Yachtzeitschriften werfen. Eine sehr gute Adresse ist *Mallorca Bootcharter* (www.mallorca-bootcharter.de/68) mit einer breiten Palette Bootstypen. Ergiebig ist auch www.cruesa.com mit Booten ab dem ***Real Club Nautico*** in Palma. Bei Früh- und/oder Kurzfristbuchung und noch nicht voller Auslastung gibt es Rabatte auf die Listentarife.

Flottillensegeln

Besitzt man zumindest den DSV-A- oder einen Sportbootführerschein, traut sich aber im fremden Revier das selbständige Führen einer Yacht nicht zu, kann man an **Törns einer Flottille** von mehreren Booten unter Leitung eines Skippers teilnehmen. Die Kosten für 1-2-wöchige Törns sind im Vergleich zur Hotelbuchung ebenfalls erschwinglich. Angebote findet man in den diversen Yachtmagazinen, in Veranstalterkatalogen und im Internet. Dort einfach unter »Flottillentörns Mallorca« suchen.

Nostalgische Segeltörns

Tolle Trips auch für Landratten mit Segelinteresse sind die Törns auf der **42-m-Yacht *Sir Robert Baden Powell*** rund um Mallorca und die Balearen mit Wander- und Tauchunterbrechungen. Früher gehörte das Schiff *Peter Maffay* und war unterwegs als *Tabaluga*«. © in Deutschland: 0228 658 588; www.sir-robert.com.

Katamaran für Tagestörns in Palma

Wandern

Kennzeichnung

Obwohl das Wandern auf Mallorca insgesamt ziemlich populär ist, gehört es doch zu den Aktivitäten einer Minderheit von Urlaubern. Das liegt auch daran, dass die Ausgangspunkte der attraktivsten Wanderungen von den meisten Ferienorten weit entfernt liegen. »Gleich hinter« dem Hotel oder dem Ortsende findet man zwar hier und dort ganz hübsche Spazierwege und vielleicht einen Pfad um die nächste Bucht herum, aber keine »echten« Wanderrouten. Die attraktivsten **Wege mit markanten Zielen** wie alten Wachttürmen, Burgruinen, geologischen Formationen und hohen Gipfeln führen durch Regionen des nordwestlichen Küstengebirges und entlang einsamer Küstenstriche abseits der Besiedelung.

Der alte Pilgerweg von Soller zum Kloster Lluc durch die Schlucht von Biniaraix gehört zu den Wanderhighlights Mallorcas; er ist ein Teilstück der hier ersichtlich restaurierten »Ruta de Pedra en Sec«.

Programmbuchung

In organisierter Form mit festem Standquartier – überwiegend in Ortschaften an der Westküste – und wechselnden Unterkünften samt Gepäcktransport mit ausgearbeitetem Programm bieten mehrere Veranstalter **Wanderwochen** an, die komplett mit Flug und Unterkunft gebucht werden können, z.B. ***Wikinger Reisen*** (www.wikinger-reisen.de) oder ***MIToura*** (www.mitoura.com).

Wanderwochen als Pauschalprogramm mit Unterkunft in Peguera gehören auch zum Angebot der Firma ***Mar y Roc***, deren Touren ebenso selektiv tageweise buchbar sind, ➪ folgende Seite oben.

Buchung geführter Touren vor Ort

Geführte Wanderungen haben den **Vorzug**, dass alle Transportfragen zu Ausgangs- und Abholpunkten im Vorwege gelöst sind und nicht selbst bedacht und geregelt werden müssen. Dazu ist aber nicht unbedingt die Buchung eines ganzen Wanderurlaubs notwendig. Man kann **vor Ort** – speziell im Tal von Sóller (Hotelaushänge) – geführte **Touren auch tageweise buchen**. Die Gruppen sind mitunter recht groß; oft nehmen 30 Personen und mehr teil.

Mar y Roc

Individueller ist der **Wanderservice** der Firma ***Mar y Roc*** in Andratx (*Finca Ses Fontanelles*), die Wandertouren vor allem für Urlauber im Südwesten konzipiert (hat) und mit ihnen zu Ausgangspunkten inselweit fährt. Die Tagestouren lassen sich im Paket oder einzeln auch kurzfristig buchen, sofern bei den auf 14 Personen begrenzten Gruppengrößen noch Platz ist: ✆ 0034 680 322 171, www.mallorca-wandern.de. Spezialität von *Mar y Roc* sind **Höhlentouren**, eine davon sogar mit Baden in unterirdischen Pools.

Wandern mit adliger Führung

Und wie wäre es mit einer **Wanderung unter Führung einer Prinzessin**? Sogar ganz individuell ohne zufällig zusammengestellte Wandergruppe zu relativ moderaten Kosten. Einzelheiten dazu unter www.prinzessin-stolberg.com; ✆ 971 886044.

Individuell wandern/ Wanderbeileger

Außer bestimmten Routen, die über – ohne Führer versperrte – private Grundstücke laufen, steht die überwiegende Mehrheit der zahlreichen Wege auch individuellen Wanderern offen. Sie lassen sich durchweg ohne ortskundige Leitung bewältigen. Einige der schönsten überhaupt, die in erster Linie durch die *Serra Tramuntana* und durch Teilbereiche der Ostküste führen, sind **im beiliegenden Heft »Natur und Wandern auf Mallorca«** beschrieben.

Wanderbeschreibungen in diesem Buch

In diesem Buch wird daneben in den Ortskapiteln auf **zahlreiche weitere Wandermöglichkeiten** hingewiesen. Oft geht es nur um den Hinweis an sich und den richtigen Einstieg, da der Weg ausgeschildert, gut markiert oder ihm ohnehin leicht zu folgen ist. In einigen Fällen hat auch die lokale Touristeninfo Karten und weiteres Material. Wenn angebracht, erfolgt eine ausführlichere Beschreibung (z.B. für das Durchsteigen des *Torrent de Pareis* oder die Küstenwanderung im äußersten Südwesten).

Blick auf den Cuber Stausee von einem Aussichtspunkt entlang des GR221 unterhalb des L'Ofre Gipfels

Wanderpiktos

In den Orts- und Regionenkarten des Reiseteils finden sich an den entsprechenden Stellen **Wanderpiktos**, in der beiliegenden Karte noch einmal die Piktos mit Seitenangabe.

Hinweise auf beiliegender Karte

In der **separaten Karte** beziehen sich die Piktogramme sowohl auf Wanderungen im Beileger (einstellige Ziffern = Nummer der Wanderung) und auf im Buch selbst beschriebene bzw. erwähnte Routen (dreistellige Ziffern = Seitenzahl).

Wanderführer/ Wegenetz

Einfache bis anspruchsvollste Touren für das Wegenetz des westlichen Küstengebirges zwischen Sant Elm und Pollença mit Schwerpunkt auf der zentralen ***Serra Tramuntana*** beschreibt der **RKH-Wanderführer Mallorca** (Neuauflage **2015**). Außerdem enthält er ein **ausführliches Kapitel zum GR 221**, ➪ unten. Eine Besonderheit des Buches ist die Beschreibung aller Wege auch in Gegenrichtung, der Clou jedoch die detailgenaue separate Karte 1:35.000 (mit Höhenlinien). Sie zeigt den genauen Verlauf der beschriebenen Wege und auch gesperrte Routen, die anderswo zwar eingezeichnet, aber nicht entsprechend gekennzeichnet sind. Ebenso wie das Buch wird die Karte mit jeder Auflage akribisch korrigiert; mehr unter der Website der Autoren: www.serratramuntana.de.

Offene/ gesperrte Wege

Tatsächlich sind **Jahr für Jahr erstaunlich viele Veränderungen** und zusätzliche Informationen zu berücksichtigen. Einerseits liegt das daran, dass Wege über privaten Grund und Boden plötzlich gesperrt oder nach Sperrungen wieder geöffnet werden. Zum zweiten haben die Mallorquiner die Bedeutung des Wanderns als touristische Attraktion erkannt und das existierende historische Wegesystem in der *Serra* wie anderswo mittlerweile großenteils restauriert, erweitert und ganz neu beschildert. Das individuelle Wandern wurde dadurch erheblich erleichtert.

Fernwanderweg Ruta de Pedra en Sec GR 221

Die Renovierung des Wegenetzes geschah und geschieht vor allem entlang eines durchgehenden Wanderweges **von Sant Elm nach Pollença**, der 150 km langen sog. ***Ruta de Pedra en Sec*** (»Trockensteinroute«). Die Realisierung ist inzwischen zwar weit gediehen, hapert aber immer noch an der Weigerung einiger Grundeigner, bestimmte Teilstrecken zur Überquerung freizugeben. Sie müssen noch über Teilstrecken an Straßen entlang überbrückt werden.

Refugis (Berghütten)

Immerhin stehen an dieser Route sechs (von sieben geplanten) bewirtschaftete Wanderherbergen, sogenannte »***Refugis***«, in Tagesetappenreichweite zwischen Deià und Pollença zur Verfügung.

Darüber hinaus gibt es einfache, aber komplett mit allem Notwendigen ausgestattete (unbewirtschaftete) Hütten, die sich individuell wie gruppenweise buchen lassen.

Für beide *Refugi*-Typen ist eine Voranmeldung unabdingbar. Sie kann telefonisch erfolgen unter ✆ 971 173700 oder persönlich im ***Infocenter Serra Tramuntana*** beim Kloster Lluc, ➪ Seite 249).

Weitere Informationen über Trockensteinroute und *Refugis* samt Reservierung online unter www.conselldemallorca.net/mediambient/pedra (➪ auch Seite 60).

An vielen Startpunkten für Wanderungen sorgen heute Karten mit Detailinfos für Klarheit (hier alle Wege über die Halbinsel La Victoria)

Reserva Natural Península de Llevant

Ein weiteres, noch kaum bekanntes Wandergebiet ist der Naturschutzpark auf der Halbinsel Llevant oberhalb der Linie Artá–Colonia de Sant Père. Auch dort kann man unbewirtschaftete Hütten mieten (✆ 971 829 595 und 219 oder im Infocenter an der Plaça von Artá). Eine **Verbindungsroute** zwischen der *Tramuntana* und *Llevant* ist im Aufbau begriffen und teilweise bereits ausgeschildert (GR 222 Arta-Lluc), ➪ ebenfalls Website oben.

Jahreszeit

Die **ideale Zeit für Wanderungen** ist Frühjahr oder Herbst. Ab Juni wird es für die anstrengenderen Wege zu warm. Erst ab Oktober sind die Temperaturen wieder wanderfreundlicher.

Wanderer auf dem alten Reitweg des Erzherzogs Luis Salvador hoch über Deià

Auf Mallorca ist man dabei, die Bikerouten der Insel flächendeckend auszuschildern. Bis 2016 gab es fast 500 km explizit für Radfahrer ausgewiesene Strecken

Radfahren/Biken auf Mallorca

Ein Beitrag von Thomas Schröder (www.bikeamerica.de)

Radrouten

Mallorca ist *die* Radler-Insel: Über 90.000 (!) als solche über ihre Buchung bei einem Spezialveranstalter identifizierte Radsportler flogen 2014 nach Mallorca. Tourenradler oder »Normal-Touristen«, die sich für einige Tage ein Rad mieten, sind in dieser Zahl noch gar nicht erfasst. Neben den mittlerweile perfekt asphaltierten Landstraßen gibt es immer mehr Radwege und über 400 km ausgeschilderte Radrouten.

Radurlaub

Die Möglichkeiten für Radferien auf Mallorca sind vielfältig:

- Rennradtage im Trainingscamp
- Radsport-Seminar beim Ex-Profi oder in der Sportler-WG
- Selbst organisierte Rad-Rundtouren
- Geführte Rad-Rundtour mit Kulturprogramm
- Tages-Radtouren vom gebuchten Quartier aus
- Kombination aus Rad- und Mietwagentouren
- MTB-Abenteuer auf tollen Tracks

Beste Jahreszeiten

Auf Mallorca sind die besten Zeiten für Biker **Mitte März bis Ende Mai** und **Mitte September bis** in den **November** hinein. Der Winter kann dagegen recht ungemütlich sein. Speziell für **Rundtouren** (➪ Seite 440) eignen sich gut Mai und Oktober. Da kann man mit leichtem Gepäck unterwegs sein und findet in den meisten Orten in der Regel ohne Probleme ein Nachtquartier.

Karten

Wichtig für die Navigation vor Ort ist eine gute Karte. Recht brauchbar ist die ***Kompass-Karte 3500 Mallorca*** (1:75.000, zwei Blätter), aber vielleicht noch besser eignet sich für Radsportler die ***Mallorca Rennradkarte*** (1:120.000) von ***map solutions*** mit allen ausgeschilderten offiziellen Radwegen (http://shop.mapsolutions.de/biken/rennrad).

Mancher schwört auf die ***Radkarte Mallorca*** (1:200.000) von ***Hürzeler***. Man findet sie in den Vertragshotels dieser Firma.

Mit dem Tourenrad geht's hier vom Santuari de Sant Salvador in Artá auf wunderschöner Route nach Betlem

GPS

GPS braucht man eigentlich kaum auf einer so gut erschlossenen Insel. Wer dennoch GPS-unterstützt seine Kreise ziehen möchte, findet eine Menge Tracks auf Seiten wie www.gpstour.info und www.bikely.com. Eine gute Übersicht digitaler Karten und mehr gibt es unter www.rad-mallorca.de.

Für einen richtigen Bike-Urlaub stellt sich die Frage:

Fahrrad mitnehmen oder mieten?

Bikes als Fluggepäck

Der **Radtransport** mit den gängigen Ferienfliegern kostet um die €50 pro Strecke und erfordert Anmeldung bereits beim Buchen des Tickets. Meist ist eine Verpackung nötig (Radkoffer oder Karton vom Händler), die bis zum Rückflug irgendwo deponiert werden muss. Sofern die Aufbewahrung im Quartier für die erste Nacht geregelt werden kann, macht es Sinn diesselbe Unterkunft auch für die letzte Nacht zu buchen.

Transport ab Airport

Mit eigenem Rad benötigt man auch einen speziellen **Transfer** vom Flughafen zum Quartier, denn die gängigen Taxis sind zumindest für zwei Personen plus Gepäck plus Radkartons zu klein. Bei TUI (www.tui.com) kann man Hotel, Flug und Radtransport buchen, dann nimmt der TUI-Bus das Bike mit (Anmeldung nötig, €15). Die individuelle Lösung ist ein Großraumtaxi, das man vorab bestellt, z.B. unter www.air portmallorcatransfer.com.

Lufthansa

Eleganter geht's mit der **Lufthansa**, die Fahrräder auch unverpackt befördert; man muss nicht einmal den Lenker querstellen oder Luft aus den Reifen lassen (www.lufthansa.com/de/de/Gepaeck-Ratgeber). Für Tourenradler ist das genial: Auf dem *Aeroport Sant Joan* in Palma sein Ross entgegennehmen, Gepäcktaschen einhängen und durchstarten (➪ Seite 440).

Bikemiete

Ein **Mietrad** erspart Transportumstand und -kosten fürs eigene Bike. Ein gutes Mietrad kostet um die €100/Woche, insbesondere bei kleineren Anbietern auch deutlich weniger. Allein *Hürzeler* verfügt über 2.000 (meist neue) Räder, inselweit dürften es mehr als 10.000 sein, E-Bikes und Cityräder zum Cruisen eingeschlossen. Eventuell bringt man Sattel und Pedale von zu Hause mit.

Spezialvermieter

Hier eine Auflistung kompetenter **Radvermieter**. Einige Firmen haben mehrere Standorte. Die Abkürzungen bedeuten:

Rennrad - **M**ountainbike - **T**rekkingrad - **C**itybike - **E**-Bike (**L**) (Anlieferung zur Unterkunft ist in vielen Fällen möglich)

Active Mallorca, www.active-mallorca.com, R, M, T, C (L)
Belori Bike, www.belori-bike.com, R, M, auch Tandem, T, E (L)
Bicycle Holidays (Hürzeler), www.bicycle-holidays.com, R, M, T
Easy Tours, www.easy-tours.de, R, M, T, C, E (L)
Mallorca on Bike, www.mallorcaonbike.com, R, M, T, C (L)
Micobike, www.micobike.com, R, M, T, E (L)
Philipp's Bike Team, www.radferien-mallorca.com, R, T (L)
Pro Cycle Hire, www.procyclehire.com, R, auch Tandem, M (L)
Rad International, www.rad-international.de, R, M, T, E (L)
Fred Rompelberg, www.fredrompelberg.com, R, T, Liegerad, E
Sunshine Bikes, www.sunshine-bikes.com, R, M, T

Miete am Urlaubsort

Eine ganze Reihe weiterer Vermieter findet man auf http://mallorca.de (unter Sport/Radfahren) sortiert nach Orten, und natürlich bei Google – einfach das gewünschte Ferienziel und »Fahrrad«, »Bike« oder »Radverleih« eingeben. Oder beim Bummel durch die Touristenorte und über Strandpromenaden. Wobei bei kleineren Firmen gutes Sportgerät nicht immer erhältlich ist.

Rennrad Pauschalurlaub

Geschätzte 80% aller radelnden *Turistas* nehmen einen **Rennrad-Urlaub** ins Visier, und von diesen buchen die meisten bei einem der rund 20 Radsport-Veranstalter quasi einen Rennrad-Pauschalurlaub. Beim **Branchenprimus *Hürzeler*** heißt ein solches Arrangement **»Radsport-Paket«** und umfasst einen Rundum-Service vom Begrüßungsabend über die erwähnte Straßenkarte, Teilnehmer-Trikot, Werkstatt in jedem Stützpunkt, Radwaschplatz und einen Platz im Radkeller bis hin zum täglichen Lunchpaket und dem Pasta-Buffet nach der Anstrengung der Tagestour. Man kann auch an Rundtouren teilnehmen mit unterschiedlichem Leistungsniveau von der Plausch- über die Hobby- bis zur Speedgruppe, Massagetermine buchen und in der hauseigenen Boutique Radsport-Artikel kaufen. Mehr unter www.huerzeler.com.

Veranstalter

Neben dem Marktführer gibt gibt es eine ganze Reihe von Veranstaltern mit ähnlich komplettem Programm. Dazu gehören auch die bereits oben gelisteten Firmen ***Active Mallorca***, ***Easy Tours***, ***Fred Rompelberg*** und ***Philipp's Bike Team***, aber auch die ***Bikefriends Schon*** (www.bikefriends-schon.de), ***Luxcom*** (www.luxcom-mallorca.com), ***Pino Touren*** (www.pinotouren.de) oder ***Radsport Gusti Zollinger*** (www.gustizollinger.ch).

Alternative Angebote

Trainingscamp, Speedgruppe, gleiches Outfit bis 'runter zu den Socken – das ist nicht jedermanns Sache (netter Artikel hierzu: »Lieber tot als zweiter« unter www.spiegel.de). Für solche Rennradfans, die aber trotzdem in einer Gruppe Gleichgesinnter oder unter Anleitung trainieren möchten, gibt es da ein paar Alternativen: Da wäre etwa **MA-13** (http://ma-13.de). Unter der Bezeichnung führt der Radsportler *Jan Eric Schwarzer* eine Sport-WG auf Zeit in Sineu. In einem hübschen, über 200 Jahre alten Dorfhaus gibt es alles, was des Sportlers Herz begehrt. Ein ähnliches Konzept verfolgt Ex-Profi *Marcel Wüst* mit seiner ***Casa Ciclista*** in Cala Murada an der Ostküste (www.team-casa ciclista.de).

Wer **Rennrad** fährt, gut trainieren und zugleich etwas mehr von Mallorca sehen will, könnte für seinen Urlaub auch einen **Standortwechsel** ins Auge fassen, etwa eine Woche im Süden und eine im Norden. Das geht z.B. bei *Hürzeler* oder *Easy Tours*. Oder wie wär's mit einer **Rundtour inkl. Gepäcktransport**? Sowas bieten z.B. www.vuelta.de, www.radissimo.de oder www.sunbike.info.

Rundfahrt per Fahrrad,
⇨ Kasten Seite 440

Mallorca in seiner ganzen Vielfalt erlebt man besonders intensiv auf einer inselweiten **Rad-Rundtour**. Die könnte 5-10 Tage dauern und lässt sich sehr gut **selbst organisieren**. Zumal es **Mieträder mit Gepäckträger** gibt, wenngleich nicht bei allen Vermietern, aber u.a. bei ***Active Mallorca***, ***Belori Bike***, ***Easy Tours*** und ***Sunshine Bikes***. Wer in der Nebensaison unterwegs ist, muss nicht zwingend jede Übernachtung vorbuchen. Es reicht, jeweils am Vorabend im Internet zu reservieren oder morgens anzurufen.

Mountain Biking auf Mallorca

Nach Überzeugung des Magazins *Mountainbike* ist Mallorca einer der schönsten *Bike Spots* unseres Planeten (⇨ www.mountainbike-magazin.de: *Malle Grazie*). Die *Serra Tramuntana* etwa ist durchzogen von Karrenwegen und Pilgerpfaden, einige davon geeignet und zugelassen für *All-Mountain-* oder *Cross-Country*-Touren. 2015 wurde bei Peguera sogar ein sog. ***Trail Park*** eröffnet (www.rad-international.de/de/mountainbiking). Gute Reviere sind auch die *Península Llevant* und das Hinterland von Alcúdia.

Das Magazin *Bike* (www.bike-magazin.de) hat gute Touren zum Download, ebenfalls www.gpsies.com, www.gps-tour.info, www.bike-aid.de und www.tourfinder.net.

Ein- und mehrtägige geführte MTB-Touren findet man bei www.bikepointmallorca.es, www.vamos24.com, www.m-bike.com, www.sunbike.info und www.roxybikes.de. Komplette **MTB-Urlaube** haben z.B. im Programm www.balearreisen.de, www.radreisen-mountainbike.de, www.vuelta.de, www.joko-biketours.de.

Golf

Anzahl der Plätze und Kapazitäten

Auf Mallorca existieren zur Zeit **21 öffentliche Plätze** (**+3** nur für Mitglieder oder Hotelgäste). Der Vermehrung der Plätze lag die Überlegung zugrunde, dass Golfen nicht von der Anzahl der Sonnenstunden und Wassertemperaturen abhängt. Daher kann man Golfer ganzjährig nach Mallorca locken und mit ihnen Hotelkapazitäten auch in der Vor- und Nachsaison und im Winter besser auslasten. Da auch noch anderswo attraktive Golfplätze entstanden, ist das Angebot oft größer als die Nachfrage. Es gibt daher häufig Sonderaktionen mit reduzierten (Kombi-) Tarifen.

Golf und Gastronomie

Immerhin: Fast alle Golfanlagen liegen in einem schönen landschaftlichen Umfeld, sind großzügig konzipiert und bieten überwiegend eine **attraktive, jedermann zugängliche Gastronomie**.

Golfkurse

Auch ohne bereits Golfer und irgendwo Clubmitglied zu sein, kann man das Spiel auf Mallorca erlernen und es ggf. bis zur Platzreife bringen. Individuelle Kurse lassen sich z.B. bei ***Juan Schmidt Coll*** in der **Golfschule Mallorca** buchen: www.golfschule.com.

Platzreife

Die allgemeine Befähigung für deutsche Golfplätze, also die Platzreife, ist auch bei der ***German Golf Academy*** (www.mallorca.germangolfacademy.de und www.golfmallorca.com zu erwerben.

Golfplätze auf Mallorca

	Bezeichnung	Internetadresse	Löcher	✆ 971 ..
1	Son Vida	www.sonvidagolf.com	18	791 210
2	Son Muntaner	www.sonmuntanergolf.com	18	783 030
3	Santa Ponça I	www.habitatgolf.es	18	690 211
4	Poniente	www.ponientegolf.com	18	130 148
5	Bendinat	www.realgolfbendinat.com	18	405 200
6	Son Termens	www.golfsontermens.com	18	617 862
7	Andratx	www.golfdeandratx.com	18	236 280
8	Pollença	www.golfpollensa.com	9	533 216
9	Son Servera	www.golfsonservera.com	9	840 096
10	Canyamel	www.canyamelgolf.com	18	841 333
11	Vall d`Or	www.valldorgolf.com	18	837 001
12	Capdepera	www.golfcapdepera.com	18	818 500
13	Pula	www.pulagolf.com	18	817 034
14+15	Son Antem (2 Plätze)	www.so-antem-golf.de	18	129 200
16	Alcanada	www.golfalcanada.com	18	549 560
17	Puntiro	www.arabellagolf.de	18	783 038
19	Maioris	www.golf.maioris.com	18	748 315
20	Son Gual	www.songual.com	18	785 896
21	Son Quint	www.sonquintgolf.de	18	783 030

Außerdem gibt es die ***Reserva Rotana*** mit einem 9 Loch-Platz nur für Gäste des gleichnamigen Hotelresort und ***Santa Ponça II*** und ***III*** nur für Mitglieder.

Cluburlaub

Konzeption

Das vom ***Club Mediterranée*** erfundene Konzept der Clubferien mit viel Sport und Animation machte auch auf Mallorca Schule. Der *Club Med* indessen gab seine einzige Anlage auf Mallorca in Portopetro schon vor Jahren auf. Der konzeptionell einst ähnliche, aber weiterentwickelte **TUI-*Robinson Club Cala Serena*** bei Cala d'Or ist zumindest für deutsche Gäste ohnehin attraktiver. Zwischen Totalanimation und einem eher zwanglosen Programmangebot gibt es viele Möglichkeiten. Der wichtigste Unterschied zwischen Cluburlaub und einer Unterbringung in sonstigen mit Sportanlagen gut ausgestatteten Komplexen liegt darin, dass im Club die beliebtesten Sportarten mitsamt Ausrüstungsverleih, Kursen etc. großenteils **keine Zusatzkosten** mehr verursachen.

Robinson Club

Wer den vollen Clubcharakter möchte, kann mit dem erwähnten ***Robinson Club*** nichts falsch machen, der mit ****Unterkünften auf einem enorm großen Gelände seine Spitzenposition unterstreicht. Etwas billiger, aber auch weniger durchorganisiert und von der Lage her nicht so attraktiv ist bei einem ebenfalls guten Angebot über das gesamte Spektrum der vorstehend beschriebenen Sportarten das ***Pollentia Club Resort*** bei Alcúdia, ➪ Beileger »**Optimal unterkommen auf Mallorca**«.

Teil-animation

Als Apartmentanlagen mit unverbindlichem Clubcharakter ragen die Clubs ***Carolina Park*** (bei Cala Rajada), *all inclusive* ***Riu Tropicana*** (Cala Domingos), die ***Ciudad Blanca*** bei Alcúdia und der ***Parque de Mar*** bei Cala d'Or aus dem mittlerweile sehr breiten Angebot heraus.

Clubanlagen

Vor allem in den 1990er-Jahren setzte man auf **Großkomplexe** mit **Pool-Landschaft** samt Dauermusikberieselung. **Viele davon liegen** indessen **strandfern**. Clubanlagen **am Strand** gibt es vor allem in der **Bucht von Alcúdia** an der ***Playa de Muro***. Die meisten verfügen über erhebliche Kapazitäten. Bei vollem Haus herrscht dort rund um den Pool, in Aufenthaltsräumen und Restaurants von früh bis spät Hochbetrieb und Gedränge zu den Essenszeiten.

Glückliche Jungs nach einem Parasailing-Abenteuer vor einer der Clubanlagen an der Playa de Muro

Mallorca, Insel zahlloser Verkehrskreisel, wurde dadurch zum Skulpturenpark. Auch noch im kleinsten Kreisverkehr thront mittig eine – mitunter rätselhafte – Installation, die jedem Fahrzeuglenker Kunstgenuss gratis bietet (hier das Logo der Marina Port Adriano)

Entdeckungsurlaub per Mietfahrzeug

Autoausflüge

Die bequemste Methode, Mallorca zu entdecken, bieten **Auto und Motorrad/-roller**. Deren Miete ist unproblematisch und schnell geregelt (➪ Seiten 103f). Alle Sehenswürdigkeiten und denkbaren Ziele liegen von jedem Ort der Insel aus in Tagesfahrten-Reichweite. Wer bei festem Standquartier einen Teil seiner Ferien auf Entdeckungsreise verbringen möchte, sollte trotzdem nicht gerade ein Hotel an der Ostküste buchen. Sicher kann man auch ab Cala Rajada oder Cala d'Or eine Reihe schöner Ausflüge machen, aber die Mehrzahl besonders reizvoller Rundstrecken und Besuchsziele lassen sich aus dem **Großraum Palma**, den Bereichen **Santa Ponça/Peguera** sowie **Pollença/Alcúdia** und dem westlichen Inselinneren (Fincahotels) leichter und ohne lange Anfahrten erreichen, ➪ Routenvorschläge für Ausflüge ab Seite 418.

Rundreise mit Quartierwechsel

Wer **unabhängig und unternehmungslustig** ist, kann sich **mit fahrbarem Untersatz und ohne feste Hotelbasis** sogar einen maßgeschneiderten Urlaub zusammenstellen, der zu zweit bei vergleichbarer Unterkunftsbuchung nicht teurer sein muss als eine Pauschalreise mit festem Standquartier.

Reservierungen

Der **Mietwagen** kann beim Reiseveranstalter oder in Eigeninitiative im voraus reserviert werden (➪ Seiten 105f), und ab Flughafen *San Joan* geht es dann direkt auf die erste Tagesetappe.

Ob man nun innerhalb kurzer Zeit die ganze Insel »abklappert« oder sich auf einen Bereich und ein paar Abstecher beschränkt, immer besteht die Möglichkeit, sein Tagesprogramm dem Wetter und individuellen Eingebungen anzupassen. Das gilt ganz besonders **ohne vorherige Hotelreservierungen**, die – wie ausgeführt – bis etwa Mitte Mai und abMitte Oktober nicht unbedingt notwendig sind. Man kann sich ohne weiteres dank Internet nach Lust und Laune ohne große Mühe von Tag zu Tag »hangeln«. Im Sommer ist indessen das Risiko, gar nicht oder zumindest nicht im gewünschten Preisrahmen unterzukommen, ziemlich hoch.

Bewertung Rundreise mit Mietfahrzeug

Dieses Urlaubskonzept, das sich beliebig mit Aktivitäten und Bade- und Ruhetagen anreichern lässt, hat manchen Vorzug. Es eignet sich für alle, denen es am Strand nach 2 Tagen zu langweilig wird. Gegenüber Tagesausflügen vermeidet man identische Anfahrten und findet an verschiedenen Orten immer wieder neue Reize. Man muss ja auch nicht täglich die Unterkunft wechseln, sondern bleibt dort, wo man es gut trifft, eben länger.

Ohne fahrbaren Untersatz sind Ziele wie die abgelegene Cala S'Almonia nicht zu erreichen (➪ Seite 352). In diesem wie in anderen Fällen werden in naher Zukunft Autos und Motos sogar ganz ausgesperrt. Man kommt dann nur noch per pedes, mit Fahrrad oder einem Shuttle-Bus zum Ziel

Stadturlaub in Palma oder: Mallorca entdecken mit öffentlichen Verkehrsmitteln

»Palma-lastiges« Straßen- und Busnetz

Die beiden Überschriften scheinen sich zu widersprechen, passen aber in Wahrheit gut zusammen. Ein Blick auf die Karte Mallorcas zeigt die sternförmige **Ausrichtung des Straßensystems auf Palma**. Die Querverbindungen wurden zwar in den letzten Jahren besser ausgebaut, erweisen sich aber in vielen Fällen als eher mühsam und zeitraubend. Das gilt ähnlich auch für die **Buslinien**. Von Palma aus gelangt man relativ leicht an jeden Punkt der Insel, auf den Hauptstrecken sogar mit recht hoher Verkehrsfrequenz. Die Verbindungen zwischen den Orten abseits der wichtigen Achsen sind dagegen im allgemeinen ungünstig, soweit sie überhaupt existieren, ➪ genauer Seiten 95f.

Bus und Eisenbahn

Da auch die **Bahnstrecken** auf Mallorca in Palma beginnen, ist die Hauptstadt der sinnvollste Ausgangspunkt für Fahrten zur Inselentdeckung mit **Bus oder Zug**. Zwar hat man bei Nutzung öffentlicher Verkehrsmittel geringere Flexibilität als mit motorisiertem

Untersatz, aber dafür ist das (bis 2 Personen) meist eine preiswertere Angelegenheit, abgesehen von weiteren guten Argumenten.

Quartier in Palma

Eine Unterkunft mitten in Palma ist eine bedenkenswerte **Alternative zum »Touristenghetto«** – zumindest außerhalb der heißen Periode Juni bis Ende September. Die Stadt bietet alle Voraussetzungen für kurzweilige Abende nicht nur im Zentrum, am Passeig Maritim oder im Restaurant- und Kneipenviertel Santa Catalina, sondern auch im Umfeld mit Superdiskotheken (➪ Seite 88f) und ggf. abendfüllender Unterhaltung (➪ Seite 449f).

Vorzüge

Die Nacht wird man dort oft ruhiger verbringen als in mancher Touristenherberge. Dank der für Spanien typischen Innenhöfe liegen selbst im verkehrsreichen Zentrum viele Hostal- und Hotelzimmer relativ lärmgeschützt; ➪ Hotelempfehlungen für Palma im Beileger. Was fehlt, ist der Strand beim Quartier gleich um die Ecke, wenngleich der »**Stadtstrand**« – von vielen unbemerkt – nicht einmal einen Kilometer von der Kathedrale entfernt liegt.

Mallorcaurlaub und Kultur

Nach Mallorca der Kultur halber? Bis vor etwa 25 Jahren war das noch gar kein Thema. Zwar hatte die Insel mit ihren Ruinen aus römischer Zeit, alten Festungen und Palästen, gut erhaltenen Stadtmauern und Sakralbauten in Palma, manchen Landstädtchen und auf Erhebungen des Inselinneren **kulturhistorisch** schon immer Einiges zu bieten, aber das war es dann auch.

Vor allem seit der Jahrtausendwende hat sich indessen eine Menge getan. Kulturell Interessierte finden heute neben Bauwerken aus alter Zeit und Relikten vergangener Jahrhunderte hochkarätige **Museen** – vor allem **Kunstmuseen** (inkl. ***Museo de Mallorca***, ➪ Seite 124) und eine große Zahl privater Galerien – von beachtlichem Niveau. Darunter befinden sich Kleinodien wie die Herrenhäuser ***Els Calderers*** bei Vilafranca (➪ Seite 370) und – seit langem schon – ***La Granja*** bei Esporles (➪ Seite 215), das ***Centro Cultural*** (bei Andratx, ➪ Seite 210), die Museen ***Sant Antoni*** (Sa Pobla, ➪ Seite 389), ***Ca N'Alluny*** (Deià, ➪ Seite 228) und die Gemäldesammlung der **Stiftung *Jakober*** bei Alcudia (➪ Seite 280).

Und jedes Jahr im September findet die ***Nit de l'Art*** statt. Die »Kunstnacht« läutet die winterliche Kunstsaison ein. 2016 öffneten 25 Galerien und Museen am 17. September bis Mitternacht ihre Tore. Musik, Tanz und Theater in den Straßen Palmas sorgten fürs Beiprogramm; www.nitdelartartpalma.com.

Waren früher die Sommerkonzerte in ehrwürdigen Gemäuern von Valldemossa bis Pollença musikalische Highlights des Jahres, ist heute das inselweite **Konzertprogramm** von Klassik über Jazz bis Rock erstaunlich. Die seitenlangen **Veranstaltungshinweise** von ***Mallorca Magazin*** (http://mallorcamagazin.com/veranstaltungen.html) und ***Mallorca Zeitung*** (http://freizeit.mallorcazeitung.es/agenda) sprechen für sich. Eine gutes **Internetportal** zu Museen und Ausstellungen ist auch www.mallorcaweb.com/exhibitions/museums (Englisch).

Für eine Mallorcareise kann man heute das **Thema »Kulturgenuss«** also ohne weiteres in den Mittelpunkt stellen und ein abwechslungsreiches wie anspruchsvolles Programm genießen – am besten mit Standquartier Palma.

Kombinierter Urlaub: Von jedem etwas

Fazit

Die beschriebenen Möglichkeiten der Urlaubsgestaltung sind nur die wichtigsten Alternativen in »reiner« Form. Viele der **Aktivitäten** lassen sich durchaus miteinander **kombinieren**.

Für individuell optimale Ferien kann man die Elemente mehrerer Urlaubsformen gemäß den eigenen Bedürfnissen übernehmen, sei es geplant oder nach Lust und Laune von Tag zu Tag.

Urlaub mit Kindern

Auch und besonders mit Kindern lassen sich **Mallorca-Ferien** auf diese Art ausgesprochen **abwechslungsreich gestalten**. Vom Standquartier, das entsprechend den Hauptinteressen sorgfältig ausgewählt sein sollte, lassen sich verschiedenartige Tagesprogramme durchführen. Die Übersichten im Kapitel 6 (ab Seite 395) geben zahlreiche Anregungen, was neben sportlichen Aktivitäten sonst noch alles unternommen werden kann.

Und sonst noch?

Weitere Aktivitäten

Mit den vorstehend etwas detaillierter beschriebenen Aktivitäten ist es heute auf Mallorca noch lange nicht getan. Ob **Heißluft-*Ballooning*** (www.mallorcaballoons.com), **Sportfliegen** mit **Ultraleicht-Gerät** (Flugfeld Vilafranca mit Flugschule: www.sky-flugschule.de/urlaub.html), **Klettern** durch die **Canyons der *Serra*** (Details dazu bei www.schreyer-web.de/klettern.htm und http://mondaventura.com) oder an den **Küstenfelsen** (sagenhafte Kletterfotos und Anregungen unter www.psicobloc-mallorca.com, per 4-WD oder Quad auf Kursen über Stock und Stein (www.quad-mallorca.com), es gibt kaum etwas, was sich nicht arrangieren ließe. Ein Blick ins Internet genügt mit den Schlagworten »Mallorca« und der gesuchten Aktivität.

Nach Mallorca des Weines wegen

Immer schon wurde auf Mallorca Wein angebaut. Aber im Bewusstsein der Weinkenner führte die Insel bis vor 20 Jahren ein Schattendasein. Das hat sich gründlich geändert. Man kann heute durchaus des Weines wegen nach Mallorca fliegen. Die Weine zweier Anbaugebiete (**Binissalem** und **Pla i Llevant**) tragen mittlerweile die Bezeichnung »***Denominación d'Origen***«, und auch die Weine der anderen drei Gebiete sind nicht schlecht. Immerhin gibt es heute rund 50 Weingüter auf Mallorca, die über 200 verschiedene Weine produzieren. Viele Güter lassen sich zu den Öffnungszeiten der angeschlossenen Läden auch besichtigen, auf Voranmeldung fast alle. Man kann sogar Urlaub in einer Weinfinca machen (www.candavero.eu) oder sich als Aktionär an der Weinproduktion auf Mallorca beteiligen: http://resident-wein.jimdo.com.

Wen der mallorquinische Wein intensiver interessiert, sollte sich den **Weinguide »Mallorca Wein 16/17«** besorgen. Er enthält alles, was man zu diesem Thema wissen muss, dazu Routenvorschläge durch die Anbaugebiete samt Übernachtungs- und Restauranttipps (gehobenes Preisniveau). Das 160-Seiten-Heft gibt es bei uns im Zeitschriftenhandel und an Kiosken auf Mallorca für € 9,90. Via Internet zu beziehen unter http://mallorca-weinmagazin.com.

Paragliding über der Steilküste der äußeren östlichen Bucht von Palma (Badia Grande); Tandemflüge bei www.paragliding.topactive.com

1.2.5 Welcher Urlaub in welchem Ort?

Vorüberlegungen

Sich vor der Reise bereits einige Gedanken zur Urlaubsgestaltung zu machen, hat den ganz wesentlichen Vorteil, dass man bei der Ortswahl kaum völlig schief liegen wird. Bucht man dagegen kurzerhand das von einem Reisebüro empfohlene oder ein im Internet attraktiv erscheinendes Hotel z.B. an der nördlichen Ostküste, und stellt erst auf Mallorca fest, wie interessant ein weiterer Besuch in Palma wäre und dass man ganz gern die Westküstenstraße in Ruhe abfahren würde, kann man ungünstiger kaum logieren.

Systematik

Zu einer ersten »Groborientierung« findet der Leser im Folgenden eine **Zuordnung von Urlaubsformen zu Regionen und Orten**. In Verbindung mit den allgemeinen Ortskennzeichnungen ab Seite 154 lässt sich ein für die eigenen Interessen und Vorstellungen in Frage kommender Standort bestimmen, ein ganz unpassender Ort sicherlich vermeiden. Die Reihenfolge der Ferienorte/-bereiche unter den einzelnen Aktivitäten berücksichtigt objektive Faktoren, reflektiert aber auch eine Wertung durch den Verfasser.

Zuordnung von Urlaubsformen

Badeurlaub/ Wassersport

Ganz generell Ostküstenziele vor den Buchten von Alcúdia und Pollença, Colonia de Sant Jordi, Sant Elm, Camp de Mar

Surfen und Segeln

Anfänger: Port de Pollença und Colonia de Sant Jordi (*Es Trenc*)

Sonstige: Buchten von Alcúdia und Pollença, Ostküstenorte und ggf. Colonia de Sant Jordi

Tauchen

Sant Elm, Cala Rajada (Cala Lliteras), Calas Figuera und Santanyi, Portocolom, Cala de Sant Vicenç

Tennis

Mehr Platzkapazität im Verhältnis zur Menge der Interessenten existiert in den Orten der Ostküste (Canyamel!) und hinter der Bucht von Alcúdia. Große Tennisanlagen gibt es in Peguera.

Tauchschule an der Cala Lliteras bei Cala Rajada

Golf — **Palma/Illetes** für wechselnde Plätze. Wer lieber weniger fährt und Stadtverkehr vermeiden möchte, wählt Standorte in der Nähe der vier Golfplätze **an der nördlichen Ostküste** (Pula Golf, Son Servera, Canyamel, Capdepera) oder in/bei Santa Ponça **im Südwesten** (Plätze Bendinat, Poniente, Santa Ponça und Camp de Mar), die alle günstig liegen für eine Kombination von Golf- mit Strand- und Badeurlaub. Der Standort Pollença/Alcudia ist für alle geeignet, denen zwei schöne Plätze in der Nähe genügen.

Radfahren — **Gelegentliche Touren**: Port de Pollença, Cala Rajada, Cala d'Or, Sa Coma-Cala Millor-Cala Bona-Costa de Pins, Cala Figuera.

Sportliche Bikeferien: Playa de Palma, Soller-Port de Soller

Wandern — **Gelegentlich**: Port de Pollença/Sóller, Deià, Fornalutx, Binibona, alle Südwestorte, Großraum Palma, Cala Rajada
Häufig: (Port de) Sóller/Fornalutx, Kloster Lluc, Binibona oder Bunyola, Deià, Esporles, Orient, Ferienorte im Südwesten

Reiten — Peguera/Calvia, Cala Rajada, Can Picafort

Motorrad-/Vespafahrten — Mehr **gelegentlich** (an Gutwettertagen): zentrale Ostküste von Cala d`Or bis Cala Rajada mit verkehrsarmen Straßen im Hinterland und wenig Steigungen und damit keine Serpentinen

Zum Spaß, aber auch als Transportmittel zu den attraktivsten Ausflugszielen: Südwestküste, Buchten von Pollença und Alcúdia, Illetes, Playa de Palma

Autoausflüge — **Gelegentlich**: Port de Pollença und d`Alcúdia, Cala de San Vicenç, Orte/Fincas im Inselinneren nicht zu weit östlich der Verkehrsachse Palma-Inca-Alcudia, Südwestküstenorte

Häufige Trips: Illetes, Großraum Palma, Playa de Palma, Port de Pollença oder d`Alcúdia, Sóller (wegen kurzer Distanz zu Palma) aber alternativ auch Orte bzw. individuelle Quartiere/Fincas im Inselinneren mit Schwerpunkt auf Standorten in der Westhälfte

Die **Mehrfachnennung** von Orten und Bereichen zeigt deutlich, welche Ziele in Bezug auf die Möglichkeiten einer abwechslungsreichen Urlaubsgestaltung besondere Qualitäten aufweisen.

Geocaching, eine moderne Variante der »Schnitzeljagd«

Ein Beitrag von Mareike Hartl/Eckenhaid

Seit dem Jahr 2000 hat sich mit der enormen Verbreitung von Handys und der Nutzung von Satellitensignalen auch für die Navigation im zivilen Bereich mit metergenauer Lokalisierung von Objekten das sog. Geocaching weltweit rasant entwickelt. Mittlerweile gibt es über 2,5 Mio Geocaches in über 200 Ländern (Stand Ende 2014) und eine vielfache Zahl von eingetragenen »Geocachern«, die nach diesen »Schätzen« suchen. Allein auf **Mallorca** waren Ende 2016 **über 900 Geocaches** versteckt, und es werden immer mehr. Kurz: Geocachen kann man auch intensiv oder »nur mal so« zur Abwechslung während eines Mallorcaaufenthaltes. Aber der Reihe nach für alle, die geocachen noch nicht kennen:

Geocaching, was ist das eigentlich?

Geocachen (Aussprache »*Geocashen*« wie Bargeld), funktioniert wie folgt: Irgendjemand versteckt einen Behälter (das kann z. B. eine Tupperdose sein), in dem sich mindestens ein Logbuch, oft aber auch »Tauschgegenstände« befinden (sog. *Trades* ohne großen Wert). Die gilt es zu suchen und zu finden.

Wo findet man Geocaches?

Optimalerweise finden sich Geocaches in oder in der Nähe von sehenswerten Orten wie kulturellen Highlights, auf Mallorca etwa bei einer der vielen Wallfahrtskirchen im Inselinneren, entlang oder ein bisschen abseits von Wanderwegen, bei natürlichen (z.B. Höhlen) oder anderen Sehenswürdigkeiten, die man ohne einen Cache nicht besuchen, vielleicht nicht einmal finden würde.

Welche Arten und Größen von Geocaches gibt es?

Zur näheren Kennzeichnung eines Caches unterscheidet man zunächst deren Größe (*size*) und definiert den Schwierigkeitsgrad (*difficulty*) der Suche nach dessen Versteck. Außerdem gibt es noch eine Geländebewertung (*terrain*).

In allen Fällen ist eine Spanne von 1 (leicht) bis 5 (schwer) definiert. So bedeutet etwa eine Geländewertung 1: Der Cache ist auch für Rollstuhlfahrer erreichbar. Terrain 5 heißt: Man benötigt Spezialausrüstung wie z. B. Kletterseile. Die *difficulty* bezieht sich auf den »intellektuellen« Schwierigkeitsgrad der Enttarnung des Cacheverstecks. Je besser ein Geocache getarnt oder je rätselhafter der das Versteck beschreibende Text ist, desto höher die Kategorie.

Die Cachegrößen beginnen mit *micro* (etwa so groß wie eine Filmdose), *small* steht für Größen bis zu einem Volumen von ca. 3/4 Liter. *Regular* kann schon ein größerer Behälter sein. Nach oben hin gibt es kaum Grenzen.

Wie kann ich am Geocachen teilnehmen und wie fange ich die Suche an?

Unter www.geocaching.com kann man kostenlos ein Konto mit einem beliebigen Cacher-Namen einrichten. Auf derselben Seite sind alle auf der Welt existierenden Caches mitsamt ihrer verklausulierten Lagebeschreibung verzeichnet. Caches lassen sich nun unter Ortsnamen (am Heimat- oder auch Urlaubsort auf Mallorca) suchen, um zu sehen, inwieweit in erreichbarer Entfernung Schätze verborgen sein könnten, oder direkt mit bereits bekannten Cachebezeichnungen.

Das Geocache-Abenteuer kann beginnen, nachdem man sich die Beschreibung eines Caches inklusive Koordinaten auf sein GPS-Navi geladen und ggf. auch noch ausgedruckt hat. Womit eine wesentliche Voraussetzung genannt ist, nämlich vorzugsweise das Vorhandensein eines GPS-Gerätes. Es klappt für den Anfang aber auch mit dem Smartphone einschließlich der passenden App für diesen Zweck. Damit kommt man dessen Position schon mal nahe, ist aber durchaus noch nicht am Ziel. Vielmehr beginnt dann erst die Suche richtig.

Für den Erfolg ist wichtig, die Beschreibung gründlich zu lesen, denn sonst bleibt Frust nicht aus! In ihr verbirgt sich oft ein Hinweis (*hint*), den es zu identifizieren gilt. Manchmal gibt es auch ein sog. Spoilerbild, das Aufschlüsse über die Umgebung des Caches vermittelt. Übung macht hier den Meister.

Was muss man als Geocacher beachten?

Man sollte Sorge tragen, dass Nichtcacher (*muggles*) das Suchen und Finden des Caches nicht beobachten. Denn es besteht andernfalls die Gefahr, dass der Cache von nicht Eingeweihten zerstört oder entfernt/gestohlen wird. Nachdem man sich ins Logbuch (➪ oben) eingetragen hat, ist der Behälter wieder an derselben Stelle zu verstecken und ggf. zu tarnen, damit ihn auch weitere Cacher finden können. Getauscht – auch diese Möglichkeit besteht, ➪ oben – werden sollte in der Regel gleichwertig, damit der »Wert« des Caches erhalten bleibt.

Was wird außer GPS/Smartphone noch benötigt?

Mit dabei sein müssen ein Schreibblock und Stifte, weiter zunächst eigentlich nichts. Erst nach einiger Übung mit leichten Caches wird man sich für die Suche nach Caches schwierigerer Kategorien vielleicht hilfreiche Ausrüstungen zulegen (vom Schweizer Offiziersmesser über Flashlights bis zu Steigeisen etc).

Nach der Suche, was dann?

War die Suche erfolgreich, trägt man sich ins Logbuch in der Box ein, tauscht vielleicht etwas und berichtet über Fund und/oder Tausch sowie das Erlebte in kurzen Worten unter www.geocaching.com. Alle Funde werden im Konto des jeweiligen Geocachers dokumentiert.

Auch die Bewertung eines Caches ist möglich, etwa bezüglich der Attraktivität des Umfeldes oder der kreativ-rätselhaften Beschreibung eines Verstecks. Eine Besonderheit ist u.a., dass sogenannte Premiummitglieder des Portals www.geocaching.com (z.Zt. Jahresgebühr €30) Favoritenpunkte vergeben können.

Dieser Adresse werden auch DNFs (*did not find*) gemeldet.

Hilfreiche Links

www.geocoinshop.de/misc/GeocoinshopBroch319_216_Downloadm.pdf
Eine kleine Broschüre zum Herunterladen oder auch zum Ausdrucken

www.geocaching-begriffe.de

Zusammenstellung der wichtigsten Geocaching Begriffe und Abkürzungen

http://mallorca-geo.com

Kontaktadresse fürs Geocaching auf Mallorca

Buchtipp

»Aufzeichnungen eines Schnitzeljägers: Mit Geocaching zurück zur Natur«, Bernhard Hoëcker & Tobias Zimmermann, ISBN 978-3-49962-252-6, €9,99

2. REISEPLANUNG UND -VORBEREITUNG

2.1 Die Wahl der richtigen Unterkunft

2.1.1 Hotels, Hotel-Apartments und Pensionen

Qualitätsstandards und »Sternchen«

In Spanien überwacht ein spezielles Tourismus-Ministerium Qualität und Leistungen des Hotelgewerbes u.a. durch die **Einstufung der einzelnen Häuser in bestimmte Unterbringungsarten** und die Vergabe – ganz selten sogar den Entzug – von **Sternchen.**

Unterbringungsarten

Dabei gibt es eine ganze Reihe feinsinnig voneinander unterschiedener Arten der Unterbringung, von denen auf Mallorca vor allem wesentlich sind: Hotels (**H**), *Apartamentos Turísticos*, also Apartments für Touristen (**AT**) und *Hostales* (**HS**).

Während die Bedeutung der erstgenannten Begriffe keiner weiteren Erklärung bedarf, sind *Hostales etwas* schwerer zu definieren. Es handelt sich bei ihnen immer um kleinere bis – in Ausnahmefällen – mittelgroße Häuser mit maximal drei Sternen, die ungefähr unserem Begriff »Gasthof« entsprechen. Aber Reiseveranstalter übersetzen *Hostal* auch mit »Pension«.

Kategorien

Als Hotels deklarierte Betriebe auf Mallorca weisen bis zu fünf Sterne auf, Apartmentanlagen bis vier Sterne. Ihre Anzahl gibt zwar einigermaßen Aufschluss über den zu erwartenden Standard. Indessen ist die offizielle Kennzeichnung nicht immer hilfreich, da die **Sterne nach formalen Kriterien** vergeben werden. Verfügt also ein Hotel über bestimmte Einrichtungen – von der Größe der Empfangshalle über die Zimmerausstattung und Barkapazität bis hin zur Poolgröße – gibt es dafür Punkte und die entsprechenden Sterne (120 Punkte=1 Stern; ab 700 Punkte=5 Sterne), wobei zu den Bewertungskriterien auch Serviceleistungen und Zusatzangebote (Spa, Tennisplatz) gehören, was fehlende Punkte in anderen Bewertungsbereichen ausgleichen kann.

Beobachtungen auf Mallorca zeigen für die unterschiedlichen Kategorien in etwa folgendes Bild:

★ **in jeder Beziehung sehr einfach ausgestattete Häuser**, nur bei bewusstem Verzicht auf Komfort zu empfehlen. Dann und bei günstiger Lage sind einige **Hostals* manchmal nicht schlecht, wenn es im Sommer auf ein schönes Zimmer weniger ankommt als auf die Schonung des Geldbeutels. *Quartiere sind indessen seit Jahren im Abnehmen begriffen, was auch für **Häuser gilt.

★★ **einfach bis mittel ausgestattete Häuser**, wobei der Übergang zur nächsten ***Qualitätsstufe fließend ist. Mit einigen **Hotels kann man »leben«, speziell, wenn es sich um kleinere Anlagen handelt. Größere, wiewohl kaum noch vorhandene **Hotels sind meist wenig einladend. Ansprüche an das Ambiente der Aufenthaltsräume, an Bar und Restaurant darf man dort nicht stellen.

*** **die »alte« Mittelklasse mit einem breiten Qualitätsspektrum**. Es gibt hier neben etlichen recht guten Häusern einige eher dürftig ausgestattete, meist ältere Hotels, aber auch überdurchschnittliche Anlagen. In den letzten Jahren wurden viele davon renoviert und dann auf – zumindest formale – vier Sterne gebracht (➪ dazu Kasten rechts). Mindestens gutes 3-Stern- bzw. aufgewertetes 4-Stern-Niveau benötigt, wer sich in der Vor- oder Nachsaison an Schlechtwettertagen auch \`mal ins Zimmer zurückziehen möchte und auf angenehme Speisesäle und Aufenthaltsräume Wert legt.

**** **die gehobene Klasse** mit durchweg komfortabel ausgestatteten Zimmern und Klimaanlage. Nur wenige der älteren ****Hotels und der ****Häuser im Bereich des *Turismo Rural* (➪ Seite 55f) enttäuschen. Bei manchen ganz neuen und »hochrenovierten« Anlagen (➪ oben und rechts) ist das in dieser Kategorie erwartete Niveau indessen nur schwer auszumachen. Die Kostendifferenzen innerhalb der Gruppe der ****Hotels (➪ Veranstalterpreise) spiegeln aber alles in allem die Qualitätsunterschiede ganz gut wider. Daher **Vorsicht bei sehr preisgünstigen vier Sternen**!

***** **die Luxusherberge** (z.B. *Valparaiso Palace* und *Ca sa Galesa* bei/in Palma, *Maricel* in Sant Agustin, *Melia de Mar* in Illetes, *Grand Hotel Son Net* und Fincahotel *Son Clare*t in bzw. bei Puigpunyent, *Son Julia* und *Hilton Sa Torre* bei Llucmayor, *La Residencia* in Deià, *Read's* bei Santa Maria, *Jumeirah* über Port de Soller u.a.m). Sie kostet bei Individualbuchung so ca. ab €250/Nacht fürs DZ/F. Einige der neueren *****Häuser bieten nicht das Flair der alten Nobelhotels (➪ Kasten rechts).

*Das Eurotel Punta Rotja (Costa de Pins bei Cala Millor) ist mit seiner großzügigen Pool- und Parkanlage zu Recht seit eh und je ein 4-Stern-Hotel. Hinter der klotzigen Fassade verbergen sich große komfortable Zimmer mit Terrassen, die fast ausnahmslos Weit-/Meerblick haben. Nur wenige neuere ****Häuser können es mit dem Eurotel aufnehmen.*

Die Vermehrung der 4-Stern-Hotels

Schon als Ende der 1990er-Jahre Sommer für Sommer neue Besucherrekorde aufgestellt wurden, sagten die Mallorquiner sich, dass es so nicht ewig weitergehen kann. Einerseits, denn auf das erreichte hohe Niveau der Einnahmen aus dem Tourismus, besser noch dessen Steigerung, wollte andererseits niemand verzichten. Und so erfand die damalige Regierung der Balearen den mittlerweile zu einer Art »Unwort« erklärten Begriff »**Qualitätstourismus**«. Dieser sollte Wachstum nicht durch höhere Besucherzahlen, sondern über **höhere Einnahmen pro Urlauber** bringen, so die im Prinzip nicht ganz falsche Idee, wie die Entwicklung zeigt. Für dieses Ziel begann man u.a., Abriss und Modernisierung nicht mehr zeitgemäßer Unterkünfte zu fördern, und genehmigte den Neubau bzw. das renovierte Hotel nur noch ab ****Niveau oder im Bereich Agrotourismus (➪ Seite 55f). Das entsprach und entspricht durchaus dem Nachfragetrend.

Die Zahl der seither zu ****Hotels »aufgepeppten« früheren **/ *** Häuser ist beachtlich. Viele Umbaumaßnahmen waren indessen so angelegt, dass nach der Modernisierung gerade die (formalen) Kriterien erfüllt und damit die Punktzahlen erreicht wurden, die zum Aufstieg in die höhere Kategorie berechtigten. Bisweilen korrespondiert die spür- und sichtbare Verbesserung nur beim Blick durch rosarote Brillen mit den gewährten zusätzlichen Sternen.

Gelegentlich, so scheint es, mag auch die gute Beziehung zur Einstufungsbehörde förderlich gewesen sein. Denn Anlage und Ambiente eines Hotels lassen sich durch neue Auslegeware, Flachbild-TV, Badverschönerung und Retuschen im Barbereich samt Wifi in allen Räumen oft eben nur in Grenzen positiv verändern. Ein **Vergleich** zwischen hochgestuften bzw. neuen ****Hotels mit höherklassigen Häusern älteren Datums (➪ das *Eurotel* Foto links) zeigt: die Newcomer können oft nicht mithalten und sind »verkappte« moderne ***Unterkünfte, die – zugegeben – ein wenig mehr Komfort bieten als ihre Vorgänger aus den 1970er- und 1980er-Jahren. Immerhin sind die Tarife solcher »Quasi-****Anlagen« – zumindest bei Pauschalbuchung – in aller Regel ganz o.k. fürs Gebotene. Insbesondere gilt das bei *»all-inclusive«*, einem Angebot, das sich auch auf Mallorca durchgesetzt hat und neuere ****Anlagen nicht auslässt.

2

Aparthotels

Den **Sternchen im Hotelwesen** entsprechen die **Schlüssel bei den Apartments**, soweit es sich um reine Apartmentanlagen handelt, die nicht mit einer Art Hotelbetrieb – etwa mit Option auf das tägliche Frühstücksbüfett oder sogar Halbpension – direkt verbunden sind. In diesem Fall gelten wiederum Sternchen.

»Schlüssel«

Die Vergabe der Schlüssel richtet sich – soweit ersichtlich – eher nach äußeren Gegebenheiten als nach der »inneren« Apartmentqualität wie Geräumigkeit, Möblierung oder Terrassengröße.

4-Schlüssel Apartments gibt es heute eine ganze Reihe, darunter manche »hochrenovierte« **3-Schlüssel Anlage** (➪ Kasten) und neuere Häuser. Der Standard ist meist in beiden Fällen o.k. und genügt mittleren Ansprüchen. Gehobenen Standard bieten aber fast nur teurere Anlagen, wie das ***Parque de Mar*** in Cala d'Or, oder Apartments in Fincahotels. Die verbliebenen 2-Schlüssel-Apartments erfreuen ihre Gäste höchstens durch ihren Tarif.

*»Echtes« ****Hotel Nixe Palace über dem Strand von Cala Mayor. Einige Veranstalter bewerten es auch mit 4,5 oder 5 Sternen und führen das Haus zu erstaunlich unterschiedlichen Tarifen, ➪ unten.*

Die Angebote der Reiseveranstalter

Prüfung vor Ort

Der Verfasser hat sich **mehrere hundert Hotels und Apartmentanlagen** und zudem viele ***Hotelfincas*** angesehen, die von deutschsprachigen Veranstaltern angeboten werden. Dabei wurde kein Urlaubsort ausgelassen. Die Hinweise und Empfehlungen im Beileger »Optimal unterkommen auf Mallorca« beruhen durchweg auf persönlicher Besichtigung. Sie beziehen sich auch auf Häuser, die nicht bei Veranstaltern zu finden sind. Die generellen Erkenntnisse der von Auflage zu Auflage aktualisierten Recherche sind in den folgenden Absätzen zusammengefasst.

Dabei geht es hier zunächst um Fakten und relativ objektive Feststellungen. Kriterien der unvermeidlich subjektiv gefärbten Bewertung »inspizierter« Anlagen und der darauf basierenden Empfehlung finden sich im Beileger »Optimal unterkommen ...«.

Kennzeichnung

Vergleicht man die **Beschreibungen der Veranstalter** in Katalogen und Buchungsportalen mit der **Realität vor Ort**, lässt sich feststellen, dass Hotel- oder Apartmentangebote überwiegend klar und fair beschrieben sind. Einige Firmen verstecken die **offizielle** (spanische) **Stern-Kategorie** ein bisschen unauffällig in der Beschreibungstext. Ein paar verzichten ganz auf deren Nennung und vergeben eigene Bewertungen. Dabei erhält ein besseres ***Haus auch schon mal wohlmeinende vier Bewertungspunkte, und spanische vier Sterne werden zum *****Luxus. Seltener läuft es umgekehrt.

Realität, Prospekt und Internet

Trotz der zugestandenen, weitgehend korrekten Beschreibung, die auch negative Umstände nicht verschweigt oder zumindest durch sehr nüchterne Wortwahl andeutet, klaffen **Prospekt-/Interneteindruck** und **Wirklichkeit** nicht selten erheblich auseinander. Und zwar sowohl im positiven als auch im negativen Sinne; freudige Überraschung über das unerwartet gute Zwei-Stern-Haus wie auch Ernüchterung über die Mängel eines ****Hotels sind drin.

Ohne eigene Vorerfahrung oder die Empfehlung anderer ist bei ausschließlicher **Buchung nach Prospekt** bzw. **im Internet** das Risiko, nicht »das Richtige« zu erwischen, relativ hoch. Reisebüros können da selten ernsthaft helfen: »Buchen unsere Stammkunden immer wieder gerne«, sagt gar nichts. Tatsächlich kann auch der/die beste Reisebüromitarbeiter/in nur einen Bruchteil der Häuser, die auf Mallorca und `zig anderen Urlaubszielen zu buchen sind, selbst kennen. Der Kunde darf froh sein, wenn man im Reisebüro Prospekte und Internetseiten besser interpretiert als er selbst, und daraus passende Vorschläge herausfiltert.

Qualitätsunterschiede

Es ist klar, dass den Reiseveranstaltern viele der aus Katalog- und Internettexten nicht zu entnehmenden Qualitätsunterschiede zwischen sog. »gleichwertigen« Häusern bekannt sind. Aber sie können natürlich nicht schreiben: »*Dies ist unser bestes ****Haus am Platze und auch nicht teurer als die anderen*«, wer wollte dann noch auf die Alternativen ausweichen, wenn die No.1 ausgebucht ist? In der Umkehrung gilt das auch für die nicht so erfreulichen Unterkünfte: zwangsläufig ist immer eines von mehreren Hotels einer Qualitätskategorie das schlechteste, wie auch immer man die Kriterien gewichtet. Eindeutige Hinweise darauf sind nicht zu erwarten. Wichtig zu wissen ist, dass **Preisunterschiede innerhalb derselben Stern-Kategorie nicht notwendigerweise auch Qualitätsunterschiede signalisieren. Das preisgünstigere Haus kann durchaus das insgesamt angenehmere sein**.

Angebotsvergleich

Jede Klarheit geht verloren beim Vergleich der Angebote mehrerer Veranstalter. Bisweilen stößt man auf erstaunliche Differenzen. Die zu durchschauen ist nicht ganz einfach, denn die Preisangaben mit ihren Nebenbedingungen, Saison- und Sonderregelungen sind oft alles andere als transparent. Dennoch ist der günstigste Preis für ein bestimmtes Haus während eines vorgegebenen Zeitraums nur über die Sichtung mehrerer Kataloge bzw. Veranstalter-/Vermittlerportale im Internet zu ermitteln. Hilfreich sind dafür auch die Webauftritte der **Zeitschriften *Clever reisen*** (www.fliegenundsparen.de) und ***Reise & Preise*** (www.reiseundpreise.de).

*** Eldorado Sun Club, prima Anlage in Alleinlage über der südlichen Steilküste für preiswerten Familienurlaub all-inclusive (bei relativ einfacher Unterbringung)*

Subjektive Ratschläge

Das Angebot an Unterkünften ist kaum überschaubar, ebensowenig das Preis-/ Leistungsverhältnis ohne Vorerfahrung oder den Supertipp von Freunden. Was also buchen, wenn es denn Mallorca sein soll?

Dahingestellt sei einmal die Frage nach dem wo? und was? (Apartment, Hotelzimmer, Agrofinca etc.). Nur die Kosten mögen eine Rolle spielen, Ausgangspunkt sei **1 Woche Urlaub zu zweit** im Juni. ***Häuser mit Halbpension sind zu dieser Zeit bei Veranstaltern zwischen €400 und €700 pro Person im DZ inkl. Flug zu haben. **Der Rat des Autors hier**: das preiswerteste Angebot nehmen, wenn das Haus nicht total abschreckt. Die Zimmer sind bei drei Sternen im Allgemeinen zumindest o.k. Mit der Kostendifferenz von bis zu €600 (für 2 Pers.), mietet man z.B. ein Auto (ab €150/Woche) und hat trotzdem noch €64/Tag übrig. Damit »pfeift« man ggf. auf das Abendbuffet im Großraumspeisesaal des Hotels und genießt dann und wann die mallorquinische Gastronomie außerhalb.

Wer das Billigangebot nicht riskieren möchte und auch €1.400 + Nebenkosten für zwei Personen bezahlen könnte, der sollte rechnen und noch ein bisschen 'drauflegen: Eine Woche in viel besserer Unterbringung mit Superfrühstück in einem gediegenen Umfeld oder auf der Terrasse kostet in manchem Finca- oder anderem Individualhotel für 2 Personen so um die €1.000. Die Flüge dazu lassen sich im Internet ab ca. €200/Person oder auch schon mal darunter (*Ryanair*) buchen. Fehlt noch das Dinner. Bei €60/Tag im Schnitt dafür in wechselndem Ambiente sind das etwa plus €400 bei ansonsten ähnlichen Nebenkosten, wunderbarer Aufenthalt ziemlich garantiert.

Kurz: ganz billig ist o.k.und kann in der warmen wettersicheren Jahreszeit eine prima Sache sein, wenn dadurch die Unterbringung prinzipiell gesichert ist. Bei mittlerem Preisniveau fragt sich aber, ob man nicht lieber etwas aufstocken und sich damit richtig runde Urlaubstage gönnen sollte.

Die fast kostenneutrale Alternative fürs Beispiel: 2 Tage kürzer fahren! Denn fünf wirklich gute Tage sind allemal besser als eine volle Woche Mittelmaß.

*Am Strand bzw. an der Promenade von Can Picafort stehen fast nur einfache ** und ***Häuser, aber deren Lage ist für Badeurlaub o.k. und dafür nicht teuer, ➪ dazu den Text oben.*

Nostalgischer Frühstückstisch im »Raims« in Algaida, eine schöne Alternative an Schlechtwettertagen. Bei warmer sonniger Witterung können die Gäste dieses früheren Weinguts im grünen Innenhof draußen sitzen

Die individuelle Hotelbuchung

Aspekte

Die – wenngleich in Zeiten des Internet abnehmende – Mehrheit der Urlauber bucht Mallorca als **Pauschalarrangement**, also Flug, Unterkunft und Mahlzeiten vom Nur-Frühstück bis zur Vollpension oder »*all inclusive*«. Das ist bequem und erprobt in der Abwicklung, dazu oft preisgünstiger als die getrennte Buchung von Flug und Unterkunft in Eigeninitiative. Indessen gilt das nicht immer. Außerdem gibt es positive Aspekte (➪ umseitig) der individuellen Buchung, die manch einem zusätzliche Mühe wert sind.

Tatsächlich sind **Hotelauswahl** mit Verfügbarkeitsabfrage, **Reservierung** und koordinierte separate Flugbuchung im »Individualverfahren« vergleichsweise aufwendig. Auch die Anfahrt vom Airport Palma zur Unterkunft muss man dann selbst arrangieren.

Vorgehen

Ein Großteil der von Veranstaltern angebotenen Quartiere lässt sich auch individuell ohne Flug buchen, wobei das bei vielen Veranstaltern sogar alternativ möglich ist.

Hotelportale

Ebenso und nicht zuletzt für Vergleichszwecke eignen sich auch für Mallorca die bekannten Buchungsportale im Internet wie z.B. www.hotel.de oder www.booking.com. Erstaunlicherweise ist dort manches Haus zu günstigeren Tarifen zu buchen als bei Direktkontakt, aber auch der umgekehrte Fall ist nicht ganz selten.

Individualsuche

Wer die Vermittler auslassen möchte und sich an die Empfehlungen dieses Buches im separaten Beileger hält, spart sich die Mühe des Selbsteintippens fremdsprachlicher Adressen bei Nutzung der Website www.reisebuch.de/mallorca. Die im Beileger aufgeführten www-Adressen sind dort gelistet und verlinkt. Per Klick lassen sie sich direkt aufrufen. Das gilt ebenso für die E-Book-Version dieses Reiseführers.

Hotelfinca C'as Curial bei Sóller

Reservierung per Fax/ Telefon

Reservierungen per Telefon ins Ausland waren immer eine **unsichere Angelegenheit** und selbst für Geübte sprachlich oft mühsam. Ein auch 2017 noch (!) möglicher, wiewohl nur noch selten genutzter Weg ist das Fax (durchaus auf Deutsch geschrieben), mit dem sich – immer noch – fast alle Unterkünfte erreichen lassen.

Buchung im Internet

Internetbuchung ist **mittlerweile die erste Wahl**; sie hat neben Fax und Telefon letztlich auch bereits die relativ mühsame Anfrage per E-mail verdrängt. Selbst kleinere Häuser – vor allem im gehobenen Segment – besitzen heute ihren eigenen individuellen Internetauftritt mit **Buchungsmasken**.

Vorteile des individuellen Vorgehens

Eine **vom Flugticket getrennte Hotelbuchung vom Heimatland aus** sollte immer ins Auge fassen, wer die damit verbundenen Vorteile als wesentlich empfindet, als da sind:

- Unterkommen in einem bestimmten **Hotel**, das im Pauschalangebot nicht zu finden ist oder nur mit **unerwünschter Verpflegungsregelung**. Individuell lässt sich – zumindest außerhalb der Hochsaison – **fast jedes Hotel auch nur mit Frühstück** oder sogar ganz ohne Mahlzeiten buchen.
- **hohe Flexibilität** bei der **Anzahl der Urlaubstage** und variable Abkürzung/Verlängerung je nach Wetter und Laune.
- An- und Abflug an selbst bestimmten Wochentagen, vor allem **Auswahl der Abflugzeit** an größeren Airports mit höherer täglicher Frequenz der Abflüge nach Mallorca.

Buchung nach Ankunft

Die letzten beiden Punkte gelten natürlich auch bei separater Flugbuchung, wenn man die endgültige **Hotelwahl und -buchung erst nach persönlicher Begutachtung** auf der Insel vornimmt oder zunächst nur die ersten Nächte reserviert und dann weitersieht. Die

Methode ist zwar etwas unkomfortabel, hat aber den Vorzug der optimal auf die eigenen Vorstellungen zugeschnittenen Lösung.

Nur zwischen Anfang Juni und Ende September ist so ein Vorgehen riskant, ansonsten für das Gros der Unterkünfte unproblematisch. Denn im allgemeinen gibt es mit Ausnahme der Weihnachts-, Neujahrs- und Ostertage und ganz besonderer lokaler Ereignisse **von Oktober bis Ende Mai immer und überall noch freie Zimmer** in allen Kategorien, wobei von November bis Februar einschließlich bedacht werden muss, dass viele Häuser Winterpause machen.

Kostenvergleich individuelles Vorgehen / Pauschalbuchung

Bei einem Vergleich von Pauschalangeboten und der summierten Kosten aus separat gebuchtem Flug und Quartier(en) ergeben sich **finanzielle Vorteile** zugunsten eines individuellen Vorgehens nur **bei intensiver Internetrecherche**. Dabei stößt man bisweilen auf sehr günstige Pauschalangebote unter den sog. »regulären« Veranstalterpreisen, deren »Haken« normalerweise nur die Reisedaten sind (kurzfristig oder nur schwach gebuchte Häuser/Perioden z.B. bei www.travelzoo.com/de). Wer zeitlich flexibel ist, profitiert.

Turismo Rural, Agroturismo und Turismo de Interior

Individualisten und Trendsetter zieht es auf Mallorca – statt in Hotels der großen Ferienorte an den Küsten – gerne in Fincas und alte Stadthäuser, die zu kleinen, oft idyllisch gelegenen Individualhotels umgebaut wurden. In den letzten 20 Jahren schossen diese »wie Pilze« aus dem Boden. Daran war die Europäische Union nicht ganz unschuldig. Brüssel förderte vor allem in den 1990er-Jahren die Umstellung unrentabler landwirtschaftlicher Betriebe auf touristischen Einkommenserwerb durch Kreditgewährung und Zinssubventionen.

Die durchaus zutreffende Idee dahinter war: Wenn Oliven- und Orangenbäume und andere Zweige der Landwirtschaft nicht mehr genug abwerfen, um eine Familie zu ernähren, könnte das alte, romantisch felsgemauerte Gehöft nach Umbau und Modernisierung gerade das bieten, was manche Urlauber suchen.

Zahlreiche unübersehbare Wegweiser an den Landstraßen im Inselinneren tragen daher heute den Hinweis ***Turismo Rurál*** und ***Agroturismo***. Beide Begriffe können mit **»Ländlicher Tourismus«** übersetzt werden. Doch in Spanien unterscheidet die Tourismusbehörde Häuser mit Hotelcharakter, die in die Sternekategorien eingeordnet werden (*Turismo Rurál*, wobei »ländlich« ein weit gefasster Begriff ist; auch einige Kleinstadthotels dürfen sich als *Hoteles Rurales* bezeichnen, während wiederum andere unter dem Begriff ***Turismo de Interior*** laufen), und andere, die sich den dafür geltenden Kriterien entziehen (*Agroturismo*), weil es an bestimmten Serviceeinrichtungen w.z.B. einer Bar fehlt. Die Abstufungen beim Grad der Bewirtschaftung sind zahlreich, viele derartige Fincas sind aus Gästesicht faktisch kleine Hotels.

Eines haben ***Fincas***, ***Casales*** (wörtlich: »Häuser«), ***Granjas*** und ***Predios*** gemein (letztere: »Gutshöfe« und »Landsitze«): Für den Tourismus umgestaltet sind sie alle nicht ganz billig und kosten etwa ab € 100 fürs Doppelzimmer mit Frühstück in der Nebensaison (!) und mehrheitlich weit darüber. Bei richtiger Wahl sind viele das Geld durchaus wert, eine Reihe von ihnen aber auch nicht.

Wichtig zu wissen ist, dass alle Bezeichnungen – »*Hotel Rurál*« »*Casa/Apartamento Rural*«, »*Agroturismo*« und »*Turismo de Interior*«– an die Mitgliedschaft im Verband ***Associación Balear de Agroturismos i Turismo de Interior Balear*** gekoppelt sind, die Beiträge kostet. Manche Eigentümer von Finca- oder Stadthotels verzichten daher darauf. Die Realität zeigt, dass ein gutes Preis-Leistungsverhältnis nicht von der Verbandsmitgliedschaft abhängt. Es gibt durchaus weniger »umwerfende« Verbandshäuser einerseits und andererseits tolle Fincas und Landhotels, die kein offizielles Siegel tragen.

Alle dieser *Associación* angeschlossenen Unterkünfte sind auf der Internetseite www.rusticbooking.com/de verzeichnet. Neben ein paar hübschen Fotos bietet dieses Portal aber nur wenig aussagekräftige Kurzbeschreibungen und nicht genügend Detailinformation. Ein Durchklicken auf die Websites der Hotels und Fincas ist mangels Angabe nicht möglich, ebenso fehlen Telefonnummern und E-Mail zur direkten Kontaktaufnahme. Buchen kann man nur über die Adresse der *Associación* per E-Mail oder bei ihr telefonisch. Um mehr zu erfahren, dürften sich viele Interessenten die kleine Mühe machen, das – vor allem im Fall der Fincahotels – immer vorhandene Internetportal des jeweiligen Hauses selbst herauszufinden und damit den Direktkontakt herzustellen.

Eine bessere Übersicht über das Angebot im Sektor *Turismo Rural/Agroturismo* einschließlich der Häuser ohne Verbandsmitglieschaft liefern kommerzielle Vermittlungsagenturen. Man findet sie im Internet mit Hilfe des Suchbegriffs »***Fincahotels Mallorca***«, wobei dort ebenfalls die Unterschiede bezüglich einer komfortablen Suche und Buchung groß sind. Man muss auch wissen, dass immer nur ein Teil des Gesamtangebots bei einer Agentur liegt. Es gibt eine ganze Reihe von Häusern, die über mehrere Portale (und pauschal über Veranstalter) gebucht werden können. Einige Häuser finden sich aber auch exklusiv nur bei einer Agentur (pro wichtigem Herkunftsland der Gäste). Große Agenturen bieten quantitativ mehr, kleinere Agenturen punkten ggf. mit mehr Detailkenntnis des Personals und höherer Beratungskompetenz. Auch über internationale Buchungsportale wie www.booking.com kann man Hotelfincas buchen.

Fincahotel ***Albellons Parc Natural*** *bei Binibona, eine der attraktivsten Hotelfincas der Insel, zugleich ein Familienbetrieb par excellence. Von einer grandiosen Frühstücks- und Dinnerterrasse blickt man weit übers Land*

Kleine zum idyllischen Ferienhaus umgebaute Steinfinca in den Bergen bei Fornalutx (www.fincasmallorca.de)

2.1.2 Ferienwohnungen und Ferienhäuser/Fincas

Miete vom Wohnort aus in Eigeninitiative

Pauschal- und Individualbuchung:

Hotel-Apartments sind, obwohl in vielen Fällen eher eng als geräumig, **selten billig**. Sofern die Kosten für Verlängerungstage nicht separat ausgewiesen sind, lassen sich die Mietkosten dafür bei Pauschalangeboten leicht aus dem Preis ableiten, indem man die Flugkosten bei Eigenanreise abzieht. Außerhalb der Monate Juni bis September verlangen an Reiseveranstalter nicht gebundene Vermieter für identische Zeiträume oft weniger. Dabei stehen die für den Pauschaltourismus typischen Ein- und Zweiraumapartments (in größeren Anlagen) auf dem individuellen Markt

Das Angebot

kaum zur Verfügung; die meisten derartigen Wohnungen sind geräumiger und von der Ausstattung her ansprechender.

Zunehmend bieten auch **Reiseveranstalter** Wohnungen in kleineren Komplexen und Fincas auf dem Land an, die zu Ferienhäusern umgebaut wurden, so z.B. ***TUI***, ***Thomas Cook*** und ***Jahn-Reisen***.

Kosten

Akzeptable **Ferienwohnungen** gibt es in der Vor- und Nachsaison ab ca. €70/Tag aufwärts. Nur besonders attraktive und/oder große Objekte kosten ab November bis Ende April (außer Weihnachten-Neujahr/ Ostern) über €120/Tag (die Preise beziehen sich auf 2016 im Internet gefundene Angebote). In der Sommersaison steigen die Tarife in vielen Fällen auf das Drei-Vierfache je nach Lage und Komfort. In den meisten Fällen werden **Wochenpauschalen** genannt, kürzere Zeiträume selten erlaubt.

Ferienhäuser/ Fincas

Das Angebot an **Ferienhäusern** ist ebenfalls vielfältig. Von der kleinen Finca für 2 Personen im Hinterland für € 600/Woche bis zur Luxusvilla am Meer mit 300 m² für €5.000/Woche gibt es alles.

Internet-agenturen

Spezialisiert auf die Vermietung von Ferienhäusern (Fincas) und Wohnungen auf Mallorca ist heute eine ganz Reihe von großen – w.z.B. www.mallorca-holiday-letting.com – als auch kleineren Anbietern, wie z.B. www.fincasmallorca.de (vor allem für den Bereich Sóller/Dèia und Umgebung). Letztere sind »nah dran« und vertraut mit jedem einzelnen Objekt. Überwiegend kann man sich auf den Internetportalen wie bei den Hotelfincas ein recht gutes Bild von den jeweiligen Details machen. **Suchmaschinen** listen zahlreiche weitere Vermittler wie Direktangebote der Vermieter unter »***Fincas Mallorca***« oder »***Apartments Mallorca***«.

Tatsächlich läuft heute das Gros der Vermietungen über Agenturen, da sie für den Vermieter den Aufwand reduzieren und gleichzeitig dem Mieter eine hohe Sicherheit des technischen Ablaufs bieten, wenn die Vertretung vor Ort den anreisenden Urlauber (zur Not auch spät abends) empfängt, die Schlüsselübergabe, Kautionshinterlegung etc. regelt und während des Aufenthalts in einem – ggf. zu Geschäftszeiten geöffneten – Büro ansprechbar ist.

Vermittlungsprobleme

Es gibt auch große Anbieter im Internet, die auf ihren Portalen Privatvermietungen nur »bündeln« und damit den Kontakt erleichtern. Außer dieser Vermittlung werden sie nicht weiter aktiv. Bei Interesse an einem Objekt hinterlegt der Anfrager seine Telefonnummer und/oder E-Mail und wird dann vom Eigentümer kontaktiert. Oder auch nicht, wenn der gerade abwesend ist oder nicht in seine Mails schaut. In vielen Fällen ist im Internet mangels Terminpflege durch die Eigner nicht zu ersehen, welche Zeiten schon belegt sind. Vor Ort fehlt professionelle Betreuung und die Möglichkeit einer Problemklärung, wenn der Vermieter z.B. in England lebt und die Schlüsselübergabe durch Nachbarn erfolgt.

Direktkontakt/ airbnb

Viele – darunter auch als Vermietungsobjekt nicht registrierte (➪ rechts) – Wohnungen und Häuser lassen sich nur beim Eigentümer selbst bzw. über www.airbnb.de buchen. Dank der Kooperation mit airbnb sparen Vermieter den Unterhalt einer eigenen Website und zahlen eine bei weitem geringere Vermittlungsgebühr als bei den oben genannten Portalen. Für den Mieter ist die Abwicklung (Sclüsselübergabe etc. sehr früh oder spät abends) vor Ort bei An-/ Abreise ohne Agentur bisweilen kompliziert.

Diesen Blick auf Bucht und Port de Sóller kann man mieten (www.fincasmallorca.de)

Suche und Miete vor Ort (für längerfristige Aufenthalte)

Situation

Einfach nach Mallorca zu reisen und sich erst dort nach einer passenden Ferienwohnung bzw. einem Haus umzusehen, ist ein bisschen aufwendig, hat aber den Vorzug der Besichtigung vor Ort. Es bedingt die Motorisierung ab Flughafen und vorübergehende Einquartierung in ein Hotel, bis man fündig geworden ist. Die damit verbundene Unbequemlichkeit und der Zeitverlust rechtfertigen dieses Vorgehen eigentlich erst ab einer Aufenthaltsdauer von 4-6 Wochen, besser länger. Gar nicht zu empfehlen ist es in der Zeit von Juni bis Ende September. Bis Mitte Mai und ab Mitte Oktober sind die Erfolgsaussichten gut.

Kosten

Im **April** (Ausnahme Ostern), **Mai** und **Oktober** sind ansprechend ausgestattete 2-3-Zimmer Apartments in günstiger Lage ab ca. €500-€600 pro Woche zu haben. Im **Juni** und **September** liegen die Forderungen ab €800 und mehr bei abnehmender Verfügbarkeit. Im **Hochsommer** geht's in guten Lagen bei über €1000/Woche los.

In den **Wintermonaten** (November bis einschl. März) lassen die meisten Eigentümer über den Preis mit sich reden. Wohnungen gibt es dann je nach Größe, Lage und Komfort ab ca. €800/Monat.

2

Vorgehen

Direkt vor Ort sollten Langzeitmieter wie folgt vorgehen:

- ***Mallorca Magazin*** und ***Zeitung*** besorgen, dabei aber das Internet weiter beachten. Die Zeitungen stellen ihre Anzeigen auch ins Netz: http://mallorcamagazin.com, www.mallorcazeitung.es.
- In Supermärkten und anderswo liegt der ***Mallorca Anzeiger El Aviso*** gratis aus (www.el-aviso.es; viele Anzeigen, monatlich neu). Wer spanisch versteht, besorgt sich die Anzeigenblätter ***truque*** und ***Venta y Cambio*** (2x wöchentlich).

Mietspiegel, Objekte und Hinweise zum spanischen Mietrecht bietet www.mallorca-mietboerse.com.

Vorschriften für die gewerbliche Vermietung

In Anbetracht der 'zigtausend Apartments und Fincas in privater Hand, die einen Großteil des Jahres erkennbar leer stehen, verwundert es eigentlich, dass offene Vermietungsangebote rar sind. Das liegt an den restriktiven Vorschriften zur gewerblichen Vermietung von zunächst privat erworbenem Wohneigentum. Jeder Vermieter muss eine staatliche Genehmigung dafür besitzen. Die ist indessen mit Auflagen und Bürokratie verbunden samt einer Besteuerung der Einnahmen, die mancher gerne vermeiden möchte.

»Fußangel« Internet für illegale Vermietung

Seit jedoch mehr und mehr Objekte im Internet angeboten werden (müssen) und nicht mehr – wie früher – in schwerer aufzuspürenden Zeitungsanzeigen in Deutschland oder England, fällt es der Finanzverwaltung leichter, illegal vermietende Immobilieneigner aufzuspüren. Angeblich werden jedes Jahr viele solcher Objekte entdeckt und die Eigentümer mit saftigen Geldstrafen belegt.

Airbnb

Mittlerweile hat sich auch auf Mallorca die Privatvermittlung von Kurz- und Langzeitmiete über www.airbnb.de ziemlich gut etabliert, was illegale Vermietung aber nicht ausschließt. Ein Vorteil von airbnb für den Mieter liegt im »kontrollierten« Direktkontakt.

2.1.3 Sonstige Quartiere

Jugendherbergen

Auf der **Halbinsel La Victoria (bei Alcúdia)** liegt eine Jugendherberge des offiziellen Verbandes *Hostelling International* abseits der Straße zum *Santuari de la Victoria* (200 Betten):

Albergue Juveníl La Victoria, Carretera Cap Pinar, Alcúdia ✆ 0034-971 545 395, E-Mail: reserves@ibjove.caib.es.

Details im **Internet** unter www.reaj.com, Schaltfläche ***Albergues***, danach ***Islas Baleares*** anklicken. **Übernachtungskosten** saison-/altersabhängig €18-€27/Bett und Person mit Frühstück.

In Palmas Altstadt eröffnete vor kurzem das ***Youth Hostel Central*** an er Plaza José Maria Quadrado 2, ✆ 0034-971 101 215, www.centralpalma.com, €25/Bett und Nacht, Frühstück extra.

Poppy's House gehört zur *Finca Son Perot* bei Consell, Camí des Puig, ✆ 669 779 109, www.poppyshousemallorca.com. Bett €20-22.

Berghütten/ Refugis

Mallorcas erste **Berghütte** (*Refugi*) mit Bewirtschaftung war ***Tossals Verds*** nordwestlich von Lloseta am Fuß der *Serra Tramuntana*. Vom nächsten Parkplatz sind es 45 min Fußmarsch, ➪ Seite 258), ✆ 971 182 027. Nach Renovierung seit 2016 wieder geöffnet.

Weitere Hütten existieren in Deià (***Can Boi*** etwas abseits des Ortszentrums, ✆ 971 636 186, www.refugicanboi.com), bei Port de Sóller (***Muleta*** beim Leuchtturm *Cap Gros* in toller Lage, ✆ 971 634 271), beim Kloster Lluc (***Son Amer***, ✆ 971 517 109), in Pollença (***Pont Romà*** , ✆ 971 533 649, www.refugipontroma.com) und auf dem Burgberg von Alaró (***Hostatgeria del Castell***), ✆ 971 182 112; www.castellalaro.cat). **Übernachtung** im eigenen Schlafsack kostet €11,00 pro Person; **Voranmeldung** erforderlich.

Reservierung dieser und einer Handvoll unbewirtschafteter Hütten auch möglich im **Info-Center *Serra Tramuntana*** beim Kloster Lluc, ➪ Seite 250 und unter www.serratramuntana.de.

Refugis* ohne Bewirtschaftung** gibt es auch auf der ***Peninsula de Llevant, ➪ Seite 299.

Klöster und andere

Auf mehreren **Klosterbergen** der Insel (➪ Seite 398) gibt es Übernachtungsmöglichkeiten von herbergsmäßig bis komfortabel. Eine **Liste klösterlicher Quartiere** findet sich im Beileger.

Die Albergue La Victoria liegt brillant auf der gleichnamigen Halbinsel.

2.1.4 Campen auf Mallorca

Auf Mallorca gibt es zur Zeit zwei ganzjährig fürs Zelten nutzbare Plätze; beide liegen nah beieinander in der *Serra Tramuntana*.

Kloster Lluc

Der Zeltplatz direkt beim riesigen Parkplatz des **Klosters Lluc** (Nordwestecke links vom Restaurant *Sa Font*) ist noch relativ neu. Er ersetzte ein früheres wildes Gelände und verfügt über Tischbänke, Toiletten und kalte Duschen. So romantisch wie der alte, aber jetzt gesperrte Waldplatz an der Zufahrt zum Kloster ist er leider nicht: keine alten Steineichen und felsigen Feuerstellen mehr. **Wohnmobile** können in Ausfahrtnähe noch auf einem rumpeligen Gelände über Nacht parken (➪ Foto unten), finden aber keinerlei Versorgungsinfrastruktur vor.

Anmeldung für den Campingplatz unter ✆ 971 517070 oder Fax 517096; online nicht möglich.

Zeltplatz Sa Font Coberta beim Kloster Lluc

Camping Binifaldo/ Es Pixarells

Lediglich auf einem von vielen staatlichen Picknickplätzen auf Mallorcas wird das Zelten geduldet, auf ***Es Pixarells*** an der Straße Ma-10 von Lluc nach Pollença (ca. 2 km westlich der Zufahrtstraße zum Kloster). In der pittoresken Felslandschaft gibt's dort Picknicktische, Grillroste, Wasser und Toiletten, ➪ Seite 251.

»Wildes« Campen

Zelten auf öffentlichen Ländereien ist erlaubt in mindestens 50 m Abstand zum Meer. Mallorquiner machen an Wochenenden an einsamen Küstenstrichen gerne von dieser Regelung Gebrauch. Aber überwiegend privater Grund und Boden verhindert das fürs Gros der Küste Mallorcas. Er ist von den Eigentümern durch Schilder wie *PROPIEDAD PRIVADO; PROHIBIDO EL PASO* (Privateigentum, Durchgang verboten) oder *COTO PRIVADO DE CAZA* (Privates Jagdrevier) gekennzeichnet.

Campmobile

Zunehmend parken auf Mallorca **Campmobile** über Nacht einfach irgendwo auf öffentlichen Parkplätzen, was nicht verboten ist. Zeitweise (ab 2011) existierte in **Inca** an der Plaza Mediterranea die Möglichkeit, Campfahrzeuge mit Frischwasser zu ver- und das Abwasser zu entsorgen samt Übernachtparken für einige Tage. Aber offenbar wurde dieser bis dato einzige WoMo-Stützpunkt mittlerweile wieder deaktiviert.

WoMo auf dem Platz bei Lluc

Relativ neu ist ein privat geführter **Campingplatz für Wohnmobile bei Felanitx**, der 2017 durch einen weiteren Platz bei Porreres ergänzt werden soll. Genaue Details unter www.wumi-campingplatz.de.tl; ✆ 693 731177; deutsches Handy: ✆ 0157 829 064 69.

Der Umwelt zuliebe

Plagt Sie auch das schlechte Gewissen, dass Sie mit Ihrer egoistischen Flugreise und dem von Ihnen indirekt mitverursachten CO_2-Ausstoß des Flugzeugs unangemessen zum Klimawandel beitragen? Dann schauen Sie einmal in die Website www.atmosfair.de; dort erfahren Sie, dass Sie allein auf einem Flug von Hamburg nach Mallorca und zurück rechnerische 1428 kg CO_2 verschulden (mit Boeing 737-300). Indessen: eine Spende, mit der ökologisch entgegenwirkende Maßnahmen finanziert werden, kann Ihre persönliche Klimabilanz zum Glück wieder ins Lot bringen. Mit nur €34/Person ist die Angelegenheit im Fall Mallorca sogar noch preiswert zu regeln. Richtig teuer wird's bei Fernreisen. Aber nach Zahlung darf man dafür seine Hände wieder in umweltbewusster Unschuld waschen ...

2.2 Die Reise nach Mallorca

2.2.1 Pauschalurlaub inklusive Flug

Airlines

Die **Mallorcaflüge der Reiseveranstalter** werden mehrheitlich mit den deutschen Flugesellschaften ***TUIfly***, ***Air Berlin*** (nur noch bis April 2017)/***Niki Air***, ***Condor, Germania*** und ***Germanwings*** abgewickelt. Andere wie die *Iberia*-Tochter ***Vueling*** spielen für Mallorcaflüge von deutschen Flughäfen aus keine wesentliche Rolle.

In ein- und demselben Flugzeug sitzen üblicherweise Kunden verschiedenster Reiseveranstalter und ebenso Passagiere, die nur das Ticket gekauft haben, weil sie privat unterkommen, ihr Hotel individuell gebucht haben oder auf Mallorca leben.

Abflughäfen

Da heute Flüge nach Mallorca von allen halbwegs nennenswerten Flughäfen starten, liegt es für den Urlauber nahe, den nächstgelegenen Airport ins Auge zu fassen. In Abhängigkeit von Veranstalter und Fluggesellschaft erfolgen Zuschläge/Abschläge auf den/vom Standardpreis (ca. -€20 bis + €30), wenn man von anderen als von bestimmten «Basisflughäfen« abfliegen möchte.

Hotelübernachtung vor dem Abflug

Wenn Flüge von nähergelegenen Airports ausgebucht sind – und das ist zum jeweiligen Ferienbeginn der Bundesländer oft schon lange im voraus der Fall – ergeben sich nicht selten ärgerliche **Zusatzkosten** für eine auswärtige Hotelübernachtung. Denn bei Abflügen in nächtlicher Frühe/am frühen Vormittag sind passende Verbindungen mit der Deutschen Bahn zur Ausnutzung der *Rail & Fly*-Vergünstigung (⇨ rechts oben) in den ersten Morgenstunden desselben Tages selten vorhanden. Alternativ um 2 Uhr morgens mit dem Auto aufzubrechen, ist auch nicht jedermanns Sache. Einige Veranstalter tragen dieser Problematik Rechnung und bieten in Kooperation mit bestimmten Hotels Sondertarife für Übernachtung am Airport auch und gerade bei Anfahrt mit eigenem Fahrzeug z.B. unter der Bezeichnung ***Park, Sleep & Fly*** an. Während der Abwesenheit des Gastes bleibt das Auto dann zum Nulltarif oder einer geringen Gebühr auf dem Hotelparkplatz.

Tarifgefälle

Für **scharfe Rechner** macht der Abflug von einem weiter entfernten Flughafen trotz der Anfahrt, eventueller Hotelkosten und des damit verbundenen Umstandes mitunter auch »freiwillig« Sinn. Wenn nämlich bei Buchung ab Airport X eine andere Saison gilt als bei Abflug in Y, kann die Ersparnis pro Person €100 und mehr betragen. Bei einer 4-köpfigen Familie bringt daher (so zu Ferienbeginn in NRW, aber noch nicht in Niedersachsen) eine Fahrt von Hannover nach Paderborn ggf. eine wesentliche Ersparnis.

Rail & Fly

Bei günstigen Zugverbindungen kann auch die Anreise per Bahn erwägenswert sein. Sie ist in der Regel bei allen großen Veranstaltern im Reisepreis enthalten.

Einchecken

Die **Abflugzeiten** und das **Erfordernis sehr zeitigen Eincheckens** – bis zu 2 Stunden vor dem Start beim Hinflug und oft noch früher beim Rückflug, wobei der Abholtermin auf Mallorca wegen des Einsammelns von 'zig Parteien in verschiedenen Hotels auch schon mal 4 Stunden vor dem planmäßigen Rückflug liegt – sind der kleine Nachteil von Pauschalurlaubsreisen.

Abflugzeiten

Bei längerfristiger Vorbuchung, was im Hinblick auf Urlaubstermine und Ferien der Kinder häufig unerlässlich ist und in vielen Fällen mit Frühbucherrabatten belohnt wird, wählt der Kunde zunächst nur die **Wochentage** von Hin- und Rückflug. Die genauen **Flugdaten** erfährt er oft erst später. Auch im voraus fixierte Abflugzeiten sagen noch nichts. Die Flugpläne werden nicht selten kurzfristig verändert und werfen dann die ursprünglich erfreuliche Zeitkombination wieder über den Haufen. Wer Pech hat, muss den Hinflug nachmittags und den Rückflug vormittags antreten. Dabei geht ein voller Urlaubstag verloren.

Langfristrabatte und Last Minute Reisen

Oft sind bei langfristiger Vorausbuchung Pauschalreisen und Flüge günstiger als kurzfristige Buchungen. Dennoch halten sich ***Last Minute*-Offerten** nach wie vor am Markt. Denn was bis kurz vor Abflug noch nicht gebucht ist, versucht man letztlich doch wieder »in letzter Minute« mit Rabatten unter die Leute zu bringen. **Sonderschalter** der Veranstalter wie unabhängiger Reisebüros gibt es in allen Flughäfen. Aber Achtung, nicht alles, was *Last Minute* heißt, ist tatsächlich günstiger als der Katalogpreis.

Last Minute kann man auch **im Internet buchen**, entweder bei den Veranstaltern direkt (**Internetadressen im Beileger**) oder bei Spezialanbietern wie www.lastminute.de oder www.reisegeier.de.

Nach dem Ausstieg von Air Berlin übernahm Eurowings einen Teil der früher von Air Berlin bedienten Verbindungen von deutschen Airports nach Palma

2.2.2 Individuell nach Mallorca fliegen

Wer seine Unterkunft selber organisiert, muss notwendigerweise den Flug gesondert buchen:

Airlines

Linienflüge großer Gesellschaften direkt nach Mallorca spielen bestenfalls eine Nebenrolle. Nicht einmal mehr ***Iberia*** bedient Palma de Mallorca ab Deutschland nonstop, sondern via Barcelona oder Madrid. Die **Lufthansa** fliegt im Sommer täglich nur ab Frankfurt direkt und mehrmals wöchentlich ab München.

So oder so sind die bekannten **Ferienfluglinien**, die von den City- wie von fast allen Provinzairports zum Flug nach Palma starten, für die meisten Reisenden nach wie vor erste Wahl.

Buchung in Reisebüro oder Internet

Man kann Flüge der Ferienflieger genau wie die Pauschalreisen in jedem Reisebüro buchen. Alternativ geht das auch **direkt bei den Fluggesellschaften im Internet**, ⇨ unten und nebenstehend.

Die Feststellung der Verfügbarkeit von Plätzen und Reservieren ist einfach, letzteres aber nur möglich mit Kreditkartendaten oder Kontoabbuchung. Wer der Zahlung im Internet nicht über den Weg traut, sucht sich einen Flug und lässt ein Reisebüro die Sache abwickeln. Ist man dem Büro als Kunde bekannt, kostet das einen kurzen Anruf und geht oft fixer als manche Buchung im Internet, kein »Absturz« und kein Zeitverlust bei nicht 100%ig vorgabemäßig ausgefüllter Buchungsmaske.

»Billigflieger«

Dank der Konkurrenz durch »Discountflieger« sind heute Flüge ins europäische Ausland für €59 und weniger durchaus auch schon mal bei den etablierteren Linien zu haben. Von einer Reihe deutscher Flughäfen gibt es tatsächlich an bestimmten Tagen Plätze zu Tarifen unter €50 pro Flugstrecke, wenn auch die Zeiten vorbei sind, wo im Januar ein *Ryanair*-Flug für €0,01 plus Gebühren abgestaubt werden konnte. Den niedrigst möglichen Tarif findet ohnehin nur, wer durch die Websites der Anbieter surft und sofort »zuschlägt«, wenn es passt; schon morgen kann es teurer sein.

Als Airlines mit den günstigsten Tarifen gelten:

- www.ryanair.de
  Die irische Airline fliegt ab Frankfurt International, Frankfurt-Hahn, Bremen, Dortmund, Memmingen, Karlsruhe/Baden, Köln und Düsseldorf
- www.easyjet.de
  Die Engländer starten ab Hamburg, Berlin-Schönefeld und Basel

Etablierte Ferienflieger

Schnäppchen finden sich heute aber mit Glück auch bei

- www.flyniki.com
  NIKI fliegt mittlerweile von mehreren Flughäfen nach Mallorca, die bis April 2017 von *Air Berlin* bedient wurden. *Air Berlin* hat sich in der Zwischenzeit komplett von europäischen Touristendestinationen zurückgezogen.
- www.condor.de
  Condor fliegt von 9 Flughäfen in Deutschland nach Mallorca

- www.tuifly.de
  Die konzerneigene Fluggesellschaft des europaweit größten Reiseveranstalters startet von 24 deutschen Airports, von 3 Flughäfen in der Schweiz und außerdem ab Wien
- www.eurowings.de
  Die Lufthansa-Tochter *Eurowings* stieg nach dem Rückzug von *Air Berlin* verstärkt ins Fluggeschäft mit europäischen Ferienzielen ein und fliegt von 17 deutschen Airports nach Palma
- www.flygermania.de
  Germania ist weniger bekannt, fliegt aber immerhin auch von acht deutschen Flughäfen nach Mallorca: Dortmund, Bremen, Dresden, Erfurt, Friedrichshafen, Nürnberg, Münster, Rostock

Gepäckregelungen

Die Fluggesellschaften haben voneinander abweichende Gepäckregelungen. Dabei liegen die Ferienflieger mit 20-23 kg Freigepäck und durchweg 8 kg Handgepäck (+ ggf. 2 kg. für Laptop) noch auf einer Linie. Aber je nach *Airline* und Tarifklasse gelten unterschiedlichste Bedingungen bei Über- und Sportgepäck, die sich oft im Zeitablauf ändern, aber den Internetportalen der Airlines leicht zu entnehmen sind. Als besonders kompliziert gelten Gepäckbestimmungen und -tarife bei *Ryanair*.

Rückflug

Üblicherweise wird **mit dem Hinflug** bereits der **Rückflug** reserviert. Bei **Änderungswünschen** kommt es auf die jeweiligenTarifbestimmungen an. Bei bestimmten Tarifen sind Umbuchungen gar nicht möglich; dann muss ein reguläres Ticket neu gekauft werden. Meist werden **Umbuchungskosten** fällig (€50-€100).

Unter dem (Rückflug-) **Flexibilitätsaspekt** ist die Buchung bei einer Gesellschaft mit möglichst vielen Starts vom Flughafen in Heimatnähe empfehlenswert. Damit hat man bessere Chancen zur Realisierung eventueller Ticketumschreibungen als bei einer Airline mit nur wenigen Abflügen.

Retour mit anderer Airline

Da keine Notwendigkeit besteht, mit derselben Airline zurück zu fliegen, kann optimal sein: Mit Linie A hin und Linie B zurück.

Verspätungen

Verspätungen kommen im Mallorca-Flugverkehr im Sommer eher häufig als nur dann und wann vor, und zwar eher an Wochenenden mit starkem Verkehrsaufkommen als bei Abflügen Montag bis Donnerstag. Die Gründe liegen – neben wetterbedingten Verzögerungen – überwiegend im dicht besetzten Luftraum über Mitteleuropa und in gelegentlichen Streiks und Dienst nach Vorschrift der Fluglotsen in Frankreich und Spanien. Grundsätzlich gilt, dass **Flüge am Morgen** weniger verspätungsgefährdet sind als Flüge am Nachmittag. Zunächst kleinere Verzögerungen in den Vormittagsstunden können sich wegen aller möglichen Folgewirkungen bis zum Abend zu stundenlangen Staus in der Luft auswachsen.

2.2.3 Nach Mallorca auf dem Land- und Seeweg

Mit dem Auto ab Barcelona, Valencia und Dénia nach Mallorca

Mit dem Auto nach **Barcelona**, **Dénia** oder **Valencia** zu fahren, um von dort per Fähre nach Mallorca überzusetzen, ist zeitlich und finanziell ziemlich aufwendig. Die Schiffe ab/nach Valencia oder gar Dénia sind genaugenommen nur für Spanier interessant und für Leute, die im Rahmen einer längeren Rundfahrt durch Spanien auch Mallorca miteinbeziehen möchten. Dénia liegt noch deutlich südlicher als Valencia und damit näher an Ibiza (2,5 Stunden). Auf allen Routen vom Festland **nach Palma** verkehren die Schiffe der Reedereien ***Balearia*** und ***Acciona Trasmediterranea***. Beide bedienen außerdem die Route **Palma-Eivissa** (Ibiza-Stadt).

Balearia verbindet außerdem Mallorca und Menorca auf der Route **Alcúdia-Ciutadella**.

Info Fähren

Die jeweils aktuellen, saisonal in kurzen Abständen mehr oder weniger wechselnden Abfahrtszeiten, Tarife etc. gibt`s für ***Acciona Trasmediterranea*** im Internet unter: www.trasmediterranea.es.

Fähre nach/von Barcelona im Hafen von Palma

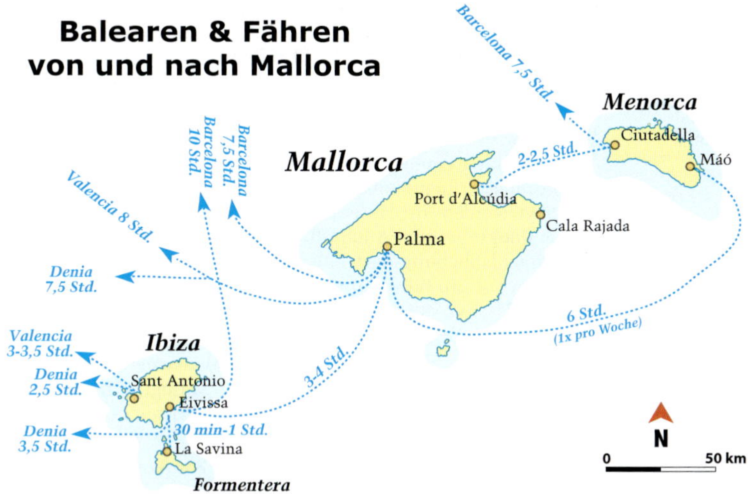

Desgleichen für ***Balearia*** unter www.balearia.com

In allen Fällen nicht auf deutsch, sondern nur **spanisch/englisch**.

Zum **Tarif- und Abfahrtszeitenvergleich** sind die Portale www.directferries.de oder www.aferry.de informativer und besser zu handhaben als die Original-Websites. Auf ihnen sind alle Informationen einschließlich Tarifrechner auch in deutscher Sprache verfügbar.

Kostenvergleich

Wer die Fahrt mit dem eigenen Wagen erwägt, sollte ausrechnen, ob sich die lange Reise unter Berücksichtigung der Automiettarife auf Mallorca eigentlich lohnt. Aus dem norddeutschen Raum etwa dauert die Anfahrt kaum unter zwei Tagen, was eine Übernachtung unterwegs erforderlich macht. Die Ausgaben dafür eingerechnet kommt man mit Benzin plus Autobahngebühren in Frankreich und Spanien beim billigsten Kabinenplatz bzw. per Schnellfähre mit zwei Personen – je nach Saison und Verzehr unterwegs – leicht auf Kosten von €1000 und mehr **für die Hin- und Rückfahrt**. Und vier Tage gehen unter Fahrstress verloren. Für €1000 können zwei Personen ebensogut fliegen und je nach Saison mehrere Wochen lang einen Kleinwagen mieten.

Ökonomisch Sinn macht die Fahrt mit eigenem Auto daher erst bei über 6 Wochen, wenn man es denn durchgehend benötigt. Ab Deutschlands Südwesten oder aus der Schweiz kommt man natürlich mit weniger Zeit und geringeren Kosten aus.

Tickets auf Mallorca

Ticketverkauf auf Mallorca erfolgt in der ***Estació Marítim***, dem Ankunfts-/Abfahrtshafen für die Fähren am westlichen Ende des Hafenboulevards Avinguda Ingeniero Roca.

2.3. Reisevorbereitungen

2.3.1 Personalausweis und Führerschein

Einreise/ Personalausweis

Die Kontrolle der Personalpapiere ist zwar innerhalb der Schengen-Staaten der EU entfallen, aber dies bedeutet nicht, dass man den Personalausweis nicht mehr mitführen müsste. Bei der ticketlosen Buchung benötigt man den Ausweis sowieso; zur Identifikation muss er heute auch von Ticketinhabern beim Einchecken vorgelegt werden. Im Hotel erfolgt die Anmeldung ebenfalls mit Personaldokumenten. Auch für einen Besuch im Spielkasino und ggf. Bargeldabhebung in der Bank mit Kreditkarte benötigt man den Ausweis. Ein Blick auf das **Ablaufdatum des Personalausweises** bzw. **Passes** rechtzeitig vor der Abreise kann nicht schaden.

Führerschein

Wer ein Fahrzeug zu mieten beabsichtigt, muss neben dem **Führerschein** in der Regel auch seinen **Personalausweis** oder Reisepass vorlegen. Der nationale EU-Führerschein genügt, ein internationaler Führerschein ist nicht nötig. Umgekehrt reicht das internationale Papier allein nicht aus.

Kopien der Originalpapiere

Ganz sinnvoll ist es, sich schon zu Hause **Fotokopien des Führerscheins und Personalausweises** (Reisepasses) anzufertigen und diese für den »Fall des Falles« sicher zu verwahren. Wer seine Personaldokumente scannt und auf einem geeigneten Server ablegt, macht es noch besser. Man kann die **Scans** auch als Anhang an die eigene Adresse senden und die Mail dann im Bedarfsfall im Ausland öffen. Der früher richtige Rat, auf Auto-Ausflügen nur die Kopien mitzunehmen, ist nicht mehr gültig. Bei Verkehrskontrollen oder Unfall möchte die spanische Polizei die Originale sehen.

2.3.2 Versicherungen

Reiserücktritt

Die Pauschalreisepreise einiger Veranstalter verstehen sich mitunter inklusive **Reiserücktrittskosten-Versicherung**. Alle anderen offerieren sie separat. Eine **pauschale Rücktrittskostenversicherung** für alle Reisen eines Jahres zu einem moderaten Jahrestarif bietet u.a. der **ADAC**. Da immer unvorherzusehende Ereignisse den Reiseantritt in letzter Minute unmöglich machen können, sollte man hier vorsorgen. Bei individuellem Vorgehen – Flugbuchung und Unterkunft getrennt in Eigeninitiative – kann man sich in Höhe der bei Nichtantritt anfallenden Rücktrittskosten separat versichern. Inhaber verschiedener »vergoldeter« Kreditkarten verfügen über eine »automatische« Reiserücktrittskostenversicherung unabhängig vom Einsatz der Karte.

Gesetzliche Krankenversicherung

Bis vor wenigen Jahren gab es für in Deutschland gesetzlich Versicherte keinen (auch nicht teilweisen) Ersatz für im Ausland angefallene selbst bezahlte Krankheitskosten durch die Kassen. Man konnte sich **auf Kassenkosten im Ausland** nur bei Ärzten und Einrichtungen behandeln lassen, die den sog. Auslandskrankenschein akzeptieren. Das hat sich geändert.

Zunächst einmal wurde der Auslandskrankenschein für alle EU-Länder, also auch Spanien, abgeschafft und durch die **Europäische Krankenversicherungskarte** ersetzt (***EHCI*** = ***European Health Insurance Card***). In EU-Ländern muss man sie nicht eigens besorgen, da sie auf der Rückseite der Versichertenkarte (*Chipcard*) aller gesetzlich Versicherter aufgedruckt ist.

Wo die Karte nicht akzeptiert wird, wenn also ärztliche Behandlungen oder Aufenthalte in privaten Krankenhäusern in Rechnung gestellt werden, ersetzen die Kassen die Kosten gemäß heimatlicher Vorgaben (dazu gibt es ein Merkblatt). Darüber hinaus gehende Kosten trägt der Versicherte selbst.

Behandlung auf Mallorca

Notruf auch auf Mallorca ist 112

Mit der EHCI kann man **auf Mallorca** ohne Kostenrisiko – auch für ambulant zu behandelnde Krankheiten/Verletzungen – in **Palma** die **Großkliniken *Son Espases*** (Ringautobahn *Via Cintura*, Abfahrt Valldemossa) und ***Son Llatzer*** (an der Strecke Palma-Manacor unweit Son Ferriol, Buslinie #14) und auch die **Hospitäler in Manacor** und **Inca** aufsuchen.

2

In allen Orten gibt es außerdem ***Centres de Salut***, Ambulatorien, welche die EHCI-Karten akzeptieren. Anderswo anfallende Behandlungskosten – etwa in einer der Praxen der mittlerweile zahlreich vertretenen deutschen Ärzte (➪ Seite 505 und Anzeigen in *Mallorca Magazin* und *Zeitung*) – erfordern nach wie vor Barzahlung. Bei Fragen dazu kann man sich noch bis Ende 2017 an die Vertretung der **AOK in Palma** wenden, die auch Mitglieder anderer Kassen berät: **✆ 971 714 172** & **710 436** (Mo-Fr 9-17 Uhr). **Das Büro wird indessen 2018 geschlossen**.

Private Auslandskrankenversicherung

Es bleibt trotz EHCI bei der dringenden **Empfehlung an alle gesetzlich Versicherten**, zusätzlich eine **Auslands-Reisekrankenversicherung** abzuschließen. Zum Glück ist das nicht teuer. Fast alle großen Versicherer bieten Auslandspolicen. Besonders günstige Tarife hat u.a. die HUK-Coburg (www.huk24.de).

Privat Krankenversicherte interessiert die Frage meist nicht, da die Kosten einer Behandlung im europäischen Ausland in aller Regel voll ersetzt werden, solange die Reise eine bestimmte maximale Dauer nicht überschreitet.

Versichert in Verbindung mit Kreditkarten

Weniger Sorgen in dieser Hinsicht brauchen sich auch die Inhaber bestimmter **Kreditkarten** (meist der Edelklasse) zu machen. Viele **Goldkarten** (*Mastercard, VISA, American Express*) bieten ihren Kunden und ggf. Familienangehörigen bei Auslandsreisen bis zu 6-8 Wochen Dauer eine Krankenversicherung, unabhängig davon, ob die Reise mit der Karte bezahlt wurde.

Gepäckversicherung

Die gerne angebotene Gepäckversicherung, die recht häufig auch in Versicherungspaketen enthalten ist, benötigen viele nicht. Denn bei Reisen ins europäische Ausland leisten bestehende Hausratversicherungen ggf. (in Grenzen) Ersatz. Die Ausschlussklauseln sind zudem zahlreich. Das Risiko, in Mallorca – außer durch eignene Unachtsamkeit – Verluste zu erleiden, ist eher niedrig.

2.3.3 Die Finanzen

Seit Einführung des Euro haben sich für Deutsche und Österreicher die Fragen zum Geldumtausch erledigt. Man befindet sich finanztechnisch gesehen im Inland.

BankCard, Geldautomaten und Kreditkarten

Eine besondere finanzielle Reisevorbereitung ist nicht nötig: man steckt Euros nach persönlicher Präferenz ein, die EC-Karte (**Bank** oder **SparkassenCard**) dazu und fertig. Damit kann man auf Mallorca wie bei uns Bargeld aus den Automaten ziehen.

Geldautomaten (***TELEBANCO*** und ***SERVIRED***) findet man noch in kleinsten Orten. Sie lassen sich außer mit der Geldkarte auch mit Kreditkarten »füttern«. Nur ist das meist teurer als Abhebung per BankCard.

Apropos **Kreditkarten**: sie sind auf Mallorca ebenso universell einsetzbar wie bei uns.

Wenn Karten verloren gehen, sollte der Verlust umgehend gemeldet und (bei längeren Aufenthalten) ggf. Ersatz beschafft werden. Die Telefonnummern sind:

American Express ✆ 0049 69 9797-2000

Mastercard ✆ 900 971 231; ✆ 001 314-275-6690

VISA Card ✆ 900 991 124; ✆ 001 410-581-3836

Bank-/SparkassenCard: ✆ des ausgebenden Instituts (Geschäftszeiten); Notfallservice 0049 1805 021021

Sperrung aller deutschen Credit- und Bank Cards über die zentrale Telefonnummer ✆ 0049 116 116.

2.3.4 Was es sonst noch zu bedenken gibt

Digitale Kameras

Ladekabel nicht vergessen!

Zur Reisevorbereitung gehörte einst die Sicherstellung von ausreichend Filmmaterial. Die Frage hat sich mit der Digitalfotografie weitgehend erledigt. Immer noch aber können **Ersatzbatterien** nicht schaden, sofern kein Akku in der Kamera steckt. Dann muss man im Fall des Falles im Urlaub nicht nach den richtigen Batterien suchen und ggf. (in Touristenorten) dafür teuer bezahlen .

Speicherchips für Digitalkameras findet man auf Mallorca zu ähnlichen Preisen wie bei uns (in Palma, Manacor, Inca und in großen Shopping-Zentren wie *Al Campo* an der Autobahn Palma-Inca). In kleineren Orten sieht es damit schlechter aus.

Medikamente

Wer spezielle Medikamente benötigt, wird sie sicher nicht vergessen. Prophylaktisch einstecken kann man Kopfschmerztabletten und ein Mittel gegen Magenverstimmung, die bei Klima- und Nahrungsumstellung schon mal vorkommen kann. Beides ist aber **in Spanien billiger** als bei uns. Die überall vorhandenen **Apotheken** (***Farmacias*, grünes Kreuz**) sind zudem gut sortiert und in größeren Orten auf die touristische Kundschaft eingestellt. Viele bei uns nur auf Rezept verfügbare Medikamente findet man in Spanien im freien Verkauf, u.a. Antibabypillen und sogar die Pille danach.

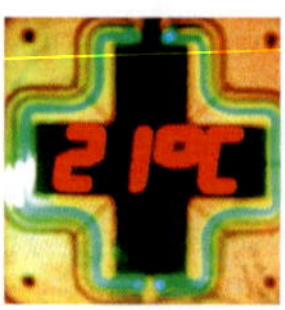

Bekleidung Besonderes Kopfzerbrechen über klimatisch geeignete Bekleidung braucht man sich nicht zu machen. Im Prinzip ist Leichteres als bei uns zur jeweiligen Jahreszeit angezeigt. Nicht unterschätzen darf man mögliche **Temperaturstürze** zu anderer als der heißen Sommerzeit (Mitte Juni bis Mitte September). Auch im Mai kann es an Regentagen, bei windigem Wetter und vor allem am Abend noch erstaunlich kühl werden, ➪ Seite 17. Wer nicht in der Hochsaison reist, sollte **warme Pullover** und **Regenjacke** unbedingt einpacken. Trotz bisweilen tagsüber sommerlicher Temperaturen im Winterhalbjahr muss man von November bis April auf kühle Tage und Nachttemperaturen deutlich unter 10°C gefasst sein.

Nach Mallorca mit Behinderung?

Auf Mallorca hat man sich lange Zeit keine oder kaum Gedanken über Bedürfnisse von Menschen mit eingeschränkter Mobilität bzw. mit Behinderungen, gleich welcher Art, gemacht. Daher sind Hindernisse, die Geh-, Seh- und Hörbehinderten den »touristischen Alltag« erschweren – hohe Bordsteinkanten, schmale Bürgersteige, dazu Pflanzlöcher bzw. -kübel mitten auf ihnen, Stufen vor Restaurant- und Ladeneingängen, für Rollstühle ungeeignete Strandzugänge u.v.a.m. – vielerorts unübersehbar:

Erst seit kurzem müssen alle neu errichteten öffentlichen Gebäude (dazu gehören auch Hotels) barrierefrei sein, d.h., mit Aufzug, Rampen und behindertengerechten Toiletten geplant werden. Ältere Gebäude will man langsam umrüsten. Denn viele touristische Anlaufpunkte können allein schon wegen des Fehlens geeigneter Toiletten nicht von Rollstuhlfahrern besucht werden. Das gilt auch für das Gros der Restaurants, in denen meist die Tische zu eng stehen und/oder die Toiletten nur über Treppen erreichbar sind.

Eine positive Ausnahme ist Palmas Flughafen. Er verfügt über Aufzüge, Rampen, behindertengerechte Toiletten und genügend Behindertenparkplätze.

Darüber hinaus existieren vereinzelte behindertenbezogene Initiativen und Unterkünfte, die (auch) über Einrichtungen speziell für Behinderte verfügen. Hier einige Adressen für weiterführende Informationen:

www.berliner-behindertenzeitung.de/mallorca-im-wandel
Guter Artikel zur Frage »Behindertentauglichkeit Mallorcas«

www.handicapnet.com/barrierefrei-reisen/rollstuhl_mallorca.shtml
Eine ganze Reihe von rollstuhlgerechten Hotels und Fincas

www.rollstuhl-urlaub.de
Barrierefreie Ferienwohnungen, Ferienhäuser, Hotels und Pensionen

www.behindertengerechte-reisen.com
Ferien in über zwanzig behindertengerecht ausgestatteten Hotels

www.quertour.de
Reisen für Menschen mit Behinderung (Cala Rajada, Can Picafort, S'Illot)

www.espritvillas.com/Mallorca/behindertengerecht
Rollstuhlgeeignete Ferienhäuser vor allem an Nord- und Ostküste Mallorcas

3. AUF DER INSEL

3.1 Ankunft

3.1.1 Flughafen Sant Joan von Palma de Mallorca

www.aena.es (oben »aeropuertos« anklicken, dann in der Liste unten Palma de Mallorca wählen)

Als ob es für Flughäfen ähnlicher Größenverhältnisse keine gelungenen Vorbilder gäbe, wurde der Flughafen Mallorcas ganz neu »erfunden«. Ein Airport der Superlative sollte es werden, und tatsächlich wurden für dieses Ziel in den 1990er-Jahren rekordverdächtige Mengen an Beton verbaut. Ganz besonders für teils oder komplett ungenutze Flächen und Räume und für unendlich lange, dafür großzügigst angelegte reine Laufstrecken.

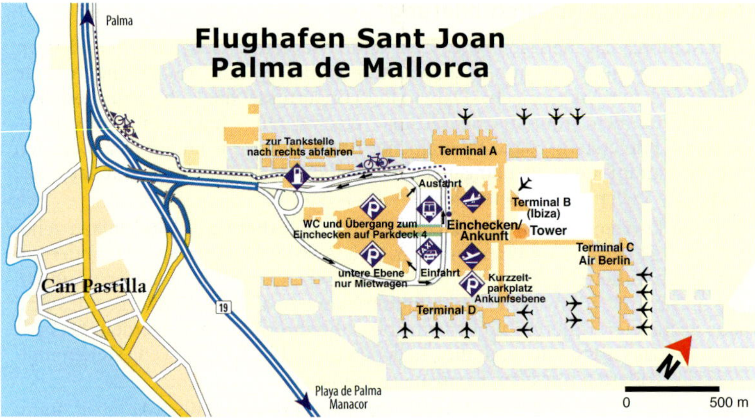

Ankunft

Die weiten Wege um x Ecken herum lernt man bereits bei der Ankunft kennen. Immerhin gibt es an den Gepäcklaufbändern genug Platz und jede Menge Gepäckkarren. In der mit Kiosken vollgestellten, niedrigen Ankunftshalle herrscht bei Betrieb trotz großer Fläche oft drangvolle Enge und bisweilen ein ziemliches Tohuwabohu. Denn alle Passagiere streben zum zentralen Ausgang.

Wartezeit/ Treffpunkt

Wer dort **Wartezeiten** verbringen muss, findet neben den paar zentralen Cafeterias am Westende die ***Bar***/das ***Restaurant La Cala***.

Eine **Touristeninformation** liegt mitten in der Ankunftshalle.

Rückflug und Security Check

Wer abfliegt und vor der **Eincheckebene** abgesetzt wird, hat keine Probleme, seinen Schalter zu finden. Monitore geben Auskunft, wo die Schalter der *Airlines* zu finden sind. Zum **Abflug** geht es ein Stockwerk höher. Dort sieht man sich vor einer Absperrung, die über fast die gesamte Breite des Gebäudes geht. Es ist ziemlich egal, ob man sich dort nach links oder rechts wendet. Eine Anzeige sorgt für eine gleichmäßige Verteilung der »Ankömmlinge«. Die **Sicherheitskontrollen** wurden beidseitig aufgebaut. Ohne Jacken und Gürtel geht's zur »Computertomographie«. Danach ist man entlassen in Richtung einer nicht zu umgehenden, mittlerweile riesigen ***Duty-free* Zone**, an die sich sogleich die Airport-Gastronomie anschließt. Die Läden der folgenden Shopping-Arkaden darf man aber passieren, ohne durch sie hindurch zu müssen.

Zeitbedarf/ Wifi

In Anbetracht der in Palmas Airport sehr langen Wege kann die Zeit leicht knapp werden. Ab den Sicherheitschecks muss man für Abflüge in den Bereichen **D und C** (das ist die Mehrheit) bei ruhiger Gangart und einigermaßen Betrieb in der ersten Shoppingzone mit 15 min bis zum *Gate* rechnen. Vereinzelte Shops, Snacks und Getränke gibt es auch dort noch. Im gesamten Flughafen lässt sich **Wifi frei und ohne Zeitbegrenzung** nutzen.

VIP Lounge/ Sala VIP

Für alle, die (zu) früh am Flughafen eintreffen, erst dort von einer größeren Verspätung überrascht werden oder am Abflugtag sowieso kein Programm mehr haben und zeitig zum Airport fahren, sind die ***VIP-Lounges*** vielleicht interessant. In gepflegter Umgebung kann man dort ausliegende Zeitungen lesen und sich bei Snacks und Getränken inkl. Alkoholika frei bedienen. Außer für Inhaber eines *Priority Pass* kostet das €26,50 (Buchung vorab im aena-Internet nur €19). Die ***Sala VIP Valldemossa*** liegt gleich hinter den Kontrollen, die ***Sala Vip Formentor*** im **Bereich D**.

Parken am Airport

Das **Parkhaus** hat 4000 Stellplätze und moderate Tarife. Dort vergleicht die Kamera bei der Ausfahrt sogar Kennzeichen und Parkticket. Die Schranke öffnet sich nur, wenn sie zueinander passen. **Das Parkdeck 4 ist über eine lange Brücke mit der Abflugebene des Hauptterminals verbunden**. Wer auf diesem Weg kommt und einchecken möchte, fährt im *Terminal* erst mal per Fahrstuhl eins tiefer. Bloß **nicht ebenerdig hinüber zum *Terminal* laufen**: denn dort muss man sich zum halb versteckten Fahrstuhl »kämpfen«.

Hinweis für Automieter

Wer ein Mietauto in die Flughafenstation zurück bringt, muss jetzt sehr aufmerksam den Schildern »*Rental Cars*« und dem Logo »seiner« Firma folgen. Die Zufahrten wurden 2016 umgelegt.

Parkgebühren/ Toiletten

Zahlautomaten stehen vorm Eingang des Parkhauses rechts/links der Cafeteria, dazu auf **Parkdeck 4** vorm Übergang zum Abflugdeck. Dort sind auch **Toiletten** ebenso wie unten hinter der Cafeteria.

3.1.2 Transfer zum Urlaubsort

Ankunft/ Meeting Point

Die **Repräsentanten der Reisegesellschaften** warten bei Ankunft der Flüge vor den Ausgängen der Gepäckausgabe und weisen ihre Gäste zu den Transferbussen. Auch die **Service-Schalter der Reiseveranstalter** sind im Ankunftsbereich nicht zu übersehen, ebensowenig die Schalter der **Autovermieter** sowohl auf der Seite der Gepäckbänder als auch »draußen« in der Ankunftshalle. Ein **Treffpunkt** befindet sich vor dieser Schalterreihe

Dauer Hoteltransfer

Der **Transfer zu den Hotels** wird zügig abgewickelt, wenngleich das Ein- und Abladen der Gäste zeitraubend sein kann. Wer nicht im Palmabereich oder Südwesten unterkommt, darf sich auf eine Stunde Fahrtzeit einrichten. Nach Cala Millor oder Cala Rajada ist man leicht weit über eine Stunde unterwegs.

3

Per Taxi/Limo ab Airport

Individualreisende ohne organisierten Hoteltransfer müssen sich auf relativ hohe **Taxikosten** einstellen. Sie haben fast deutsches Niveau erreicht (ins Zentrum von Palma ca. €20). Wer grandioser vorfahren will, bestellt sich eine S-Klasse: www.blacklane.com.

Flughafenbus

Die preiswerte **Alternative zum Taxi** ist der im 17-min-Takt (ca. 6-2 Uhr nachts) für **€5,00** verkehrende **Flughafenbus** nach Palma zur **Plaça Espanya**, wo man Anschluss ans Busnetz hat (➪ Seiten 129/132). Auf Umwegen fährt dieser Bus weiter bis zum **Fährhafen**.

Private Abholung

Die Gepäckausgabe ist nicht von außen einsehbar, so dass Abholer und Abgeholte nicht in Sichtkontakt treten können. Wer sich verpasst: der ***Meeting Point*** (➪ oben) löst das Problem.

Automiete ab Airport

Individualurlauber, die ohnehin ein Auto mieten möchten, sollten das ab Airport tun. Damit erledigt sich das Transferproblem. Verleihfirmen ohne Flughafenschalter dürfen ihre Fahrzeuge aber nicht ins Parkhaus stellen und die Formalitäten mit den Kunden irgendwo in der Ankunftshalle regeln. Sie müssen Kunden am *Meeting Point* abholen und zur Station der Firma transportieren. Alles Weitere zur Automiete ➪ Seiten 104ff.

Die Kleinbusse von Vermietern ohne Airport-Schalter warten hier auf Kunden

3.1.3 Ankunft mit dem Fährschiff

Estació Marítim

Schiffsreisende erreichen Palma beim **Stadtteil Porto Pi**. Die **Fährschiffmole** grenzt an das Yachthafenbecken im Westen der Stadt.

Weiterfahrt

Nach dem Verlassen der Fähre befindet man sich sogleich auf dem **Passeig Maritim**, der in diesem Bereich **Avinguda Ingeniero Roca** heißt. Links geht es nach Cala Mayor/Illetes/Palma Nova/Magaluf/Peguera/Andratx und – über die Ringautobahn – auch nach Son Vida, Valldemossa, Sóller. Nach rechts geht es in die Stadt und zu allen anderen Zielen nördlich und östlich der Linie Palma-Sóller. Auf Passagiere ohne Fahrzeug warten **Taxen**.

An der Avinguda, nur gut 100 m vom Fährgebäude entfernt, gibt es **Bushaltestellen**. Die Busse stadteinwärts fahren bis zur **Plaça Espanya**, wo man umsteigen kann in die **Bahnen** nach Sóller, Inca, Sa Pobla und Manacor und in die **Busse** zu fast jedem Ort der Insel. **Bus Nr. 1** fährt ab Hafen durch zum Airport.

3.2 Touristinfo, Banken, Post, Telefon, Internet

Informationsbüros

Alle Urlaubsorte nennenswerter Größe besitzen eine **Touristeninformation**. Die Büros liegen zentral, sind gut ausgeschildert und auch auf den an den Ortseinfahrten aufgestellten Stadtplänen eingezeichnet. Die Öffnungszeiten variieren; etwa 13/14-16/17 Uhr herrscht großenteils ***Siesta***. Im Winter schließen viele ganz.

Das **größte und bestsortierte Büro** der Insel residiert in Palma auf der **Ostseite der Plaça Espanya** im einstigen Bahnhofsgebäude vor dem ***Parc d`Estació***; **täglich 9-20 Uhr geöffnet**, © 971 754329.

Info-Material

Bei den Touristinfos gibt es neben allerhand kommerzieller Werbung den jeweiligen **Ortsplan** und **Inselkarten gratis**.

Darüberhinaus findet man u. a. kompakte, wiewohl etwas unübersichtliche und bisweilen leicht veraltete Informationsblätter mit

- den **Bus-** und **Zugverbindungen** mit Fahrplänen
- **Adressen** und **Öffnungszeiten** der **Museen** Mallorcas
- **Boots-/Flugverbindungen** auf Mallorca und nach Ibiza/Menorca

Deutschsprachige Presse/ Radio

Über alles, was auf der Insel anliegt, berichten die Wochenblätter ***Mallorca Magazin*** und ***Mallorca Zeitung*** ausführlich. Darin findet man u.a. den aktuellen **Veranstaltungskalender** (auch für Live-Musik z.B. in Bars) und nützliche **Anschriften/Telefonnummern**, außerdem die Werbung deutschsprachiger **Ärzte** und **Zahnärzte**.

Das Wichtigste erfährt man 14-tägig im elektronischen ***Newsletter*** von Reisebuch: https://reisebuch.de/mallorca/newsletter.html.

Das Inselradio **Mallorca 95,8** sendet rund um die Uhr in deutscher Sprache aktuelle Insel-Informationen und *Features* zu Mallorca-Themen; dazu viel Musik und Werbung; www.inselradio.com.

Bargeld und Banken

Das Problem »Geldwechsel« hat sich für Deutsche und Österreicher erledigt. Die **Bankschalter** sind Mo-Fr 9-14 Uhr geöffnet.

Eine Bargeldbeschaffung per Kreditkarte am Schalter (*VISA/Mastercard*) läuft nur mit Ausweis. **Geldautomaten** (➪ Seite 70) bilden die unkompliziertere Alternative.

Post

Die Post auf Mallorca genießt nicht den allerbesten Ruf. Tatsache ist, dass der Postlauf von und nach Mallorca unregelmäßig funktioniert. Mal läuft er reibungslos, mal erreichen Urlaubskarten die Empfänger erst nach Wochen. Wer sichergehen will, wirft Post bei Gelegenheit am Flughafen in den Kasten oder gibt sie abreisenden Hotelgästen mit. Auch **Postempfang** ist möglich. Sendungen gehen selten verloren. Aber die Laufzeiten variieren stark.

Postämter

Die kurzen **Öffnungszeiten** der Postämter (*Officina de Correos*, in der Regel nur vormittags 9-13/14 Uhr) sind für die meisten Urlauber kein Kriterium, denn Briefmarken (*sellos*) gibt es auch in den Tabak-/Zeitschriftenläden und an vielen Hotel-Rezeptionen.

Porto

Das Porto für **Briefe bis 20 g** und **Postkarten** ins europäische Ausland ist identisch und beträgt 2017 **€1,15**; **bis 50 g** zahlt man **€1,55**. Weitere Erhöhungen sind vor 2018 kaum zu erwarten.

Münz- und Kartentelefone/ Auslandsgespräche

Das **Telefonsystem** funktioniert für In- und **Auslandsgespräche** problemlos. Von öffentlichen Fernsprechern, deren Zahl allerdings in den letzten Jahren stark reduziert wurde, kann man sowohl mit Münzen als auch per **Telefonkarte** (***tarjeta telefónica***) telefonieren. Die Apparate sind für beide Zahlweisen eingerichtet. Eine Restgeldanzeige sorgt für Klarheit. **Telefonkarten** kauft man in Zeitschriftenläden und Supermärkten.

Vorwahlen

Für inselinterne Gespräche tippt man die Nummer samt Vorwahl ein (normalerweise 971, eine 3stellige mit »6« beginnende Zahl im Fall von Mobiltelefonen). **Für Auslandsgespräche** wählt man:

- **00** für die Auslandsleitung und dann die
- Landesvorwahl: Deutschland **49**, Schweiz **41**, Österreich **43**,
- danach die Ortsvorwahl ohne Null und die Rufnummer.

Hotel

Ab ***Hotel sind im allgemeinen Gespräche in Direktwahl vom Zimmer aus möglich, sofern im Zeitalter der Handys überhaupt noch ein Telefon im Zimmer vorhanden ist. Der Computer belastet automatisch die Rechnung des Gastes. Die Gebühren dafür sind aber meistens ganz schön happig. Sie lassen sich zwar in der Regel mit Hilfe von Telefonkarten »aushebeln«, aber auch dann zahlt man im Normalfall mehr als für Gespräche per Handy.

Handy

Das eigene Handy – vorausgesetzt, es wurde für internationales *Roaming* freigeschaltet – funktioniert auch auf Mallorca problemlos. Es wählt sich automatisch in das Netz eines kooperierenden spanischen Providers ein. Das gilt ebenso für eingehende Anrufe.

Tarife

Nach der letzten **»Deckelung« der Handy-Auslandstarife** gilt für Verbindungen innerhalb der EU ein **Minutensatz** von **max 5 Cent** (plus MWSt). Eingehende Anrufe kosten maximal € 0,114/min. Mehrere deutsche Anbieter liegen bereits günstiger bzw. haben Roaming-Gebühren und Auslandstarife durch Flatrates ganz ersetzt. **Ab 15.06.2017 gelten europaweit die nationalen Tarife**.

Kommunikationsservice für Touristen aus einer Hand: Telefon, Fax, Fotokopien, Scans, Internet, Schnellüberweisungen u.a.m. im Replay Café in S'Arenal

Wireless LAN bzw. »Wifi« am Strand und anderswo

Die Gemeinden Calvia, Son Servera und Alcudia annoncierten schon vor ein paar Jahren die Einrichtung von flächendeckenden **WLAN *Hotspots*** an den Stränden ihres Bezirks (**Calvia**: Peguera bis Palma Nova; **Son Servera**: Ort und Cala Millor, Cala Bona und Costa de los Pinos; **Alcudia**: Stadt und Strände bis zur Playa de Muro). Aber es gab mit dem öffentlichen **Wifi** (*wireless fidelity)*, wie es international und auch in Spanien heißt, zunächst viele Probleme.

Die scheinen mittlerweile in **Alcudia** weitgehend ausgeräumt zu sein, und auch auf der Promenade Anglada Camarassa im nahen **Port de Pollença** ist nun freies Wifi verfügbar. Speziell in **Palma** ist im zentralen Bereich die Abdeckung durch *Hot Spots* einschließlich der Vorortbusse fast komplett.

Frei und nicht an Codewörter gebunden ist Wifi laut offizieller Mitteilung der Gemeinde Calvia an den Stränden ***Santa Ponça, Palma Nova, Palmira*** (in Peguera) und in den Yachthäfen ***Portals Nous*** und ***Port Adriano***. Auch an der Promenade und den Stränden von **Cala Millor** und **Cala Bona** soll Wifi jetzt gut funktionieren, ist aber (noch) nicht frei. Das gilt ebenso an den Stränden und Promenaden von **Cala Mayor**, **Ciutat Jardí** und an der ***Cala Estancia***. Voll abgedeckt durch **kostenfreies Wifi** ist schon seit einigen Jahren die Promenade/der Strand im Bereich der **Platja de Palma** von Can Pastilla bis **Arenal**. An vielen *Hot Spots* muss man sich aber nach 30 min wieder neu einwählen.

Unterwegs auf der Insel hilft Ausprobieren. Auch einige Tankstellen auf Mallorca sind *Hotspots*, und viele Lokale werben Gäste mit kostenlosem **Wifi**. Zu deren Nutzung benötigt man oft einen Code, den der Wirt bereithält. Das gilt auch für viele Hotels, wobei sich **freies Wifi** immer noch oft nur auf Rezeption und Bar beschränkt und nicht bis in die Zimmer reicht; so doch, kostet es oft extra. Bisweilen ist das freie Wifi langsam, die schnellere Variante kostet extra.

3

Spanische Prepaid SIM Cards

Wer viel telefonieren möchte bzw. erreichbar sein muss, kann ggf. auch Kosten mit einer spanischen ***SIM Card*** sparen (in Telefonläden, z.B. ***Telecom Shop***, Carrer Galera 1 in Palma unweit der Plaça Mayor) und z.B. im Kaufhaus ***Corte Inglés*** in Palma), die man in sein Handy einsetzt. Sie kostet ab €10 bei innerspanischen Tarifen ab €0,01/min plus Fixpreis (z.B. €0,15) für den Gesprächsaufbau und unterschiedlichen Gebühren für internationale Gespräche. Bei **Vodafone Spanien** (www.vodafone.es) gibt es eine für Touristen gut geeignete *SIM Card* mit Einheitstarif €0,01/min für nationale wie internationale Gespräche und 1 GB fürs Surfen/Download im Internet. Natürlich ist damit (vorübergehend) eine neue Handynummer verbunden, die man zunächst einmal den Lieben daheim und weiteren potenziellen Anrufern mitteilen muss.

Vodafone Shops sind auf Mallorca außerordentlich zahlreich. Ihre Lage erfährt man über die Adresse oben.

Internet-Cafés

Noch gibt es auf Mallorca das eine oder andere **Internet Café**, aber ihre Zahl ist nach kurzer Blüte mit der Zunahme von *Hot Spots* in der Gastronomie und an den Stränden sowie der Verbreitung von internetfähigen *Smartphones* und *Tablets* stark gesunken.

3.3 Strand- und Badeleben

Strand und Meer spielen für viele Feriengäste auf Mallorca die mit Abstand wichtigste Rolle. Die Mehrheit der Strände trägt die jährlich neu vergebene **blaue Flagge für exzellente Wasserqualität**.

Situation

Von **Juni bis September** setzen in allen strandgesegneten Orten morgendliche **Wanderungsbewegungen in Richtung Meer** ein, die – in schwächerer Form – zur mitteleuropäischen Mittagszeit noch einmal hin- und herwogt, um sich dann ab spätem Nachmittag deutlich umzukehren. Während am Vormittag nur wenige Urlauber länger in Cafés und Läden am Wege hängenbleiben, füllt der Rückstrom am Nachmittag Boutiquen, Bars und Kneipen.

Die Strände werden ab Mitte Juni trotz der im Juli/August weiter wachsenden Urlauberzahlen im allgemeinen nicht mehr wesentlich voller. Denn viele ziehen den hoteleigenen Pool einem zu stark besetzten Strand vor. Dort geht es im Sommer in vielen Anlagen recht beengt zu. In der Hochsaison sichert in manchen Häusern nur zeitiges Aufstehen eine Liege in optimaler Position.

Strandliegen und Sonnenschirme

Die **Vermietung von Strandliegen und Sonnenschirmen** ist von den jeweiligen Gemeinden konzessioniert. Die Anzahl der Liegen und die Tagessätze werden zu Beginn jeder Saison neu festgelegt und dem Konzessionär verbindlich vorgeschrieben. Ist das Inventar komplett vermietet, kann der Strand nur voller werden, wenn es Neuankömmlingen gelingt, zwischen, vor oder hinter den bereits vergebenen, durch Schirm und Liegen markierten »Privatarealen« Fuß zu fassen, oft kein einfaches Unterfangen.

Strandaktivitäten

Platz für ein **Beach-Volleyballfeld** bleibt dennoch überall. Und neben den obligatorischen **Tretbooten, Surfboards** und **Segeljollen** gibt es in größeren Ferienorten **Wasserski** und **Fallschirmflug** am Seil. Ein **Clou für Kinder** sind stabilisierte Gummizigarren (*Aquabus* oder *Banana*), die mit einer Schar (meist) junger Passagiere von Speed-Booten durchs Wasser geschleppt werden. An vielen Stränden ist Wifi mittlerweile frei verfügbar, ➪ Seite 77.

Die Tarife für Strandliegen, Sonnenschirme und andere Serviceleistungen sind vielerorts ganz schön heftig, so für zwei Liegen mit Schirm teilweise bis über €20/Tag. Links das Angebot einer Firma in Strandnähe in Peguera für dasselbe Paket €5/Tag zu zahlen. Dafür muss man alles selbst zum Strand tragen (Sommer+Herbst 2016)

Sicherheit

Eine ausgebildete Strandaufsicht existiert nur an stark besuchten Stränden. Inwieweit im Notfall der Rettungsdienst kompetent ist, hängt von der jeweiligen Gemeinde ab, in der ein Strand liegt. Vorbildlich in dieser Hinsicht sind die Strände von Calvia (gesamter Südwesten) mit Rettungsschwimmern à la Malibu Beach. Überall gilt das Prinzip der aufgezogenen **Strandfahne**: bei roter Flagge sollte man auf keinen Fall im Meer schwimmen.

Toiletten/ Chiringuitos

Ein schwaches Kapitel sind seit Jahren trotz aller Kritik die weithin nicht vorhandenen öffentlichen Toiletten (*Aseos* oder *Servicios*). Wo sie ausnahmsweise existieren, ist ihr Zustand oft unerfreulich. Das Meer und die Toiletten der Strandbars (gerne nach Ibiza-Vorbild »***Chiringuitos***« genannt) sind seit eh und je die unbefriedigende Lösung dieses Problems.

Boots-ausflüge

Zum wasserbezogenen Vergnügen gehören auch Bootsausflüge: sie führen zu markanten Ecken Mallorcas, zu vorgelagerten Inseln und zu weniger frequentierten Stränden der Umgebung. Mit **Glasbodenbooten** geht es zur Beobachtung der Unterwasserwelt an die Felsküsten abseits großer Urbanisationen. Von Mai bis Oktober verbindet eine Art Linienverkehr viele Küstenorte, ➪ Seite 100.

3

3.4 Was ist los im Urlaubsort?

3.4.1 Sportliche Aktivitäten

Übersicht

Bereits die Rede war vom sportlichen Angebot auf Mallorca (➪ Abschnitt 1.2.4, Seiten 26f). Sofern nicht alles bereits im eigenen Hotel und dessen Umgebung vorhanden ist, findet man **Minigolfplatz**, **Tennisclub** und **Fahrradverleih** selten weit entfernt.

In den weitläufigeren Ortschaften sorgen die Betreiber schon von sich aus dafür, dass den Urlaubern die Existenz des jeweiligen Unternehmens nicht entgeht. Die Kosten für die verschiedenen Aktivitäten halten sich im allgemeinen im Rahmen. **Squash**, **Tennis** und **Reiten** mit/ohne Anleitung **kostet durchweg immer noch etwas weniger** als bei uns, speziell als in deutschen Großstädten.

3.4.2 Einkaufen und Shopping auf Mallorca

Situation

An Strandpromenaden und Hauptstraßen ballen sich – neben der Gastronomie – **Läden aller Art** in einem erstaunlichen Ausmaß. Zahllos sind vor allem Geschäfte für allgemeinen Urlauberbedarf von den Postkarten über Sonnencremes und Luftmatrazen bis zu vielfältigen Souvenirs und Geschenkartikeln. Dazu gesellen sich **Modeboutiquen** mit Preisen, die ökonomische Vorteile beim Kauf auf Mallorca selten erkennen lassen. Das gilt besonders für **Lederwaren** (Taschen, Gürtel, Schuhe und Bekleidung), die man vor Jahren auf Mallorca noch preiswert erstehen konnte. Davon kann heute selbst in den Shops von **Inca** (➪ Seite 385) kaum mehr die Rede sein. Dafür haben sich Qualität und Design verbessert, wie das Beispiel der in Inca hergestellten **Schuhmarke *Camper*** zeigt.

Bei sehr günstig erscheinenden Angeboten sollte man ein waches Auge für Qualität und Verarbeitung haben. Zum Einkauf von Lederwaren und anderen für Mallorca typischen Produkten siehe auch die Übersicht auf Seite 415.

Einkaufszentren rund um Palma

Haben Sie Lust, im Urlaub auf Mallorca mal so ganz ohne Hast durch ein Familien-Einkaufszentrum »auf der grünen Wiese« zu bummeln und bei der Gelegenheit vielleicht noch das eine oder andere Schnäppchen zu machen?

Ein wolkenverhangener Tag oder frühe Abendstunden in Frühjahr und Herbst, wenn es schon dunkel wird, wären die richtige Zeit dafür; geöffnet sind die Riesenmärkte rund um Palma üblicherweise Mo-Sa bis 21 Uhr. Man kann sie an der ***Via Cintura***, der Ringautobahn rund um Palma, nicht verfehlen, speziell die beiden großen ***Carrefour*** **Märkte** bieten sich an (Coll d'en Rebassa in Airportnähe und unweit der **Ausfahrt Richtung Soller** stadtseitig = südlich der *Via Cintura*). Eine klimatisierte ***Indoor-Shopping Mall*** (**»Porto Pi«**, seit 2014 mit **Spielkasino**) mit Parkgarage/-deck über den Ladenebenen steht am Westende des Passeig Maritim zwischen den Stadtteilen Terreno und Cala Mayor.

Empfehlenswert für ein relativ entspanntes Shopping ist ***Al Campo***, ca. 6 km außerhalb von Palma an der Autobahn in Richtung Inca. Dort herrscht wegen der großzügigen Aufteilung auch bei Hochbetrieb weniger Gedränge.

Nun unterscheidet sich ein ***Hipermercat*** auf Mallorca nicht mehr wesentlich von deutschen Pendants, aber es gibt manches zu sehen, was anders ist, z.B. die **Frischfischabteilung**. Am wichtigsten aber: die Hypermärkte reflektieren primär Bedarf und Nachfrage der Mallorquiner. Hier gelten andere Marktmechanismen als in den Urlaubszentren. **Bekleidung** z.B. ist dort **preiswerter** als bei uns, festzumachen u. a. an den Preisen für Markenjeans.

Wer ein Quartier mit Selbstversorgung hat, kann sich in den *Hipermercats* bei größerer Auswahl billiger eindecken als in den Touristenorten, obwohl es an deren Rändern auch schon Hypermärkte gibt (***Caprabo/Eroski/Mercadona***).

Noch eine Ausfahrt weiter (Richtung Inca) als *Al Campo* liegt der ***Festival Park***. Der Komplex beherbergt ein Riesenkino, *Fast Food*-Lokale und ***Outlet Shops***, dominiert von der Kaufhauskette ***Corte Inglés***, ➪ Seite 377. Mit ***Outlet Shops*** wurde kürzlich auch das »***Poble Espanyol***« in Palma ausstaffiert, ➪ Seite 142.

Das Gros der Super- bzw. Hypermärkte auf Mallorca läuft seit Jahren unter dem Dach der Firma Eroski, ein für Deutsche etwas irritierender Name. Eroski Center sind tatsächlich schlicht Lebensmittelmärkte und haben nichts mit Eros zu tun.

Super-/ Hypermärkte

Auch noch der kleinste Lebensmittelladen auf Mallorca ist ein ***Super Mercado*** bzw. – auf mallorquinisch – ***Mercat***. Echte Supermärkte heißen ***Hipermercats***, die mehr und mehr auch in/bei mittleren Ortschaften zu finden sind (viele davon mit dem Schriftzug »Eroski«, einer Dachgesellschaft, die viele kleinere Ketten »schluckte«). Wo sich die größten befinden, steht links im Kasten. Dort kauft man um Einiges preiswerter ein als in den Ferienorten und hat obendrein eine erheblich größere Auswahl.

Preisniveau Lebensmittel

Nun wird man als Urlauber in einem Küstenort zum Einkauf nur ausnahmsweise in die Städte fahren wollen. Dadurch bedingt ist die Selbstversorgung leicht teurer als »zu Hause«, speziell in kleineren, abgelegenen Orten. **Monopolläden** in geschlossenen Urbanisationen und in größeren Apartment- oder Clubanlagen schlagen allgemein recht kräftig zu. Billiger als bei uns sind generell nur noch Apfelsinen zur Erntezeit und in Spanien hergestellte Alkoholika. Das gilt aber schon nicht einmal mehr für hochwertigere **Weine**. Man kann hier und dort spanischen Wein entdecken, der bei uns preiswerter zu haben ist.

Fisch

Fisch ist selbst in den Märkten von Palma nicht mehr billig, denn er kommt kaum noch aus dem Meer um Mallorca. Der Verbrauch kann durch die Fischer der Insel bei weitem nicht gedeckt werden. Dennoch ist die Vielfalt des Fischangebots sagenhaft.

Bioprodukte

Auf Mallorca soll es bereits fast 200 landwirtschaftliche Betriebe mit biologischem Anbau geben. Vermarktet werden die Produkte in Palma, auf den Wochenmärkten Mallorcas (➪ Seite 413) und auf den Höfen selbst, die über die Insel verstreut liegen (Hinweisschilder sieht man hier und dort an den Straßen).

Lidl, Aldi, Drogeriekette Müller

Die deutsche Discountkette ***Lidl*** betreibt sechs Märkte in/bei Palma, und drei weitere in/bei Inca, Campos und Felanitx.

Aldi hatte schon über 200 Läden in Spanien, erstaunlicherweise aber bis 2015 keine auf den Balearen. Die erste Filiale eröffnete in der Nähe des *Festival Park* (➪ Kasten links, unten). 2016 kamen sechs Märkte der »neuen Generation« hinzu: zwei in Palma und weitere in Palma Nova, Magaluf, Inca und Manacor.

Wer Drogerieartikel benötigt, findet sie in elf Filialen (davon 3 in Palma) der seit langem auf Mallorca präsenten Kette ***Erwin Müller***.

Lounge-Terrasse des Restaurants Es Baluard in Palma auf der alten Stadtmauer mit Weitblick über den Hafen, zugleich kulinarisch erfreulich mit mediterran leichter Küche; auch gut bei Kaffeedurst und für Cocktails

3.4.3 Snackbars, Restaurants und Kneipen

Situation

Auf Mallorca gibt es über 2.000 Restaurants, noch mehr **Snackbars** und ungezählte **Kneipen**. Nahezu alle Lokale verfügen über offene Terrassen oder lauschige Innenhöfe, zumindest aber über ein paar Tische und Stühle vor der Tür. In Palma und sämtlichen Ferienorten warten enorme **Open-Air-Kapazitäten** auf Gäste, sobald ein Sonnenstrahl 'raus ist und solange es nicht regnet. Deshalb findet man selbst die schönsten **Gartenrestaurants** und **Cafés an den Promenaden** höchstens in der Hauptsaison zu Spitzenzeiten mal vollbesetzt vor, sofern nicht gerade Sonderfaktoren ein Rolle spielen wie der legendäre Ruf des *Balneario 6* (»Ballermann«) an der Playa de Palma oder wie die Mundpropaganda für den »Geheimtipp«.

Preis-Leistung

Das **Preis-/Leistungsverhältnis** in der mallorquinischen Gastronomie ist alles in allem in Ordnung, besonders die **mittäglichen Menüs** (*Menu del Dia*: Suppe/Salat, Hauptgericht, Nachtisch, Wein oder Wasser) sind in vielen Lokalen gut und günstig.

Gastronomische Highlights

Anders ist es aber im Fall **gastronomischer »Highlights«**, die sich herumgesprochen haben. Hervorragende Küche – die zu finden auf Mallorca kein Problem ist – muss auch in Spanien bezahlt werden. Zu Restaurants, die kulinarischen Genuss garantieren, fahren Eingeweihte gern manchen Extrakilometer. Dort trifft man nicht nur auf touristische Kundschaft, sondern auch auf einheimische Gäste, ➪ die **Restauranthinweise** bei den einzelnen Ortschaften im Kapitel 5 und die Übersicht empfehlenswerter Restaurants ab Seite 406.

Zur Kennzeichnung der im wesentlichen auf Touristen eingestellten Gastronomie hier einige Anmerkungen:

Fast Food

In den Snackbars für den schnellen Happen zwischendurch oder die simple Mahlzeit serviert man auf Mallorca fast alles, was die **internationale Fast-Food-Küche** nur hergibt: **deutsche Bratwurst, englische *Fish and Chips***, italienische **Pizzastücke**, griechische

Gyros-Pitas, türkische ***Döner*** und – unvermeidlich auch – ***Hot Dogs*** und ***Hamburger***. ***McDonalds*** ist im Großraum Palma gleich mehrfach vertreten und betreibt in Palma Nova eine große Terrasse direkt am Strand (⇨ Seite 179). Aber auch typisch spanische Snacks wie ***Tapas*** (⇨ Kapitel 10.1, Seite 491) findet man mittlerweile überall auch an touristischen Laufstrecken.

Einfache Restaurants

Wie überall liegen auch auf Mallorca nicht nur äußerlich **Klassenunterschiede** zwischen Restaurant und Restaurant. Sieht man ab von einfach ausgestatteten Lokalen im Landesinneren und Palma, wo aus simpler Einrichtung und preiswerter Karte nicht unbedingt auch auf eine mäßige Qualität der Gerichte geschlossen werden kann, ist in den Urlaubsorten die Situation einigermaßen klar: in schlichter Umgebung darf man bei – gemessen am örtlichen Umfeld – niedrigen Preisen Qualität kaum erwarten. Am allerwenigsten, wenn die **Auswahl durch Fotospeisekarten** demonstriert wird.

Mittelklasse

Schwerer einzuschätzen ist die **gastronomische Mittelklasse**, die sich durch insgesamt ansprechende äußere Gegebenheiten in Verbindung mit einem Preisniveau von ca. € 12-€ 17 für die Hauptgerichte definieren lässt. Der **Qualitätsabstand** zum Billigrestaurant ist bisweilen minimal. Hier wie dort bestehen **Hauptgerichte** häufig immer noch aus dem georderten Stück Fleisch oder Fisch, einem Salatblatt mit zwei Tomatenscheiben und einer Portion Pommes. Die immer ziemlich teuren Fischgerichte einschließlich ***Paella*** bilden eine Achillesferse mancher Lokale. Das muss nicht so sein, aber die Erfahrung zeigt positive Abweichungen eher bei Größe und Qualität der verwendeten Basisprodukte als in Kompetenz und Variation der Zubereitung und/oder des Service`.

Gehobenes Niveau

Restaurants der gehobenen Klasse gibt es eine ganze Menge, aber im Verhältnis zur Bedeutung der Gastronomie auf Mallorca sind sie **nur im Großraum Palma und Südwesten zahlreich**. Die **Abgrenzung** zur Mittelklasse fällt in Anbetracht fließender Übergänge

An dieser Snack Bar gibt's alles von der Pizza über Hot Dogs und Crepes bis hin zu Tapas, Eiskugeln und Frozen Yoghurt

Beach Clubs allerorten

Auf Ibiza und sogar aus deutschen Großstädten sind *Beach Clubs* dank künstlicher Strände schon lange nicht mehr wegzudenken. Auf Malle tat sich indessen bis vor ein paar Jahren wenig, dann aber explodierte die Zahl der »Strandclubs«. Sie sind der rechte Ort für alle, die sich zwar auch am Strand oder auf Uferfelsen räkeln und Meerblick wollen, aber bitte doch nicht zusammen mit dem touristischen Fußvolk. Auf gar keinen Fall möchte man an der Strandbar anstehen. Auf schneeweißen Clubliegen oder beschatteten Sesselgruppen aus Naturmaterialien und feinem Design ist das zwar mehrfach teurer als auf Standardliegen (➪ Foto Seite 166), aber dafür berieselt man dort die Gäste mit *Chill-out*-Klängen und serviert unverzichtbare Cocktails *Gin Tonic, Mojito* oder *Caipirinha*. Und – ganz wichtig – man ist dort so eine Art Insider. Und das sogar üblicherweise zunächst ohne Eintritt, es sei denn, man bucht Bali-Betten, weiße Liegewiesen mit Tüllvorhängen für die *Privacy*, etwa im ***Nikki Beach Club*** in Magaluf. Die bekanntesten sind ***Puro*** (Can Pastilla, Seite 166), ***Nassau Beach*** (Palma/Portitxol, Seite 170), ***Mood*** (Portals Nous, Seite 178), ***Virtual*** (Illetes, Seite 176 und Foto) oder ***Gran Folies*** (Cala Llamp, Seite 197f). Aber nicht jeder Club ist exklusiv, mancher eben nur von Strandbar oder Terrassenrestaurant hochgestylt wie ***Pelicano*** (Cala Mayor, Seite 171), ***Pabisa*** (Playa de Palma), ***Agapanto*** (D'en Repic, Seite 242) und andere mehr.

Virtual Beach Club auf einem Felsabsatz an Strand und Bucht von Illetes, ➪ *Seite 176*

nicht ganz leicht. Zur besseren Restaurantkategorie, die in Spanien durch kleine Gabeln (wie die Sterne bei den Hotels, aber weniger bedeutsam) aufgewertet wird, gehört – grob definiert – alles, was Hauptgerichte mit Fleisch oder Fisch unter €20 gar nicht erst anbietet. Der Service und das Ambiente in solchen Lokalen sind meist spürbar besser als in Durchschnittsrestaurants. Viele dieser Lokale zeichnen sich durch außergewöhnliche Lage, Aussichtsterrasse, individuelle Gegebenheiten (am Strand, auf einem Küstenfelsen, in einer alten *Finca*, mit schönem Innenhof) u.a.m. aus.

Empfehlenswerte Restaurants

Die **Qualität der Speisen** ist denn auch meistens besser, wiewohl nicht in allen Fällen im Verhältnis zur Preisgestaltung. Viele Lokale der Kategorie, die höhere Ausgaben wert sind, finden sich in den laufenden Empfehlungen des Kapitels 5 und in der **Übersicht über besonders empfehlenswerte Restaurants** ab Seite 406.

Restaurant-Test

Für die Restaurantwahl im gehobenen Sektor ist das Magazin **2016/2017 »Mallorca geht aus«** (www.mallorca-geht-aus.de) hilfreich .

Strandbars

Ein Mittelding zwischen Restaurant und Kneipe sind die an allen einigermaßen frequentierten Buchten (ab Mai bis Oktober) zu findenden Strandbars (gerne *Chiringuitos* genannt) mit kleiner Karte und kaltem Bier. Es gibt sie vom Häuschen mit fester Terrasse, als Bretterbuden und Container. Zum Standard gehören dort immer Salatteller und Einfachgerichte zu – gemessen am Gebotenen mit unerfreulichen Plastikstapelstühlen – oft viel zu hohen Preisen.

Bewirtung wie zu Hause

Wie in den meisten südlichen Feriengefilden der Mittel- und Nordeuropäer haben sich auch auf Mallorca zahlreiche **Landsleute der Urlauber** und **Spanier mit Auslandserfahrung** niedergelassen. Diesem Umstand hat man es zu danken, wenn **deutsche Bäcker** und Schlachter ihre Dienste anbieten, und Cafés und Restaurants auf die nationalen Eigenheiten der Besucher eingehen.

»Deutsche« Speisekarte

Die **Deutschen** werden in ihren Hochburgen jederzeit mit Bratwürsten, am Nachmittag mit ***Jacobs*-Kaffee** und **Torte, Erdbeeren** und **Eisbechern mit Schlagsahne**, am Abend mit **Linseneintopf** und **Schweinshaxe** geködert.

Bier

Frühstück

Alle gängigen **heimischen Biersorten** sind vertreten. Und wer das Frühstück im Hotel verpasst, findet »draußen« schnell Ersatz: die Engländer *Tea, Bacon and Eggs*, die Deutschen Kaffee mit Brötchen, Wurst und gekochtem Ei, und die Schweizer *Müsli*.

Verhalten im Restaurant

In einer solchen Umgebung ist es nicht verwunderlich, dass viele Gäste keinen Gedanken an ihr Verhalten in Restaurants und Kneipen verschwenden. Die **Eigenheiten der Urlauber** werden von den Mallorquinern ja auch – scheinbar – klaglos ertragen, schließlich sorgen sie in vielen Lokalen für das Gros des Umsatzes. Niemand belehrt daher den ausländischen Gast. Aber es gibt doch ein paar Punkte, die man wissen und beachten sollte:

Platzwahl

- Beim **Betreten eines (besseren) Restaurants** wird man in aller Regel in Empfang genommen und an einen freien Tisch geleitet. Dabei ist es dem Gast unbenommen, Wünsche zu äußern. Er sollte aber keinesfalls schnurstracks auf einen »angepeilten« Tisch zusteuern, sondern zunächst auf den Kellner warten.

Eine große Restaurantauswahl von Fast Food bis Fine Dining findet man im Mallorca Fashion Outlet, *➪ Seite 377*

Rechnung

- Bei Restaurantbesuchen im Freundeskreis zahlt in Spanien immer nur eine Person. Das **Auseinanderdividieren der Gesamtrechnung** wird als kleinlich angesehen. Viele Lokale kennen diese Eigenheit speziell ihrer deutschsprachigen Gäste und sind zur Einzelabrechnung bereit. Gelegentlich aber weigert sich auch schon mal ein Ober. Wie auch immer, man sollte sich intern einigen, statt eine separate Abrechnung zu fordern.

Trinkgeld

- In Spanien gibt man **Trinkgeld** nie mit der Abrundung »Stimmt so!« Man lässt vielmehr zunächst abrechnen und hinterlässt dann den für angemessen gehaltenen Betrag (5%-10%) auf dem Wechselgeld-Tellerchen oder einfach auf dem Tisch.

Kneipen der Mallorquiner

Kneipen gibt's auf Mallorca wie Sand am Meer, und zwar nicht erst, seit der Tourismus Einzug auf der Insel gehalten hat. Wie auch auf dem Festland beginnt der »einheimische« Barbetrieb am Vormittag mit dem **Espresso**, in Spanien ***café solo*** genannt, und – gerne auch am Morgen – der ***copa***, dem Gläschen Brandy (Cognac). Die typischerweise ungemütliche Bar, bevorzugter Treffpunkt der mallorquinischen Männerwelt, besitzt neben der Theke einfachstes Mobiliar aus Plastik und Stahlrohr auf gefliestem Boden.

In der Bar wird zwar vor allem getrunken und kommuniziert, aber auch gegessen: außer den unverzichtbaren **Oliven** in erster Linie ***Tapas***, die in kleiner oder größerer Auswahl selten fehlen.

Derartige **Bars** findet man in Palmas Wohnvierteln an jeder Ecke und auch noch im abgelegensten Dorf. Touristen begegnet man in ihnen kaum, es sei denn, die Lage des Lokals macht die Einrichtung zweitrangig, etwa an Markttagen an der Plaza.

Bodega/ Taberna

Neben der Bar, die in Spanien begrifflich unserer »Kneipe« ziemlich nahekommt, findet man hier und dort noch die ***Bodega*** oder eine ***Taberna***. Beide Worte bezeichnen an sich ein Weinlokal mit einem etwas freundlicheren Interieur, als man es in der durchschnittlichen Bar findet. Indessen ist es niemandem verwehrt, seine schlichte Trinkhalle als *Bodega* zu bezeichnen.

Touristenkneipen

Auch in den Ferienorten gibt es noch die typisch einheimische Bar, wie beschrieben. Aber naturgemäß nur dort, wo ein nennenswerter Anteil spanischer Wohnbevölkerung vorhanden ist. Ansonsten hat man sich voll auf die ausländischen Besucher und ihre nationalen Eigenheiten und Vorlieben eingestellt.

Hochburgen

In deutschen Hochburgen sitzt der deutsche Gast, wenn er will, in Lokalen, deren Einrichtung sich von der seiner **Eckkneipe** zu Hause kaum unterscheidet. Und die Theke mit der bevorzugten heimischen Biersorte kann man sich in größeren Orten auch noch aussuchen. Ebenso wie bei uns ist dabei der Übergang zur »gutbürgerlichen« **Gaststätte** mit kompletter Speisekarte fließend.

In großer Zahl gibt es auch **Kneipen** mit mehr oder minder origineller Einrichtung und ***Open-Air*-Terrassen**, die sich einer klaren nationalen Einordnung entziehen. Wo der Gast also ganz nach Belieben nur seinen Lieblingsdrinks zusprechen kann und bei Bedarf auch eine Kleinigkeit zu essen findet. In diese Kategorie fallen letztlich auch die meisten Strandbars, ➪ Seite 85.

Folklore

In keinem wichtigen Urlaubsort fehlen die **Musikbars**, in denen in der Saison **Gitarre, Gesang** und **Sangría** den Ton angeben. Dort sind zwar spanisches Liedgut und **Ohrwürmer** zum Mitsingen wie *Palma, Palma de Mallorca* und *Viva España* angesagt, als typisch für Mallorca oder Spanien können solche Lokale dennoch nicht gerade gelten. Sie wurden eigens für Touristen geschaffen.

Hier ist kein Vertun möglich; diese bunte Kneipe wendet sich an britische Urlauber (in Can Picafort)

3.4.4 Die Musik-, Tanz- und Discoszene

Live Musik

Regelmäßige *Live-Music* außerhalb von Hotels findet man außer in folkloristisch geprägten Bars durchaus auch außerhalb der Touristensaison in Lokalen, die ausdrücklich mit ihrem (teilweise sogar anspruchsvollen) Musikprogramm werben. Es gibt sie vor allem in Palma und größeren Orten. Aktuelle Hinweise darauf finden sich u.a. im ***Mallorca Magazin*** und in der ***Mallorca Zeitung***. Darüber hinaus ist ganz generell die Menge an guten **Musikveranstaltungen** auf Mallorca beachtlich, ➪ Seiten 41 und 478.

Hoteltanz

Viele Hotels veranstalten in den eigenen Räumen oder – an lauen Sommerabenden – auch draußen am Pool **Disco-/Tanzabende**, um die Gäste im eigenen Haus zu halten.

Discoszene

»Discos« finden sich schon im kleinsten Nest, und sei es auch im Keller der einzigen Clubanlage. Tatsächlich ist die **Discoszene** – ähnlich wie die Gastronomie – vielfach überbesetzt. Deshalb ringt sie um Gäste z. B. mit laufend wiederholten **Miss- und Mister-Wahlen**; darunter sind so originelle Wettbewerbe wie die um den (Abend-) Titel einer ***Miss Nasses Hemd*** und ***Miss Tanga*** o.ä. Auch allerhand Vorführungen, wie etwa Schlammschlachten von Thai Mädchen, die mit ihrem »Programm« von Disco zu Disco ziehen, sollen Besucher in die sonst nicht so attraktiven »Normal-Discos «locken. Denn abgesehen von einigen cool gestylten Schuppen in Palma und dem Sonderfall ***MegaPark*** mit der unterirdischen ***Mega-Arena*** in Playa de Palma (beide sind letztlich auch eine Art Disco, ➪ rechts unten und Seite 161), haben die meisten den großen Superdiscos der Insel wenig entgegenzusetzen.

Zu deren Besuch nehmen junge (und auch nicht mehr ganz so junge) Leute selbst lange Anfahrten in Kauf. Zumindest gilt das im Großraum Palma für die rechts im Bild festgehaltenen Diskotheken und das von Son Caliu nach Palma zurückgekehrte ***Pacha***. Man kann sogar Bustouren buchen, die diese und einige mehr abklappern. Angebote dafür findet man in den Hotelrezeptionen.

Folgende Diskotheken verdienen gesonderte Erwähnung:

Tito`s in Palma

Am bekanntesten von allen ist ***Tito's*** zwischen Plaza Gomila im Vergnügungsviertel El Terreno und dem Hafenboulevard. Früher war *Tito's* über Jahrzehnte der bekannteste Nachtclub Mallorcas und gleichzeitig *Showplace* für internationale *Entertainer* und Gesangstars. Exklusivität und große Namen sind dahin, geblieben ist eine markante Glasfassade über dem *Passeig Marítim*. Von den verschiedenen Ebenen im *Tito`s* hat man nach wie vor einen faszinierenden Blick über die Promenade und die Lichter des Hafens.

Dafür muss man etwas tiefer in die Tasche fassen: €15-€30 Eintritt inkl. 1-2 Getränke; Do-Sa ab ca. 23 Uhr. In Anbetracht der außergewöhnlichen Architektur und des mit Fernsicht kombinierten *Discosounds* ist das zu verschmerzen; www.titosmallorca.com.

Ganz in der Nähe, unten am ***Passeig Maritim*** befinden sich in kurzer Distanz eine Reihe weiterer beliebter Discos, ➪ Seite 136.

»Tito's«, Superdisco in Palma am Passeig Maritim

Pacha zurück in Palma

Das einst aus Ibiza nach Palma exportierte Konzept der Clubdisco ***Pacha*** findet man nun wieder am Hafenboulevard der Hauptstadt, nachdem *Pacha* vor Jahren nach Son Caliu, einem Ortsteil von Palma Nova, umgezogen war. Neue=alte Adresse ist die **Avinguda Gabriel Roca 42**, © 687 570 102 www.pachamallorca.es/english.html (dort war zwischenzeitlich die *Disco Abraxas* untergebracht). Restaurant und *Sushi Lounge* ***im Sommerhalbjahr*** tägl. ab 18.30 Uhr; Clubdisco ab 23 Uhr; Eintritt inkl. 1-2 Getränke ab €25.

BCM Music Empire in Magaluf

In **Magaluf**, dem Playa de Palma der Briten, steht der Palast des ***BCM*** mit einer bombastischen Fassade und Freitreppe. Bis zu 5.000 Fans finden im BCM auf zwei Ebenen Platz und kriegen sogar noch Luft. Die Laseranlage, Soundmaschinen und Schaumkanonen sind dort extrem leistungsfähig. Selbst für Disco-Muffel gilt: Das *BCM* muss man mal von drinnen gesehen haben; Mai-Sept. 23-4/5 Uhr; ab €20; www.bcmplanetdance.com.

Megapark und mehr in Playa de Palma

Der *Riu Palace* im Zentrum von **Playa de Palma** war vor 10-15 Jahren das Non-plus-Ultra der dortigen deutsch orientierten Discoszene. Der ***Megapark*** (➪ Seite 161) am *Balneario* 5 löste bereits 2004 den nahen »Ballermann« als Zentrum deutschen Sauffrohsinns ab und übernahm mit der Installation der ***MegaArena***, einem enormen Tanz-, Show- und Trinkschuppen mit Freiluftbereich, bald die Partyführerschaft an der Playa de Palma – in der Zwischenzeit erweitert um diverse große ***VIP-Lounges*** zur Differenzierung des Publikums: www.megapark.tv.

Ökologie und Umwelt auf Mallorca

Umweltschutz ist auf Mallorca kein Fremdwort. Die Insel besitzt diesbezüglich sogar eine – in Spanien – führende Position. Das klingt zunächst erstaunlich. Denn die Bausünden und die damit einhergegangene Zerstörung der Natur sind rund um die Insel offensichtlich. Andererseits gibt es erhebliche Erfolge. So verhinderte die ***GOB****, wie sich die Umweltschutzorganisation auf Mallorca nennt, u.a. die Bebauung hinter dem Strand von Es Trenc und sorgte sogar für die Aufdeckung eines riesigen Immobilienskandals,* *➪ Seite 200.*

Ein vielleicht noch größerer Erfolg war die Freigabe der ***Insel Cabrera*** *vor der Südostküste Mallorcas durch das Militär. Über Jahrzehnte hatte sie als Manöverterritorium gedient, aber nach jahrelangem Tauziehen wurde diese Nutzung höchstrichterlich untersagt und* ***Cabrera zum Nationalpark*** *erklärt. Die Bootsfahrt ab Colonia de Sant Jordi nach Cabrera gehört zu den besten Ausflügen, die Mallorca zu bieten hat,* *➪ Seite 356.*

Auch der erst vor wenigen Jahren ins Leben gerufene ***Naturpark Mondragó*** *an der Ostküste bei Portopetro wäre ohne die Umweltschützer wohl nicht zustande gekommen, vielmehr die malerische Bucht zugebaut worden wie der kleine nördliche Nachbar Cala Barca mit einer immensen Clubanlage.*

Unbewohnte Vogelinsel Dragonera vor Mallorcas südwestlichster Ecke

Dass es zur »Umfunktionierung« der ***Vogelinsel Dragonera*** *in eine Luxusurbanisation mit Yachthafen und allen Schikanen nicht kam, ist ebenfalls der einst in erster Linie ornithologisch orientierten Umweltschutzgruppe zu danken. Dragonera bleibt – bis auf seine Vogelkolonien – unbewohnt, ist aber ab Sant Elm über eine kurze Bootsfahrt zwischen März und November mehrfach täglich für Wanderungen mit und ohne Führung zu erreichen,* *➪ Seite 206.*

Die Inselregierung und viele Gemeinden haben sich den ***Umweltschutz*** *nicht zuletzt auch im Sinne einer Zukunftssicherung der Attraktivität Mallorcas* ***als Werbeargument*** *auf die Fahnen geschrieben. Sichtbar positive Auswirkungen sind z.B. Rückbaumaßnahmen im Straßennetz der Urlaubsorte und Abriss auffälliger »Schandflecken« vor allem an der Bucht von Palma.*

Mit einem kontrovers geführten Streit über die vor Jahren dann doch nicht eingeführte »Ecotasa«, einer »Ökosteuer« für Touristen, gelang es immerhin, das Thema Umweltschutz in der öffentlichen Diskussion zu halten. Den Problemen der Wasserversorgung bzw. des Umgangs mit dieser auf Mallorca knappen Ressource, der Abwasserbeseitigung, der Müllentsorgung bzw. -verwertung und der Energieerzeugung/-einsparung gilt seither hohe Aufmerksamkeit.

*In diesem Zusammenhang interessant ist, dass Veranstalter bei ihren Hotelbeschreibungen den Punkt »**Umweltschonende Hotelführung**« vermehrt als zusätzliche Kennzeichnung berücksichtigen oder den Kunden versichern, in den angebotenen Häusern auf umweltverträgliche Zustände zu achten.*

*Wer über Umwelt und Ökosystem Mallorcas nachdenkt, stellt sich unweigerlich die Frage, woher – zumal auf einer Insel – denn das **Wasser für 875.000 Einwohner plus** in der saisonalen Spitze bis **über 400.000 Urlauber** kommt? Und natürlich, wo die **Abwässer** und der tägliche **Müll** bleiben.*

*Die **Wasserversorgung** war lange ein Dauerproblem, das durch den Tourismus »nur« relativ geringfügig verschärft wurde. Mallorca verbraucht weit über 30 Mio. m^3 Trinkwasser pro Jahr, wovon sage und schreibe 20% auf Verluste im maroden Leitungsnetz entfallen sollen. Vom »echten« Verbrauch holt sich die Landwirtschaft, die am Sozialprodukt Mallorcas nur noch nachgeordnet beteiligt ist, allein rund 60%, die Industrie 1%-2% und die Golfplatzbewässerung 1%. **Bevölkerung und Touristen verbrauchen den Rest, rund ein Drittel**.*

*Der Gesamtbedarf wird aus unterschiedlichsten »Quellen« gedeckt; dabei spielen natürliche Süßwasserressourcen eine wichtige Rolle (z.B. schon immer Kavernen unter Cala Rajada und die erst seit dem neuen Jahrtausend endlich ausgebeutete ergiebige Frischwasserquelle Sa Costera an der Westküste). Früher waren auch **Tiefbrunnen** wesentliche Lieferanten. Aber deren Wasser ist salzhaltig und muss mit Süßwasser vermischt werden. Für den Raum Palma sind die **Stauseen Cuber** und **Gorge Blau** bedeutsam. Sie tragen nach niederschlagsreichen Wintern signifikant zur Versorgung bei. Dann lassen sich die **Meerwasserentsalzungsanlagen** mit einer Kapazität bis 150.000 m^3/Tag herunterfahren. Denn ihr Betrieb ist wegen des hohen Stromverbrauchs extrem teuer.*

*Während noch in den 1970er-Jahren das Gros der **Abwässer** ungeklärt über oft nur wenige hundert Meter lange Rohre ins Mittelmeer floss, sind heute **80 Kläranlagen** flächendeckend in Betrieb. Der Grad der Aufbereitung ist unterschiedlich. Das meiste Klärwasser geht über kilometerlange Leitungen ins Meer. Nur ein geringer Teil kann als sog. Brauchwasser zur Beregnung von Grünanlagen und Golfplätzen genutzt werden. Immerhin spricht die alljährlich gemessene*

Flächendeckend und unübersehbar vorhanden sind auf Mallorca allerorten die Container zur Mülltrennung, die teilweise weiter geht als bei uns.

optisch wie bakteriologisch einwandfreie Wasserqualität an den meisten Stränden für ein – trotz stellenweise noch vorhandener Mängel und Kapazitätengpässe – insgesamt gutes Klärniveau. Weitere Verbesserungen und Erweiterungen der Kläranlagen stehen auf dem Investitionsprogramm Mallorcas.

Zwar hat man schon vor Jahren das Problem der ***Abwässer von Booten*** *erkannt, jedoch trotz neu erlassener Gesetze noch nicht gelöst. Tausende von Freizeitskippern und Fischern spülen trotz Verbots immer noch zu viel ins Meer.*

Auf Mallorca entstehen über ***700.000 t Müll*** *pro Jahr, die früher auf »wilden«, d.h. nicht fachmännisch ausgebauten und überwachten Müllkippen abgeladen wurden. Seit 1996 ist die* ***Müllverbrennungsanlage Son Reus*** *bei Palma in Betrieb. Sie hat die Schließung der Kippen ermöglicht. Aber ihre Kapazität reichte zunächst nicht, obwohl über 200.000 t weiterverwertet werden. Die restlichen 200.000 t und die Verbrennungsrückstände wurden auf neuen Riesenkippen abgelagert. Als die Kapazität der Anlage deshalb auf 600.000 t verdoppelt wurde, stellte sich heraus, dass nach Abbau der vorhandenen Althalden dank zwischenzeitlicher Verbesserung der Wiederverwertung (⇨ nächsten Absatz) die Erweiterung zu üppig ausgefallen war für die effektiv anfallende Müllmenge. Und so importierte Mallorca sogar schon Müll aus Italien zur Verbrennung in Son Reus.*

In Nachbarschaft zu Son Reus entstand ein ***Umwelttechnologiepark****, mit dessen Hilfe Trennung und Recycling der bereits in separaten Tonnen gesammelten Abfälle erfolgt (heute weit über 200.000 t). Der Clou sind ein* ***Infocenter*** *und eine* ***vollverglaste Besucherbahn*** *rund ums Gelände (Besuch nur in Gruppen nach Anmeldung). Anfahrt nach Son Reus über die Straße Palma-Soller nördlich Son Sardina rechts ab (ausgeschildert).*

Gasturbinen *bei Palma und ein (nach Installation einer Gaspipeline vom Festland über Ibiza) auf Gas umgestelltes altes Kohlekraftwerk beim Albufera Nationalpark zwischen Sa Pobla und Las Gaviotas sorgen für die* ***Erzeugung elektrischer Energie****. Da die Kapazität dieser Anlagen in Spitzenzeiten an ihre Grenzen stieß, wurde 2011 ein 240 km langes* ***Unterwasserkabel*** *vom Festland nach Mallorca verlegt, das heute etwa ein Viertel des Inselbedarfs liefern kann. Speziell für die Meerwasserentsalzung benötigt man ggf. viel Strom.*

Altes Kohlekraftwerk im Hinterland von Alcudia, das aber heute mit Gas betrieben wird

Naheliegend wäre die Nutzbarmachung von ***Solarenergie****; bislang blieb das aber weitgehend Privatinitiative vorbehalten. Auch eine stärkere Nutzung von* ***Windenergie*** *wird angestrebt. Ein Renovierungsprogramm für die alten Windräder in der Ebene des Südostens läuft schon seit Jahren.*

3.5 Unterwegs auf Mallorca

3.5.1 Ausflugsziele und -motive

Ausflugsziele

Spätestens am ersten wolkenverhangenen Tag stellt sich die Frage, ob man dem Urlaubsort nicht zur Abwechslung 'mal den Rücken kehren sollte. Wie schon eingangs beschrieben, bietet Mallorca **landschaftlich und kulturell eine Fülle von Zielen** für kleine und ausgedehntere Ausflüge, ➪ auch Seiten 418f.

Hinzu kommen die mit dem Tourismus entstandenen kommerziell betriebenen Attraktionen wie die **Wasserrutschenparks** (Alcúdia, S'Arenal und Magaluf), das ***Katmandu House*** in Magaluf, ***Marineland*** in Portals Nous, das Freigehege afrikanischer Tiere, der ***Safari Zoo*** bei Sa Coma, der Kakteenpark **Botanicatus** bei Ses Salines, der ***Jungle Parc*** in Santa Ponça und die **Tropfsteinhöhlen**.

Mallorca-Produkte

Weitere Anziehungspunkte sind die Herstellungsbetriebe (mit den ihnen angeschlossenen Läden) der bei der touristischen Vermarktung besonders erfolgreichen Produkte **Keramik**, (Kunst-) **Perlen, mundgeblasene Glasgefäße**, **Stoffe** und **Likör**.

Märkte

Oft gepriesen und als nicht zu versäumende Ereignisse bezeichnet werden die in fast allen Ortschaften ein- oder zweimal die Woche stattfindenden **Märkte**. Vom dörflichen Obst- und Gemüsemarkt über den (auch) Viehmarkt in Sineu bis hin zu den ziemlich touristischen Veranstaltungen der Märkte in Inca, Son Servera und Llucmayor und der **Flohmärkte** in Palma, bei Santa Ponça, in Marratxi und Consell hat man eine große Auswahl.

Ausflüge in Eigeninitiative

Ausflüge kann man beim eigenen Veranstalter und bei örtlichen Reiseagenturen buchen (➪ Seite 442f) oder auf eigene Faust unternehmen. Die **Eigeninitiative besitzt viele Vorteile**:

- sie erlaubt **Gestaltung nach individuellen Vorstellungen**.
- sie ist **zeitlich flexibler**.
- sie vermittelt einen **intensiveren Kontakt** zur Insel Mallorca als eine Busfahrt in Gesellschaft von 'zig Mitreisenden diverser Nationen und Zwischenstopps nur an vorbestimmten Orten
- und sie kommt ab zwei Personen, unter Umständen sogar schon allein, in aller Regel **preiswerter**.

Zwar gibt es in Linienbus, Eisenbahn, Mietauto und am Motorrad- und Fahrradlenker keine Erläuterungen eines Reiseleiters – die bei mehrsprachigem Vortrag nervig sein können –, aber das Wichtigste lässt sich auch diesem Buch entnehmen oder zusätzlicher, auf die persönlichen Interessen zugeschnittener Lektüre.

Und nur der »eigene« **fahrbare Untersatz** ermöglicht Urlaubern (ohne gebuchte Hotelverpflegung) die echte **Erweiterung des kulinarischen Aktionsradius'**. Das lohnt sich bestimmt: denn eine ganze Reihe der empfehlenswertesten Restaurants liegt in einiger Distanz zu den Touristenzentren, ➪ die Ortsbeschreibungen des Kapitels 5 und die Übersichten ab Seite 406.

3

Organisierte Touren

Die **Ausflugsangebote der Reiseveranstalter** sind nichtsdestoweniger für bestimmte Vorhaben eine bedenkenswerte Alternative; und das Fahren eines Mietautos in Palma oder über enge Gebirgsstraßen ist auch nicht jedermanns Sache. Das **Kapitel 8** befasst sich deshalb noch ausführlich mit der Frage, was von den **Bustouren** zu halten ist, welche die Reiseveranstalter in allen Hotellobbys ihren Gästen zur Teilnahme ans Herz legen.

Doch zunächst zum unabhängigen Vorgehen und zu den verschiedenen Transportmöglichkeiten:

3.5.2 Öffentliche Verkehrsmittel

Dank des sehr gut ausgebauten inselweiten Linienbussystems ist fast jeder Ort mit öffentlichen Verkehrsmitteln zu erreichen.

Bus

Der **Haken der Überlandlinien** liegt in ihrer zentralen Ausrichtung auf die Hauptstadt. Soweit man sich direkt von und nach Palma bewegt, kann man auf den wichtigsten Straßen mit relativ hoher, zumindest ausreichender Verkehrsfrequenz rechnen. **Querverbindungen** dagegen werden mit Ausnahme der Strecke Can Picafort–Alcúdia–Port de Pollença und einiger Routen im Nordostküstenbereich nur sehr schwach bedient, soweit überhaupt vorhanden.

Zug

Die Eisenbahn kommt als Transportmittel nur für wenige Urlauber ernsthaft in Frage. Der nostalgische **Rote Blitz** von Palma nach Sóller ist im wesentlichen eine (teure) Ausflugsattraktion. Die (Pendler-) Züge von Sa Pobla/Inca und Manacor/Petra/Sineu nach Palma und zurück verkehren weitab der Küstenferienorte.

Boote

Im Sommer wesentlicher als die Züge sind die – teilweise mehrmals täglichen – **Bootsverbindungen** rings um die Insel, die zwar »nur«Ausflugszwecken dienen, aber mit der Einschränkung saisonalen Betriebs dann nahezu Linienverkehrscharakter besitzen.

Taxi

Taxis gibt es auf Mallorca in rauhen Mengen. Der Zustand der Fahrzeuge ist gut bis sehr gut. Die Tarife sind im Fall mehrerer Personen, die sich die Kosten teilen, auch für Ausflüge ganz o.k.

Die Nahverkehrsbusse wurden wie die Züge der Bahnlinie Palma-Inca-Manacor alle auffällig rot-gelb gespritzt; sie sind indessen oft knüppeldickevoll

Zu den Verkehrsmitteln im Einzelnen:

Busverkehr

Komfort

Die mallorquinischen Busse für den regionalen Verkehr entsprechen modernen Anforderungen und sind mittlerweile allesamt mit Klimaanlagen ausgerüstet, im Sommer ein unverzichtbarer Komfort. Das gilt auch für die heute eingesetzten **Kurzstreckenbusse** mit viel Stehplatzkapazität.

Kosten/ Vorzüge

Die Fahrpreise sind niedrig, variieren aber stark je nach Strecke und Betreiber. Neben der gelbroten Staatslinie ***tib*** (***T****ransport de* ***I****lles* ***B****alears*, die für die an den Schienenverkehr angeschlossenen Buslinien besonders günstige Zonentarife bietet) sind private Busunternehmen mit eigenen Tarifen engagiert.

Bei Fahrten quer über die Insel ist für Personen, die allein unterwegs sind, der Bus das **billigste Verkehrsmittel**. Ab zwei Personen gerät man bei ausgedehnteren Tagesausflügen aber schon arg in die Nähe der oder sogar über die Mietwagenkosten, ➪ Seite 105.

Eine Anfahrt mit **Linienbus** hat bei Wanderungen und Bootsausflügen den Vorzug, dass man kein Fahrzeug am Ausgangspunkt zurücklässt und daher leichter Einwegtouren realisieren kann.

Nachteile

Den positiven Aspekten gegenüber steht zunächst die relative **Unbequemlichkeit** des Linienbusses: Anmarsch zur Haltestelle, Wartezeiten, eventuell Überfüllung, unpassende Abfahrtszeiten und ungünstige Anschlüsse beim bisweilen unvermeidlichen Umsteigen. **Raum für spontane Entschlüsse bleibt kaum**; ohnehin existieren zu zahlreichen Zielen abseits der größeren Ortschaften keine Verbindungen. Und selbst wenn, können diese bei geringer Verkehrsfrequenz zu den gegebenen, oft sehr frühen oder späten Abfahrtszeiten nur unter Schwierigkeiten wahrgenommen werden. Typisches Beispiel dafür sind die Küstenorte Estellencs und Banyalbufar und deren fehlende Direktverbindung mit den südwestlichen Urlaubsorten (Busse nur ab Palma dorthin).

Fazit

Erwägenswert sind größere Ausflüge mit dem Bus daher vor allem **für Besuche in Palma** oder – vom Großraum Palma aus – zu unkompliziert über Hauptstraßen direkt erreichbaren Zielen. Die im Kapitel 7 vorgeschlagenen Ausflugsrouten, von denen sich einige im Prinzip auch per Bus durchführen ließen, sind wegen des damit verbundenen Zeitbedarfs überwiegend nur in verkürzter Form an einem Tag machbar.

Lokalbusse

Anders sieht es bei **Kurzstrecken** aus, sofern man ggf. volle Busse, Wartezeiten in praller Sonne etc. mit Gleichmut erträgt. Aus der folgenden Übersicht geht hervor, dass man von einigen Urlaubszentren aus die umgebenden Orte recht gut per Bus kennenlernen kann. Insbesondere gilt das, wenn man im **Südwesten**, im **Großraum Palma**, in der **Nordostecke** (Cala Millor/Cala Rajada) oder im **Bereich Port de Pollença** bis **Can Picafort** logiert.

Verbindungen

Wichtig zu wissen ist zunächst, welche Verbindungen existieren und wie häufig die Busse verkehren, ➪ Übersicht umseitig.

Die wichtigsten Routen - Frequenz und Tarife*)

Von/ Nummer der Linie	**nach**	**über** (Anzahl der Abfahrten Gegenrichtung meist gleich)	**Anzahl der Abfahrten/Tag Mo-Fr/Sa+So**	**Tarif einfache Fahrt**
Palma/351	(Port de) Alcudia	Inca/Alcúdia	9-15/4-5	€5,40
Palma/102	(Port de) Andratx	Peguera	12-13 täglich	€5,60
Palma/15+23	Arenal/ Cala Blava	Platja de Palma (früh/spät seltener)	alle 10 min (ca. 6-1 Uhr)	€1,50**)
Palma/25	Platja Palma	Expressbus	alle 20 min	€1,50**)
Palma/211	Port Sóller	Bunyola/Sóller	14/6-8	€3,25
Palma/501	Cala d`Or	Llucmayor/Campos/ Santanyi	5-6/3-4	€8,50
Palma/411 +412	Manacor	Algaida/ Montuiri	6/3	€6,95
Palma/412	Cala Millor/Bona	Manacor	4/2	€7,90
Palma/411	Cala Rajada	Manacor/Artá/ Capdepera	5/3	€9,00
Palma/340 +345	Cala Sant Vicenç	Pollença (1-3 mal dort umsteigen; nur 2 Direktbusse)	3-5/3-5	€6,10
Palma/102	Camp de Mar	Santa Ponça/ Peguera	siehe Port d`Andratx	€4,60
Palma/390	Can Picafort	Inca/Llubi	12/4	€6,55
Palma/502	Colonia de Sant Jordi	Llucmayor/Campos	5-8/3-6	€6,45
Palma/200	Estellencs	Esporles/La Granja Banyalbufar	8-10/4	€3,90
Palma/490 +491	Felanitx	Algaida/Porreres	12/6	€5,25
Palma/330	Lluc	Inca	3-4/2-3	€4,70
Palma/107	Sol de Mallorca	Magaluf/ Cala Vinyes	8 x täglich	€3,80
Palma/390 395	Can Picafort weiter ab	Inca Muro/Inca per Zug	5/4 7/1	€6,55
Palma/106	Palma Nova/ Magaluf	Portals Nous/ Marineland	alle 30 min	€3,15
Palma/104	Peguera	Palma Nova - Santa Ponça	alle 30 min	€3,75
Palma/490	Portocolom	Felanitx	7/5	€7,00

**) eine 10er-Karte für Palma+Vororte (EMT-Busse) kostet €10 (*Tarjeta Turistica*)

Von/ Nummer der Linie	nach	über (Anzahl der Abfahrten Gegenrichtung meist gleich)	Anzahl der Abfahrten/Tag Mo-Fr/Sa+So	Tarif einfache Fahrt
Palma/412, +411	Portocristo teilw. über Drachenhöhle	Manacor tw. mit Umsteigen auf die Eisenbahn	10/3	€8,55
Palma/340	Port de Pollença	Pollença	9/6	€6,30
Palma/210	Sóller/Port de Sóller	Valldemossa/ Deiá	7/4-6 Tarif bis dort	€4,35 €2,85
Palma/515 + 502	Sa Rapita (nur mit ✆-Reserv. 617 365 365 bis 18 Uhr Vorabend	Llucmayor	2/2	€5,40
Palma/210	Valldemossa	insgesamt (➪ oben)	12/5-7	€1,85
Palma/140	Galilea	Puigpunyent	6/2-3	€2,65
Andratx/100	Sant Elm	Port d'Andratx	5-8/4-6	€1,60
Bunyola/221	Orient nur mit ✆-Reserv. 617 365 365 bis 18 Uhr Vorabend		2 x täglich	€2,00
Cala Rajada/441	Portocristo (Drachenhöhle)	Cala Millor	3 x täglich	€4,35
Can Picafort/353	Formentor	Alcúdia/ Port Pollença	4 x täglich	€6,00
Can Picafort/446	Cala Rajada	Artá/ Capdepera	6/5	€4,75
Can Picafort/354	Port de Sóller	Port Pollença/ Kloster Lluc	9 + 15 Uhr auch Sa/nicht So	€11,00 (€6,55/€4,45)
Kloster Lluc/355	**Sa Calobra zurück:**	(9 Uhr ab Can Picafort)	11.50 Uhr/nicht 15.00 Uhr/ So	€2,75
Can Picafort/353	Formentor	Port d`Alcúdia/ Port de Pollença	4/4	€3,50
Peguera/102	Port de Andratx	Andratx	siehe Palma nach Andratx bzw. Port d`Andratx	€1,70
Port Sóller	Can Picafort	Lluc/Alcúdia	#354, ➪ oben	€11,00
Port Pollença/352	Can Picafort	Alcúdia/Port de Alcúdia	Winter 5 x täglich Pendelbus Sommer alle 15 min	€2,65

*) Abfahrts-/Ankunftszeiten der Busse und Tarife im Internet

Es gibt zwar **Fahrpläne** in den Büros der Touristeninformation in allen Orten, aber viel besser, detaillierter und aktueller informiert heute das ***Consorci Transports Mallorca*** (CTM) über alle öffentlichen Verkehrsmittel auf ihrem vorbildlichen Portal www.tib.org/de/web/ctm (diese Adresse führt gleich auf die Version in deutscher Sprache) mit leicht verständlicher Menuführung und hilfreichen **Apps zum Download**. Die **Tarife oben beziehen sich auf den Kauf von Einzeltickets 2017**. Retour kostet den doppelten Preis. Mit Erhöhungen ist zu rechnen. Die Netzkarten mit 20 oder 40 Zonentickets und hohen Nachlässen gibt es nur für Bewohner der Balearen.

Busterminal in Palma/ Estació Intermodal

Der **Busbahnhof in Palma** wurde vom Ostende des *Parc d'Estació* unter den Park neben die Schienen der Inca-Bahn verlegt (identischer Eingang für Eisenbahn, Metro zur Universität und Fernbusse der Plaça Espanya, ➪ auch Stadtplan in der Umschlagklappe vorne). **Dieser unterirdische Bahnhof** für alle öffentlichen Verkehrsmittel heißt im verkehrstechnischen Sprachgebrauch und den Fahrplänen jetzt »***Estació Intermodal***«. Im Bahnhof steht ein sehr übersichtlicher aktuell gehaltener **Infokasten** zu allen Routen, die mit öffentlichen Verkehrsmitteln bedient werden.

Busankunft/ -abfahrten Playa de Palma und Südwestorte

Wichtiger Hinweis: Busse in Richtung Playa de Palma/S`Arenal und in den Südwesten (Illetes/Palma Nova/Magaluf/Santa Ponça/Peguera/Camp de Mar/Andratx/Sant Elm) stoppen überirdisch an den Haltestellen an der Plaça Espanya vorm Eingang in den intermodalen Bahnhof bzw. auf der anderen Straßenseite.

Stadtbusse

Fahrpläne und Tarife der Stadt- und Vorortbusse in Palma finden sich mit allen Details unter www.emtpalma.es/de (deutsch).

Eisenbahn

Von Palma nach Sóller

Die Fahrt mit dem ***Roten Blitz*** über Bunyola nach Sóller samt ihrer Fortsetzung mit einer ebenso alten Straßenbahn (wartet auf den Zug) bis zum Hafen von Sóller gehört wegen ihrer nostalgischen Wagen und der tollen Streckenführung durch 13 Tunnel über die *Serra de Alfabia* (zwischen Bunyola und Sóller) zu den Standardprogrammen des Ausflugsangebots, ➪ Seite 443f.

Fahrplan

Man kann unter **täglich 6 Abfahrten** wählen (Station der Sóller-Bahn befindet sich am »linken« Rand der **Plaça Espanya**/Carrer Eusebi Estada). Zu-/Aussteigen ist auch in **Bunyola** möglich. Von dort nach Sóller ist der interessantere Teil der Strecke und man spart ein paar Euros, ➪ unten. Parken ist in Bunyola leichter.

Kommentar
Die Tarife der Sollerbahn und der Tranvia nach Port de Sóller wurden nach der Euroeinführung in mehreren Schritten um bis zu 500% erhöht

Abfahrt (April-Oktober 2017) **Palma**	**Sóller**	**Abfahrt*) Bunyola n. Sóller**	**Tranvia**) ab Port de Sóller**
(Nov-März ab Palma nur 10.30, 12.50, 15.10 und 18 Uhr)			
(Nov-März ab Soller nur 9.00, 11.40, 14.00 und 17 Uhr)			
10.10	9.00 Uhr	10.35	11.00 Uhr
10.50	10.50	11.15	12.00
12.15	12.15	12.40	13.30
13.30	14.00	13.55	15.00
15.10	18.00	15.35	16.00
19.40	18.30	20.05	20.35

*) **✆ Bahnhof Palma: 902 364711, ✆ Sóller: 902 364711**
**) auf die Zugabfahrtszeit ab Sóller abgestimmte *Tranvia*

Touristentarife: einfach **€16**, retour **€22**, Sonderpreis retour inkl. Straßenbahn **€30**; **ab Bunyola €9/€15**; Kinder 3-6 50%. Für Residenten gelten reduzierte Tarife; **Fahrtzeit ca. 45 min.**, aktuelle Info und mehr im Internet: http://trendesoller.com/de

Tranvia nach Port de Sóller

Die **Weiterfahrt nach Port de Sóller** mit der offenen **Straßenbahn** kostet heftige **€6** einfach (5 km!). Die **Tranvia** fährt alle 60 min ab 8 Uhr bis 19 Uhr zur vollen Stunde nach Port de Sóller, zur halben Stunde zurück, also ab Port de Sóller 8.30-19.30 Uhr.

Der in Wahrheit braune »Rote Blitz« im Bahnhof von Bunyola: Zwischenstopp vor der Fahrt durch die Tunnel der Serra de Alfabia in Richtung Sóller

Von Palma nach Inca, Sa Pobla und Manacor

Die **Dieselzüge der Bahnlinie nach Inca und weiter bis Sa Pobla bzw. Manacor** sind werktags **ab Palmas Untergrundbahnhof an der Plaça Espanya** von 6 Uhr bis nach 22 Uhr 50 mal bis Inca auf dem Gleis, Sa+So 33 mal. Der maximale zeitliche Abstand zwischen zwei Zügen beträgt 30 Minuten. An der Strecke liegen

Ab Untergrundbahnhof verkehrt neben den Dieselzügen eine **»Metro«** (U-/S-Bahn) **zum Universitätscampus** an der Straße nach Valldemossa: €1,60

Marratxi (mit Orten Portol und Sa Cabaneta); die Züge nach Inca und weiter halten dort nach 8 min das erste Mal. Im 20 min-Takt fährt zudem ein Lokalzug nur bis Marratxi (8 Vorortstopps, 14 min).

Santa Maria - 15 min

Consell/Alaró (Alaró ca. 4 km entfernt) - 18 min

Binissalem - 21 min **Lloseta** - 24 min **Inca** - 28 min

Die **Weiterfahrt ab Inca** erfolgt alternierend nach **Sa Pobla** oder nach **Manacor**, wobei der wiederbelebte Schienenstrang Inca-Manacor schön durch das Hügelland des zentralen Mallorcas läuft und daher auch »ausflugstechnisch« attraktiv ist.

Zug nach Sa Pobla im Bahnhof von Inca

Auf der Strecke **bis Sa Pobla** (57 min) stoppt der Zug in **Llubi** und **Muro**; auf der Route nach **Manacor** (61 min) in **Sineu**, **Sant Joan** (Station 3 km nördlich des Ortes) und **Petra**.

Die Tarife sind zonenabhängig:
Palma-Inca: €3,25 (Einmalfahrt einfach)
Palma-Sa Pobla: €4,10
Palma-Manacor: €4,10

Mehrfahrtentickets verbilligen die angegebenen Preise erheblich.

Aktuelle Info: © 971 177 777,
Internet mit Fahrplänen:
www.tib.org/portal/de/web/ctm/tren

3

Bootsverkehr und -ausflüge

System

Wie erwähnt, gibt es eine ganz Reihe regelmäßig verkehrender Ausflugsboote, die ein **Netz von Verbindungen um die Insel** spannen. Naturgemäß wird ein Großteil davon in der Wintersaison eingestellt; einige Schiffe fahren nur in den Sommermonaten.

Linien

Die folgende Tabelle zeigt **ausgewählte Verbindungen mit ungefähren Angaben** zu Frequenz und Abfahrtszeiten. Die Änderungen sind indessen bei den Bootstouren zahlreich.

Die **Mehrzahl der Verbindungen**, auch wenn das in der Übersicht nicht ausdrücklich vermerkt ist, **bezieht sich nur auf das Sommerhalbjahr (Mai-Oktober, z.T. nur Juli-September)**. Manche Boote verkehren in der Vor- und Nachsaison (noch) nicht (mehr).

Unberücksichtigt blieben in der Übersicht Ausflugsboote/Katamarane, die unterwegs nicht oder nur in Badebuchten anlegen.

Empfehlung

Manche **Bootsfahrten** sind bereits ein **Tagesprogramm** für sich; viele kann man aber auch gut in einen kombinierten Ausflug mit Auto, Zug und/oder Bus einfügen. Ganz typisch ist dafür die Fahrt **von Port de Pollença zum Formentorstrand Cala Pi**, wo die organisierten Touristen von ihren Bussen wieder abgeholt werden, und individuelle Urlauber auf den Linienbus warten. Einer der besten Bootstrips überhaupt, die Fahrt **von Port de Sóller zur *Cala Sa Calobra***, lässt sich bei guter Kondition mit einer schönen Wanderung verbinden, ➪ Beileger, Wanderung 2.

Alle Angebote Bootsausflüge

Sehr gute Übersichten über das Gesamtprogramm an Bootstoren auf Mallorca findet man unter www.sunbonoo.com/de/mallorca/bootsausfluge und www.click-mallorca.com/ausfluge-sehenswurdigkeiten/boot-und-katamaran-ausfluge.

Regelmäßige Bootsverbindungen rund um Mallorca (Auswahl Mai-Sept.)

Nr.	von	nach	Abfahrten/Tag ungefähre Zeiten	Tage	✆ 971
1	Palma	Portals Vells	2-3x	Mo–Fr	71 71 90
2	Palma	Magaluf	2-3x	täglich	26 41 81
3	Arenal	Magaluf	2x	täglich	44 23 84
4	Palma	Sant Elm (oder Camp de Mar)	2x	Di Do Fr	71 71 90
5	Cala Figuera	Cala Santanyi Cala Llombards	In der Saison mehrmals täglich		65 74 63
6	Cala Millor	Cala Rajada	9.00 retour 13.00 14.00 retour 17.00	täglich außer So	56 36 22
7	Cala Millor	Portocristo	10.00 retour 14.00 11.30 retour 16.20 13.30 retour 17.50	Mo–Sa	81 06 00

Nr.	von	nach	Abfahrten/Tag ungefähre Zeiten	Tage	✆ 971
8	Cala Rajada	Canyamel/ Cala Millor	10.30 retour 13.30 12.00 retour 16.00 15.00 retour 18.30	täglich außer So	563 622
9	Cala Rajada	Canyamel/ Portocristo	10.30 retour 17.00	Mo–Sa	450 864
10	Colonia de Sant Jordi	Cabrera	mehrere Touren	täglich	649 034
11	Cala d`Or	Calas Figuera/ Llombards	9.30; retour 17.00	Di, Fr, Sa	657 012
12	Santa Ponca	Peguera/Sant Elm/Dragonera	10.45 Uhr	täglich	686 506
13	Port de Alcúdia	Formentor	9.30/12.00 Uhr retour:13.30/16.00	täglich	545 811
14	Port d` Andratx	Sant Elm	8.30; retour 16.15	täglich	639 617 545
15	Port de Pollença	Formentor retour	10.00-15.00 stündlich 11.30-17.00 stündlich	täglich	864 014
15a	P. Pollença	Cap Formentor	10.30 Uhr	Mo-Sa	864 014
16	Port de Sóller	Sa Calobra je nach Wetter retour	ab 10.00 Uhr 4 Abfahrten bis 15.00 Uhr meist bis 17.00 Uhr	täglich, nur bei ruhiger See	633 109 630 170
17	Port de Sóller	Port Andratx Cala Deiá	14.30 Uhr retour 18.30 Uhr	1x/Woche Freitag	633 109
18	Sant Elm	Dragonera retour	ab 9.45Uhr ca. alle 30 min ab 11.30-16.50 Uhr	Do-Sa So	639 617 545 629 606 614

Einer der beiden Großkatamarane, die ab Port de Sòller täglich ihre Passagiere nach Sa Calobra zum Besuch der Schlucht Torrent de Pareis transportieren,

Auf Mallorca sind die Taxis weiß, hier in Port de Pollenca. Daneben ist eine typische Tafel mit Ca.-Tarifen vom Standort zu allen möglichen Zielpunkten auf der Insel abgebildet. So ein Ding steht an vielen größeren Taxiständen. Verbindlich für die tatsächlichen Fahrtkosten sind diese Ungefähr-Preise nicht; es zählt am Ende das Taxameter.

Taxen

Kosten in/ um Palma

Auf Mallorca stehen über 3000 Taxis zur Verfügung, davon allein in Palma über 1000. Sie sind heute kaum noch preiswerter als bei uns. Innerhalb von Palma gilt ein **Grundtarif** von €3,00, nachts €4,00 inkl. maximal ca. 1 km bzw. 1,5 km, danach plus Kilometerkosten und Zuschläge für Gepäck, telefonische Bestellung und Fahrten zum Fährhafen oder Airport.

Kosten »über Land«

Größere Rundtouren und Abholungen unterliegen der freien Aushandlung. Festtarife zwischen den Orten wurden zugunsten der Taxameter-Anzeige abgeschafft. Dennoch stehen an größeren Taxiständen nach wie vor Tafeln mit Tarifen für die wichtigsten Ziele; sie dienen aber nur der Groborientierung. Gemeindegrenzen überschreitende Fahrten kosten höher Kilometersätze.

Wartezeiten

Wartezeiten kosten je nach zugrundeliegendem Tarif ca. €18-€20/ Stunde (Details unter www.radiotaxiciutat.com, nur Spanisch).

Taxi und Wandern

Das Taxi ist u.a. dann eine erwägenswerte Transportalternative, wenn man **Einwegausflüge oder -wanderungen** plant, ➪ mehrere Routen im Wanderbeileger. Die Erfahrung lehrt, dass sich auf Mallorca Taxifahrer zuverlässig am vereinbarten Ort einfinden.

3.5.3 Mietfahrräder allerorten (➪ auch »Radfahren/Biken«, Seiten 33f)

Kosten

Die Überschrift sagt es: Fahrräder kann man überall mieten. In den etwas größeren Ferienzentren machen sich regelmäßig mehrere Firmen Konkurrenz, was die **Tarife** günstig beeinflusst. Für das Mietfahrrad ohne besondere Schikanen (Gangschaltung haben heute alle) variieren diese stark ortsabhängig zwischen ca. €6 und €12 pro Tag. Mit höheren Kosten muss rechnen, wer gern verfeinerte Technik hätte, **Renn**- oder ***Mountain Bike*s** vorzieht. Auch ***E-Bikes*** bzw. ***Pedelecs*** sind überall relativ günstig zu mieten.

Sogar innerhalb eines Ortes gibt es bisweilen **erstaunliche Unterschiede**. Ihre kaum verzichtbaren Fahrräder teuer an den Mann oder die Frau bringen gern manche abseits gelegenen Hotels.

Nutzen

Fahrräder lassen sich auch **stundenweise mieten**, was zur »Entdeckung« eines Ausflugsziels samt Umfeld ganz passend sein kann. Die Miete für 2-3 Stunden erreicht aber meist schon den Tagessatz. Günstiger wird es bei längerer Miete: **eine Woche kostet oft nur 3-4 einzelne Tagessätze** und nie mehr als fünf.

In allen Orten im Norden, Osten und Süden mit relativ flachem Hinterland ist das Fahrrad als **billiges Vehikel** kaum zu schlagen.

Kinder und Fahrrad

Auch für den Nachwuchs ist gesorgt: **Kinderfahrräder** und **Kindersitze** für die ganz Kleinen gibt es überall. Außerdem findet man alle möglichen witzigen **Vehikel mit Pedalantrieb**.

Tretmobil mit Pferd als umweltfreundlicher Transporter für die ganze Familie bei einem Fahrradverleih in Sa Coma

3.5.4 Mopeds, Motorroller und -räder, Quads

Vermieter motorisierter Zweiräder sind zwar nicht an jeder Ecke anzutreffen wie die *Car-Rentals*, aber doch in jedem größeren Ort.

Moped

Die Motorisierung beginnt beim Moped, sofern man **mindestens 16 Jahre** alt ist. So ein Ding kostet für einen Tag €20 und mehr. Hinzu kommen Benzin- und Versicherungskosten, letztere mindestens €8-€12 pro Tag. Rechnet man auch noch die unvermeidliche Mehrwertsteuer dazu (21%), mietet man ein Moped kaum unter €35 pro Tag plus Benzin, auch über €40 sind möglich.

Vespa/ Motorrad

Wer einen Motorrad-Führerschein besitzt, fährt mit Vespa oder Motorrad schneller: ab €25 täglich inkl. Helm plus Versicherung (€15 und mehr) plus 21% IVA plus Sprit. Aber dafür macht das *Open-Air*-Fahren bei sommerlichen Temperaturen doppelt Spaß; ganz gute Preise hat z.B. www.rentabike-mallorca.com. Sogar ***Harleys*** sind zu haben: www.mallorca-motorrad.de. Einzelne Tage kosten damit aber schnell mehr als günstige Mietautos pro Woche.

Quads

In vielen Urlaubsorten gibt es heute sog. ***Quads*** zu mieten. Vierrädrige geländegängige Vehikel, auch im Zusammenhang mit Tourbuchungen. Kosten so ab €60 inkl. plus Sprit. Details vor Ort.

Papiere

Für die Miete von Motorrad, Vespa oder Quad benötigt man den **Führerschein** und seinen Personalausweis. Es muss eine **Kaution** hinterlegt werden oder eine **Kreditkarte** vorhanden sein.

3.5.5 Über 50.000 Mietwagen warten auf Kundschaft

Situation

Über 50.000 Mietwagen sollen im Sommer auf Mallorca zur Verfügung stehen und offenbar im Winter immer noch so viele, dass 2015/16 bis in den April hinein (außer über Ostern) für Kleinwagen zweistellige Wochentarife zu finden waren (inkl. Vollkasko etc.). Spätestens ab Mai bis Oktober einschließlich liegen die Wochentarife dann wieder im Bereich über €100 auch für die günstigste Kleinwagenkategorie (z.B. Panda oder Ford Ka). Im Hochsommer kosten selbst Kleinstwagen auch schon mal über €200 pro Woche, sofern man sich nicht frühzeitig im Internet die Mühe der Suche nach günstigeren Tarifen gemacht hat.

Auf Mallorca selber fahren?

Mancher mag angesichts fehlender passiver Sicherheit vieler Straßen (ungesicherte hohe Abbruchkanten am Asphaltrand!), einer unschönen Unfallstatistik und fehlender Ortskenntnis Bedenken haben, sich auf Mallorca ans Steuer zu setzen. Zumal auch die Verkehrsdichte nicht nur in und um Palma hoch und die Parksituation in zahlreichen Orten ziemlich unerfreulich ist. Nichtsdestoweniger ist Autofahren auf Mall keine prinzipiell schwierige Aufgabe.

Die **Verkehrsregeln** entsprechen den heute europaweiten Normen, ein Umdenken ist nicht erforderlich. Die wenigen andersartigen Zeichen versteht man leicht. Eine Wegweisung ist selbst in verschlafenen Dörfern unübersehbar vorhanden und lässt – auch ohne Navi, aber mit Karte – selten Zweifel aufkommen.

Autotypen

In den Hotellobbys und an jeder Ecke stößt man auf Mallorca auf Autoverleiher. Vom *Smart* bis zum *Rolls Royce* kann man mieten, was das Herz begehrt. Das Angebot konzentriert sich jedoch in Anbetracht vieler enger, kurvenreicher Strecken und der Parkproblematik selbst noch in kleinsten Inselorten auf **Kompaktwagen**.

Für Fahrten auf Nebenstraßen ist von größeren Typen als solchen der Golf-Klasse auch eher abzuraten. Solange man nicht vier Erwachsene unterbringen muss, empfehlen sich auf den meisten Routen Typen wie ***Fiat Panda, Renault Clio, Opel Corsa, VW-Polo, Ford Fiesta, Citroen C1 bis C3*** und ähnliche Fahrzeuge.

Selbst preisgünstige Vermieter bieten heute **tadellose, selten mehr als zwei Jahre alte, teils nagelneue Wagen mit Airbags und Klimaanlage** an. Ältere Fahrzeuge, die es lokal durchaus noch gibt, sollte man nicht ohne Not oder hohe Rabatte in Betracht ziehen.

Fiat 500 »Cabrio«, ideal bei schönem Wetter. Parktechnisch unschlagbar, vorne erstaunlich viel Platz für zwei, schnell genug für die Insel und wendig in zugeparkten Einbahn-Gassen

Sonnen- oder Schiebedach

Ideal sind auf Mallorca **außerhalb der heißen Monate Autos mit Sonnen-** (w.z.B. im *Fiat 500, Citroen DS 3*) oder **Schiebedach**. Die findet man mit Ausnahme des Fiat 500, der sich speziell ab Airport als »Cabrio« gegenüber der Normalversion leicht im Preis verdoppelt, eher bei lokalen Firmen. Sie kosten bisweilen (vermieterabhängig) nur unwesentlich mehr als gleiche geschlossene Typen. Für »richtige« Cabrios oder Jeeps zahlt man dagegen oft »Mondtarife« und handelt sich – speziell mit größeren Fahrzeugen – ggf. zusätzlich Sicht- und Parkprobleme ein.

Automiete am Airport ohne Reservierung

Am **teuersten** mietet, wer ohne Reservierung einen der Airportschalter aufsucht, gleich welchen Verleihers. Es besteht zudem die Gefahr, dass alle noch halbwegs preiswerten Typen ausgebucht oder – im Extremfall – gar keine Autos mehr verfügbar sind. Kurz: **Automiete ab Flughafen ohne Reservierung ist nicht zu empfehlen**.

Internet

Die besten Karten, sprich niedrigsten Kosten hat man bei individueller Suche/Reservierung im Internet, soweit man mindestens 3-4 zusammenhängende Tage, besser ab einer Woche mietet. Internetbucher sollten Vergleichsportale wie z.B.

www.billiger-mietwagen.de/mietwagen-mallorca.html

www.mietwagen24.de/autovermietung-mallorca

ausprobieren und sich damit individuellen Suchaufwand sparen.

Inklusiv-Tarife

Das Gros der Vermieter bietet »**Alles-Inklusiv-Tarife**«, die unbegrenzte Kilometer, Haft- und Vollkaskoversicherung mit/ohne Selbstbeteiligung und MWSt. (IVA=21%) beinhalten. In der kleinsten Wagenklasse (*Ford Ka, Fiat Panda*) sind €30-€35 bei Eintagesmiete, €25/Tag ab 3-4 Tagen und €120 ab einer Woche in etwa die Untergrenze der Tarife, die im Internet realisierbar sind. Etwas geräumigere Kleinwagen (*Fiat Punto, Renault Clio, VW-Polo, Ford Fiesta, Citroen C3*) kosten um €40/Woche mehr. Diese **Zahlen beziehen sich auf die Situation bis Mitte Juni und ab Mitte September** und gelten für Neufahrzeuge. In der Hochsaison und über Ostern können die Kosten sich durchaus verdoppeln, im Winter dagegen substanziell reduzieren, ➪ Seite 104 oben.

Deckungssummen der Haftpflicht

Im Kleingedruckten der Mietverträge findet man zur Deckungssumme der Haftpflichtversicherung oft nur vage Angaben. Tatsächlich gilt heute in Spanien bei Personenschäden keine Limitierung, heißt es, aber durchaus bei Sachschäden, und Sonderfälle sind unklar, wenn z.B. andere Ausländer »Unfallgegner« sind.

Aufstockung der Deckungssumme/ Mallorca Police

Auf der sicheren Seite sind die Inhaber einiger Gold-/Platin-Kreditkarten, sofern sie die Miete per Karte zahlen. Sie genießen eine Aufstockung der Deckung, sollte die Basishaftpflichtsumme für einen etwaigen Schaden nicht ausreichen. Ebenfalls wenig Sorgen zu machen brauchen sich in Deutschland versicherte Autofahrer mit Verträgen, die eine Sonderklausel beinhaltet (***Mallorca Police***, heißt wirklich so!). Sie besagt, dass Versicherte im Rahmen einer (zeitlich begrenzten) Automiete im europäischen Ausland versicherungstechnisch wie in der Heimat gestellt werden.

Vollkasko mit/ohne Selbstbeteilgung

Oben wurde darauf hingewiesen, dass viele Angebote auch Vollkasko ohne Selbstbeteiligung beinhalten. Das muss aber nicht so sein. Es gibt Billigtarife mit hohem Selbstkostenanteil.

Einige Vermittler übernehmen – so ihre Zusage – die Selbstbeteiligung im Schadensfall, sollte der Mieter damit zur Kasse gebeten worden sein. Es ist denkbar, dass die Durchsetzung eines solchen Erstattungsanspruchs Probleme macht. Daher sollte man überlegen, ob eine Vollkaskoversicherung ohne Eigenbeteiligung nicht die sicherere Lösung ist, auch wenn sie etwas mehr kostet.

Glas- und Reifenschäden

Außerdem sind nicht selten wegen Reifen- und Glasschäden entstandene Kosten von der Deckung ausgeschlossen. Wer nicht von vornherein einen *All-inclusive*-Tarif gewählt hat, wird gerne am Schalter darauf hingewiesen und zahlt dann für den »Ausschluss Glas & Reifen« etwa €5-€7/Tag + MWSt. extra.

Zusatzversicherungen

Zur gängigen Übung gehört, dem Kunden am Schalter unter Zeitstress weitere Versicherungen mit hohen Tagessätzen anzubieten wie etwa eine Insassenversicherung. Bei Ablehnung muss man darauf achten, dass in der entsprechenden Rubrik des Vertrages, den man unterzeichnet und per Kürzel an diversen Stellen abhakt, tatsächlich das »No« oder eine »0« bei den Kosten pro Tag steht.

Tankregelung

Unschön ist auch die Tankregelung bei vielen günstigen Angeboten. Der Tank ist dann voll und wird zusätzlich zu den Mietkosten mit einem hohen Literpreis berechnet. Rückgabe »leer«, was Unsinn ist, denn wer riskiert schon, 2 km vorm Airport ohne Benzin liegenzubleiben. Aufpreis und Rest kassiert der Vermieter. Eine Variante ist, den Tank fast leer zu übergeben oder den Tankuhrstand zu notieren. So kann das Auto zurückgegeben werden. »Überschüssiges« Benzin bleibt unvergütet. Voller Tank und Rückgabe voll gibt's überwiegend nur bei Verträgen mit höheren Tarifen.

Wagenübernahme am Airport/ Wartezeit

Wer Pech hat, findet sich nach Ankunft und Gepäckabholung vorm Schalter des Vermieters in einer lange Schlange wieder, insbesondere im Fall einer preisgünstigen Buchung (z.B. bei *Goldcar* oder *Record*; wobei letzterer gegen Aufpreis eine schnellere Abfertigung anbietet, was gut funktioniert: www.recordrentacar.com). Da kann die **Wartezeit** leicht eine Stunde und länger sein. Die reduziert sich bei Reisen zu zweit, wenn einer schon zum Rental-Car-Schalter geht, während der andere aufs Gepäck wartet. Bisweilen macht es auch Sinn, den Bereich hinter den Gepäckbändern zu verlassen und sich zum »Außenschalter« seines Vermieters in der Ankunftshalle zu begeben, so der besetzt ist (kann man meist gut von innen erkennen). Oft warten dort weniger Kunden.

Externer Flughafenservice

Auch Firmen ohne Vertretung und Schalter im Airport bieten eine Art **Flughafenservice**. Ein Repräsentant wartet dann beim Treffpunkt im Ankunftsbereich und sorgt für den Transport der Kunden zur Station; ⇨ Foto von *Rental Car*-Kleinbussen auf Seite 74.

Papiere/ Credit Card

Bei allen Vermietern ist eine **Kreditkarte** vorzulegen. Neben dem **Führerschein** muss auch der **Personalausweis** vorliegen. **Mindestalter** für Mieter ist **21 Jahre**, teilweise auch 25 Jahre.

Aktuelle Tempolimits

Autobahn: 120 km/h; Via Cintura um Palma 100 km/h;
Landstraße: 90 km/h; Innerörtlich: 50 km/h; Verkehrsberuhigte Straßen: 20 km/h
(Alle über 300 Polizeifahrzeuge sind mit Lasermessgeräten ausgestattet; über die Insel verteilt stehen 12 fest installierte Blitzgeräte, also Vorsicht!)

Alkohol-Grenzwert: 0,5 Promille (wird ebenso ernst genommen wie bei uns)

»Falsches« Auto

Mit Glück erhält man tatsächlich das gebuchte Auto. Wahrscheinlicher ist, dass man einen ähnlichen oder unerwünscht großen Wagen akzeptieren muss, auch wenn im Angebot plus Bestätigung steht »*VW-Golf* o.ä. Fahrzeug«. Wer den »Tausch« am Schalter bemerkt und reklamiert, verbraucht nur noch mehr Zeit. Oft ist es besser, zunächst den *Hyundai* oder was auch immer zu akzeptieren und ggf. beim Servicepersonal im Parkhaus das Auto nach Inspektion bei »Nichtgefallen« abzulehnen und nach einem anderen zu fragen. Denn nur dort weiß man, welche sonstigen Fahrzeuge noch nicht vergeben sind. Das Korrigieren des Vertrages im Fall des Wechsels ist technisch problemlos und rasch erledigt.

Citroen C3, sehr geeigneter Kleinwagen für Malle, da drinnen groß, außen klein, hohe Sitzposition; relativ preiswert bei diversen Vermietern

3

Mietauto beim Veranstalter

Ein Wort noch zur **Fahrzeugbuchung über den Reiseveranstalter**, die in vielen Katalogen bzw. Websites gleich mitofferiert wird. **Sparfüchse** warten besser ab und vergleichen Preise vor Ort, ggf. schon im Vorfeld im Internet. Einige Veranstalter machen zwar gute Angebote, andere dagegen sind recht teuer.

Abrechnungsrhythmus

Ab Airport und oft auch sonst gilt eine Abrechnung auf der Basis 2-24 Stunden = 1Tag (1-2 Stunden Überziehung bei Rückgabe sind frei oder kosten eine Gebühr unter dem Tagessatz).

Aber bei lokalen Vermietern erfolgt häufig eine Abrechnung im **Kalendertagsrhythmus** und nicht im 24-Stunden-Takt. D.h., am folgenden Morgen beginnt die neue Tagesmiete, auch wenn das Auto am Vortag erst um 14 Uhr übernommen wurde.

Straßenkarte

Bevor es losgeht, braucht man eine **Straßenkarte**. Die diesem Buch **beigefügte Mallorca-Karte** mit **Palma-Stadtplan** leistet bereits gute Dienste für die meisten Zwecke.

Empfehlenswert ist die auf Mallorca erhältliche ***Firestone*-Karte *Balearen*** (um €5). Gratiskarten der Touristeninformation oder der Autovermieter reichen nicht weit. Zusätzlich separate **Ortskarten** benötigt man kaum. An den Haupteinfahrten der Orte sind Stadtpläne aufgestellt, Ortsdurchfahrten gut beschildert. Wer ein **Navi Europa** dabei hat, kommt sowieso ohne zusätzliche Karte klar.

Mallorca entdecken auf eigenen Wegen

Kapitelsystematik & Bedeutung der Piktogramme

Konzeption

Alles, was zur Besichtigung, zum Zuschauen, Dabeisein und Mitmachen von Interesse ist, lässt sich der jeweiligen oder nächstliegenden Ortschaft zuordnen. Mit einer Beschreibung aller unter diesem Aspekt nennenswerten **Orte Mallorcas nach Regionen** wird den Lesern, die ja in ganz unterschiedlichen Ecken der Insel Ferien machen, zunächst das Nachschlagen unter der Frage »Was ist los in meinem Urlaubsbereich und dessen Umgebung, auf dem Weg nach Palma etc.?« leichter gemacht als bei jeder anderen Ordnung. Eine Anordnung im Uhrzeigersinn rund um die Insel erscheint dabei am sinnvollsten. **Weitere Details** dazu stehen nach dem Palmakapitel eingangs der Ortsbeschreibungen auf Seite 154.

Orte und Ausflugsrouten

Eine **Verknüpfung der Orte** nach anderen Kriterien als durch die jeweilige geographische Nachbarschaft erfolgt **im Kapitel 7** über **12 Ausflugs- und Rundstreckenvorschläge**. Neben Routenkarten finden sich dort ausführliche Hinweise zur Tourgestaltung.

Die gezielte Suche nach Sehenswürdigkeiten, Stränden und Orten, deren genaue Lage man nicht kennt, ist über das **Stichwortverzeichnis** leicht zu bewerkstelligen. Die **Schlagworte** neben den Absätzen dienen der zusätzlichen Suchhilfe, ebenso – in zweiter Funktion – die Übersichten und die dazugehörigen Karten im **Kapitel 6**, die sich auf **Burgen** und **Ruinen**, **Klosterkirchen** und **Eremitagen**, die schönsten **Buchten** und **Strände**, **Märkte**, **Museen**, **Vergnügungsparks**, **Restaurants** und **Picknickplätze** sowie **Einkaufsorte für »Mallorca-Artikel«**, beziehen.

Wandern

Zahlreiche Empfehlungen für **Spaziergänge und Kurzwanderungen bis zu maximal 3 Stunden Dauer** werden unter den jeweiligen bzw. jeweils nächsten Orten beschrieben. Das **Wanderpikto** links macht darauf aufmerksam. **In der separaten Mallorcakarte** findet man überdies die Seitenzahl für jede der angesprochenen Wandermöglichkeiten neben einem kleinen grünen Piktogramm. **Längere bzw. anspruchsvollere Wanderungen** sind im Wanderbeileger beschrieben, ➪ auch **Kartenschnitte in der Umschlagklappe hinten**.

Baden/ Schwimmen

Rund um die Insel gibt es zahlreiche **Strände** und **Badestellen**, die sich zum Baden wie sportlichem Schwimmen eignen (mit Wassertemperaturen über 20°C ab Mitte Mai bis November), auch ein paar öffentliche Schwimmbäder und mit Restaurants verbundene Gästepools. Die Piktos links beziehen sich auf diese Möglichkeiten.

Gastronomie

Palma, der **Hauptstadt Mallorcas** und der Balearenprovinz, ist vorab ein ausführliches Kapitel gewidmet. Darin und ebenso bei den einzelnen Orten finden sich jede Menge **Restaurant- und Kneipenempfehlungen** (➪ auch Seiten 405ff). Leider gehören die **Preise** der Gastronomie auf Mallorca nicht mehr zu den niedrigsten, so dass – nach unseren Maßstäben – besonders preiswerte und gleichzeitig unter weiteren Aspekten gute Restaurants eher selten sind.

Wenn in den folgenden Kapiteln Restaurants als **preisgünstig** eingestuft werden, dann bezieht sich das auf den mallorquinischen Rahmen. »**Billig**« sind heute auf Mallorca nur noch abgelegene und relativ einfache Gaststätten auf dem Lande oder Lokale, die bei starker Konkurrenz mit dem Preisniveau argumentieren.

Piktos Gastronomie

Zum schnellen Auffinden geeigneter Lokale »am Wege« wurden diese am linken Seitenrand zusätzlich wie folgt markiert:

Das nebenstehende Piktogramm kennzeichnet Restaurants, die ohne höheren kulinarischen Anspruch im Rahmen der beschriebenen Einzelheiten ein gutes, zumindest aber **angemessenes Preis-/Leistungsverhältnis** bieten.

Wenn zusätzlich angenehmes **Ambiente** oder **schöne Aussicht** oder auch beides vorhanden sind, findet man identische Piktogramme ergänzt um eins der drei Symbole unten.

Ambiente Aussicht Ambiente & Aussicht

Restaurants mit **sehr guter Küche** und/oder **überdurchschnittlich gutem Preis-/Leistungsverhältnis** werden mit dem gelb umrandeten Stern auf dem oben noch leeren Teller gekennzeichnet:

Kulinarisch hohe Qualität oder zumindest gute Küche
und überdurchschnittliches Preis-Leistungsverhältnis

Die **Verbindung** von **kulinarischer Qualität** mit **Ambiente** oder schöner **Aussicht** oder beidem zugleich führte auch bei diesem Piktogramm zur entsprechenden symbolischen Ergänzung.

Die drei Piktos links kennzeichnen **Bars** und **Cafés**, die sich gut für den Durstlöscher, den Drink oder die Tasse Kaffee zwischendurch eignen und ggf. auch über ein angenehmes Ambiente verfügen. In den meisten Fällen bezieht sich eine derartige Empfehlung auf Lokale, die über eine **Aussichts- oder Strandterrasse** verfügen, ohne dass die Qualität von Speisen, so überhaupt angeboten, ein Kriterium darstellt.

Blick von der Terrasse der Bar im Botel Alcudiamar (⇨ Seite 287f). Zugleich schaut man rechts davon aufs Meer und hinüber zum Strand. Diese Kombination verdient eindeutig das Pikto links .

Palma de Mallorca

4. PALMA DE MALLORCA

Für den Besuch Palmas sollte man zumindest einen vollen Tag einplanen und dabei Besichtigungshetze vermeiden. Angemessen wären zwei Tage plus ein abendlicher Bummel.

Stadtbild

Palma, oder exakter, die Altstadt mitsamt der **Vorzeigepromenade *Passeig Maritim*** imponiert schon allein durch ihre Silhouette, die sich vor allem denen bietet, die Palma auf der Küstenstraße bzw. -promenade ansteuern. Der Übergang von moderner zu mittelalterlicher **Architektur** mit der alles überragenden **Kathedrale** hinter dem palmengesäumten Uferboulevard und den Masten Hunderter von Segelyachten verleiht dem Stadtbild einen unverwechselbaren Charakter. In der **Altstadt** ist das kulturelle Erbe aus Jahrhunderten an der **Nahtstelle europäisch-arabischer Historie** gegenwärtig in bestens erhaltenen oder restaurierten Sehenswürdigkeiten und auch in vielen Gassen der Wohnviertel.

4.1 Anfahrt, Transport und Parken in Palma

Bus, Zug und Fahrrad

Zu Bus und Eisenbahn ➪ mehr auf Seiten 95f. Stadtverkehr Palma unter www.emtpalma.es

Wer für einen **Ausflug nach Palma** öffentliche Verkehrsmittel benutzt, landet überwiegend an der ***Plaça Espanya*** (mit dem Bahnhof der Linie nach Sóller und den unterirdischen Bahnsteigen der Züge aus Sa Pobla, Inca oder Sineu/Manacor, ebenso für fast alle Busse von außerhalb). Dieser große Platz ist kein ganz schlechter, wenngleich nicht eben optimaler Startpunkt für einen Stadtbummel. **Per Bus aus dem Südwesten Anreisende** sollten den Ausstieg auf Höhe des *Almudaina* Palastes bevorzugen. Am besten dran sind **Radfahrer**, die an der Bucht entlang (➪ **Kasten Seite 117**) einen vom Autoverkehr getrennten Radweg vorfinden und auch in der Altstadt gut zurechtkommen.

Parksituation

Autofahrer müssen ein oft **erhebliches Parkplatzproblem** lösen, obwohl sich im Altstadtbereich entlang der Straßen und in immerhin 13 Parkhäusern und unterirdischen Garagen ca.12.000 Plätze befinden. **Innerhalb der von der breiten Ringstraße (den sog. *Avenidas*** bzw. ***Avingudas*) eingeschlossenen City** – und weit darüberhinaus – ist zusätzlich zu ohnehin weiträumig aufgestellten Halteverbotschildern auch **entlang gelber und gelb unterbrochener Linien am Kantstein jedes Parken untersagt**.

Parken am Straßenrand (blaue Kantsteinmarkierungen)

An **blau gekennzeichneten Kantsteinen** dürfen Anwohner gebührenfrei parken. Ohne Anwohnerschein zahlt man an **Parkautomaten** je nach Zone für **minimal 30 min** €0,35-€0,80 und für **maximal 120 min** €1,45-€2,30. Nur in Zone 3 weit östlich des Altstadtrings 180 min erlaubt (€2,10). Dies gilt Mo-Fr 9-14.30 Uhr und 16.30-20 Uhr, Sa nur vormittags, andere Zeiten und So frei.

Parken auf der Hafenmole

Leicht zugängliche, aber oft übervolle Parkplätze für Kurzbesuche etwa der Kathedrale und Umfeld befinden sich auf der weit in die Bucht von Palma ragenden breiten Mole, die den Hafen östlich begrenzt, und auf der ***Muelle Comercial*** direkt am Hafenbecken.

Parkgaragen und -plätze

Für längere Parkzeiten – zumal die blauen Kantsteine oft zugeparkt sind – eignen sich in erster Linie die (meist) **unterirdischen Parkgaragen**. Die Kosten für die in der Karte unten eingezeichneten Garagen betragen €1,80 je angefangene Stunde. **Der Stadtplan auf der separat diesem Buch beigefügten Mallorcakarte und in der Klappe vorne zeigen die Lage der Parkhäuser ebenfalls.**

Parkhäuser bzw. -decks in der und rund um die Altstadt

1 Parc de la Mar/Antoni Maura	Parkdeck unterirdisch - Zufahrt nur ab Autopista Llevant
2 Antoni Maura	identisch wie 1 - Zufahrt über Plaça de la Reina
3 Plaça Mayor	mehrstöckiges Parkhaus unter der Plaça Mayor, Stellplätze sehr eng
4 Sa Gerreria	etwas schwierig anzufahren
5 Avinguda Rosselló	beim Kaufhaus *Corte Inglés*; Einfahrt zwischen den Fahrspuren der Avinguda Alexandre Rosselló
6 Plaça Comtat Roselló und Mercat Olivar	Anfahrt über gleichnamige Straße und nur bei Südrichtungsfahrt von den Avingudas – oft früh voll
7 Plaça Espanya	bei den Bahnhöfen am Rande der Fußgängerzone
8 Plaça Bisbe Berenguer	Randlage, Anfahrt schwierig
9 Avinguda Comte Sallent	An der gleichnamigen Straße, etwas weitab der Besuchspunkte
10 Via Roma	eingangs der Via Roma (Rambla)
11 Passeig Mallorca	am südwestlichen Ende der Avingudas, Nähe *Es Baluard*

Am besten für einen Palmabesuch liegen die Garagen ***Parc de la Mar/Antoni Maura*** *(Einfahrt von der Küstenstraße in Richtung Westen oder über Avinguda Rey Jaume III und Plaça de la Reina),* ***Plaça Mayor*** *(Einfahrt von La Rambla) und* ***Passeig Mallorca***

Zum Parken in Palma und anderswo auf Mallorca

In Anbetracht des hohen Fahrzeugbestandes auf Mallorca (über 900.000 Kfz bei 865.000 Einwohnern) wundert es nicht, dass heute selbst das kleinste Dorf oft komplett zugeparkt ist. Wo immer Besucher möglicherweise parken könnten, stehen nicht nur in Palma und den »Großstädten« Inca und Manacor, sondern allerorten **Parkautomaten** (*Expendedor* oder *Parquímetro*). Immerhin braucht man während der immer noch traditionellen Mittagspause keinen Parkschein zu lösen (***Siesta***; allgemein **14.30-16.30 Uhr**, steht auch auf den Automaten).

Smartphonebesitzer benötigen seit einiger Zeit für Parkautomaten kein Münzgeld mehr, sondern können unter www.orapalma.es eine **App** herunterladen und sich anmelden (bislang nur Katalanisch/Spanisch, Englisch soll folgen).

Parkverstöße werden mit einheitlich **€80** belegt. **Aber**: Bei Zahlung innerhalb 60 min nach dem Verstoß kostet eine **»Annullierung« bar** am Parkscheinautomaten nur €3-€6 (Annullierungsticket am Automaten; Anleitung mehrsprachig, aber nicht ganz einfach). Ist die Stundenfrist überschritten, kann man beim nächsten Polizisten zahlen, so man einen findet: €12-€16. Innerhalb 20 Tagen genügen bei Bankeinzahlung noch €40 (vor Ort!). Aber später sind die €80 fällig. In reinen Touristenorten ist die rasche Annullierung oft nicht möglich (steht dann auf dem Ticket). Mietwagenfahrer dürfen nicht darauf hoffen, ohne Zahlung davonzukommen. Erstens hat der Vermieter die Kreditkartennummer und zweitens kann mittlerweile die Zahlung EU-weit eingefordert werden. Wer Pech hat und zu lang im Parkverbot steht bzw. nicht gezahlt hat, muss mit einer **Parkkralle** rechnen.

Wenn Autobesitzer nicht zahlen, unternimmt der Staat zunächst nichts. Die Geldstrafe wird einfach dem Fahrzeug belastet. Bei der nächsten Transaktion (Verkauf, Ummeldung etc.) ist dann die Summe aller aufgelaufenen Strafzettel plus Zinsen fällig. Über die gelegentlich entstandenen kolossalen Summen kann gejammert und mit einem speziell dafür zuständigen Mitarbeiter verhandelt werden. Der Staat spart auf diese Weise immer noch die »Eintreibbürokratie«.

Hop-on-hop-off per Bus durch Palma

Wer Palma noch nicht kennt, gewinnt auf einer **Stadtrundfahrt** mit den roten Doppeldeckerbussen ***City Sightseeing*** (Linie #50) in ca. 80 min eine erste Übersicht. Man darf nach dem System ***Hop-on-hop-off***, so oft man will, an 16 Haltepunkten bei oder in der Nähe aller wesentlichen Sehenswürdigkeiten aussteigen und mit einem der nächsten Busse weiterfahren (Frequenz: ca. alle 20 min). Die 24 (oder 48 Stunden gültigen Tickets löst man beim Fahrer oder kauft sie im voraus im Internet, ⇨ Seite 117 oben.

Stadtrundfahrt Hop-on-hop-off soviel man will in 24 oder 48 Stunden im Doppeldeckerbus, hier an der Haltestelle vor der Almudaina

Palma City Sightseeing

Optimale Startpunkte sind die **Avinguda Antoni Maura** unterhalb der ***Almudaina*** und die **Plaça Espanya**. **Tickets** für 24 Stunden **€18**, **Senioren** über 60 Jahre und **Kinder** bis 15 Jahre **€9**. Tickets für 48 Studen €21,50 bzw. €12,50. Im Preis enthalten sind Ohrclips, die man für Erläuterungen in der gewünschten Sprache am Sitz einstöpselt: Streckenkarte mit Haltepunkten und allen Infos zur Linie #50 (***Palma City Sightseeing***) gibt's unter www.city-sightseeing.com/de/tours/spain/palma-de-mallorca.htm.

Stadtbusse in Palma

Der öffentliche Nahverkehr im Großraum Palma zwischen S'Arenal und Sant Agusti ist klimatisiert und auch ohne Einwohnerermäßigung nicht teuer (Einzelfahrten €1,50, 10-Fahrten-Tickets €10). In fremden Städten, noch dazu im Ausland mit dem Bussystem klarzukommen, ist meist schwierig, nicht so in Palma. Unter der Adresse www.emtpalma.es/de findet man selbsterklärende Übersichten über alle Linienverläufe, Umsteigpunkte, Fahrpläne, Tarife etc. Die **Gratis App EMT** macht die Nutzung noch leichter. Webportal und App in der deutschen Version sind perfekt übersetzt.

Palmabesichtigung per Fahrrad, E-Vehikel, Segway und Ninebot

Wer sich den Verkehr in Palma, Staus und Parkplatzproblematik nicht antun möchte, aber eine Anfahrt vom eigenen Urlaubsstandort per Zug und/oder Bus zu beschwerlich findet, könnte vor den östlichen Toren der Stadt parken und nach Palma hinein radeln. Ab Can Pastilla sind es bis zur Kathedrale auf der Küstenroute für Fußgänger und Biker ca. 5 km, ➪ im Detail dazu Seiten 167f. Nicht nur vermeidet man damit Verkehrsstress in Palma, sondern überbrückt mit Fahrrad kleine Entfernungen zwischen den Besuchspunkten rascher als zu Fuß. Auch eine Umrundung des Hafens entlang des Passeig Maritim bis zu dessen Westende und darüberhinaus ist per Rad gar kein Problem. Auch Ortsfremde dürfen das Leihfahrradsystem ***bicipalma*** nutzen. Das kostet z.B. €9 für drei Tage und erlaubt beliebige Ausleihen an 37 Stationen (bis jeweils maximal 30 min, sonst Zusatzkosten), davon 15 in bzw. am Rand der Altstadt. Alle Details unter http://bicipalma.cat (auch deutsch, Anmeldung via E-Mail/Smartphone dauert 2-4 Std).

In **Arenal**, **Playa de Palma** und **Can Pastilla** gibt es viele ***Bike Rentals*** (heute überwiegend mit ***E-Bikes***) speziell an der Promenade. Eine eigene Website hat u.a. ***Embat Ciclos***, www.embatciclos.com. Auf der anderen, der Westseite der Bucht von Palma findet man palmanahe *Bike* und *E-Bike Rentals* in **Cala Mayor**, z.B. ***speedbike*** in der Avinguda Joan Miro #284 oder ***Bici-Sport Marivent*** in derselben Straße #244. Zentral in Palma bietet ***NANO Bicycles*** Radvermietung und geführte Radtouren (Carrer de la Mar und Boteria); www.nanobicyles.com.

Urban Drivestyle in der Altstadt (Carrer Sant Francesc) vermietet neben Fahrrädern und *E-Bikes* auch noch elektrische Scooter und Roller. Stadtrundfahrten und Kneipen-Hopping per E-Vehikel gibt's auch; www.urban-drivestyle.com/de/home.

Eine andere Möglichkeit, Palma kennenzulernen, ohne sich die Füße wund zu laufen, bieten elektrisch angetriebene zweirädrige ***Segway*** und ähnliche ***Ninebot*** **Roller**. Touren in Kleingruppen kosten ab €35. ***Segway***: www.segwaypalma.com (➪ Foto Seite 153). ***Ninebots*** bei ***Fun&Run***: www.funrunpalma.com.

4.2 Stadtbesichtigung Palma

6.2.1 Ausgangspunkt(e)

Bester **Ausgangspunkt** zur Erkundung der Altstadt Palmas ist der ***Parc de la Mar*** zwischen dem Meer bzw. der sechsspurigen Straße **Passeig Maritim** und der **Avinguda Antoni Maura**, die ab dem Passeig Maritim in die zentrale Altstadt führt.

Optimale Parkhäuser

Karte in der vorderen Umschlagklappe und auf der Rückseite der separaten Mallorcakarte

Palmabesucher, die motorisiert von Osten und ggf. auch von Norden anfahren, passieren am *Parc de la Mar* vor der Silhouette der Kathedrale die **Einfahrt zur unterirdischen Parkgarage *Antoni Maura*** (bisher auch *Parc de la Mar*). Von ihr sind es nur wenige Schritte bis zur *Almudaina* samt Kathedrale; sie ist daher idealer Ausgangspunkt einer Stadtbesichtigung. Wer von Westen – vor allem also aus den südwestlichen Orten Mallorcas – über den Passeig Maritim anfährt, hat keine Möglichkeit mehr, da hineinzukommen. Aus dieser Richtung empfiehlt es sich, von der Avinguda Gabriel Roca (= Passeig Maritim) vorher nach links abzubiegen. Sie führt stadteinwärts nach rechts auf den ***Passeig Mallorca***. Ihre rechte Spur läuft direkt auf die Einfahrt eben dieser **Parkgarage** zu. Alternativ biegt man zwei Ampeln weiter nach rechts in die Avinguda Rey Jaume III, dann an der Plaça Joan Carles rechts in den *Borne* und über die Plaça de la Reina in die obere Einfahrt der **Garage *Antoni Maura***.

Ankunft in Palma per Bus

Wer **per Bus aus Richtung Südwesten** kommt, kann an der meerseitigen **Haltestelle »*Catedral*«** unweit der Ecke Passeig Maritim/ Avinguda Antoni Maura aussteigen, wobei die Busse bis zum Terminal unter dem *Parc d'Estacio* (gegenüber der Plaça Espanya) weiterfahren. Von dort lässt sich nach dem Palmabesuch ohne Rückkehr zum Ausgangspunkt ganz gut die »Heimfahrt« antreten.

Aus allen anderen Richtungen erreicht man Palma per Bus oder mit den Zügen aus Sóller, Sa Pobla/Inca und Manacor ohnehin an der **Plaça Espanya** und muss von dort wieder abfahren. Auch die Plaça Espanya ist ein geeigneter Startpunkt für den Palmabesuch.

Von der Plaça Espanya zum Parc de la Mar

Indessen liegen die wichtigsten Sehenswürdigkeiten der Stadt von dort aus relativ weit entfernt, sieht man vielleicht von der Markthalle (*Mercat Olivar*) und dem Kunstmuseum der *Fundació March* in der verkehrsfreien Einkaufszone ab. Auch eine sinnvolle Lösung wäre daher, zunächst per Taxi oder Bus (am schnellsten geht's mit der Linie #15: Frequenz tagsüber alle 10 min, Fahrzeit ca. 9 min) zur Plaça de la Reina zu fahren und erst dort – wie im Folgenden vorgeschlagen – den Rundgang mit einem Besuch der Kathedrale und/oder des Palastes *Almudaina* zu beginnen.

Oder man meldet sich bei »bicipalma« an und fährt per Fahrrad erst einmal bergab (!) in Richtung Hafen, ➪ Kasten auf Seite 117

Touristinfo

Sowohl am ***Parc de la Mar*** als auch an der **Plaça Espanya** stößt man auf die **Kioske der offiziellen Touristeninformation**, wo es gratis übersichtliche Stadtpläne und allerhand Detailmaterial zu Kultur und Shopping in Palma gibt. Beide sind täglich 9-20 Uhr besetzt; © 902 102 365.

Ansicht des Almudaina Palastes überragt von einigen Zinnen der Kathedrale. Im Vordergrund liegt der schmale Park »Jardins S'Hort del Rei« mit Wasserbecken und Skulpturen (entlang der Avinguda Antoni Maura)

6.2.2 Die Altstadt

Ob man nun aus der einen oder anderen Parkgarage ins Licht der Hauptstadt Mallorcas tritt oder am Passeig Maritim oder an der Plaça de la Reina aus dem Bus steigt, es ist immer eine gute Idee, zunächst den Blick über den künstlichen See im *Parc de la Mar* auf das Ensemble aus Kathedrale und Königspalast zu werfen.

Parc de la Mar

1

Der erst Ende des letzten Jahrhunderts entstandene ***Parc de la Mar*** besteht im wesentlichen aus dem erwähnten kleinen See dort, wo die Festung Palma früher dem Meer trotzte und die Schiffe anlegten. Von der Café-Terrasse des ***Guiness House*** am See, keine 50 m abseits des Verkehrsstroms am Durchgang zur Tiefgarage, kann man die gegenüberliegenden **Bauwerke** in aller Ruhe auf sich wirken lassen, zahlt für diese Lage aber ein wenig extra.

Plaça Almoina

Jenseits des Sees gelangt man von der Stadtmauerpromenade über einen breiten Treppenaufgang zur hochgelegenen **Plaça Almoina** zwischen den herausragenden Sehenswürdigkeiten der *Ciutat*. Ebenso erreicht man diese von der Plaça de la Reina aus über den Treppenzug Costa de la Seu.

Almudaina Palast/ Palau Almoina

Der Königspalast geht auf arabische Ursprünge zurück, wenngleich manche Umbauten sein Bild seither erheblich veränderten. Von den 20.000 m^2 Grundfläche obliegt ein Teil militärischer Nutzung. Weitere Räume dienen dem spanischen König, wenn er – während jährlich weniger Tage – von Palma aus offiziellen Pflichten nachkommt. Sie sind nicht oder nur zeitweise öffentlich zugänglich.

Aber auch die verbleibenden Räumlichkeiten und Säle samt der Jahrhunderte alten Möblierung und Ausgestaltung mit Gemälden und bombastischen Wandteppichen lohnen den Besuch.

Man darf den Palast auf eigene Faust besichtigen. Die Erklärungen für individuelle Besucher in den Räumen bzw. an den Objekten selbst sind knapp und nicht fremdsprachlich. Für weitergehende Erläuterungen auf Deutsch, Englisch etc. gibt es MP3-Player (€3). **Führungen** finden in unterschiedlicher Frequenz in verschiedenen Sprachen statt (€6 zusätzlich zum Eintritt).

Öffnungszeiten Almudaina:
Okt.-März: Di-So 10-18 Uhr; April-Sept: Di-So 10-20 Uhr; Eintritt €9,00. Kinder 5-16 Jahre, Rentner & Studenten €4,00; frei für EU-Bürger Mi+Do 17-20 Uhr (Sommer) und 15-18 Uhr (Winter); www.spain.info/de/que-quieres/arte/monumentos/mallorca/palacio_real_de_la_almudaina.html

2

Palmas Kathedrale La Seu aus ungewohnter Perspektive; www.catedraldemallorca.info zeigt unter »visitas virtuales« die volle Innenansicht

Kathedrale La Seu

Die **Besichtigung** der die Silhouette der Stadt dominierenden Kathedrale ist ein absolutes »Muss« des Palma-Besuchs. Am besten gleich nach der Öffnung um **10 Uhr morgens**, wenn die Sonne noch östlich steht und ihr Licht durch die farbenprächtige **Rosette** ihrer Ostfront fällt (mit 11 m Durchmesser die weltweit größte ihrer Art). Bevor man ***La Seu*** (*Mallorquín* für »Der Bischofssitz«) betritt, sollte man sie zunächst einmal von außen allseitig erfasst haben. Mit über 120 m Länge, 40 m Breite und 44 m Höhe des Hauptschiffes gehört die Kathedrale – trotz fehlender »richtiger« Türme – zu den ganz großen Bauwerken gotischer Stilrichtung.

Hinweis
Beachten Sie Ankündigungen für Konzerte in der Kathedrale; sie sind oft eintrittsfrei

Eigentlich ist erstaunlich, dass die Kathedrale wie ein harmonisch entstandenes Ganzes wirkt, denn seit ihrer **Grundsteinlegung 1230** (Jahr der Eroberung Mallorcas durch König *Jaume* von Aragon von den Arabern, ➪ Seiten 465ff) wurde ununterbrochen an ihr gebaut. Nach wie vor ist mit Restaurierungs- und Reparaturarbeiten und Teilschließungen zu rechnen.

Die Kathedrale in Zahlen

Bauzeit: 1230-1904 (675 Jahre)
Höhe: 44 m (Mittelschiff)
48 m (Glockenturm),
62 m (Westfassade)
Innenlänge: 121 m
Innenhöhe: bis 43 m
Fläche: 6600 m^2
Umbauter Raum: 160.000 m^3
Länge: 118 m (Südansicht)
Kapazität: 1800 Personen
Rosette Durchmesser: 11,15 m,
Fläche: 97 m^2, Einzelteile: 1236

Das Innere von *La Seu* betritt man als touristischer Besucher über das Nebenportal (dort großer Shop mit Souvenirs und Devotionalien!) auf der Nordseite. Ein kleines **Museum**, dessen Besuch im Eintritt eingeschlossen ist, befindet sich in den dahinterliegenden Kapitelsälen und in der sog. Sakristei. Man kann sich **Führungen** anschließen oder individuell umhergehen. Dafür sollte man nicht unter einer halben Stunde kalkulieren.

Bemerkenswert sind die wenigen, äußerst schlanken und hohen Säulen, die die immense Deckenlast tragen. Dadurch ist der Blick durch das Kirchenschiff und nach oben freier und unbehinderter als in vielen anderen vergleichbaren Bauwerken.

Kapellen

Beim Rundgang passiert man in den Seitenschiffen und Fassaden der Hauptportale **zwanzig Kapellen** nahezu identischer Größe, jedoch enormer Vielfalt in der Gestaltung. Die Ausstellungsstücke an den Wänden und in Vitrinen der beiden Kapitelsäle und in der Sakristei (*de Vernells)* im Untergeschoss sind ebenfalls sehenswert.

Barceló-Kunstwerk Kapelle Sant Père

Erst 2007 wurde die vom Künstler ***Miguel Barceló*** (aus Felanitx) neu gestaltete **Kapelle des Heiligen Petrus** (*Sant Père*) eingeweiht, was seinerzeit über Wochen zu langen Besucherschlangen führte. Das 16 m hohe Fresko thematisiert die wundersame Vermehrung von Brot und Fischen; es gilt als spektakulär.

Die Kapelle fällt völlig aus dem in Sakralbauten gewohnten Rahmen. Vor ihr ballen sich nach wie vor oft viele Besucher.

3

Öffnungszeiten der Kathedrale nur Montag-Freitag:
April, Mai, Okt. 10-17.15 Uhr; Juni-Sept. 10-18.15 Uhr; Nov.-März 10-15.15 Uhr. Sa ganzjährig 10-14.15 Uhr; Eintritt €7,00.

Besichtigung von **Dachterrassen und Glockenturm** nur geführt mit Anmeldung im Internet: www.catedraldemallorca.info/inicio/index.php/patrimonio-2/visitas/visitas-terrazas (2017 noch keine deutsche Version verfügbar); Kosten €12, zahlbar per Kreditkarte.

Diozesan-museum

Der Besuch des ***Museu Diocesà*** (Carrer Mirador 5 im Erdgeschoss des ***Palau Episcopal*** gleich hinter der Kathedrale) ist für kunsthistorisch Interessierte ein Muss. Die Sammlung wurde nach Epochen gruppiert und liefert mit zahlreichen Objekten eine Übersicht über sakrale Malerei und plastische Kunst auf Mallorca seit dessen Rückeroberung von den Arabern. Unter anderem sind dort Kruzifixe und Altarschmuck aus der Frühzeit des Kathedralenbaus (13. Jahrhundert) zu sehen. Das Prunkstück der gotischen Epoche (15. Jahrhundert) ist der »Heilige St. Georg«. Besonders umfangreich ist die Zeit des Barock dokumentiert. Ein Teil der Ausstellung wurde dem bekannten Jugendstil-Architekten ***Antoni Gaudi*** gewidmet, der 1910-1912 an der Neugestaltung der Kathedrale beteiligt war.

4

Öffnungszeiten: Mo-Fr: April-Mai 10-17.15 Uhr, Juni-Sept. 10-18.15 Uhr, Nov.-März 10-15.15 Uhr; Sa immer 10-14.15 Uhr; Eintritt €3,00; Kinder bis 10 Jahre frei; www.catedraldemallorca.info/principal/es/patrimonio/museo-diocesano.

Ungewöhnliches Objekt im Hof des Palau March

Palau March/ Kunst-museum

47

Auf gleicher Höhe über der Stadt wie Almudaina und Kathedrale hat Palma mit dem ***Palau March* ein Kunstmuseum, das man einfach besucht haben muss**. Es liegt unverfehlbar oben neben dem breiten Treppenaufgang Costa de la Seu von der Plaça de la Reina hinauf zur Plaça Almoina. Dieser restaurierte Palast bildet eine Art Eckpfeiler der oberen Altstadt. Im Untergeschoss residiert eine Filiale der Kette ***Grand Café Cappuccino*** mit bester Aussicht auf das Leben und Treiben ringsum.

Die im *Palau March* zusammengestellten Werke verschiedenster Künstler, Marienstatuen und eine Seekartensammlung sind vielleicht nicht unbedingt das, was einen gerade in Palma interessiert, wohl aber der Palast an sich mit einmalig gestalteten Räumen, in denen u.a. riesige Vorhänge aus Gips und Zement modelliert und

Öffentliche Toiletten in Palma: Alle Parkhäuser verfügen über Toiletten, die auch von Nicht-Parkern benutzt werden können, Standorte ➪ Karte Seite 115

aufwendig bemalt wurden. Ein Clou ist die große Dachterrasse gegenüber den Zinnen der *Almudaina* (gleich hinter dem Einlass) mit Skulpturen großer Meister (*Rodin* und *Henry Moore*), eine Kombination von Kunst und Blick über die Dächer von Palma.

5

Öffnungszeiten: Nov.-März: Mo-Fr 10-14 Uhr; April-Okt.: Mo-Fr 10-18.30 Uhr; Sa & So & feiertags geschlossen, Eintritt € 4,50; www.fundacionbmarch.es.

50

In enger Nachbarschaft zum Museum stehen einige Tische der ***Bar Cas Caparrut*** schön schattig im Grünen, einer der besten Plätze in Palmas Altstadt zum Draußensitzen, ➪ Foto Seite 145.

Rundgang Sa Portella und Sa Calatrava

Im Bereich östlich und nördlich der Kathedrale (Stadtteile *Sa Calatrava und Sa Portella*) befinden sich die meisten wichtigen Baudenkmäler und das *Museu de Mallorca*. Ein **Rundgang** in einem Teil dieses heute weitgehend verkehrsfreien Bereichs durch zwar überwiegend restaurierte, aber immer noch durchaus mittelalterlich wirkende Gassen lässt sich gut beim Vorplatz des *Palau March* bzw. dem Treppenende Costa de la Seu starten.

Innenhöfe

6

Die nebenbei »anfallenden« Einblicke in die Wohnverhältnisse und -strukturen dieses im Umbruch (Altbestand und teure renovierte Luxusetagen) befindlichen Viertels sind mindestens ebenso interessant wie viele explizite Sehenswürdigkeiten. Man achte besonders auf die Innenhöfe (Palma zählt 57 als »Kulturerbe« registrierte sog. ***Patios***), die sich oft hinter bisweilen unscheinbaren Fassaden verbergen, sich aber im Rahmen allgemeiner Restaurierung mehr und mehr öffnen. Sehenswert ist u.a. der **Innenhof der Handelskammer** im Haus #7 Carrer Estudi General mit einem Relief zur Übergabe des Stadtschlüssels an den Eroberer König *Jaume* durch die Mauren am Silvestertag 1229.

Plastisches Relief im Patio der Handelskammer, das die Schlüsselübergabe an den Eroberer Mallorcas, König Jaume I. von Aragon und Katalonien, 1229 darstellt (➪ Seite 466)

Virtueller und realer Rundgang

Wer sich stärker für Palmas Innenhöfe interessiert, kann sich mit einem **virtuellen Rundgang** durch die Altstadt bestens vorbereiten und ihn dann selbst nachvollziehen: www.conselldemallorca.net/altramallorca/aleman/cap8/calta.htm. Jeweils zu Pfingsten finden freie Führungen auf der sog. ***Ruta de los Patios*** statt.

Patiorundgänge

Man kann für €35 auch Rundgänge in kleinen Gruppen buchen; Di-Fr 10 und 12 Uhr; Dauer ca. 2-3 Stunden. Mehr Details unter www.mallorcarutes.es/de.

Typischer Innenhof eines Stadtpalastes in Palmas Altstadt

Museu de Mallorca

Über die Straßen Sant Bernat oder Carrer del Palau und Sant Pere Nolasc erreicht man vom *Palau Episcopal* hinter der Kathedrale in wenigen Minuten die Carrer Portella mit dem ***Palau Aiamans***, der das ***Museu de Mallorca*** beherbergt. Der einst als Geschichtsmuseum angelegte Komplex trägt mit seinen Fundstücken und Kunstwerken aus allen Epochen – darunter beachtliche Objekte – und der Art Ihrer Präsentation eher den Charakter eines Kunstmuseums. Dazu trägt auch die Galerie moderner, indessen nicht unbedingt überzeugender Gemälde im Obergeschoss bei. Aber insgesamt lohnt sich der Besuch; http://museudemallorca.caib.es.

Öffnungszeiten: Di-Fr 10-18 Uhr, Sa und So 11-14 Uhr, Mo und Feiertage geschlossen; **Eintritt** €2,40.

8

Banys Àrabs

Von dort geht es zu den **Arabischen Bädern** nur um die Ecke in die *Carrer Can Serra* hinein (ca. 200 m). Darunter wird sich mancher mehr vorstellen als diese **2-Raum-Ruine** aus lange versunkener maurischer Zeit. Der dazugehörige hübsche Garten und der Weg rechtfertigen jedoch den kleinen Extragang, weniger den Eintritt.

Geöffnet: April-Nov. 9.30-19 Uhr; Dez.-März -17 Uhr; **Eintritt** €2,50

9

Kirchen

Etwas weiter östlich befindet sich noch eine Reihe von Kirchen, die aber nur für speziell Interessierte besuchenswert erscheinen. Geöffnet sind sie in der Regel zu Zeiten der Messe morgens und abends, tagsüber findet man die meisten verschlossen vor.

Kunstvoll gearbeitetes Portal an der Basilica Sant Francesc

Basilica de Sant Francesc

10

Ein unbedingt lohnenswertes Ziel ist die **Kirche des Klosters *Sant Francesc*** an der gleichnamigen Plaça, unverwechselbar durch eine beachtliche **Fensterrose** über dem reich verzierten Portal. Mit dem Bau dieses nach der Kathedrale architektonisch bedeutsamsten Gotteshauses Mallorcas wurde schon im Jahr 1281 begonnen. Einst sollen hier während einer Messe zwei verfeindete Familien so in Streit geraten sein, dass am Ende 300 Adlige in der Kirche und auf dem Vorplatz tot zurückblieben. Eindrucksvoll ist drinnen vor allem der goldene Hauptaltar.

Öffnungszeiten: Die Kirche ist außerhalb der – jahreszeitlich etwas versetzten – Messezeiten tagsüber meist frei zugänglich.

Palmas Citystrand Can Pere Antoni gerade mal 1,5 km entfernt von der Kathedrale, die man hier im Hintergrund erkennt. Direkt daneben der um die gesamte Bucht von Palma laufende Radweg und die Fußgängerpromenade, ➪ Seiten 117 und 170

Esglesia Santa Eulalia

Auf der nahen, schattigen **Plaça Santa Eulalia** warten zahlreiche **Open-air-Terrassen** auf Gäste. Die für den Platz namensgebende **Kirche** mit Grundsteinlegung im Jahr 1236 kann ebenfalls besichtigt werden: Mo-Sa 9-10.30 Uhr und 17-20 Uhr, Spende.

Spielzeugmuseum

11

Geht man rechts an der *Esglesia Santa Eulalia* entlang auf der schmalen Carrer de Sant Crist, passiert man noch auf Höhe der Kirche die Carrer Campana. Im Haus #7 (Übergang in die Can Malla) residiert ziemlich versteckt das ***Museu de Sa Jugueta*** mit einem kleinen **Restaurant- und Barbetrieb**, was zeigt, dass man wohl weniger auf Kinder als Kundschaft setzt. Die zahlreichen Exponate aus lange vergangener Zeit wenden sich eher an Nostalgiegefühle Erwachsener und Fans von altem Blechspielzeug.

11

Öffnungszeiten: Di+Mi 9.30-17 Uhr, Do-Sa bis 0.30 Uhr; Eintritt €3,50, Kinder €2,50; www.museudesajugueta.es

Chocolateria C'an Joan de S'Aigo

11

Die Carrer de Sant Crist geht hinter der Kirche Santa Eulalia in die Carrer Canisseria über, von der nach 50 m rechts die Carrer Sanç abzweigt. Im Haus #10 befindet sich die bekannteste und beliebteste ***Chocolateria*** Palmas. Deren heiße Schokolade, Kaffee und *Ensaimadas* haben einen legendären Ruf bei Mallorquinern wie Touristen. Ganz abgesehen davon, dass ***C'an Joan de S'Aigo*** auch noch der älteste Speiseeisladen Palmas ist. Trotz der abseitigen Lage oft ziemlich voll: www.canjoandesaigo.webs-sites.com.

Ayuntamiento/ Plaça Cort

12

Nur ein paar Schritte nach Westen sind es von der Plaça Santa Eulalia bis zur Plaça Cort mit dem alten **Rathaus** (*Ayuntamiento* auf Spanisch und *Casa de la Ciutat* auf Mallorquín), mit eindrucksvoller Front und einem knorrigen alten **Olivenbaum** auf dem Pfla-

Cafeterias und Bistros säumen die Arkaden rund um die Plaça Mayor

ster inmitten der Autos. An der Plaça Cort und in der Carrer de l'Almudaina unterhalb des Rathauses finden sich noch weitere schöne Beispiele mallorquinischer Architektur, w.z.B. das bunte Gebäude ***Can Corbella***, ein frühes Beispiel des Jugendstils.

Plaça Mayor

13 Im Zentrum der ausgedehnten **Fußgängerzone Palmas** liegt erhöht die **Plaça Mayor**. Der geflieste Hauptplatz ohne Grün verfügt über mehrere eher gesichtslose, aber dennoch gut besuchte **Cafés**. Im **Juli**, **August** und **September** öffnen dort **täglich 10-14 Uhr** die Stände eines **Kunst- und Handwerksmarktes** (andere Monate Mo, Di, Fr und So, aber Jan. und Feb. nur Fr+Sa und Mitte Dezember bis 6. Januar 10-20 Uhr). Unter dem Platz befinden sich Parkebenen (➪ Seite 115) und ein **Ladenzentrum** mit Eroski-Supermarkt sowie Souvenir- und Leder-Shops der »Preiswert-Kategorie«.

Shopping Paradies

Vor allem die Straßen rund um die Plaça Mayor herum bis zur Plaça Espanya sind ein Shopping-Paradies mit einer bemerkenswert kreativen Auswahl weit über das übliche Sortiment anderswo hinaus, **Haupteinkaufstraßen** die **Carrer Sindicat/Bosseria/Jaume II** und **Carrer Sant Miquel**. Die frühere »Arbeitsteilung« nach Waren und Handwerken, die noch aus einigen Straßennamen hervorgeht, ist im Lauf der Zeit verlorengegangen, z.B. gibt's in der **Carrer Argenteria** (= Silberschmiede) kaum noch Juweliere.

Fundació March

In der Sant Miquel 11 befindet sich die ***Fundació March*** mit Werken moderner spanischer Kunst (nicht zu verwechseln mit dem *Palau March*, ➪ Seite 122). Allein schon der für die Ausstellungszwecke hergerichtete Stadtpalast ist die Besichtigung wert. Überdies sind Umfang und Qualität der wechselnden Präsentationen oft sehr beachtlich. Unbedingt mal »reinschauen«; auch im Internet möglich: www.march.es/arte/palma.

Objekt im Museum für moderne Kunst der Fundació March

Geöffnet: Mo-Fr 10-18.30 Uhr, Sa 10.30-14 Uhr; **Eintritt frei**. 14

Ein attraktives ***Gran Café Cappuccino*** wartet mit einem grünen Hofgarten ein kleines Stück weiter oben in der Carrer Sant Miquel, ideal nach viel Pflastertreterei. 48

Der **zentrale Geschäftsbereich Palmas** endet nicht in den zu Fußgängerzonen deklarierten Straßen, sondern setzt sich nordöstlich bis zur **Avinguda Alejandre Rossello/Plaça Espanya** fort.

Kaufhaus Corte Inglés/ Einkauf

15 An der Avinguda Alejandre Rossello 12-16 steht das schon allein wegen seiner (im Vergleich mit deutschen Kaufhäusern) Andersartigkeit besuchenswerte **Kaufhaus der spanischen Kette *El Corte Inglés***. Neben dem Sortiment (➪ auch das Portal www.elcorteingles.es) bezieht sich diese Feststellung auf die Menge des Personals. Die Einfahrt zur **Tiefgarage** des Kaufhauses befindet sich in der Mitte der Ringstraße. Im Westen läuft die Shoppingzone bis zum Ende der **Avinguda Rei Jaume III**. Eine Filiale des *Corte Inglés* findet man dort unter der Hausnummer 15.

Fischtheke in der Markthalle Olivar

Mercat Olivar

16

Im ***Mercat Olivar*** (mit **Parkgarage** im Untergeschoss und an der Plaça Comtat Roselló zwischen Plaça Espanya und der Markthalle) spielt sich täglich bis Mittag (ca. 13/14 Uhr) ein **Gemüse-, Fleisch- und Fischmarkt** ab (**freitags bis 18 Uhr**). Die vor ein paar Jahren modernisierte Markthalle hat im Gegensatz zum alten Markt im Viertel Santa Catalina (➪ Seite 139) keine mediterrane Atmosphäre mehr, aber die **Fisch- und Wursttheken** sind immer noch beachtlich. Und auch an kleinen und großen Theken für den süßen oder herzhaften Snack, *Tapas* und den Durst zwischendurch hat es keine Not; www.mercatolivar.com (spanisch und englisch).

Plaça Espanya

17

Gleich nördlich des Mercat Olivar liegt die weitgehend verkehrsfreie **Plaça Espanya** mit einem sehenswerten ***Standbild Königs Jaume I***, dem Rückeroberer Mallorcas.

Bahnhof Inca/ Manacor/ U-Bahn

18

Jenseits der Plaça befinden sich die **Station für die Bahn nach Sóller** und der ***Parc d'Estació***. Nach Verlegung des Inca-/Manacorbahnhofs unter die Erde und dem gleichzeitigen Bau einer U-/S-Bahn zum Universitätscampus an der Straße nach Valldemossa weisen nur noch die Luftschächte im darüberliegenden ***Parc de S'Estació*** auf den **Bahnhof im Untergrund** hin (➪ Foto rechts). **Hinweis**: Im Bahnhof befinden sich **öffentliche Toiletten**.

Busbahnhof/ Spielplatz

Neben den Bahnsteigen des Schienenverkehrs hat man auch noch den **Busbahnhof für den mallorquinischen »Fernverkehr«** unter die Erde verbracht und das alte Terminal am Nordende des Parks stillgelegt. Ungefähr dort findet man nun einen erweiterten hervorragend thematisch (»Eisenbahn«) angepassten **Kinderspielplatz**.

Touristinfo

Überirdisch verblieben im alten Bahnhofskomplex eine **Touristeninformation** und die Terrassen diverser **Cafeterias**.

Bushaltestellen

An der die Plaça Espanya und den Park trennenden **Avinguda Joan March** befinden sich direkt vorm unterirdischen Bahnhof die Haltestellen von Stadt- und Vorortbuslinien und des Flughafenbusses.

Soller-bahnhof

19

Völlig unberührt von den Modernisierungsarbeiten in der Umgebung blieb der alte Bahnhof samt Schienen der Eisenbahn nach Sóller. Der einst »Roter Blitz« genannte Zug fährt beim Gebäude jenseits der Straße Eusebi Estada ab und schaukelt – zunächst auf in der Straße verlegten Schienen – gemütlich aus der Stadt. Die Fahrpreise betragen €22 für die einfache Fahrt bzw. €30 retour inkl. Straßenbahn bis Port de Sóller, ⇨ Seite 98; Tickets im Zug.

Bombastischer Untergrundbahnhof für die U-Bahn (links) bis zur Universität an der Straße nach Valldemossa und Dieselzüge nach Inca/Sa Pobla und Manacor. Hübsch glasverkleidete Schächte im darüber liegenden Park sorgen (nicht ganz) für Abführung der Abgase. Rechts neben den Schienen befindet sich der zentrale Busbahnhof.

53

Ab Sóllerbahnhof trifft man 40 m weiter auf das vermutlich exotischte Restaurant Mallorcas, das ***Maharaja Mahal***, drinnen wie ein arabischer Palast, aber dennoch indische Küche, ⇨ Seite 146.

La Rambla

20

Ein ausgedehnterer Bummel durch Palma könnte auch noch die schattige ***La Rambla***, eine von Fahrspuren eingefasste **Flanierpromenade** mit Blumen- und Zeitungsständen, mit einbeziehen. Von der Plaça Espanya führt die **Carrer dels Oms** gradlinig dorthin.

Deutsche Buchläden/ Sprachkurse

Unweit (beidseitig) der *Rambla* machen sich in kurzer Distanz zwei Buchhandlungen mit deutsch-/englischsprachiger Literatur und jeder Menge Titeln zum Thema Mallorca Konkurrenz:

- **Dialog**, Plaça Convent de Santa Magdalena 3, ✆ 971 666331
- **Akzent**, Carrer Carme 14, ✆ 971 719994

Beide Unternehmen bieten auch Spanisch- und Katalanischkurse an: http://dialog.es bzw. www.akzent-palma.com

Plaças Weyler und Mercat/ Architektur

21

Nicht achtlos passieren darf man auf der kurzen Straße de la Unio von der *Rambla* hinüber zum *Borne* (⇨ nächste Seiten) die zusammenhängenden **Plaças Mercat** und **Weyler**. An ersterer fallen zwei Gebäude (ehemaliges ***Hostal Menorquina*** und ***Can Casasayas***) mit einer eigenartigen, von *Gaudi* inspirierten Spielart des Jugendstils architektonisch aus dem Rahmen.

Gran Hotel

Letzteres gilt auch für die unübersehbare Fassade des ehemaligen ***Gran Hotel*** auf der Nordseite der Carrer de la Unió/Plaça Weyler.

22

Der palastartige Bau gehört der Stiftung *La Caixa* (größte spanische Sparkasse), die das lange vernachlässigte Architekturjuwel restaurieren ließ. Das *Gran Hotel* ist heute Sitz der Stiftungsverwaltung und beherbergt eine eindrucksvolle Kollektion von Gemälden des Malers ***German Anglada Camarassa*** und anderer katalanischer Künstler (Mo-Sa 10- 20 Uhr, So+feiertags 11-14 Uhr; €4,00); https://obrasociallacaixa.org/es/cultura/caixaforum-palma.

Im großflächig verglasten Erdgeschoss des *Gran Hotel* befindet sich ein stilvolles Café-Restaurant samt populärer Außenanlage. Es eignet sich nach dem Kulturgenuss weiter oben bestens für eine Pause.

Jugendstil-Fassade des einstigen Gran Hotel, heute Sitz der Stiftung La Caixa mit Kunstmuseum und Restaurant

Forns/ Konditoreien

22

Die vielgepriesene mallorquinische **Konditorkunst** findet angeblich in den Produkten des ***Forn des Teatre*** – ebenfalls an der Plaça Weyler ihre einsame Spitze (www.forndesteatre.com). Tatsächlich schmecken deren ***Ensaimadas*** (➪ Seite 491) und weitere süße Sachen gut. Man kann sie an ein paar Tischen draußen gleich vor Ort genießen. Die kunstvoll kitschigen Verzierungen an der Fassade des ***Forn des Teatre*** wie auch des ***Forn Fondo*** (www.fornfondo.es) schräg gegenüber an der Ecke Carrers de la Unió/Caputxines bieten – wie auch das obige *Gran Hotel* und die **Jugendstilgebäude** an der Plaça Mercat – gute **Fotomotive**.

Weitere Konditoreien sind

- ***Forn del Sant Cristo*** in einem weiteren tollen Jugendstilbau, Carrer Paraires 2/Sant Nicolau; http://hornosantocristo.com
- ***Forn Nou***, Carrer San Joaquin 8, etwas jenseits des Altstadtrings unweit der Straße nach Esporles; www.forn-nou.com
- ***Pastisseria Can Pomar*** mit Basis in Campos (➪ Seite 359) und zwei Filialen in Palma in den Straßen Santa Maria Sepulcre 12 in der Nähe der Jaume III und an der Carretera de Manacor 3, ein paar Schritte vom Altstadtring entfernt unweit südlich des Kaufhauses *Corte Inglés*; www.pastisseriespomar.es
- ***Pasteleria Forn d'es Recó*** nahe der Filiale des *Corte Inglés* in der Altstadt oberhalb der Avinguda Jaume III in der Carrer de Bonaire 4; www.pastelerias-pastel.es/forn-des-reco

Innenhöfe

Die **Plaça Weyler** ist Adresse für eine weitere Kirche, die *Església Sant Nicolau*, und den **Justizpalast**, die *Casa Berger*, mit interessantem **Innenhof**, der aber für Besichtigungen nicht offensteht. Ein weiterer attraktiver Innenhof befindet sich in der **Sant Jaume**
23 **#11** ganz in der Nähe. Auch der Patio des ***Hotel Born***, in derselben Gasse #3, ist nicht nur für Hotelgäste sehenswert.

Casal Solleric

Wenn man am Ausgang der Fußgängerstraße Sant Jaume ohnehin bereits am oberen Ende des *Borne* steht, liegt das ***Casal Solleric*** an der Ecke Carrer Cifre/**Plaça Joan Carles** schon im Blickfeld.
24 Der Bau ist der größte einstige **Privatpalast** Palmas mit einem sehr eindrucksvollen Patio (bei Eingang von hinten/Westen von der Carrer Sant Gaietà). Die oberen Stockwerke werden u.a. für Kunstausstellungen genutzt (Di-Sa 11-14 Uhr/15.30-20.30 Uhr; So 11-14.30 Uhr; frei). Das Untergeschoss dient als **Café** mit Eingang und einigen Tische am *Borne*.

Passeig des Born/ El Borne

Mit dem nach dem früheren spanischen König benannten Platz erreicht man das obere Ende des ***Passeig des Born*** (spanisch: ***El Borne***), eine breite, von Platanen beschattete, aber lange beidseitig vom Verkehr eingezwängte **Promenade** im Herzen der Altstadt. In den 1970er-Jahren wurde der *Borne* noch als Top-Sehens-
25 würdigkeit gefeiert. Damals galt er – unter der Bezeichnung *Avenida Generalissimo Franco* – als Flanierstrecke, »an der sich die bekanntesten Bars, Cafés, Restaurants und Theater befinden und sich zu allen Tageszeiten Menschen aller Gesellschaftsschichten ... und Nationalitäten ein Stelldichein geben, als ein Zentrum mallorquinischen Lebens«, so ein »Führer von Mallorca« 1977.

Bar Bosch

Von der Gastronomie war dort lange nichts mehr zu sehen, und auch Theater gibt es keine mehr. Das einst erste Straßencafé am Platz, die trotz starker Verkehrsexposition erstaunlich populäre ***Bar Bosch*** an der Ecke de la Unio, hat mit der Stillegung der rechten Straßenspur am *Borne* (vom Meer aus gesehen) zwar wieder an Attraktivität gewonnen, verdient aber genaugenommen keine besondere Empfehlung. Nebenan hat sich schon vor Dekaden ein ***McDonald's*** als profaner Kontrapunkt etabliert.

Letzte noch verbliebene Café-Terrasse auf der schattigen Flanierpromenade Borne. Weitere dort zeitweise neu »angesiedelte« Bistros wichen teuren Edelshops, die dort – nach Jahren der Agonie – wieder eröffneten

Wiederbelebung des Borne

Doch seit ein paar Jahren belebt sich der *Borne* wieder; Fassaden wurden restauriert und Shops teurer Edelmarken (Louis *Vuitton, Zara* u.a.) ersetzten verstaubte Läden. Auf der jahrelang leeren mittigen Promenade des *Borne* durften bis dahin eher unauffällige und neu hinzugekommene Lokale zeitweise Tische und Stühle aufstellen. Durch immens steigende Mieten wurden sie bis auf eines von umsatzstarken Ladenketten verdrängt, ➪ Foto umseitig.

Die **Promenade** endet nicht am Kreisverkehr der Plaça de la Reina, sondern läuft von dort aus weiter an der Avinguda Antoni Maura entlang bis zum Hafen.

Vom Borne ins Viertel Puig de Sant Père

Dort wäre man zurück am Ausgangspunkt der am **Parc de la Mar** begonnenen Beschreibung, könnte aber auch noch einen Schlenker in das westliche **Altstadtviertel *Puig de Sant Père*** einbauen, insbesondere bei Interesse am Kunstmuseum ***Es Baluard*** und in den Abendstunden an der Kneipengasse Apuntadors.

Typische Gassen in Palmas Altstadt; hier Carrer Sant Feliu in Puig de Sant Père

Bereich Carrer Apuntadors

26

An der Plaça de la Reina beginnt die **Carrer Apuntadors**, eine tagsüber leicht heruntergekommen wirkende, aber abends attraktive **Kneipen- und Restaurantgasse** mit einem Lokal neben dem anderen. Sie ist ein guter Ausgangspunkt für einen abendlichen »Zug« durch Palma. Manche Lokale befinden sich im Souterrain, andere im Hochparterre und erlauben meist den Blick weit ins Innere. Alle besitzen eigenständige Charakteristika und annoncieren die Spezialitäten ihres Angebots unübersehbar draußen. Wer dort die **mallorquinische Küche** ausprobieren möchte, trifft mit dem

- ***La Paloma*** eine gute Wahl; das gilt auch für *Tapas*; Apuntadors 16, © 971 721745; www.lapaloma.es/de
- Das ***Wineing*** in der Apuntadors 24 bietet Weinproben mit Spitzenweinen, darunter viele mallorquinische Abfüllungen. Zum Wein gibt's 20 Sorten *Tapas* und für den größeren Hunger Fisch und Fleisch vom Grill, © 971 214011; www.wineing.es.

64

- In der Carrer Sant Joan, an der Ecke Apuntadors befindet sich der Palast der dekadenten ***Bar Abaco*** (www.bar-abaco.es, © 971 722879, ➪ Details und Foto auf Seite 149).
- Schräg gegenüber wartet der ***Forn de Sant Joan*** auf Gäste, ein Restaurant der kulinarischen Oberklasse. *Tapas* und mehr serviert man dort in liebevoller Zubereitung in einem illustren Ambiente, © 971 72 84 22; www.forndesantjoan.com.
- Gleich neben dem *Abaco* mit Eingang um die Ecke in der Apuntadors 5 kommen im ***Club Voyeur de Jazz*** täglich ab ca. 21 Uhr Liebhaber der Jazzmusik auf ihre Kosten, © 971 720 780; aktuelles Monatsprogamm unter www.jazzvoyeurfestival.com.

Sa Llotja/ Consolat del Mar

Geht man von der Apuntadors die Sant Joan hinunter in Richtung Hafen, stößt man nach nur ca. 100 m auf den – nur durch einen Grünstreifen vom Passeig Maritim – getrennten Passeig Sagrera mit der einstigen Seehandelsbörse ***Sa Llotja*** (15. Jahrhundert).

27

Die Börse gilt zusammen mit dem daneben gelegenen ***Consolat del Mar***, dem einstigen Seehandelsgericht und heutigen Sitz der Balearenregierung, als Wahrzeichen der Hafenstadt. Die gotisch »angehauchte« burgähnliche ***Llotja*** dient dem Provinzialmuseum für Sonderausstellungen, dann Di-Sa 11-14/17-20 Uhr, So/ feiertags 11-14 Uhr. Häufig ist die *Llotja* verschlossen.

Plaça Drassana/ Puig de Sant Père 28

Hinter dem *Consolat del Mar* liegt die **Plaça Drassana**, wo früher Fischer ihre Netze flickten. Ein Großteil des Platzes wird heute von den Tischen und Stühlen der Lokale im Rund beansprucht, u.a. der alternativ-schrillen ***Coto Bar*** (www.bar-coto.com/de) und der ***Bar La Drassana***, die vor allem Cocktails und *Tapas* hat (www.barladrassana.com). Das edlere ***Sadrassana*** bietet verfeinerte mallorquinische Küche (www.sadrassana.com)

Nicht ohne Reiz sind die Gassen zwischen der Plaça Drassana und der *Porta Santa Catalina*, dem einstigen westlichen Stadttor Palmas. Sie bewahrten sich bis in die 1990er-Jahre hinein noch einen halbwegs unverfälschten Charakter südländischer Stadtkultur: Arbeit und Wohnen, Familienleben und soziale Kontakte auf engstem Raum. Aber der Bereich Puig de Sant Père wurde, wie schon davor Sa Calatrava und Sa Portella, intensiv saniert mit schönem Ergebnis für den Erhalt der Bausubstanz, aber Verdrängung der früheren Bewohner.

Installation auf dem hochgelegenen Vorplatz des Museums Es Baluard mit Restaurant im Hintergrund

Es Baluard, Museu d'Art Modern

29

In der restaurierten Befestigungsanlage der südwestlichen Altstadtecke befindet sich das **Museum für Moderne Kunst *Es Baluard***. In den riesigen Ausstellungsräumen des dreistöckigen Komplexes sind zwar permanent auch ein paar beachtliche Stücke bekannter Künstler ausgestellt (*Picasso, Matisse, Nolde,* u.a., auch Strichzeichnungen und Entwürfe von *Miró*) aber spannender ist *Es Baluard* eher, wenn Sonderausstellungen anliegen.

Öffnungszeiten: Di-Sa 10-20 Uhr, So 10-15 Uhr. Eintritt €6,00, Senioren über 65 Jahre, Jugendliche und Studenten €4,50. Sonderausstellungen zusätzlich €4, ermäßigt €3; www.esbaluard.org/es

Parken ist nur mit viel Glück an der angrenzenden Plaça de la Porta Catalina möglich, sonst in der Parkgarage unterm Passeig Mallorca in ca. 300 m Entfernung.

29

Zum Komplex gehört das wunderbar auf der erhöhten Terrassenfläche zwischen Museum und Stadtmauer positionierte Restaurant samt *Lounge **esBALUARD*** (➪ Foto Seite 82). Dessen üppige Begrünung und ein Chill-out-Bereich eignen sich auch gut für den Drink und Snack zwischendurch; www.restaurantesbaluard.com.

Nebenbei hat man von dort oben einen tollen Weitblick hinüber zur Kathedrale, über den Hafen und die ganze Bucht von Palma.

Auf den Kopf gestellte Holzkapelle als Kunstwerk auf der Plaça de la Porta Santa Catalina unmittelbar nördlich von Es Baluard

Bar Boathouse auf der Mole für Ausflugsboote

4.2.3 Passeig Maritim, El Terreno und Santa Catalina

Einen ganz anderen Eindruck als der Altstadtbummel vermittelt ein Spaziergang auf der Hafenpromenade, entlang der sich Yachtmarinas und Gastliegerplätze aneinanderreihen, bis hinunter zum Anleger der Festlandfähren und Kreuzfahrtschiffe.

Yachthäfen/ Passeig Maritim

Hinter der ***Contramuelle***, die linkerhand die Einrichtungen des Fischereihafens und rechts die Gebäude des königlichen Yacht Clubs (***Real Club Nautico***) beherbergt, verbreitert sich die **Fußgängerpromenade** (mit **Radweg**). Boote aus aller Herren Länder machen westlich der Mole für große »Pötte« und Ausflugsboote direkt an der Promenade als Gastlieger für Tage oder Wochen fest. Oft sind darunter abenteuerliche Konstruktionen.

Bars am Wasser 65 30 54 31 32

Auf der Wasserseite des Passeig Maritim gibt es neben der **Bar *Port Pesquer*** (am Innenhafen gleich östlich der *Contramuelle*) noch die **Cafeteria *Darsena*** (➪ Foto Seite 144) gegenüber der Straße Monsenyor Palmer und ***The Boathouse*** bei den Anlegern der Ausflugsboote. Alle drei Lokale sind bei schönem Wetter gut geeignet für eine Pause am Wasser (Parken dort möglich) und ruhiger als all die Kneipen und Cafés auf der anderen Seite der Hauptstraße, darunter das erste aller ***Gran Cafés Cappuccino***. Weit entfernt von Lärm und Getriebe der Stadt mit Weitblick auf Kathedrale und Meer sitzt man – wie schon weiter oben erwähnt – in der ***Bar Varadero*** auf der Seeseite der alten Mole vorm Zollhafen.

Landseite des Passeig

Zum **Bummeln** lädt die landwärtige Seite des Passeig Maritim mit Geschäften jeder Provenienz und Preislage ein. Ebenso findet man dort viele Hotel und ein breites gastronomisches Angebot.

Mole für Bootstrips 33

Gegenüber dem Auditorium, einem Veranstaltungskomplex, befinden sich Parkplätze, Anleger für Bootstouren und das bereits erwähnte Restaurant *Boathouse* mit einer Terrasse unter Palmen (➪ oben). Mehrfach täglich gibt`s dort **Hafenrundfahrten**, die sich u.a. wegen des tollen Blicks auf die Stadt lohnen. Populär sind Trips auf **Hochseekatamaranen** (➪ Foto Seite 28).

Discos/ Musikbars

34 35

Dem nicht zu übersehenden Glaspalast von ***Tito's***, ein zur **Disco** umfunktionierter einstiger *Super Night Club* zwischen Passeig Maritim und Plaça Gomila, wurde bereits ein Abschnitt gewidmet, ➪ Seite 88f. Auch wenn *Tito's* alle überragt, mehr Action läuft heute in den **Discos** unten an der Hauptstraße, so im ***Made in Brasil***, einer Samba-Bar (Gabriel Roca 27), im ***La Boite*** (Gabriel Roca 30), im ***Pacha*** (früher *Abraxas*, Gabriel Roca 42, www.pachamallorca.es) und im ***Garito Cafe*** (Darsena de Can Barbarà ca. 200 m westlich des *Pacha* am inneren Bootshafen unterhalb der Avinguda Joan Miró, www.garitocafe.com) oft mit großen Namen der »Aufleger-Szene«. Enger und oft fröhlicher geht es in **Musikbars** zu, z.B. im populären ***Agua*** (Carrer Jaume Ferrer 6, parallel zur Apuntadors, www.aguabar.com), wo auch kein Eintritt anfällt.

Fähren

Am Westende des Hafenboulevards passiert man die Anlagen der ***Estació Maritim***, des Fährschiffhafens, und des citynächsten Anlegers für Kreuzfahrtschiffe. Außer zum spanischen Festland geht es von dort täglich nach **Ibiza** (überwiegend *Balearia)*. **Von Palma nach Menorca** (Maó) fährt nur 1 x wöchentlich ein Schiff (2016 So 8.00 Uhr), nach **Ciutadella** jedoch **täglich ab Alcudia**, ➪ Seite 284.

Info Trasmediterranea: © 971 707377; www.trasmediterranea.es

Information Balearia: © 971 405360; www.balearia.com

Information Iscomar: © 902 119128; www.iscomar.com

Der Anleger für Kreuzfahrtschiffe befindet sich vis-à-vis der Estació Maritim

Konsulat

Gegenüber dem Fährschiffhafen steht das ganz verglaste *Edificio Reina Constanza*, wo u.a. das **Deutsche Konsulat** residiert.

Militärmuseum

Auf dem gegenüberliegenden (westlichen) Ufer der Marinemole wurde in einem alten **Festungsbau** das – für an Militaria Interessierte sehr – sehenswerte ***Museu Militar San Carlos*** eingerichtet. Die Ausstellung umfasst jede Menge Waffen, Dokumente und militärhistorische Gegenstände aus vielen Jahrhunderten. Schöner Blick über die Bucht von der Terrasse der **Cafeteria *Son Carlos***.

Geöffnet: Di-So 10-14 Uhr; frei; www.museomilitarsancarlos.com.

Zufahrt über ***Dic de L`Oest*** (ausgeschildert), der beim *Shopping Center Porto Pi* vom Passeig Maritim nach Süden abzweigt. Die breit ausgebaute Straße endet vorm Schlagbaum des Zollhafens, dem sog. **Westkai**, an dem ebenfalls Kreuzfahrtschiffe festmachen, wenn der Platz am stadtnahen Hafenboulevard nicht ausreicht.

Café-Terrasse San Carlos auf den Befestigungen des gleichnamigen Forts zwischen alten Kanonen mit Aussicht auf Meer und Kreuzfahrt-terminal

Strand Punta Grell

Ein versteckter Strand liegt 200 m vor der Einfahrt zum Museum: Ab Parkplatz ***Punta Grell*** geht man 50 m zurück und sieht dort schon Treppe und Pfad hinunter zum felsig eingefassten Strand in Südwestlage, wo man baden und die Abendsonne genießen kann.

Rundfahrt in »Gegenrichtung« oder Weiterfahrt

Wer eine Rundfahrt per Auto oder Fahrrad unternimmt, kann ebensogut gegen die hier vorgeschlagene Richtung, d.h., ab Palma Zentrum zunächst durch die Stadtteile Santa Catalina und El Terreno fahren und erst dann den Passeig Maritim von Westen nach Osten. Speziell am Nachmittag, wenn die Sonne die Silhouette der Stadt in goldenes Licht taucht, wäre das die angezeigtere Richtung.

Für eine Weiterfahrt ab Porto Pi oder Westkai in Richtung Südwesten (Cala Mayor/Illetes/Portals Nous/Palma Nova/Magaluf) ➪ die Seiten 171ff.

Zurück via Avinguda Joan Miró

Vom Ende des Passeig Maritim könnte man via **Avinguda Joan Miró** sozusagen ein »Straßen-Stockwerk« höher wieder in Richtung Zentrum zurückkehren (beim **Spielkasino** und ***Shopping Center Porto Pi*** nach rechts bzw. vom gegenüberliegenden Dic de L'Oest das Ende des Passeig geradeaus überqueren).

El Terreno

Die **Plaça Gomila**, über Treppen auch vom Passeig Maritim erreichbar, ist **Zentrum des Stadtteils El Terreno** und gleichzeitig des dort eher jugendlich spanisch geprägten Nachtlebens von Palma entlang der Avinguda Joan Miró über die Plaça Gomila hinaus bis zur Plaça Mediterraneo und Umfeld. Dort säumen zahlreiche Bars, ***Fast Food Restaurants*** und Discos für Teens die Straße.

Plaça Gomila

36

Vor 30 Jahren traf man rund um die **Plaça Gomila** noch viele ausländische Gäste. Aber wegen fehlender Strandnähe ging es mit El Terreno touristisch bergab. Die erst im neuen Jahrhundert eingetretene Erholung als Ergebnis einer Anpassung an ein neues Publikum aus jungen Spaniern und wenigen Touristen scheint noch nicht abgeschlossen zu sein. Man sieht dem Viertel tagsüber den Umbruch an. Bei Dunkelheit dürfte Terreno manchen (unter 30 Jahren) aber besser gefallen als das »Nachtleben« in Ortschaften wie Arenal/Playa de Palma, Magaluf oder Santa Ponça.

Die gut erhaltene bzw. restaurierte Burg Bellver hoch über Terreno ist ein schönes Ausflugsziel. Hier im Bild der Torre de Homenaje, einst ein gefürchtetes Verließ

Castell de Bellver

37

Hoch über Terreno liegt die **Burg *Bellver***; von der Plaça Gomila ist sie sogar – über ein steiles Stück Straße und viele Stufen – recht gut zu Fuß zu erklimmen. Mit Fahrzeug erreicht man das ***Castell*** (von Palma kommend) nur über die Avinguda Joan Miró und dann rechts in die Camilo José Cela.

Baustil/ Geschichte

In schmucklosen Klotzigkeit beeindruckt *Bellver* durch seine ungewöhnliche **topfartige Bauweise**. »Bewacht« wird der Rundbau von Wällen, Gräben und drei angesetzten Türmen, die kaum über ihn hinausragen. Lediglich der höhere ***Torre de Homenaje***, über Jahrhunderte hinweg Heimstatt eines gefürchteten Verlieses, steht frei vom Hauptgebäude.

Die Räume der zweigeschossigen Burg öffnen sich alle zum Innenhof, der von Säulengängen begrenzt ist. Der Bau wurde gleich nach der Eroberung Palmas durch *Jaume I.* begonnen, jedoch erst 1309 fertiggestellt. *Bellver* blieb nicht lange Sitz der Könige, sondern diente u.a. als Gefängnis für Palmas Juden, die man nach einem Pogrom Ende des 14. Jahrhunderts zunächst hier zusammentrieb, bald teerübergossen anzündete und von den Mauern warf.

Im Erdgeschoss informiert ein kleines Museum über *Bellvers* und Palmas Geschichte; eine beachtliche Präsentation klassischer Skulpturen, die aus der Sammlung der *Finca Raixa* (➪ Seite 253) stammen, ergänzt die Ausstellung.

Zeiten

Öffnungszeiten: Das große Tor gibt den kurvenreichen Weg hinauf 8-20 Uhr frei (April-Sept.), sonst bis 18 Uhr. Die Burg mit Museum ist geöffnet April-Sept Di-Sa 8.30-20 Uhr, sonst bis 18 Uhr. Mo nur bis 13 Uhr, So 10-18/20 Uhr; €4,00, ermäßigt €2,00. Sonnund feiertags frei, Innenräume und Museum dann geschlossen.

Blick über Palma

Bellver **sollte man unbedingt besuchen**. Bei zeitiger Ankunft in Palma vielleicht sogar vor einer Besichtigung der historischen Altstadt, denn von dort oben hat man einen phänomenalen Überblick. Deutlich erkennt man die Umrisse der Innenstadt und den Verlauf der ehemaligen teilweise erhaltenen Stadtmauer, deren Zickzack heute die Ringstraßen folgen. Außerhalb der Altstadtbezirke, sieht man ab von Stierkampfarena und dem *Poble Espanyol*, finden sich keine nennenswerten Sehenswürdigkeiten.

Santa Catalina

Zwischen El Terreno und Palmas Altstadt liegt der **Stadtbezirk Santa Catalina**, der seit einigen Jahren ein erstaunliches **Revival** erlebt. Im Dreieck zwischen Passeig Maritim (bis Monsenyor Palmer), Avinguda Argentina (Ringstraße um die Altstadt) und Carrer Espartero/Plaça Progrés/Comte de Barcelona (und auch noch nördlich davon) ballen sich zahllose kleine **Bars und Restaurants** jeder Provenienz und Stilrichtung von »schlicht« über »originell« bis »design«. Den zentralen Bereich bilden die Straßen rund um die und »über« der Plaça Navegació mit dem lokaltypischen täg-
38
lichen ***Mercat*** in der **Markthalle Santa Catalina** (bis 13/14 Uhr), ganz ohne Frage dem buntesten und besten Palmas. Er ist kleiner und nicht so »perfekt« wie der *Mercat Olivar* (➪ Seite 128).

Parken in Marktnähe

Vor allem rund um die Markthalle und überhaupt in ganz Santa Catalina ist die **Parksituation** meist katastrophal.

Gastronomie/ Parksituation abends rund um die Carrer Fabrica 39

Das gilt auch abends dank der Besucher der nahen verkehrsfreien **Carrer Fabrica** (auf 300 m Länge zwei Blocks nördlich der Markthalle) und in Neben- wie Parallelstraßen, wo sich `zig Restaurants und Kneipen **dicht an dicht** ballen. Speziell an Wochenenden sind viele Lokale trotz der Konkurrenz proppenvoll; **Parkplatzsuche** in Fußgängerdistanz zur Carrer Fabrica ist dann fast aussichtslos.

Verkehrsfreie »Fressgasse« Carrer de la Fabrica zwischen Carrer de Pursiana und Carrer de Caro; sie beginnt an der Avinguda Argentina gegenüber dem Parc de la Feixina

Mit den folgenden Adressen lässt sich nicht viel verkehrt machen:

Restaurants/ Bars Santa Catalina 38

- ***Patrón Lunares*** in der Carrer Fabrica 30 (am Westende der Fußgängerzone jenseits der Carrer Comte de Barcelona), Lokal mit hoher Decke und nostalgischen Portraitgemälden an den Wänden. Daher wohl zieht die saalartige einstige Fischerkantine täglich viele Gäste an. Die Küche ist schwer definierbar: international/ Meeresfrüchte, mittleres Preiseniveau; www.patronlunares.com.
- ***Amaya*** in der Carrer Fabrica 18a, ein erst 2016 vom Thai-Restaurant zum bezahlbaren *Gourmet Highlight* mutiertes Lokal mit originellen Dekoideen wie alten Fensterläden an der Decke, Mittagsmenu €15, ✆ 971 095407; www.amaya.one

Das nach einer – zu ihrer Zeit popuären – Flamencotänzerin benannte »AMAYA« verbirgt sich hinter einer schlichten Fassade, die man mit einem Kranz aus Kunstblumen aufgehübscht hat. Drinnen sieht's eher modern stylisch aus mit einer Beleuchtung aus nackten Glühbirnen als Stilelement bei zugleich kreativer Zubereitung und Präsentation der Speisen

- ***Capri Moon***, der »neue« Italiener (seit Juni 2016) in der Carrer Fabrica 2 (nahe Avinguda l'Argentina) schlug ein mit einer tollen Gästebeurteilung, ✆ 971 220000; bislang kein www
- ***Garlic & Shots*** in der Carrer Cotoner 33 bietet Knoblauch satt nicht nur in allen Speisen, sondern auch in einigen seiner 101 (!) Cocktails (*Shots*); ✆ 971 226831; www.garlicandshots.com
- ***Tartaro*** ist ein einfaches Restaurant in der Carrer Cotoner 27 mit mallorquinischen und internationalen Fleischgerichten, keine Karte, sondern Wandtafel mit täglichem Wechsel; preiswert und schmackhaft: ✆ 971 457442; http://tartaro.es, So zu.

- ***Ecovegetaria*** an der Comte de Barcelona/Carrer Cotoner bildet den Gegenpol zu den vielen Fisch- unf Fleischküchen ringsum, © 971 282562; http://vegipedia-mallorca.com/de/restaurants
- ***Monolisto*** an der Plaça Navegació 18 (beim *Mercat*) bietet in schlichtem Ambiente mit Wanddeko gute bodenständige Fischgerichte zu moderaten Preisen; © 971 916699

Es Jonquet

40

Boten die ärmlichen Häuser auf dem Hügel ***Es Jonquet*** hoch über dem Hafen (unterhalb der Straße Sant Magi) noch am Ende der 1990er-Jahre überwiegend ein Bild des Verfalls, wurde seither kräftig restauriert. Nur Anwohner dürfen noch mit Fahrzeug in die frisch gepflasterten Straßen dieses heute als chic geltenden und teuer gewordenen Bereichs.

41

An der Ecke Carrer Comte de Barcelona/ L'Industria steht eine ganze Reihe pittoresker alter Mühlen hintereinander zwischen Apartmentblöcken. Noch in den 1950er-Jahren standen sie dort allein auf weiter Flur

6.2.4 Poble Espanyol, Mercat Baratillo, Plaça de Toros

Poble Espanyol

42

Das ***Poble Espanyol*** liegt nördlich des *Castell de Bellver* und der Straße in Richtung Genova: Fährt man die Carrer Andrea Doria (Ma-1044) stadtauswärts nimmt man die Carrer Marquès Torre nach rechts und von ihr die zweite Straße links (Carrer Torrentó). Man landet so direkt vor dem Eingangsportal des Spanischen Dorfes. Die Ausschilderung dorthin verfehlt man leicht.

Kennzeichnung

Beim *Poble Espanyol* handelt sich um eine künstliche, ganz von Mauern umschlossene **kleine Stadt** mit verwinkelten Kopfsteinpflastergassen **im Spätmittelalter-Look**, deren Hauptelemente maßstabsgetreu verkleinerte **berühmte Bauwerke Spaniens** sind. Die in bunter Mischung zusammengestellten Gebäude beherbergten vor Jahren zahlreiche Restaurants, Kunsthandwerkstätten, Boutiquen und Souvenirshops. Aber das *Poble* (oder *Pueblo*) galt nie als Top-Sehenswürdigkeit und die meisten Lokale wie Läden schlossen im Zeitablauf wegen zu geringer Besucherzahlen.

Berühmte Bauwerke Spaniens ein wenig verkleinert im Poble Espanyol; hier genutzt für ein Wochenend Outlet Shopping Event

Vor ein paar Jahren ging der ganze Komplex an eine Immobilienfirma, die das ***Nuevo Pueblo Espanyol*** kreierte, in das wieder mehr Leben einziehen, zudem Kongresse und wichtige Events stattfinden sollten wie früher einmal die Parties nach den ***»Wetten, dass ..«***-Shows in der Stierkampfarena. Zeitweise wird das Dorf auch schon mal in ein *Outlet Shopping Center* samt *Food Court* umfunktioniert, ➪ Foto.

Außerhalb solcher Nutzungen ist meist wenig los und der alte Charme beginnt abzublättern. Dennoch ein hübsches Ziel.

Geöffnet generell Mo-Fr, November-März 9-17 Uhr, April-Oktober 10-18 Uhr

Eintritt €6
Parkplätze auf der Plaça vorm Eingang;
✆ 971 737070;

www.puebloespanolmallorca.com

Flohmarkt El Rastro

Der **samstägliche Vormittags-Flohmarkt *El Rastro*** (7-14 Uhr) auch ***Mercat Baratillo*** (»billiger Markt«) oder ***Rastrillo*** genannt, findet nicht mehr wie früher in der City entlang den Avenidas, der Ringstraße ums zentrale Palma herum, statt, sondern auf dem Parkplatz ***Son Fusteret*** am Rand des Gewerbegebiets ***Poligono Castelló***. Der Markt besteht großenteils aus Ständen für billige Textilien, günstige Uhren und Elektronik unechter Marken, für Kinderspielzeug und jeder Menge Trödel und schlicht »Schrott«. Mallorquiner sagen, der *Rastrillo* habe am neuen Platz sein altes Flair leider verloren. Ab spätem Vormittag wird's trotzdem oft rappelvoll. Man sollte Hand- und Brieftasche dann fest im Griff haben.

Dieser Flohmarkt ist daher heute kaum mehr ein lohnendes Ziel für einen eigens anzusetzenden Ausflug. Nur wenn *El Rastro* im Rahmen einer weiteren Tagesplanung für Samstag am Wege liegt, könnte man ihn »mitnehmen«.

Anfahrt über die Nordautobahn Ma-13; von Norden und Osten/ Ma-20 kommend die Ma-13 bei Ausfahrt 2 verlassen, dann vom Kreisverkehr in Richtung Stadt auf den Cami Vell de Bunyola. Wer auf der Ma-20 von Westen kommt, kann gleich nach dem Abbiegen auf die Ma-13 von der Autobahn wieder abfahren.

Stierkampf-arena

43

Nach wie vor zumindest architektonisch durchaus sehenswert ist die ***Plaça de Toros***, die Stierkampf-Arena, mitten in einem Wohnbezirk nördlich oberhalb der Plaça Espanya zwischen den Straßen Arxiduc Lluis Salvador und Gaspar de Bennazar. Sie wurde auch für *Open-air Events* genutzt. U.a. fand dort »***Wetten, dass ...!***« mit *Thomas Gottschalk* mehrfach statt, zuletzt 2014.

Verbot der Stierkämpfe

Mittlerweile ist die Arena verwaist und der Zahn der Zeit nagt bereits ersichtlich an dem Bauwerk. Denn ein neues Tierschutzgesetz sorgte in vielen Regionen Spaniens und so auch auf den Balearen für ein Ende des grausamen Rituals.

Die alte Stierkampf-arena ist zur Zeit nur noch durch einen Maschen drahtzaun zu betrachten . Das Gelände wurde komplett gesperrt. Die weitere Verwendung ist unklar

6.3 Das leibliche Wohl in Palma

Snacks

Wenn der Appetit sich eher auf eine Kleinigkeit bezieht, stößt man in Palma an jeder Ecke auf geeignete Angebote. Indessen auch dort mehr und mehr auf «internationale« Snacks wie *Hamburger, Hot Dogs, Pizza* usw. Vielen werden auch die süßen Sachen aus Konditoreien, z.B. aus den ***Hornos Forn des Teatre***, ***Fondo*** oder ***Sant Cristo*** schmecken (➪ Seite 130).

Tapas

Wer es lieber herzhaft hätte, findet gute ***Tapas*** in den meisten Kneipen (➪ z.B. auch Seite 148), aber ebenfalls in sehr vielen Restaurants jedweder Provenienz, denn ohne *Tapas* geht heute nichts mehr.

Durchschnittliche Tapaqualität, dafür aber eine schwer zu schlagende Lage am Hafen bzw. Wasser bieten die ***Bars Port Pesquer***, ***Darsena*** (➪ unten) oder ***Varadero*** (➪ Seite 135). Zahlreiche Tapavariationen gibt's seit eh und je im Restaurant ***La Boveda*** in der Carrer Boteria 3 und gleich um die Ecke gegenüber der *Sa Llotja* deren »Ableger« ***Taberna***; www.restaurantelaboveda.com. Sowieso in der »Fressgasse« **Apuntadors** in fast jedem Lokal.

Details zum **Begriff der *Tapas*** im Kapitel 12 auf Seite 491.

Restaurants

Im folgenden sind **zusätzlich zu den bereits gemachten Empfehlungen im vorstehenden Text** eine Reihe von **Restaurants genannt bzw. noch einmal herausgehoben**, die nach Bewertung der Faktoren Lage, Einrichtung und Qualität im Verhältnis zu Preisen und Ambiente – aus Sicht des Autors – besonders besuchenswert erscheinen. Welche Aspekte im Einzelfall im Vordergrund stehen, kommt in der jeweiligen Beschreibung zum Ausdruck.

El Nautico
© 971 726600
44

- Das **Restaurant *El Nautico*** (früher ***Nautic***) befindet sich im Obergeschoss des *Real Club Nautico*-Gebäudes auf der **Contramoll** (Placa de Sant Pere #1, Eingang am Ende des langen Baus). Zutritt auch für Nichtmitglieder des Yachtclubs. Es präsentiert sich jetzt gemütlich in überwiegend seemännischem Blauton. Große Auswahl bei Fischgerichten, aber auch Fleisch. Kulinarisch wie preislich gehobenes Niveau. Von der Terrasse blickt man über den Yachthafen mit *Passeig Maritim* und *Castell de Bellver* im Hintergrund: besonders eindrucksvoll beim **Sonnenuntergang**! Täglich ab 13 Uhr; www.elnauticorestaurante.com.

Ca'n Eduardo
© 971 721182

45

- Nur relativ wenige Touristen »verlaufen« sich ins *Nautico*, eher ins **Fischrestaurant *Ca'n Eduardo*** (ebenfalls an der Contramoll), seit Jahren ein »Geheimtipp« für fangfrischen Fisch und Meeresfrüchte. Doch man serviert dort durchaus auch Anderes. Ebenfalls schöne Terrasse; www.caneduardo.com. Täglich 13-23 Uhr.

Vegetarisch
© 971 718617

46

- Das erste vegetarische Restaurant in Palma, ***Bon Lloc***, hat sich über die Jahre bestens etabliert. Die Gerichte des Restaurants schmecken nicht nur Vegetariern. Carrer Sant Feliu 7 etwa 100 m westlich des *Borne*. Moderates Preisniveau, Menü €12-€15; www.bonllocrestaurant.com. Mo-Sa mittags und abends.

Gran Café Cappuccino im altehrwürdigen Gemäuer unterhalb der offenen Terrasse des Palau March

47

Cappuccino
© 971 721606

48

- Die ***Gran Cafés Cappuccino*** sind meist eine gute Wahl – nicht nur für den Kaffee und den kleinen Snack zwischendurch. Neben den vorstehend bereits genannten *Gran Cafés* (Fußgängerstraße Sant Miguel mit Innenhof sowie am Passeig Maritim/Ecke Monsenyor Palmer) gibt es weitere am ***Borne***, in der **Carrer Colom**, an der **Plaça Weyler** und ➪ Foto oben; www.grupocappuccino.com.

Bar Cas Caparrut

50

- Wer bei schönem Wetter am liebsten **draußen** sitzt und keinen starken Verkehr vor sich haben möchte (wie alle Lokale am Passeig Maritim und letztlich auch die Terrassen auf dem *Borne*), findet in der Altstadt für einen Drink, Kaffee und Snack kaum Besseres als die erwähnte Bar ***Cas Caparrut*** beim *Palau March*.

Ein grüneres Plätzchen zum Pausieren als vor der Bar Cas Caparrut gibt's im zentralen Palma nicht

Von außen unauffällig, aber drinnen wie ein Palast aus 1001 Nacht, das indische Maharaja Mahal (früher residierte hier ein marokkanisches Restaurant, daher der Stilbruch)

Daruma
✆ 971 719721

49

- Die Sushi-Welle hat auch vor Palma nicht Halt gemacht. Mitten in der Altstadt in der Carrer Costa Pols 4 bietet das minimalistisch schwarz-weiß-rot gestaltete Restaurant ***Daruma*** Japanhäppchen vom Feinsten; http://daruma-restaurante.com.

Ristorante Murada **51**
✆ 871 513313

- Unterhalb der Stadtmauer am Passeig Dalt Murada 2 liegt das ***Ristorante Murada*** (100 m östlich der Carrer Portella; www.cafemurada.com); feine kleine Gerichte, gute Salate, Pasta und Pizza. Mittlere Preise. Nur abends ab 19 Uhr; Mo geschlossen.

Taberna de Caracól
✆ 971 714908

52

- Untouristisch alternativ ist das rustikale Restaurant ***Taberna de Caracól*** (Carrer de Sant Alonso 2; http://tabernacaracol.com) im Straßengewirr der Altstadt ebenfalls nahe dem *Museu de Mallorca* (nördlich um die Ecke). Wem nach *Tapas* oder mallorquinischen Kleinigkeiten ist, der findet mit der »Schneckentaverne« ein geeignetes, zudem preiswertes Lokal. So+Mo mittags geschlossen.

Maharaja Mahal
✆ 971 761506

53

- Den Gipfel der Exotik in Palma erklimmt das ***Maharaja Mahal*** an der Avinguda Joan March Ordinas 4, keine 50 m westlich des Soller-Bahnhofs. Es entstand vor Jahren als marokkanisches Restaurant; daher wirkt es mit seinem prachtvollen Innenleben wie ein Palast aus 1001 Nacht. Heute wird dort zu mittleren Preisen **indisch** aufgetischt und – anders als beim islamischen Vorgängerlokal – Bier und Wein ausgeschenkt. Vor allem wegen des goldig überladenen Ambientes ein Tipp, doch auch kulinarisch ist das MM o.k.; www.cometemallorca.com/maharaja-mahal.

Blockhouse
✆ 971 434170

55

- Die bekannte Hamburger Kette hat seit einigen Jahren (bislang) auch zwei Blockhäuser auf Mallorca. Wer nach ausgiebigem Genuss mallorquinischer Küche und aller möglichen internationalen Spezialitäten mal wieder Appetit auf ein herzhaftes Steak mit Beilagen nach amerikanischem Vorbild hat, ist im *Blockhouse* richtig. Eins (das andere ➪ Seite 188) befindet sich am Passeig Mallorca 16 gut 100 m oberhalb der Avinguda Jaume III. Geöffnet täglich ab Mittag bis 24 Uhr; www.block-house.es.

Sa Premsa
© 971 723529

56

- Auf seine Art ganz anders als alles ist der ***Celler Sa Premsa*** an der Plaça Bisbe Berenguer Palau (im Bereich zwischen der oberen *Rambla/Via Roma* und der Ringstraße um die Altstadt, die in diesem Bereich Avinguda d'Alemanya heißt). **Parken** kann man dort ganz gut in der Garage unter dem Platz; dorthin zu kommen, ist wegen der Einbahnstraßen ringsum aber nicht leicht. Am besten fährt man auf der Ringstraße bzw. Avinguda d'Alemanya in Ostrichtung und biegt rechts in die Carrer Jeroni Antich ab.

  Beim ***Sa Premsa*** handelt es sich trotz der Bezeichnung nicht um einen Keller, sondern um einen **gewölbeartigen Saal** im Parterre, dessen Wände zum größten Teil mit überdimensionalen **Weinfasshälften** ausgekleidet sind (wie auf dem Foto Seite 408). Da mehr Mallorquiner als Touristen dieses Lokal aufsuchen, wird es zur Mittagszeit und ab 21 Uhr lebhaft. Und das aus gutem Grund: die Küche bietet reichliche Portionen mallorquinischer Hausmannskost (in ordentlicher, obschon nicht umwerfender Qualität) zu günstigen Preisen (Mittagsmenu ab €9,75). **So ist Ruhetag**, im Juli+August Sa+So; www.cellersapremsa.com.

Innenansicht der Lokalität als Gemälde bereits draußen vor dem Celler Sa Premsa

Abschließend noch zwei Empfehlungen im Bereich El Terreno:

Shogun
© 971 735748

57

- Als Klassiker unter den Sushi-Bars in Palma gilt das ***Shogun*** in der Carrer Camilo José Cela 14 (Zufahrtstraße zur Burg *Bellver*, ➪ Seite 138). Die umfangreiche Speisekarte entspricht einem Streifzug durch die japanische Küche mit hundert Arten *Sushi, Sashimi, Tempura* und *Sukiyaki*. Mittags bietet man auch dort recht günstige Menüs; www.shogunmallorca.com.

Paraiso
© 971 400300

- Westlich oberhalb des Stadtteils steht das *****Hotel ***Valparaiso Palace*** (Carrer Francesc Vidal i Sureda). Dessen **Restaurant *Paraiso*** bietet nicht nur kulinarische Genüsse, sondern dazu edles Ambiente und einen tollen Blick über Palma und die Hafenbucht bei gehobenen, aber nicht extremen Preisen; Mo-Sa ab 19 Uhr.

4.4 Bars und Kneipen

Situation

Kneipen gibt es in Palma wie Sand am Meer, speziell im Bereich der Carrer Apuntadors, in Santa Catalina und in El Terreno (➪ Seite 137). Nur die wenigsten sind besonders originell, viele Insider-Kneipen für die meisten ausländischen Besucher eher weniger spannend. Empfohlen werden hier nur Lokale, die etwas aus dem üblichen Rahmen fallen.

Bodegita del Medio 58
✆ 971 717832

Bar Cuba Colonial 59
✆ 971 452237

- Dazu gehört zwischen der Apuntadors und dem Passeig Maritim definitiv die noch nicht erwähnte ***Bodegita del Medio*** in der Carrer de Vallseca 18. Havanna- und Hemingway-Fans finden dort das ultimative Kubalokal, wo der *Mojito* noch besser schmeckt als anderswo. Apropos Kuba: zur Zeit ist auch die ***Bar Cuba Colonial*** im *****Hostal Cuba* an der Avinguda d'Argentina/ Ecke Sant Magi angesagt (in Sichtweite des Museums *Es Baluard*). Im Untergeschoss des Gebäudes befindet sich der Cuba-Tanzclub, auf dem Dach die *Skybar* mit Hafenblick; www.hotelhostalcuba.com/es/gastrobar-restaurante-mallorca.html.

Bodega Bellver
✆ 971 724796

60

- Die ***Bodega Bellver*** an der Ecke Caputxines/Can Serinyà/Rosa unweit Plaça Weyler (vom *Forn Fondo* 30 m) ist eine der letzten im Citybereich verbliebenen echten Altstadt-Nachbarschaftskneipen. Sie gehört zum Typ »urig und verräuchert«. Das Mobiliar ist nahezu antik, die Theke abgenutzt, Würste hängen von der niedrigen Decke. Und auch wenn der Fernseher pausenlos läuft, das gehört eben zur typisch spanischen *Bodega* und den Gästen, die sich überwiegend aus der Nachbarschaft rekrutieren und ihre *copa* oder *vino* zu Preisen wie vor dem Euro trinken.

Bodeguilla
✆ 971 718274
61

Burladero
✆ 971 713459
62

- Stilistisch stimmiger ist die ***Bodeguilla*** in der Carrer Sant Jaume 3, nur ein paar Schritte oberhalb der Plaça Rei Joan Carles, Kneipe und Restaurant zugleich. Ebenfalls in die Kategorie der eher untouristischen Lokale gehört die ***Taberna Burladero*** in der Carrer de la Concepció 3B oberhalb der Avinguda Jaume III. Spezialität des Hauses ist Gin-Tonic mit unterschiedlichsten Gin-Marken. Auch unter Tapa-Freunden ist dieses Lokal ausgesprochen populär; www.grupoamida.com; So geschlossen.

Eiscafé Giovanni L.
✆ 971 726285

63

- Der Mann heißt tatsächlich *Lasagna*, nennt seine Eisdielen aber schlicht ***Giovanni L***. Von Deutschland aus expandierte er dank seiner Kreationen (Weltmeister 2007 und 2010; 2014 Wettbewerbsgewinner in Italien für bestes Pistazieneis!) u.a. nach Mallorca mit mittlerweile einer ganzen Reihe von Standorten auf der Insel. Los ging's vor ein paar Jahren in Sóller mit schärfster Konkurrenz gleich nebenan, und seit kurzem gibt's auch eine *Giovanni L.*-Eisdiele in Palma in der Carrer Jaume II/Ecke Plaça Cort. Alle Standorte findet man unter http://giovannil.de.

Bar Abaco
✆ 971 714939

- Vor der ***Bar Abaco***, nur 100 m hinter der Plaça Llotja an der Ecke Sant Joan/Apuntadors, verkündet schon die palastartige Fassade Exklusivität. Drinnen warten Blumenarrangements und Stillleben tropischer Früchte in der zur **Edelkneipe** umfunktionier-

Gediegene Atmosphäre und Dekoration aus frischen Früchten im Barpalast Abaco

64 ten Eingangshalle eines alten Herrenhauses. Schöne Menschen in locker verteilten Sesseln oder lässig posierend an der Bar vervollständigen das Bild. Der *Patio*, dezent beleuchtet und begrünt, lässt die Anwesenheit der Gäste kaum erahnen. Aber niemand bleibt ungesehen: die »wichtigsten« Räume liegen im Obergeschoss, dorthin geht es unter aller Augen über eine breite Treppe.

Solch Ambiente ist die €16 oder mehr, die ein farbenfroher Cocktail oder Eisbecher kostet, oder die €10 für ein Bier den Gästen offenbar wert. Der Ruf des ***Abaco*** hat sich seit der Eröffnung vor 35 Jahren (!) mittlerweile so verbreitet, dass oft schon zum Abendstart um 20 Uhr eine Traube von Touristen vor der Tür wartet. Derart nährt sich der große Erfolg zwar auch nach Jahren ganz von selbst, aber das einstige Flair ist doch ein wenig abgeblättert, zumal das Personal auch nicht immer Lust hat. Die Website vermittelt ein zutreffendes Bild des Innenlebens: www.bar-abaco.es. Täglich geöffnet. So-Do 20-1 Uhr, Fr+Sa bis 3 Uhr.

Abacanto

• Der Gipfel der Exklusivität ist indessen das ***Abacanto***, ein alter Palast am Rande des größten Gewerbegebiets von Palma. Dort vermitteln üppige Dekorationen und edles Interieur ein Bild des späten 18. Jahrhunderts. Ein Park voller Statuen und Brunnen umgibt das Anwesen. Das *Abacanto* öffnet sich nicht mehr individuellen Schönen der Nacht, kann aber für private Feiern und Events gebucht werden. Nicht billig, aber der Rahmen ist phänomenal und eine Überlegung wert für alle, die so etwas auf Mallorca planen: www.abacanto.es (auch auf Deutsch).

4.5 Zwei Tagesprogramme für Palma

Die beiden folgenden Vorschläge für jeweils ein Tagesprogramm (zu Fuß/Fahrrad und kombiniert mit Auto/Taxi) in und um Palma beziehen sich auf die vorstehenden Erläuterungen, gehen aber beim erweiterten Programm ein wenig darüber hinaus. Einzelheiten zu den westlichen Vororten Palmas finden sich unter den entsprechenden Ortsbezeichnungen im folgenden Kapitel.

Das gut zu Fuß zu schaffende **Programm 1** könnte man noch um ein bisschen mehr Altstadt und/oder einen Besuch im *Castell Bellver* und/oder im Bereich Cala Mayor/Illetes erweitern.

Das **Programm 2** ließe sich durch »mehr Altstadt« modifizieren, wenn man die Vororte weniger berücksichtigt. Ein Teil ist nur mit Taxi oder Pkw zu bewältigen, per Bus kaum.

Auch andere als die folgenden Kombinationen und Reihenfolgen sind denkbar. Die hier zusammengestellten Touren wären die Antwort des Autors auf die (hypothetische) Frage eines Freundes: **»Was empfiehlst Du mir für einen/zwei Tag(e) Palma?«**

Zur richtigen Einschätzung der vorgeschlagenen Besuchspunkte und Aktivitäten ist es wichtig, die ausführlicheren Erläuterungen im Text zu lesen, ➪ die Seitenangaben in der letzten Spalte.

Tagesprogramm 1

	Altstadt und Passeig Maritim	Seite
Anfahrt:	Mit dem **Auto**: Zur Parkgarage unter dem *Parc de la Mar* oder Tiefgarage unter der Avinguda A. Maura. Mit **öffentlichen Verkehrsmitteln**: wenn möglich, im Bereich Passeig Maritim/Borne aussteigen, oder von der Endstation im Bereich *Plaça Espanya* mit **Bus** oder **Taxi** zur *Almudaina* (ein Start zu Fuß ab der Plaça Espanya wäre mit Rückweg reichlich weit).	115

Temporäre Skulpturenausstellung auf der Ebene zwischen Kathedrale und Parc de la Mar

Ausgangspunkt:	*Parc de la Mar* bzw. Platz/Park unter der *Almudaina*	119
Start:	Über die Treppe am *Parc de la Mar* zur Terrasse vor *Almudaina* und Kathedrale	
Besichtigung:	• *Palau Almudaina* und/oder *Palau March*	119
	• Kathedrale *La Seu*, möglichst vor 11 Uhr	120
	• Diözesanmuseum bei sakral-historischem Interesse	122
Fortsetzung:	Über die Estudi General (dort Relief im Hof der Handelskammer) zur Zanglada, weiter in die Carrer Portella mit *Palau Aiamans* (= *Museu de Mallorca)*	123 124
Besichtigung:	*Museu de Mallorca*	124
Fortsetzung:	Entweder auf direktem Wege zu Kirche und Kloster *Sant Francesc* oder kurzer Umweg über die *Banys Arabs* in der Carrer Can Serra. Nur bei viel »Neugier« weiter durch die Fußgängergassen der östlichen Altstadt (*Convent de Santa Clara*/Kirchen)	125
Besichtigung:	Kloster und Kirche *Sant Francesc* mit Innenhof	125
Pause:	• mit Umwegen ggf. mittägliche Rast in der *Chocolateria S'Aigo* oder in einem der auf den Seiten 145f empfohlenen Restaurants	126
Fortsetzung:	Über die Plaça Santa Eulalia	126
	• am alten Rathaus vorbei durch die Carrer Colom zur Plaça Mayor, ggf. Abstecher in die verkehrsfreien Hauptgeschäftsstraßen Sindicat und Sant Miquel	127
Besichtigung:	Ggf. dort Kunstmuseum der *Fundació March*	127
Fortsetzung:	• die *Rambla* hinauf, links ab zur Kirche *Santa Magdalena* mit der dort aufgebahrten *Catalina Tomás* (➪ Seite 222) und zurück über die Carrer Sant Jaume sowie Armengol und Serinya/Rosa. Endpunkt der Schleife ist die Plaça Weyler mit dem *Forn des Teatre*, wohin man auch unmittelbar von der Plaça Mayor über Treppen gelangt. Zum *Borne* sind es von dort nur ein paar Schritte.	129 131 130 131
Pause:	• Am oberen *Borne* Café im *Palau Solleric* oder *Gran Café Cappuccino* am *Borne* oder unter dem *Palau March* oder weiter oben *Bar Cas Caparrut*	131 145 123
Besichtigung:	• Am *Passeig Sagrera* unübersehbar die alte Börse *Sa Llotja* und das *Consolat del Mar* (nur von außen), dahinter die Plaça Drassana und ein paar hundert Meter weiter das Kunstmuseum *Es Baluard* (über Carrer Sant Pere dorthin; abends bis 20/21 Uhr)	133 134
Ausklangtipps:	• Bummel an der Hafenpromenade und Drink in einer der Bars *Boathouse/Darsena/Varadero* (Abendsonne)	135
	• Dinieren in einem der Lokale in Santa Catalina Hafenumfeld/Nähe Apuntadors, ggf. auch *Sa Premsa*	140/132 147

Tagesprogramm 2

	Westliche Altstadt, Castell de Bellver und Vororte	**Seite**
Ausgangspunkt:	Wie Tagesprogramm 1	150
Start und Rundgang:	Avinguda Antoni Maura, Plaça de la Reina und den *Born* hinauf geradeaus über die Plaça del Rei Joan Carles hinweg in die schmale Carrer Sant Jaume, bei der gleichnamigen Kirche links in die Gavarrera und wieder links über Ermita/Agua zur Av Rei Jaume III. Am Passeig Mallorca links zur Plaça Porta de Santa Catalina (eventuell Abstecher zum *Mercat Santa Catalina*) und ggf. über Kunstmuseum *Es Baluard* zurück zum Passeig Maritim.	131 Palma Stadtplan in der Klappe 134
Fortsetzung:	**per Taxi oder Mietwagen** (per Bus schwierig): Erst Passeig Maritim in westliche Richtung; nach Passieren des hochgelegenen Viertels *Es Jonquet* die Monsenyor Palmer rechts ab, über die Plaça Pont in die Andrea Doria (Richtung Genova), dann nach rechts: Hinweisschild *Poble Espanyol.*	
Besichtigung:	»Spanisches Dorf« (*Poble Espanyol*). Eigentlich gut gemacht, aber nur bedingt besuchenswert.	142
Fortsetzung:	Weiter zum *Parc de Bellver*	138
Besichtigung:	*Castell de Bellver*, bemerkenswerte Burganlage, fantastische Aussicht von den Zinnen.	
Fortsetzung:	Durch El Terreno und Sant Agustin nach Illetes Costa de Bendinat und Portals Nous	137, 171 bis 177
Zwischenstopp:	• Miltärmuseum *Dic de L`Oest* (nur 10-14 Uhr), ggf. Pause am Strand *Punta Grell*	137
	• *Miró*-Museum/*Palau Marivent* in Cala Mayor	173/4
	• Cala Mayor Strand, Terrasse *LuaBeach Bistro*	174f
	• Illetes, Rundkurs und Strände	176
	• Costa de Bendinat, Strand, Yachthafen *Port Portals*	177
Fortsetzung:	Zurück in Richtung Palma auf der Autobahn, Abfahrt Genova/Sant Agustin nach Genova. Im Ort nach links zum Aussichtspunkt *Na Burguesa* mit *Bistro NA* hinter Panoramascheiben; besonders reizvoll bei einbrechender Dunkelheit: Enormer Weitblick über Palma und die Bucht.	175
Tagesausklang:	Bereich Santa Catalina (Seite 140) oder Portals Nous Ggf. Dinnershow in *Son Amar* oder aktuelle Veranstaltung in Palma (➪ deutschsprachige Publikationen »Mallorca Magazin« und »Mallorca Zeitung«)	178 450
	Letzter nächtlicher »Absacker« im *Abaco*	149

Keine schlechte Alternative: Palma entdecken per Segway, ➪ *Seite 117*

Aufbau des Kapitels 5

Ortsbeschreibungen nach Routenvorschlägen hintereinanderzustellen, wie es für andere Ziele durchaus sinnvoll sein kann, ist für diese Insel wenig hilfreich. Denn Mallorcaurlauber logieren an vielen verschiedenen Ausgangspunkten. Sie können auf einer Vielzahl von Straßen unterwegs sein bzw. Ausflüge beginnen. Aus der Sicht individueller Buchleser ergeben daher immer nur Teilabschnitte von Tourenvorschlägen eine im Einzelfall »vernünftige« Reihenfolge.

Die Ortsbeschreibungen wurden daher acht Küstenregionen zugeordnet sowie einer Region »Zentrales Hinterland«. In den Küstenregionen folgt die Beschreibung der Orte gemäß ihrer Lage an der Küste im Uhrzeigersinn. Orte im weiteren Küstenumfeld werden innerhalb der jeweiligen Region gesondert in einer dort logisch erscheinenden Abfolge beschrieben, z.B. entsprechend ihrer Lage an einer besonders empfehlenswerten Strecke, z.B. im Südwesten (in dieser Reihenfolge) die vier Dörfer Capdella, Calvia, Galilea und Puigpunyent.

Der Leser findet so innerhalb eines Bereichs alle wesentlichen und besuchenswerten Orte eng beisammen. Das gilt automatisch auch beim Übergang von einem Bereich zum nächsten: benachbarte Orte in den Küstenregionen rund um die Insel stehen immer auf benachbarten Seiten, egal ob man sich im Uhrzeigersinn oder in Gegenrichtung bewegt. Wer ein bestimmtes Ziel sucht und ungefähr dessen Lage kennt, findet den entsprechenden Ort rasch im Inhaltsverzeichnis. Ohne Kenntnis der ungefähren Lage des gesuchten Ziels kann man auf den Index zurückgreifen (ab Seite 517).

Der zentrale Bereich mit den Städten Inca, Manacor, Petra etc. ist in Anlehnung an die Hauptverkehrsachsen (Autobahnen) Palma-Alcúdia und Palma-Manacor beschrieben. Alle verbleibenden Orte von Interesse finden sich in der Umgebung von Sineu.

Ortschaften und Ziele nach Regionen

5.1 Rund um die Bucht von Palma

5.1.1 Die östliche Seite der Bucht

Kennzeichnung

Wo vor 50 Jahren noch Strand und Dünen wie an der *Platja des Trenc* die Bucht von Palma zierten, befindet sich heute zwischen **Can Pastilla** und dem Yachthafen von **S`Arenal** eine dichte touristische Infrastruktur mit zahllosen Kneipen, Bistros, Cafés, Restaurants, jeder Menge Shops und rund **200 Hotels** mit über **40.000 Betten**. Eine breit ausgebaute palmenbestandene (und videoüberwachte!) **Strandpromenade** entlang der heute überwiegend verkehrsfreien Uferstraße verbindet die ineinander übergehenden Urlaubsorte im Osten der Bucht von Palma über rund 5 km.

Balnearios

An ihr wurden im Abstand von jeweils 200-500 Metern **fünfzehn** sog. ***Balnearios*** angelegt, Brückenköpfe mit hoher Sitzkapazität zur Versorgung der Badegäste mit Drinks, Snacks und **Toiletten**. Gleichzeitig dienen sie mit ihrer unübersehbaren Nummerierung, die mit ***Balneario 01*** in S'Arenal beginnt, der Orientierung an Strandabschnitten, die weitgehend ohne markante Punkte sind.

Promenade rund um die Bucht von Palma

Die **Promenade setzt sich heute weiter fort** auf der südlich von S`Arenal ansteigenden Felsküste über den Villenbereich **Son Veri** hinaus bis Cala Blava, ➪ rechts. In Richtung Palma hat man in den letzten Jahren separate kurze Uferstraßen um Promenaden samt Radwegen erweitert und miteinander verbunden. Man kann nun rund um die Bucht von Palma von Cala Blava bis Palmas

Fährhafen am westlichen Ende des Passeig Maritim am Wasser bzw. Strand entlang spazieren, joggen oder biken, fast ohne auf Straßenverkehr achten zu müssen. Das gilt, wiewohl weitgehend küsten- und damit strandfern, auch für die westliche Bucht von Palma ab Sant Agustin, ➪ mehr dazu ab Seite 171.

Cala Blava

Cap Enderrocat

Eine kleine spitz ins Land ragende Bucht mit einem Fetzen Sandstrand an der Steilküste südlich von S'Arenal nennt sich **Cala Blava**. Rundherum erstreckt sich eine ausgedehnte Urbanisation gleichen Namens und im Anschluss daran **Bella Vista** bis fast zum **Cap Enderrocat.** In exponierter Lage über dem Meer steht dort eine alte **Festung**, die zum *****Hotel Cap Rocat*** umgebaut wurde und über eine eigene Zufahrt nur registrierten Gästen zugänglich ist; www.caprocat.com.

Aber wer von Bella Vista aus (ab dem Ministrand hochkraxeln, ➪ letzte Zeile unten) auf beliebigen Pfaden über dem Meer ein paar hundert Meter weiter nach Süden läuft, erreicht auf diesem Weg den quasi »Privatstrand« des Hotels unweit seiner Mauern.

Strandbucht

Cala Blava ist neben Palmas Vororten an der Promenade zwischen Can Pastilla und Es Molinar das einzige Nahziel für einen Spaziergang oder eine Radtour von Arenal aus. Der Promenadenabschnitt Passeig Alfons XIII endet in der Carrer de Recalde, von der eine Treppe hinunter zur ortsnamengebenden Strandbucht führt (Autozufahrt via Ma-6014, rechts ab Carrer Recalde).

Einkehr

- Jenseits der Bucht beginnt die Carrer Mexic, an ihr liegt 100 m weiter das **Restaurant *Cala Blava*** (mit großem Pool!) zwischen Villen im Grünen.
- Ganz am Ende der Straße durch Bella Vista sitzt man im ***Restaurant Panoramic*** auf einer schönen Terrasse über dem Meer mit Blick über die Bucht von Palma (toll bei untergehender Sonne, aber nur ca. Ende Mai-September geöffnet).

Schwimmen

Vom *Panoramic* besteht ein Treppenzugang zu **Badepools** auf den flachen Felsen weit unterhalb. Wer einen ruhigen Platz zum Sonnen und Baden sucht, findet 100 m weiter hinter dem letzten Haus eine unauffällige Treppe hinunter in eine **Mini-Sand-/Felsbucht**.

*Die sog, **Balnearios** (➪ Text links) sind allesamt ähnlich gestylte Bistros mit kleinen Unterschieden im Angebot. Nur Balneario 04 weicht davon ab. Hier Balneario 03 inArenal*

S`Arenal

Kennzeichnung

Von S`Arenal spricht man ab dem östlichen Strandende am Yachthafen bis etwa zur Carrer Corall. An diesem ersten Kilometer Strand liegen in kurzen Abständen die ***Balnearios 01-03***. Das *Balneario 04* markiert bereits den Beginn des Bereichs Playa de Palma.

Die Fassaden von Hotels und Apartmenthäusern mit Kneipen, Restaurants, kleinen Supermärkten und Läden für den Touristenbedarf im Erdgeschoss säumen lückenlos die in Arenal bis zum Hotel *Aya* (noch) nicht autofreie, aber normalerweise nur gering verkehrsbelastete Uferstraße Avenida Nacional. Parallel verläuft die beschriebene Strandpromenade. Hinter der allerersten durchaus nicht unansehnlichen Reihe erstreckt sich ein Gewirr dicht bebauter, teilweise heruntergekommener schmaler Straßen. Sie ziehen sich im Osten bis hinauf zur höher liegenden zentralen Plaza (auf der Carrer Maria Antonia Salva ca. 600 m vom Strand entfernt) in die ganz und gar untouristische Wohnsiedlung S'Arenal. Insgesamt ist S'Arenal besser als sein Ruf.

Strand

Dank Aufspülung und Palmenbepflanzung ist der Strand in S'Arenal nicht so eintönig wie im weiteren Verlauf bis Can Pastilla, dazu meist weniger überfüllt als manche Abschnitte weiter westlich. Das gilt insbesondere für die breite Südecke, ➪ Foto unten.

Restaurants

- Bei gutem Wetter ist die Terrasse des Restaurants ***Varadero Beach*** (www.varaderobeach.es) zwischen Strand, Yachthafen und Promenadenbeginn dank der Aussicht auf die Boote und das Leben und Treiben ringsum, aber auch, was die Qualität der Küche betrifft, eines der besten Lokale in S'Arenal.
- Für ein Bier und den Drink zwischendurch ist die ***Bar De Slok*** ein ganz origineller Platz (gegenüber *Balneario* 03).
- Beliebt sind dort auch das Restaurant ***Encant*** (mit Terrasse unter Bäumen) und die ***Tango Bar & Steakhouse*** weiter oben.

Östliches Ende der Playa de Palma beim Yachthafen von Arenal. Gar nicht so schlecht, oder?

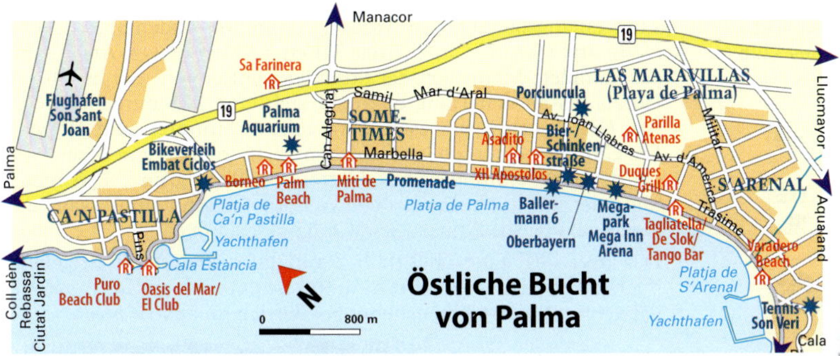

- Obwohl in der zweiten Reihe 100 m vom Strand entfernt, hält sich seit Jahrzehnten innen wie außen unverändert ***Duque's Grill*** an der Carrer Trasime hinterm ***Hotel Hispania***. Ein klares Indiz für die konstant gute Küche; neben Grillgerichten ist *Paella Negra* (»schwarze Paella) dort Spezialität; ✆ 971 264272.

Tennis Son Veri

Vom Strandende sind es nur etwa 300 m bis zum Squash- und Tennisclub am Rande des grünen, etwas erhöht liegenden Villenviertels Son Veri (man folge der Strandstraße hinter den letzten Hotels nach halblinks). Besucher des Restaurants und Nutzer der **Sportanlagen** dürfen im schön angelegten **Pool** schwimmen.

Aqualand Arenal

Hinter Son Veri an der Straße Richtung Bahia Grande/Cap Blanco liegt mit ***Aqualand Arenal*** der größte **Wasserplanschpark** Mallorcas. Das Gelände ist nicht nur großzügiger als das des *Western Water Park* bei Magaluf und des *Hidropark* bei Alcudia, sondern dazu in einen grünen Park eingebettet. Die Rutschen sind insgesamt noch höher. Eintritt €28/Person, Kinder 5-12 Jahre €19; Kleinkinder €10 (online €2 Rabatt); Mai+ Juni+Sept. täglich 10-17 Uhr, Juli+August bis 18 Uhr; www.aqualand.es/elarenal/mallorca.

Wer in der Lage ist, sich hier ganztägig zu amüsieren, zahlt einen angemessenen Eintritt. Bei nur 2-3 Stunden Zeit ist der Spaß arg teuer, besonders wenn – im Sommer außer in den Randstunden unvermeidlich – die Wartezeiten an den Rutschen länger sind.

Steakhaus und Paella-Restaurant Duque's Grill, ➪ oben

Mhares Sea Club

Zum Einzugsbereich von Arenal gehören die beiden Sporthotels *Delta* und *Maioris Club*, einige Kilometer südlich von Arenal ein paar hundert Meter von der Steilküste entfernt. Rund um diese Hotels bis an den Hang erstreckt sich eine Villenurbanisation. Am *Delta* vorbei (ausgeschildert) geht es hinunter zum ***Mhares Sea Club*** mit einer großen Poolterrasse 12 m über dem Meer fürs Chillen (sog. *Hamacas* inkl. Getränke € 90/Tag für 2 Personen) und/oder für den kulinarischen Genuss bei Sonnenuntergang zu etwas gehobenen Preisen; www.mharesseaclub.com.

Darunter liegt eine öffentlich zugängliche **Badestelle** zwischen flachen Felsen. Die Abfahrt hinunter ist unproblematisch, parken jedoch für Nicht-Clubbesucher bei Betrieb nicht so einfach.

So harmlos sieht der berühmt-berüchtigte Balneario 06 (»Ballermann«) heute aus, *➪ auch Kasten Seite 162*

Platja/Playa de Palma

Las Maravillas

Auf den meisten Karten ist der Bereich, der in den Angeboten der Veranstalter **Playa de Palma** heißt, nach dem dort ursprünglich vorhandenen Dorf als **Las Maravillas** gekennzeichnet. Der Name *Playa* bzw. *Platja de Palma* bezog sich früher auf die gesamte Länge des Strandes in der östlichen Bucht von Palma, nicht nur auf sein »Mittelstück«.

Kennzeichnung/ Ballermann

Die **Playa de Palma** beginnt in der heutigen touristischen Definition westlich des ***Balneario 03*** und läuft über rund 3 km **bis *Balneario 13***. Entlang der in diesem Bereich fast verkehrsfreien Uferstraße samt Strandpromenade stehen in dichter Folge Hotel- und Apartmentblocks. Sie werden unterbrochen von Läden, Auto- und Fahrradvermietern und zahllosen Lokalen. Stichstraßen führen vom Meer zu den Hotelanlagen der zweiten bis vierten Reihe.

Die *Playa de Palma* wurde wegen des ***Balneario 06*** mit der Bezeichnung ***Ballermann***,

*Sangria mit Trinkhalm aus Eimern ist in Kneipen lange untersagt. Aber Privatinitiative war schwer zu verhindern. Aber jetzt droht wegen der neuen Verordnung Ungemach (**➪ Kasten Seite 162**)*

Fassade des nach oben offenen Megaparks mit mittlerweile davor aufgebauten Markenshops

wo einst die *Sangria* in Eimern mit meterlangen Plastikhalmen serviert wurde, berühmt-berüchtigt. Aber das ist lange vorbei. Die Terrasse des »Ballermann« verfügt zwar immer noch über eine hohe Sitzkapazität und erfreut sich guten Besuchs bei lauter Musik, doch über die Stränge schlägt dort niemand mehr so richtig.

Megapark

Das *High Life* spielt sich heute im – einen ganzen Straßenblock einnehmenden – ***Megapark*** am ***Balneario 05*** ab. Dabei handelt es sich um einen 3.500 m² großen durch »gotisches« Mauerwerk verschönten Komplex. Über 2.000 Gäste finden Platz im *open-air*-Bereich mit musikalischer Dauerberieselung, Schaumbecken, Tanzflächen für Go-go-Girls und Gäste und einem Riesenmonitor zur Übertragung von Sportereignissen; www.megapark.tv.

Mega Inn

Die Zahl der Biertische zwischen den diversen Bars des Megaparks ist erstaunlich. Alkohol und Remmidemmi sind ab 9 Uhr morgens bis 24 Uhr angesagt (danach Lärmverbot). Dann geht's weiter im schalldichten ***Mega Inn*** im hinteren Bereich des Komplexes mit Auftritten von »B- und C-Prominenz« wie *Jürgen Drews, DJ Ötzi, Mickie Krause, Micaela Schäfer* und anderen.

Mega Arena

Unterirdisch sorgt die sog. ***Mega Arena*** für Fortsetzung der Dauerparty, bereichert um die Nostalgie-Disco ***Royal Suite***, die vor einiger Zeit vom *Riu Palace* hierher umzog und nun auch die ältere Generation und Freunde des deutschen Schlagers anzieht.

Schinkenstraße

In der »**Schinkenstraße**« (Carrer Pare Bartomeu Salva), nur ca. 150 m vom *Balneario* 06 entfernt, finden die Urlauber vor allem Deutsches. Beim **Bierkönig** (www.bierkoenig.com/aleman) mit einer sagenhaften Stehtischkapazität schmekken Köpi, Sangria, Bratwurst und Schaschlik anscheinend am besten; ansonsten geht's da abends ähnlich hoch her wie im *Megapark*. Zudem ballen sich in der Nachbarschaft oberhalb der Carrer Llaut mit Ausstrahlung nach links und rechts weitere Lokale über zwei Blocks, die ebenfalls um die Euros der Urlauber konkurrieren.

Bestrafung bei »Fehlverhalten« in Palma und an der Playa?

Ab **Juni 2014** galt in Palma und an der Playa de Palma auf Beschluss des Stadtrats eine neue »**Verordnung für zivilisiertes Zusammenleben**« (... *convivencia civica en Palma*). Saufgelage in der Öffentlichkeit werden darin mit Strafe bedroht, speziell das »Eimertrinken« von Alkoholika, ebenso öffentliches Urinieren, Spucken, ruhestörender Lärm u.a.m. Ein lautes Rauschen im Blätterwald der deutschen Presse war die Folge; sogar ins Fernsehens brachte es die Nachricht. Dabei sind die Verhältnisse am »Ballermann« seit Jahren eher selten zu beanstanden, und wenn doch, ist die Polizei schnell zugegen und fordert – meist mit Erfolg – Mäßigung. Saufexzesse außerhalb von Lokalen und der Sperrstunde sind außerdem eher unter spanischen Kids beim »Vorglühen« an der Avinguda Marítima in Palma als an der Playa zu beobachten, wo ab 24 Uhr alles in den Untergrund und sonstwie geschlossene Lokalitäten zieht.

Was vor Ort und in deutschen Medien an die große Glocke gehängt wurde, unterstellt heftige reale Probleme. Dabei begegnet man ihnen in ernsthaft störender Form nur ausnahmsweise. An den Stränden sind eher aggressive Verkäufer von allerlei Tand ein Dauerärgernis.

Und nun auch noch das: Im **Juni 2016** wurde die schöne neue Verordnung gerichtlich »gekippt«, weil ihr langer Normen- und Verkaltenskatalog, so die Richter, in Teilen übergeordnete Bürgerrechte verletzt. Trotzdem dürfen Mallorquiner wie Touristen nicht wieder wie wild über die Stränge schlagen. Denn die Aufhebung des Regelwerks von 2014 hatte zur Folge, dass eine weitgehend ähnliche Verordnung von 2010 erneut in Kraft trat, die bei Übertretungen innerhalb bestimmter »Interventionszonen« auch schon polizeiliches Einschreiten vorsah. Kurz: Alles bleibt wohl weitgehend wie es ist und war. Neue oder alte Richtlinien sind im Osten der Bucht ohnehin Schall und Rauch, denn bis Arenal reicht der Arm von Palmas Gemeindeväter nicht. Dort gehorcht die Polizei dem Gemeinderat von Llucmayor.

Oberbayern Auch nicht weit ist es vom *Balneario 06* (Richtung *Balneario 05*) zum Großparty-Kultschuppen **Oberbayern** direkt an der Promenade (Verzehrcoupon €6). Für dessen Events sind tagtäglich Jungs mit blau-weißen Hemden und Lederhosen an der Playa de Palma unterwegs und verteilen Flyer; www.oberbayern-mallorca.tv.

Beurteilung Sowohl den Megapark wie auch die Schinkenstraße muss man mal erlebt haben, vorzugsweise in der Saison bei Auftritten von Größen der Mallorcaszene. Wer sowas mag, wird sowieso seinen Spaß haben, wer nicht ebenfalls, denn Staunen bringt auch Freude.

Im Oberbayern ist wichtig, für den Hauptspaß den »richtigen« Tag zu erwischen, dort ist leicht auch mal weniger los.

Für alle gilt, dass in der Regel erst um Ostern bis etwa bis Ende Oktober die Pforten geöffnet werden und die Parties nicht vor 23 Uhr so richtig ins Rollen kommen.

Restaurants

Wem weniger nach Halligalli zumute ist, findet im Bereich Playa de Palma ungezählte Lokale auch außerhalb des nur maximal 200 m x 200 m großen Kernbereichs für Feierfreudige. Die Auswahl in der ersten wie zweiten Reihe ist überwältigend. Empfehlungen fallen speziell dort wegen der sehr hohen Fluktuation der Bewirtschaftung in Playa de Palma schwer. Auffällig sind die enormen Beurteilungsunterschiede in Webforen wie *holidaycheck*, *tripadvisor* oder *ciao*.

- Etwa beim außen wie innen attraktiven ***Grillrestaurant Asadito*** an der Carrer Marbella/Ecke Avinguda Son Rigo (© 971 492 929, http://asadito.com) und ebenso beim ***XII Apostolos*** ein paar hundert Meter weiter südlich an der Ecke Marbella/Sant Ramon Nonat, © 971-262 015, www.xii-apostel.com) mit den – so heißt für beide Lokale – besten Pizzen Mallorcas.
- Wenig verkehrt machen kann man mit dem etwas strandfernerren Griechen-Restaurant ***Parilla Atenas*** beim Hotel *Taurus Park* in der Avinguda America. Das Ambiente ist angenehm, die Küche offen und das Preis-/Leistungsverhältnis o.k. © 971 491 758, www.atenas-mallorca.com.
- Richtig mallorquinisch geht es in der alten Mühle zu, die das Restaurant ***Sa Farinera*** beherbergt. Es liegt knapp jenseits der Autobahn Ma-19 Palma-Lluchmajor. Um dorthin zu gelangen, benötigt man einen fahrbaren Untersatz (Abfahrt 10, Carrer Son Fangos; von Playa de Palma aus Cami de Can Alegria Richtung Son Oms; das Restaurant ist am Kreisverkehr oberhalb der Ma-19 ausgeschildert) oder ein Taxi. In authentischer Atmosphäre serviert man dort reichlich **Fleisch vom Grill** zu moderaten Preisen; © 971 26 20 11 http://safarinera.com.

Iglesia Nuestra Senora de los Angeles

Am östlichen Rand von Las Maravillas zwischen Autobahn (Ausfahrt 11) und der Parallelroute Avinguda Joan Llabres befindet sich etwa gegenüber dem Hotel *Barceló Pueblo Park* die Einfahrt (Verlängerung ausgerechnet der Schinkenstraße Pare Bartomeu Salva) in den Park ***La Porciuncula*** zum kulturellen Highlight im Bereich Playa de Palma, der **Kristallkirche** »unserer lieben Frau von den Engeln«. Sie wurde 1968 aus Beton und 600 m^2 Glas in avantgardistischer Architektur errichtet. Aber der Lichteinfall von allen Seiten durch die Glasbilder des Rundbaus ist das eigentlich Beeindruckende in diesem Bau. Mo-Sa 9.30-13 Uhr und 15.30-18 Uhr, So nur vormittags, Eintritt €3 inkl. **Keramikmuseum**.

Sometimes

An Las Maravillas schließt nördlich das Wohnviertel ***Sometimes*** an (heißt tatsächlich so, da dort viele Briten leben). Am Autobahnzubringer Cami de Alegria endet eigentlich der als *Playa de Palma* bezeichnete Bereich. Can Pastilla beginnt erst einen Kilometer weiter. Mit dem Ausbau der Promenade wurde der Übergang aber fließend. Nach der letzten kleinen Restdüne mit Baumbestand und einem Tennis- und Fußballgelände geht es ab dem Hotel *Fontanellas Playa*, das deutsche Veranstalter noch unter Playa de Palma listen, wie gehabt weiter mit der touristischen Infrastruktur.

Gastronomie

- Etwas aus den Rahmen des Üblichen fällt in Sometimes das Restaurant ***Miti de Palma*** an der Promenade gegenüber ***Balneario* 12**. Die gediegen weiße Einrichtung in einem leicht kitschigen Privathausstil wie auch die Kreation der auf feinem Porzellan servierten Speisen würde man ausgerechnet dort kaum erwarten. Gehobenes, aber fürs Gebotene nicht zu hohes Preisniveau. Italienisch mediterrane Küche. Geöffnet 12.30-22 Uhr, Mo geschlossen; © 971 745 680, www.mitidipalma.net.
- Nur wenig südlich des (letzten bzw. ersten) ***Balneario 15*** passiert man die beliebten Lokale ***Palm Beach*** und ***Cafeteria Borneo*** mit konkurrenzlos günstigen Preisen für deutsch orientierte Gerichte, für Kaffee und Kuchen, aber auch Sangria etc. Beide punkten durch angenehmes Terrassenambiente direkt an der dort schmalen Uferstraße/Promenade mit Blick über den Strand.

Transport per Straßen-Bimmelbahn. Hinter der Promenade entlang geht's von Can Pastilla über Playa de Palma nach S'Arenal und zurück (es gilt der übliche Bustarif von €1,50 pro Strecke, ➪ Seite 98)

Palma Aquarium

Nur 100 m vom Meer entfernt investierte man gleich nördlich von Sometimes €32 Mio. für ein riesiges **Aquarium** samt einer Grün-, Teich- und Spielzone draußen. In 55 Becken tummeln sich dort 8000 Meerestiere. Das Highlight der Anlage ist »*Big Blue*, ein Riesenbecken für u.a. 12 Haifische, durch das ein transparenter Tunnel läuft. Ein gutes Aquarium, wiewohl die Werbung »eines der schönsten Aquarien der Welt« etwas vollmundig erscheint.

Adresse: Carrer Manuela de los Herreros i Sora (= rückwärtige Verbindung zwischen Sometimes und Can Pastilla parallel zur Autobahn Ma-19, Ausfahrt #10). Buslinien 15, 17 und 23 halten vor der Tür. April-Oktober Mo-Fr 10-18 Uhr, Januar-März Mo-Fr bis 15.30 Uhr, ganzjährig Sa+So+feiertags bis 17.30 Uhr. Letzter Einlass 90 min vor Schluss. **Eintritt**: €23, Kinder bis 12 Jahre €14; Familienkombis; © 971 264275 und www.palmaaquarium.com.

Mit Kfz auf die Uferstraße

Wer hierher mit Motorrad oder Auto anfährt, darf damit via Cami de Alegria und den letzten Kreisverkehr vorm Strand die Uferstraße in Richtung Süden bis ca. *Balneario 07* nutzen.

Im Palma Aquarium

Can Pastilla

Kennzeichnung

Das mit dem Pauschaltourismus gewachsene einstige Fischerdorf Can Pastilla am nordwestlichen Ende der Playa de Palma gehört zu Mallorcas Touristenorten der ersten Stunde. Wegen der nahen Einflugschneise des Airports und damit verbundenem Fluglärm befand er sich lange im Niedergang. Mit den viel leiseren Jets neuer Bauart erledigte sich das Problem dort mittlerweile weitgehend. Dank der sich vom Strandende um den Ort herum ziehenden Promenade und damit einhergehend einer zunehmenden Verkehrsberuhigung und Renovierung überholter Strukturen wurde Can Pastilla auch sonst wieder attraktiv. Zumindest, was die erste Linie am Meer betrifft. Dahinter blieb es teilweise noch düster.

Strände

Neben dem breit aufgespülten ersten Abschnitt der Playa de Palma verfügt der Ort an der runden Bucht **Cala Estancia** außerdem über einen separaten, vor Seegang geschützen Strand. Ein kleiner Yachthafen trennt beide Strände.

Einkehr

- Das **Restaurant *El Club*** (Fischgerichte, *Paella*, gutes Mittagsmenu) auf dem Gelände der Marina ist nicht nur dank seiner Küche, sondern auch wegen der erhöht liegenden Terrasse mit brillanter Aussicht schwer zu schlagen; © 971 260 075; https://de-de.facebook.com/elclubrestaurantecanpastilla
- Von den Terrassen mehrerer **Bars** und **Bistros** unter Palmen auf der Westseite der Cala Estancia überschaut man den Strand.

Einflugschneise

Folgt man der nun abschnittsweise sehr schön mit Holzbohlen angelegten Promenade weiter, erreicht man rasch die über einen Kilometer breite von Bebauung freie Haupteinflugschneise. Den felsigen Uferbereich hat man dort bei der Anlage des neuen Rad- und Fußwegs an der Bucht entlang neu gestaltet. Lärm oder nicht: viele verharren hier zur Beobachtung der noch/schon bei Start und Landung erstaunlich tief fliegenden Urlauberjets.

Puro Beach Club

Am Ostrand dieser Zone hat sich der ***Puro Beach Club »Oasis del Mar«*** als angesagte Lifestyle-Adresse auf einer Landzunge etabliert (Eintritt frei, aber Liegen und sog. *Hamacas* kosten; im Sommer 11-01 Uhr). Dort darf man – fern von den Niederungen des Durchschnittstourismus – exklusiv auf weißen Liegen »chillen«,

im Pool oder Meer baden oder sich im Spabereich Gutes tun. Die **Gastronomie** ist vom Feinsten und naturgemäß etwas teurer; © 971 744 744; www.purobeach.com.

Das Unterkunftspendant dazu ist das *Puro Design Hotel* in Palmas Vergnügungsviertel Sa Llotja; www.purohotel.com. Dessen illustre Gäste werden im *Puro Shuttle* zum Club transportiert.

Promenade mit Bike- und Skatespur zwischen Can Pastilla und Cala Gamba unter der Einflugschneise des Airports. Gleich westlich von Can Pastilla finden sich an der stufenweise eingekerbten Küste (frühere Steinbrüche) prima »Schwimmlöcher« mit glasklarem Wasser nur wenige Meter entfernt vom Weg um die Bucht

Uferpromenade von Can Pastilla über Cala Gamba, Ciutat Jardí, Es Molinar und Portixol nach Palma

Küste von Can Pastilla bis Palma

Gleich westlich der Einflugschneise beginnen »echte« eng zusammenhängende Palma-Vororte, die jahrzehntelang von der Prosperität Mallorcas abgeschnitten zu sein schienen und weitgehend unbeachtet blieben. Zwar gab es dort schon immer diverse kleine Bootshäfen, in denen nach und nach die Zahl der Privatyachten die der traditionellen *Llauts* der Fischer überstieg, aber an Land dominierten vernachlässigte Viertel und schäbige Uferbebauung noch bis Anfang dieses Jahrhunderts. Nicht erst, aber speziell mit dem Ausbau der durchgehenden Promenade und der Aufschüttung von Stränden, die vorher nicht vorhanden oder nicht nennenswert waren, änderte sich das. Speziell die auch vorher schon entwickelteren und bei Mallorquinern beliebten Bereiche wie Cala Gamba und Ciutat Jardí profitierten früh davon.

Cala Gamba

Wegen der gleichnamigen Autobahnausfahrt #6, hinter der landseitig eines der größten Einkaufszentren Mallorcas liegt (***Hipermercat Carrefour***, ➪ Seite 80), ist **Coll den Rebassa**, der östlichste Küstenvorort Palmas, sicher der bekannteste. Er verfügt über ein kleines touristisches Viertel mit alten Einfachhotels, böte aber Besuchern nichts, wäre da nicht die Küstenpromenade. Sie passiert in einem weiten Bogen den ziemlich großen Yacht- und Fischerhafen des Ortes an der **Cala Gamba**. Dort gibt es – einigermaßen »untouristische« – Straßencafés und im Hafengelände das **Restaurant *Cala Gamba***, eine weitere populäre Adresse für Fischgerichte.

El Penyó

Nur 100 m westlich der Cala Camba endet Coll den Rebassa, und die Promenade wird am kurzen **Strand von *El Penyó*** zu einer schmalen Balkentrasse für Radfahrer wie Fussgänger. In ähnlicher Lage wie der *Puro Beach Club* (⇨ links) liegt dort das kleine Restaurant ***El Penyon*** auf einem Felsvorsprung.

Ciutat Jardí

Der nächste Vorort ist **Ciutat Jardí**, die lange vergessene »Gartenstadt«, gut 4 km von Palmas Zentrum entfernt. Gerade sie erfuhr in der letzten Dekade einen beachtlichen Aufschwung. Große Brachflächen wurden mit teuren Apartmenthäusern bebaut, der Strand verlängert und breit aufgespült, das Nostalgiehotel *Ciutat Jardí* frisch aufpoliert und das ehemalige *Hostal Azul* in ein knallblaues Designhotel umgewandelt.

Dank Aufspülung tiefer Strand vor der der Ciutat Jardí

Einkehr Ciutat Jardí

Die Promenade erweitert sich dort zu einer Art Plaza mit zwei Strandlokalen ohne Flair. Besser sitzt man ohnehin unmittelbar am Wasser auf der Terrasse des ebenfalls nicht billigen, aber qualitativ weit überlegenen Restaurants ***Bungalow*** (dort besser reservieren: © 971 262 738; www.rtebungalow.com) oder – etwas erhöht dahinter – im ***Al Mare*** (© 971 490 304; www.almare.es/de). Von beiden sind es bis zum Strand *El Penyó* (⇨ oben) nur 100 m.

»Fressgasse«

Einen Block hinter der Küste steht in der Carrer Illa de Xipre ein – vor allem bei Mallorquinern beliebtes– **Fischrestaurant** neben dem anderen (die Restaurantzeile beginnt beim *Hotel Ciutat Jardí*).

Geheimtipp

Der Vorort Ciutat Jardí war schon lange bei jungen Spaniern »in« und ist heute eine Alternative für Urlauber, die Palma, Strand, Sonne und Meer abseits des Pauschaltourismus wollen, außerdem auch ein guter Anlaufpunkt für Tagesbesucher oder zur Unterbrechung einer langen Promenadentour zu Fuß oder per Leihfahrrad.

****Nostalgie-Hotel Ciutat Jardí gleich hinter der in diesem Bereich platzartig erweiterten Promenade

Es Molinar

Ab Ciutat Jardí läuft die **Promenade** streckenweise höher als der Radweg auf einer Schutzmauer an der engbebauten Uferstraße entlang bis zum einstigen Fischerdorf **Es Molinar**. Letzte verbliebene ärmliche Fassaden erhielten dort frischen Putz und erzielen nach überwundener Immobilienkrise wieder Höchstpreise. Selbst im kleinsten Haus ist zur Not noch Platz für eine Bar oder Bistro.

Porti(t)xol

Der westlichste Teil von Es Molinar mit weiteren Marinas, gerade einen Kilometer von Palmas Kathedrale entfernt, nennt sich **Porti(t)xol**. Dort steht zwischen Yachthafen und Schutzmauer das gleichnamige Hotel mit einer nach Südwesten erhöhten Terrasse. Ideal für einen – nicht ganz billigen – **Sonnenuntergangsdrink**.

- Unmittelbar an der Uferstraße Vicari de Joaquin Fuster östlich des kleinen Strandes von Es Molinar befindet sich das Restaurant ***Tapas Club***. Viele schwören, dass es nirgendwo bessere *Tapas* gäbe. Und in der Tat, der Versuch macht süchtig; täglich geöffnet; © 971 248 604; http://tapasclubportixol.com.

Tapas Club in Portitxol

- Das Restaurant ***Moli des Portixol*** liegt etwas unauffällig an der Erweiterung der Carrer Marques de la Romana auf der kleinen exponierten Halbinsel (mit dem *Hotel Portixol*), die den Yachthafen Portixol südöstlich abschließt. Ruhig mit Blick auf Palmen und einen Parkplatz vor der Mole. Mallorquinische Küche, speziell Meeresfrüchte, moderate Tarife; © 971 902 224

Palmas City-strand

Umrundet man das Hafenbecken von Portixol, steht man am Ostende von Palmas etwa 400 m langen und schön breiten »**City-strand**« ***Can Pere Antoni***, ➪ Foto Seite 124.

- Die ersten Strandmeter besetzt der ***Nassau Beach Club***. An der Bar und draußen an den Liegen werden Drinks serviert; auf der Terrasse mit Sitz- und Räkelflächen und im Restaurant zelebriert man mediterran-asiatische Küche; täglich ab 9 Uhr geöffnet; © 664 449 053; http://nassaubeach-palma.com

Hinter dem Strand steht ein Hochhauskomplex mit Lokalen und Läden, der den Verkehrslärm fernhält.

- Die ***Churrascaria Ipanema*** hat brasilianische Grillplatten und weitere Fleischspezialitäten, © 971 900 666; täglich ab 13 Uhr. Gleich nebenan das ***Diablito*** ist auch nicht schlecht
- Am westlichen Strandende auf der Mole wartet der hip gestylte ***Anima Beach Club***, der indessen mit Strandleben – im Gegensatz zur distinguierten weiter östlichen Konkurrenz *Nassau Beach Club* – wenig zu tun hat; täglich ab 10.30 Uhr geöffnet; © 971 595 591; www.animabeachpalma.com

Von der Stadt aus erreicht man den Citystrand leicht zu Fuß.

Um mit dem Auto (von Palma aus) an diesen Strand zu gelangen, folgt man der Küstenstraße stadtauswärts und biegt an der ersten Ampel am Ende des *Parc de la Mar* noch vor dem erwähnten Hochhaus rechts ab nach Es Molinar und hält sich gleich dahinter wieder rechts bis zum Straßen- und zugleich Strandende beim *Nassau Beach Club*. Dort kann man auch parken (gebührenpflichtig).

Anima Beach Club nur einen guten Kilometer von der Kathedrale entfernt

Strand von Cala Mayor mit dem Palacio Marivent des spanischen Königs im Blickfeld (knapp sichtbar über den Bäumen der die Bucht abschließenden Felsnase)

5.1.2 Die westliche Seite der Bucht von Palma

Cala Mayor und Sant Agustí

Kennzeichnung

Der ausgangs der Bucht in Richtung Peguera-Andratx als Autobahn weitergeführte Hafenboulevard bildet die Trennlinie zwischen Palma bzw. seinem Stadtteil El Terreno und den südlichen Vororten Cala Mayor und Sant Agustí, die im deutschen Pauschalangebot für Mallorca eine ziemlich untergeordnete Rolle spielen. Lediglich das citynächste, wenngleich nicht ganz billige *****_**Nixe Palace Hotel**_ über dem Strand von Cala Mayor findet man zu Recht bei vielen Veranstaltern. Die Lage ist schwer zu schlagen.

Cala Mayor

An der **Avinguda Joan Miró** durch Cala Mayor und Sant Agustí konzentriert sich eine vor allem auf **skandinavische und britische Gäste** eingestellte Mischung aus Discos, Snack-Bars, Kneipen und Boutiquen. Diese Straße setzt sich – bereits von El Terreno kommend – einen guten Kilometer weitgehend uferfern und hoch über der Küste fort bis hinunter zum lokalen Yachthafen.

Strand

Dreh- und Angelpunkt des Treibens ist der Bereich oberhalb der ortsnamensgebenden Strandbucht, die an sonnigen Tagen ab Mai aus allen Nähten platzt. Schwer vorstellbar ist heute, dass vor allem dort der Tourismus nach Mallorca einst in Gang kam. Als Relikt aus beschaulicheren Zeiten verblieb das von Betonklötzen eingekeilte _**Be Live Hotel La Cala**_ (*adults only*) am Strand.

Einkehr

- Der _**Pelicano Beach Club**_ folgt mit weißem Outfit der aktuellen *Beachclub*-Welle, ist aber letztlich ein mittelprächtiges, häufig ziemlich volles Strandrestaurant mit hohen Tarifen
- Der besondere Tipp in Cala Mayor ist das **Italo-Edelrestaurant** _**Il Paradiso**_ am Ortseingang gleich hinter dem Park des _**Palau Marivent**_ (➪ Kasten Seite 174). Dort hat man die Wahl zwischen

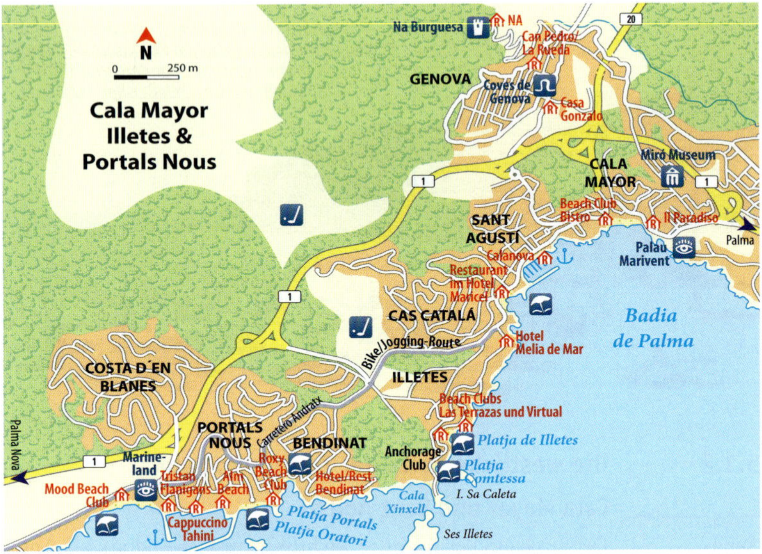

dem Innenraum mit geschnitzter Decke voller Intarsien und einer wunderbaren hochgelegenen Terrasse mit Blick über Strand und Meer; © 971 103 379; www.ilparadiso.es.

Joan Miró Museum

Schräg gegenüber dem Eingangsportal des Palastes zweigt der Carrer Saridakis ab: von Palma kommend an der Ampel hinter der Tankstelle scharf rechts, Richtung Genova. Das Museum der **Stiftung *Pilar y Joan Miró*** ist nicht zu verfehlen. Neben wechselnden Miró-Werken werden in Sonderausstellungen auch Arbeiten anderer Künstler gezeigt. Im Laden gibt es Drucke und *Miró*-Souvenirs. Auch die ehemalige Werkstatt des Künstlers kann besichtigt werden, ebenso sein Wohnhaus *Son Boter* (200 m entfernt vom Museum), dessen Wände Skizzen des Meisters zieren.

Öffnungszeiten: Mitte Mai bis Mitte Sept. Di-Sa 10-19 Uhr, andere Monate bis 18 Uhr; So/feiertags 10-15 Uhr; **Eintritt €6, Sa frei**! Parken frei; © 971 701 420; http://miro.palmademallorca.es.

Das Museum entspricht nicht ganz dem, was man in Anbetracht der Bedeutung Mirós in diesem enormen Komplex erwarten würde. Nur ein Teil seiner hier vorhandenen Werke wird jeweils gezeigt.

Tipp

- Im Übergang von Cala Mayor zum Vorort Sant Agustin liegt im Marinagelände (Joan Miró 327) das ***Restaurant Calanova***. Auf dessen Terrasse sitzt man ungestört vom höher vorbeilaufenden Verkehr. Die Küche wartet dort mit originellen Kreationen aus Meeresfrüchten und u.a. einer schwarzen Paella auf; täglich, im Winter Mo geschlossen und So-Do nur 9-18 Uhr, sonst bis 23 Uhr; © 971 700 230; www.calanovarestaurante.com

Joan Miró

Im Dezember 1983 starb, 89-jährig, *Joan Miró*, der bereits zu Lebzeiten als einer der größten Maler und Bildhauer seiner Epoche galt. Er gehört zu den bekanntesten Exponenten des Surrealismus, später wurden seine Werke von der Graffiti-Kultur beeinflusst. *Miró* war Katalane aus Tarragona, verbrachte aber den überwiegenden Teil seiner zweiten Lebenshälfte, damit die meisten Jahre seines Schaffens, auf Mallorca. Dort bewohnte er zunächst ***Son Abrines***, ein Haus am Fuß der *Serra Na Burguesa* in Cala Mayor unweit des Königspalastes. Als ringsum Hotelbauten hochgezogen wurden, kaufte er das alte Herrenhaus ***Son Boter***, 200 m weiter oberhalb. Zwar war er dort nicht untätig und versah mit dem Kohlestift die weißen Wände der Räume mit seinen Kreationen, *Son Abrines* aber blieb sein eigentliches Atelier. In Übereinstimmung mit dem Vermächtnis des Meisters beließ man nach seinem Tode dessen Zustand genau wie vorgefunden.

Außerdem hatte er verfügt, dass das Atelier Mittelpunkt eines neuzuschaffenden Zentrums für junge Künstler werden sollte. Eine Stiftung wurde gegründet und mit dem Kapital ausgestattet, das eine posthume Versteigerung von 42 seiner Werke aus eigenem Besitz erbrachte. Wegen vielerlei Hin und Her zogen sich die Bauarbeiten für das Miró-Zentrum und Museum rund um *Son Abrines* (das dritte neben bereits existierenden Zentren in Barcelona und Saint Paul de Vence in Südfrankreich), über eine gute Dekade hin.

Das Museum wurde erst elf Jahre nach Mirós Tod zum 100. Geburtstags des Meisters 1994 eröffnet. Einzelheiten zum Museum auf der Seite links.

Unübersehbar an der Plaça de la Reina unterhalb des Aufgangs zu Kathedrale und *Almudaina* steht *Mirós* Plastik ***Personatge*** (»Persönlichkeit«), die sich bei Touristen als fotografischer Rahmen seit eh und je großer Beliebtheit erfreut, wie man hier sieht.

Ausstellungen seiner Werke finden in unregelmäßigen Abständen auch anderswo als im Museum in Cala Mayor statt, so zum Beispiel in der alten Handelsbörse *Sa Llotja* am Passeig Sagrera. Einige Frühwerke sind im Kunstmuseum *Es Baluard* auf der alten Befestigungsanlage in der südwestlichen Ecke von Palmas Altstadt zu bewundern, ➪ Seite 134.

An dieser Miró-Skulptur mitten in Palma können viele einfach nicht vorbeigehen, ohne sich damit ablichten zu lasssen

5.1

Spaniens Königsfamilie auf Mallorca / Jardin im Palau Marivent

Die spanische Königsfamilie ist aus dem kulturellen Leben Mallorcas kaum wegzudenken. Im *Palacio Almudaina* in Palma steht ein ganzer Flügel bereit, von dessen mittelalterlich ehrwürdigen Räumen aus **König** (*Rei*) ***Juan Carlos*** und **Königin** (*Reina*) ***Sofia*** offiziellen Geschäften nachgingen, wenn sie sich auf Mallorca aufhielten. Und das kam relativ häufig vor: zum Ferienmachen, zum Regattasegeln oder auch zwecks Schirmherrschaft über kulturelle, sportliche und Wohltätigkeitsveranstaltungen. Seit Übernahme der Regentschaft durch den Sohn von *Juan Carlos*, ***Felipe***, im Juni 2014 ist die Verbindung zwischen Königshaus und Mallorca, wie es scheint, aber nicht mehr ganz so intensiv. Die königlichen Aktivitäten werden von großformatigen Fotos auf den Titelseiten der Tagespresse begleitet. Die deutschsprachigen Blätter *Mallorca Magazin* und *Mallorca-Zeitung* machen dabei keine Ausnahme.

Königs logieren bei ihren Aufenthalten im ***Palau Marivent*** direkt über dem Meer eingangs des Palma-Vorortes Cala Mayor. Man kann den Palast von der Straße aus nicht sehen. Das gut bewachte Portal befindet sich – bei Anfahrt aus Palma/der Autobahn – unmittelbar hinter der ersten Ampel links. Vom Strand in Cala Mayor erkennt man das Anwesen zwischen Bäumen über der Steilküste.

Seit Februar 2017 steht der 9.000 m² große Garten des Palastes (mit zwölf teilweise ansehnlichen dort aufgestellten Miró Skulpturen) eintrittsfrei zur Besichtigung offen: 01.04-15.06 und 16.09.-31.10. täglich 9-20 Uhr, November-April 9-18 Uhr. Geschlossen im Sommer und bei Anwesenheit der Königsfamilie.

Der kleine Strand links ist die Platja Cas Catalá zwischen Illetes und Sant Agusti, das große Gebäude das Luxushotel Hospes Maricel (Zimmer ab €300), in dem einst sogar schon US-Präsident Bill Clinton nächtigte

Cas Catalá

Zwischen Sant Agustin und Illetes (*Cas Catalá*) befindet sich ein **Ministrand** mit etwas versteckten Zugängen ca. 200 m westlich des Luxushotels *Maricel* (DZ in der Nebensaison bei Internetbuchung ab €200). Die Preise der simplen Strandbar dort können es fast mit Cafeterias von ****Hotels aufnehmen. Insofern ist die

- **Restaurantterrasse des *Maricel*** mit Superservice und -küche, nicht extrem teuer. Wer sich mal etwas Besonderes gönnen möchte: dort stimmen Ambiente und Qualität, Reservierung unter © 971 707 744; www.hospes.com/de/mallorca-maricel.

Genova

Kennzeichnung

Genova, ein **westlicher Vorort Palmas**, liegt jenseits der Autobahn Ma-1 nach Peguera/Andratx 2 km landeinwärts von Sant Agustin/Cala Mayor. Das frühere Dorf hat sich wie viele andere in der Umgebung Palmas zum weitgehend gesichtslosen **Vorort** entwickelt und bedürfte ohne die Tropfsteinhöhle und den **Aussichtspunkt in 300 m Höhe** keiner ausdrücklichen Erwähnung.

Na Burguesa

Die etwa 3 km lange Zufahrt auf den Aussichtsberg *Na Burguesa* ist von der Straße durch Genova ausgeschildert. Der Blick über Palma und die Bucht von oben ist brillant.

- Dort wurde das frühere Restaurant *Na Burguesa* nach gründlicher Renovierung vor einigen Jahren 2016 noch einmal »aufgepeppt« und von »NA« in »***Kaskai***« umbenannt. Dank Panoramascheiben ist der Blick grandios. Im einem weißen Ambiente wartet eine prima Bistroküche **täglich ab 18 Uhr** auf Gäste. Das Preisniveau ist gehoben; ✆ 971 401 796, http://kaskai.es

Gastronomie

Die großen **Restaurants im Ortskern** von Genova sind beliebte und in ihrer Art typische Ausflugsziele mallorquinischer Familien. Nur sonn- und feiertags und an Wochenendabenden werden sie richtig voll. Für Touristen geben diese Lokale wenig her. Aber es werden dort große Portionen zu günstigen Preisen serviert.

- Allgemein gelobt werden das ***Meson Can Pedro*** für sein ***Conejo*** (Kaninchen) und das ***Meson La Rueda*** für seine Fleischplatten
- Empfehlens- und preiswert ist auch das kleinere ***Ca Na Joana*** mit Dachterrasse gegenüber der Zufahrt zur *Cova de Genova* an der Durchgangsstraße (ca. 350 m südlich des Ortszentrums); ✆ 971 402 640, www.restaurantecanajoana.com

Höhle/ Coves de Genova

Von *Ca Na Joana* sind es bis zur Tropfsteinhöhle nur gut 100 m. Der Eingang befindet sich im grün umranktenTerrassenbereich des Restaurants ***La Cueva***. **Führungen** finden 10-13 Uhr und alle 45 min statt. Der Eintritt beträgt €10,00, Kinder unter 10 Jahren €5,00. ✆ 971 402 387; http://covesdegenova.com

Im Vergleich zu den Höhlen in Portocristo und Canymel (Ostküste) sowie den *Coves de Campanet* ist diese Höhle weniger ergiebig.

Illetes

Zufahrt

Hinter (südlich) Sant Agusti geht es links ab von der Hauptstraße zum einst reinen **Villenvorort Illetes**. Das *****Hotel *Melia de Mar*, diverse ****Häuser und eine Vielzahl von Apartmentanlagen besetzen die Steilküste. Üppig bepflanzte Gärten und Balkons lockern die dichte Bebauung optisch auf. Die andernorts oft so aufdringliche Infrastruktur fehlt in Illetes fast völlig.

Promenade/ Bike Route bis Peguera

Von der Abzweigung nach Illetes setzt sich die **Promenade** für Fußgänger, Radfahrer und Skater rund um die Bucht von Palma nach ca. 2 km Unterbrechung (keine Promenade in Cala Mayor und Sant Agustin) zunächst küstenfern entlang der Carretera de

Andratx fort, läuft aber von dort über Portals Nous, Palma Nova, Port Adriano und Santa Ponça fast ununterbrochen bis Peguera.

Rundstrecke

Die Hauptstraße durch Illetes verläuft ab *Gran Hotel Bonanza Playa* als **Einbahnstraße** zunächst ansteigend **durch die Villenviertel** und führt dann an der ***Playa de Illetes*** vorbei zurück.

Cala Comtesa

Eine kurze Stichstraße ab dem Wendepunkt des Passeig Illetes passiert die hübsche kleine ***Cala Comtesa*** und die Zufahrt zum ***Anchorage Club***, einem exklusiven Apartmentkomplex. Die Bucht ist mit der weit ins Meer reichenden Landzunge **Es Forti** über einen Trampelpfad verbunden. Am Straßenende zwischen der *Cala Comtesa* und Es Forti befindet sich ein **Parkplatz**. Weiter oben in der Nähe der *Playa de Illetes* gibt es kaum Parkmöglichkeiten; die wenigen Parkautomatenplätze sind meistens besetzt.

Es Forti

Bis vor wenigen Jahren belegte das Militär das Areal von Es Forti mit dem jetzt öffentlichen **Strand *Illetes III***. Man erreicht ihn am besten über die Stufen zwischen *Anchorage Club* und dem noch immer militärexklusiven Clublokal über diesem Strandstreifen.

Cala Illetes

Von Es Forti sind es auf der ansteigenden Straße bis zum Zugang zu ***Cala*** und ***Playa de Illete*s** mit dem ***Beach Club Las Terrazas*** http://balnearioilletas.com/de) nur ca. 500 m. Hinter dem Ostende des Strandes wartet auf einem Felsabsatz der ***Virtual Beach Club*** (www.virtualclub.es) mit Restaurant und Mobiliar für den gehobenen Zeitvertreib auf Gäste, die weniger gern direkt am Strand »chillen« mögen. Nachts geht der Betrieb weiter im *Night Club* in einer unter der Steilküste cool ausgebauten Felshöhle.

Bebauung

Außer im Bereich der drei Strände sieht man in Illetes von der Durchgangsstraße kaum das Meer. Die Bebauungsdichte an den Hängen entlang der Rundstrecke, wiewohl durch viel Grün und Blumenpracht überall aufgelockert, sucht ihresgleichen.

Verkehrsanbindung

Möchte man nach dem Illetes-Abstecher nicht wieder zurück nach Sant Agustin, muss man vom oberen Ast der *Avinguda de Illetes* auf die *Carrer Arquitecto Casas* rechts abbiegen. Sie führt zur Verbindungsstraße Sant Agustin–Bendinat/Portals Nous.

Die kleine parkplatznahe Cala Comtesa

Bendinat, Portals Nous, Puerto bzw. Port Portals

Geographie

Portals Nous und Bendinat sind sich geographisch überlappende Bezeichnungen für einen zusammenhängenden **Nobelsiedlungs- und Yachthafenbereich** zwischen Illetes und Palma Nova.

Strände

In etwa gilt: **Bendinat** ist das Villenviertel zwischen dem unübersehbaren Komplex des *****Hotels *St. Regis Mardavall* und der tiefeingeschnittenen ***Cala de Portals Nous*** mit einem **Ministrand** am Ende der schmalen Avinguda de America, die von der Hauptstraße nach Palma abzweigt. Vor diesem Strand führt rechterhand ein Pfad an der Bucht entlang hinauf zur ***Punta Portals***, einer vorgelagerten Felsnase, von deren Anhöhe man die westliche Flanke der Bucht von Palma bis hinüber nach Magaluf überblickt.

Unter der 30 m hohen Steilküste der ***Costa de Bendinat*** liegen **einer der besten Strände der Bucht von Palma** und der protzige **Yachthafen *Port Portals***. Steile Treppen führen von der *Punta Portals* und vom Vorplatz der alten Kirche *Oratori* (Pje Almar) hinunter an den Strand. Der **Hauptzugang** des Strandes ist jedoch eine versteckte enge Straße östlich der Restaurantzeile des Hafens hinter der Reparaturwerft und dem Restaurant ***Beach Alm***, www.beachalm.com.

5.1

Im Vordergrund sieht man die Westhälfte des Strandes Platja Oratori unter der Steilküste der Costa de Bendinat und dahinter den Yachthafen Port Portals. Im Blickfeld liegt auch das Restaurant Beach Alm

Oratori/

Mit dem Auto erreicht man von der *Cala de Portals Nous* die *Punta Portals* und *Costa de Bendinat* über die steil bergauf führende **Carrer Sotelo**. Gleich westlich der Landzunge befindet sich der Komplex des ***Oratori***, einer Kapelle mit Nebengebäuden und Fernblick-Terrasse, die der modernen Nachbarschaft den Charme des alten Mallorca gegenüberstellt.

Roxy Beach Club

Von oben erkennt man links vorm Strand den ***Roxy Beach Club*** in exponierter Lage, den man nur per Boot oder zu Fuß vom Strand oder über Treppen von der *Punta Portals* aus erreicht.

Yachthafen/ Gastronomie

Im Hafen von Portals Nous (***Puerto*** oder ***Port Portals***, beste Anfahrt ab Kreisverkehr beim *Marineland,* ➪ nächste Seite) liegen mehr teure **Superyachten** – vor allem deutscher, arabischer und neuerdings auch russischer Eigner – als irgendwo sonst auf der

Im Yachthafen von Portals Nous liegt die größte Edelyachtflotte Mallorcas. Angemessen für die Eigner an Land sind da natürlich ebenfalls nur Fahrzeuge gehobenen Standards

Insel. Eine vielfältige Gastronomie, teure Shops und Bootsagenturen warten in den Servicezeilen auf Kunden, darunter ein großes

- ***Gran Café Cappuccino*** mit Terrasse; © 971 677 293, www.grupocappuccino.com/cappuccino-puerto-portals
- Gleich dahinter liegt das japanische ***Restaurant Tahini*** mit den besten Sushis Mallorcas, © 971 676 025; www.tahinisushibar.com
- In der westlichen Ecke des Hafens befand sich über Dekaden der Ableger des deutschen Gourmet-Tempels ***Tristan*** mit einer in den letzten Jahren wechselvollen Geschichte. Nachdem sein Spitzen- und Promikoch *Gerhard Schwaiger* gekündigt hatte, gab es bald miserable Gästekritiken. Das Haus wurde verkauft, dann superedel umgestaltet und kürzlich als ***Restaurant Bai-Ben*** samt ***Brasserie*** neu eröffnet; http://baibenrestaurants.com
- Eine gute Alternative, z.B. für Fisch und Meeresfrüchte, ist das benachbarte ***Flanigan***, © 971 679 191, http://flanigan.es

Außerdem gibt es noch eine ganze Reihe von Restaurants und Kneipen, die man der mittleren Kategorie zuordnen würde.

In Portals Nous ist **Parken ein erhebliches Problem**. Man kann hinunter- und durchfahren, findet aber meist nur weitab Platz.

Marineland

An der – hinter Portals Nous flachen – Küste liegt das ***Marineland***. Der **maritime Vergnügungspark** ist eine verkleinerte Version amerikanischer Vorbilder mit Delfin- und Seelöwenshow, Vorführungen exotischer Vögel, Aquarium mit Haien und Pinguinhaus, insgesamt eine durchaus amüsante Angelegenheit. Für kleinere Kinder gibt's einen »nassen« Spielplatz mit Rutschen.

Der Spaß ist mit €24,00/Person, Kinder bis 1,10 m/1,40 m €10/€14, nicht billig. Geöffnet April-Oktober täglich 9.30-17.30 Uhr, letzter Einlass 16 Uhr, im Winter geschlossen; Information unter www.marineland.es/marineland/mallorca.

Mood Beach

Ein weiterer *Beach Club* der auf Seite 84 beschriebenen Art liegt nur ein paar Meter westlich von *Marineland* hinterm Strand: ***Mood Beach*** mit großem Pool, Bar etc.; www.moodbeach.com.

Palma Nova

Kennzeichnung

Was im Osten der Bucht von Palma der Bereich Playa de Palma und S`Arenal sind, das heißt im Westen Palma Nova und Magaluf. Während dort die Deutschen dominieren, sind es hier die Briten, Skandinavier und Holländer. Palma Nova wird mit Magaluf wegen der engen Nachbarschaft oft in einem Atemzug genannt, was dessen Negativimage zu Unrecht auf Palma Nova abfärben lässt. »Nahtstellen« sind die Halbinsel Torre Nova voller Großhotels und eine Fußgänger-Geschäftszone zwischen beiden Orten.

Palma Nova ist – wie die Playa de Palma – eine von Privatvillen und Grün **aufgelockerte Hotelstadt**. Sie zeichnet sich durch eine besonders breite **Promenade** an ebensolchen Stränden aus. An der Promenade befindet sich das **bestgelegene *McDonalds*** Mallorcas.

Strände

Der erste Strandabschnitt (***Platja Porto Novo***, bei Anfahrt über die Hauptstraße und den *Passeig de la Mar*) liegt zwischen Yachthafen und der *Punta Marroig*; die beiden **Hauptstrände** – ***Nadala*** und ***Son Maties*** – schließen sich südwestlich an.

Gastronomie

Am Westende des ersten, meist weniger vollen Strandes befindet sich mit dem ***Ciro's Terazza*** ein gutes Restaurant mit einem leicht gehobenen Preisniveau. Tagsüber und an lauen Abenden sitzt es sich im *Ciro`s* sehr schön auf der Terrasse mit Blick über Strand und Meer und aufs flanierende Publikum; ✆ 971 681 052, http://restauranteciros.es. Täglich geöffnet ab 12 Uhr.

Surfen auf der Standwelle des »Flow Rider« oder im Wellentunnel »Flow Barrel» des Wave House ist nicht ganz einfach.

Magaluf

Magaluf ist dank der Promenade unmittelbar am Strand, der Beach Clubs und Hotelneubauten/-renovierungen und Verkehrsberuhigung dahinter heute deutlich attraktiver als sein Ruf erwarten lässt. Die Dimensionen einiger Hoteltürme im Hintergrund sind aber immer noch beachtlich, wiewohl die schlimmsten Kästen schon gesprengt (!) wurden. Nach wie vor drängen sich aber in Magaluf in der zweiten und dritten Reihe Automatenspielhallen und billige *Pubs* neben den unvermeidlichen Snackbars für *Fish & Chips*, *Souvenir-Shops* und Läden für *Duty-Free*-Schnaps aller Marken. Hochbetrieb ist von Mai bis Oktober.

Strand und Promenade

Magaluf verfügt über einen etwa 1 km langen breiten **Sandstrand** mit prima Wasserqualität. Dem Strand vorgelagert ist das Inselchen *Sa Porrassa.* Die Brennpunkte des Tages-*Highlife,* die **Bars *Daiquiri*** und ***Malibu*** und das ***Wave House*** mit **Surfbecken** (www.wavehousemallorca.com, je 60 min Wellenreiten kostet €35) sind an der Promenade nicht zu verfehlen. Ganz am (südlichen) Ende demonstriert der coole weiß-blaue voll verglaste ***Nikki Beach Club*** die neue Linie der Aufwertungsbestrebungen in Magaluf. Eine schattige Terrasse unter Bäumen bietet u.a. das ***Robinson Crusoes*** im nördlichen Bereich des Strandes; © 631 170 124.

House of Katmandu Entertainmentkomplex

Eine neuere Attraktion ist das ***House of Katmandu*** in der Avinguda Pedro Vaquer Ramis im hinteren Verbindungsbereich zwischen Palma Nova und Magaluf. Angeblich wurden dort €20 Mio investiert, um diesen – weil vom Himmel gefallen – auf dem Kopf stehenden tibetanischen Gebäudekomplex zu bauen und drinnen wieder richtig 'rum mit »interaktiven« mysteriösen Abenteuerbereichen auszustatten. Das Ganze ähnelt dem amerikanischen

»*Ripley's, believe it or not*«, wo dem staunenden Publikum ebenfalls Mysterien, Illusionen und »Wunder« vorgeführt werden. Hinzu kam ein **4D-Kino** mit bewegten Sesseln als 4. Dimension, ein toller **Minigolfplatz** in einer Fantasielandschaft mit Erdbeben und Vulkanausbrüchen, außerdem die Laserschießereien ***Desperados*** (Wildwestszenerie) und ***XD Dark Rides*** (u.a. Kampf gegen Zombies), ***Asylum***, eine Art Geisterbahn, und der bunte Wasserpark ***Katlantis*** samt Klettergarten. Mehr Details unter www.katmandupark.com.

Auch zum Komplex gehört das Katmandu Sol Hotel samt fassadenkletterndemYeti

Der Park ist vomn April bis Oktober 10-18 Uhr geöffnet; jedoch einige Elemente abweichend; ✆ 971 134660. Kombitickets für alle Attraktionen des Komplexes €28-32, Kinder €22-26, auch online buchbar. Einzelattraktionen ab €8, nur vor Ort erhältlich.

Das House of Katmandu steht auf dem Kopf, weil es so herum »vom Himmel gefallen« ist

BCM Music Empire

Was **nächtliche Unterhaltung** betrifft, besitzt Magaluf mit der angeblich größten Disco Europas, dem ***BCM Music Empire***, schon seit Jahren eine beachtliche Attraktion, ➪ Seite 89. Der bombastische BCM-Bau steht drei Blocks vom Strand in relativ zentraler Lage und lässt sich dank Festbeleuchtung nachts nicht verfehlen. Im Sommer täglich ab 23 Uhr; im Winter nur samstags geöffnet. ✆ 971 134660, Abendthemen unter www.bcmplanetdance.com.

Piraten-Show

Eine als **Piratenabenteuer** vermarktete seit langem erfolgreiche ***Dinner-Show*** findet in einem Bau am Südausgang des Ortes statt (Cami Porrassa). Das nach Seeräuberart ohne Besteck schmausende Publikum wird dort in ein Kampfspiel »mittelalterlicher« Piraten einbezogen. Die (englischsprachige) ***Family Show*** mit toller Akrobatik beginnt im Sommer Mi-Sa um 18/19 Uhr und kostet inkl. Speis und Trank je nach Saison und Buchungskategorie heftige €39-€63/Person, Kinder bis zu 12 Jahren €24-€39.

Die frivole ***Pirates Reloaded Show*** (ab 18 Jahre) samt *After Show Party* läuft in der Saison Mai bis September Fr 22.30 Uhr, Juni-August auch Sa; zwei Getränke bis *all inclusive* für €39 bis €79. Aktuelle Tage und Zeiten unter © 971 130411; www.piratesadventure.com.

Pirates Beach Bar an der Magaluf-Promenade, ein Ableger der Piratenshow

Western Water Park

An der Straße nach Port Adriano liegt der ***Western Water Park***. Mit der Kombination »Badespaß« in Pools und Rutschen vor einer Western-Kulisse mit *Cowboy-Stunts* und *Can-Can Entertainment* hat man ein reizvolles Konzept auch für Leute gefunden, denen Wasser und Rutschen allein fürs Eintrittsgeld nicht genug sind. Eine neuere Errungenschaft ist ***The Beast***, eine 30 m hohe Rutsche, auf der man zunächst im 80°-Winkel nach unten »fällt«. Der Park bietet vielseitigen Spaß und Unterhaltung für die ganze Familie. **Mai-September täglich 10-17/18 Uhr**. **Eintritt €27**, Kinder bis 10 Jahre/4 Jahre €18/€10; © 971 131 203, Tickets online minus €2,00, www.westernpark.com.

Rutschen im Western Water Park

Portals Vells ist auch beliebtes Ziel unter Bootseignern, die dort ankern und es sich gut gehen lassen. Hinter den Felsöffnungen verbirgt sich eine durch Sandsteinabbau entstandene große Höhle. Sie ist zugänglich; drinnen warten ein alter Altar und Graffiti

Cala Portals Vells und Cala Falco

Kennzeichnung

Die drei Arme der ***Cala Portals Vells*** in der Südwestecke der Badía de Palma sind ein beliebtes Ziel der Touristen in Magaluf und Palma Nova. **Schwimmer** und **Schnorchler** finden dort hervorragende Reviere mit großer Wassertransparenz. Täglich von Mai bis September entlassen **Ausflugsboote** aus der Umgebung ihre Passagiere über schwankende Stege auf die Uferfelsen vorm **Strandrestaurant *Es Repos*** der Südbucht.

Strände Portals Vells

Portals Vells erreicht man **ab der Autobahn Palma-Andratx** über die **Ausfahrt Magaluf**, von der man der Wegweisung El Toro/Port Adriano folgt. Die Straße passiert zunächst den *Western Water Park* (➪ vorstehende Seite) und knickt kurz darauf hinter der großen Tankstelle scharf nach rechts. Geradeaus »biegt« man in der Kurve auf den Camí Cala Figuera nach Portals Vells ab. Nach etwa 4 km passiert man kurz nacheinander zwei Küstenzufahrten. Die erste führt zu einem Parkplatz über der ***Cala Mago***, der mittleren der drei Ausbuchtungen der *Cala Portals Vells*. An deren Uferfelsen baden und sonnen sich FKK-Anhänger. Auch dort gibt es ein kleines Strandlokal. Die **zweite Zufahrt** führt zum oben beschriebenen populärsten Strand der Bucht.

Geheimtipp Cala Falco

In dieser Ecke der Bucht von Palma liegt außerdem die kaum bekannte und darum nur mäßig besuchte ***Cala Falco***. Dorthin geht es zunächst ab Magaluf/Cami Porrassa auf der Zufahrt zur Urbanisation *Sol de Mallorca* (Carrer Greco, ausgeschildert). Nach ca. 1 km kurz links Carrer Rosa, dann links ab ab auf Carrer Estrella und weiter über Margalides und Sol bis zur Lluna, die wieder links fahren bis Carrer Cap Falco. Auf ihr nach gut 100 m rechts ab. Nach ca. 150 m (erste rechts) passiert man die extrem schlechte und weite Zufahrt zur ***Cala Falco***. Besser, man bleibt in der Carrer Cap Falco und fährt noch 'mal 150 m weiter, parkt dort und geht die lange Treppe hinunter zur hübschen Bucht. **Strandbar** und Liegestühle sind selbst dort noch vorhanden.

5.2 Orte und Ziele im Südwesten

5.2.1 Die Südwestküste

El Toro/Port Adriano

Kennzeichnung

El Toro mit dem jüngst enorm erweiterten Yachthafen ***Port Adriano*** ist dank des gleichnamigen Hotelkomplexes (5 Sterne) auf der Steilküste über der *Cala Penyas Rotges* nicht nur einen Stopp auf Ausflügen durch den Südwesten wert, sondern durchaus auch ein denkbarer Urlaubsstandort. Der Ort El Toro ist indessen eine »Schlafstadt« des Personals in den Touristenzentren.

Anfahrt aus Richtung Palma

El Toro/Port Adriano erreicht man ebenso wie Portals Vells **von der Autobahn Palma-Andratx** über die Ausfahrt Magaluf. Entlang der Straße (zunächst Carrer Blanc) läuft die in Illetes wieder aufgenommene **Promenade um die Bucht von Palma** für Fußgänger, Radfahrer und Skater über Port Adriano und Santa Ponça (dort Übergang auf breite Gehsteige) weiter bis Peguera.

Anfahrt über Santa Ponça

Von Santa Ponça aus erreicht man El Toro über die Straße in Richtung Südwesten (Avinguda del Rei Jaume I, durch den zentralen Kreisel einfach geradeaus) und dann an der südlichen Flanke der Bucht entlang auf der breiten Allee Gran Via de Penyes Rotges.

Yachthafen Port Adriano

Der Ort **El Toro** liegt oberhalb der Steilküste dieser Inselecke. Zwischen Ortseinfahrt und dem erwähnten Hotel geht es hinunter zum **Yachthafen Port Adriano**. Sein Ausbau vor ein paar Jahren beinhaltete auch eine bombastische **Shopping- und Restaurantmole**. Von ihr dürfen Besucher die meerseitig festgemachten und gegenüberliegenden Superyachten bestaunen. Ein bisschen kleinere Yachten kann man dort bei ***Best Boats*** auch mieten: © 971 573 773, http://www.bootsvermietung-mallorca.com.

Lokale

Attraktiv ist bereits die **Gastronomie** gleich eingangs des Yachthafens. Als erstes Lokal ins Auge fällt das

- Bistro ***Sa Cantina*** mit Sonne bis zum Abend auf der verglasten Terrasse; © 971 232 411, www.sacantinacafe.es.
- Das Gebäude zwischen Strand und Marina beherbergt das Restaurant ***La Terraza*** mit einem modernen Ambiente draußen wie drinnen plus Dachterrasse mit Weitblick. Preise und Küche (vor allem Fisch und Meeresfrüchte) gehobenes Niveau; © 971 232 728, www.laterrazadeportadriano.com.

Weitere Lokale liegen entlang der alten Mole, die man ganz bis ans Ende abfahren kann. Ein – indessen oft voller – Parkplatz wartet dort. An der neuen Mole für »Dickschiffe« findet man in beiden Stockwerken eine beachtliche gastronomische Dichte. Jede Bar und jedes Bistro hat dort eigene Charakteristika und Angebote.

- Erheblicher Beliebtheit erfreut sich am Molenende (Obergeschoss) die bekannte Sylter ***Sansibar***; © 971 576 757, www.portadriano.com/de/business/restaurants-de/sansibar-wine.

Strand und Steilküste

Der **Strand** nördlich des Hafens im Bogen der Bucht ist aufgespült und bezüglich der Wasserqualität nicht übermäßig einladend.

Über der **Steilküste** thronen die Gebäude des *Hotels Pure Salt Port Adriano*. Von dessen ***Restaurant Adriana*** in Sonnenlage hat man einen weiten Blick auf den Hafen und das Meer. Wer sich diesen Luxus gönnen möchte, muss den *Dress Code* (lange Hosen) beachten und sollte reservieren; © 971 237 323, www.puresaltluxuryhotels.com/es/port-adriano/dining/adriana-restaurant.

Hotel Pure Salt Port Adriano über dem gleichnamigen Yachthafen

Santa Ponça

Geographie

Für Besucher besteht Santa Ponça im wesentlichen aus einem zentralen Bereich samt Hauptdurchgangsstraße rund um die gleichnamige Bucht. Tatsächlich ist der Ort aber weit mehr, nämlich das Zentrum der größten zusammenhängenden und weiter expandierenden Ballung privater Villen und Apartmentgebäude auf Mallorca. Spinnennetzartig zieht sich die Bebauung von El Toro/ Port Adriano (➪ umseitig) über den Aussichtspunkt *Na Foradada* bis zum Bereich Costa de la Calma, der bis hinauf zum hoch liegenden *Maritim Hotel Galatzo* weitab der Küste reicht.

Die tief in die Küstenlinie einschneidende **Bucht von Santa Ponça** ist felsig eingefasst und am Ende noch etwa 300 m breit. Dank Aufspülung ist der **Strand** recht großflächig. Vom Dünengürtel früherer Jahre direkt dahinter blieb bis auf ein paar mit Pinien bepflanzten **Restdünen** nichts mehr. Dahinter und beidseitig der Bucht erstreckt sich die übliche, heute relativ gepflegte touristische Infrastruktur. Während auf ihrer linken Seite viel Grün zwischen Restaurants und Villen und ein Yachthafen das Bild auflockern und das Kletterparadies ***Jungle Parc*** 1 km vom Zentrum entfernt sogar ein kleines Waldgebiet belegt, dominieren **mächtige Apartmentgebäude** die gesamte Nordwestflanke.

Kennzeichnung

Santa Ponça wird nach wie vor vom **Pauschaltourismus** eher preiswerter Kategorien dominiert. Das in der Vor-/Nachsaison stark **britisch**, im Sommer auch **deutsch** bestimmte Urlaubsleben »pulsiert« in den Straßen um die Bucht herum und in der Disco-, Kneipen- und Boutiquenszene hinter und rechts der Hochhauskulisse in der Carrer Ramón Monzada (Fußgänger- und verkehrsberuhigte Zone). Dort drängen sich vor allem die ***British Pubs***. Unterhalb der Blocks läuft ein **Fußweg** vom Strand auf den Felsabsätzen in Meereshöhe am Wasser entlang vorbei an und durch Poolanlagen, Bar- und einige Restaurantterrassen.

Jürgen Drews, der ungekrönte »König von Mallorca«, hat sich mit diesem Lokal – warum bloß dort? – in Santa Ponça ein Denkmal gesetzt

Gastronomie

Jenseits der Avinguda Rei Jaume auf der Südseite der Bucht beherbergt der Komplex gleich westlich des großen Verkehrskreisels eine ganze Reihe von Lokalen und Shops, darunter die beliebte

- Bar ***Watering Hole*** mit Pool und Garten hinter der Gaststube
- und das Fischrestaurant ***Miguel*** ein paar Schritte weiter, das seit Jahren für Qualität und ein gutes Preis-/Leistungsverhältnis gelobt wird; www.restaurantemiguel-santaponsa.com
- Fans des Mallorca-Entertainers ***Jürgen Drews*** finden sein Bistro ***König von Mallorca*** in Sichtweite des Verkehrskreisels eingangs des Gran Via Puig Masanella; www.juergendrewskultbistro.com. Den nun auch für das Lokal namensgebenden Titel einschließlich Hermelinmantel, Krone und Zepter »verlieh« einst Entertainer *Thomas Gottschalk* seinem Mallorca-Kollegen.
- Nur gut 50 m weiter dieselbe Straße hinauf zog ein Ableger der deutschen Restaurantkette ***Blockhouse*** in die einstigen Räume des früheren »China-Restaurants« *Gran Muralla* ein: © 971 594 500; www.block-house.es.

- Mehrere Lokale liegen strandnah in der Südostecke der Bucht mit schönen Terrassen überm Meer und Westblick. Von der Lage her unübertroffen sind das ***Restaurant Sherezade***, eins weiter das ***Meson del Mar***. Beide sind aber keine Gourmettempel mit bisweilen weniger überzeugendem Preis-/Leistungsverhätnis.

800°C Steakhaus

- Das **ultimative Steakhaus** in Santa Ponça ist nicht das *Blockhouse*, sondern das ***800 Grad Celsius*** in der Straße Plaça Santa Ponça 15 im Übergang zum Ortsteil Costa de la Calma. Dort werden die Steaks (und anderes) mit bis zu 800°C auf einem Spezialgrill gegart (Holzkohle maximal ca. 300°C) und entwickeln einen sensationellen Geschmack, heißt es; ✆ 632 076 067, www.800gradcelsiusmallorca.com. Täglich abends ab 18 Uhr.

Café Katzenberger

Das auffällig pinkfarbene ***Café Katzenberger*** der gleichnamigen D-Promi-Größe existiert nicht mehr, nur der originelle Internetauftritt des Ladens blieb erhalten: www.cafekatzenberger.com.

Creu de Rei

Folgt man der Avinguda Rei Jaume I nach Westen, kann man die Zufahrt zum Yachthafen rechts ab nicht übersehen (Via Creu, Einbahnstraße). Sie führt im Bogen über die kleine Halbinsel Sa Caleta wieder zurück auf die Hauptstraße. Durch eine kleine Parkanlage an deren Ende kann man zum **Gedenkkreuz** laufen, das dem Rückeroberer Mallorcas aus arabischer Hand, König (*Rei*) *Jaume* gewidmet ist (➪ Geschichte Seite 465).

Aussichtspunkt

Die Hauptstraße in südwestliche Richtung führt durch Villenviertel an die Küste, dann weiter durch neuere Urbanisationen und über Port Adriano/El Toro nach Magaluf.

Die Zufahrt zum **Aussichtspunkt *Na Foradada*** hoch über den Santa Ponça vorgelagerten ***Illes de los Conejos*** und ***Malgrats*** an der südlichsten Ecke der Bucht ist ausgeschildert. Für die Fahrt dorthin sollte man aber vorzugsweise die **Gran Via de Cornisa** wählen (hinter der Yachthafenbucht rechts ab).

Denkmal Creu del Rei auf der Halbinsel Sa Caleta in Erinnerung an die Landung der christlichen Rückeroberer Mallorcas im Jahr 1229 (➪ Seiten 188 und 465)

Jungle Parc

Schräg gegenüber dem Abzweig der Via Cornisa wartet in einem Waldareal der ***Jungle Parc*** mit drei Kletterrouten unterschiedlicher Schwierigkeit. An die 90 Plattformen in 3-10 m Höhe wurden dort über Strickleitern, Seile etc. »wackelig« miteinander verbunden. Nach Einweisung im Übungsparcour wird man – gesichert – in die Höhe entlassen. Der Spaß kostet für dem Normal- oder Extremdurchgang € 18; beide zusammen € 25; Kinder bis 12 Jahre €14. Öffnungszeiten und Reservierung unter www.jungleparc.es/de.

Von Plattform zu Plattform an schwankenden Seilen im Jungle Parc

Fassade eines Shopping Centers an der Hauptzufahrt von der Autobahn nach Santa Ponça hinein (Avinguda Rei Jaume I)

5.2

Costa de la Calma

Ein Abstecher könnte der Nobelsiedlung ***Costa de la Calma*** gelten; Zufahrt durch Santa Ponça um die Bucht herum (nur in dieser Richtung) oder über die Autobahn Richtung Peguera. Die breite Avinguda del Mar führt hinunter bis zum Tenniszentrum gegenüber dem architektonisch auffälligen Komplex ***Monte d'Oro***, ⇨ Kasten Seite 202 und Foto Seite 475. Von dort geht es zu Fuß an den **Ministrand** der *Costa de la Calma* (ca. 50 m). Weit oberhalb steht das **Sporthotel *Maritim Galatzo*** mit Weitblick von der Poolterrasse.

Cala Blanca

Zwischen Santa Ponça und der *Costa de la Calma* versteckt sich außerdem die ***Cala Blanca***, eine kleine Strandbucht am Ende der Carrer Ses Palmeres, die (ohne Hinweis) vom Parkplatz an der Carrer Santa Ponça kurz südlich der Avinguda del Mar abzweigt. Von der Rundstraße Huguet des Far (mit den Hotels *Jardin de Playa*, *Punta de Mar* und *Jardin del Sol*) führt außerdem eine Treppe hinunter an diese Bucht. Die beste **Badestelle** dort liegt hinter der rechten Flanke: Folgt man dem Pfad ab Strand, gelangt man nach ca. 100 m an einen exponierten Felsabsatz mit »Naturpool«, Liegenverleih und Kiosk, ➪ Foto unten.

Flohmarkt

Samstag Vormittag findet in **Son Bugadelles** (Gewerbegebiet an der Straße nach Calvia) 8-13 Uhr ein populärer Flohmarkt statt.

Badeplattform hinter der Cala Blanca zwischen Santa Ponça und der Costa de la Calma

Peguera

Entwicklung und Situation heute

Peguera verdankt wie Santa Ponça seine Existenz ausschließlich dem Tourismus. Weder Fischerhafen noch eine zentrale Plaça strahlen Reste mallorquinischen Flairs aus. Nichtsdestoweniger gelang die Schaffung eines Ferienortes insgesamt angenehmen Zuschnitts. Zwar wurde auch dort in den Anfangsjahren ziemlich drauflos gebaut und der **Ortsstrand *Platja Palmira*** ziemlich eingemauert, aber nicht so vielstöckig wie in manch anderen Orten.

Mit einer weit um die Bucht herum geführten **Palmenpromenade** und Aufspülungen erfolgte schon vor Jahren eine deutliche Aufwertung dieses Strandes. Gleichzeitig sorgte man für eine direkte Fußgängeranbindung zur größeren ***Platja Gran*** (auch ***Tora***), dessen Randbebauung bis auf das klotzige *Beverly Playa Hotel* moderat ausfiel. Von der *Platja Tora* läuft die Promenade weiter zur kleineren ***Platja Romana*** vor einem Apartmentkomplex im Wald.

Geographie/ Anfahrt

Die heute in der östlichen Hälfte fast verkehrsfreie alte Hauptstraße trennt die strandseitige Gebäudezeile vom – viel größeren – Rest des Ortes, der sich weit in die Hügel der Umgebung bis in die Nähe der Autostraße Ma-1 hineingeschoben hat.

Aus Richtung Palma ist Peguera etwas schwierig anzusteuern. Wer von der Autobahn über Ausfahrt 20 und den östlichsten Kreisverkehr vor Peguera direkt in den Ort hineinfahren möchte, kommt im Bogen über die Straßen Orient und Gavines zwar nach ca. 500 Metern an die ***Platja Tora*** heran (kaum Parkmöglichkeiten), muss dann jedoch auf der Avinguda Peguera wieder zurück.

Ortsumgehung

Eine hochgelegene **Umgehungsroute** (*Circunvalació*) zweigt aber ca. 100 m hinter dem ersten Verkehrsverteiler ab und ermöglicht ebenso wie die Ausfahrt 22 von der Autostraße nach Andratx die Zufahrt ins zentrale Peguera über die Carrer des Capdellá. Extreme **Parkplatznot** ist überall an der Tagesordnung.

Anfahrt von Westen

In den westlichen Ortsbereich und **nach Cala Fornells** geht es vom Ende der Umgehung oder über die Ausfahrt 23 nur durch die enge Einbahnstraße Carrer Talaia. Dorthin gelangt man verkehrstechnisch einfacher über die nächste Ausfahrt (Camp de Mar) der Schnellstraße nach Andratx.

Am westlichen Ortsausgang ballen sich die wichtigsten Läden zur Versorgung, so der **Supermarkt *Mercadona*** gegenüber der Hauptzufahrt zur Cala Fornells. Dort und am *Garden Center* befindet sich der im Westen Pegueras einzige größere **Parkplatz** etwa 800 m vom **Zentralstrand *Platja Palmira*** entfernt.

Platja Tora/ Promenade

Pegueras früherer Hauptstrand ***Platja Tora*** bzw. ***Gran***, mit der Promenade entlang der ***Platja Palmira*** über einen verkehrsfreien

Shoppingabschnitt verbunden, liegt am östlichen Ende des Ortes. Er ist bei Surfern beliebt, die noch üben. Sein Sand ist ein wenig grauer und nicht so einladend, aber die **Wasserqualität** ist auch dort gut. Die Infrastruktur für die Versorgung der Urlauber liegt eingeschossig dahinter und an der Hauptstraße (ca. 100 m).

An der Promenade hinter der Platja Gran

Platja Romana Der dritte und kleinste Strand nennt sich ***Platja Romana*** mit populärer Gastronomie, ➪ nächste Seite. Dort tummeln sich im wesentlichen die Gäste der Hotels *Lido Park* und *Palmira Beach* sowie die Bewohner des erwähnten Apartmentkomplexes.

Liegenmiete Wie an allen Stränden der Insel, sind die Tarife für Strandliegen mit oder ohne schattenspendenden Strohschirm auch in Peguera stark gestiegen (ab ca. €15/Tag). Wem das zu viel ist, findet in Paguera in der Carrer Palmira (100 m vom Zentralstrand entfernt) den ***Beachshop***. Dort kosten zwei Liegen mit Sonnenschirm nur €5/Tag. Einzige Nachteile: man muss alles selbst zum Strand tragen und eine Kaution stellen; www.mallorcabeachshop.com.

Sommer an Pegueras Platja Palmira

Heute begrünte und verkehrsberuhigte frühere Hauptstraße Avinguda Peguera durch die ganze Länge des Ortes; gleich hinter der Bebauung links erstrecken sich Platja Palmira und Gran in nur 20-100 m Abstand von der Straße

Einkehr

Peguera ist ein Ort mit unglaublich vielen **Kneipen, Terrassen-** und **Gartenrestaurants**, viele davon mit deutscher Gaststättencharakteristik. Mittelmaß überwiegt zwar, andererseits ist die Auswahl allein schon entlang der Flaniermeile durch den Ort derart groß und vielfältig, dass hier jeder »sein« Lokal findet. Zumal die Konkurrenz den Preisspielraum deckelt. Wer Spaß daran hat, dass rundherum einiges los ist, sucht sich für den abendlichen Umtrunk einen Tisch in einem der Terassenrestaurants an der Avinguda Peguera im Bereich hinter der *Platja Tora*.

Von dort sind es nur ein paar hundert Meter bis zu einer der wenigen kulinarisch hervorhebenswerten Adressen in Peguera:

- Im gemütlichen Restaurant ***La Hacienda*** am östlichen Ende des Ortes serviert man neben Steaks mexikanisch-internationale Gerichte; © 971 685 473, hacienda-steakhouse.es.
- Tagsüber die schönere Alternative ist das Restaurant ***Sotavento*** (April-Oktober täglich 10-18 Uhr) mit Terrasse direkt an der ***Platja Romana***. Gleich dahinter liegt das **Restaurant *Tentación*** mit täglich wechselndem Themenbufett (Fisch, *Tapas*, *Paella* etc.). Information zu beiden Restaurants und die *Bar Luna 81* unter www.hapimag.com/de/resorts/spanien/paguera-mallorca/gastronomie.html; Reservierung unter © 971 000 400.
- Nur einige Schritte die Treppe hinauf sind es zur etwas abseits liegenden Bar und ***Lounge Luna 81*** (mit Pool!) hinter dem Basketball- und Spielplatz. Nirgendwo sonst weit und breit hat man einen großartigeren Blick über die Bucht von Peguera und nirgendwo sonst scheint im Bereich Peguera die Sonne so lange; Kontakt unter Hapimag wie oben. Geöffnet ab 14 Uhr, Mi zu.

Für den Happen zwischendurch und den Durstlöscher am Tage sind auch die Terrassenrestaurants an den beiden größeren Stränden eine gute Wahl. Speziell dort halten sich bei starker Konkurrenz die Preise im Rahmen; das Mittagsmenu inkl. Wasser oder Wein gibt's dort in einigen Lokalen für noch unter €12.

Generell, aber besonders bei Hitze ist der schattige

- **Palmengarten** des ***Rendezvous*** am westlichen Promenadenende zu empfehlen; rendezvousgarden.de/restaurant.html
- Hübsch ist auch der kleine Garten des Restaurants ***Casa Rustica*** in der Carrer Olivera 5, etwa 400 m vom westlichen Ende der *Platja Palmira* entfernt, ✆ 971 686 484. Früher bekannt für deftige rheinische Gerichte hatte es einen längeren Durchhänger. Ein ehemaliger Koch des Gourmetlokals *La Gritta* hat daraus ein kleines Edelrestaurant mit Ia-Küche gemacht.

Am Abend

Wer abends in Peguera unterwegs ist, wird eine passende **Kneipe** rasch finden. Die **Disco-Szene** konnte in Peguera – wohl wegen des Publikums in überwiegend mittlerem bis reiferem Alter und im Sommer der vielen Familien mit Kindern – noch nie so ganz überzeugen. Der Tanz für die gesetztere Generation findet im stets rammelvollen ***Rendezvous*** (unverfehlbar am Flanierboulevard mit Terrasse an der Promenade, wie erwähnt) zu Oldie- und Rockmusik mit Einsprengseln aus der Stunde des deutschen Schlagers statt. Wo es aktuell *Live Music* gibt und sonst was los ist, erfährt man durch reichlich Werbezettel und Plakataufsteller.

Bootstrip

Apropos Werbezettel: Ab Peguera werben zwei Bootseigner für ihre **5-Stunden-Touren** entlang der Buchten des Südwestens bis zur Insel **Dragonera**. Inklusive Badestopp, Verpflegung unterwegs und Sangria kostet das €25, Kinder 50%. Eine bessere Tagestour gibt's auf der ganzen Insel nicht; zu buchen z.B. bei http://cruceroscormoran.com/de/project/isla-dragonera oder www.sunbonoo.com/de/5-stuendige-fahrt-zu-der-drachen-insel.

Wandern

Peguera ist ein guter Ausgangspunkt für Spaziergänge und Wanderungen in der näheren Umgebung ohne oder nur mit kurzer Anfahrt. Die Touristinfo hat ein **Faltblatt in deutscher Sprache** für Wanderfreunde herausgegeben.

Geführte **Wanderungen, Höhlentouren** und **Canyoning** ab Peguera bietet unter deutscher Leitung ***Mar y Roc*** ab Peguera, ✆ 971 235853, www.mallorca-wandern.de.

An der kleinen Badebucht Cala Fornells. Auf dem Hügel im Hintergrund liegt die Aldea Cala Fornells, nach rechts schließt sich Peguera an

Restaurant »La Gritta« auf der obersten Ebene der Aldea Cala Fornells mit Pool, Aussicht und italienischer Küche

Cala Fornells

Aldea Cala Fornells

Schon in den 1970er-Jahren entstand hoch über dem Meer auf der Westseite der Bucht der erste Abschnitt von ***Aldea Cala Fornells*** (*Aldea* = Dorf), einer verschachtelten Anlage von Eigentumswohnungen im verspielten, damals neukreierten »Mittelmeerstil«. Dessen durchschlagender Erfolg führte zu ***Aldea Cala Fornells* II** und **III** mit der Folge einer total – wiewohl architektonisch attraktiv – zugebauten Westflanke der Bucht.

Der Architekt ***Pedro Otzoup*** hat sich damit ein unübersehbares und vielfach kopiertes Denkmal gesetzt, ➪ Seite 202. Leider kann man diesen interessanten Baukomplex nicht so recht besichtigen, da es sich um eine überwiegend private Wohnanlage handelt.

Einen Eindruck gewinnt man aber auch schon von der Straße aus und vor allem von den Terrassen der Restaurants

- ***La Gritta*** (ganz oben, Carrer Espiga ab Pegueras westlichem Ortskreisel); Pool füt Gäste; ✆ 971 686 022, www.lagrittarestaurant.com, März bis November täglich mittags und abends
- ***La Gran Tortuga*** unterhalb der Carretera Cala Fornells im zentralen Dorfbereich; Gästepool; ✆ 971 686 023, www.lagrantortuga.net. Tägl. mittags und abends, im Winter Mo geschlossen.

Beide Lokale sind bei Peguera erste Wahl unter den Restaurants gehobenen Preisniveaus.

- Mallorquinische Gerichte und *Tapas* serviert die ***Bodega C`an Luis*** direkt an der Straße gegenüber der Treppe hinunter zur *Gran Tortuga*; ✆ 971 686 035. Mi geschlossen.

Die Bucht Cala Fornells

Eine gute Aussicht auf die *Aldea Cala Fornells*, die Bucht und im Hintergrund Peguera und weiter weg Santa Ponsa erlauben auch Standpunkte an der Bucht oberhalb des hübschen kleinen Strandes am Ende der Straße.

Wer dort Lust zur Einkehr verspürt: im **Restaurant** des Hotels ***Cala Fornells*** an der Straße sitzt man drinnen wie draußen gut, bei warmem Wetter im Sommer noch besser auf den Terrassen des Hotels ***Coronado*** am Wasser neben dem Strand (mit Kiosk) oder am Pool eine Ebene höher.

5.2

Zur Cala de'n Monjo

Pfade durch Pinienwald führen von Cala Fornells an die **Cala de`n Monjo**, eine meist wenig besuchte, u.a. aber bei Anhängern des FKK beliebte Schwimmbucht mit glasklarem Wasser. Zum Ausgangspunkt dieses 15-min-Weges gelangt man vom in den extrem rumpelig in den Wald geschlagenen Parkplatz 100 m hinter der Auffahrt zum *Hotel Petit Cala Fornells* (dorthin auf der kurzen Straße zwischen den Hotels *Coronado* und *Cala Fornells*). Am Parkplatz findet man eine **Übersichtstafel** für den Pfad zur *Cala Monjo* und zum *Cap Andritxol*. Der dort empfohlene Weg zur »Mönchsbucht« führt in einem Bogen von hinten an sie heran und weiter zum Cap.

Wer nur bis zur Bucht will, sollte eher wie folgt gehen: Vom linken Areal des Parkplatzes auf dem breiten Weg Richtung *Hotel Coronado* einige Meter bergan und dann rechts ab auf einen leicht ansteigenden Pfad. Nach ca. 100 m nimmt man den Abzweig nach rechts und läuft dann »der Nase nach«. Nach einem weiteren leichten Anstieg geht es wieder bergab (an Verzweigungen nicht ansteigend laufen), und nach ca. 10 min sieht man das Wasser und felsige Ziel vor sich; ein kleiner Strand liegt hinten rechts.

Das Böse unter der Sonne

Haben Sie den **Agatha Christie-Film »Das Böse unter der Sonne«** mit *Peter Ustinov* gesehen? Er ist schon über 30 Jahre alt und gehört sicher nicht zu den herausragenden Streifen des Genres, wird aber im Fernsehen immer wieder gern gezeigt. Viele Szenen darin wurden auf Mallorca, speziell an der *Cala d'en Monjo* gedreht.

Cap Andritxol

Die ganze Halbinsel dahinter, quasi das Nachbargrundstück ihres Hauses in Camp de Mar, gehörte einst *Claudia Schiffer*. Als sie es absperren ließ, erhob sich Protest, denn ein beliebter Pfad führte mitten durch das Schiffersche Grundstück zum alten Wachtturm ***Torre de Cap Andritxol*** auf der Höhe. Der Weg ist nach einigem Hin und Her heute wieder frei, der Turm sogar restauriert.

Felsinselrestaurant vor Camp de Mar

Camp de Mar

Anfahrt

Von der Cala Fornells getrennt durch die erwähnte Landzunge des Cap Andritxol liegt die Bucht von Camp de Mar. Von Peguera dorthin sind es etwa 4 km. Den von zwei mittelgroßen Hotels, einer Brachfläche, ein paar Bistroterrassen und einer kleineren Apartmentanlage begrenzten 200 m breiten Sandstrand erreicht man auf einer Zufahrt mitten durch einen Supergolfplatz der Prominenz. An ihr zur Linken liegt das *****Dorint Hotel Camp de Mar*, rechts in den Golfplatz integrierte private Luxusquartiere.

Parken

Wer hier nicht zu den Golfspielern gehört, parkt sein Auto auf dem Platz schräg hinter dem *Hotel Playa Camp de Mar* zwischen dem Golfgelände am *Dorint Hotel* und der Straße Cami de Salinar ca. 200 m vom Strand entfernt. Parken in größerer Strandnähe ist von Mai bis September fast unmöglich.

Strand

Attraktiv am oft ziemlich vollen Strand von Camp de Mar ist die kleine vorgelagerte **Restaurantinsel**, die man sogar schwimmend oder über einen wackligen Steg erreicht. Dort kann man prima sitzen, seinen Drink oder ein einfaches Essen genießen und bei Hitze zwischendurch auch mal ins Wasser springen.

Hinter dem Strand überblickt man aus leicht erhöhter Position das Geschehen preiswert und gut in der ***Bar Ambassador***.

Felsküste

Westlich des Strandes gibt es noch eine ausgebaute öffentliche Felsterrasse, die aber überwiegend von Gästen des *Club Hotel Camp de Mar* okkupiert wird, und eine ca. 300 m lange **Promenade** am steinigen Ufer bis zum Hotel *Bahia Camp de Mar*.

Gastronomie

Die gastronomischen Infrastruktur in Camp de Mar beschränkt sich dank des Golfplatzes nicht mehr nur auf den Strandbereich:

- Neben dem Golf Club Andratx, Carrer Cromlec 1, wird das ***Restaurant Campino*** seit Jahren von seinen Gästen als bester »Italiener« Mallorcas gefeiert. Auf den Euro darf es dort jedoch nicht ankommen; © 971 136 450; www.campinopersico.com
- Kaum weniger gelobt wird die französisch-schweizerische Küche des Restaurants ***Tulipe*** an der Straße nach Andratx (Carrer Francisca Capllonch Plomer 10); sehr gutes Preis-/Leistungsverhältnis; © 971 236 306; http://restaurantelatulipe.com

Cala Llamp

Situation

Die Straße Cami Vell de Cala Llamp führt in Verbindung mit den Straßen Congre und Sirviola von der Carretera Camp de Mar, der Verbindung zwischen Camp de Mar und Port d`Andratx, steil hinunter zur **Cala Llamp** (ca. 1 km ab der Hauptstraße). Die Bucht wird von zahlreichen Villen in Hanglage überragt. Die Uferstraße der Westbucht ist dicht bebaut, einzige Zufahrt ans Wasser ein enger Weg von der Uferstraße nach rechts, der als Kehre unter der Straße hindurch an einem kleinen Parkplatz endet. Der ist allerdings eng und oft genug voll. **Ein Strand existiert dort nicht**.

Auf flachen Felsen am Meer befindet sich dort der (jedermann zugängliche) ***Gran Folies Beach Club*** mit einem attraktiven Restaurant (schattige Terrasse über dem Wasser), Bar und Pool und Sonnenliegen; Schirm und 2 Liegen €20. Täglich Mai-Oktober 10-23 Uhr, © 971 671 094; www.beachclubgranfolies.com.

Küstenzugang

Neben bzw. unmittelbar östlich (linkerhand) dieser Anlage gibt es schöne felsige **Plätzchen am Meer**, die weder Clubmitgliedschaft noch Restaurantbesuch bedingen. Die Wasserqualität lässt dort wegen der weit offenen Bucht und der Abwesenheit eines sandigen Untergrunds keine Wünsche offen.

Nach Sa Mola/ Port d'Andratx

Weiter nach Port 'Andratx geht's entweder erst 'mal zurück auf dem Cami Vell de Cala Llamp bis zum Kreisverkehr in der Höhe und dann weiter auf der Ma-1020 oder hoch oberhalb der Bucht über die Carrer Tonyina. Diese noch relativ neue Route läuft durch eine mittlerweile ziemlich dichte Villen- und Apartmentbebauung am Hang entlang in Richtung Halbinsel Sa Mola (am Straßenende mit Erreichen des Cami Sant Carles nach links) bzw. Port d`Andratx (auf dem Cami Sant Carles nach rechts).

Strandlose Cala Llamp mit dem Grand Folies Beach Club mit Pool und Restaurant zwischen den beiden großen Sonnenterrassen (links etwa auf der Mitte). Von der oberen Terrasse führt eine Treppe hinunter auf die flachen Felsen am Wasser.

5.2

Port d`Andratx

Kennzeichnung und Geographie

Port d'Andratx erfreut sich erstaunlicher Beliebtheit als (Zweit- oder Dritt-) Wohnsitz deutscher Finanz-, Politik- und Medienprominenz, was durch die äußeren Gegebenheiten des Ortes eigentlich nicht so recht zu erklären ist, sieht man von der phänomenalen Lage der Villenhalbinsel **La Mola** einmal ab. Dort stehen aber schon seit Dekaden – ohne »Vitamin B« – keine Baugrundstücke mehr zur Verfügung.

Die ringsum in den Hängen entstandenen Urbanisationen und Apartmentkomplexe, die nach Cala Llamp (➪ vorstehende Seite) und nach Westen in Richtung Cala d'Egos (ebenfalls weitab des Ortes) reichen, zeigen die Anziehungskraft der Region auch für weniger Prominente, die über genügend Kapital verfügten, um in Port d`Andratx mit dabei zu sein. **Strände** gibt es in Port d`Andratx bis auf gut versteckte 20 m^2 im Ortsbereich und – nicht wesentlich größer – gegenüber beim Yachtclub nicht.

Immobilienskandal rund um Port d'Andratx

Seit über 20 Jahren gilt angeblich ein behördlich verhängter »Baustopp« auf Mallorca, soweit es die Ausweisung von Flächen für Neubauten betrifft, aber es wurde und wird nach überwundener Immobilienkrise vielerorts ersichtlich weitergemacht. Tatsächlich aber sind und waren wohl die meisten Baugenehmigungen in Ordnung. Der von übergeordneten Stellen verordnete Baustopp konnte lokal immer wieder unterlaufen werden, weil in Spanien die letztendliche Entscheidung zur Ausweisung von Baugrund bei den Gemeinden liegt. Nur ein Rechtsbruch wie der Verstoß gegen Naturschutzgesetze oder Korruption ermöglicht es höheren Instanzen einzuschreiten. Tun sie es nicht von sich aus und selbst dann, bedarf es aber zunächst einmal des Nachweises vor Gericht. Und auch ein »berechtigter« Kläger muss seine Klage vorfinanzieren.

In Andratx war das der GOB, der Naturschutzbund der Balearen. Er wies die illegale Bebauung ganzer Hänge nach, die dank eines Beziehungsgeflechts zwischen Lokalpolitikern, Bauunternehmern, Grundeigentümern, Maklern und wohl auch nach Port d'Andratx drängenden Käufern mit Schwarzgeld ermöglicht wurde. Etliche Millionen flossen bar unter dem Tisch, und lukrative Aufträge gingen an eigens von Lokalprominenz und deren Verwandtschaft gegründete Firmen. Trotz bescheidener Einkünfte im angestammten Job brachte es so mancher zu erheblichem Wohlstand, wobei in Andratx offenbar jeder wusste, woher der kam. Der ehemalige Bürgermeister *Eugenio Hidalgo* verbrachte seit 2007 und wiederum 2014 mehrere Jahre hinter Gittern. Auch weitere Beteiligte, darunter ein früherer Minsterpräsident der Balearen und eine Parlamentspräsidentin wanderten ins Gefängnis und sitzen dort teilweise bis heute.

In den Hügeln rund um Port d'Andratx und über den Calas Llamp und Egos identifizierte man mehrere hundert Gebäude, die mit illegalen Genehmigungen errichtet worden waren. Für sie und eine Reihe hässlicher Bauruinen strebte der Naturschutzbund zwar den Abriss an, tatsächlich aber wurden bislang nur wenige Abrissverfügungen realisiert. Vielmehr geht der Bauboom weiter ...

Kennzeichen von Port d'Andratx sind die Yachten und (illegal?) zugebaute Hänge

Anfahrt/ Parken Es empfiehlt sich nicht – egal aus welcher Richtung –, nach Port d'Andratx hineinzufahren. Ein System von immer komplett zugeparkten Einbahnstraßen führt letztlich nur zu einer Herumkurverei ohne Chance auf den letzten freien Platz in kürzerer Distanz zum zentralen Geschehen. Besser ist, von vornherein die Auffangparkplätze an der Carrer Llevant südöstlich des Zentrums, am nördlichen Ortseingang, entlang der Uferpromenade am Ende der Bucht oder im Bereich des Yachthafens anzusteuern.

Zentralbereich/ Shopping Der Hauptbetrieb in Port d`Andratx konzentriert sich auf das Umfeld des hier noch einigermaßen intakten **Fischerhafens**, entlang der **Uferstraßen** Mateo Bosch und Almirante Riera Alemany und der »**Shoppingmeile**« Carrer Isaac Peral (verläuft ca. 100 m landeinwärts parallel zur Küste) zwischen Carrer Rodriguez Acosta und Brismar. An Hafen und Wasserlinie drängen sich die Lokale dicht an dicht und auch dahinter sind sie zahlreich. Dort jedoch überwiegen höherpreisige Shops mit teilweise sagenhaftem Sortiment und Galerien mit oft beachtlichen Kunstwerken.

Strand Eine den kommerziellen Hafen schützende, weit in die relativ offene Bucht hinein gebaute breite Mole dient in erster Linie als Gast-Liegeplatz für Besucheryachten. Hinter dieser Mauer befindet sich in der Ecke der oben erwähnte **Ministrand**, der oft wegen Algen und Treibgut nicht einmal nutzbar ist.

Fast 800 m Uferstraße sind in Port d'Andratx besetzt mit Restaurants und Cafés und – wo immer möglich – Terrassen direkt am Wasser

Restaurants Die Restaurant- und Kneipenszene erscheint für die Größe des Ortes (2016: ca. 3.100 Einwohner) komplett überbesetzt und wird nur verständlich, wenn sich zwischen Mai und Oktober die Urbanisationen rund um die Bucht und an den umgebenden Hängen mit Leben füllen und zahlreiche Yachtbesatzungen zusätzlich in den Ort einfallen. An lauen Sommerabenden ergattert man trotz der erstaunlichen Kapazitäten selbst um Mitternacht nur schwer einen Tisch. Schon gar nicht in beliebten Restaurants wie dem

- ***Rocamar*** am Ende der Uferstraße, © 971 671 261, www.rocamar.eu, oder dem ***Miramar***, © 971 671 617, mittendrin. Beide Lokale erfreuen sich wegen ihrer (vor allem Fisch-) **Küche** und trotz gesalzener Preise regen Zuspruchs.
- Im zentralen Bereich gibt's ein hier wie überall populäres ***Cappuccino***, www.grupocappuccino.com/cappuccino-port-dandratx

Spätnachmittag im Mai an der seit Dekaden angesagten Ecke für alle Port d'Andratx Enthusiasten

Kneipen

- Knackvoll wird es spätestens ab 17 Uhr vor und in ***Tim's Bar, mitji & mitji*** und im ***Art Café***. Wer in Port d'Andratx »dazu« gehören will, muss dort seinen Nachmittagscocktail schlürfen und nirgendwo sonst (alle Ecke Alemany/Alejandro Cardunets)

Sa Mola

Einmal in Port d`Andratx musste man früher unbedingt die Straße hinauf zur **Halbinsel *Sa Mola*** fahren. Sie führt an traumhaft gelegenen, oft architektonisch beachtlichen Villen vorbei. Von ihnen sieht man aber mittlerweile wegen hoher Mauern und Hecken kaum noch etwas. Das Terrain beim Leuchtfeuer am Straßenende und der Aussichtspunkt hoch über dem Meer wurden privatisiert.

Pedro Otzoup (verstorben 2000)

Wer im Südwesten logiert oder die Region besucht, kann die Zeugen des Kreativität von *Pedro Otzoup* nicht übersehen. Die prägnante **Architektur** des gebürtigen Russen, der in Berlin studierte und seit den 1950er-Jahren in Spanien lebte, fällt häufig ins Auge. Man erkennt sie schnell als typisch. Die bekannteste der Otzoup-Leistungen ist die ausgedehnte Anlage ***Aldea Cala Fornells*** über der westlichen Flanke der Bucht von Peguera, die beispielgebend war.

Statt gesichtsloser anonymer Betonbauten hat *Otzoup* Komplexe miteinander verschachtelter Wohnungen kreiert, die trotz des Verbundes mit `zig anderen Individualität ausstrahlen. Das Konzept wurde oft von ihm selbst und gerne auch von anderen kopiert, und so zeigen heute zahlreiche Bauten den typischen *Otzoup*-Stil: etwa über dem Strand von Camp de Mar, an der Costa de la Calma (*Monte de Oro*) oder an der Cala Llamp. Aber nicht nur Apartmentdörfern hat *Pedro Otzoup* seinen Stempel aufgedrückt. Auch die **Architektur vieler Villen** weist seine typischen Stilelemente auf wie versetzte Ebenen, asymmetrische Erker und Dächer, halbrunde Türbogen und Rundfenster.

Einige »seiner« Häuser stehen (heute überwiegend versteckt) auf der Halbinsel **Sa Mola** in traumhaften Lagen hoch über dem Meer. Prominent sind die – hinter Mauern verborgenen – Villen, die er einst für *Claudia Schiffer* und *Michael Schumachers* Manager *Willi Weber* in Camp de Mar schuf.

Anfahrt

Wer auf der neuen Straße hinüber nach Cala Llamp möchte oder zum *Studio Weil*, fährt dennoch erst einmal Richtung Sa Mola, d.h., vorm Restaurant *Rocamar* nach links und dann gleich wieder rechts und zunächst weiter geradeaus.

Villa Italia

En route passiert man linkerhand erst das Edelhotel ***Villa Italia*** mit einer wunderbaren Weitblickterrasse, die allein das gehobene Preisniveau ausgleicht; aber die Qualität stimmt (Mittagsmenü €29/abends €49; ✆ 971 674 100, https://hotelvillaitalia.com).

Kunst in Port d'Andratx

Ein paar hundert Meter weiter passiert man das außerordentliche ***Studio Weil*** (Cami Sant Carles 20), Wohnhaus und **Kunstmuseum** zugleich, das der Stararchitekt ***Daniel Libeskind*** für die amerikanische Künstlerin ***Barbara Weil*** entworfen hat.

Diese tolle Kombination aus Kunst und Architektur kann man sogar besichtigen, aber eine Anmeldung ist nötig: ✆ 971 671647. Eintritt €5; www.studioweil.com.

An der Ostseite der Sa Mola schmiegt sich am Straßenende der ungewöhnliche Komplex des ***Art Forum Liedtke***, einer Kunstgalerie mit Café, in den Fels über dem Meer. Nach Jahren der Renovierung wurde eine Neueröffnung für 2013 angekündigt, die sich aber bis Anfang 2015 noch nicht realisiert hat; www.liedtke-museum.com.

5.2

Marina

Auf der Westseite der Bucht befindet sich eine ausgedehnte Yachtmarina. Der dort beheimatete ***Club de Vela*** gilt als besonders exklusiv; www.cvpa.es.

Nah am Wasser mit Blick auf Port d`Andratx sitzt man auf der Terrasse des Yachtclub-Restaurants ***Barlovento***, ✆ 971 671 049

Von Port d'Andratx nach Sant Elm

Vom *Club de Vela* führt eine alternative Route (Schild: *Hotel Montport/Can Borras*; dort auch **Startpunkt der Wanderung 8 nach Sant Elm**, ➪ Beileger Seite 27) durch das Tal zurück auf die Hauptverbindung von Andratx zum Port. Kurz davor passiert man den Abzweig der einst »verwunschen« romantischen, nun begradigten und rabiat verbreiterten Straße nach S'Arraco/Sant Elm.

S`Arraco

S`Arraco ist ein idyllisch gelegenes, mittlerweile auch bei deutschen Mallorcaresidenten beliebtes, langgestrecktes Dorf etwa auf halbem Weg zwischen Andratx und Sant Elm sowie Port d`Andratx und Sant Elm gleichermaßen. Ein paar Kneipen säumen die Hauptstraße, die sich nahe der Abzweigung nach Port d`Andratx zur kleinen Plaça Toledo erweitert. Dort wartet das ***El Bohemio***, eine Art **Künstlerlokal**, mit einem preiswerten Mittagsmenü (€12) auf; 11-17.30 Uhr, Juni-September auch abends.

Sogar ein hübsches ***Bed &Breakfast Hotel*** mit moderater Tarifgestaltung existiert in S'Arraco: ***L'Escaleta*** in der Carrer de Porvenir; ✆ 971 671 011; www.hotelescaleta.com.

Etwa 1 km westlich des Ortes liegt in einer Kurve der Friedhof. Dort beginnt ein Karrenweg, über den man zur Klosterruine von **Sa Trapa** gelangt, ➪ auch Kasten Seite 207.

Sant Elm

Sant Elm in der äußersten Südwestecke der Insel ist einer der attraktivsten Orte für Individualurlauber und Ausflügler, denen es auf eine perfekte Tourismus-Infrastruktur nicht ankommt. Ab S'Arraco dorthin geht es auf kurviger Strecke durch die Berge.

Ortsbild

Man erreicht die rund um die Bucht von Sant Elm laufende Küstenstraße unmittelbar hinter dem **Strand**. In der Nähe findet sich auch ein schattiger Parkplatz unter Bäumen (€5). Vom Strand folgt das heute Fußgängern vorbehaltene Teilstück der Straße zunächst noch etwa 200 m der Küstenlinie nach Westen. An ihr liegen die meisten Lokale und Läden des Ortes. Nur eine Handvoll Hotels bietet Touristen Unterkunft. Sant Elm besteht darüberhinaus im Wesentlichen aus Sommerhäusern und Residenzen der wenigen Dauerbewohner und füllt sich so recht mit Leben nur an Wochenenden und generell in der Sommersaison. Bis Mitte Mai und ab Oktober ist es in Sant Elm – speziell abends – relativ ruhig.

Strand und Cala Conills

Wenn sich in der **Saison** der Strand am zentralen Rundbau des Hotels *Aquamarin* zu sehr füllt, ist die felsige Bucht ***Cala Conills*** am Südende des Ortes (links am *Aquamarin* vorbei bis zum Parkplatz am Straßenende) für Schwimmer eine bessere Alternative. Zwar gibt es dort keinen Sand, aber von den flachen vorgelagerten **Felsklippen** hat man leichten Meerzugang. Dort zog im Sommer das Fischrestaurant *Cala Conills* immer viele Gäste an. 2016 wurde es unter gleichem Namen an den Ortseingang verlegt; geöffnet Dez-Februar, Mo zu; © 971 23 91 86, www.calaconills.com.

Meist herrscht weder am Strand von Sant Elm noch an der Cala Conills eine nennenswerte Brandung, weil das vorgelagerte Inselchen **Pantaleu** die Bucht schützt. In deren Windschatten sorgen ankernde Boote im Sommer fast immer für hübsche Farbtupfer.

Bootsanleger vor der Silhouette der Insel Dragonera. Rechts die Terrassen der Restaurants »Es Raor« und »Vista Mar«

Das Restaurant »Na Caragola« oberhalb des Anlegers des Bootes nach Dragonera ist seit langem erste Wahl des Autors für Sant Elm

Einkehr

Gleich drei **Restaurantterrassen** befinden sich über dem Bootsanleger für die Insel Dragonera an der Westseite Sant Elms:

Restaurants

- Das rustikale *El Pescador* wurde von Grund auf erneuert und nennt sich nun – drinnen wie auf der verglasten Terrasse schick modernisiert – nach einer Fischart ***Es Raor***; http://esraor.es/de
- Gleich nebenan galt das ***Vista Mar*** lange als die bessere Alternative für die dort angesagten Fischgerichte und Meeresfrüchte. Doch die qualitativen Unterschiede waren eher gering, die Preise auf ähnlich angehobenem Niveau.
- Eine unübertroffene Über- und Aussicht auf die Insel Dragonera hat man indessen vom hochgelegenen und qualitativ wie preislich höherwertigen Restaurant ***Na Caragola***, für einen Drink, Snack oder eine volle Mahlzeit definitiv die erste Wahl in Sant Elm; © 971 239 006; www.restaurantenacaragola.com.

Anfahrt

Wer mit Fahrzeug dorthin fahren möchte, muss die zur Fußgängerzone umgestaltete Hauptstraße umgehen: nach Erreichen des Ortes 2x rechts halten und dann links geradeaus durchs Villenviertel; nach 500 m Carrer de Malea wieder nach links.

Einsames Baden

Folgt man von der Plaça Caragola der Straße am Meer, endet die Asphaltierung hinter den Apartments ***Amores*** beim ***Punt Blanc***. Weiter den Weg hinauf geht es in ein Wäldchen, das von Mallorquinern zum Picknicken, Wochenend- und Ferienzelten genutzt wird. Auf den Felsvorsprüngen am glasklaren Meer findet jeder sein privates Plätzchen zum Sonnen und Schwimmen.

Tauchen bei Sant Elm/ Quartiere

In Sant Elm residiert die Tauchschule ***Scuba Activa*** an einem der besten Reviere der Insel (Plaça Monsenor Sebastia Grau). *Scuba Activa* vermittelt auch **Unterkünfte** in Sant Elm, u.a. Ferienwohnungen- und Häuser; © 971 239102, www.scuba-activa.com.

Bootsverkehr nach/in Sant Elm

Sant Elm wird im Sommer von Booten aus Port d`Andratx, Camp de Mar und Peguera angelaufen. Ein Teil der Boote fährt weiter um **Dragonera** herum. Die Insel direkt anlaufen dürfen nur die ***Margarita*** ab Sant Elm (➪ folgenden Abschnitt) und das Glasbodenboot ***Bergantin*** ab **Port d'Andratx** (© 627 966 264). Für ein paar Euro extra kann man ein **Wassertaxi** rufen (© 971 100 866).

Sant Elm–Dragonera und zurück mit der »Margarita«

Das kleine Schiffchen fährt täglich Februar bis Oktober ab dem Bootsanleger ca. 400 m nordwestlich der Einfahrt in den Ort (dort auch die vorstehend beschriebenen Restaurants). April-September ab 9.45 sieben Abfahrten bis 14.15 Uhr, andere Monate bis 12.15 Uhr; Dauer der Überfahrt für die 2 km zwischen den Bootshäfen ca. 15 min; April-September sechs Rückfahrten ab 11.30 Uhr, letzte um 16.50 Uhr, sonst vier, letzte 15 Uhr; **retour €13**. Da wetterbedingte Fahrplanwechsel möglich sind, sollte man bei festen Plänen besser aktuell anrufen: © 639 617 545 oder © 629 606 614; http://crucerosmargarita.com.

Insel Dragonera

Daten

Die 3 km² große, 4,2 km lange und maximal 900 m breite »Dracheninsel« **Dragonera**, an der Engstelle nur 800 m von Mallorca entfernt, ist ein Natur- und Vogelschutzgebiet. Der Name leitet sich von endemischen, also nur auf Dragonera vorkommenden 10 cm langen Eidechsen ab, die unübersehbar zu Tausenden auf der Insel leben. Vogelkenner werden auch die Falken bemerken, von denen allein 80 Pärchen auf Dragonera leben sollen.

Auf der Insel

Außer einem geschützten Hafenbecken und kleinen Info-Center gibt es auf Dragonera keinerlei Infrastruktur. Besucher müssen Verpflegung und Getränke selbst mitbringen. Ab dem Center kann man sich ggf. geführten Touren anschließen, darf aber das Eiland auch auf eigene Faust erkunden. Zu den Leuchttürmen an den Enden gibt es Verbindungswege. Der am attraktivsten verlaufende Pfad führt hinauf zur alten Leuchtturmruine ***Far Vell*** (350 m über dem Meer), wo ein toller Blick die Mühe des Aufstiegs belohnt. Seeseitig fallen die Felswände steil ins Meer ab. Landseitig sind zahlreiche Höhlen zu entdecken, die über Jahrhunderte als Schmuggler- und Piratenverstecke genutzt wurden.

Detailliert beschreibt die Wege auf Dragonera samt Hintergrundwissen ein Artikel in der Mallorca Zeitung: http://freizeit.mallorcazeitung.es/planes/wandern/pla-1258-dragonera-auf-der-schmugglerinsel.html. Wer mehr über Dragonera wissen möchte, findet im Internet weitere Infos und Fotos unter www.conselldemallorca.net/dragonera/?lang=EN (nur auf Spanisch und Englisch).

Dragonera-Fähre »Margarita« am Anleger in Sant Elm

Die folgenden Wanderungen sind ab dem Restaurant »Es Moli« beschrieben

Wanderungen von Sant Elm nach Sa Trapa und der Cala Embasset

Eine anstrengende, aber sehr schöne und zeitlich flexibel gestaltbare **Wanderung** mit herrlichen Ausblicken über die Cala Embasset, das Meer und hinüber nach Dragonera führt zu den Ruinen des ehemaligen Klosters *Sa Trapa.* Das war Anfang des 19. Jahrhunderts von Mönchen des Trappisten-Ordens errichtet worden, wurde aber nur eine gute Dekade bewohnt und bewirtschaftet. Es verfiel danach, bis der Naturschutzbund der Balearen (GOB) das Gelände 1980 erwarb. Seit Jahren laufen Restaurierung der alten Gemäuer und Ausbau zu einer Herberge, aber bis Ende 2016 war ein Abschluss der Arbeiten immer noch nicht in Sicht, ➪ Foto umseitig.

Ausgangspunkt ist das **Restaurant *Es Moli***, 500 m hinter dem Anleger bzw. 1 km vom Strand/Ortseingang entfernt. Von der zum *Punt Blanc* führenden, hier zur Plaça de Mossèn Sebastià Grau erweiterten Straße biegt man scharf rechts ab auf die Avinguda de la Trapa (spanische Schreibweise). Der Asphalt geht nach ein paar hundert Metern im Waldbereich in einen Karrenweg über, der aber auch per Auto befahrbar ist. Nach ca. 1 km erreicht man das früher einmal als Bar genutzte Gebäude ***Can Tomevi***. Links davon befindet sich ein Parkplatz.

Von dort läuft man leicht bergauf (weiter) geradeaus durch den Wald in Richtung Norden. Bald nach Passieren einer Wegkreuzung (ca. 50 m; links ab durch die Torpfosten geht's hinunter zur *Cala Embasset*) sorgen Steinmännchen und rote Markierungen für Orientierung auf dem nun stärker ansteigenden zum Pfad werdenden Weg. Er führt in steilen Kehren durch den immer lichteren Wald bergauf und gibt weiter oben den Blick auf Dragonera frei. Nach ca. 25 min ab *Can Tomevi* wird ein erster Sattel erreicht, von dem es zunächst ein wenig hinunter, aber dann auf geröllligem Pfad und über Felsen weiter bergauf geht. Ab einer Steinpyramide beginnt eine Kraxelstrecke (rote und grüne Punkte).

Nach ca. insgesamt 50-60 min erreicht man einen zweiten Sattel (dort Schautafel zu Flora und Fauna), von dem aus man das Ziel bereits sieht. Der Weg dorthin ist nun kaum zu verfehlen und in 10 min vollbracht.

Ein Rückmarsch auf breiten Karrenwegen über den *Coll de Ses Animes* ist leichter zu bewältigen, wiewohl es zunächst in Richtung S'Arraco steil bergauf geht und von der reinen Distanz her weiter ist. Nach ca. 30 min Abstieg heißt es aufgepasst: Zwei Steinmännchen markieren den Abzweig nach rechts in Richtung *Can Tomevi*/Sant Elm. Der Weg ist rot markiert und wird weiter unten breit. Die reine Laufzeit ab/bis Sant Elm beträgt ab 3 Stunden (9 km).

Sofern kein Fahrzeug in Sant Elm zurückgelassen wurde, kann die Wanderung **von *Sa Trapa* auch in Richtung S'Arraco** fortgesetzt werden. Dorthin lässt sich ein **Taxi** zum Weitertransport bestellen, oder man läuft bis Andratx.

Wer auf die relativ lange und komplizierte Wanderung nach *Sa Trapa* und zurück verzichtet, könnte auch »nur« zur ***Cala Embasset*** hinunterlaufen. Man erreicht sie von *Can Tomevi* auf zunächst unverfehlbar breitem Weg in etwa 20-30 min (➪ Karte auf Seite 28 im Wanderbeileger). Von der kleinen Bucht ist der Pfad hinauf zum alten Wachtturm nicht zu verfehlen, ebensowenig der Rückweg von dort nach Sant Elm (reine Laufzeit für den Rundweg ca. 80-100 min).

Ein **wunderbarer Pfad führt von *Sa Trapa* hoch über der Küste weiter bis an die Straße Ma-10**, etwa 5 km nördlich von Andratx. Er ist relativ gut gekennzeichnet und durch den überwiegend freien Blick auch unproblematisch. Wer aber in Sant Elm bzw. *Sa Trapa* beginnt, hat das Problem des Transports ab Küstenstraße. Die **bessere Alternative** ist hier der Start an der Ma-10, zumal dann der Blick in südwestliche Richtung auf Dragonera und das Meer gerichtet ist und man am Nachmittag der sinkenden Sonne folgt. Diese Richtung bietet obendrein weniger Orientierungsprobleme; ➪ Wanderung 8a im Beileger, Seite 29.

An der »Teufelskanzel» (Mirador de Josep Sastre auf der Wanderroute von Sa Trapa zur Ma-10) steht man an steilen Küstenfelsen 300 m über dem Meer mit Dragonera im Blickfeld

5.2.2 Im Hinterland des Südwestens

Andratx

Kennzeichnung

Für das Städtchen Andratx lässt sich im wesentlichen nur dessen Lage auf der Habenseite verbuchen. Im Gegensatz zu vielen anderen sonst auch eher unattraktiven Ortschaften verfügt Andratx nicht einmal über eine ordentliche Plaza vor der Pfarrkirche. Der schlichte, erst in den 1990er-Jahren angelegte Hauptplatz (Plaça Espanya) liegt abseits des eigentlichen Zentrums und der Hauptroute durch die Stadt (Richtung Sant Elm). Der **Wochenmarkt** (Mittwoch vormittags) findet nicht etwa dort, sondern auf Freiflächen und Gassen zwischen der Straße nach Estellencs (Ma 10) und der Avinguda Joan Carles I statt. Die 300 m lange **Fußgängerstraße Sa Constitució** mit vielen Geschäften beginnt an der Plaça.

Pfarrkirche/ Aussicht

Bei einer Fahrt durch Andratx nach Sant Elm passiert man bei der Plaça des Pou (Übergang von der Joan Carles I in die Carrer General Bernardo Riera) die hochgelegene klobige gotische Kirche des Ortes. Sie ist keine Sehenswürdigkeit und wegen einer problematischen Parksituation im Umfeld mit Fahrzeug nur schwer zugänglich.Vom kleinen Vorplatz fällt der Blick über die Dächer der Stadt und das langgestreckte grüne, im Frühjahr weiß und rosa blühende Tal bis zur 6 km entfernten Bucht von Andratx.

Skulptur am Palau Son Mas, »Tatort« des größten Immobilienskandals der Insel

Palau Son Mas

Besser ist indessen die Aussicht von der Terrasse vor dem ***Palau Son Mas*** an der Carretera Estellencs in Richtung Nordwestküste. Der ansehnliche Palast mitsamt einem kleinen Park dient der Stadt als Rathaus. Bürgermeister *Eugenio Hidalgo* machte es Anfang des Jahrtausends zum Zentrum des bis dato größten Immobilienskandals auf Mallorca, ➪ Kasten Seite 200.

Tal von Andratx

Im Frühjahr gibt es einen guten Grund, Andratx zu besuchen. Der ist das dann **in Blüten und frisches Grün getauchte Tal**. Entlang der Straße(n) hinunter nach Port d`Andratx und auch weiter nach S'Arraco bietet sich besonders zur Zeit der **Mandelblüte** (Januar/

Februar) ein hübsches Bild. Der Cami Morella führt mitten durch die Gärten (ab der Ma-1030 Richtung S'Arraco ab dem Ortsausgang Andratx erst Carrer Cuba, dann Carrer Arago nehmen).

Pflanzen und Blumen

Apropos Blüten und Blumen. Auch auf Mallorca besorgen Gartenfreunde die Zutaten zur Verschönerung ihrer Grundstücke in großen Gartencentern. Eines der besten der Insel befindet sich am Ortsrand von Andratx kurz hinter der Abzweigung der Straße in Richtung Port d'Andratx (***Cocos Garden***). Auch wer keinen Garten auf Mallorca sein Eigen nennt, findet dort vielleicht ein exotisches Mitbringsel für die Terrasse oder den Balkon daheim.

Moderne Kunst im Centro Cultural de Andratx

Centro Cultural (Kunstmuseum)

Etwas abseits der Straße von Andratx in Richtung Capdella (Carrer Pere Seriol, PMV-1031) unweit der Abzweigung von der Ma-10 befindet sich das ***Centro Cultural Andratx*** (**CCA**). Der fortähnliche Bau liegt unverfehlbar auf einem riesigen Terrain mit Wanderwegen und eigener Quelle. Neben bombastischen Ausstellungsräumen verfügt das »Zentrum für zeitgenössische Kunst« auch über Ateliers für zeitweise dort aktive Künstler.

Quantität wie Qualität der gezeigten Werke schwankt im Zeitablauf stark. Zum Museum gehören auch ein Shop und ein angenehmes **Café-Bistro** mit Außenterrasse und gesunder Kost. Wifi frei.

Wer sich für dieses ungewöhnliche, privat finanzierte Kunstzentrum interessiert, erfährt alles zu aktuellen Ausstellungen, Projekten und der Möglichkeit, in den Räumen des Museums private Events abzuhalten, im Internet unter www.ccandratx.com.

Öffnungszeiten: März-Oktober Di-Fr 10.30-19 Uhr, Sa+So bis 16 Uhr, November-Februar Di-Sa 10.30-16 Uhr. **Eintritt** €8. Jugendliche/Senioren €5, Kinder bis 12 Jahren frei.

Weingut Santa Catarina

Die meisten Weinproduzenten Mallorcas residieren in den Ebenen im Zentrum der Insel oder im Südosten. Eine Ausnahme ist das höhergelegene Weingut ***Santa Catarina*** ca. 4 km nördlich von Andratx an der Straße nach Capdella. Die Bodega des Hauses mit den dort gekelterten Sorten und allerlei sonstigen Produkten ist Mo-Fr 10-18 Uhr und So 12-14 Uhr geöffnet; gute Weine bei mittleren Preisen; © 971 235413; www.santacatarina.es/de.

Capdella & Calvia

Von Andratx nach Capdella

An Capdella führt bei einer Tour durchs Hinterland des Südwestens kein Weg vorbei. Die **Serpentinenstraße** von Andratx nach Capdella ist eine der schönsten Strecken der Insel, vergleichbar mit der Strecke von Puigpunyent nach Esporles und am besten bei tiefstehender Sonne am Nachmittag oder frühen Abend (in Gegenrichtung!). Auch wer nicht in Richtung Puigpunyent weiterfahren möchte, kann diese Straße leicht in eine Rundfahrt einbauen, die an der Südwestküste entlang und zurück durchs Hinterland führt, ➪ auch Routenvorschlag #1 auf Seite 418.

Capdella

Das Dorf Capdella besteht im wesentlichen aus der West-Ost-Durchfahrt und den ersten 200 m der Straße in Richtung Galilea/Puigpunyent. An ihr liegt das **Schwimmbad** des Ortes mit schattiger **Cafeteria**, an heißen Tagen gut für einen Stopp gegen den Durst.

- An der Hauptstraße ist die ***Bar Nou*** ein lokaler Geheimtipp fürs leibliche Wohl.
- Etwa 2 km nördlich von Capdella eröffnete erst 2013 (an der Straße nach Galilea) das Luxusrefugium ***Son Claret*** seine Pforten. Der Hamburger Unternehmer *Klaus M. Kühne* verwandelte dort ein schlossartiges Anwesen in ein *****Hotel*** (*Leading Hotels of the World*) und holte den Spitzenkoch *Fernando Arellano* in sein Haus. Der zelebriert seither die hohe Kunst der kulinarischen Avantgarde im (Michelin-Stern-) **Restaurant *Zaranda***. **Menüs 5-12 Gänge €120-€170** plus passende Weine €65-€90. Das große Tor der Einfahrt öffnet sich nur für Gäste des Hauses und angemeldete Restaurantbesucher: www.castellsonclaret.com bzw. www.zaranda.es, © 971 138 627. Di-Sa 19-22.30 Uhr.
- **A la carte** gibt es im zweiten Restaurant des Hauses, ***Olivera***, ebenfalls Gerichte, die unter Aufsicht des Meisters zustande kommen. Täglich 7.30-24 Uhr; Kontakt wie oben.

*Einfahrt in die *****Hotelfinca Son Claret an der Straße von Capdella nach Galilea/Banyalbufar*

Calvia

Die **Tourismushochburgen der Südwestküste** von Peguera über Santa Ponça und Magaluf bis nach Illetes **gehören zur Gemeinde Calvia**, der deshalb reichsten Spaniens. Im Ort Calvia einige Kilometer landeinwärts residiert die Verwaltung. Dank der Steuereinnahmen in den Küstenorten konnte sich das Städtchen eine bemerkenswerte Sport- und Freizeit-Infrastruktur gönnen. Die Anfahrt nach Calvia führt – gleich auf welcher Route – immer durch eine hübsche Hügellandschaft.

Calvia besitzt keine herausragenden Sehenswürdigkeiten. Zu nennen sind lediglich die mächtige **Pfarrkirche *Sant Joan***, die auf das Jahr 1248 zurückgeht, aber seither architektonisch mehrfach verändert wurde, und das gekachelte **Wandbild** zur mallorquinischen Geschichte am alten Rathaus (Vorplatz der Kirche). Anfahrt zur Plaça Iglesia über die Carrer Major.

Für seine gute mallorquinische Küche wird allgemein gelobt das

- ***Mesón Can Torrat*** (rustikal, bei Betrieb etwas eng), Carrer Mayor 29, © 971 670682; Di Ruhetag. Gute Weinauswahl.

Kirche Sant Joan in Calvia

Galilea

Kennzeichnung

Das **Bergdorf** mit dem biblischen Namen und seine Umgebung **an der malerischen Strecke Andratx-Capdella-Puigpunyent-Esporles** mitten in der südwestlichen *Serra de Tramuntana* sind seit eh und je bevorzugte Siedlungsgebiete mitteleuropäischer Inselresidenten. Ähnlich wie im Bereich Deià und Fornalutx wurden hier viele *Fincas* zu Feriendomizilen und Ruhesitzen umfunktioniert.

Einkehr

Dem Ausflügler bietet Galilea in erster Linie den hochgelegenen Ortskern mit schöner **Aussicht** vom Platz vor der Kirche (steile Auffahrt über Carrer Major de Galilea).

- Wer Hunger verspürt, kann dort mit der preiswerten schlichten ***Bar Parroquial*** nichts falsch machen.
- Gegenüber das – ebenfalls moderat gepreiste – ***Café Bou*** hat eine Südterrasse mit Weitblick über die Landschaft.

- Unübersehbar an der Hauptstraße um das Dorf herum liegt die ***Trattoria Galilea*** – ebenfalls mit einer Aussichtsterrasse. Das Restaurant, der Name sagt es, hat vor allem italienische Gerichte. Es wird von einem Deutschen betrieben, der dort – so heißt es – die besten Pizzen Mallorcas serviert; © 609 601 540.

Puigpunyent

Kennzeichnung

Puigpunyent mit platanengesäumter, verkehrsberuhigter Hauptstraße und paralleler Ortsumgehung liegt nicht nur an der schönen Ausflugsroute #2 (➪ Seite 419), sondern ist auch leicht von Palma aus zu erreichen (am besten über Establiments/Straßen Ma-1040 und 1042; die Straße über Genova ist langwieriger).

Einkehr

Unübersehbar über dem Städtchen thront das *****_**Gran Hotel Son Net**_ auf einer Anhöhe westlich des Ortes. Auch Nicht-Hotelgästen steht der Besuch in dessen distinguierten

- Restaurants ***Oleum*** und ***Gazebo*** offen (oberes Preissegment, drinnen wie draußen stimmungsvoll). Für das erstere schwingt ein Meisterkoch die Löffel: www.sonnet.es, © 971 147 000.
- Im Ort sind o.k.: ***Ses Cotxeries*** (mallorquinische Küche, moderate Preise, Carrer Major 8, © 971 616 626) und definitiv
- ***The Rose Bistro*** (international-mediterrane Küche, © 971 614 360) in der Carrer Ciutat, das seit Jahren fast nur gelobt wird.

Naturpark La Reserva

Südwestlich des Ortes befindet sich der kommerziell betriebene Naturpark ***La Reserva Puig de Galatzo***, Anfahrt über eine 4 km lange miserable Stichstraße voller tiefer Schlaglöcher, die ca. 100 m südlich des Ortsschildes von Puigpunyent nach rechts abzweigt.

Wasserfall im Naturpark

Bei der *Reserva* handelt es sich um ein 2,5 km² großes Areal unterhalb des Galatzogipfels. Die Natur wurde dort durch Wege und Info-Tafeln zu Geologie, Flora und Fauna der Region erschlossen, aber nur begrenzt parkartig verändert. Ein ca. 3 km langer Fußweg führt durch eine hübsche Gebirgslandschaft vorbei an Felsformationen und – eine überraschende Besonderheit – an kleinen

5.2

Wasserfällen. Die sind zwar künstlich, aber das Wasser stammt aus echten Quellen. Zusätzlich hat man Tiergehege eingerichtet, u.a. mit Bären und Straußen, was dem Charakter der *Reserva* eigentlich nicht so ganz entspricht, aber den relativ hohen Eintritt mitbegründen hilft. Für größere Kinder und Jugendliche geeignet ist der **Abenteuerpfad** mit Abseilen, Schluchtüberquerung u.a.m.

Grillplatz

Ein **Picknickplatz** mitten im Park lädt zur Rast ein. Wer vorsorglich Grillgut mitgebracht hat, darf die immer glimmenden Holzfeuer und Roste gratis nutzen. Aber man kann auch Salate, Grillfleisch, Getränke etc. dort kaufen. Zur Abkühlung an heißen Tagen planschen die Besucher in einem gemauerten **Felspool**.

Eintritt/ Zeiten

Ganzjährig täglich geöffnet 10-18 Uhr; Einlass bis zwei Stunden vor Schluss; Eintritt €14, Kinder €7; ✆ 971 728 786. Weitere Infos zum Park unter www.lareservamallorca.com.

Weiterfahrt nach Esporles

Die kurvenreiche Strecke von Puigpunyent nach La Granja/Esporles gehört zu den **Highlights der Routen durchs mallorquinische Hinterland**; sie ist eine der attraktivsten Nebenstrecken der Insel – am besten nachmittags in Richtung Puigpunyent.

Esporles

Ortscharakter

Esporles, nur 15 km von Palma entfernt und auf guter Straße rasch erreichbar (am besten erst Ma-1110 Richtung Valldemossa, dann ab S'Esglaieta Ma-1120), ist ein langgestrecktes **Städtchen** am Fuße der Berge, das sich als ein kühlerer Wohnvorort Palmas Beliebtheit erfreut (knapp 5000 Einwohner). Kennzeichnend ist die lange schattige Allee der Hauptstraße. Besondere Sehenswürdigkeiten gibt es nicht.

Hauptgebäude von La Granja mit parkartigem Garten

Posada del Marqués

Ca. 5 km westlich des Ortes liegt sehr schön die Hotelfinca ***La Posada del Marques*** mit einem rustikal-eleganten **Restaurant *Sa Tafona*** in der ehemaligen Ölmühle des Anwesens. Von der Terrasse blickt man weit übers Land bis zur Bucht von Palma. Das sonntägliche 3-Gang-Super-Mittagsmenü kostet €32. Die – asphaltierte – Anfahrt Richtung »*Es Verger*« ab Ortsmitte Esporles ist ausgeschildert; © 971 611 230, www.posada-marques.com.

La Granja

Etwas außerhalb westlich von Esporles liegt an der Abzweigung nach Puigpunyent mit dem **Gutshof *La Granja*** die vermutlich **populärste kommerzielle Touristenattraktion Mallorcas**.

Lebendes Museum

Dank einer nie versiegenden **Quelle** entstand *La Granja* bereits zur Araberzeit. Gebäude und Gartenanlage gehen auf das 10. Jahrhundert zurück. Heute sind in *La Granja* typische Werkstätten des früheren Landlebens und Wohngebäude museal hergerichtet. Sie werden zur Demonstration von allerhand Fertigkeiten ihrer Funktion entsprechend genutzt. Soweit dies zu essbaren Ergebnissen führt, dürfen die Besucher kosten – teilweise unter Zuzahlung. Zwei Mal wöchentlich (Mi und Fr 16 Uhr) finden kunsthandwerkliche Aktivitäten und eine Dressur-Show mit Pferden statt (*Espectáculo Ecuestre*).

Fässchen mit Weinen von herb bis süß stehen am Ende der Besichtigungstour zur Selbstbedienung bereit

Weinprobe & Imbiss

Auf dem Hof von *La Granja* erwarten den Besucher am Ende der vorgezeichneten Tour durch die Gärten und Räumlichkeiten **kleine Fässchen mit diversen Weinsorten** und Minigläser zur Selbstbedienung. Im Verkaufskiosk werden extrem schmackhafte **Krapfen** (sog. ***Bunyoles***) gereicht – im Eintritt enthalten.

Besuchsplanung

Für die individuelle Besichtigung benötigt man gut zwei Stunden. »Busbesatzungen/Gruppen« genießen Erläuterungen, aber auch den Nachteil großen Gedränges und vorgegebener Verweilzeiten. Besser ist der individuelle Besuch, besonders, wenn es gelingt, ihn außerhalb typischer »Buszeiten«zu legen, etwa auf den späten Nachmittag (außer Mi+Fr). Dann kann man sich beim Weinkosten und »*Bunyoles*-Nachfassen« Zeit lassen und braucht nicht anzustehen. Ganzjährig täglich ab 10 Uhr geöffnet. Sommer bis 19 Uhr, Winter bis 18 Uhr. Eintritt €15, Kinder €8; © 971 610 032; www.lagranja.net. Trotz hohen Eintritts **sehr lohnenswert!**

Kleine Speisen – darunter die eine Portion ***Bunyoles*** (€5), von der ohne weiteres zwei Personen satt werden – und Getränke gibt es in der **Cafeteria** vorm Eingang. Sie ist auch ohne Eintritt zugänglich.

5.2

5.2.3 Die südliche Westküste

Küstenroute Ma-10 bis Valldemossa

Die Westküstenstraße

Schon kurz hinter (westlich) Andratx steigt die sehr gut ausgebaute Straße Ma-10 hinauf in die Berge, passiert den Ausgangspunkt der wunderbaren Wanderung nach ***Sa Trapa***, ⇨ Beileger Seite 29) und erreicht in pittoreskem Verlauf nach ca. 8 km die Küste. Weitere 12 km geht es nun hoch über dem Meer in kurvenreich-attraktiver Streckenführung nach **Estellencs** und – auf dann schmalerer Straße – weiter nach **Banyalbufar** (+ 8 km).

Mirador Ricardo Roca

Etwa 6 km vor (südwestlich) Estellencs passiert man am ***Mirador de Ricardo Roca*** das **Restaurant *Es Grau*** direkt an der Straße. Ein Stopp an dieser Stelle ist ein »Muss«. Ein Treppenaufstieg neben einem Tunnel führt zu einem Aussichtspunkt mit Weitblick über Küstenlinie und Meer. Die Aussicht von der Terrasse des *Es Grau* hoch über der Steilküste steht der vom *Mirador* aus aber kaum nach. Schade, dass *Es Grau* bereits um 18 Uhr schließt; den Sonnenuntergang kann man daher von dort nur in den Wintermonaten genießen.

Kennzeichnung der Region

Wegen fehlender Strände und der begrenzten Infrastruktur gibt es **im Bereich Estellencs/Banyalbufar** nur relativ **wenig Tourismus**. Selbst die Zahl der Tagesbesucher hält sich – trotz mittlerweile breit ausgebauter Straßen – noch einigermaßen in Grenzen. Die populäreren Busrundfahrten führen alle über den nördlichen Abschnitt der Küstenroute einschließlich Valldemossa und auch bis Esporles mit *La Granja* (⇨ Seite 215). Nicht zuletzt ist das so, weil in diesem Bereich Busse kaum Parkmöglichkeiten haben. Dort findet man daher noch das legendäre Mallorca der Ruhe und Beschaulichkeit mit malerischen Terrassen für Gemüse- und Obstanbau hoch über dem tiefblauen Meer.

Estellencs

Kennzeichnung

Estellencs ist von beiden **der romantischere Ort**. Seine Kopfsteinpflastergassen sind noch steiler und verwinkelter als die im etwas größeren Banyalbufar, wo dafür ein bisschen mehr Leben herrscht.

Hafen/Baden

Eine schmale Fahrstraße hinunter zum »Hafen« (dort gibt es nur einen extrem engen Parkplatz) zweigt neben dem **Hotel *Maristel*** ab. An der felsigen Bucht mit der nur saisonal betriebenen **Bar Sa Punteta** über den Bootsschuppen kann man es zum **Sonnenbaden** und **Schwimmen** gut aushalten, wenngleich ihr ein besonderes Flair fehlt, wie es z.B. die Cala Deià besitzt. Wer genügend Zeit mitbringt, könnte – besonders im Frühjahr zur Blütezeit der Obstbäume – durch das Dorf und das sich dahinter anschließende Tal zur Hafenbucht hinunter laufen. Auch die Rückfahrt per Auto auf diesem Weg ist möglich, aber besser nur mit Kleinstwagen, sonst wird's spätestens bei der Auffahrt zurück auf die Hauptstraße durch dort extrem enge Dorfgassen ziemlich knapp.

Maristel

Im **Restaurant** des auf erstaunliche vier Sterne hochrenovierten ***Maristel*** wird mallorquinisch gekocht. Ein Besuch lohnt vor allem wegen der Aussicht. Von der verglasten Westfassade schaut man über Tal, Bucht und Meer, wunderbar bei Sonnenuntergang. Das gilt auch für die Terrasse der ***Bar Vall-Hermos*** gleich nebenan.

Restaurant Montimar

Unverfehlbar über der Hauptstraße durch Estellencs liegt ganz zentral, wenngleich ohne Aussicht, das ***Restaurant Montimar***. Dessen Spanferkel brachte es laut einer Liste der besten Gerichte der Welt und Restaurants, wo sie serviert werden, in der angesehenen britischen Tageszeitung *The Guardian* vor ein paar Jahren auf einen sensationellen ersten Platz. Aber im Internet gibt es auch allerhand Kritik. Die Erfahrungen des Autors waren mehrfach gut, jedoch beim Preisniveau auch zu erwarten.
Montags und nachmittags 15.30-19 Uhr geschlossen; © 971-61 85 76.

Bootsliegeplätze mit Slipanlage an der Bucht von Estellencs

5.2

Banyalbufar

Kennzeichnung

Obwohl wie Estellencs hoch über dem Meer zwischen steilen Terrassen voller Olivenbäume und Tomatenplantagen gelegen, ist das 600-Einwohner-Dorf Banyalbufar insgesamt nicht vergleichbar attraktiv. Zwar gibt es auch ein paar hübsche, enge Gassen in Hanglage, aber eben nicht so romantisch wie beim Nachbarn.

Die Ausschilderung »***Platja***« führt auf engstem Asphalt zu einem Parkplatz über der Steilküste, unter der sich aber gar kein Strand versteckt, sondern eine schwer zugängliche steinige Bucht mit ein paar Bootsgaragen ohne besonderen Reiz.

Einkehr

- In der *Bar-Cafeteria* ***Bella Vista*** an der Hauptstraße sitzt man auf einer Terrasse über den Dächern des Dorfes mit Blick aufs Meer.

- Die **Snackbar** schräg gegenüber ohne Aussicht, aber mit ein paar Tischen und Stühlen an der Straße, serviert dafür gute ***Tapas***.
- Für mallorquinische Gerichte (bei Weitblick von der Terrasse aus im Obergeschoss, unten der Barbetrieb) geht hier nichts über das Restaurant ***Son Tomas*** an der Carrer Baronia am Ortseingang (von Estellencs aus). Fragen Sie nach Wein aus Banyalbufar (*Malvasia*)! Geöffnet Sommer Mi-Mo 12.30-16 Uhr und ab 19 Uhr, im Winter nur mittags, Dez+Januar geschlossen, © 971 618 149.
- *GinTonic*-Liebhaber kommen in der ***Cuina 1661*** (ebenfalls an der Carrer Baronia) unbedingt auf ihre Kosten. Auch andere Gäste loben überwiegend das Restaurant (Pizza, italienisch-spanisch mit guten *Tapas*). Terrasse leider direkt an der Straße, drinnen ganz ansprechend. Täglich ab 10 Uhr; © 971 618 245.

Keramik

In den **Keramikläden** von Banyalbufar, nur ein paar Schritte von den genannten Lokalen entfernt an der Durchgangsstraße, hat man eine bessere Auswahl an guter Ware zu moderaten Preisen als in vielen größeren Orten.

Wandern

Etwa einen Kilometer westlich des Ortsendes von Banyalbufar stößt man in einer scharfen Rechtskurve, mit der sich die Straße Ma-10 bis über Valldemossa hinaus von der Küste entfernt, auf den **Startpunkt der leichten Küstenwanderung** nach Port des Canonge (➪ Beileger Route 6, Seite 20, im Beileger und Ausschilderung am kleinen, daher aber oft vollen Parkplatz).

Port des Canonge

Zufahrt und Dorf

Die Zufahrt nach Port des Canonge ein paar hundert Meter vor (= westlich, denn die Ma-10 verläuft hier über ein kurzes Stück in West-Ost-Richtung) der Abzweigung der Ma-1100 nach Esporles ist leicht zu übersehen. Die enge Serpentinenstrecke endet nach ca. 5 km bei einer kleinen **Siedlung von Sommerhäusern** meist mallorquinischer Eigner. Während der Woche ist dort – mit Ausnahme der Ferienmonate Juli und August – nicht viel los.

Einkehr

Nur im Sommerhalbjahr und an Wochenenden sind die nicht zu verfehlenden (einfachen) Restaurants ***Can Toni*** und ***S`Amfora*** geöffnet. Beide servieren Fischgerichte in wechselnder Qualität bei ebensolchem Preis-/Leistungsverhältnis.

Strand, Spielfeld und Wanderung

Zum hier recht rauen Strand geht es über einen kurzen Feldweg zu Fuß. Dort wie auf der großen Freifläche über dem Meer dominieren in den Ferien und samstags wie sonntags spanische Familien mit ihren Kindern. Touristen sind meist in der Minderheit. Die erwähnte **Wanderroute** hierher lässt sich auch ab Canonge oder ab Esporles (gute Busverbindung von Palma) starten. Sie ist **in Richtung Banyalbufar** ebenfalls narrensicher ausgeschildert.

Weiterfahrt

Kurz nach Passieren der Abfahrt zum Port des Canonge erreicht man – wie gesagt – die Abzweigung von der Küstenstraße nach Palma über Esporles. Nur knapp 1 km ist es von dort bis zum vorstehend beschriebenen musealen Gutshof ***La Granja*** am Beginn der wunderschön verlaufenden Straße nach Puigpunyent.

5.3 Orte und Ziele im Bereich der zentralen Westküste

5.3.1 Von Valldemossa bis Lluc

Port de Valldemossa

Kurz bevor die Küstenstraße auf die Abzweigung nach Palma über Valldemossa stößt, geht es links ab zu dessen »Hafen«. Die voll asphaltierte Straße passiert zunächst das alte Landgut ***Son Mas*** und windet sich dann in engen **Serpentinen mit immer wieder neuen Ausblicken** über 5 km hinunter in ein anmutiges Tal.

»Hafen« von Valldemossa

Ein kleiner Häuserkomplex vor der langen Betonmole bildet das Ziel. Das einzige Lokal (***Es Port***; www.restaurantesport.es) öffnet dort von April bis Oktober seine Pforten. Die Schutzmauer des Hafens ist im vorderen Teil Parkplatz und dahinter beliebt bei Sonnenanbetern. Schwimmen kann man sowohl im Hafenbecken als auch (bei wenig Seegang) außerhalb der Mauer. Das wichtigste Argument für die Fahrt nach Port de Valldemossa ist die Strecke als solche und der eindrucksvolle Hintergrund mehrere hundert Meter hoher Steilwände.

Valldemossa

Frédéric Chopin und George Sand

Valldemossa ist eines der schönsten Städtchen Mallorcas. An die 300.000 Touristen – so heißt es – besichtigen Jahr für Jahr die **Kartause von Valldemossa**. Nicht, weil es sich bei diesem ehemaligen Kloster um ein so grandioses Bauwerk handelt, sondern in erster Linie, weil im Winter 1838/39 der Komponist ***Frédéric Chopin*** und eine bekannte französische Schriftstellerin mit dem männlich klingenden Künstlernamen ***George Sand*** dort zwei Monate einer tragisch-romantischen und damals skandalösen Beziehung verbrachten. Der Nachwelt erhalten blieben die Umstände und Einzelheiten dieses privilegierten Aufenthalts dank des von Madame *Sand* später veröffentlichten Buches **Ein Winter auf Mallorca**. Dieser literarische Reisebericht, der zugleich eine kritisch verzerrte (was die Mallorquiner angeht) wie bewundernde (was Landschaft und Klima betrifft) Beschreibung der Insel ist, wurde – dem Ausflugstourismus sei Dank – zu einem Bestseller in allen wichtigen europäischen Sprachen.

Anfahrt und Situation

Das von Bergen umgebene **Valldemossa** am Fuße des *Teix* -Gipfels ist auch ohne die *Chopin*-Story sehenswert. Da man für die Straßenführung von Palma Tal und Durchbruch des *Torrente d'-Avall* nutzen konnte, erreicht man das 420 m hoch gelegene Städtchen von Palma auf gut ausgebauter Strecke ohne Serpentinen in nur 20 min (18 km). Schon während der Anfahrt identifiziert man von weitem leicht den **Klosterkomplex**. Die Straße führt um den Ortskern des alten Valldemossa herum zum Ziel ***Cartuja*** (katalanisch: ***Cartoixa***). Große **Parkplätze** warten. Wer den oft überbordenden Hauptbetrieb meiden möchte, kommt besser morgens gleich nach 9 Uhr oder nach 16 Uhr, wenn die Busse noch nicht da bzw. schon wieder weg sind.

Klosterkomplex

Kartause, **Klosterkirche** und **Garten** bilden eine in sich geschlossene gepflegte Anlage, die in der heutigen Form im wesentlichen aus dem 17. und 18. Jahrhundert stammt. Aber die baulichen Vorläufer gehen bis auf das 13. Jahrhundert zurück. Die »Zellen« der Mönche befinden sich im langgestreckten Gebäude hinter dem kleinen Park: die unscheinbaren Türen im schmucklosen breiten Gang lassen nicht ahnen, dass sich hinter ihnen Wohnungen mit Gartenterrasse und die ehemalige Klosterdruckerei verbergen.

Blick auf Valldemossa von der die Altstadt umgehenden Hauptstraße Palma-Valldemossa aus

Valldemossa, die »Kartause« und Frédéric Chopin

Der in vielen Reiseführern und Veröffentlichungen zu Mallorca wie selbstverständlich benutzte Begriff »Kartause« (spanisch: ***Cartuja****, catalán:* ***Cartoixa****) wird den wenigsten etwas sagen. Lexikalisch handelt es sich um »Ansammlungen kleiner Häuser mit Einzelzellen«, deren Name sich vom asketischen Kartäuser-Mönchsorden herleitet. Dieser, wie alle anderen Orden auch, war bei der spanischen Obrigkeit einige Jahre vor der Ankunft Chopins in die Ungnade der Säkularisierung gefallen und hatte das Kloster in Valldemossa durch Enteignung verloren. Die geräumigen Zellen der »Kartause« wurden aus diesem Grund weltlichen Zwecken zugeführt. George Sand und Chopin, die von der Verfügbarkeit der Räume gehört hatten, mieteten sich im November 1838 dort ein und zogen bald ganz nach Valldemossa. Bis dahin hatten sie überwiegend ein Haus in Establiments (ca. 4 km nördlich von Palma) bewohnt, das sie nach Tuberkulose-Anfällen Chopins wegen der Ansteckungsfurcht des Eigentümers verlassen mussten. Die sich verschlimmernde Krankheit führte letztlich zum vorzeitigen Abbruch ihres Aufenthaltes auf Mallorca und damit zur anrührenden Tragik über dem Geschick dieser damals prominenten Liebenden, von der die Tourismusbranche bis heute zehrt. Ohne Frédéric Chopin und George Sand ließe sich Valldemossa nicht halb so gut vermarkten.*

Chopin-Zelle

Über die von *George Sand* und *Chopin* bewohnten »Zellen« entbrannte vor Jahren ein Streit zwischen den Erben der Zellen Nr.2 und Nr.4, der gerichtlich entschieden werden musste, denn es ging bei bis zu €5000 Tageseinnahmen um viel Geld. Das Ergebnis war, dass *Chopin/Sand* nicht Zelle Nr.2, sondern wohl eher Zelle Nr.4 bewohnt hatten. Auch das als Klavier des Meisters verehrte Instrument in Zelle Nr.2 war nicht das Original. Über Dekaden wurde den Besuchern also das falsche Gemach vorgeführt.

Cartoixa und Palau del Rei Sanxo

Neben den *Chopin/Sand*-Gemächern sind die alte Apotheke und die Druckerei als ***Museu Municipal*** zu besichtigen. Das ist alles ganz interessant, aber kein »Muss«, zumal nicht bei Andrang. Recht eindrucksvoll dagegen ist innen der ***Palau del Rei Sanxo***, das älteste Gebäude des Komplexes.

Öffnungszeiten:

Mo-Sa: April-Sept 9.30-19 Uhr. März+Oktober bis 18 Uhr, Februar+November bis 17.30 Uhr, Dezember+Januar bis 15.30 Uhr. So generell 10-13 Uhr (nicht Dez+Jan). **Eintritt** €8,50, Kinder €4, Studenten €6, über 65 Jahre €7 (Tarife bei Online-Kauf). Der Klostergarten ist frei; www.cartujadevalldemossa.com.

Altstadt

Unverzichtbar ist ein **Rundgang** durch die pittoresken Gassen der »Unterstadt«. Dabei lässt man schnell die Touristenzone gegenüber der Kartause und an der Plaça hinter sich, und damit auch die Mehrheit der Besucher. In der Altstadt scheint die Zeit stehen geblieben zu sein, ein Kleinod an jeder Ecke.

Centre Cultural Costa Nord

Der amerikanische Schauspieler ***Michael Douglas*** spendierte Valldemossa vor Jahren mit dem Bau des ***Centre Cultural Costa Nord*** einen zusätzlichen Anziehungspunkt und übergab das Kulturzentrum später der Stiftung *Balears Sostenible* (Nachhaltige Balearen). *Douglas* war mit seiner damaligen Ehefrau, der Mallorcaliebhaberin *Diandra Luker* auf die Insel gekommen und hatte ihr ***S'Estaca*** gekauft, eine der Villen des Erzherzogs *Ludwig Salvator* (➪ Seite 225). Seit 2014 steht sie zum Verkauf. *Douglas* reduzierte die Preisforderung Ende 2016 von €50 Mio auf €40 Mio.

Mallorcas Heilige: Catalina Tomás

*Untrennbar verbunden mit **Valldemossa** ist neben Fréderic Chopin, George Sand und Lluis Salvador **Catalina Tomás**. Sie wurde 1531 ebendort geboren und 1627, 54 Jahre nach ihrem Tod, heiliggesprochen. Da sie die einzige **Heilige** der Insel blieb, erinnern in mallorquinischen Kirchen, Kapellen und Eremitagen an keine andere Person mehr Skulpturen und Fresken. Das gottgefällige Leben als Nonne des Magdalenenklosters zu Palma führte vor allem in Valldemossa (Geburtshaus, Kirche San Bartolomé und Kacheln an allen Häusern) zu einer intensiven Darstellung ihres Wirkens. In den meisten Orten sind Straßen und Plätze nach ihr benannt. Prozessionen, Wallfahrten und lokale Feiertage wurden der **Beata Catalina** (der »glückseligen« Catalina) gewidmet. Ihr Leichnam liegt einbalsamiert in einem gläsernen Sarg in der Kirche Santa Magdalena in Palma an der gleichnamigen Plaça.*

Typische Fassadendekoration in der Alt- bzw. Unterstadt von Valldemossa: Blumen und viel Grün vor fast jedem Haus. Anderswo auf Mallorca gibt es so etwas so gut wie gar nicht

Das Kulturzentrum der Nordküste (unübersehbar an der Hauptstrasse Avinguda de Palma 6) ging nach einigen aktiven Jahren, in denen es weitgehend als eine Art Museum betrieben wurde, 2014 an neue Betreiber über, die seither nach einem neuen Konzept für den Komplex suchen. Seine Zukunft war bei Redaktionsschluss unklar. Der Internetauftritt ist immer noch www.costanord.es.

Gastronomie

Die gastronomische Kapazität in Valldemossa ist immens. Zwischen Parkplatz/Bushaltestelle und Plaça Cartoixa passiert man im zentralen Fußgängerbereich (Via Blanquerna und Plaça Ramon Llull), aber mittlerweile auch in der Unterstadt eine ganze Reihe attraktiver Lokale, in vielen Fällen mit Terrasse.

- Original mallorquinische Mandelmilch (*Horchata de Almendra*) und heiße Schokolade gibt's im ***Café Sa Foganya*** in der Blanquerna 5, www.sa-foganya.es
- Sehr gut ist die Konditorei mit ***Café Ca'n Molinas*** (Blanquerna 15, Innenhof mit Mandarinenbäumen); www.canmolinas.com
- An der Plaça Ramon Llull findet man u.a. – fast könnte man sagen: natürlich – ein ***Grand Cafe Cappuccino***, ⇨ Seite 145
- Eine immer wieder gelobte Adresse für traditionelle mallorquinische Küche ist das altmodische ***Ca`n Mario*** in der Altstadt (Carrer Uetam 8, auch *Hostal*); http:/hostalcanmario.net
- Die ***Bar Es Roquissar***, in kleines Restaurant oben an der Plaça Cartoixa, ist qualitativ anspruchsvoller als viele; ✆ 971 616 208
- Wer auch mal etwas mehr ausgeben kann/möchte, hat auf der **Restaurantterrasse** des *****Hotel Valldemossa*** (400 m südlich des Zentrums) den schönsten Blick über die Stadt kombiniert mit exquisiter Küche. Die Zufahrt von der Ma-1130 unterhalb der Stadt ist ausgeschildert, ebenso von der Stadt aus. Sa+So 13-16 Uhr *Jazz/Music Lunch*; Fr+Sa abends Musik & Kerzen. Ein mallorquinisches 6-Gang-Menü kostet € 79 und sollte vorbestellt werden: ✆ 971 612 626; www.valldemossahotel.com

Umgebung

Valldemossa ist Ausgangspunkt für eine außerordentlich reizvolle **Wanderung** zu Aussichtpunkten 800 m über dem Meer und zum Gipfel des *Teix* (➪ Wanderroute 5 im Beileger, Seite 18).

Die Abstecher nach Port de Valldemossa und an die südlicheren Küstenorte wurden bereits vorstehend beschrieben.

Ermita de Trinitat, Miramar & Son Marroig

Ermita de Trinitat

An der Straße nach Deià zieht 2 km hinter Valldemossa das rustikale **Restaurant *C'an Costa*** in einer Kurve fast automatisch die Blicke auf sich, und so übersieht man leicht die gegenüberliegende unauffällige Zufahrt zur ***Ermita de Trinitat***. Im spitzen Winkel zweigt der schmale Weg von der Straße ab und führt an einer den Hang stützenden Mauer entlang zum engen Vorplatz dieser kleinen Einsiedelei (etwa 1,5 km).

Unter schattigen Bäumen stehen dort aus Felsen gehauene **Picknicktische**. Die *Ermita* und die kleine Kapelle, wenn sie geöffnet ist, betritt man über einen schlichten Innenhof. Rechts bietet die Terrasse eine großartige **Aussicht über das Meer**. Ein herrlicher Platz zum Genießen des Küstenpanoramas.

Hinweis: die enge Zufahrtstraße erlaubt kaum ein Ausweichen bei Gegenverkehr; an der *Ermita* existiert nur Parkraum für ein paar Fahrzeuge. Daher an Sonn- oder Feiertagen, wenn die Mallorquiner unterwegs sind und gerne diese wie andere *Ermitas* ansteuern, besser nicht versuchen, mit dem Auto hinaufzufahren.

Der Erzherzog »Lluis Salvador« von Österreich und Habsburg

Die Beziehung Mallorcas zum Hause Habsburg wird im geschichtlichen Abriss, Stichwort Mittelalter, kurz erläutert, *➪ Seite 473.* *Sie ist lange vergangene Historie. Die Kreise, die ein später Nachfahre der einstigen Herrscher (auch) Spaniens, nämlich der* **österreichisch-toskanische Erzherzog Ludwig Salvator** *(1847-1915), auf Mallorca zog, werden dagegen tagtäglich jahraus jahrein zahlreichen Besuchern in Valldemossa und Son Marroig nahegebracht. Wer per Bus aus Palma anreist, begegnet seinem Namen schon unweit des Busbahnhofs. Der Bus überquert auf dem Weg zur Ausfallstraße nach Valldemossa bald die breite* **Carrer Arxiduc Lluis Salvador**.

Lluis Salvador war ein **untypischer Adliger** *seiner Zeit, unkriegerisch und den Naturwissenschaften zugetan. Vielleicht hatte die erste Reise nach Mallorca etwas mit seiner Abstammung zu tun. Die Mutter war Tochter des Königs von Neapel und Sizilien, eines Reiches, das vorher einmal zur Krone Kataloniens und Aragons gehört hatte, unter der auch Mallorca regiert worden war. Das Resultat jener Reise war ein Buch über die mallorquinische Insektenwelt. Der nächste Aufenthalt führte 1864 zur endgültigen Niederlassung des Erzherzogs auf der Insel. Er kaufte in der landschaftlich schönsten Region, in der Serra Tramuntana, einen ausgedehnten Besitz zusammen, darunter auch landwirtschaftlich ausgerichtete Gutshöfe.*

Son Marroig, *einst von Catalina Homar bewohnt (➪ unten), ist heute Eigentum der Schwestern Ribas. Deren Großvater war einst Sekretär des Erzherzogs. Nicht weit entfernt davon liegt das schlichtere* **Miramar**, *das ebenfalls zu seinen Liegenschaften gehörte (➪ Seite 226), aber heute in Privatbesitz ist.*

Völlig unzeitgemäß scheint Lluis Salvador ein ausgeprägtes **Umweltbewusstsein** *an den Tag gelegt zu haben. Er sorgte für einen landschaftsangepassten Wegebau, unter anderem zu Aussichtspunkten hoch über dem Meer (➪ Wanderroute 5 im Beileger) und für eine ungewöhnliche Hege und Pflege seiner Waldareale. Nebenbei sammelte er mallorquinische Volkslieder und -märchen, stellte Mittel für die Erforschung der Drachenhöhle bereit und machte seinen Einfluss zur Erhaltung historischen Erbes geltend.*

Die Liebe zu Mallorca ließ auch das weibliche Geschlecht nicht aus. **Catalina Homar**, *Tochter eines Tischlers, wagte der Erzherzog sogar zum kaiserlichen Hof nach Wien mitzubringen. Ein Skandal, ebenso wie die große Zahl der Kinder von weiteren Konkubinen, von denen man munkelte.*

Den Balearen insgesamt widmete er Ende des Jahrhunderts ein fünfbändiges, mit einer Goldmedaille der Weltausstellung von Paris ausgezeichnetes und bis heute das umfassendste Werk über die Inseln.

Dessen Kapitel über die Schönheiten und Reize Mallorcas schreibt man das Erwachen des Interesses an der Insel zu. Der Erzherzog gab damit wohl den entscheidenden Anstoß zum **Beginn des Tourismus**.

Miramar

Auf halber Strecke nach Deià steht das alte Landgut ***Miramar*** ein wenig abseits (unterhalb) der dort wieder küstennah verlaufenden Straße. Bereits *Raimundus Llullus* (⇨ Seite 365) soll dort zeitweise gelebt haben. Später war es – wie alles von Belang in dieser Ecke Mallorcas – Eigentum des österreichischen **Erzherzogs *Ludwig Salvator***. Heute ist es in Staatsbesitz, wird schon seit längerem für Vorträge und Konzerte genutzt und wurde zusätzlich museal hergerichtet. Zu sehen gibt es nicht ganz viel; das auf eine alte Einsiedelei zurückgehende Gebäude ist eher schlicht. Das Grundstück als solches mit Aussichtsterrasse ist der Clou des Hauses, ganz hübsch auch das Fußbodenmosaik in der Kapelle. Eine Projektions-Show erklärt Leben und Bedeutung des Erzherzogs. Ein Raum wurde als Kabine des herzöglichen Schiffes *Nixe* hergerichtet. **Sommer Mo-Sa 10-17.45 Uhr, Nov.-März 9-17 Uhr; €4**.

Son Marroig

Etwa 3 km vor (westlich) Deiá passiert man das – im Vergleich zu *Miramar* erheblich interessantere – Herrenhaus ***Son Marroig***, ebenfalls früher in Besitz des *Lluis Salvador*. Dort, in *Miramar* und in der Pfarrkirche des Ortes finden die Konzerte des bekannten **Deiá-Musikfestivals** statt (Klassik, Sommermonate – meist Wochenendveranstaltungen); www.sonmarroig.com.

Sa Foradada

Bereits vom Parkplatz und der **Snack-Terrasse** hat man einen sehr schönen Blick auf das Meer und die weit vorspringende **Halbinsel *Sa Foradada*** mit dem kennzeichnenden durchbrochenen Felsen, (Durchmesser des Felslochs 14 m). Besser sieht man den Lochfelsen vom **Marmorpavillon** aus.

Landzunge Sa Foradada mit gut erkennbarem »Loch«. Deutlich sichtbar ist auch ein Großteil des Wegs. Das im Text erwähnte Restaurant befindetsich jenseits der bewaldeten Höhenlinie über einer kleinen Bucht

Museum

Die **Besichtigung** des antiken Interieurs und des Gartens samt Pavillon kostet €4 Eintritt; Öffnungszeiten wie Miramar (links); So geschlossen; dann gibt's auch kein Wanderticket.

Wanderung und Paella

Im Eintritt enthalten ist die Erlaubnis, den **Weg zur *Foradada*** hinunterzulaufen (275 m Höhendifferenz, Rückmarsch nur bergauf); die Wanderung dauert hin und zurück ca. 40+50 min plus Verweilzeit. Nicht nur das Ziel (zu dem trittsichere Kletterer hinaufkraxeln können: ca. 30 min retour, Einstiegsstelle ist gekennzeichnet), sondern auch der schöne Weg dorthin rechtfertigt den Anmarsch. Dank der sog. ***Playola***, einer Verengung der Halbinsel vor dem abschließenden Lochfelsen gibt es eine Bade- und Anlegestelle für Boote, vor allem aber die Terrassen des urig-rustikalen Lokals ***Sa Foradada*** (die beste Paella Mallorcas, sagen Kenner, und Fisch/Meeresfrüchte). Das erhöht liegende **Aussichtsrestaurant** öffnet April-Oktober 12-18 Uhr, Do geschlossen. ✆ 616 087 499; www.saforadada.com. Sonntags Zugang nur per Boot.

Restaurant Son Marroig

Für eine Einkehr ohne die Notwendigkeit des langen Anmarsches könnte man gut – besonders um die Zeit des Sonnenuntergangs – das **Restaurant *Mirador de na Foradada*** ins Auge fassen, das sich unter der Begrenzungsmauer des Parkplatzes ein bisschen versteckt. Die Küche ist zwar eher durchschnittlich, aber für die Lage nicht zu teuer, der **Weitblick** die Gratiszugabe (nur im Sommerhalbjahr); Zeiten unter http://restaurantsonmarroig.com.

Deià

Kennzeichnung/ Parken

Deià, das **Künstlerdorf** inmitten von Olivenbaumterrassen unter dem Gipfel des Teix liegt auf etwa halber Strecke zwischen Valldemossa und Port de Sóller idyllisch auf einer Anhöhe über der Küste. Es gilt als eine der besten Adressen Mallorcas. Aber nur rund 100 Zimmer in drei Luxusunterkünften plus eine begrenzte Zahl von Betten in *Hostales* und Ferienwohnungen halten die Zahl der Deià-Übernachter in Grenzen. Die Ausflügler werden indessen immer mehr, obwohl Busse auf den engen Parkplätzen Deiàs nicht zugelassen sind. Individualbesucher umwirbt man dagegen und hat für sie einen neuen **Parkplatz** gegenüber der Abzweigung zur Cala Deià angelegt (etwa 500 m entfernt vom nördlichen Ortseingang beim *Graves Museum*, ➪ Seite 228). Dort befindet sich auch eine **Haltestelle des Linienbusses** Palma-Valldemossa-Deià-Soller. Ein Holzbohlenweg neben der Straße führt ins Dorf und trennt die Fußgänger vom Straßenverkehr.

Tagesbesuch

Die Durchgangsstraße unterhalb des zentralen Dorfes (Oberdorf) führt auf etwa 300 m Länge durch eine **dichte Bebauung mit Shops, Restaurants und Bars**, die westlich des Restaurants *Deià* abrupt endet. Die Straße läuft dort ohne straßennahe Gebäude rund um das tiefergelegene Unterdorf von Deià herum. Entlang dieser Straße sind Parkplätze rar und im Ortsbereich von März bis Oktober ab spätem Vormittag bis zum frühen Abend immer voll (zudem im Ortsbereich gebührenpflichtig).

Blick auf das »Oberdorf« von Deiá

Deía-Kunst

Werke der in und bei Deià lebenden **Künstler** braucht man nicht lange zu suchen. Sie hängen in Läden und Lokalen. *Galerie Deià*, eine Mode- und Kunstboutique, ist wichtige Vermarktungsadresse für Produkte des lokalen Schaffens.

Rundgang

In einer guten halben Stunde lässt sich das obere Dorf ohne weiteres zu Fuß erkunden. Die dicht aneinander gedrängten Häuser und winkeligen Gassen streben von der Straße hügelwärts zur kleinen, vom Friedhof eingefassten Pfarrkirche (dort befindet sich u.a. das Grab von *Robert Graves*). Von oben hat man einen wunderbaren Blick über Umgebung und Meer. An der Südwestflanke der Anhöhe führt ein reizvoller Weg über Stufen und Treppchen wieder hinab. Auch das **Unterdorf** mit romantischen Häuschen und Zitrusgärten sollte man nicht auslassen (*Carrer Clot*). Dort steht die **Herberge *Can Boi*** für Wanderer, Reservierung unter ✆ 971 636186, www.refugicanboi.com, ➪ auch Seite 60.

Graves Museum

Das dem berühmten Literaten ***Robert Graves*** (➪ Seite 486) gewidmete Museum befindet sich in dessen ehemaligem Wohnhaus ***Ca N'Alluny*** ca. 400 m nördlich des Ortes an der Hauptstraße unweit der Abfahrt zur Cala Deià. Die Räumlichkeiten des Gebäudes wurden so hergerichtet, dass es scheint, als ob der bis dato bekannteste Bürger Deiàs (1895-1985) es erst gestern verlassen hat. Im Nebengebäude zeigt man einen gut gemachten Film über *Graves'* Leben und Werk. *Graves* beste **Geschichten auf Deutsch** erschienen bei Reise Know-How, ➪ Seite 487.

Geöffnet April-Okt. Mo-Fr 10-17 Uhr, Sa bis 15 Uhr; November, Februar+März 9-16 Uhr, Sa bis 14 Uhr, So geschlossen. Dez und Januar Mo-Fr 10.30-13.30 Uhr; Einlass bis 40 min vor Schluss; Eintritt €7/€5/€4; ✆ 971 636 185; www.lacasaderobertgraves.com.

Einkehr

Von den diversen Lokalen seien herausgehoben das

- ***Café La Fonda*** mit einer erhöht liegenden Terrasse und das
- ***Restaurant Jaume*** an der Hauptstraße (mallorquinische Küche).
- Auf der Terrasse der ***Bar Patricia's*** über dem Unterdorf ein paar Schritte abseits unterhalb des Restaurants *Deià*, das eher für Snacks wie Tapas zu empfehlen ist, sitzt man ruhiger und mit schönerer Aussicht als direkt an der Hauptstraße.
- Auf etwa gleicher Höhe mit *Patricias Bar* befindet sich das allseits gelobte ***Edelrestaurant Sebastian*** (Carrer Felipe Bauza, © 971 639 417; www.restaurantesebastian.com).
- Das stilvolle ***El Olivo***, Restaurant im *Hotel Residencia* oberhalb der Hauptstraße, gehört zu den kulinarischen Spitzenadressen Mallorcas, auch preislich. Auf der Terrasse des ***Café Miró*** sitzt man bei gutem Wetter schöner als drinnen und zahlt »nur« gehobene Preise, © 971 636 046; www.hotel-laresidencia.com.

Skulpturengarten

Ein weiterer Grund zum Besuch des *Olivo* ist der **Skulpturengarten** des *Residencia*, der auch Restaurantgästen eintrittsfrei offensteht. Über 40 sehenswerte Werke internationaler Künstler wurden auf dem Gelände nach durchdachten Kriterien positioniert.

- Zumindest kulinarisch echte Alternativen zum *El Olivo* sind die Restaurants ***Es Raco d`es Teix*** (*Josef Sauerschell* an der Vinya Veia 6 oberhalb der Hauptstraße, © 971 639 501, http://esracodesteix.es) und das ***Sa Vinya*** (Vinya Veia 3, © 971 639 500, www.restaurant-savinya.com) bei ebenfalls nicht niedrigen, aber doch etwas moderateren Tarifen als im *El Olivo*. Von beiden Terrassen blickt man auf das Oberdorf von Deià.

Cala Deià

Zur ***Cala Deià*** kann man auf einem Fußpfad direkt vom Dorf hinunterlaufen oder mit Fahrzeug die enge, kurvige Straße hinunter zum Meer nehmen (2 km). Sie zweigt ein paar hundert Meter nördlich von Deià von der Straße nach Soller ab (gegenüber Parkplatz *Graves*-Museum). Von dort sind es ca. 300 m zur steinigen Bucht, der schönsten zwischen Soller und Sant Elm.

Steinige Cala Deià am Vormittag im Winter ohne Besucher. Im Sommer sind »Strand« und die beiden rustikalen Restaurants Can Lluc und Ca's Patro March (im Bild) oft voll besetzt

Die Tore vor den Schuppen der Fischerboote sorgen für bunte Farbflecken zwischen dem Grau der Felsen. Einsam ist es dort fast nie, oft rappelvoll, aber immer prima zum Schwimmen und Schnorcheln. Zwei einfache (***Can Lluc*** und ***Ca's Patro March***), aber mitnichten preiswerte Lokale sorgen von Mai bis Oktober fürs leibliche Wohl; http://deia.info/eatdrink.

Lluc Alcari

Das Dorf **Lluc Alcari** hoch über der Küste zwischen Sóller und Deià besteht im wesentlichen aus einem zusammenhängenden Gebäudekomplex, an dessen Rückseite das **Hotel *Costa d'Or*** steht: www.hoposa.es. Ein Sich-Umschauen in diesem winzigen Idyll ist nicht mehr möglich, alles »*privado*« (in deutscher Hand) und obendrein problembeladen, nachdem der Abriss einiger ungenehmigt errichteter Häuser realisiert wurde.

Bens d`Avall

Auf halber Strecke zwischen Deià und Sóller zweigt auf der Höhe die Zufahrt zum **Restaurant *Bens d'Avall*** ab. Der Weg verzweigt sich zu diversen Villenurbanisationen, zum Restaurant (ca. 4 km) ist er ausgeschildert. *Bens d'Avall* liegt 100 m über dem Meer; von der schattig-sonnigen Terrasse schaut man westlich in Richtung Sonnenuntergang. Das Restaurant gilt zu Recht als **Gourmettempel** mallorquinischer Kochkunst. Dafür und die brillante Lage ist das Preisniveau o.k.

Geöffnet: März-Sept. Di-So generell 13-15.30 Uhr/19.30-22 Uhr. Teilweise So nur mittags. Auch im März, teilweise April und ab Oktober nur 13-15.30 Uhr. November bis Februar geschlossen, gelegentlich aber Fr-So mittags geöffnet. Aktuelle Zeiten im Internet; © 971 632 381; www.bensdavall.com

C'as Xorc

Ein wenig weiter auf der Ma-10 passiert man in Richtung Sóller den Abzweig zum *****Fincahotel C'as Xorc*** mit einer attraktiven Gartenterrasse nicht nur für Hotelgäste. Wie das *Bens d'Avall* gehört das Restaurant zur gehobenen Kategorie, ebenfalls mediterran-mallorquinische Küche. Die Mittagsmenüs inkl. Wasser, Wein und Kaffee (13-15.30 Uhr) sind deutlich preiswerter (€35) als abends. Täglich; Reservierung: © 971 638 280; www.casxorc.com.

Die Mautstation (bei den Jardines de Alfabia) auf der Südseite des Tunnels unter dem Coll de Sóller Ende 2016 noch in Betrieb. Ab Januar 2017 soll die Tunnelgebühr entfallen

Zwischen Sóller und Port de Sóller verkehrt im Sommer halbstündlich, im Winter stündlich eine nostalgische Straßenbahn; hier fährt sie über die Plaça von Sóller

Sóller

Lage und Verkehr

Das **Tal von Sóller**, genannt auch ***Huerta*** (Obstgarten) ***de Sóller***, mit den nahen Dörfern Fornalutx und Biniaraix ist umgeben von steil aufragenden Gipfeln der *Serra Tramuntana*. Deren Pässe konnten bis ins letzte Jahrhundert hinein ausschließlich über die endlosen Kehren von Pfaden und Feldwegen bewältigt werden. Deshalb und dank des einzigen geschützten Hafens der Westküste waren Boote das wichtigste Transportmittel zur Herstellung der Verbindung mit der Außenwelt. Erst im Jahr 1912 rückte Sóller mit der Einweihung der durch dreizehn Tunnel geführten **Eisenbahnstrecke nach Palma** enger an den Rest Mallorcas heran.

Straßen nach Sóller/ Tunnel

Maut entfällt

Über die Pässe geht es auch schon lange nicht mehr auf holprigen Karrenwegen, sondern auf gut ausgebauten Straßen. Zumindest gilt das für die Strecken nach/von Palma und in Richtung Norden (Lluc/Pollença). Die nunmehr »alte« Hauptstraße führt in 30 Serpentinen über 500 Höhenmeter auf den Pass *Coll de Sóller*. Dort wartet nach wie vor das Restaurant ***D'alt des Coll*** auf Gäste (Mi-So 9.30-17.30 Uhr), beim geringen Verkehr auf dieser Straße heute ein angenehmer Platz für eine Pause mit Weitblick über die Bucht von Palma. Für den einheimischen Verkehr war das eine zeitraubende Kurbelei am Steuer, die sich 1997 mit Eröffnung des **Straßentunnels** erledigt hatte. Ab Januar 2017 entfällt obendrein die Maut nach nunmehr 10 Jahren Erhebung (Pkw €5 pro Strecke). Die Passstraße war immer gebührenfrei und ist, da Lastwagen- und Busse den Tunnel vorziehen, bei schönem Wetter eine echte Alternative (maximal plus 20 min gegenüber Tunnelfahrt).

Ortsbild/ Bahnhof/ Straßenbahn

Die Stadt Sóller liegt etwas abseits der Hauptstraße Palma-Port de Sóller (Ma-11) und auch der Küstenstraße von Andratx nach Pollença (Ma-10), die das Tal in west-östlicher Richtung kreuzt. Das Städtchen verfügt über die **attraktivste Plaça Mallorcas** und einen Bahnhof wie zu Kaisers Zeiten. Passagiere dieses nostalgischen Zuges (Fahrplan ➪ Seite 98) mit Ziel »*Port*« steigen gleich am Bahnhof in die **Straßenbahn** (*Tranvia*), die ihre Ladung (auch) in offenen Wagen durch die grünen Alleen der Stadt und anschließende Zitrusgärten befördert (**ca. 5 km, 15 min**). Man kann an mehreren Haltestellen Richtung Hafen zusteigen (**Tarif**: **€6** eine Strecke!). Im Bahnhof kann man eine kleine *Picasso-/Miro* Ausstellung bestaunen, die zum 100sten Geburtstag der Sóllerbahn 2012 eingerichtet wurde.

Anfahrt mit Auto

Wer per Auto anfährt, folgt am besten der Ausschilderung zu den **Parkplätzen**; am besten über die Carrer de Cetre ab dem zweiten Kreisverkehr am Stadtrand (von Palma kommend). Bereits an dieser Straße befindet sich ein Parkplatz. Von ihm sind es aber noch ca. 10 min zu Fuß bis zur Plaça. Sehr viel günstiger liegt der Platz an der Plaça Teixidor, er ist aber oft voll belegt. Biegt man von der Carrer Cetre in die Gran Via Richtung Zentrum ab, hat man bisweilen sogar Glück entlang der Straße und findet einen weiteren Parkplatz ca. 200 m in Richtung Zentrum (Einfahrt nach links). Parken in den Straßen klappt in Sóller ansonsten nur mit viel Glück; zudem kann man sich im Gewirr der eng zugeparkten Einbahngassen durchaus »festfahren«.

Plaça

Vom Bahnhof sind es bis zur (auto-) verkehrsfreien und mit Stühlen und Tischen vollgestellten Plaça nur gut 150 m. Auf den **Terrassen** einer ganzen Reihe von Lokalen sitzt man bei gehobenen Preisen schattig und mit freiem Blick auf die schönen Fassaden der Kirche *Sant Bartomeu* und des Rathauses.

Piraten-spektakel

Von der Plaça nimmt – nach heroischen Reden auf *Mallorquín* – das alljährlich nachgespielte **Spektakel** der glücklichen **Abwehr maurischer Piraten** am 11. Mai des Jahres 1561 seinen Ausgang: Vor amüsiertem Publikum »erkämpfen« als **Christen und Araber** verkleidete Männer und Frauen eine Woche lang im Ort und am Strand mit hölzernen Schwertern und Krummsäbeln immer wieder das im voraus bekannte Resultat. Nach dem Kampfgetümmel stärkt man sich gemeinsam bei Wein und Gesang.

Das beste Eis der Insel?

Folgt man von der Plaça den Straßenbahnschienen nördlich (Carrer Cristóbal Colón), erreicht man 150 m weiter an der Plaça Mercat die städtische **Markthalle**. Gegenüber nicht zu übersehen ist

Eis aus der Fabrica de Gelats in Sóller gilt als das beste der Insel, der Orangensaft mit Vanille-eiskugeln und Sahne obendrauf als Sóller-Spezialität

die kleine ***Fabrica de Gelats*** (Eisfabrik) mit Verkaufskiosk. Das Eis dort ist ausgezeichnet, am besten vielleicht »***Orange Soller***« (frischer Orangensaft mit Eiskugeln). An der Plaça hält eine Fliale der Kette ***Giovanni L.*** mit Erfolg dagegen, ➪ Seite 148.

Lokalmuseum

Ca. 200 m von der Plaça entfernt, in der *Carrer de sa Mar 13*, ist in einem sehenswerten Herrenhaus mit eigener Kapelle das ***Museu Casal de Cultura*** untergebracht. Zu besichtigen sind dort altes Mobiliar, Küchenutensilien, landwirtschaftliches Gerät. Di-Sa 11-13 Uhr, außerdem Di-Fr 16-19 Uhr im Winter bzw. 17-20 Uhr im Sommer. Freier Eintritt; www.sollernet.com/casal.

Naturwissen-schaftliches Museum

Im – allerdings nur mäßig attraktiven – ***Museu Balear de Ciencies Naturals*** mit einem kleinen botanischen Garten zur Flora der Insel geht es um Entstehung und Natur Mallorcas. Dazu sind u.a. viele geologische Fundstücke in konventioneller Aufbereitung ausgestellt. Der Haupteingang liegt an der Hauptstraße Palma-Port de Sóller. Ab Bahnhof gibt es eine Ausschilderung (ca. 1 km).

März-Oktober Mo-Sa 10-18 Uhr, im Winter Mo-Sa bis 14 Uhr, So/feiertags zu, **Eintritt €8**; www.museucienciesnaturals.org.

Kunstmuseum Sa Prunera

Das Kunstmuseum ***Sa Prunera*** befindet sich in einem restaurierten Herrenhaus in der Carrer Sa Lluna fast am Ende der Fußgängerzone, ca. 300 m östlich der Plaça Constitució. Abgesehen von einzelnen Werken bekannter Künstler wie *Miró*, *Picasso*, *Toulouse-Lautrec* u.a. ist die Gemälde- und Puppensammlung dort so spannend nicht, es sei denn, Sonderausstellungen erregen Interesse. Der eigentlich Reiz des Museums liegt im Haus selbst mit seiner Fassade, den Details des Treppenhauses, der Originalmöblierung und dem Garten mit **Skulpturen**, außerdem im Blick aus dem gläsernen Fahrstuhl auf die Berge. Di-So 10.30-18.30 Uhr, Eintritt €5, Senioren €3; www.sollernet.com/canprunera.

Sobrasada Museum

Mallorcas älteste Produktionsstätte für *Sobrasada*-Würste (➪ Seiten 415/493) ist ***La Luna*** und steht in der Avinguda d'Asturies 4, etwa 500 m nördlich des Zentrums, Anfahrt über Carrer de la Victoria. Eine alte Halle der Firma wurde als **Industriemuseum** mit Maschinen und Werkzeugen hergerichtet, die nicht nur für Liebhaber von *Sobrasada* und *Butifarron* interessant sind. Besucher können die Produkte im firmeneigenen Laden auch kosten und kaufen. Museum Mo-Fr 10-15 Uhr, Sa bis 13 Uhr. Eintritt €4; © 971 630 168, www.la-luna.es (nur Catalán und Spanisch).

Gastronomie

An der **Hauptplaça** von Sóller ist die Auswahl an Lokalen groß. Dort kommt es mehr auf persönliche Präferenzen an, was Lage der Terrassen und Bestuhlung angeht, als auf alles Andere. Einige der Bistros, Cafés und Restaurants an der Plaça wie an der Fußgängerstraße La Lluna besitzen nach hinten 'raus einen hübschen **Garten**. Das Preis-/Leistungsverhältnis ist dort eher nicht so toll.

- Eine gute Wahl bezüglich der Qualität und der Preise trifft man aber mit dem ***Petit Celler Cas Carreter*** an der Plaça America/Carrer Cetre 4 (etwa 400 m nordwestlich der Hauptplaça). Dort serviert man verfeinerte mallorquinische Gerichte; www.sollervirtual.com/restaurantes/cellercascarreter.html.

»Celler Cas Carreter«, kein Keller im Wortsinn, sondern eine frühere Fasslagerstätte

Orangenbäume sind auf Mallorca auf dem bestem Weg, von einer Nutz- zur Zierpflanze zu mutieren

Die Orangen von Sóller

www.cas-sant.com; www.canai.com

Das Tal von Sóller steht voller Orangenbäume, über 100.000 sollen es (noch!) sein. Bis zu 100 kg trägt ein einziger Baum, dennoch stellen die Orangen dort keinen Wirtschaftsfaktor mehr dar. Zwar sind mallorquinische Orangen süßer und saftiger als die bei uns im Supermarkt erhältlichen Apfelsinen aus Israel, der Türkei, vom spanischen Festland und sonstwoher. Nur aus Mallorca kommen sie fast nie; selbst in den Supermärkten der Insel werden mehr importierte als einheimische Orangen angeboten. Das ist kein Wunder, denn sie werden – außer für den lokalen Bedarf – kaum noch geerntet, verrotten großenteils unter und an den Bäumen. Abernten und Transport, nicht zu reden von der Baumpflege, sind auf Mallorca teurer als der erzielbare Preis, sagen die Besitzer.

Vor einiger Zeit hat sich aber die Erkenntnis durchgesetzt, dass Orangenbäume nicht nur unter wirtschaftlichen Aspekten bewertet werden dürfen. Denn sie sind eine Art mallorquinisches Kulturgut. Während der Hauptreifeperiode von Februar bis Mai (wegen unterschiedlicher Sorten können Orangen sogar von November bis Juli geerntet werden) sind die vollen Bäume mit ihren satten Farben ein attraktives, für das Image der Insel typisches Fotomotiv. Das gilt ebenso für die Blüte, die überwiegend auf das Frühjahr von Januar bis März fällt. Beides zieht Besucher an. Auch die Erhaltung der Artenvielfalt ist von Bedeutung.

In dieser Situation sind Rezepte für eine »Umnutzung« gefragt. Ein interessanter Ansatz war das Angebot der Hotelfinca ***Cas Sant***, für €80 die Patenschaft für einen Orangenbaum zu übernehmen. Die »Dividende« wird in Naturalien gezahlt. Mittlerweile sind dort alle Bäume vergeben.

Eine erfreuliche Nutzung kommt auch den Gästen der ***Finca Ca N'Ai*** zugute. Die sonst strauchartigen und wegen des Pflückens niedrig gehaltenen Bestände hat man zum Teil einfach wachsen lassen und von den unteren Zweigen befreit. Dort gibt es nun einen kleinen Wald von über hundertjährigen Orangenbäumen, spazieren gehen kann. Rund um den Pool bilden die Bäume natürliche Sonnenschirme. Und wer hochlangt, hat frische Früchte zur Hand. Jede vom Gast gepflückte Orange vermindert den Aufwand zur Beseitigung verfaulter Früchte.

- Schräg gegenüber (Gran Via 43) befindet sich in der alten Villa das Restaurant ***C'an Boqueta*** mit Gartenterrasse, ein von vielen als kulinarisches Kleinod bezeichnetes Lokal. Der Eigentümer entstammt der Schule des mittlerweile weithin bekannten mallorquinischen Kochs *Santi Taura* (➪ Lloseta, Seite 259). Es gibt dort nur Menüs, mittags (Di-So 13-16 Uhr) 3 Gänge zu €15, abends (Di-Sa 20-23 Uhr) 5 Gänge für €29,50, inkl. ausgesuchter Weine passend zu Gängen €48,50, was vergleichsweise günstig ist. Reservierung angezeigt: © 971 63 83 98.
- An der Straße in Richtung Lluc (ca. 7 km) ist das Restaurant des **Mirador *Ses Barques*** zwar keine kulinarisch erste Adresse (deftig mallorquinisch), hat aber eine **Terrasse** mit Panoramablick übers Tal von Sóller, phänomenal bei untergehender Sonne. Bei kühlem Wetter sitzt man im Gastraum unter der Plattform.

Cas Xorc und Bens d'Avall

Ein paar Kilometer in Richtung Deiá sind es bis zum **Landhotel *Cas Xorc*** und noch ein wenig weiter zum Edelrestaurant ***Bens d'Avall***, ➪ beide Seite 230.

Port de Sóller

Lage und Kennzeichnung/Parken

Port de Sóller liegt brillant an einer halbrunden Bucht. Eine hohe Felsbarriere schützt sie gegen Sturm und Seegang des Meeres. Hinter dem schmalen Ortsstrand und einer Mauer verlief die Hauptstraße samt Trasse der Straßenbahn. Dort musste sich früher der nicht schon weiter oben auf Parkplätzen »abgefangene« Verkehr hinein- und herausquälen und die Passanten auf einen schmalen Fußweg entlang der Restaurant- und Ladenzeile verdrängen. Heute ist das anders. Der **1300 m lange Sa Mola- Tunnel** leitet den Verkehr ins rückwärtige Port de Sóller und verteilt ihn von dort über zwei Verkehrskreisel auf immer volle **Parkplätze** und ein **Parkhaus** (hinter den Hotels *Eden* und *Aimia*).

Hafen von Port de Soller

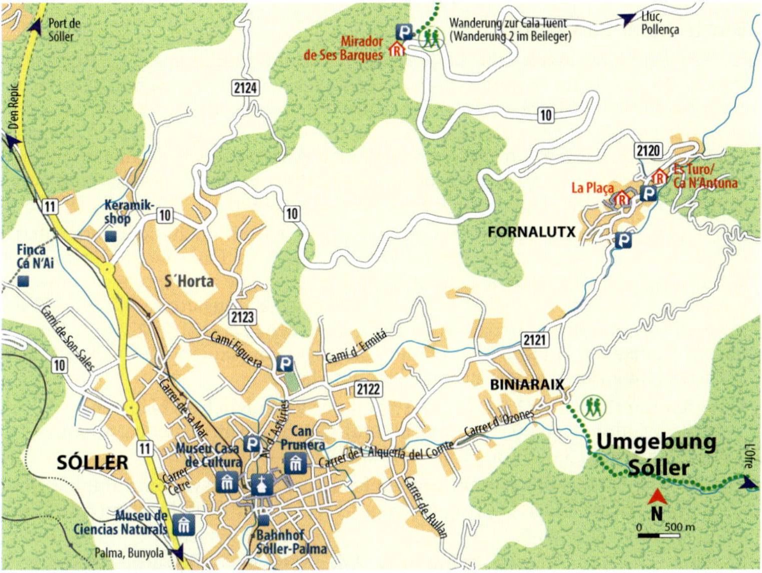

Port de Sóller
D'en Repic
Mirador de Ses Barques
Wanderung zur Cala Tuent (Wanderung 2 im Beileger)
Lluc, Pollença
2124
10
2120
La Plaça
Es Turo/ Ca N'Antuna
11
Keramik-shop
Finca Ca N'Ai
S'Horta
FORNALUTX
2123
Camí de Son Sales
Camí Figuera
Camí d'Ermitá
2121
2122
BINIARAIX
Carrer de sa Mar
Av. d'Asturies
Can Prunera
Carrer d'Ozones
Umgebung Sóller
L'Ofre
SÓLLER
Museu Casa de Cultura
Carrer de l'Alqueria del Comte
Carrer Cetre
Carrer de Rullan
Museu de Ciencias Naturals
Bahnhof Sóller-Palma
Palma, Bunyola
N
0 500 m

Port de Sóller mit D'en Repic
N
0 250 m
Torre Picada
Carrer de Bèlgica
Komplex Hotel Jumeirah
Carrer França
Carrer Mestral
Nautilus
Es Figueral
2124
Urb. Torre Picada
Museu de la Mar
Es Reco / Pirata
Port de Sóller
Carrer Mallorca
Cap Gros
Sa Muleta
Es Faro
Camí del Far
Carrer de la Marina
Carrer de Lepanto
zur Ma-10
Ran de Mar / Es Pages/ Ses Oliveres
Carrer d'Alaro
Túnel de sa Mola
Urb. Moleta
Agapanto
Passeig es Traves
Brasserie/ Es Canyis
11
D'en Repic
Sa Sinia
Camp de sa Mar
Sóller

5.3

Boote nach Sa Calobra

In Port de Sóller startet die beliebteste Bootsfahrt Mallorcas. Die Reederei ***Barcos Azules*** ist im Sommer mit zwei großen Katamaranen täglich mehrfach nach **Sa Calobra** unterwegs, einem »Touristendorf« unter der Steilküste unweit der Schlucht ***Torrente de Pareis*** (➪ Seite 244 ff). Dort haben die nach Niederschlägen durch den Canyon stürzenden Wassermassen in Jahrtausenden ein von hohen Felswänden umgebenes natürliches Kiesbodenbecken und von ihm einen schmalen Durchbruch zum Meer geschaffen.

Der Ticketverkauf für die Boote nach Sa Calobra, soweit noch nicht vorab über eine Bustour oder im Internet geregelt, befindet sich am Ende der breiten in den Yachthafen von Port de Sóller hineinragenden Mole. Die mit Bussen oder Mietwagen anreisenden Passagiere (➪ Seite 444 und Ausflugsroute 4, Seite 423) müssen von den rückwärtige Parkplätzen bzw. dem Parkhaus (➪ vorige Seite) bis zur Mole noch ein Stück durch die Fußgängerzone laufen. Nur wer mit der Straßenbahn anreist, landet unmittelbar am Hafen.

- Im **Sommerhalbjahr (1.04. bis 31.10.)** gibt es **vier tägliche Abfahrten** nach Sa Calobra: 10.00, 11.15, 13.00 und 15 Uhr – Fahrtdauer ca. 60 min **Rückfahrten** ab Sa Calobra um 13.45 und 16.30 Uhr
- In der ersten **Novemberwoche** und im **Februar und März** verkehrt nur jeweils ein Boot an den Tagen **Di, Do und Sa** um 11.15 Uhr, Rückfahrt um 13.45 Uhr

Tickets: €20 eine Strecke; €30 retour; Kinder 6-11 Jahre €10/€15, Junioren 12-22 Jahre €15/€23, Fahrrad €2 one-way. Alle Preise bei online-Reservierung.

Bootsfrequenzen und Zeiten können sich in Abhängigkeit vom Wetter ändern. So verkehren die Boote z.B. bei hoher See, also starkem Wind, eventuell nicht. Daher vor einer Ausflugsplanung vorsichtshalber telefonisch klären:

Reederei ***Barcos Azules*** **✆ 971 630 170**; www.barcosazules.com

Weitere Boote verkehren im Sommer zur **Cala Tuent** (➪ Seite 246) und zum »Lochfelsen« ***Na Foradada*** (➪ Seite 226). Im Juli/August gibt es **Sonenuntergangstrips**. Alle Details dazu unter der Internetadresse oben.

Der populärste Bootstrip Mallorcas führt zur Cala de Sa Calobra mit dem Torrent de Pareis

Strand und Uferzone

Die frühere Hauptstraße entlang der Bucht wurde in den letzten Jahren zu einer großzügigen Fußgängerzone umgestaltet. Sie liegt auf einer Ebene mit den Schienen der dort Schritttempo fahrenden Straßenbahn und dem erheblich verbreiterten Sandstrand. Der dadurch erreicht Zuwachs an Attraktivität ist beachtlich. Indessen kann Port de Sóller seither mit Fahrzeugen nur noch über den auf Seite 236 erwähnten Tunnel oder die rückwärtige Straße Ma-2124 erreicht und auch nur so verlassen werden.

Hafenpromenade

Der öffentlich zugängliche Hafenbereich wurde um das Gros einer früher abgesperrten Militärzone erweitert und in die verkehrsfreie Zone einbezogen. Es entstand eine breite Promenade mit viel Platz für die Terrassen alter und neuer Restaurants, die das gastronomische Angebot des Ortes noch einmal erstaunlich erweiterten.

Fischanlandung

Auf der Fischereimole am hinteren Hafenbecken sind nach wie vor Fischernetze pittoresk zum Trocknen und Reparieren ausgelegt. Ab dem späten Nachmittag landen dort Fischer den Fang des Tages an, auf Mallorca eine der besten Gelegenheiten, Meeresgetier aller Art – Haie, Gambas, Tintenfische u.v.a.m. – teilweise noch lebend aus der Nähe zu begutachten.

Aussichtspunkt/ Museu de la Mar

Oberhalb des Hafens steht in exponierter Lage auf einem Felsplateau das ***Oratori de Santa Catalina***, ein auf das 13. Jahrhundert zurückgehendes Kloster mit Kapelle. Dorthin gelangt man von der Hafenmole, indem man der dahinterliegenden Carrer de Santa Caterina d'Alexandri bergauf folgt. Am Ende der Mole existiert außerdem ein Treppenzug nach oben. Von der **Aussichtsplattform** zwischen Kapelle *Santa Catalina* und *Museo de la Mar* fällt der Blick über die Bucht von Sóller und die Steilküste und auf das tief unten liegende Meer.

Der Gebäudekomplex gegenüber der Kapelle wurde vor Jahren für die Zwecke des ***Museu de la Mar*** umgestaltet. Es thematisiert die maritime Orientierung des Tals von Sóller von der Piratenzeit bis zu den Orangentransporten nach Frankreich mit diversen Ausstellungsstücken und vor allem mit einem sprunghaften Video (auch in deutscher Synchronisation) in einem Vorführraum in futuristischem Design.

Geöffnet Di-Sa 10-18 Uhr, So/feiertags 10-14 Uhr; November bis Ende Januar geschlossen. Eintritt €5.

5.3

Gastronomie

Im Bereich der Hafenpromenade ist auf ca. 300 m Länge die Auswahl riesig. Fast alle Lokale bewerben ihr Angebot unübersehbar. Da es bei Preisen und Ausstattung keine auffälligen Unterschiede gibt, fällt die Auswahl für die Einkehr schwer; hilfreich ist aber die bisweilen sehr ungleich verteilte Frequentierung: Ein Lokal platzt aus allen Nähten, der Nachbar dagegen hat noch viel Platz. Manchmal Zufall, oft aber Folge von Mundpropaganda.

Nicht viel verkehrt machen kann man mit dem

- **Restaurant *Pirata*** und der **Bar *Albatros*** noch ziemlich am Anfang der Promenade (beide mallorquinische Küche/*Tapas*).

Ins Auge fallen an der Uferstraße/Promenade Passeig Es Traves vor allem im südlichen Bereich folgende eng beieinander liegende Restaurants mit Garten auf:

- **Ses Oliveres**, Es Traves 18, wird seit Jahren überwiegend gut bewertet und ist daher oft knackvoll; von Paella über Fisch bis Steaks; © 971 634 168; www.restaurantsesoliveres.com
- ***Ran De Mar***, Es Traves 16, mit Chill-out-Bereich, mediterrane Küche; © 971 634 578; www.randemar.com.
- Das ***Restaurant Cas Pagés***, Es Traves 14, hat eine Terrasse im 1. Stock über dem Restaurant *La Bodeguita*. Von dort fällt der Blick über die Bucht. am Abend in Richtung Sonnenuntergang; mallorquinische Küche; © 971 634 382; www.caspages.com

Wem es auch und/oder besonders auf die Aussicht ankommt, sei auf die ***Bar Nautilus*** und das ***Restaurant Es Faro*** (unter D'en Repic übernächste Seite) hingewiesen.

Restaurants La Bodeguita und Cas Pagés in der Fußgängerzone gegenüber dem Strand

Zum Küstenfelsen mit dem Jumeirah Resort

Folgt man von der Hauptmole unweit der *Tranvia*-Endstation der Straße Carrer de Cingle geradeaus (von der Bucht weg), erreicht man über einige Kehren am Hotel *Porto Sóller* vorbei den Grat des Küstenfelsens 150 m über dem Meer. Dort wartet die *Bar Nautilus* auf Gäste, und rechts davon erhebt sich der riesige Komplex eines der exklusivsten Hotels Mallorcas (ca. 10 Jahre Bauzeit inkl. Stillstand über viele Jahre). Das Luxusresort ******Jumeirah Port de Sóller*** wurde erst 2012 eröffnet und hat nur Zimmer mit Meerweitblick ab ca. €300 aufwärts.

Bar Nautilus

Ganz durchschnittlich und eher ein bisschen alternativ präsentiert sich äußerlich die ***Bar Nautilus*** gleich nebenan. Das Pfund, mit dem das Lokal wuchert, sind Panoramafenster und die zum Teil blumig grün überwachsene Holzterrasse. Von dort, aber auch bei kühler Witterung von drinnen, hat man eine grandiose Aussicht aufs Meer und das Cap Gros gegenüber. **Aufregender sitzt man in ganz Port de Sóller nicht**. In den letzten Jahren gab es mehrere Betreiberwechsel mit Auswirkungen auf die Karte. Aktuell reicht die von leichter Bistrokost bis zu 4-Gang-Menüs bei noch moderaten Preisen; © 971 638 186, www.nautilus-soller.com. Ein Aufstieg zu Fuß dorthin dauert ab Hafen je nach Kondition 10-15 min.

Torre Picada

Zwischen der Bar und den »Ausläufern« des *Jumeirah* öffnet sich der Blick auf eine Felsbucht tief unten. Ein Weg läuft unterhalb der festungsartigen Mauern des Hotels nach Norden, endet aber in den bewaldeten Hängen unter dem ***Torre Picada***, einem alten nur über weitläufige Pfade von der Ostseite her erreichbaren Wachtturm, da der Bau des *Jumeirah* den Zugang über die Hochebene versperrt hat.

Blick auf die Steilküste vor Port de Sóllér vom Cap Gros aus. Ganz links steht der Torre Picada (x), an der Abbruchkante das weiße Hotel »Jumeirah«. Darunter rechts liegt die Terrasse des »Nautilus« (xx)

D`en Repic

Promenade

Der Ortsteil an der südlichen Seite der Bucht von Sóller heißt **D`en Repic**. Von Port de Sóller ist D`en Repic durch einen *Torrent*, ein felsiges Bachbett, getrennt, das sich nur auf einer Fußgängerbrücke überqueren lässt. Jenseits der Brücke gibt es entlang der hier dicht, aber nicht sehr hoch gebauten Gebäudezeile eine etwa 200 m lange breite **Uferpromenade** mit viel Sitzkapaziät draußen.

Strand

Davor erstreckt sich ein breit aufgespülter Strand, der wegen seines flachen Verlaufs und der geschützten Lage in der Bucht kinderfreundlich und selten sehr voll ist. Das liegt möglicherweise aber auch an seiner mangelnden Attraktivität und der generell nicht so erfreulichen Wasserqualität in der Bucht von Sóller.

5.3

Zufahrt D`en Repic/ Parken

Per Auto geht es dorthin nur **über eine Abfahrt von der Hauptstraße noch vorm Sa Mola-Tunnel**, dann ein kurzes Stück weiter auf der alten Straße Richtung Port de Sóller und dann links über Bahntrasse und Torrent. Die Straße schlängelt sich nach Überquerung der Brücke durch rückwärtige Zitrusbaumgärten, stößt am westlichen Promenadenende auf die Bucht und läuft weiter bis zum Cap Gros hinauf. Hinter der Küstenbebauung in D`en Repic gibt es bei der letzten Kurve vor »Einfahrt« in den Ort (an der »Ecke« das Hotel *Los Geranios*) einen Besucherparkplatz.

Einkehr

- In der ***Brasserie***, dem Restaurant im *Los Geranios*, findet man kulinarisch gehobenes Niveau; © 971 631 440, www.hotel-losgeranios.com/de/restaurant.html.

- Dem steht das Restaurant ***Es Canyis*** am westlichen Ende der Promenade, früher ein einfaches Strandlokal, heute in nichts mehr nach; ✆ 971 63 14 06, www.escanyis.es.

Moderatere Preise als in diesen beiden Restaurants gelten in den Lokalen, die an der Promenade weiter östlich liegen.

Beach Club Agapanto

- An der Südflanke der Bucht bzw. des Strandes von D'en Repic befindet sich der ***Beachclub*** mit ***Restaurant Agapanto*** für Freunde des gehobenen Strandvergnügens, ➪ Seite 84. Abends lädt man dort zu – von Chill-out und Live-Musik umrahmten – ***Candlelight Dinner Events***, Weinproben und mehr. Reservierung unter ✆ 971 633 860; www.agapanto.com.

Cap Gros

Folgt man der Straße um den Strand herum, passiert man auf ca. halber Höhe zum Cap Gros eine Abstiegsmöglichkeit hinunter zu Badeklippen am klaren Wasser der äußeren Bucht.

- Eine tolle Aussicht hat man von der verglasten Terrasse des Restaurants ***Es Faro*** neben dem Leuchtturm am Ende der Straße. Auch die Küche ist dort sehr gut – bei der exquisiten Lage angepassten Tarifen. Ein Besuch lohnt sich besonders bei schönem Wetter an einem warmen Abend, wenn man draußen auf der Terrasse sitzen kann. Das Lokal bietet aber auch ein qualitativ hochwertiges Mittagsmenu, für das man natürlich etwas mehr zahlt als am Hafen von Sóller ✆ 971 633 752, www.restaurantesfaro.es.

Ein paar Schritte weiter steht die **Wanderherberge *Muleta***, eine der Übernachtungsstationen auf der Süd-Nord-Wanderroute von Sant Elm bis nach Pollença; ➪ Seite 60.

Bunte Keramik-Kreationen open-air am Straßendreieck Ma-11/Ma-10 (dort geht's in Richtung Norden nach Fornalutx und weiter nach Lluc/Pollença)

Fornalutx und Biniaraix

Tal von Soller/ Biniaraix

Ein absolutes »Muss« im Tal von Sóller ist ein Besuch der Dörfer **Fornalutx** und **Biniaraix**, wobei es vor allem auf ersteres ankommt. Beide liegen inmitten ausgedehnter Zitronen- und Orangenplantagen. Die enge Straße in Richtung der beiden Nachbarn ist in Sóller gut ausgeschildert. Gleich außerhalb der Stadt trennen sich die Wege; nach **Biniaraix** geht's rechts. Die Attraktion dieses Minidorfes ist ausschließlich seine Idylle unter dem Gipfel des *L'Ofre*. Vom Ortsende kann man vor einem alten **Waschplatz**, der von klarem Quellwasser gespeist wird, links hinüber nach Fornalutx fahren (2 km). Rechts vom Waschplatz beginnt der alte **Pilgerpfad** zum Kloster Lluc (➪ Wanderroute #1 im separaten Beileger).

Fornalutx

Fornalutx ist größer als Biniaraix, dicht bebaut und an einem Hang zusammengedrängt. Malerische Gassen, Verbindungstreppchen, schiefe Häuschen und üppige Blumenpracht allenthalben liefern schöne Fotomotive. Der mehrfache Sieger im spanischen Dorfwettbewerb erfreut sich eines regen **Ausflugstourismus'** und ist auch als Wohnort begehrt. Ein altes Stadthaus oder eine Finca in Fornalutx sichert seinem Eigentümer Prestige wie in oder bei Deià.

Parkproblem/ Anfahrt per Bus

Besucher haben zunächst einmal das Problem, einen **Parkplatz** zu finden. Wer aus Sóller kommt und am Westende des Dorfes ein freies Plätzchen auf dem Parkplatz entdeckt (rechts »unter« der Hauptstraße), sollte die Chance nutzen. Weiter oben ist oft alles zugeparkt. Nördlich des Dorfes (Richtung Westküstenstraße) gibt es eine weitere Parkfläche. Dort befindet sich auch die **Bushaltestelle**. Der **Bus 212 Port de Sóller-Sóller-Biniaraix-Fornalutx** verkehrt Mo-Fr 3x täglich. Samstags nur 2 Abfahrten. Keine Busse am Sonntag; ➪ Fahrpläne unter www.tib.org.

Besichtigung

Fornalutx lässt sich in 30-45 min oberflächlich erkunden, je nachdem, wieviele Stopps man einlegt, um Aussicht und Details von Architektur und Gärten zu bewundern. Auch die Kirche mit einer Sonnenuhr, Marienfigur am Außenportal und Orgel von 1584 ist einen Extrablick wert. Man sollte den Besuch von Fornalutx nicht auf die Plaça und Umfeld beschränken, sondern die beiden kleinen Stadthotels *Can Reus* und *Petit* unterhalb der Hauptstraße passieren und am Ende rechts hinunter zum Bach gehen, ihn überqueren (Brücke) und ein paar Meter auf dem Pfad nach rechts laufen: wunderbare Blicke auf Tal und Dorf belohnen den Abstecher.

Gastronomie

- Grün überrankt ist die Terrasse des ***Ca N'Antuna*** (nördlicher Ortsausgang, Carrer Arbona Colom 6) mit mallorquinischer Küche, oft voll, daher besser reservieren: ✆ 971 633 068.
- Ein paar Schritte weiter residiert das ***Es Turo*** mit ähnlichen Vorzügen und Schwächen wie das *Ca N'Antuna*, u.a. Schwankungen der Küchenqualität; ✆ 971 630 808, Do geschlossen.

Der Terrassenblick ist in beiden Fällen schwer zu überbieten.

- Für eine schlichte Einkehr mitten im Ort sitzt man am besten im ***Café La Plaça***, einem typischen Touristenlokal, aber o.k.

Sa Calobra

Kennzeichnung

Die *Cala de Sa Calobra* mit dem ***Torrent de Pareis*** ist **das** Ausflugsziel Mallorcas und gleichzeitig die einzige mit Fahrzeug erreichbare Bucht der Nordwestküste zwischen Port de Sóller und Cala de Sant Vicenç (sieht man ab von der *Cala Tuent*, die ihre Erschließung der Straße nach Sa Calobra verdankt). Sie wird von April bis Oktober tagtäglich von einer Armada von Bussen angesteuert. Gleich vier Aspekte machen dieses Ziel attraktiv:

- die **Fahrt** durch die Berge der *Serra Tramuntana*

Die Straßenbauer mussten sich für die Abfahrt hinunter nach Sa Calobra einiges einfallen lassen

- 13 km mit vielen **Haarnadel-Serpentinen** (auf sehr gut ausgebauter Strecke) samt »**Krawattenknoten-Straßenführung**« über fast 900 m Höhenunterschied durch eine rauhe **Gebirgslandschaft** und wechselnde **Vegetationszonen**.
- die durch Auswaschung entstandene **Schlucht des *Torrent de Pareis*** (Sturzbach bei Regen) und sein Durchbruch zum Meer.
- die Möglichkeit, jeweils eine Strecke **per Bus/Auto** und **per Boot** von/nach Port de Sóller bzw. Lluc zu machen, ⇨ Routenvorschlag 4, Seite 423, und Wanderroute 2 im Beileger.

Anfahrt (Zeiten 2016, seit Jahren nahezu unverändert)

Ohne Buchung eines vorprogrammierten Busausflugs (⇨ Seite 444) kommt man fast nur mit **Leihwagen/-motorrad** oder **Taxi** nach Sa Calobra. Der **Bus #355** bedient von **April bis Oktober einmal täglich Sa Calobra (nicht So/feiertags)**: ab Can Picafort um 9.30 Uhr (über Port Pollença, Pollença, an/**ab Lluc** 11.20/**11.50 Uhr**; an Sa Calobra 12.50 Uhr; Rückfahrt **ab Sa Calobra 15 Uhr**, ⇨ Seite 97). Den Bus ab Lluc um 11.50 Uhr erreichen auch **Ausflügler aus Palma/Inca** (Bus #330 täglich um 10.00 bzw. 10.40 Uhr, Ankunft Lluc 11.15 Uhr) und aus **Port de Sóller/Sóller** (Bus #354 um 8.30 Uhr, Ankunft Lluc 9.50 Uhr, nicht So/feiertags). Letzterer hat oft mehr Passagiere als Plätze wegen vieler Wanderer, die großenteils am Cuber Stausee wieder aussteigen; meistens, aber nicht immer wird dann ein zweiter Bus eingesetzt. Wer über (Port de) Sóller anfährt, hat noch zwei Stunden Zeit zum Klosterbesuch.

Per Boot und Taxi

Da Selbstfahrer auch wieder zurück müssen, spricht einiges für die Taxivariante in Kombination mit dem **Bootstrip**, die **bei mehreren Personen** ab Sóller oder Inca gar nicht mal so teuer ist: Das Taxi ab Sóller kostet um €50, die Bootsfahrt pro Person für die einfache Strecke €20 (➪ Kasten Seite 238). Rechnet man die Anfahrtskosten vom eigenen Standort dazu, ist ein Mietwagen ab zwei Personen immer preiswerter, aber eine(r) muss sich dabei für die Rückfahrt mit dem Auto »opfern«.

Wer per Auto anfährt, erreicht **1 km vor der Schlucht** den einzigen **Parkplatz** (€3 für 60 min, bis €8 für 5 Stunden und mehr).

Lage und Geographie

Sa Calobra besteht zunächst aus einer hübschen Bucht mit geröligem Strand, Anleger und Strandbars (400 m zum Parkplatz). Drumherum hat sich eine typische auf Ausflügler abgestimmte gastronomische und Souvenir-Infrastruktur entwickelt. Von dort sind es bis zu einem 50 m langen **Fußgängertunnel** weitere 500 m. Hinter dessen Ausgang liegt links der steinige, von steilen Wänden eingefasste **Strand** des Durchbruchs. Auf einer Rampe geht es geradeaus hinunter in einen weiten Talkessel, ➪ Foto unten.

Torrent de Pareis

Die meisten Besucher vertreten sich dort ein wenig die Füße und nutzen die Gelegenheit zum Sonnen oder Baden im glasklaren Meer. Man sollte aber nicht versäumen, auch ein bisschen in die Schlucht hineinzugehen. Da der ***Torrent*** nur im Winter und bei bzw. nach starken Niederschlägen viel Wasser führt, handelt es sich bei gutem Wetter um ein unproblematisches Unterfangen. Wasser steht eingangs in flachen meist leicht zu überwindenden Tümpeln, erst weiter oben auch in poolartigen Vertiefungen.

Wenn nach 500 m der **Pfad schmaler** wird und zur **Kletterei** ausartet, beginnt der sehenswerte Teil der rund 4 km langen und bis 400 m tiefen Schlucht. »Schluchtaufwärts« stößt man aber bald auf fast unüberwindliche Felsbarrieren. Selbst bergab ist ein Durchklettern des Canyons kein einfaches und ungefährliches Unterfangen, ➪ Kasten Seite 247.

Ausgangs des Torrent de Pareis im trockenen »Flussbett«. Im Juli finden hier Open-air Konzerte statt

Tageszeit für den Besuch

Der Besuch von **Sa Calobra** kann Höhepunkt des Mallorcaurlaubs sein. Damit aber **Stress am Steuer**, **Parkprobleme** und **überfüllte Cafeterias** den Trip nicht verleiden, sollte man entweder gleich morgens vor 10 Uhr oder nach 16 Uhr ankommen, um nicht zwischen die Busse zu geraten. **Für einen Kurzbesuch** eignet sich eher der **Nachmittag**, da die Busse und meisten Autoausflügler dann schon wieder weg oder im Aufbruch sind.

Zu beachten

Ein **Nachteil des Nachmittags** ist der zum Fotografieren ungünstige **Schattenwurf** im *Torrent de Pareis*. Außerdem geht **das letzte Boot** nach Port de Sóller (je nach Saison) um 16.30 Uhr. Bei starkem Seegang können die Boote auch ganz ausfallen. Bei **Sommerkonzerten** fährt das letzte Boot erst nach dessen Ende. Ankündigung im *Mallorca Magazin* und in der *Mallorca Zeitung* und auf Plakaten der Umgebung.

Einkehr

Zur Einkehr empfiehlt sich entweder die schlichte **Bar direkt am Wasser** neben dem Zugang zum Bootsanleger oder das ***Es Vergeret*** in *Cala Tuent*, wenn ein Fahrzeug zur Verfügung steht.

Cala Tuent

Anfahrt/-marsch

Die Fahrt zur Cala Tuent ist ein empfehlenswerter **Abstecher auf einem Ausflug nach Sa Calobra**, wenn man zur Einkehr etwas Besseres sucht als die Lokale für die Besucherscharen am *Torrent de Pareis*. Der Weg zur Nachbarbucht der *Cala de Sa Calobra* führt zwar über ein paar steile Serpentinen bergauf und bergab, aber auf der Straße sind es nur rund 5 km zum Ziel, dem Restaurant ***Es Vergeret*** (www.esvergeret.com, ✆ 971 517105; ggf. anrufen für Zeiten). Es liegt erhöht auf der linken Seite der Bucht. Das **alte Gemäuer** bietet innen wie außen auf einer schattigen Terrasse mallorquinische Atmosphäre, dabei hält sich das Preisniveau im Rahmen (leider im Winter nur bis 17 Uhr, sonst bis 18 Uhr geöffnet); ➪ auch **Wanderroute #2** vom *Mirador des ses Barques* zur Cala Tuent im Beileger ab Seite 10.

Malerische, aber steinige Cala Tuent; links auf etwa halber Höhe des Fotos erkennt man das Gebäude des Restaurants Es Vergeret (x)

Abenteuer Torrent de Pareis

In der Seitenschlucht des Torrent de Pareis »Sa Fosca«

Eine Kletter-Wanderung durch die gesamte Länge des Torrent de Pareis mit Ausgangspunkt Escorca (Restaurant und Kirche, kein Dorf, aber Bedarfsbusstopp und ein paar Abstellplätze für Autos) an der Straße Sóller-Lluc gehört zu den aufregendsten und schönsten der Insel. Aber wegen des recht hohen Schwierigkeitsgrades (900 m abwärts!) und der Sturzgefahr auf Teilstücken sollte dieses Abenteuer nur von sportlichen Naturen mit festen Schuhen und erprobter Trittsicherheit in Angriff genommen werden.

Grundsätzlich ist der Torrent nur dann passierbar, wenn es etwa eine Woche nicht geregnet hat. Höhere Wasserstände verhindern eine – nach längerer Niederschlagsfreiheit mögliche – Umgehung der Tümpel hinter Gefällstrecken und erzwingen im ungünstigen Fall mehrfach einen Sprung ins ggf. ziemlich kalte Wasser und dessen Durchquerung. Gleichzeitig können – bei ungünstiger Witterung in den Tagen vor dem Trip – einige der steil abfallenden, bereits bei Trockenheit schwierigen Felsflächen arg rutschig sein.

Die größte Gefahr besteht darin, dass bei Verletzung und anderen Problemen keine Hilfe in der Nähe ist und auch nicht rasch geholt werden kann. Allein darf man sich daher den Torrent auf keinen Fall vornehmen und sollte besser in einer Gruppe als nur zu zweit wandern. Ein Handy sollte heutzutage immer dabeisein mit gespeicherter Nummer für den Notfall.

Dass derartige Warnungen nicht übertrieben sind, zeigen immer mal wieder vorkommende tragische Fälle, die durchweg mit beachtlicher Desinformation der Betroffenen über die Besonderheiten dieser Schlucht verbunden waren.

Wer sich vom Schwierigkeitsgrad nicht abschrecken lässt, sollte relativ früh starten, da man – je nach persönlichem Tempo – bis zu 5 Stunden unterwegs ist. In die Dämmerung oder Dunkelheit darf man auf keinen Fall geraten.

Genauere Hinweise und Informationen entnimmt man weitergehenden ***Wanderführern****, wie dem für den Torrent de Pareis sehr ausführlichen Titel von* ***Reise Know-How*** *für die ganze Serra Tramuntana (**⇨ Seite 31**).*

zu Fuß zur Cala Tuent

Der **Pfad** ab der Straße nach Sa Calobra, der – abgesehen von den Abkürzungen der lang ausholenden Serpentinen – weitgehend der Cala Tuent-Straße folgt, ist keine reizvolle Wanderroute.

Ohne Restaurantbesuch oder die Absicht, hoch über der Küste in Richtung *Mirador de ses Barques* zu wandern (➪ Beileger Route #2 in Gegenrichtung), lohnt sich ein Abstecher zur Cala Tuent kaum. Der Strand der Bucht ist steinig und weniger attraktiv.

per Boot zur Cala Tuent

Die ***Barcos Azules*** laufen auf der Fahrt nach/von Sa Calobra einmal täglich auch die Cala Tuent an (ab Port de Sóller 10 Uhr, ab Cala Tuent zurück 16.40 Uhr), Tarife wie Sa Calobra (aber keine Junioren), ➪ Kasten Seite 238. **Nur Mo-Fr, kein Boot Sa und So**.

La Morenita, die schwarze Madonna im Kloster Lluc

*Der ausgedehnte Klosterkomplex geht auf eine im Jahre 1230 (!) errichtete Kapelle zurück, die sich wegen der Madonnenfigur **Nuestra Señora de Lluc** rasch zu einem Wallfahrtsort entwickelt hatte, so dass bereits 1260 die Errichtung einer Eremitage des Augustinerordens folgte. Llucs Attraktion für Wallfahrer blieb über die Jahrhunderte bis heute bestehen. Nach wie vor wird die **Schwarze Madonna** (im Volksmund **La Morenita**, die kleine Dunkle) von den Mallorquinern mit Inbrunst verehrt.*

*Die Legende besagt, dass im Jahr nach der Eroberung Mallorcas durch die Christen ein kindlicher Schafshirte mit Namen **Lluc** die »Morenita« in den Bergen fand und sie zum Priester der damals gerade neu erbauten Kapelle von Escorca brachte (➪ Wanderung Torrent de Pareis vorige Seite). Tags darauf war sie von dort verschwunden und tauchte an der alten Fundstelle wieder auf. Das wiederholte sich, bis man den Wink verstand: ein weiterer Kapellenbau war angezeigt, genau dort, wo Lluc wieder und wieder die Figur gefunden hatte.*

Kloster Lluc fotografiert aus mittlerer Höhe der Stufen hinauf zum Kalvarienberg

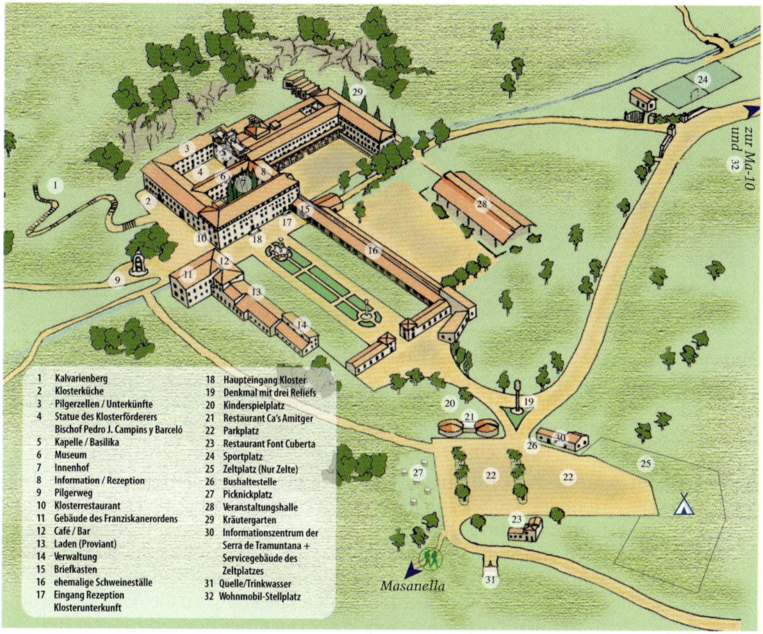

Die Klosteranlage Lluc (Monastir de Lluc)

Lage/ Eintritt

Allein schon die **Lage des Klosters** am Rande eines sich weit öffnenden Tals mitten in der *Serra Tramuntana* unterhalb der Straße Sóller-Pollença mit einer aus allen Richtungen großartigen Anfahrt lohnt den Ausflug nach Lluc. Auch das Kloster als solches hat Einiges zu bieten, dennoch war der Besuch der Anlage bisher frei, kostet aber seit 2016 **Eintritt: €5,00 pro Person**..

Parken

Die kurze Zufahrt Ma-2140 von der vorbeiführenden Hauptstraße Sóller-Pollença mündet auf einen großen Parkplatz. Mit Kauf der Eintrittskarte ist das Parken frei. Wer auf den Besuch verzichtet und es nur auf die Gastronomie der Anlage oder den Picknickplatz abgesehen hat, zahlt indessen €6,00 *Flat Rate* fürs Parken.

Kennzeichnung

Die **Restaurants**, **Läden** und andere Einrichtungen in und um das Kloster herum sind auf zahlreiche Gäste eingestellt. Vor allem an Sonn- und Wallfahrtstagen ist der Besucheransturm erheblich.

Kirche und Madonna

Aus der Karte oben erkennt man schon gut die Ausdehnung des Klosterkomplexes, ➪ auch 150 m breiten Hauptbau im Foto links. Im Mittelpunkt des Besucherinteresses stehen dort die **Innenhöfe** und die reich geschmückte basilikaartige **Kirche**. Hinter deren Altar befindet sich ein separater Raum zu Anbetung der darin aufgestellten Madonnenfigur *La Morenita* (➪ gelben Kasten.

5.3

Anstehen am neuen Tickethäuschen des früher eintrittsfreien Klosterkomplexes

Museum

Im ersten Stock des Klosters ist ein kleines, **sehenswertes Museum** mit Memorabilia zur Geschichte Llucs und archäologischen Funden untergebracht. Außerdem sind eine beachtliche Gemäldesammlung, Keramik und liturgische Möbel ausgestellt. Geöffnet So-Fr 10-14 Uhr, Sa geschlossen, zusätzlicher Eintritt €4.

Kalvarienberg

Auf keinen Fall auslassen sollte man den **Aufstieg** auf den Kalvarienberg, wobei zunächst der Weg über die breite Treppe zu empfehlen ist, die gegenüber dem Klosterrestaurant unverfehlbar nach oben führt. Bereits von den ersten Absätzen genießt man einen schönen Blick über die Dächer des Klosters und die Umgebung. Für den Rückweg nimmt man den längeren, um die Anhöhe herumführenden **Prozessionsweg** vorbei an einer Reihe religiöser Reliefs.

Klostergarten

Die meisten Besucher übersehen das schattige, bisweilen leicht vernachlässigte Klostergärtchen voller Pflanzen und Kräuter, das versteckt (rechts) hinterm Schultrakt liegt (auf der Karte Nr. 29).

Gastronomie

- Das Kloster selbst verfügt über ein großes rustikales Restaurant, ***Sa Fonda***, wo man typisch Mallorquinisches serviert, darunter ein gutes *Pa amb Oli*, ➪ Seiten 494+499.
- Das ***Café Sa Plaça*** im Nebengebäude ist der richtige Platz für den Nachmittagskaffee mit typischem **Mandelkuchen**,
- während das ***Restaurant Sa Font Cuberta*** am hinteren Ende des Parkareals (mit Kinderspielplatz beim Campingplatz) wiederum mallorquinische Gerichte bietet, ✆ 971 517 029.

Alle drei im Internet unter www.lluc.net/eng/food-and-shopping.

Wander- und Naturinfos

Wanderer finden mit dem ***Centre d'Informació de la Serra de Tramuntana*** am Parkplatz eine Anlauf- und Informationsstelle, wo man Material verteilt (u.a. Faltblätter mit Routenbeschreibungen und Karten auch auf Deutsch) und aktuelle Informationen zu eventuellen Wegsperrungen und neueröffneten Wegen hat.

Außerdem gibt es dort eine kleine Ausstellung zur Flora in der mallorquinischen Gebirgswelt und zu den auf Mallorca heimischen sehr seltenen Mönchsgeiern. Täglich geöffnet 9-16.30 Uhr, Eintritt €2; ✆ 971 517 070 oder 517 083.

Picknick Lluc und Binifaldo

Wer beim Lluc-Besuch seine Picknickutensilien dabei hat, findet dafür auf einem Gelände beim Hauptparkplatz hübsch zwischen Felsen und Bäume platzierte **Tische** und **Bänke**.

Ganz hervorragend sind auch die Picknick-Einrichtungen von ***Binifaldo*** (Plätze ***Es Pixarells*** und ***Menut***) nur etwa 3 km ab Lluc in Richtung Pollença beidseitig der Straße, ➪ Übersicht im Kapitel 6, Seite 411. Ein mit Kinderspielgeräten ausgestattetes Areal liegt im Wald oberhalb, das attraktivere Gelände ***Pixarells*** aber **unterhalb der Straße**. Die Zufahrt ist leicht zu übersehen(speziell bei Fahrt in Richtung Pollença; wenn man ein paar hundert Meter weiter *Menut* passiert, ist man zu weit). Ein schlecht gekennzeichneter Pfad (rote Punkte) durch Felsen und Steineichenwald parallel unterhalb der Straße verbindet beide Plätze.

Man muss für ***Pixarells*** der rauen Abfahrt etwa 200 m nach unten folgen (auch für Pkw bei vorsichtiger Fahrweise/Schritttempo kein Problem mit Wendemöglichkeit am Wegende). Dort gibt es herrlich ins Gelände gestellte Tische mit Aussicht, tolle **Kletterfelsen** (nicht nur für Kinder) und sogar ein Toilettenhäuschen mit fließend Wasser. Hier darf sogar gezeltet werden, ➪ Seite 61.

Restaurant Es Guix

Nur ca. 100 nördlich des Straßendreiecks Ma-10/Ma-2130 zweigt die kurze Zufahrt zum ***Restaurant Es Guix*** ab. Das Lokal liegt im Wald mit einem sehr schön in Felsen eingebetteten **Pool**, der von einer Quelle gespeist wird oder wurde? Im Oktober 2016 war der Quellbach versiegt, der Pool ein Teich mit braunem Wasser und der besondere Vorzug, dass man dort schwimmen konnte, dahin.

Nichtsdestoweniger sitzt man auf den Terrassen des *Es Guix* schattig im Wald oder drinnen ganz gemütlich und kann dort nach wie vor mallorquinische Küche mit Zutaten aus ökologischem Anbau genießen (und bei Bedarf das hauseigene Wifi nutzen). Und vielleicht kommt das klare Wasser bald zurück. Geöffnet nur zur Mittagszeit 12.30-16 Uhr, im Sommer Mi-Mo (Di zu); im Winter nur Wochenende; © 971 517 092; www.esguix.com.

Picknickplatz zwischen Felsen gleich hinter dem Großparkplatz des Klosters Lluc

5.3.2 Orte am Ostrand der zentralen Serra Tramuntana

Karte Seite 224 und separate Karte Mallorca

Die im folgenden beschriebenen Orte gehören nicht mehr zum Einzugsbereich der Westküste, können aber bei einer Fahrt z.B. nach Sóller bzw. nach/über Lluc gut in eine entsprechende Route einbezogen werden. Alle diese Orte am Ostrand der Serra liegen im zentralen Bereich (zwischen den Straßen Ma-11/Palma-Sóller und Ma-2130/Inca-Lluc). Sie werden von Südwest nach Nordost behandelt und lassen sich gut über oft wunderschön verlaufende Nebenstraßen (**unübertroffen ist die Strecke von Bunyola über Orient nach Alaró**) abseits der Hauptrouten verbinden.

Bunyola

Kennzeichnung

Nur an Bord der nostalgischen Bahn von Palma nach Sóller (Fahrplan ➪ Seite 98) stoppt man mit Sicherheit in Bunyola, ungefähr 1 km östlich der Schnellstraße Palma-Sóller, ansonsten fährt vorbei, wer nicht Orient zum Ziel hat oder über Bunyola von Sóller auch nach Santa Maria oder den *Festival Park* bei Marratxi fährt. Dabei ist Bunyola ein **hübsches Städtchen** mit grüner Allee, einer ganz netten Plaça und – an der Straße nach Orient – pittoresk an den Berg gelehnten Häusern. Mit dem **Gratis-Wifi** auf den öffentlichen Plätzen im Ortszentrum gibt es seit einigen Jahren ein weiteres Argument für einen Zwischenstopp in Bunyola.

Parken

Wer mit dem Auto kommt, findet im zentralen Bereich entlang der Straßen nur schwer einen Parkplatz. Vom Bahnhof (bzw. Bahnübergang) sind es noch rund 300 m die Straße hinauf zum Auffangparkplatz (links ab, dann 100 m bergab um die Ecke bis zur Einfahrt). Von dort geht man ca. 200 m zur Plaça und einem zentralen Einkaufs- und Barbereich.

In den Jardins de Alfabia

Einkehr

- Mehrere preiswerte Lokale liegen rund um die Plaça. Bei Einheimischen populär ist das ***Café Ca S'Espardenyer***, in der es häufig abendliche Konzerte guter Bands gibt.
- Ca. 150 m südlich der Plaça liegt an der Hauptstraße das kleine **Restaurant Antic** mit einfacher

Landgut Raixa im eigenen Park, den Jardines de Raixa

Einrichtung, aber einem allgemein gelobten Preis-/Leistungsverhältnis. Gute Qualität auch bei anderswo simplen Salaten und *Fast Food*-Gerichten; ✆ 971 613 779.

- Gut und nicht teuer sind die großen Portionen im – bei Mallorquinern sehr populären – ***Restaurant Can Penasso*** an der Straße Palma-Sóller (Abzweig nach Bunyola; www.canpenasso.com). Der riesige ***Pool*** steht zur freien Benutzung der Gäste.

Jardins de Ra(i)xa

Südlich von Bunyola befinden sich (ca. 600 m westlich der Straße Ma-11; Zufahrtschild bei km 12) die ***Jardins de Ra(i)xa***, Terrassengärten eines alten Gutes mit heute nicht mehr erkennbaren Wurzeln in der Araberzeit. Das Hauptareal dieses früher sehenswerten mit Skulpturen gespickten Renaissance-Parks zieht sich hinter dem Gebäudekomplex den Hang hoch und bietet von den oberen Ebenen einen weiten Blick über Palma bis zum Meer.

Raixa kam 2002 in Staatsbesitz und wurde nicht zuletzt dank EU-Hilfe für Millionenbeträge restauriert (erstklassige für Busladungen vorbereitete und begrünte Parkplätze mit Wegbeleuchtung inklusive), aber das Gebäude ist nach wie vor komplett leer. Das Gelände war lange gesperrt, kann aber Di-Sa 10-15 Uhr besichtigt werden. Freier Eintritt; www.raixa.net.

Jardins de Alfabia

Unmittelbar vor der Tunnel-Mautstation bzw. vor dem Beginn der Serpentinen über die Berge befinden sich die Gärten des **Herrenhauses** von ***Alfabia***. Den Parkplatz vor der kurzen Allee zum alten Gutshof erreicht man auf einer eigenen Spur ab dem Kreisverkehr am Gebäude des ehemaligen Restaurants Ses Porxeres.

Die – anders als im Fall *Raixa* – **arabischen Gärten** zeichnen sich durch eine üppige, wenngleich nicht besonders intensiv gepflegte Vegetation an Teichen und Wasserläufen aus, besitzt Fontänen und Springbrunnen. Im Eintritt enthalten ist die Besichtigung der **Räume des *Alfabia*-Gutes**. Antikes Mobiliar, alte Gemälde und die Bibliothek vermitteln ein Bild vom – in vielen Fällen bis

5.3

heute bewahrten – Wohlstand mallorquinischer Großgrundbesitzer schon im 19. Jahrhundert. Maximaler Zeitbedarf 60 min.

Geöffnet April-Okt täglich 9.30-18.30 Uhr, Nov-März Mo-Fr bis 17.30 Uhr, Sa bis 13 Uhr, So geschlossen; Eintritt im Winter €5,50, im Sommer €6,50; www.jardinesdealfabia.com.

Orient

Anfahrt, Dorf und Tal

In Orient gibt es keine Sehenswürdigkeiten, doch das auf einer Anhöhe dichtgedrängt gelegene Dorf ist recht pittoresk. Zwischen dem letzten auf engen Kehren zu überwindenden Höhenzug auf der Strecke von Bunyola, dem Dorf Orient und weiter nach Osten erstreckt sich eines der schönsten Täler der Insel. Besonders im **Frühjahr zur Obstbaum-/Apfelblüte** ist die Fahrt dorthin reizvoll. Die Strecke Bunyola-Orient-Alaró sollte bei keiner Ausflugsplanung für dieses Gebiet fehlen, ➪ Routenvorschlag 5, Seite 425. Sie gehört zusammen mit den Straßen Andratx-Capdella und Puigpunyent-Esporles/*La Granja* neben den Hochgebirgsstrecken durch die *Serra Tramuntana* zu den Highlights der Insel.

Lage/ Einkehr

Orient ist Zwischenziel bzw. Ausgangspunkt der Wanderungen #4 und #9 im Beileger (Seiten 15 bzw. 31). Das früher gerne empfohlene **Restaurant *Orient*** wurde regelmäßig auch negativ beurteilt (wenn Einkehr dort, dann *Pa amb Oli* bestellen). Auf der Terrasse des mit vier Sternen gesegneten ***Hotel Dalt Muntanya*** sitzt man sonniger, aber die Gästezufriedenheit schwankt auch dort.

- Daher für Mahlzeiten besser 100 m bergauf laufen zum ***Restaurant Mandala*** mit kleiner Terrasse und drinnen gediegenem Ambiente, französisch/indisch angehauchte internationale Küche, etwas gehobene Preise. Januar/Februar ganz, Mo immer zu; für Zeiten ggf. anrufen, da monatlicher Wechsel; © 971615285.
- Ca. 2 km östlich des Dorfes liegt das Nobelhotel ***L'Hermitage***. Dessen Restaurant genießt einen guten Ruf. Bei kühler Witterung und abends laden ein stimmungsvoller Gastraum und eine ebensolche Bar zum Aperitif vorab ein. Bei gutem Wetter sitzt man auch draußen angenehm; www.hermitage-hotel.de.

Blick auf Orient von der Straße Orient–Alaró aus

Auffahrt zum Ausgangspunkt der Wanderung auf den Burgberg von Alaró bzw. (zunächst) zum Gasthof Es Verger

Alaró

Anfahrt

Von Orient nach Alaró geht es auf kurvenreicher Strecke ähnlich reizvoll weiter wie bereits auf dem Abschnitt Bunyola-Orient, wobei ein Höhepunkt der Strecke die »Umrundung« des Burgbergs von Alaró ist, dessen Nordostseite mehrere hundert Meter steil aufragt.

Plaça

Das Städtchen Alaró liegt am Westrand der zentralen Ebene, 5 km von der Autobahn Palma-Inca entfernt (Abfahrt Consell) großenteils unterhalb des ersten Anstiegs der *Serra*. Der Ortskern bietet keine nennenswerten Sehenswürdigkeiten mehr, nachdem man die vordem ganz hübsche Plaça ihres alten Baumbestandes beraubte und durch eine sterile Steinwüste und ein paar Bäumchen ersetzte. Immerhin gibt es eine kleine Fußgängerzone zwischen der Haupteinfallstraße von Süden (ab der Autobahn) und der Plaça. Wer sich dort ein wenig umsehen möchte, hält sich ab dem *Hostal C'an Tiu* in der Carrer Petit links und erreicht nach wenigen Schritten die Plaça.

Einkehr

- Neben zwei »normalen« Kneipen gibt es dort das zum kleinen Hotel *Can Xim* gehörende ***Restaurant Traffic*** mit guter mallorquinischer Küche bei mittleren Preisen; im Sommer wird auch auf der Gartenterrasse am Pool serviert. .

Castillo de Alaró/ Castell d`Alaró

Der »Clou« von Alaró sind die wildromantisch gelegenen **Ruinen der gleichnamigen Burg**, die über eine weit nach oben führende Fahrstraße und einen kurzen Fußmarsch relativ leicht erreicht werden können (➪ Wanderung #4 im Beileger): ca. 500 m hinter dem Ortsausgang in Richtung Orient weist das Schild *Castell d`Alaró/Es Verger* den Weg zur alten Burg.

Die ersten ca. 3 km durch eine Terrassenlandschaft voller Olivenbäume unterhalb des Burgbergs sind geteert und in problemlos befahrbarem Zustand. Auf dem restlichen Straßenstück bis zur ***Finca Es Pouet*** (ca. 1,5 km) wurden die Schlaglöcher über Jahre mit Zement derart ausgegossen, dass mittlerweile eine durchgehend befestigte, wiewohl flickenteppichartige und poltrige Piste existiert, die nun selbst bei Nässe noch vom kleinsten Pkw bewältigt werden kann.

Es Verger

Die Finca beherbergt mit ***Es Verger*** einen ziemlich ungewöhnlichen, weil absolut schäbigen und wohl noch nie in irgendeiner Form renovierten **Landgasthof** (✆ 971 182 126, Mo geschlossen; ➪ auch **Wanderbeileger**, Seite 17), dessen Beurteilungen von »super« über »urig« bis »Zumutung« reichen. Immerhin gibt's dort ein paar grandios deftige Gerichte (z.B. Lammkeule und große Portionen Schnecken mit *Allioli*) zu relativ moderaten Preisen.

Eingang zum Landgasthof Es Verger 2017. Einladend, »urig« oder Zumutung? Auf jeden Fall geht's links zum Castell und rechts zum Open-air Bereich des Hauses

Wer es riskieren mag, kann mit dem Auto, besser SUV, die Finca passieren und auf einem – allerdings grottenschlechten – Fahrweg links von ihr noch etwa 2 km weiter nach oben fahren bis zur sog. ***Pla d'es Pouet***, einer kleinen Hochfläche. Von dort läuft man nur noch ca. 15 min zur Burgruine. Die meisten ziehen es vor, das Auto auf den Parkplätzen unterhalb der Finca abzustellen.

Wanderung zur Ruine

Der schönere Pfad zur Burg direkt vom Gasthof (rechts an ihm vorbei) wurde schon vor Jahren gesperrt. Der Marsch führt nun für alle auf dem genannten Fahrweg über die *Pla d`es Pouet* nach oben (bei normaler Kondition um 45 min). Alternativ kann man weiter unten an der Straße starten, muss aber mangels anderer Parkmöglichkeiten entweder ganz unten anfangen oder beim *Es Verger* parken und erst einmal 800 m auf der Zufahrtstraße zurück laufen.

Vom alten Burgplatz erreicht man in weiteren 5 min das Plateau des Massivs mit der Kapelle *Nuestra Señora del Refugi* und **Restauration** samt einer einfachen **Herberge** (**Übernachtungen** sind dort ganzjährig buchbar, www.conselldemallorca.net, Stichwort »Trockenmauerbau« und »Wanderroute GR 221«, ➪ auch die Seiten 31f; ✆ 971 182 112).

Ca. 800 m unterhalb des Gasthofs führt ein direkter Weg hinauf zum Burgberg

Eingangsportal der Burgruine von Alaró

Der Blick von den Terrassen der Anlage über die Insel ist spektakulär, ein warmer Nachmittag oder Abend dort mit einem Glas Wein in der Hand einfach toll.

Tropfsteinhöhle

Wer Lust hat, jenseits des Plateaus noch ein bisschen mehr herumzukraxeln, kann zu den **Ruinen eines Wachtturms** in der äußersten Ecke des Massivs vordringen. Darunter liegt der Eingang zu einer Tropfsteinhöhle, der ***Cova de Sant Antoni***, die sich mit viel Mut und einer Lampe erkunden lässt. Turm, Höhle und auch gleich die Gefährlichkeit einer Kletterei hoch oben erkennt man gut von der Straße Alaró-Orient aus.

Bewertung

Fahrt und Wanderung zum *Castell d`Alaró* gehören samt schöpferischer Pause ganz oben mit zum Besten, was das Inselinnere Ausflüglern zu bieten hat. Umso mehr, als sich der Abstecher noch durch eine Einkehr ins Restaurant auf dem Plateau oder ggf. auch ins *Es Verger* rustikal abrunden lässt.

Das Castell d`Alaró

Das historische Datum der christlichen Rückeroberung Mallorcas am Silvestertag des Jahres 1229 bezieht sich genaugenommen nur auf den Fall der Hauptstadt. Der Rest der Insel wurde erst nach und nach unter Kontrolle gebracht. Die bereits damals existierende und als uneinnehmbar geltende Burg auf dem Plateau von Alaró etwa hielt sich noch über 2 Jahre, bevor ihr Befehlshaber sie 1231 wegen Nahrungs- und Wassermangels den Belageren übergab.

In christlicher Hand wurde die Burg 1285 einmal mehr Schauplatz einer Belagerung, als die königstreuen Kommandeure ***Cabrit*** und ***Bassa*** dem Angriff des Mallorca-Usurpators *Alfonso de Aragon* (➪ Seiten 465+469) ausgesetzt waren. Auch sie gaben nur nach Aushungerung auf. Wegen Verhöhnung des späteren Siegers während der Kämpfe erging es den beiden – später zu mallorquinischen Volkshelden erhobenen – Verteidigern schlecht: sie wurden lebendigen Leibes in Palma verbrannt. Ihre Urnen stehen bis heute in Palmas Kathedrale *La Seu*.

5.3

Am Torrent Tossals Verds nach Regenfällen: Glasklares Wasser in kleinen Pools.

Tossals Verds

Weinprobe

An der Straße #211 von Alaró nach Lloseta passiert man das unübersehbare ***Weingut Castell Miquel***, wo der deutsche Eigner *Michael Popp* es in kurzer Zeit geschafft hat, in biologischem Anbau Spitzenweine zu produzieren, darunter den *Cabernet Sauvignon »Stairway to Heaven«*, der es in sich hat. Weinprobe nach Anmeldung: ✆ 971 510 698, www.castellmiquel.es.

Tossals Verds

Nicht weit entfernt von Lloseta befindet sich der Startpunkt für die **reizvolle Kurzwanderung zur Berghütte *Tossals Verds***: Ab der Straße #211 geht es ca. 2 km westlich von Lloseta auf einer Stichstraße nach Norden bis zur ***Finca Almedrá*** (ca. 5 km). Ab dort ist die Straße gesperrt. Ein kleiner Parkplatz liegt vor der Barriere.

Wanderung

Was man sogleich erkennt: die Straße läuft an einem – nur nach Regen Wasser führenden – Flussbett entlang, dem *Torrent Tossals*. Folgt man ihm (nun zu Fuß), erreicht man in 10 min eine malerische Schlucht. Der Weg führt mitten durch sie hindurch **an grün bewachsenen Felswänden vorbei** (*Tossals Verds*). Jenseits des Canyon weist ein Schild den Pfad hinauf zur bewirtschafteten **Berghütte** (➪ auch Seite 60; Mahlzeiten nur nach Voranmeldung;) mit **Picknicktischen** für Selbstversorger (Wasser und Toiletten vorhanden), ca. 15 min Aufstieg. Zeitbedarf für die gesamte Wegstrecke ab Parkplatz 45-60 min; zurück auf gleichem Weg.

weiter nach Orient

Man kann von der Hütte aus auch den Weg fortsetzen, z.B. hinüber zum *Massanella*-Massiv (➪ **Wanderung #3 im Beileger**) oder zum lange gschlossenen, heute möglichen **Weg über die *Finca Solleric*** (dann auch ohne Aufstieg zur Hütte einfach den Hauptweg weiter über den *Coll de Solleric*) nach Orient oder auch zum *Castell d'Alaro* (➪ Seite 257 und Wanderung #4 im Beileger). Eine ausführliche Beschreibung der Wegvarianten ab *Tossals Verds* enthält der Reise Know-How-Titel **»Wandern auf Mallorca«**.

Lloseta

Palacio March

Lloseta ist ein kompaktes Städtchen etwa 4 km westlich von Inca, an dem der Tourismus ziemlich vorbeigeht. Im Ortszentrum neben der Hauptplaça steht der ***Palau Ayamans*** mit Park, der zum Besitz der *March*-Familie gehört, ➪ Seite 307. Palast und Park werden nur anlässlich kultureller Events geöffnet.

Restauranttipps in Lloseta sind der

- ***Celler Can Carossa*** (mittleres Preisniveau) hinterm Palast in der Carrer Nou 28, ✆ 971 514 023, und vor allem das

Restauranttipp für feste Termine mit Vorausbuchung

- ***Santi Taura*** des gleichnamigen Gourmetkochs (48 Carrer Joan Carles I). Wöchentlich wechselndes **6-Gänge-Menu**, das 2016 ganze €37 kostete (exklusive Getränke). Abends ab 20.30 Uhr. mittags ab 13 Uhr; So abends, Mo mittags und Di ganz geschlossen, in den Wintermonaten auch an weiteren Tagen. Betriebsferien im August. Im Internet gibt es eine Jahresübersicht unter der Rubrik »Reservierungen«: ✆ 656 738 214; oft Wochen im voraus ausgebucht; www.restaurantsantitaura.com.

Bestard Boots

Viel ist von der alten Leder- und Schuhindustrie Mallorcas nicht geblieben. Nur die Firmen ***Camper*** (in Inca, ➪ Seite 385) und ***Bestard*** in Lloseta fertigen mit Erfolg und offenbar wachsendem Bekanntheitsgrad noch Schuhe, wobei sich *Bestard* auf ***Mountain*** und ***Outdoor Boots***, Wander- und sonstiges wetterfestes Schuhwerk unter Verwendung von Goretex spezialisiert hat.

So entstehen dort im Jahr an die 90.000 Paar Schuhe, für die noch viel Handarbeit eingesetzt wird. **Direktverkauf** auf dem Betriebsgelände in der Carrer Estació 40, ✆ 971 514 044; www.bestard.com. Einen weiteren Laden gibt's im *Festival Park*, ➪ Seite 377.

Telas Mallorquinas (Weberei)

Das Foto zeigt eine der alten Webmaschinen

Ebenfalls in Lloseta webt die kleine Firma ***Teixits Riera*** seit Generationen die ***Telas Mallorquinas*** (*de Lenguas* = Zungenmuster), wie man sie auf Mallorca oft auf Polstermöbeln und als Gardinen – auch in vielen Hotels – sieht. Laden und Werkstatt liegen in der Carrer Mayor 50; Mo-Fr 9-13 und 16-20 Uhr; ✆ 971 514 034, www.teixitsriera.com.

Töpferei

Bis auf das 19. Jahrhundert zurück geht die Töpferei von *Paco Villalonga* ***Sa Teulera*** in der Carrer Es Pou Nou 86 (Westende der Hauptstraße durch den Ort). Dort findet man – anders als in den großen Keramik-Touristenshops – viele individuelle Objekte.

Biniamar

Das Dorf Biniamar liegt knapp 2 km nördlich von Lloseta an der Strecke in Richtung Selva bzw. Mancor de la Vall. Mitten im Ort passiert man (auf der Südseite) die unvollendete Kirche, in deren Schiff (ohne Dach) Kleinfeldfuß- und Basketball gespielt werden.

Unvollendete Kirche in Biniamar als Open-air Sporthalle

Mancor de la Vall

Santa Lucia

Mancor de la Vall liegt am Fuß der östlichen Serra Tramuntana an einer Altenativroute von Inca nach Lluc für Leute mit Zeit und Sinn für hübsche Nebenstraßen. Dass man dabei Selva umgeht, macht nichts, ➪ rechts. Speziell zur Zeit der **Obstblüte im Frühjahr** sind die engen **Landstraßen dieses Bereichs** ebenso **attraktiv** wie die Verbindung Lloseta-Alaró samt Abstecher nach Tossals Verds. Oberhalb des Dorfes überschaut das ***Santuari de Santa Lucia*** Mancor und das Tal. Wer bis Mancor gekommen ist, sollte die zusätzlichen 2 km durch den Ort und dann bergauf auch noch »dranhängen«: die Aussicht von der Terrasse ist es wert.

Der Ort ist touristisch sonst weniger von Interesse.

Caimari, Binibona und Moscari

Caimari

Caimari an der Straße Ma-2130 Inca-Lluc ist das letzte Dorf vor der »Einfahrt« in die Berge der Serra Tramuntana. Es gibt dort keinen besonderen Anlass zum Verweilen.

Binibona

Wer jedoch weiter zum **Minidorf Binibona** fahren möchte, das im wesentlichen aus drei Individualhotels und zwei weiteren im Umfeld besteht (➪ Unterkunftsbeileger unter der Rubrik »Ausgewählte Quartiere«), sollte die Anfahrt über Caimari wählen. Die Ausschilderung bereits ab Selva via Moscari ist nicht sinnvoll. In Caimari biegt man Richtung Moscari ab und fährt bei der Hauptkirche links in den Ort hinein auf die zweite Kirche zu, dort wieder rechts und schräg hoch aus dem Ort heraus (die Route ist ohne Kennzeichnung). Auf enger Straße sind es 3 km bis Binibona. Recht überraschend findet man derart abgelegen im Hotel *Can Furiós* ein sehr gutes Restaurant, das auch Nicht-Gästen offensteht:

- ***Sa Tafoneta*** wurde in der Halle der alten Ölpresse eingerichtet; bei sommerlichen Temperaturen sitzt man draußen z.T. mit Weitblick, nicht ganz billig; © 971 515 751; www.canfurios.com.

Moscari

- Das **Restaurant** im kleinen ***Hotel Ca'n Calco*** in Moscari ist ein **Geheimtipp für Fischgerichte**. Die Eigentümer haben ein eigenes Fischerboot, an dessen Fang sich das abendliche Menu orientiert. Man kann auch à la carte dinieren, delikate Tapas. Für Ambiente und Qualität des Hauses sind die Menüpreise für 4-5 Gänge recht günstig: *Degustación* mit Fleisch und Fisch €28,50, Fischmenü €32. Menüreservierung (!) mindestens einen Tag früher unter © 971 515 260; www.cancalco.com/pdf/carta-can-calco.pdf.

Selva

Kennzeichnung

Das auf einer Anhöhe gelegene Städtchen, einige Kilometer nördlich von Inca an der Straße nach Lluc, beeindruckt vor dem **Panorama** des Gebirges vornehmlich aus der Distanz. Verlässt man die Durchgangsstraße, die den größten Teil des Ortes links liegen lässt, und fährt nach Selva hinein, bleibt wenig vom pittoresken Bild: immerhin bietet die hochgelegene **Plaça** mit der großen **Pfarrkirche** ein typisches Fotomotiv.

Restaurants

Etwas unterhalb der Plaça links von der Kirche (erreichbar über eine Treppenverbindung oder rückwärtige Zufahrt) liegt ein offener als *Parc Recreatiu* bezeichneter Platz mit Kinderspielgeräten, Baumbestand und freiem Blick hinüber zur *Serra Tramuntana*. Auf ihm steht das großflächig verglaste

- ***Restaurant Es Parc*** mit einer Art *Modern Design*-Interieur und mit großer Terrasse. Gute Küche (mallorquinisch/international), mittlere Preise; © 971 515 145; www.esparc.es. Täglich geöffnet mittags und abends, November-Februar So-Do nur mittags.
- Das ***Restaurant Micheli*** findet man unweit der Plaça in der Carrer Angels 11. Drinnen wirkt es ganz intim dank nur weniger Tische; gutbürgerliches Ambiente, schöne Terrasse mit Weitblick. Verfeinerte mallorquinische Küche mit täglich wechselndem Angebot, Menü €29-€39. Gehobenes Niveau auch bei der Qualität. Reservierung angezeigt; © 971 873 784, www.miceli.es. Di und Mi sowie So abends geschlossen.

5.4 Der Nordwesten rund um die Bucht von Pollença

5.4.1 Port de Pollença und Umgebung

In den Nordwesten, speziell nach **Port de Pollença** und zur **Halbinsel Formentor** geht es je nach Ausgangspunkt auf drei Wegen:

- auf der Straße Ma-10 durch die *Serra Tramuntana* über Lluc
- auf der Hauptverkehrsachse (Autobahn Ma-13) Palma-Alcúdia und ab Höhe Sa Pobla weiter auf der Ma-2200 via Pollença
- von Osten kommend entlang der Küstenstraße Ma-12 via Can Picafort und Alcúdia und dann weiter auf der Ma-2220 am Ufer der Bucht von Pollença entlang.

Bei Weiterfahrt auf den im vorstehenden Kapitel verfolgten Routen nach Norden gelangt man zunächst nach Pollença.

Pollença

Lage und Geschichte

Pollença im Hinterland des touristischen Port liegt vor den nördlichen Ausläufern der *Serra Tramuntana* zwischen der Gebirgsroute Richtung Lluc und der Straße nach Palma. Das geschichtsträchtige Städtchen weist – an seiner westlichen Ein-/Ausfahrt Carrer de L'Horta – mit einer **Doppelbogenbrücke** über den *Torrent de Sant Jordi* sogar noch ein **Relikt aus der Römerzeit** auf.

Fast 2000 Jahre alte, bestens erhaltene Römerbrücke in Pollença an der westlichsten Ortseinfahrt (Straße nach/von Lluc/Soller). Hier mit Wasser nach Regentagen

Stadtbild

Die engen – genau wie im Fall Sóller – immer zugeparkten Gassen der denkmalgeschützen **Altstadt** zwischen der *Pont Roma* und den südöstlichen Zufahrten (*Via Pollentia*) von der Ma-2200 wirken zur Siestazeit ähnlich verschlossen und abweisend wie in den Orten des Landesinneren. Aber zu Geschäftszeiten – bei geöffneten Fensterläden und Toren – findet man in Pollença deutlich mehr Leben und Zeichen erheblichen Wohlstands. Pollença besitzt eine ersichtlich modernere Infrastruktur als andere Orte vergleichbarer Größe. Auffällig ist die Zahl der Restaurants und Kneipen selbst in den Straßen abseits der zentralen *Plaça*.

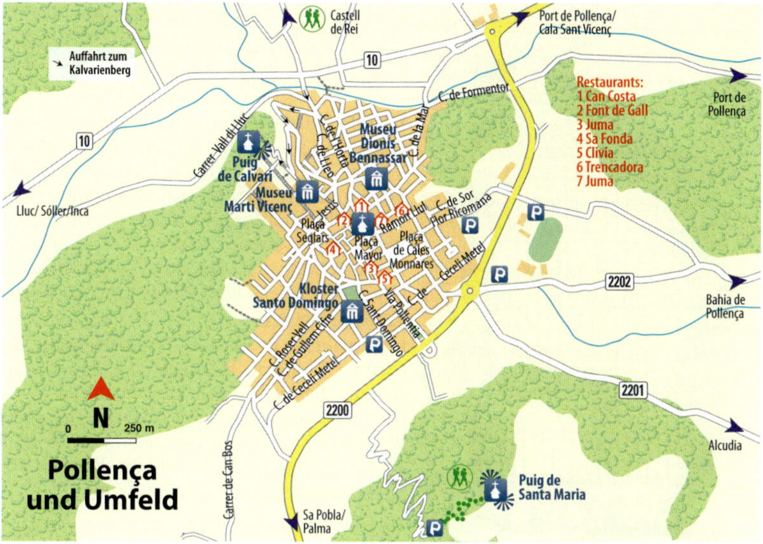

Parken

Wer mit dem Auto nach Pollença kommt, sollte – gleich aus welcher Richtung und zu welcher Zeit – jede sich bietende Gelegenheit zum Parken sofort nutzen, die Chancen, irgendwo in Plaçanähe noch ein Plätzchen zu finden, gehen gegen Null.

Plaça/Markt

Die am einfachsten von der Nordostumgehung Ma-2200 erreichbare **Plaça Mayor** gehört zu den besonders beliebten zentralen Plätzen der Insel. Dessen nur teilweise schattige, erhöhte Fläche gegenüber der Kirche *Nuestra Senora de los Angeles* wird großenteils von den umliegenden Lokalen als Außenterrasse genutzt. Sonntags findet auf der Plaça ein bunter Gemüsemarkt statt. Wer dort Pause macht und Hunger verspürt: Die *Tapas* und Snacks im Restaurant des Hotels ***Juma*** sind erste Wahl.

Plaça Seglars/ Kalvarienberg

Besser sitzt man indessen *open-air* auf den Terrassen der Lokale an der Plaça Seglars unterhalb der ersten Stufen der Kalvarientreppe. Dorthin sind es von der Plaça Major nur gut 300 m (ein Block östlich vorbei an der Kirche und dann auf der **Carrer Antoni Maura** leicht bergauf geradeaus). Ohne Besteigung des Kalvarienberges geht es in Pollença ohnehin nicht. Die **365 zypressengesäumten Stufen** entsprechen den Tagen des Jahres. Die Treppe endet an einer Kapelle auf dem Pollença überragenden Hügel. Aus 170 m Höhe hat man einen herrlichen Blick auf die Häuser der Stadt, die ausgedehnten Obstgärten der sich in Richtung Meer erstreckenden Ebene, in der Ferne Port de Pollença und die Bucht.

5.4

Auffahrt per Auto

Wem der Aufstieg zu anstrengend ist, kann rückwärtig auch mit dem Auto bis zur Kapelle hochfahren: Letzte/erste Einfahrt in die

Stadt von der Straße Pollenca-Lluc aus bei der Römischen Brücke (➪ Seite 262), dann gleich nach Überquerung des *Torrent* nach rechts dem Schild »*Calvari*« folgen.

Weitere Museen

Ganz unten an den Stufen des ***Calvari*** (Hausnummer 10) liegt rechterhand das ***Museu Martí Vicenç*** mit einer hübschen Sammlung mallorquinischer Keramik und Webmuster, sowie Werken des Künstlers *Martí Vicenç*. Geöffnet Di-Sa 10.30-17.30 Uhr, So 10.30-14 Uhr; freier Eintritt; www.martivicens.org.

Im Carrer de la Roca 14 (Parallelstraße zur Costa i Llobera), befindet sich das ***Museu Dionís Bennàssar*** mit Kunstwerken eines Mannes, der über Jahre hinweg die mallorquinische Kunstszene beeinflusste; nur April-Oktober Di-So 11-14 Uhr, Eintritt €3; www.museudionisbennassar.com.

Dieses felsige »Buchregal« mit »Büchern« aus Klinkern steht vor dem Kloster Santo Domingo

Keramik

In der Carrer Monti-Sion 19 unweit des Rathauses (*Ajuntament*) bzw. der Kalvarienbergtreppe gibt es den besonders hervorhebenswerten Keramikladen ***Monti Sion*** mit wunderschönen Kacheln, buntem Geschirr und Objekten, ✆ 971 533 500.

Kloster Santo Domingo/ Stadtmuseum

Folgt man der Carrer Antoni Maura nach unten, ist das ***Claustre del Convent Santo Domingo*** an der gleichnamigen Plaça nicht zu verfehlen. Sie beherbergt einen Minipark mit einem alten Wasserschöpfrad. Das frühere **Dominikanerkloster** ist traditioneller Veranstaltungsort von **Sommerkonzerten** (Ende Juli bis Ende August; Programm unter www.festivalpollenca.com, indessen nur auf *Mallorquí*, vor Ort auch auf Deutsch verfügbar).

Der Kreuzgang und das ***Museu de Pollença*** im Kloster sind von Juni bis September Di-Sa 10-13 Uhr und 17.30-20 Uhr geöffnet; Oktober-Juni nur Di-Sa 10-13 Uhr; Eintritt frei; ✆ 971 531 166.

Restaurants

Wie erwähnt ist Pollença reich gesegnet mit Gastronomie. Neben dem unübersehbaren Restaurant des ***Hotel Juma*** an der Plaça sind bei deutschen Residenten wie Besuchern beliebt die Restaurants

- ***Clivia*** an der schattigen Via Pollentia 100 m unterhalb der Plaça. Gute internationale Küche, bei Fisch regional; ✆ 971 533 635. Mittags und abends ab 18.30 Uhr; Mi geschlossen
- ***Sa Fonda*** in der Antoni Maura 32; ✆ 971 534 751. Mittags und abends ab 19 Uhr, Mo geschlossen
- ***Font de Gall***, Carrer Montesion 4 beim Hahnenbrunnen; mallorquinisch/französisch & vegetarisch; ✆ 971 530 396

- ***Es Jardi de Can Costa*** mit mallorquinisch-internationaler Küche in der Carrer Costa i Llobera 11; stilvoll-nostalgisch und schöner Garten; © 971 530 990, http://esjardidecancosta.com/de.

Wenig verkehrt machen kann man auch mit dem früher zur *Peter Maffay-Stiftung* gehörenden großen Restaurant

- ***Trencadora*** in der Carrer Ramon Llull 7, ein paar hundert Meter nordöstlich der Plaça Mayor. Mediterrane Küche, moderates Preisniveau. Schöner Garten und atrtraktiver Barbereich. Geöffnet Juni bis August täglich 13-15 Uhr und 19-23 Uhr, Rest das Jahres Di Ruhetag. © 971 531 599; www.trencadora.com.

Nostra Senyora del Puig

Die Entstehungsgeschichte der *Ermita de Santa Maria* ähnelt denen anderer Eremitagen auf Mallorca und der des Klosters Lluc: Im 14. Jahrhundert fand man dank nächtlicher Visionen einer frommen Frau eine Madonnenfigur auf dem Gipfel des Santa Maria Berges. Ihr kolossales Gewicht, das einen Transport unmöglich machte, wurde interpretiert als göttlicher Wink zum Bau einer Kapelle. Im Laufe der Jahre entwickelte sich daraus ein Nonnenkloster.

Die Befestigungen sind Zeugnis der Probleme mit Piratenüberfällen, die einst zum Umzug nach Palma zwangen. Zeitweise lebten zwar wieder Ordensschwestern in der *Ermita*, aber heute wird sie normal bewirtschaftet, ➪ unten.

Klosterberg

Zweite touristische Pflicht in Pollença nach den 365 Stufen des Kalvarienbergs ist der Aufstieg bzw. die (weitgehend mögliche) Auffahrt zum Klosterberg ***Santa Maria*** mit der ***Ermita de Nostra Senyora de Puig***. Ein Schild »*Puig de Santa Maria*« an der Stadtumgehung Ma-2200 weist den Weg. Je nach Kondition benötigt man von dort zu Fuß für die 300 Höhenmeter 30-60 min. Die **Autozufahrt** endet auf ca. 2/3 der Höhe; Parken kann man nur unterhalb an einigen Wegverbreiterungen. Das letzte Stück entspricht einer **Kurzwanderung** von ca. 15 min; der komplette Weg von unten auf Schusters Rappen ist recht eintönig und nur Bikern als kleine Bergprüfung zu empfehlen. Oben erwarten den Besucher eine burgartig befestigte Anlage und preiswerte Hausmannskost. Auch Übernachtungen sind dort möglich, ➪ Beileger »Optimal unterkommen auf Mallorca«; © 971 184 132.

Blick vom Kalvarienberg; im Hintergrund erkennt man Port de Pollença, rechts den Puig de Santa Maria

Wanderung zum Castell del Rei

Nördlich von Pollença in exponierter Lage hoch über dem Meer errichteten die Mauren im 10. Jahrhundert eine Festung. Nach der christlichen Rückeroberung Mallorcas war sie letzte Fluchtburg der geschlagenen Araber. Auf der danach *Castell del Rei* (Königsburg) genannten Anlage hielten sich über 100 Jahre später die Getreuen des bei Llucmayor 1349 gefallenen Königs *Jaume III*, bevor auch sie vor dem Eroberer *Pedro IV.* von Aragon die Waffen streckten. Danach spielte das Kastell weiter lange Jahre eine Rolle bei der Verteidigung Mallorcas gegen Überfälle arabischer Piraten. 1715 wurde es aufgegeben.

Wind, Wetter und Materialbedarf der Bauern zerstörten das einstmals mächtige Bollwerk auf dem fast 500 m hohen Felssockel. Außer Mauerresten, einem einzigen Raum, Fluchttreppe und Eingangsportal blieb nicht viel übrig.

Burg und aller umgebender Grund und Boden befinden sich im Eigentum der Familie *March* (⇨ Seite 307). Die sperrte 1989 den Weg zur Burg. Seit wenigen Jahren ist der Zugang wieder möglich, wiewohl mit bürokratischer Anmeldeprozedur verbunden. Maximal 20 Personen pro Tag dürfen Mo-Sa durch das Gelände der **March-Besitzung *Ternelles*** zum Burgberg laufen. Antrag und Genehmigung laufen über die Gemeindeverwaltung in Pollença.

Die Details gibt's im Internet unter www.ajpollenca.net/ca/contacte/autoritzacio-ternelles (Text nur katalanisch!). Unter dem Monatskalender mit den Verfügbarkeitstagen (telefonisch auch unter © 971 530 108) geht's weiter zu den Ausfüllzeilen zur Beantragung eines bestimmten Tages für die jeweilige Personenzahl. Bislang musste man das ausdrucken und per Fax schicken. Jetzt geht's auch direkt per Mail (*Enviar*). **Übersetzungshilfe**: *Llinatge*=Familienname, DNI = Pass- bzw. Personalausweis-Nr., *Poblacio*=Wohnort, *Dia* hier: gewünschter Tag.

Die Zufahrt zur *Finca Ternelles* ist an der Straße Ma-10 Richtung Lluc ausgeschildert. Um x Ecken herum steht man nach 1,5 km vor einem Eisentor. Bis dort geht's auch per Fahrzeug, aber Parkraum ist kaum vorhanden. Der breite, relativ ebene Weg zur mittlerweile ziemlich vefallenen und daher gesperrten Burgruine ist nicht zu verfehlen. In einer Stunde Marsch durch Wald erreicht man offenes Gelände mit dem 490 m hohen Burgberg am Meer. Statt der Wegabzweigung zur Burg zu folgen, könnte man auch geradeaus zur einsamen *Cala Castell* weiterlaufen (+ ca. 40 min). Die Retourwanderung zum Burgberg ist mit Aufenthalt in 3 Stunden zu machen, mit Abstecher zur *Cala* in 5 Std. Die individuelle maximale Aufenthaltsdauer erhält man bei Einlass (ab 8 Uhr).

Burgberg des Castell de Rei. Man erkennt unten und auf halber Höhe den Wegverlauf mit Wanderern

Picknick

Ideal sind Picknickutensilien im Rucksack, denn mehrere (wiewohl schattenlose) Tische mit Bänken samt Grillstellen warten. Von ihnen fällt der Blick weit über die Buchten von Pollença und Alcúdia. Am **1. Mai** wird auf dem *Puig de Santa Maria* eine Riesenpaella zubereitet, **und** am 2. Samstag im Oktober ist Grillfest.

Ein weiterer, wiewohl einfacher **Picknickplatz**, der keinen Aufstieg erfordert, befindet sich 500 m nördlich der Ortsumgehung an der Straße Pollença-Alcúdia unterhalb des ***Puig de Santuiri***.

Golf Pollença

Östlich von Pollença in Richtung Palma passiert man einen der – von der Aussicht her – schönsten Golfplätze Mallorcas. Auch Gäste ohne Golfambitionen können die Bar oder das Restaurant ***El Gallo Rojo*** besuchen. Von ihm hat man einen **Panoramablick** über den Platz und die Buchten der Nordostküste. Zur Barterrasse gehört sogar ein Gästepool. Mittleres Preisniveau, Mittagsmenü gut und günstig; täglich geöffnet, © 971 535 151.

Gleich am Ortseingang von Cala Sant Vicenç rechts ab stößt man auf die kleinen Höhlen der sogenannten Necropolis

Cala de Sant Vicenç

Kennzeichnung

Cala Sant Vicenç ist die nördlichste Urbanisation und der einzige Urlaubsort der Westküste direkt am Meer. Er liegt bereits jenseits des Tramuntana-Gebirges am Ende eines Tals, beidseitig pittoresk überragt von steilen Klippen. Verkehrstechnisch gehört Cala Sant Vicenç zum Einzugsbereich von Pollença samt Hafen.

Man erreicht den Ort über eine kurze Stichstraße (3 km) von der Verbindung Pollença-Port (Ma-2200). Nach Port de Pollença sind es auf ebener Straße insgesamt 8 km, nach Pollença nur 5 km.

Necropolis

Einen Zwischenstopp wert ist die ***Necropolis*** am Ortseingang rechts (Hinweisschild). In einer zu einem Minipark mit Rundweg angelegten Anhöhe verstecken sich mehrere Grabhöhlen aus der Bronzezeit, ➪ Karte Seite 270.

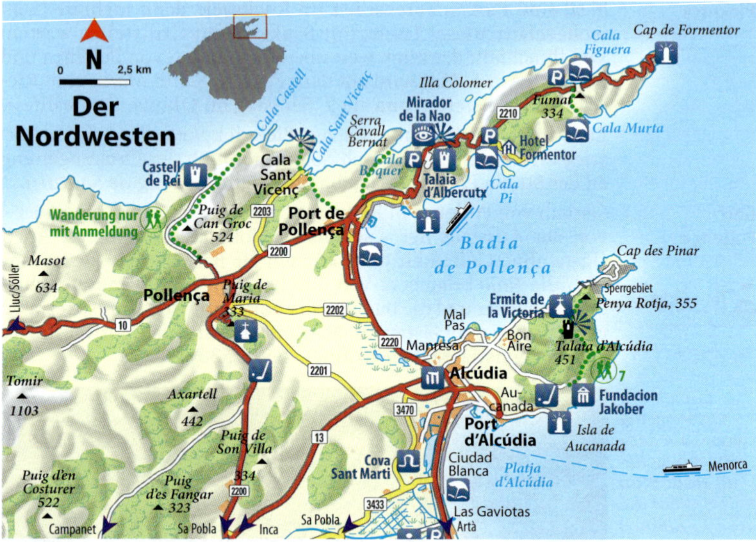

Strandbucht

Auf der Zufahrtstraße Ma 2203 fährt man automatisch auf den Parkplatz über der südlichen Strandbucht des Ortes zu, die ***Cala Barques***, deren rechte Flanke von Hotels eingekeilt wird. Folgt man der Straße, geht es 100 m nach dem Strandparkplatz beim *Hotel Simar* scharf links und dann in einer Kehre über eine kleine Landzunge zwischen den Buchten und vorbei am *Hotel Molins* zur populäreren ***Cala Molins***. Der Strand hier ist von Felsen eingefasst; auf dem linken Felsabsatz befinden sich die Sonnen- und Badeterrassen des Hotels, ➪ Foto rechts.

Ortsbild

Der hochgelegene zentrale Bereich von Cala Sant Vicenç zwischen den beiden Stränden ist angenehm aufgelockert und grün, aber ohne Besonderheiten und schnell erkundet. Der Rest des Ortes besteht aus Privatvillen, die sich in schattigen Gärten verstecken.

Aktivitäten

Unübersehbar gegenüber dem *Hotel Simar* befindet sich das Büro mit **Fahrradverleih** der deutsch geführten Firma »**atemrausch**«. Sie vermietet neben den Bikes auch Kajaks und organisiert Kajaktouren. Außerdem kann man dort Wanderungen, Schnorcheltrips und Tauchschnupperkurse buchen. Weitere Details unter http://atemrausch.com, ✆ 622 122 145.

Restaurants

- Auf der Terrasse des ***Restaurant Cala Barques*** sitzt man schön über der gleichnamigen Bucht. Spezialität sind dort frische Sardinen und gegrillte Gambas; ✆ 971 534 336
- Oberhalb der *Cala Molins* neben der Treppe hinauf zum *Hostal Los Pinos* warten ***Pepes Bar*** und die ***La Tasca Tapas Bar*** mit moderaten Preisen auf Gäste.

- Im weiter zurückliegenden *****Hotel Cala Sant Vicenç* am Carrer dels Maressers befindet sich das anspruchsvolle und auch preislich führende Restaurant des Ortes, benannt nach dem der *Cala Molins* vorgelagerten Felskamm ***Cavall Bernat***, ✆ 971 530 250 www.hotelcala.com/restaurant/overview. Leider fehlt eine attraktive Terrasse. Täglich ab 19 Uhr.

Aussichtspunkt Puig de Avila

Ein rauher Weg führt vom Ortsrand (ca. 100 m vor Erreichen der *Cala Barques* an der Zufahrtstraße) auf die – die Bucht von Sant Vicenç westlich begrenzende – Landzunge *Pla de Coves Blanques*. Vom ***Puig de Avila*** (214 m, ca. 2 km ab Einstieg) hat man einen weiten Blick hinüber zum hochaufragenden Felsgrat der *Serra de Cavall Bernat* an der Ostflanke der Bucht bis zur *Illa Colomer* (➪ Foto Seite 428). Ca. 3 km zur Linken kann man den Burgfelsen des ***Castell del Rei*** identifizieren (➪ Kasten Seite 266).

Weg nach Port de Pollença

Der Höhenzug der ***Serra de la Punta*** trennt Cala Sant Vicenç von der Küstenebene um die Bucht von Pollença. Über die *Serra* führt ein breiter Karrenweg, der jenseits der Höhe (*Coll de Siller*) kurvenreich und schmaler wird. Nach Querung eines Waldstreifens endet der Weg im Vorort Les Palmeres von Port de Pollença. Bis dorthin sind es etwa 3 km, bis zum Hafen ca. 4 km.

Wer sich diese **Kurzwanderung** vornehmen möchte, hat kein *one-way*-Problem, da die Buslinie #345 (Pollença-Cala Sant Vicenç-Port de Pollença) inkl. #340 bis zu 5x am Tag verkehrt (zum Fahrplan ➪ Seite 96, www.tib.org). Der Einstieg ist ab der *Cala Molins* einfach: rechts der Bucht folgt man der schlechter werdenden Straße, passiert die ***Cala Carbó***, weiter oben die gleichnamige Urbanisation und erreicht nach ca. 1.200 m (ab *Cala Molins*) einen Kreisverteiler, wo man den breiten Weg nach Süden nimmt. Man kann dann nichts mehr falsch machen und erreicht Port de Pollença leicht in 60 min (insgesamt). In umgekehrter Richtung ist der Einstieg etwas schwer zu finden.

Hauptstrand Cala Molins in Cala de Sant Vicenç mit toller Wassertransparenz bis zum Strand

Port de Pollença

Kennzeichnung

Port de Pollença war einst ein Fischerdorf und schon Anfang des 20. Jahrhunderts auch Sommerfrische für wohlhabendere Einheimische, bevor es die Briten als Urlaubsziel für zunächst gehobene touristische Ansprüche entdeckten. Zwar verschwand das einstige *Gentleman-Flair*, aber die Atmosphäre des Ortes ist nach wie vor angenehm. Dafür sorgten u.a. die Vermeidung störender Betonpaläste im Ortsbereich, der Ausbau von Anleger- und Restaurantmolen und des Yachthafens sowie Verschönerungsmaßnahmen in der zentralen Strand- und Uferzone. Nur zwei kleinere Hotels an der zentralen Promenade verfügen über mehr als vier Stockwerke. Ein einziger Hotelklotz (*Pollença Park*) liegt relativ unauffällig abseits der Küste.

Es gibt drei voneinander zu unterscheidende **Ortsbereiche:**

Südstrand

- Ein **breit aufgespülter Sandstrand** zieht sich vom südlichen Ortseingang bis zu den ausgedehnten Anlagen des Yacht- und Fischerhafens. Eine fast 2 km lange Fußgängerpromenade trennt ihn von der Straße nach/von Alcúdia. Dank der Ortsumgehung Ma-2220 (Carrer de Falcó) und *one-way* in Richtung Port hat die Verkehrsbelastung auf der Uferstraße aber stark nachgelassen.

Ortskern

- Der **alte Ortskern** mit der baumbestandenen Hauptplaza gruppiert sich hinter dem verkehrsfreien breiten *Passeig Anglada Camarasa*, den wichtigsten 250 Metern des Ortes. Dort stehen die Tische der Gastronomie dicht an dicht.

Östliche Promenade

- Der Clou Port de Pollenças aber ist der ***Passeig Vora Mar*** mit der Verlängerung ***Carrer Colom***. Dieser Fuß- und Radweg unter alten Bäumen führt 1.500 m an kleineren schattigen **Strandabschnitten** entlang, vorbei an alten Villen und neueren Apartmenthäusern. Ganz am Ende steht mit dem ***Illa d'Or*** das am schönsten gelegene (und teuerste) Hotel des Ortes.

Hafenbereich

Nach der Einfahrt in Port de Pollença – gleich ob aus Richtung Pollença oder von Alcúdia aus an der Bucht entlang – gerät man immer an den zentralen Verkehrskreisel Gabriel Roca vor der **Mole** des ***Club Nautico***. Südlich davon befinden sich Slipanlagen für die Yachtüberholung und Parkplätze. Dort kommen aber nur besonders Glückliche unter – es ist fast immer alles vollparkt.

Parken

Wer sich nicht mit dem Auffangparkplatz zwischen 4. und 5. Reihe im nördlichen Ortsbereich weitab vom Geschehen abfinden mag (ausgeschildert), wird mit Glück an der Straße von Alcudia Richtung Port oder an der Carrer de Formentor (2. Reihe) und deren Quer- und Parallelstraßen fündig (parkscheinpflichtig).

Boote nach Formentor, zum Kap und nach Cala Sant Vicenç

An der Südseite des Hafens mit dem Strand im Blick legen ab April die **Boote nach Formentor** vor allem mit den Passagieren zahlreicher Ausflugsbusse ab (**täglich 10-11-12-13-15-16 Uhr**, **€13,50 retour, Kinder 50%**; ➪ Seite 101; aktuelle Auskunft: ✆ 971 864 014); http://lanchaslagaviota.com/de/strand-von-formentor.

Darüberhinaus gibt es **Glasbodenbootstouren** und Ausflüge bis zum Cap Formentor, an ruhigen Tagen um das Kap herum nach Cala Sant Vicenç mit Badestopps, http://lanchaslagaviota.com/de.

Alle Abfahrten und Tickets an der ***Muelle Nuevo*** (»neue Mole«). Dort lassen sich auch **Motorboote mieten**.

Vom Südstrand Port de Pollenças – hier am nördlichen Ende bei der Sail- & Windsurfschule – blickt man auf die Berge der Halbinsel Formentor und erkennt mit der dünnen Linie am Hang den langen Anstieg der Straße zum Kap und oben den Talaia de Albercutx (x)

Am Ende derselben Mole bietet das

- ***Restaurant Stay*** allseits gelobte Gastronomie in einem modern verglasten Ambiente und einer schlichten Terrasse. Der Lage entsprechend gehobenes Preisniveau. Insgesamt akzeptables Preis-/Leistungsverhältnis; ✆ 971 864 013, www.stayrestaurant.com

Sail & Surf

Gleich südlich der Molen beginnt der künstlich verbreiterte **Strand mit Segel- & Windsurfschule** (*Sail & Surf Pollença*, Passeig Saralegui 134, ✆ 971 865 346; www.sailsurf.de). Einen weiteren **Surfboard- und Kat-Verleih** gibt`s am Strandende 500 m weiter.

Yachthafen-mole

Auf der (nur zu Fuß öffentlich zugänglichen) Yachthafenmole des *Club Nautico* lässt man den Massentourismus hinter sich. Unübersehbar ist noch vor dem Schlagbaum das Gebäude des

- Restaurant ***La Llonja*** mit schöner Aussichtsterrasse (1. Stock, Spezialität Fischgerichte, gehobenes Preisniveau, ✆ 971 868 430; www.restaurantlallonja.com).
- Dahinter liegt der Komplex des ***Club Nautico*** mit **Bar** und **Restaurant**. Dort kann man sich mit Blick auf die Boote im inneren Hafenbecken in aller Ruhe einen Drink und/oder qualitativ prima Snacks und mehr gönnen. Restaurantgäste dürfen auch den **Clubpool** nutzen. Wifi frei; ✆ 971 864 635, www.rcnpp.net.
- Die Plätze an der Nordmole beherbergen Gastlieger und Miet-Segelyachten; an deren Ende sitzt man in der ***Cantina del Moll Nou*** gemütlich vor der Mastenkulisse mit Blick auf den Ort.

Segeltrips

Bei nur maximal 10 Gästen an Bord sind die Tagestouren mit dem Zweimaster ***Tudor Dawn*** besonders erwägenswert. Einzelheiten und Fotos unter www.tudordawnyachtcharters.com/de und www.seemallorca.com/charters/tudor-dawn-15m-sailing-yacht-puerto-pollensa-(pollenca)-664389; ✆ 616 775 958.

Im Yachthafen von Port de Pollença

Der Passeig Anglada Camarassa ist ein 200 m langes verbreitertes und attraktiv begrüntes Teilstück der Uferpromenade unmittelbar nördlich der Hafenmolen. Es ist dicht besetzt mit Lokalen und Shops; die Terrasse vorne gehört zum Grand Café 1919

Passeig Vora Mar/ Carrer Colón

Nordöstlich des Yachthafens beginnt der attraktive, mit Restaurants und Läden voll besetzte **Fußgängerbereich Anglada Camarasa** unter Palmen am Strand. Daran schließt sich mit dem ***Passeig Vora Mar*** und der Fortsetzung **Carrer Colom** der erwähnte **Uferweg** an, ➪ Seite 271 oben und großes Foto Seite 154/155.

Bis zum Promenadenende und zurück benötigt man mit Fotopausen maximal eine Stunde. Auf den Terrassen des Restaurants des ***Hostal Bahia*** (Voramar 29) und mehrerer Lokale im Verlauf oder am Ende des Carrer Colom des ***Hotel Illa d'Or*** (teuer)) – lässt sich gut eine Pause einlegen. Vom Bootsanleger dieses Hotels überschaut man die Bucht mit der Silhouette des Städtchens vor den Höhen der *Serra Tramuntana*. Besonders schön ist es dort am frühen Abend, bevor die Sonne hinter dem Gebirge verschwindet.

Im Ort

Hinter der sog. 2. Linie ist in Port de Pollença nicht mehr viel zu entdecken, sieht man ab von der verkehrsfreien *Plaça* gute 100 m landeinwärts und den drei mit **Lokalen vollgepackten Gassen** dorthin (Carrers Ponent, Sant Pere und Atilio Boveri).

Parque La Gola

Ein **Naturschutzgebiet** (3 ha) befindet sich hinter den Stränden beim Surfclub um eine kleine Salzwasserlagune. Den ***Parque La Gola*** erreicht man ab Uferstraße leicht zu Fuß über die Carrer de Temple Fielding, per Auto via die Carrer de la Virgen de Carmen. Am Eingang des Parks steht ein ornithologisches Infohäuschen.

Gastronomie

Am Passeig Anglada Camarassa (➪ Foto oben) liegt ein Lokal neben dem anderen; es dominieren Foto-Speisekarten. Gut sind

- das ***Grand Café 1919*** gleich am Anfang der Fußgängerzone; Qualität und Preise stimmen dort, daher immer voll
- das ***Gran Café Cappuccino*** im *Hotel Sis Pins*, Anglada Camarassa 77, www.hotelsispins.com/cappuccino

Des weiteren erwägenswert in und rund um Port de Pollença sind

- das Restaurant ***Kashmir*** an der *Plaça;* dort gibt's scharf gewürzte indische Gerichte und große Portionen preiswert; ✆ 971 865 590
- das kleine ***La Balada del Agua del Mar*** am Anfang des Passeig Voramar. Es hat einen kleinen schattigen Garten und leicht gehobene Preise; gut sind die gegrillten Garnelen, ➪ 971-864276
- Nicht viel verkehrt machen kann man mit dem authentisch dekorierten ***Celler La Parra*** an der Straße nach Pollença kurz vorm Supermarkt *Eroski*, mallorquinische Küche, gute Paella, moderate Preise; ✆ 971 865 041, www.cellerlaparra.com.
- Mit ***Fast Food*** ist Port Pollenca nicht zuletzt dank britischer Dominanz gut gesegnet. Die gesunde Variante der schnellen Verpflegung ist das ***Al Fresco Deli*** im der Carrer Mendez Nunez 10 (ca. 100 m vom Strand auf Höhe des Restaurants *Corb Mari*). Einfaches Lokal und auch ***Take-away-Food***.
- An der Straße nach Alcudia (Via Alemanya)/Ecke Carrer Olivera liegt einen guten Kilometer entfernt vom Zentrum das ***Restaurant C'an Josep Ca Vostra***; ordentliche mediterran-mallorquinische Küche. Meerblickterrasse, im Souterrain Weinkeller-Ambiente. Leicht gehobene Preise. Mittags und ab 18.30 Uhr, Do geschlossen; ✆ 650 605 657; http://canjosep.eltenedor.rest.

Wandern zur Cala Boquer

Eine zu Recht beliebte **Kurzwanderung** führt hinunter zur nördlichen von hohen Felswänden flankierten ***Cala Boquer***. Der Einstieg und ein extrem rumpeliger Parkplatz liegen jenseits der Stadtumgehung beim 3. Kreisverkehr in Richtung Formentor (gezählt ab Kreisverkehr vorm Ortseingang beim Supermarkt *Eroski*). Über den Hof der ***Finca Boquer*** erreicht man den dann unverfehlbaren Weg durch ein tolle Felslandschaft. Bis zur steinigen Bucht (ca. 2,5 km) ist man kaum unter 45 min unterwegs. Der Rückweg mit langem Aufstieg durch das schroffe Gelände dauert leicht eine Stunde und mehr. Im glasklaren Wasser der Bucht kann man gut **schwimmen**. Das lokale Touristenbüro hat ein Merkblatt zu dieser Wanderung. Indessen lässt sich der Weg selbst ohne jede Karte nicht verfehlen.

Verschiedene Pfade führen hinunter zur Cala Boquer; unten links erkennt man einen kleinen Ausschnitt der Bucht

Halbinsel Formentor

Anfahrt/ Aussichtspunkt

Der Weg auf die Halbinsel Formentor führte früher unausweichlich mitten durch Port de Pollença (Carrer de Formentor). Die Umgehungsstraße Via Cintura (Ma-2210) in Richtung Halbinsel Formentor ab dem Kreisverkehr vorm westlichen Ortseingang (Supermarkt *Eroski*) brachte die langersehnte Entlastung, ➪ Karte auf Seite 270 und separate Straßenkarte. Nordöstlich des Ortes beginnt hinter dem Fußballstadion und letztem Kreisverkehr der Aufstieg zur **Aussichtsterrasse *Punta de la Nao*** einige hundert Meter über dem Meer.

Punta de la Nao

Der Blick fällt auf den vermutlich meistfotografierten Felsen Mallorcas (➪ Foto unten und Seite 428), das Inselchen ***Colomer***, und die steil abstürzende Nordküste. Noch aufregender ist die Rundumsicht vom gut 200 m höheren alten **Wachtturm *Talaia d'Albercutx***, den man auf einer weitgehend ungesicherten schmalen, aber immerhin geteerten Straße erreicht (Abzweigung liegt gegenüber dem Parkplatz beim *Mirador d'es Colomer)*. Oben wird es oft eng beim Parken und Wenden.

Kurzer Aufstieg zum oberen Aussichtspunkt Mirador d'es Colomer auf der Punta de la Nao

Cala Pi/ Strand von Formentor

Vom *Mirador* schlängelt sich die Straße in vielen Serpentinen hinab in das bewaldete Tal hinter der *Cala Pi*. Das letzte Stück der Zufahrt ist gesperrt. Ein Parkplatz nimmt von April bis Oktober die Fahrzeuge der Besucher gebührenpflichtig auf. Möglichkeiten, den Wagen kostenlos an der Straße abzustellen, bestehen so gut wie nicht. Zu Fuß geht es zum Anleger für die Boote aus Port de Pollença und d`Alcúdia. Links und rechts davon liegen die relativ schmalen Strände. Östlich erstreckt sich die lange, schattige ***Platja Formentor*** in dennoch bester Sonnenlage bis zum – nur Gästen zugänglichen – Abschnitt beim *****Hotel Formentor**. Die Kapazität des Strandes ist in der Saison dem täglichen Ansturm kaum gewachsen und das *Fast-Food* Lokal platzt dann trotz seiner enormen Größe und hoher Preise aus allen Nähten.

*Verkehrsstaus und vor allem Parkplatznot sind am Straßenende beim Cap Formentor eher Regel als selten (**ab 2018 soll die Straße daher gesperrt und ein Busservice eingerichtet werden**)*

Cap de Formentor

Vom Parkplatz hinter der *Platja Formentor* sind es noch 12 km auf kurviger Strecke durch eine rauhe Felslandschaft hoch über dem Meer bis zum ***Cap de Formentor***. Unter dem **Leuchtturm** am Straßenende befinden sich ein enger Parkplatz, Aussichtsplattform, Toiletten und eine Snackbar. Ein wenig unterhalb dieser Stelle führt eine Art **Naturlehrpfad** fast bis zum Meer hinab.

Wetter am Cap im Internet

Wer aktuell wissen möchte, welches Wetter am Ende der (ab Port de Pollença) 15 km Serpentinenfahrt wartet, kann sich **online** nicht nur zur Situation in/bei bestimmten Ortschaften informieren, sondern auch die Wetterlage am Kap Formentor abrufen. Auf Stundenbasis genau informiert www.accuweather.com/es/es/cap-de-formentor/305527/hourly-weather-forecast/305527.

Das Portal ist zwar auf Spanisch abgefasst, aber die Übersichten sind weitgehend selbst erklärend. Sinnvoll ist die Abfrage vor allem bei »durchsetztem« Wetter. Auch wenn es in Port de Pollença noch klar oder kaum bewölkt ist, kann dichter Nebel über dem Cap de Formentor hängen. Dann lohnt sich die Fahrt kaum.

Bei gutem Wetter besonders schön ist die Fahrt zum Kap am späten Nachmittag bzw. frühen Abend zum Sonnenuntergang.

Cala Figuera

Mit der ***Cala Figuera*** liegt eine populär gewordene **Strandbucht** am Wege. Früher bemerkte man sie auf der Hinfahrt – links vor dem **Tunnel** unter dem 333 m hohen schiefen Felsmassiv des *El Fumat* – fast nicht, auf der Rückfahrt ist sie tief unten rechts kaum zu übersehen. Eine Ausschilderung macht mittlerweile deutlich auf die Bucht aufmerksam. Vom großzügig nah der Straße abgesteckten Parkplatz sind es auf nicht verfehlbarem Weg hinunter mit einigen Abkürzungen nur ca. 500 m.

Cala Murta

Auf der gegenüberliegenden Seite der Halbinsel versteckt sich der »Geheimtipp« ***Cala Murta***. Ein für Fahrzeuge gesperrter Asphaltweg führt 200 m westlich des Parkplatzes für die *Cala Figuera* bei den *Cases de Cala Murta* (Schild) ca. 1,7 km bergab zur geschützen idyllischen Badebucht am offenen Ende der Bahia de Pollença.

5.4.2 Die Westflanke der Bucht von Pollença und Alcúdia

Halbinsel La Victoria

Lage und Anfahrt

Die gebirgige Halbinsel ***La Victoria*** bildet die massive Südostflanke der Bucht von Pollença. Ihre herausragende Erhebung ist der ***Puig d'Alcúdia***, der mit 444 m von Standpunkten auf Meereshöhe durchaus beachtlich wirkt. An der **Nordküste** der Halbinsel liegen einige sehr ruhige spanisch dominierte Sommerhaussiedlungen, der Yachthafen von Mal Pas und das ausgedehnte Villenviertel Bon Aire mit überwiegend deutschen und britischen Eigentümern, das sich die Hänge hinaufzieht. Eine Straße führt durch Bon Aire an der Küste entlang bis zum flachen Ausläufer der *La Victoria*, wobei die letzten 2 km bis zum **Cap del Pinar** nach wie vor gesperrt sind. Hohe Militärs genießen dort das Privileg privater Villen und Buchten. Die Straße steht seit 2010 theoretisch von Juni bis September zivilen Tagesbesuchern offen; seither wird über die Bedingungen dafür verhandelt, aber bis 2016 noch keine befriedigende Einigung erzielt (Stand: max 50 Pers./Tag in Gruppen mit Anmeldung). 500 m hinter der Abzweigung, die hinauf zur *Ermita La Victoria* führt, stehen unübersehbare Sperrschilder.

Die Straße auf die Spitze der Halbinsel La Victoria ist bislang nicht öffentlich

Die **Ostseite der Halbinsel** blieb im wesentlichen unerschlossen. Oberhalb des Alcudia-Vororts Aucanada (➪ Seite 287) liegen noch der **Golfplatz *Aucanada*** und das Gelände der ***Fundació Yannick y Ben Jakober*** (Kunstmuseum, ➪ Seite 280). Dahinter sind (von Osten her) Küste und Berge nur begrenzt per pedes zugänglich.

Zufahrten Nordküste La Victoria

Ein **Besuch der *La Victoria* ist ein »Muss«** für alle, die in dieser Inselecke logieren oder einen Ausflug dorthin planen. Im Gegensatz zum Massen- und Busausflugsziel Formentor ist *La Victoria* nie überlaufen und jenseits der *Marina Bonaire* wenig frequentiert.

über Alcúdia

Der einfachste Weg an die Nordküste der Halbinsel führt **über Alcúdia** (Richtung Port d'Alcúdia an der Stadtmauer entlang und am bombastischen Besucherkomplex aus Glas, Beton und Holz vorbei, dann nach Abbiegen an der Ampel nach rechts sofort wieder links der Ausschilderung »*Ermita Victoria*« nach).

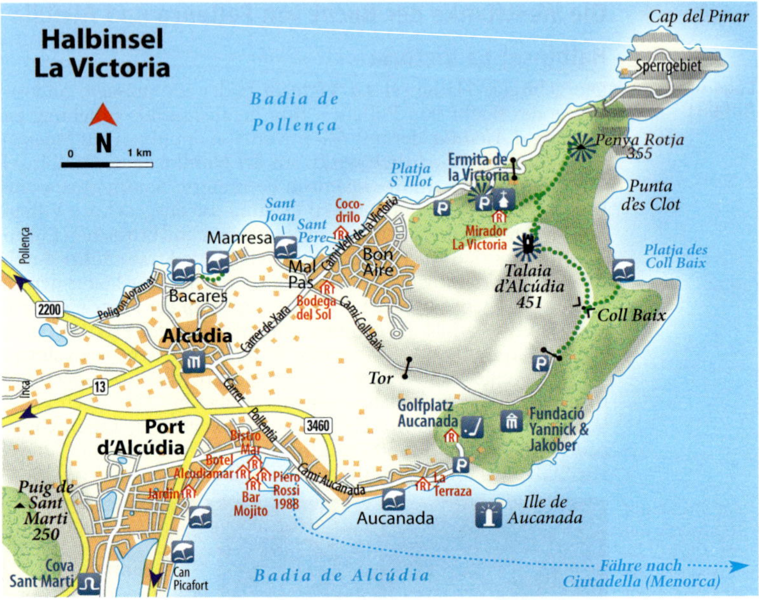

An der 5-Straßen-Kreuzung bei der ***Bodega del Sol*** hält man sich halbrechts und fährt weiter auf der Avinguda dels Mal Pas.

Von der Ma-2220

Wer **aus Richtung Port de Pollença** anfährt (Ma-2220), kann noch vor Erreichen des Verkehrskreisels eingangs von Alcudia in den Poligon Voramar links abbiegen. Auf kleinen, oft engen Straßen ohne Wegweisung »kämpft« man sich dort küstennah »der Nase nach« durch, bis man die Straße »Cami de Hort des Moros« erreicht, die auf die erwähnte 5-Straßen-Kreuzung und damit auf die Hauptzufahrt von Alcúdia stößt.

Bacares

Der Charme dieser etwas zeitaufwendigen Fahrerei liegt in der Strecke an sich, von der kleine Abstecher an den Minihafen von **Es Bacares** und an die *Platja Es Morer Vermell* möglich sind (dort die Hotels *Moré* und *Panoramic*).

Manresa

Achtung: die auf mancher genauen Karte eingezeichnete Verbindung (Passeig Trant Lo Blanc) ab der *Platja Vermell* weiter an der Küste entlang zur Villensiedlung **Manresa** ist mit Fahrzeug nicht machbar, aber zu Fuß oder mit Fahrrad empfehlenswert.

Strände Mal Pas

Von dort führt die Straße »Cami de Manresa« ebenfalls bis nach Mal Pas und passiert am Wege die kleinen **Strände *Sant Joan*** und ***Sant Pere***. Wer von Alcudia kommt und dorthin möchte, folgt ab der *Bodega del Sol* der Ausschilderung »Manresa«. Der zweite Strand *Sant Joan* (+200 m) ist schöner und besser zugänglich. Beide sind nur durch eine breite Felszunge voneinander getrennt.

Marina Cocodrilo

Mit **Mal Pas/Bonaire** erreicht man die ***Marina »Cocodrilo«***, den attraktivsten Yachthafen der Insel. Er liegt am Ende der Avinguda del Mal Pas. Auf der Schutzmauer kann man bis zur Einfahrt laufen und die Boote aus der Nähe bestaunen. Gleich am Parkplatz rechts der Marina liegt das einfache ***Fischrestaurant Cocodrilo*** mit Bucht- und Hafenblick; www.cocodrilo-mallorca.com.

Bon Aire/ S`Illot

An den Villen der Siedlung ***Bon Aire*** vorbei geht es nun überwiegend am Meer entlang zur ***Ermita de la Victoria***. Die Straße passiert auf halber Strecke zunächst die Zufahrt zur **Jugendherberge *La Victoria*** und – etwas weiter – den **Picknickplatz *S`Illot*** mit Tischbänken überm Meer und im Kiefernwald. Am Parkplatz steht ein kleines Lokal. Unterhalb der Küste laden ein steiniger Strand, glasklares Wasser und eine vorgelagerte Felsinsel zum Sonnenbaden und Schwimmen ein. Der Strand ist wegen seiner etwas versteckten Lage auch bei FKK-Freunden beliebt.

Kieselstrand von S'Illot mit glasklarem Wasser

Ermita La Victoria

Wie gesagt, ist die Spitze der Halbinsel mit dem Cap del Pinar nur bedingt (Juni-Sept.) bzw. gar nicht zugänglich. Wer sich vor dem Sperrschild wiederfindet, hat die Auffahrt zur *Ermita* verpasst. Das **Kirchlein** (meist unverschlossen) mit dem *** ***Petit Hotel La Victoria*** in den Etagen über dem Andachtsraum und die Parkplätze rundherum liegen 150 m über dem Meer.

Restaurant La Victoria

Das einmalig positionierte **Restaurant *Mirador de la Victoria*** liegt noch einmal 30 m höher. Von dessen Terrasse fällt in den Abendstunden der Blick übers Wasser auf die hinter den Bergen untergehende Sonne (➪ Foto im Wanderbeileger auf Seite 23). Das Restaurant ist keine kulinarische Pilgerstätte, aber o.k. und auch gut für eine Pause; ✆ 971 547 173, www.miradordelavictoria.com.

Kurzwanderung zum Penya Rotja

Es dient zugleich als Startpunkt für die tolle **Kurzwanderung** zum **Aussichtsfelsen *Penya Rotja***. Einschließlich kurzer Foto-Stopps ist sie bei normaler Kondition in 90 min retour zu machen. Aber Achtung: Auf dem letzten Teilstück ist der Pfad zur *Penya Rotja* nicht »ganz ohne«. Dort geht es links neben dem Treppenpfad steil in die Tiefe. Halt gibt eine im Fels verankerte Kette. Ein längerer Marsch führt auf den ***Talaia d`Alcudia***, ➪ Beileger, Route 7 ab Seite 23.

Skulptur im Park von Yannick & Ben Jakober

Geheimtipp Kunstmuseum

Recht versteckt liegt das wenig bekannte **Skulpturenparkgelände** (samt Rosengarten) der **Stiftung *Yannick* & *Ben Jakober*** auf der Ostseite der Halbinsel. Dort beherbergt ein für Museumszwecke umfunktionierter Wasserspeicher eine Galerie mittelalterlicher Portraits adliger Kinder (toll!). Besichtigung inkl. Führung Mi-Sa nur mit Anmeldung: © 971 549 880, €9-€15 je nach Umfang des Besuchs (auch die ***Villa*** lohnt sich); Rabatt für »Senioren«, Jugendliche und Studenten. **Dienstags Galeriebesuch und Park ohne Führung frei** 9.30-12.30/14.30-17.30 Uhr; www.fundacionjakober.org.

Anfahrt ab Alcudia: Richtung Mal Pas, dann unmittelbar vor der ***Bodega del Sol*** scharf rechts, ab Ende Asphaltstraße noch ca. 2 km auf oft miserablem Schotter oberhalb entlang des Golfplatzes. Bis ans verschlossene Tor heranfahren, damit es sich öffnet. So und Mo ganz geschlossen.

Die Stadtmauer von Alcudia ist auf ca. 500 m Länge begehbar (Nordwestseite der Stadt)

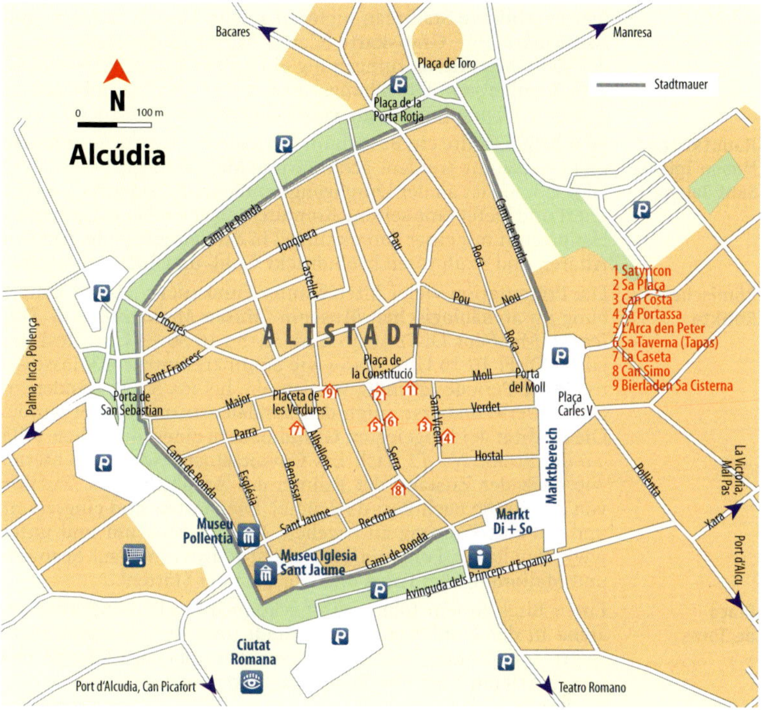

Alcúdia

Lage

Nicht zu verwechseln mit Port d`Alcúdia liegt **die älteste Stadt Mallorcas** (Gründung 123 v. Chr. als römische Siedlung *Pollentia*) landeinwärts jeweils einen guten Kilometer von beiden großen Buchten des Inselnordens entfernt. Die auf Touristen eingestellte Infrastruktur innerhalb der Stadtmauern hat sich in den letzten Jahren stark verdichtet. Für individuell buchende Urlauber bieten sich mehrere kleine Stadthotels an (➪ Unterkunftsbeileger).

Stadtmauer

In Alcudia stößt man aus jeder Richtung an eines der **mittelalterlichen Stadttore** oder direkt auf die mächtigen **Mauern**. Sie blieben fast rundum erhalten und wurden restauriert. Aber nur auf der Nordwestseite sind sie gesichert und auf einer Länge von etwa 500 m (zwischen Stierkampfarena und Stadttor-West) begehbar.

Altstadt

Vor allem an der oberen (nördlichen) Einfahrt in die Stadt findet man viel Platz in **Open-air Cafes** an der Plaça Carles V (dort ist auch Parkraum vorhanden), aber schöner und ruhiger sitzt man im **Fußgängerbereich** im Zentrum (Plaça Constituçio). Auf einen Bummel durch die Altstadt sollte man nicht verzichten. Wem der hier abgebildete Stadtplan nicht ausreicht, besorgt sich im **Tourismusbüro** eine **Gratiskarte** (Carrer Mayor in der Stadt und an der südlichen Altstadtumgehung ein großer Beton-/Glaskasten); den Ortsplan samt Umgebungskarten zum Download gibt's unter www.alcudiamallorca.com, weiterklicken auf »*Mapa y OITs*«.

Hauptkirche/ Museu Iglesia Sant Jaume

So möglich, sollte ein Besuch im **Museum** der Kirche ***Sant Jaume*** nicht versäumt werden; geöffnet nur Mai-Oktober, Di-Fr 10-13 Uhr, €3. Sie ist an der Durchgangsstraße in die Stadtmauer integriert und bietet eine seltene Kombination gotischer Bauweise im Hauptschiff mit einer Barockkuppel in der Seitenkapelle. Auf den Altären und Skulpturen beeindruckt Gold- und Silberschmuck.

Römische Relikte

Die Präsentation vieler interessanter Fundstücke aus der Umgebung im **archäologischen Museum** (***Museu Monográfico de Pollentia***, Mai-Sept Di-Fr 10-15 Uhr, Sa+So 10.30-13 Uhr; Rest des Jahres Di-Fr 10-16 Uhr, Sa+So wie Sommer; Eintritt €3) lässt die römische Periode lebendig werden, die bis ins 5. Jahrhundert n. Chr. dauerte und erst durch den Vandalensturm beendet wurde. Die Realität der freigelegten **Grundmauern einer römischen Villa** (an der Straße Ma-12 nach Las Gaviotas) ist etwas ernüchternd wie auch der Zustand der Ruinen des **Amphitheaters** (Zufahrt von der Straße nach Port d`Alcúdia). Die Stätten sind eingezäunt und nur mit Führung zu begehen. Info im Museum und unter www.alcudia.net/Pollentia/es/la-ciutat-romana (nur auf Spanisch und Mallorquí, aber Fotos und Lageplan der Stätten).

Plaça de Toros

Einen Blick hinein lohnt ggf. die kompakte kleine **Stierkampfarena** in der Nordwestecke der Stadt (mit Bar), so nicht zugesperrt. Im Sommer finden dort bisweilen **unblutige Kämpfe mit jungen Stieren** statt. Die Zeiten dafür werden angekündigt.

In der glanzvoll ausgestatteten Esglesia Sant Jaume; ungewöhnlich ist der Lichteinfall durch die Kuppel

Die antiken römischen Strukturen in »La Portella« liegen an der Straße Carrer Cementeri (Straße nach Can Picafort). Sie sind aber nur mit Führung zugänglich.

Einkehr

Rund um die Plaça Constituçio liegt ein Restaurant neben dem anderen; die Auswahl fällt schwer. Am ungewöhnlichsten ist das

- ***Satyricon*** in der östlichen Ecke der Hauptplaza mit altrömischer Dekoration und Deckengemälden, mediterrane Küche; © 971 544 997; www.alcudiarestaurants.com.
- Das distinguierte ***Restaurant Sa Plaça*** (© 971 546 278; www.alcudiarestaurants.com), ein paar Häuser weiter, serviert vor allem mallorquinische Gerichte, ebenso das
- rustikale ***C`an Costa*** (am besten am Abend) in der Carrer Sant Vicenç 14, © 971 545 394; www.cancostaalcudia.com.

Fensterdeko des Satyricon hoch über den Köpfen der Gäste drinnen wie draußen

- Eine Straße weiter (Carrer d'en Serra) warten das ***L'Arca d'en Peter*** (© 971 539 178, www.larcadenpeter.com) mit begrünter Terrasse und gegenüber ***Sa Taverna*** mit einer enormen Auswahl an Tapas; © 971 546 481, www.alcudiarestaurants.com.
- ***C'an Simó*** in der Carrer Sant Jaume 1 hat einen hübschen durch eine Mauer von der Straße getrennten Hof, wo man im Gegensatz zu den Terrassen der meisten Lokale nicht auf dem Präsentierteller sitzt, auch vegetarische Gerichte; © 639 703 056.

Markttag

Die **Markttage** (Dienstags und Sonntag) sind für viele ein Anlass, Alcudia zu besuchen (➪ Märkte auf Mallorca, Seite 413). Eine weite Anfahrt allein dafür lohnt weniger. Der Markt ist zwar groß und hat viele Verkaufsstände, die auf die touristische Kundschaft zielen, mediterranes Flair sucht man aber vergeblich.

5.5 Rund um die Bucht von Alcúdia

Port d`Alcúdia mit Ciudad Blanca und Aucanada

Kennzeichnung

Bei Port d`Alcúdia handelt es sich, wie die Bezeichnung sagt, um den Alcúdia (gut 1 km) vorgelagerten Hafen. An das alte Hafenbecken grenzt eine riesige Marina für Segel- und Motoryachten, die heute das Gesamtbild dominiert. Ein Schönheitsfehler sind die Schlote eines stillgelegten Kraftwerks über der Hafenszenerie.

Hafen/ Fähren Menorca

Jenseits der Yachtmarina landen noch **Fischer** ihren Fang an. Dahinter liegt das bombastische Terminal für die Autofähren **nach Menorca** (nach Konkurs der Reederei *Iscomar* Service 2017 nur von den Reedereien ***Balearia*** und **Trasmediterranea***) und **Barcelona** (nur *Balearia*).

Unterhalb der Zufahrt in den Fährhafen befindet sich ein **Park** mit einem ansehnlichen öffentlichen **Pool**.

Zentralbereich

An der vor einigen Jahren modernistisch umgestalteten und seither verkehrsfreien **Flanierzone am Hafen** drängen sich voll auf den Tourismus zugeschnittene Restaurants und Läden. Im Ortsteil dahinter steht ein (älteres) Hotel neben dem anderen. Eine breite palmenbestandene **Mole** mit Zu- und Abfahrten zum hinteren Bereich des Yachthafens trennt die Marina vom Strand.

---

*) Bis zu 3 x wöchentlich nach/von Barcelona. Im Sommer bis zu 4x täglich **nach/von Ciutadella** (75 min Schnellfähre, 120 min bis 2 Std. 45 min Normalfähre); Tagesticket retour ab €39/Person, spätere Rückkehr ab €57/Person; www.aferry.de.

Yachthafenmole

Dort hat in den letzten Jahren auch das **gastronomische Angebot** erheblich zugenommen. Schon allein wegen der ruhigen Lage sind die **Lokale am Ende der Yachthafenmole** (moderate Menüpreise!) eine bessere Wahl als die Restaurantterrassen am frequentierten Fußgängerbereich. An der Spitze der dort halbinselartig verbreiterten Mole befindet sich das ****_**Botel Alcudiamar**_ mit einem sehr schön begrünten Pool- und Barbereich unmittelbar am Wasser mit Blick auf den Strand, ⇨ Foto Seite 111.

Wer vom *Botel* noch ca. 100 m um die Ecke läuft, wird die _**Bar Mojito**_ – ebenfalls am Wasser – nicht verfehlen, den besten Platz von ganz Port d'Alcudia für einen Drink oder oder Cappuccino.

Strand

Ein Pfund, mit dem Port d`Alcúdia wirklich wuchern darf, ist der hinter dem Hafen beginnende, breite und flach abfallende **Sandstrand** mit einer bis _**Ciudad Blanca**_ reichenden Fußgänger- und Fahrradstraße. Der Strand ist speziell **für kleine Kinder ideal**.

Wassersport

Die Nordwestecke der Bucht von Alcúdia in Hafennähe eignet sich auch gut für erste **Surfing-Versuche**. Eine **Surf- und Segelschule** mit Brett- und Bootsverleih existiert in Hafennähe (_**Wind & Friends Watersports**_, ✆ 971 54 98 35; www.windfriends.com).

Für weiteren Spaß auf dem Wasser sorgen z.B. das **Fallschirmgleiten hinter _Speedboats_** (⇨ Foto Seite 38) und »_**Bananas**_«, mehrsitzige Gummiwürste, die mit Karacho durchs Wasser gezogen werden.

Ausflugsboote nach Formentor sammeln nach Abfahrt in Port d`Alcúdia oft auch noch in Ciudad Blanca und Las Gaviotas Gäste ein. Individuellere **Bootstouren** zu einsamen Badebuchten und Höhlen, zu Delfinbeobachtung und Sonnenuntergang bucht man im Yachthafen, gute Angebote macht www.alcudiaseatrips.com.

Binnenseen

Das Gros der Hotels und Apartmentanlagen in der Region Port d`Alcúdia liegt mehr oder weniger meeresfern. Neben der Hotelballung direkt in Port de Alcudia und der kurzen Hotelzone im Anschluss an den Ortskern wurden kolossale Bettenburgen und Apartmentkomplexe in einem trockengelegten Sumpfgebiet voller

Öffentliche Promenade in das Yachthafengelände hinein. An ihr warten diverse Restaurants und Kneipen auf Gäste. Am Ende der breiten Mole steht das Botel Alcudiamar mit Pool- und Meerblickterrasse

Port d'Alcúdia
Ciudad Blanca
Las Gaviotas
PORT D'ALCÚDIA
CIUDAD BLANCA
LAS GAVIOTAS
Bucht von Alcúdia
Hafen
Fähre nach Menorca
Fährterminal
Alcúdia
Alcúdia
Palma
Palma
Aucanada
Sa Pobla
Can Picafort/ Platja de Muro
3460
3470
3433
12
Hydropark
Bellevue Hotelkomplex
Höhle von San Marti
Carretera d'Artà
Via de Corneli Atic
Carrer de Teodor Canet
Carrer Mar i Estany
Fußgängerzone
Avinguda del Tucà
Avinguda d'Argentina
C. Diana
C. Minerva
C. Neptú
C. de Mercuri
Promenade
Av. de Nicolau Riera Marsà
Av. de Mèxic
Avinguda de Pere Mas i Reus
Cami de Can Blau
Avinguda S'Albufera
Bistro Mar
Botel Alcudiamar
Bar Mojito
Piero Rossi 1988
Jardin
Meson de les Patos
Beach Club Maremar
El Patio
Hotelkomplex Playa Esperanza
Hotel Parc Natural
Kanal Siurana
Parc Natural s'Albufera
Fuß-/Radweg zum Besucherzentrum des Nationalparks
N
0
350 m

Entwässerungskanäle samt den Salzseen ***Lago Esperança*** und ***Menor*** errichtet, die sich nicht zum Baden oder Wassersport eignen.

Hidropark

Einzige Attraktion dort sind die Wasserrutschen des ***Hidropark*** in der Nähe der weithin sichtbaren Hoteltürme *Saturn, Mars* und *Jupiter*. Die Anlage bietet nicht so viel Abwechslung wie die Konkurrenz bei Arenal und Magaluf; der Eintritt ist dennoch nicht niedrig: €23; Kinder/Senioren €17; geöffnet Mai bis Ende Oktober 10-17, im Hochsommer 18 Uhr; www.hidroparkalcudia.com.

Restaurants

Port d`Alcúdia ist unter kulinarischem Aspekt insgesamt nicht so ganz toll bestückt. Erwähnt wurde bereits die Restaurantzeile im Yachthafen; dort ist zu empfehlen das

- ***Bistro Mar***,*Turf & Surf* international; www.bistromar.com.
- Von der **Terrasse des *Botel Alcudiamar*** war bereits die Rede (tagsüber für den Drink und/oder für den Snack zwischendurch).
- In dessen Nachbarschaft befindet sich auch das populäre Italo-Restaurant mit *Chill Out*-Bereich ***Piero Rossi 1988***; © 971 548 611; www.alcudiarestaurants.com/port-de-alcudia
- Das piekfeine ***Jardin*** (Carrer Tritons nahe der Hauptstraße Ma-12 Alcúdia-Can Picafort) hat eine hübsche Gartenterrasse und inselweit berühmte Degustationsmenüs zu beachtlich hohen Preisen; © 971 892 391, www.restaurantejardin.com.

Ciudad Blanca

Der Bereich ab etwa ***Hotel Ciudad Blanca*** bis zum Straßenabzweig nach Sa Pobla (Ma-3433) nennt sich wie das weiße Hotel. Entlang der beidseitig stark befahrenen Küstenstraße nach Can Picafort/Artá (Ma-12) passiert man dort eine ununterbrochene ausschließlich auf den Tourismus ausgerichtete Infrastruktur.

Zwischen dieser Straße und dem kilometerlangen breiten Strand der Bucht von Alcúdia liegt eine ganze Reihe empfehlenswerter Hotels. Kurze Stichstraßen führen zu kleinen Shoppingzonen und Lokalen hinter dem Strand.

Aucanada

Auch die Südseite der **Victoria Halbinsel** ist einen kleinen Umweg wert: Von Alcúdia oder aus Palma kommend umfährt man Port d`Alcúdia und durchquert den **Villenvorort *Aucanada*** bis zur Zufahrt zum **Golfplatz Aucanada**, wegen der Aussicht der vielleicht schönste der Insel mit **Restaurantterrasse** in Hochlage.

Blick vom Golfclub-Restaurant Aucanada über die ganze Bucht von Alcùdia; im Vordergrund das Leuchtturm-Inselchen Aucanada. Die Idylle liegt gerade mal 3 km entfernt vom Port d'Alcúdia. Ganze 4 km sind es bis Alcúdia Stadt.

Ein kilometerlanger Weg führt von Port d'Alcudia am Strand entlang bis Ciudad Blanca

Ein Wermutstropfen ist in der Vor- und Nachsaison, dass von dort die wärmende Sonne schon früh am Nachmittag verschwindet.

Ab Straßenende führt eine 300-m-Promenade an die Spitze der Landzunge, vor der die ***Ille de Aucanada*** liegt (mit Leuchtturm; bei ca. 120 m in Schwimmdistanz). Auf Trampelpfaden entlang der Uferlinie geht's zu meist von Algenbergen bedeckten Strandeinsprengseln noch ein paar hundert Meter weiter bis zum Zaun der ***Fundació Jakober***, ➪ Abschnitt »La Victoria«, Seite 280.

La Terraza

Vor dem Wäldchen am Ortsende von **Aucanada** ist die Werbung des Restaurants ***La Terraza*** nicht zu übersehen. *La Terraza* kombiniert gute Küche, schöne Lage und gehobene Preise; ✆ 971 545 611, www.laterrazaalcanada.com. Neben der verglasten (namensgebenden) Restaurantterrasse mit Aussicht über die Bucht von Alcúdia ohne die Kraftwerkschlote im Blickfeld gibt es eine **separate Barterrasse** (nur tagsüber) für die Pause zwischendurch.

Wer die Badehose dabei hat, kann unterhalb des Restaurants gut schwimmen. Ein **Ministrand** befindet sich auch noch 100 m weiter unterhalb des Hotels *President*.

Las Gaviotas, Albufera Nationalpark, Platja de Muro

Definition

Als **Las Gaviotas** wird die **Hotelurbanisation** unterhalb des *Lago Mayor* (oder *Esperança)* bis zum Entwässerungskanal *Siurana* der Sümpfe von *Albufera* bezeichnet. Entlang der Verkehrsachse Alcúdia-Can Picafort setzt sich die touristische Infrastruktur übergangslos weiter fort mit Zentrum zwischen den Hotels *Playa de Muro* und *Eden Alcúdia* beidseitig dieser Straße.

Gastronomie

Unter den vielen Lokalen in zentraler Lage ragt kaum eines durch Atmosphäre und Qualität sonderlich heraus:

- Ausnahme ist das **Grill-Restaurant *El Patio*** in der kleinen Fußgängerpassage schräg gegenüber dem Aparthotel *Ses Fotges*; von vielen Gästen gelobte Steakzubereitung; © 971 890 504.
- Das Restaurant ***Mesón de los Patos***, das Entenhaus, liegt 1 km landeinwärts an der Straße Las Gaviotas-Sa Pobla (Ma-3433) mit Badepool, Kinderspielplatz und grün überwachsener Terrasse. Neben den **Entengerichten** sind **Aale** (*Anguiles*) dort die Spezialität; © 971 890 265, www.mesonlospatos.com.

Cova de Sant Marti

Im Hinterland von Las Gaviotas versteckt sich mit der ***Cova de Sant Marti*** ein zwar zum Nationaldenkmal erhobenes, aber dennoch sich weitgehend selbst überlassenes **Relikt aus der Frühzeit des Christentums**. Die nicht seitlich in den Berg, sondern von einer ebenen Oberfläche in den Untergrund führende Höhle erreicht man über eine breite Verbindungstrasse (Schotter/Schlaglöcher) zwischen Las Gaviotas und dem *Bellevue*-Bereich von Port d`Alcúdia, die hinter dem Entwässerungssee *Esperança* entlangläuft. Ungefähr auf halber Strecke zweigt mitten im wüsten Gelände überraschend eine Asphaltstraße ab. Auf dieser geht's ca. 300 m und dann vor einer Straßenverbreiterung auf einem besseren Feldweg noch einmal rechts 200 m weiter (kein Hinweis).

Eine andere Zufahrt führt über die – die Touristenzone umgehende – Straße Ma-3470. An ihr steht ein unauffälliges Schild. Der Weg von dort ist ebenfalls rau, aber nur ca. 100 m lang. Das Felsloch der *Cova* ist von einem Gitterzaun umgeben. Sollte das Tor offenstehen, Vorsicht! Über die niedrige Mauer gleich hinter dem Eingang kann man leicht abstürzen. Eine Treppe führt auf den Grund der Höhle, in der einst erste Christen der Insel Zuflucht vor römischen Verfolgern gesucht haben sollen. Unten befindet sich ein kleiner Altar. **Oft ist das Tor verschlossen**. An der Infotafel vermerkte Öffnungszeiten werden nicht unbedingt eingehalten.

Die Cova de Sant Marti, ein großes Loch in der Erde. Eine bei Nässe sehr rutschige Treppe führt hinunter zu einer nur noch selten genutzten antiken Andachtstätte

Haupteingang zum Albufera Nationalpark am Canal Siurana (Straße Ma-12)

Parc Nacional de Albufera

Der Rest eines – in »vortouristischer« Zeit viel ausgedehnteren – Sumpfgebietes zwischen Las Gaviotas, Sa Pobla und Can Picafort wurde einschließlich eines Teils der Dünen an der *Platja de Muro* (➪ folgende Seite) 1985 unter Naturschutz gestellt und später zum Nationalpark erklärt. Es gibt dort ein kleines **Informationszentrum**, das 2014 renoviert wurde und Plattformen zur **Vogelbeobachtung**. Ein Faltblatt mit Informationen erhält man im Besucherzentrum auch auf Deutsch. Im Park seien über 200 Vogelarten registriert worden, heißt es, wobei nur wenige ganzjährig anzutreffen sind. Die meisten Arten sind Winter- oder Sommergäste und Zugvögel, die Zwischenstation machen. Das für Mallorca ungewöhnliche Parkareal ist durchzogen von Entwässerungskanälen und Wegen, die sich gut für Radtouren und Spaziergänge eignen.

Wo die **Straße Alcúdia-Can Picafort** den *Siurana* Kanal überquert, befindet sich gegenüber dem Hotel *Parc Natural* ein **Parkplatz**. Von dort geht`s nur noch zu Fuß/per Rad weiter. Zusätzliche Eingänge (nicht für Kfz) existieren weiter östlich und an der Straße Las Gaviotas-Sa Pobla. **Infocenter** ganzjährig **geöffnet** 9-16 Uhr. Weitere Details unter http://de.balearsnatura.com/ parc-natural-de-s-albufera-de-mallorca/ausstattung.html; © 971 892250.

Die Mündung des Canal Siurana trennt Las Gaviotas und die Platja de Muro

Platja de Muro

Das Strand- und Dünengebiet östlich des *Canal Siurana* nennt sich ***Platja de Muro***. Zwei kleinere Sommerhaussiedlungen waren dort zwischen Straße und Meer bis Anfang der 1990er-Jahre die einzige Bebauung. Die danach mitten in die Dünen gleich hinter den Strand gesetzten enormen Hotels und Clubanlagen im Anschluss an den Kanal und noch einmal einen Kilometer weiter sorgen dafür, dass dieses früher ruhige Strandgebiet von Juni bis September aus allen Nähten platzt. Starke Strömungen reduzieren den Strand im Winter oft auf einen schmalen Streifen, der dann wieder aufgespült wird.

Strandzugang

Wer die Strände von Muro ansteuert, findet beidseitig des *Canal Siurana* erste Fußwege (am Nordufer zwischen Kanal und Hotelkomplex *Esperanza*, am Südufer zwischen Kanal und Hotel *Parc Natural*) an den dort immer relativ breiten und attraktiven Sandstrand. Am Strand gibt es keine Infrastruktur, sieht man von den Einrichtungen der Hotels nur für ihre Gäste einmal ab.

Im Bereich der weiter südlichen Aparthotels, von denen gleich fünf eines neben dem anderen hinter der *Platja de Muro* liegen, ist das anders (erste Zufahrt von Norden in diesen rein touristischen Großkomplex über den Kreisverkeht ca. 1 km südlich des Kanals). Dort finden sich am Ende von Stichstraßen an den Strand die üblichen kleinen Lokale und Liegenvermieter. Bedingt durch die große Bettenkapazität hinter dem verbliebenen Dünenstreifen wird es – wie erwähnt – besonders auf den hotelnahen Strandabschnitten im Sommer ziemlich voll.

An der Platja de Muro Mitte Oktober

Ruhiger Strandbereich

Das beste nicht so stark frequentierte und noch halbwegs »ursprüngliche« Stück der *Platja de Muro* erreicht man auf Höhe des zum Nationalpark gehörenden **Picknick- und Kinderspielplatzes** etwa 1 km nördlich des ersten Kreisverkehrs eingangs Can Picafort bzw. 3 km südlich des Kanals. Von dort geht`s zu Fuß zum Strand (ca. 100 m durch die Dünen). Eine Zufahrt für Autos (Sand, Schotter und kaum Parkraum) existiert gleich nördlich des Picknickplatzes; sie ist nicht gekennzeichnet und mitunter gesperrt.

Diese Damen sonnen sich hinter dem südöstlichen Strandende von Can Picafort

Can Picafort mit Son Bauló

Kennzeichnung/ Strandanfahrt

Die **Stärken Can Picaforts** sind die Promenade und der Strand, speziell die vorstehend beschriebene *Platja de Muro*. Hinter dem Apartmenthotel *Platja Daurada* beginnt dessen dünengesäumter Bereich. Dorthin gelangt man per Auto oder Fahrrad am besten vom nördlichen Kreisverkehr, indem man dem Schild »*Cases de Capellans*« folgt. Auf dem großen Platz vor einfachen Wochenendhäusern kann man das Fahrzeug abstellen. In den Restdünen stehen dort die ersten Strandbars (u.a. »***Opa und Oma Bar***«), die auf hier überwiegend deutsche Gäste eingestellt sind.

Ortsstrand

Der Strand setzt sich südlich bis zum Bootshafen fort. Danach beginnt eine flache Felsküste. Die Dünen sind allesamt Hotels und einer Schutzmauer mit hochgelegener Promenade (ab *Hotel Santa Fe)* gewichen. Der verbliebene Strandstreifen ist im Ortsbereich mal schmaler, mal breiter je nach Aufspülung.

Die Strandkapazität ist ab Mai bis Ende September hoffnungslos überlaufen. Viele Picafort-Gäste weichen dann nach Norden in Richtung der *Platja de Muro* aus, die aber zugleich durch die Gäste der Club-Komplexe in den Dünen von Muro gefüllt wird.

Promenade

An der **Strandpromenade** ohne Baum und Strauch reiht sich ein Lokal ans andere. Viele haben windgeschützte verglaste Terrassen. Nachmittags gibt`s allerorten »Kaffee und Kuchen« und »Erdbeeren mit Schlagsahne« zu – dank der scharfen Konkurrenz – moderaten Preisen. Auch abends sitzt man in vielen Restaurants vorzugsweise bei Gerichten deutscher Provenienz.

Frische Erdbeeren mit Schlagsahne und Sangria als einladender Blickfang vor einem Café an der Promenade von Can Picafort

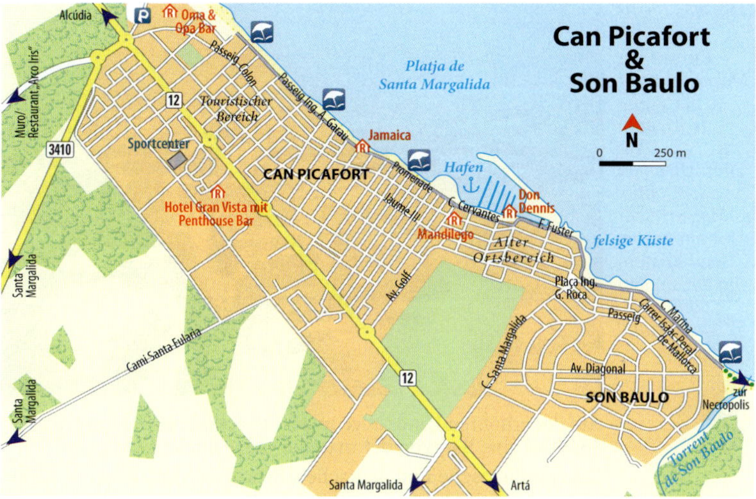

Information

Südlich des Strandendes gegenüber dem ***Club Nautico*** (mit auch dann noch sonniger **Caféterrasse**, wenn die Promenadenlokale schon im Schatten liegen), steht ein Kiosk der **Touristinfo**.

Ortsbild

Hinter der Promenade gibt es eine Fußgänger-/verkehrsberuhigte Zone mit viel Grün. Die Hauptstraßen Carrer Passeig de Colom (Einbahn Nord-Süd) und Avinguda de Centre (Einbahn Süd-Nord) durch den ganzen Ort sind relativ ruhig, da die Durchgangsroute Alcúdia-Artá (Ma-12) hier rund 300 m hinter der Küste verläuft.

Einkehr

- Positiv aus dem üblichen Rahmen unter den zahlreichen Promenadenlokalen fällt das italienisch geführte ***Café Jamaica*** an der Ecke Via Francia: preiswert, gut und freundlicher Service.
- Für den abendlichen Drink geht nichts über die ***Bar Panoramic*** im obersten Stock des Hotels ***Gran Vista*** (an der Ma-12 zurückgesetzt) mit Weitblick über Meer und Insel; ✆ 971 850 052.
- Die edle Alternative für verfeinerte mallorquinische wie Fischgerichte ist das ***Mandilego***, Carrer de Isabel Garau 49, im alten Ortsbereich unweit des Hafens; Mo geschlossen; ✆ 971 850 089.
- Gute spanische Gerichte und *Tapas* zu moderaten Preisen serviert das ***Restaurant Don Dennis*** am Hafen; ✆ 971 851 126.

Son Bauló

Folgt man von der Promenade der Küstenstraße durch den alten Ortsbereich (ohne Sehenswürdigkeiten) nach Südosten, passiert man zunächst den Bootshafen und erreicht nach einem guten Kilometer **Son Bauló**, ein früher separates Dorf, das über die Jahre mit Can Picafort zusammengewachsen ist. An der felsigen Küste öffnet sich am Ende einer kurzen Promenade (Carrer de Marina) mit preiswerten Bars und Restaurants noch einmal eine größere **Sandbucht** an der Mündung des Torrent de Son Bauló.

Die Necropolis Son Real: Ruinen der Megalithkultur an der Badia de Alcúdia ca. 1 km südöstlich von Son Bauló. Man erreicht sie am besten auf Küstenpfaden ab dem Son Bauló-Strand

Auf der erhöhten Landzunge in der Ostecke des Strandes öffnet im Sommer eine **Bar**, von der man die ganze Bucht überblickt.

Eine auf britische und deutsche Gäste zugeschnittene Infrastruktur findet man nördlich und westlich des einzigen Strandhotels (*Son Bauló*) zwischen Carrer Isaac Peral und Avinguda Diagonal.

Necropolis

Von Son Baulo aus lässt sich eine kleine Küstenwanderung bis zu mehreren Resten der Megalith-Kultur unternehmen (⇨ Thema Seite 360). Etwa 15 min läuft man bis zur ***Necropolis Son Real***, den Grundmauern einer über 2000 Jahre alten »Totenstadt«, dem nach *Capocorb Vell* (Cala Pi) und *Ses Paisses* (Artá) besterhaltenen Relikt aus der megalithischen Epoche. Der geringe Schutz dieser Ruinen vor täglich Hunderten von Stiefeln, die durch die Mauern turnen und deren Erosion beschleunigen, ist unverständlich.

Von Son Bauló nach Son Serra de Marina

Finca Son Real

In der einstigen **Agrofinca *Son Real*** (Ma-12 Richtung Artá noch vor dem Abzweig nach Son Serra) wartet u.a. ein Museum auf Besucher (Mo-Fr 10-16 Uhr, Eintritt €3). Das Thema ist dort die Besiedelung und ländliche Entwicklung Mallorcas.

Situation

Die mehrere Quadratkilometer großen Ländereien der Finca wurden mit einem Rad- und Fußwegenetz ausgestattet, über das man eine 5-6 km lange **Rundwanderung bzw. Radtour** zur ***Necropolis*** (⇨ oben) unternehmen kann. Gleich zu Anfang befindet sich eine Stallung mit den berühmten schwarzen Schweinen Mallorcas, ⇨ Foto Seite 492. Wenn sie sich im Matsch suhlen, haben nicht nur Kinder Freude. Am Wege gibt es eine Reihe – mäßig aufschlussreicher – Infotafeln zu Flora und Fauna.

Um zur *Necropolis* bzw. ans Meer zu gelangen, muss man den Zaun auf dafür vorgesehenen Leitern überwinden. Das dürfen – nebenbei – nicht nur Besucher, die über den Haupteingang kommen, sondern im Prinzip ist jeder zum Besuch des Geländes eingeladen.

Ebenfalls jedermann darf den **Picknickplatz** des Geländes (mit Grillstellen und Feuerholz) benutzen, der sich auf Höhe des Markierungsturms (am Meer) befindet. Geöffnet täglich 10-19 Uhr im Sommer, Winter bis 17 Uhr; Zutritt und Nutzung sind gratis.

Son Serra de Marina

Gut 2,5 km östlich von *Son Real* zweigt von der Ma-12 die Zufahrt nach **Son Serra de Marina** ab, einer Ferienhausurbanisation mit geschütztem Bootshafen und – an deren **Südostende** – einem langen **Sandstrand**, der in den letzten Jahren vor allem dadurch populär wurde, dass Windsurfer ihn als gutes Revier entdeckten.

Man kann dorthin von Son Bauló (via *Necropolis*) auch an der Küste entlang laufen (ca. 6 km) und ggf. noch weiter bis Colonia de Sant Père, plus weitere 4 km). Der Weg ist nicht zu verfehlen.

Zwei einfache, ein wenig alternative Lokale mit moderaten Preisen selbst für Fischgerichte warten am Strandparkplatz auf Gäste:

- ***El Sol Sunshine Bar***, täglich bis 18 Uhr, Fr+Sa bis 23 Uhr, Fr abends Live-Music, © 971 854 029, www.sunshine-bar.net
- ***Restaurant Lago***; täglich geöffnet, © 971 854 081, www.restaurantelagosonserra.com.

Strand am Ostende von Son Serra de Marina vor der Serra de Llevant; rechts erhebt sich der Puig Ferrutx (519 m)

Western-Reiterhof

Etwas weiter südöstlich passiert die Ma-12 den Western-Reiterhof ***Rancho Grande***. Dort wird nicht nur geritten, es gibt auch Planwagenfahrten, Minizoo mit Farmtieren, Grillrestaurant, Bar und Showeinlagen und nicht zuletzt einen Kinderspielplatz für die ganz Kleinen; www.ranchograndemallorca.com, © 971 854 121.

Colonia de Sant Père

Kennzeichnung

Colonia de Sant Père liegt 5 km abseits der Hauptstraße Ma-12 am östlichen Ufer der Bucht von Alcúdia vor den Hängen der ***Serra de Llevant***. Die Küste ist dort flach und felsig, der kleine Strand neben dem Bootshafen aufgeschüttet. Dank eines langen Wellenbrechers eignet er sich besonders für kleine Kinder.

Colonia de Sant Père ist das einzig verbliebene ehemalige Fischerdorf Mallorcas, das man nicht in Katalogen von Reiseveranstaltern findet. Nicht zuletzt deshalb ist der Ort ein gutes Ausflugsziel.

Promenade

Von der Ortseinfahrt gelangt man unverfehlbar zur Yachtmarina und **Fußgängerpromenade**. Eine ganze Reihe von Lokalen hat dort Terrassen mit Blick auf Strand, Meer und die Serra Tramuntana.

- In Strandnähe serviert das ***Es Playa*** speziell Fisch und Meeresfrüchte, sehr gut auch die Paella; faire Preise, © 971 589 017
- Das seit Jahren bestbeurteilte Restaurant ist ***Sa Xarxa*** am nordöstlichen Ende der Promenade; © 971 589 251, www.sa-xarxa.com; März-November, Mo geschlossen (nicht Juli+Aug).
- Nebenan das »italienische« ***Es Vivers*** ist auch gut: © 971 589 478, www.esvivers.com; April-Nov. tägl., Feb.+März Di geschl.

Betlém

Um Colonia de Sant Père herum expandieren Villenurbanisationen. Die größte, Betlém, liegt 5 km weiter nordöstlich und ist fest in deutscher Hand. Hinter Betlém endet die Straße bzw. der Rad- und Fußweg, der bei der westlichen Villensiedlung S'Estanyol beginnt. Von dort geht es zu Fuß oder per Bike nur auf einem Feldweg die Küste entlang weiter bis zur einsamen Bucht an der ***Punta d'es Calo***. Wer mag, kann von dort aus auf kaum gekennzeichneten Pfaden weiterlaufen bis zum ***Cap de Ferrutx*** mit dem alten Wachtturm *Talaia de Morey* in rund 400 m Höhe (⇨ auch Seite 299, Stichwort »Naturschutzgebiet Peninsula de Llevant«).

Zur Stärkung vor oder nach der Wanderung lädt in **Betlém** das ***Restaurant Casa Blanca*** ein: Gute Küche und abends im Sommer *Live Music*. Von dessen Panoramaterrasse schaut man über die gesamte Bucht von Alcúdia bis hinüber zum Cap de Formentor; toll bei Sonnenuntergang; © 971 589 404.

Blick von der Terrasse des Casa Blanca über den lokaleigenen Pool auf die Bucht von Alcudia

5.6 Die nördliche Ostküste

5.6.1 Zwischen Artá und Cala Rajada

Artá

Kennzeichnung

Die Straßen von Can Picafort (überwiegend schöne Straßenführung) und Manacor nach Capdepera/Cala Rajada laufen im Bogen am Zentrum Artás vorbei, eines der attraktiveren Landstädtchen Mallorcas. Touristisch ist dort mittlerweile mehr los als noch vor wenigen Jahren, da kleine Hotels und neue Restaurants ihre Pforten öffneten und die geradeaus hoch in Richtung *Santuari* laufende **Carrer Ciutat** zur Fußgängerstraße und **Künstlergasse** wurde. Dort lohnt ein Blick in einige der **Shops** und **Galerien**.

Einkehr Carrer Ciutat

- ***Tapas & Vino*** serviert das Restaurant ***Can Sion*** (Ciutat 22) von Mi bis So 12-18 Uhr, Di 10-18 Uhr, Mo geschlossen; © 971 829 248, www.restaurante-cansion.com, .

- Neben *Tapas* haben auch noch hübsche Gärten nach hinten 'raus das ***Parisien*** (Ciutat 18) und im oberen Abschnitt der Fußgängerzone das originelle ***Mar de Vins*** (Antoni Blanes 34), das auch vegetarische Gerichte auf der Karte hat.

Das *Hotel Sant Salvador* unterhalb des Festungsberges (Carrer de Pou Nou 26) überzeugt nicht nur als Unterkunft (➪ separaten Unterkunftsbeileger), sondern auch mit dem stilvollen

- **Restaurant *Gaudi*** drinnen wie draußen, schöne Gartenterrasse mit Weitblick, gutes kulinarisches Niveau, dabei nur ein wenig teurer als anderswo, ✆ 971 829555; www.santsalvador.com

Santuari de Sant Salvador

Hauptziel in Artá ist die **burgartige Anlage** auf dem Kalvarienberg um die Wallfahrtskirche ***Santuari de Sant Salvador***. Ab der verlängerten Carrer Ciutat (Antoni Blanes und Sol) steigt man über die **Treppengasse Parroquia** zur **Kirche *Transfiguración del Señor*** hinauf und dann weiter auf einer von Zypressen gesäumten breiten Treppe bis zum zinnenbewehrten Vorhof (➪ Foto unten).

Man kann auch über die **Carrer S'Abeurador** und die Straße Richtung Cala Torta östlich der Stadt anfahren (➪ Karte); an ihr zweigen weitere Treppengassen nach oben ab.

Auffahrt/ Parken

Der **Weg per Auto** hinauf zur alten Festung am erwähnten *Hotel Sant Salvador* vorbei ist weiträumig ausgeschildert. Man gelangt bis zum oberen Parkplatz direkt unterhalb seiner Mauern, muss aber von dort ebenfalls noch ein wenig bergauf gehen. Sollte dieser Parkplatz voll belegt sein, bleibt nur der **Ausweichplatz** in Richtung *Ermita de Betlém* (ca. 100 m ab Hotel *San Salvador*).

Eine großartige **Rundumsicht** entlang der komplett begehbaren Zinnen belohnt die Mühe des Aufstiegs bzw. der Auffahrt.

Via Verde: Start in Artá

Der alte Bahnhof von Artá (unübersehbar an der Durchgangsstraße Ma-15/Avinguda Costa i Llobera) ist Start-/Endpunkt der 29 km langen Bike-Route ***Via Verde*** über Son Servera und Sant Llorenc nach/von Manacor; alle Details dazu auf Seite 376.

Oben auf dem Santuari de Sant Salvador sieht's so aus. Die gut erhaltene Festung und der Weitblick von dort lohnen die kleine Mühe des Aufstiegs unbedingt.

Die Umgebung von Artá

Ermita de Betlem/ Abstieg nach Colonia de Sant Père

Besonders bis in den Mai hinein, solange noch Obstbäume blühen und das Grün der Natur frisch ist, sollte man einen **Ausflug** zur ***Ermita de Betlém*** anschließen. Weniger die Einsiedelei selbst als vielmehr **der Weg dorthin** – zunächst durch ein liebliches Tal und dann weiter auf enger Serpentinenstrecke (mit streckenweise toller Aussicht) – machen den Reiz des Ziels aus. Von dort schaut man auf Colonia de Sant Père und über die Bahia de Alcúdia, bei guter Sicht bis zum *Cap Formentor*. Ein Fußweg führt von der »heiligen« Quelle *Font de S'Ermita* hinunter nach Betlém (ca. 3 km bis zur Straße Ma-3331 und noch 500 m weiter bis zur *Urbanización*).

Naturschutzgebiet Península de Llevant

Nördlich der *Ermita* bis zum Meer erstreckt sich ein ausgedehntes Naturschutzgebiet, der ***Parc Natural de la Península de Llevant***. Von der Straße zur *Ermita de Betlem* (Ma-3333 Carrer de Pou Nou) zweigt nach ca. 5 km noch vor dem Beginn der Serpentinen die Holperstraße zur alten Radarstation auf dem *Puig de Sa Tudossa* (445 m) ab. Nach ca. 1 km erreicht man einen Parkplatz, Ausgangspunkt von zwei langen Wanderrouten in das Gebiet hinein. Kartenmaterial hat man dort im Büro des Parks (***S'Alqueria Vella de Baix***, täglich 9-15.30 Uhr, © 971 836 828; http://de.balearsnatura.com/parc-natural-de-la-peninsula-de-llevant. Die interessanteren Wanderungen im »Kerngebiet« nahe der Küste erfordern leider kilometerlange Anmärsche und sind bei weitem nicht so »umwerfend« wie manche Routen in der *Serra Tramuntana*. Dafür ist das Gebiet ein **Dorado für Mountainbiker**, die sich und ihre Räder dort auf gerölligen Pfaden ordentlich quälen können.

Wanderungen

Wunderbar ist die Verbindungsroute vom ***Puig de Sa Tudossa*** auf einer Art Kammlinie zum ***Talaia de Morey*** (unverfehlbar markiert, aber zum Schluss recht steil). Von dort oben überblickt man die Bucht von Alcúdia und schaut bis zum *Cap Formentor*. Bis zum *Puig* muss man zunächst auf einer für Fahrzeuge gesperrten ramponierten Straße laufen. Ca. 4 km Anmarsch und gute 2 km Pfad sind 12 km retour, mit Pausen ca. 4-5 Stunden.

Die zweitbeste und leichter zu realisierende Wanderung in dieser Region führt vom Ende der Straße zur *Cala Torta* bzw. von der ***Cala Estreta*** an der Küste entlang zum *Torre d'Albarca*, ⇨ unten.

Cala Torta

Am östlichen Ortseingang/-ausgang von Artá weist ein Schild auf die Zufahrt zur ***Cala Torta*** hin, einer Bucht an der rauhen Nordostküste weitab jeder Siedlung mit einem tiefen **Sandstrand** und Dünen. Sie ist beliebt bei Nacktbadefans, aber kein reines FKK-Revier. Die 10 km lange Strecke dorthin ist bis zum Abzweig für die *Cala Torta* geteert. Der letzte Kilometer geht noch über Stock und Stein. Schattiges Parken ist möglich. Eine einfache **Strandbar** mit begrenztem Angebot öffnet Juni bis September. Die Wasserqualität ist dort spitze. Manche Besucher kommen zu Fuß 2 km von der *Cala Mesquida*, ⇨ Seiten 303 und Beileger, Seite 37.

Zum Torre d'Albarca

Leicht zu identifizierende Küstenpfade führen zum bestens erhaltenen/restaurierten Wachtturm ***Torre d'Albarca*** mit einem alten Kanonenrohr auf der oberen Plattform (ca. 1 Stunde) und weiter bis zum *Talaia de Morey* (4-5 Stunden einfacher Weg, ⇨ vorstehend) und für »Kampfwanderer« an einem sehr langen Tag bis Betlém und Colonia de Sant Père.

Wer sich die Schlaglöcher antun mag, kann der Straße (links) auch **bis zur *Cala Estreta* folgen und dort starten**; das spart 15 min Fußweg. Zur ***Cala Mitjana*** ist nur noch mit 4WD ein Durchkommen.

Cala Matzoc an der rauen, einsamen Küste der Halbinsel Llevant. Oben der Torre d'Albarca

Sa Duaia

Gute 2 km vor Erreichen der *Cala Torta* weist ein Schild auf das ***Agroturismo-Hotel Sa Duaia*** hin. Das burgartige Gemäuer mit Turm beherbergte bis vor kurzem ein für jeden zugängliches Restaurant mit Terrasse samt Blick über die *Cala Torta*. Jetzt stehen die Einrichtungen von *Sa Duaia* nur noch Hotelgästen offen. Wer sich dafür interessiert: Alle Infos unter www.saduaia.com.

Talaiots Ses Paisses

Von der Straße in Richtung Capdepera geht es noch im Ortsbereich Artà rechts ab zu den ***Talaiots de Ses Paisses*** (1 km). Das Gelände ist eingezäunt. **Geöffnet** Mo-Sa im Winter 10-14 Uhr; April bis Okt. Mo-Sa 9.30-13/14.30-18.30 Uhr; Eintritt €2.

Zu Begriff und Bedeutung der *Talaiots* ➪ Seiten 360 und 454 und u.a. http://mallorca-journal.info/talayot.htm auf Deutsch. *Ses Paisses* wirkt wegen seiner Lage im Wald besonders pittoresk.

Steinerne Reste des talaiotischen Dorfes Ses Paisses, die man bis auf etwa die Zeit um 1000 v. Chr. zurückdatieren konnte

Roca Viva

Über eine gepflegte Terrasse und ein sehr gemütliches Restaurant (***Roca Viva***) verfügt der Golfplatz von Capdepera, ca. 4 km östlich von Artà (kurze Zufahrt). Gut für einen Drink wie auch für einen Capuccino oder das Dinner. Prima Preis-/Leistungsverhältnis; ✆ 971 818 210, www.golfcapdepera.com/de/restaurant.php.

Höhlen

Die bekannten **Höhlen von Artá** liegen gut 10 km entfernt von Artá im Hang überm Meer bei ***Platja de Canyamel***, ➪ Seite 312.

Capdepera

Funktion und Geschichte

Die Touristenzentren des Nordostens von Canyamel bis zur *Cala Mesquida* werden von Capdepera aus verwaltet. Alle Wege zu den Buchten des Nordostens – mit Ausnahme der *Platja de Canyamel* – führen über dieses weithin sichtbare Städtchen auf dem Bergrücken oberhalb von Cala Rajada. Dessen strategisch günstige Position wurde schon vor der Römerzeit zum Bau von Befestigungen genutzt. Die Anlage mit der eindrucksvollen Ringmauer geht auf die Araber zurück, die hier dem Eroberer *Jaume I.* im Jahre 1230 noch trotzten, als Palma schon lange gefallen war. Sein Nachfolger *Jaume II.* begann um 1300 mit dem weiteren Ausbau des ***Castell***, dessen Aussehen sich seit dem Ende des 14. Jahrhunderts kaum verändert hat. Erst kürzlich wurde es restauriert. Allerhand **Legenden** ranken sich um die Uneinnehmbarkeit der Festung, darunter die der Wirkung des Muttergottesbildes in der Kapelle: in höchster Not sorgte es – auf die Zinnen gestellt – für den Abbruch der Belagerung durch arabische Piraten.

Das mittelalterliche Castell ist eine tolle Anlage hoch über der Kleinstadt Capdepera.

Burganlage

Die Burganlage von Capdepera erreicht man **am besten zu Fuß** von der Plaça Espanya (an der Einbahnstraße durch den Ort von Cala Rajada nach Südwesten) über einen in gerader Linie hinaufführenden **Treppenzug**. Man kann auch vor das Tor der Festung fahren (Carrer de Castell). Die Strecke über enge Gassen ist ausgeschildert; es gibt oben aber kaum Parkmöglichkeiten. Entlang der Durchgangsstraßen befinden sich mehrere Parkplätze.

Castell Capdepera

Das Innenleben der Burg besteht vor allem aus der schießschartenbewehrten Ringmauer, die rundum begehbar ist. Schon allein die Aussicht über die Buchten des Nordostens lohnt den Besuch. Nachts wird das *Castell* pittoresk angestrahlt. Am 3. Wochenende im Mai findet auf dem Gelände ein Mittelalter-Markt statt.

Die Anlage ist im Sommer täglich 9-20 Uhr geöffnet, im Winter 9-17 Uhr; Eintritt €3, © 971 563 033, www.castellcapdepera.com.

Restaurants

- Zur Einkehr kommen direkt in Capdepera vor allem die Lokale an der kleinen verkehrsfreien Plaza in Frage. Das ***Café L' Orient*** ist dort besonders beliebt und immer gut frequentiert.
- Nur 2 km nördlich von Capdepera liegt die Hotelfinca ***Predi Son Jaumell*** nur wenig abseits der Straße nach Cala Mesquida. Das ***Gourmetrestaurant Senzill*** des Hauses unter dem bekannten Koch ***Andreu Genestra*** gilt als gastronomisches *Highlight* dieser Ecke Mallorcas (März-Okt.). Die 5-10gängigen Menüs des noch jungen Meisters haben mit €54-€105 (+ Wein) natürlich ihren Preis; © 971 565 910, www.andreugenestra.com.

Cala Mesquida

Lage/ Strand

Oberhalb von Cala Rajada liegt mit der Urbanisation Cala Mesquida das **nördlichste Ferienziel der Ostküste**. Die gleichnamige Bucht verfügt über einen breiten, für Mallorca ungewöhnlich ins Land reichenden **Sandstrand** mit geschützten, auf Holzbohlen zu querenden Dünen, die in Kiefernwald übergehen. Ein Höhenzug trennt die *Cala Mesquida* von der zum Urlaubsort Cala Rajada gehörenden *Cala Agulla*. Der Strand ist zwar nicht so malerisch wie der letztere, in der Regel aber nicht so überlaufen. Auf ihrer Westseite wird die *Cala Mesquida* im ansteigenden Gelände begrenzt durch die Gebäude der *Viva Hotels*.

Zugang

Per **Straße** nach Cala Mesquida geht es – von wo auch immer – nur über die Umgehungsstraße von Capdepera (ab Ma-15 ca. 6 km, ab/bis Cala Rajada 9 km). Von der Bushaltestelle und gleichzeitig strandnächsten Parkmöglichkeit sind es auf einer **Promenade** am Strand entlang noch 400 m bis zum Meer. Dort stößt man auf die üblichen Angebote vom Liegen- bis zum Surfboardverleih und ein paar ganz akzeptable Strandlokale.

Von Cala Rajada aus verkehren im Sommer auch **Boote** zur *Cala Mesquida*. Sportliche Naturen erreichen die *Cala Mesquida* von dort aus auf einem **Wander-/Bikeweg** über den erwähnten Höhenzug durch Pinienwald (via *Cala Agulla*, von dort 3 km, ➪ Seite 308 unten und Wanderbeileger Seite 38).

Der Ort wird beherrscht vom Resortkomplex ***Viva Cala Mesquida,*** (drei miteinander verbundene Hotels). Eine kleine Shop- und Serviceinfrastruktur sowie ein paar Privatvillen ziehen sich noch ca. 100 m ins ansteigende Hinterland hinauf.

- Im Außenbereich des ***Restaurant Terraza*** am Ende der hoch über dem Meer verlaufenden Hauptstraße (Treppenverbindung zum Strand) sind Position und Blick unschlagbar, dagegen ist das Preis-/Leistungsverhältnis bei Speis und Trank nicht überzeugend.

Wanderung zur Cala Torta

Vom Parkplatz am Ende der Via Marina an den Hotelanlagen vorbei geht es auf der Carrer Espanya 150 m hinunter an die Küste. Folgt man von deren Ende den Steinmännchen, gelangt man nach einigem Auf und Ab in guten 30 min (ca. 2 km) an den Strand der ***Cala Torta***. Die Pfadalternativen in Ufernähe rechts um die Hügel herum sind dabei für trittsichere Leute leichter und rascher zu bewältigen als die »Geradeaus-Route« über die Höhen, ➪ auch Wanderbeileger Route 11a auf Seite 38.

Sandbucht Mesquida mit dem Komplex Viva Cala Mesquida und Restaurant Terraza (x)

Cala Rajada

Geographie

Wie aus der Karte auf Seite 297 gut ersichtlich ist, liegt die deutsche »Hochburg« Cala Rajada in der Nordostecke Mallorcas am Fuße einer Landzunge, die mit dem **Cap de Pera** abschließt. Die Anfahrt dorthin läuft über die Gemeindehauptstadt Capdepera (von dort 3 km). Dort wird der Durchgangsverkehr auf eine Umgehungsstraße geleitet, von der auch die Straße nach Cala Mesquida (➪ rechts) und eine Zufahrt zur Cala Agulla abzweigen.

Der Kernbereich von Cala Rajada erstreckt sich um den hier noch recht aktiven Fischerhafen herum nach Süden bis zum Strand der **Cala Son Moll**, einen guten Kilometer entfernt vom Ortszentrum an der Straße nach Cala de sa Font. Die Bucht wird umringt von Hotels der gehobenen Mittelklasse mit einer von Ende Mai bis September den Strand – trotz erheblicher Aufspülungen – ziemlich überfordernden Bettenkapazität.

Nordwestlich wuchs Cala Rajada mit der **Hotelurbanisation Cala Guya** unterhalb der gleichnamigen auf *Mallorquín* ***»Agulla«*** bezeichneten Strandbucht zusammen.

Keramik an der den Hafen schützenden Mole in Cala Rajada

Touristinfo

Zwischen Cala Rajada und Cala Guya wurde auf halber Strecke ein »Kulturpalast« in Beton-Glas-Optik errichtet, das ***Centre Cap Vermell***, Carrer de l'Agulla 50. Es beherbergt auch die örtliche **Touristeninformation**, © 971 818 562 und © 971 819 467.

Cap de Pera/ Cala Gat

In Richtung *Cap de Pera* bremste das Gelände des ***Palau March*** (➪ Seite 307) die Expansion Cala Rajadas. Dahinter liegt aber noch die kleine Bucht ***Cala Gat***. Sie ist über die Straße zum Kap (Leuchtturm) und auf einer Promenade vom Hafen aus erreichbar.

Hafen und Promenade

Der Fischereihafen ist ein geeigneter Ausgangspunkt für eine Ortserkundung. Nach Umrundung des Hafenbeckens, dessen weit ins Meer ragende, breite Mole (neuerdings verziert durch zwei riesige knallbunte Wandkeramiken des auf Mallorca bekannten Künstlers *Gustavo*) beliebtes Ziel vieler Spaziergänger ist, bietet sich

Weg zur Cala Mesquida und zum Talaia de Son Jaumell
11a
Cala Molto
Punta Agulló
Cala Agulla
Cala Lliteras
Hotel S'Entrador Playa
Villen-viertel
CALA AGULLA
Rancho Bonanza (+Reitstall)
Hotel Cala Gat
Cap de Pera
Villen-viertel
Palacia March
CALA RAJADA
Cala Gat
Hafen
Artà
Promenade
Promenade zur Cala Gat
Son Moll
15
Na Forana
Cala Son Moll
CAPDEPERA
N
0
600 m
Cala Pedruscada
Artà
Cala Rajada & Umgebung
Aguait
Cala Carregador
Carrer dels Escars
Villa Buenos Aires
Cala Tomarells
Es Carregador
Punta des Carregador
Font de sa Cala
Aparthotel Carolina Park
Carolina
Cala de Sa Font
Cala Agulla
Avenida Floreal
Carrer Castellet
Carrer Joan Moll
Carrer de L'Agulla
zum Cap
Capdepera
Avenida Floreal
Carrer Sant Andreu
Carrer Via Mallorca
Carrer Magallanes
Carrer Menorca
Plaça d'esMariners
Cactus
Es Mollet
Plaça dels Pins
Alaska Lounge
Hafen
Carrer Elionor Servera
Casa Mateo
Mama Pizza
Cala Gat
Post
Polynesian Bar
Ses Rotges
Via Juan Carlos I
Son Moll

5.6

die **Küstenpromenade** zum Strand von *Son Moll* und darüberhinaus an. Speziell auf dem ersten Stück (Passeig Colom), drängen sich Cafés und Restaurants. Tische und Stühle stehen beidseitig der Promenade. Der kommerzielle Charakter dieser ansprechend begrünten Fußgängerstraße ändert sich aber nach wenigen hundert Metern. Felsen und Meer, hübsche Gärten und Café-/Restaurantterrassen in kurzen Abständen (***La Bodeguita***, ***eu.for.ia*** im *modern design*, Eiscafé ***Prego***) sorgen weiter südlich für einen besonders attraktiven Verlauf Erst nahe Son Moll, ca. 1,2 km weiter, wird's wieder »touristischer«. Der neue Abschnitt jenseits Son Moll führt auf flachem Ufer hinter alten Sommerhäusern dicht am Wasser entlang und endet erst kurz vorm *Hotel Aguait.*

Restaurantterrasse eu.for.ia (Tapas und mehr) am südlichen Abschnitt der Merespromenade

Gastronomie

Die Konkurrenz an der Promenade sorgt für moderate Preise: nachmittags **Kaffee und Kuchen** ab €3 und zur ***Happy Hour*** ein kleines Bier auch schon mal für €1 und den Liter Sangria für €5.

- Mit Hafenblick über den ersten Metern der Promenade sitzt man im beliebten ***Steak House Porto Fino***, Carrer Elionor Servera 72; ✆ 971 818 722, www.portofino-calaratjada.com/de
- Direkt am Promenadenbeginn überzeugt das ***Royal*** mit einer Terrasse unter Bäumen, guter Küche, dafür zivilen Preisen und einem hervorragenden Gäste-Feed-back, ✆ 971 818 222.
- Schräg gegenüber wird auch das ***El Cactus*** viel gelobt, ein rustikales Lokal in deutscher Hand ohne Außenbereich. Dafür ist die Küche sehr gut, die Preisgestaltung in Ordnung (Elionor Servera 83, ✆ 971 564 609, www.el-cactus.de).
- Schattig alter Baumbestand zeichnet die Restaurantzeile in der Carrer Gabriel Roca links über dem Fischerhafen aus. Von den Lokalen dort empfiehlt sich u.a. das ***Restaurant Es Mollet*** mit freiem Terrassenblick und ordentlichem Preis-/Leistungsverhältnis (mallorquinisch-internationale Küche); ✆ 971 819 546.
- Ein **distinguiertes höherpreisiges Restaurant** mit französischer Küche findet man in den nostalgischen Gemäuern des **Hotel *Ses Rotges*** in der Carrer Rafael Blanes 21; ✆ 971 563 108, www.sesrotges.com. Reservierung meist erforderlich. So geschlossen.

- Exotisch und farbenfroh ist die ***Polynesian Bar*** (mit Restaurant); vom *Ses Rotges* zwei Ecken weiter in Richtung Hafen.
- Wer Appetit auf richtig gute **Steaks**, aber auch auf Fisch hat, wird für die Mühe des Weges zum ***Restaurant Ranxo Bonanza*** beim Tennisclub an der Straße *Cala Agulla*-Capdepera belohnt. Sehr gutes Preis-/Leistungsverhältnis; © 971 819098.

Leben und Treiben am Abend

Das abendliche Leben und Treiben spielt sich vor allem im Dreieck Son Moll/Hafen und Ende Avinguda L`Agulla mit **Carrer Elionor Servera** als zentraler Achse ab. Die Zahl der Shops, Kneipen, Snackbars und Restaurants ist beachtlich. »In« sind immer wieder neue Adressen; einige aber halten schon lange die Position wie z.B. die ***Chocolate Bar*** (www.chocolate-calarajada.com/de) oder ***Coco's Pool Bar*** (www.cocospool.com). Populäre Discos sind ***Physical*** (www.grupo-physical.com) und ***Bolero*** (www.bolero-angels.com).

Zur Cala Gat

Von der Hafenmole führt ein breiter gepflasterter Weg nach links direkt am Wasser entlang zur ca. 600 m entfernten ***Cala Gat***. Eine Verlängerung bis zum **Leuchtturm** am *Cap de Pera* ist geplant. Die kleine sandige Bucht mit Strandlokal liegt geschützt unter der Steilküste. **Mit Fahrzeug** erreicht man sie über die Straße Richtung *Punta de Capdepera*, dann am Hotel *Cala Gat* rechts ab und wieder rechts. Oberhalb des Strandes kann man parken.

Cap de Capdepera

Zur östlichsten Spitze Mallorcas samt **Leuchtturm** sind es vom Hotel noch ca. 1,5 km (weiter geradeaus auf der Asphaltstraße bleiben). Berühmt ist das Kap für »seinen« Sonnenaufgang.

Villa March

Oberhalb des Hafens thront gut sichtbar die ***Villa March*** auf einer Anhöhe. Der drüher dicht bewaldete Park um das Gebäude herum (60.000 m^2) wurde vor Jahren durch einen Sturm verwüstet. Einigen Skulpturen und Plastiken im Park, darunter Werke von *Dalí, Rodin* und *Moore*, bekam das nicht gut. Etliche Kunstwerke gingen ins Museu *Palau March* nach Palma, ⇨ Seite 122. Für die wieder restaurierte Villa gibt es Führungen Feb.-April Mi+Sa 11+12.30 Uhr, Fr 11 Uhr; Mai-Nov Mi-Fr 10.30+12 Uhr; Sa+So 11+18 Uhr. Anmeldung bei der Touristinfo; €5; © 971 819 467, ⇨ Seite 304.

Juan March

Der Name »*March*« lässt sich auf Mallorca nicht übersehen. Er begegnet einem auf Schritt und Tritt. So gibt es keinen nennenswerten Ort ohne eine Filiale der *Banca March*. Die Familie *March* zählt zu den reichsten dieser Erde. Sie ist Nutznießer eines Vermögens, zu dem der mallorquinische Schweinehirt *Juan March* aus Santa Margalida durch Geschäfte mit allen Parteien des ersten Weltkriegs den Grundstein legte. Nachdem er später im Tabakschmuggel weiterverdiente, setzte er im spanischen Bürgerkrieg als Waffen-Finanzier der Faschisten auf die richtige Karte. Eine beispiellose Anhäufung von Reichtum und wirtschaftlicher Macht im Spanien der Franco-Zeit waren die erfreuliche Folge. Davon zehren die Erben des 1962 im *Rolls Royce* auf seiner Heimatinsel zu Tode gekommenen damals 83-jährigen Klanchefs. Die den Hafen überragende *Villa March* in Cala Rajada ist für sie nur eine Sommerresidenz unter vielen.

Cala Agulla (Guya)

Kennzeichnung und Lage

Die Bezeichnung ***Cala Guya*** oder ***Agulla*** steht – wie gesagt – sowohl für eine der schönsten Buchten Mallorcas als auch für die ausgedehnte deutsch dominierte Hotelurbanisation, die sich zwischen ihr und dem »echten« Städtchen Cala Rajada entwickelte.

Anfahrt

Die *Cala Agulla* erreicht man über Cala Rajada (bis zum Ende der Straße an der Südflanke der Bucht sind es fast 2 km) oder direkt von der Ortsumgehung Capdepera auf rückwärtigen Straßen durch den Kiefernwald (Carrer Alcalá, Galiano und de C'an Patilla). Von der Carrer Galiano gelangt man auf einen großen Parkplatz hinter dem zentralen Bereich des Strandes, ohne erst durch den Ort fahren zu müssen (von Capdepera kommend ausgeschildert; €5,00 *Flat Rate*). Zum Strand sind es von dort nur wenige Schritte.

Hotelurbanisation Cala Guya

Im Umfeld der *Cala Agulla* gibt es so gut wie keine Bebauung. Dafür drängen sich die Apartmentanlagen und Hotels dicht an dicht entlang der felsigen Küste bis über die *Cala Lliteras* hinaus und expandieren südwestlich ins Waldgebiet hinein. Während der Saison finden regelrechte »Völkerwanderungen« von den Hotels und aus Cala Rajada zum Strand und zurück statt.

In den Läden und Lokalen entlang der Strandstraße spricht man (fast) nur eine Sprache: Deutsch! Dort ballen sich die Cafés und Kneipen mit deutschem Kaffee- und Kuchen-Angebot, *Happy Hour* mit den heimischen Biermarken der Gäste und Sangria.

Reiten

Auch die **Reitmöglichkeiten** sind im Gelände hinter der *Cala Agulla* besonders gut. Der Reitstall lässt sich nicht übersehen.

Tauchen

Die Tauchschule ***Mero Diving Center*** befindet sich an der *Cala Lliteras*, am Ende der Küstenpromenade, die von der *Cala Agulla* nach Osten läuft, nur wenige hundert Meter vom Strand entfernt; www.mero-diving.com/de.

Cala Moltó

Nördlich der *Cala Agulla* liegt, durch eine weit vorspringende Landzunge von der größeren Nachbarbucht getrennt, die felsige ***Cala Moltó***, die inoffizielle Nacktbadebucht Cala Rajadas.

Zur Cala Mesquida

Dort beginnt der Weg hinüber zur *Cala Mesquida* und zur Ruine *Talaia de Jaumell*, ➪ im Wanderbeileger Route 11a ab Seite 37.

Strand der Cala Agulla

Kleine Küstenkletterei zu »Wasserorgeln«

Wenngleich ein Umweg zur Cala de Sa Font hier nicht favorisiert wird, gibt es einen guten Grund, der Straße von Son Moll dorthin zu folgen. Ca. 300 m südlich des Hotels *Aguait* liegt bei der um 90° abknickenden Straße (Villa *Buenos Aires*, dort auch Platz zum Parken) der **Startpunkt eines Küstenpfades** zur nördlichen Spitze *Punta des Carregador* der Landzunge zwischen der *Cala des Tamarells* und der *Cala de sa Font*. Es gibt zwar ab und zu Steinmännchen zur Kennzeichnung, aber der Weg findet sich eigentlich von selbst. Das Interessante daran ist die exponierte Steilküste, die nicht unmittelbar abbricht, sondern durch einen breiten **Streifen wild aufeinandergetürmter Felsbrocken** gebildet wird. Abgesehen davon, dass es halbwegs sportlichen Naturen sicher Spaß macht, darauf herumzuturnen (nicht schwierig, erfordert aber flexibles Schuhwerk), verursacht die anlandende Brandung an einigen Stellen ab einem gewissen Seegang ein ohrenbetäubendes eigenartiges, fast orgelartiges Röhren in der Tiefe unterhalb der Felsbarriere. Es entsteht beim Ablaufen eingedrungenen Wassers aus unterirdischen Hohlräumen.

Der beschriebene Felsbereich ist vom Startpunkt nach ca. 10-15 min erreicht. Es lohnt sich, auch ohne Zielsetzung Font de sa Cala den kleinen Umweg hierher zu machen und über die Felsen zu klettern.

Am steinigen **Strand** am Wege kann man – ohne Massenbetrieb – im hier flachen und ruhigen Wasser schwimmen. Bei geringem Seegang geht's auch unterhalb der dann allerdings geräuschlosen Felsen.

Cala de sa Font (auch: Font de sa Cala)

Anfahrt/ Situation

Von Cala Rajadas Ortsteil Son Moll führt eine schmale Küstenstraße (Carrer de Arquitecto Alomar und weiter unten Avinguda de Pins) zur 3 km entfernten ***Cala de sa Font***. Kurz davor stößt sie auf die breite Hauptzufahrt (Avinguda de Canyamel), die von Capdepera direkt dorthin läuft.

Die gleichnamige Sandbucht liegt hübsch eingebettet in die sanft ansteigende Felsküste, überragt vom Hotel *Carolina* und auf der Nordseite besetzt durch das Terrain des *Font de Sa Cala Club*. Zum Strand drängen auch die Gäste weiterer ausgedehnter Clubanlagen und Apartments jenseits der die Bucht passierenden Straße wie auch die Bewohner der Privatvillen im Umfeld.

5.6

Beurteilung

Abgesehen von der saisonalen Übernutzung (Juni bis September einschließlich) des relativ kleinen Strandes ist die *Cala de sa Font* immer noch eine schöne Bucht. Wassersport steht beim hier überwiegend jungen Publikum und den Familien mit Kindern im Vordergrund. Die Infrastruktur aus Boutiquen, Kneipen und Restaurants an der Zufahrtstraße ist stereotyp. Einen hervorhebenswerten Grund, hierher einen Abstecher zu machen, gibt es nicht.

Alte Fluchtburg Torre de Canyamel, daneben das Restaurant »Porxada«, *➪ übernächste Seite*

5.6.2 Die Küste von Canyamel bis Sa Coma

Von Capdepera nach Süden geht es alternativlos und zunächst küstenfern auf der Straße Ma-4040 in Richtung Son Servera.

Platja/Playa und Costa de Canyamel

Kennzeichnung

Canyamel, eine reine Hotel- und Apartmentanlagenkonzentration hinter dem Strand in der nördlichen Ecke der Bucht *Badia d'Artá* südlich von Cala Rajada, liegt am Ende einer 4 km langen Stichstraße von der Hauptstrecke Capdepera-Son Servera (Verkehrskreisel). Eine einheimische Siedlung hat dort nie existiert; die Bucht wurde erst vom und für den Tourismus entdeckt. Nach Capdepera sind es insgesamt 8 km, nach Westen bis Artá 10 km.

Platja de Canyamel

In der Bucht wartet zwar wunderbar transparentes Wasser, aber der rund 300 m breite und teilweise recht tiefe Strand ist mit seinem grauen Farbton nicht besonders einladend. Immerhin sorgen Palmen und die Gärten der beiden großen Hotels *Castell Royal* und *Laguna* gleich dahinter für ein freundliches Bild. Trotz erheblicher Höhe dominieren sie das Gesamtbild nicht negativ.

Infrastruktur

Der **Ort Canyamel** ist klein und überschaubar; seine Infrastruktur dennoch komplett mit einer Einkaufszeile und einer Handvoll Lokale. Eine ausgedehnte Tennisanlage schließt Canyamel nach Westen ab. Als ***Costa de Canyamel*** wird eine Villensiedlung bezeichnet, die sich südlich der Bucht von Artá in die Hügel hinaufzieht. Zu ihr und zum Ort führt die erwähnte Stichstraße, die sich erst kurz vor der Küste an der Einfahrt zur *Finca Can Simoneta* teilt. Nach rechts (Süden) geht es zu den Villen an und hoch über der Felsküste. Für Ausflügler gibt es zwei gute Gründe, nach dorthin abzubiegen:

Costa de Canyamel

- Nach ca. 1 km erreicht man das ***Restaurant & Café Cala Rotja*** (gute mallorquinische Küche, © 971 841 513) über einem fast nur Anwohnern bekannten **Badefelsen** mit Ministrand.
- Ca. 2,5 km (davon letzter Kilometer katastrophal) sind es bis zum Straßenende (immer links halten), wo man leicht den Einstieg in den **Verbindungspfad zur Costa de Pins** findet (800 m bis Straße Costa de Pins, ➪ Seite 314f).

Cap Vermell Naturreservat

Vom Strand erreicht man dank einer Fußgängerbrücke über den *Torrente de la Harinera* das Infohäuschen (oft nicht besetzt) eines kleinen Naturschutzgebietes (*Area Natural del Torrente de Cap Vermell*), das vielleicht passionierten Vogelbeobachtern, aber »normalen« Touristen nur wenig zu bieten hat.

Restaurant

Was die Lage betrifft, ist das ***Hotel Cap Vermell*** (www.capvermellbeachhotel.com/de) interessanter. Dessen

- Restaurant ***Vintage 1934*** mit eigener Langustenhöhle ist mit lokalen Kunstwerken geschmückt und steht auch Nicht-Hotelgästen offen. Von den Terrassen des Hauses überblickt man den Strand und die ganze Bucht von Canyamel; © 971 841 157

Anfahrt Cap Vermell und Höhle von Artá

Mit Fahrzeug geht es dorthin nur über die Zufahrt zu den ***Coves d'Artá*** (von Canyamel fast ganz zur Hauptstraße zurück und hinter dem *Torre de Canyamel* nach rechts). Die Straße ist zugleich Zubringer für den Golfplatz von Canyamel. Kurz davor führt ein 10-min-Fußweg (Hinweisschild) zu ein paar mäßig spannenden talaiotischen Grundmauern, den ***Claper des Gegants***, ➪ Seite 360.

Parken bei der Höhle

Nach Passieren des Ende 2016 fertiggestellten riesigen *****Hotelkomplexes ***Park Hyatt Mallorca*** und des Golfplatzes windet sich die Straße durch eine Villensiedlung die Steilküste hinauf und endet am Hauptparkplatz unter einem enormen Felsüberhang. Ein weiterer Parkplatz steht 100 m vorm Höhleneingang zur Verfügung (aber erst 'mal gucken, ob nicht am Ende Platz ist; entlang der engen Straße zwischen den Plätzen gibt es keinen Fußweg).

Nordende des Strandes von Canyamel mit dem kleinen Hotel Cap Vermell (ganz rechts auf gleicher Höhe dessen Bistroterrasse)

Ausgangstreppe der Höhle von Artá

Coves d'Artá

Eine lange Treppe führt hinauf zum Eingang der **Höhle von Artá** hinein ins von Höhlenstein, Fackel- und Kerzenqualm schwarze Labyrinth abgetrockneter Stalagmiten und Stalaktiten. **35-40-minütige Führungen mit knallbunter Wechselbeleuchtung der Höhlenbereiche** finden laufend statt. Geöffnet April-Oktober täglich 10-18 Uhr, November-März bis 17 Uhr, sonst bis 18 Uhr. Kein Einzelzutritt. Man sollte versuchen, sich einer sprachlich homogenen Gruppe anzuschließen, bei der die Wiederholung derselben Erklärungen in weiteren Sprachen nicht endlos dauert. Eintritt €14, Kinder €7; ✆ 971 841 293, www.cuevasdearta.com.

Torre de Canyamel

Der mittelalterliche Turm ***Torre de Canyamel*** unweit der Abzweigung der Straße zu den Höhlen ist nicht zu übersehen.

- Im rustikalen **Restaurant *Porxada*** in den Gemäuern eines alten Landgutes werden mallorquinische Gerichte serviert (mittlere Preise). Spezialität des Hauses sind **Spanferkel**. Sie werden in anständiger Portion mit einem Stück kross gebratener Schwarte serviert. Dank großer Kapazität braucht man nicht zu reservieren, aber wer Wert auf einen Tisch im gemütlicheren vorderen Gastraum legt, sollte vorher anrufen: ✆ 971 841 310 (So geschlossen); www.restauranteporxadadesatorre.com.

Costa des Pins (de los Pinos)

Situation

Die ***Costa des Pins*** liegt unmittelbar südlich der Höhen der *Costa de Canyamel* am nördlichen Ende der Bucht von Cala Millor. Aber es gibt keine Straßenverbindung, sondern nur einen Pfad hoch über der Steilküste, ⇨ unten. Um zur *Costa des Pins* zu gelangen, folgt man ab Son Servera oder ab Höhe des Golfplatzes *Pula* der ausgeschilderten Küstenzufahrt. Man kommt auch auf der Küstenstraße via Cala Bona dorthin, ⇨ Karte Seite 316.

Busanbindung

Dorthin (bis kurz vors *Eurotel*, ➪ unten) verkehrt ab Son Servera/ Cala Millor die Buslinie L 412 ca. 6 x täglich, So sogar 9 x täglich, teilweise mit Anschluss bis Palma.

Platja d`es Rivell

An der langen ***Platja d'es Rivell*** am Anfang der *Costa des Pins* ist von Mai-Oktober häufig mehr los als man in Anbetracht eines nicht sonderlich gepflegten und grauen Strandes annehmen würde. Speziell die – eher einfache – Strandbar erfreut sich dazu einer erstaunlichen Beliebtheit und ist häufig knackvoll.

- Nicht weit entfernt vom Strand liegt beim Golfplatz *Son Servera* (Zufahrt ausgeschildert) das Restaurant ***La Piazetta*** (Italo-Küche), das bei Residenten und Golfspielern beliebt ist. Gehobenes Preisniveau; ✆ 639 672026; Di geschlossen.

Geheimtipp

Wie in Canyamel verbergen sich in den bewaldeten Hängen der *Costa des Pins* viele traumhaft gelegene Villen. Direkt am Wasser steht das ***Eurotel Punta Rotja*** auf einer kleinen Landzunge. Unterhalb des Hotels gibt es einen **Ministrand** und einen winzigen Bootshafen. Nicht-Hotelgäste fahren/gehen dorthin über eine nicht weiter gekennzeichnete Zufahrt gleich hinter dem Parkplatz des *Eurotel*. Man kann bis zum Bootshafen durchfahren und dort oder bereits an der Zufahrt parken. Mai-September gibt's einen Liegenverleih unten auf der betonierten Fläche vor den flachen Felsabsätzen. Das Wasser ist dort glasklar: ideal für Schwimmer.

- Ein paar Meter höher steht am Rand des Hotelparks das Restauranthäuschen ***La Cabana*** (nur Sommer, auch für externe Gäste). Draußen sitzt man dort schattig mit ungestörtem Weitblick, drinnen gediegen. Gehobenes Niveau; ✆ 971 816 500.

»Liebes-schlösser«

Die Avinguda de Pinar endet ca. 2 km weiter oben am Wendehammer hoch überm Meer. Am Schutzgitter vor der abfallenden Felswand hängen Hunderte von Vorhängeschlössern mit Namenskürzeln, welche die ewige Verbundenheit ungezählter Liebenden symbolisieren. Aber warum bloß gerade dort?

Platja d'es Rivell mit Strandbar an der Costa des Pins

Kurzwanderung

Bei trockenem Wetter (sonst ist es in dem steilen Gelände zu rutschig) kann man **den blauen Markierungen zur *Costa de Canyamel* folgen**. Ca. 50 m-100 m über der Küste schlängelt sich der **Kletterpfad** in stetem Auf und Ab (zunächst mehr aufwärts) durch stachligen Lärchenbestand und Schneidgras ca. 800 m bis zum Endpunkt der Küstenstraße an der *Costa de Canyamel* (20 min).

Von dort bis zur Platja de Canyamel sind es weitere ca. 3 km. Wer eine Abholung vereinbart, könnte sich ggf. auch im erwähnten ***Restaurant Cala Rotja*** (➪ Seite 311) treffen, bei Hitze zugleich ein geeigneter Platz zum Sprung ins Wasser (ca. 1,5 km vom Pfadende bis dorthin).

Da die blauen Punkte von beiden Seiten aus den Pfadverlauf (teilweise abweichend) ganz gut markieren, wäre – wenn keine Abholung organisiert wurde – auch eine Retourwanderung bzw. -kletterei kein Problem.

Auf der Avinguda Joan Servera de Camps Richtung Cala Bona passiert man südlich der Abzweigung nach Son Servera (Ma-4032) die umfriedete scheinbar private Villensiedlung ***Port Verd***. Deren Straßen sind aber durchaus öffentlich.

Blick hinunter aufs Meer vom Pfad zwischen der Costa de Pins und Canyamel

- Direkt an der Felsküste befindet sich die herrliche **Terrasse des Restaurants *Port Verd del Mar*** (➪ Mitte Mai bis Mitte Oktober, täglich 11-24 Uhr; © 971 949 193, www.portverd-delmar.com), ein großartiger Platz zum Entspannen z.B. auf dem »Chill-Balkon«, eine Pause zwischendurch oder auch »nur« zum Restaurantbesuch. Am **Strand** gleich nördlich davon ist selten Betrieb.

Kleiner versteckter Strand hinter den Villen von Port Verd beim Restaurant Del Mar

Cala Bona

Kennzeichnung

Cala Bona ist die »Verlängerung« der bekannten Touristenretorte Cala Millor (➪ unten). Etwa 500 m hinter dem nördlichen Ende des Cala Millor-Strandes beginnt ohne ersichtliche Abgrenzung die Hotelkonglomeration Cala Bona. Die schon seit den 1970er-Jahren existierende Strandpromenade von Cala Millor wurde später über den alten Bootshafen von Cala Bona hinaus fortgeführt. Damit läuft dort eine rund 4 km lange begrünte Straße komplett autofrei am Meer entlang. Die in Cala Bona flache Felsküste hat man zudem streckenweise durchaus ansehnlich »bestrandet«.

Anfahrt/Parken

Sehens- und besuchenswert ist in Cala Bona kaum mehr als der Bereich um den erwähnten Hafen samt der dort beginnenden/endenden Promenade. Wer mit Fahrzeug anfährt, kommt von Norden nur bis zum Hafen. Einbahnstraßen und Fußgängerbereich versperren ab dort den Weg. Parkplätze sind Mangelware. Am ehesten findet sich noch an der Verbindung Cala Millor-Costa de Pins ein Plätzchen (Carrer Antoni Garau und Carrer Llambies).

Einkehr

Auffällig sind die vielen Lokale mit Meerblickterrassen bei einem allgemein eher moderaten Preisniveau.

- Direkt am Wasser sitzt man eingangs (nördlich) des Ortes im ***Beach Club PanetOste*** in einem »rustikalen« Garten.

Tipp

- Noch 300 m weiter (Fußweg entlang der Küste; Zufahrt mit Auto über Carrer Llambies) liegt auf einer kleinen Landzunge mit Garten das ausgezeichnete ***Restaurant Sa Punta***; Mitte Februar bis Mitte Nov; ✆ 971 585 378, www.restaurantesapunta.es.

Cala Millor

An der südlichen Bucht von Artá erstreckt sich mit den beiden zusammengewachsenen Bereichen Cala Millor und Cala Bona die größte Hotelkonzentration der Ostküste. Die **Anfahrt nach Cala Millor** erfolgt via Costa des Pins/Cala Bona, von Son Servera aus, (Carrer de Formentor), das man aus Richtung Palma/Manacor auf der Ma-4030 erreicht, oder über Stichstraßen von der Verbindung Portocristo-Son Servera (Ma-4023). Eine weitere Möglichkeit ist, von Süden über Sa Coma anzufahren (Carrer de Balladres).

Kennzeichnung

Während Cala Bona sich aus einem Fischerdorf heraus entwickelte, geht Cala Millor auf eine Wochenendsiedlung zurück. Seine schon frühe Expansion verdankt der Ort dem 2 km langen, breiten Sandstrand und türkisblauem, glasklaren Wasser. Nachdem die Betonierung auch noch des letzten Strandabschnitts und Totalbeseitigung des Dünengürtels – sieht man von winzigen südlichen Anstandsresten ab – erfolgreich abgeschlossen wurde, war die Expansion Cala Millors weitgehend beendet. Man konzentrierte sich danach auf eine Ausdehnung der autofreien Zonen, die weitere Verschönerung der bereits unter Cala Bona erwähnten Promenade und – im neuen Jahrtausend – um die Schließung der letzten noch verbliebenen Baulücken in Richtung Sa Coma.

Artà
Capdepera
S'Era de Pula
Pula Golf
Radroute
4040
4033
4032
4034
Binicanella
Sant Llorenç
COSTA DE CANYAMEL
Son Servera
La Piazetta
COSTA DES PINS
La Cabana
Avinguda
del Pinar
Eurotel Punta Rotja
Strandbar
Es Cap des Pinar
Platja d'es Rivell
Restaurant Can Julia
SON SERVERA
Plaça
Unvollendete Kirche
Fried-hof
Port Verd del Mar Beach Club
PORT VERD
Pintor Miquel Vives
Restaurant Sa Punta
Bar Pan et Oste
Passeig
Hafen
CALA BONA
4026
Radroute
Sa Penyal 212 m
Bella Vista
Bar Rafael
CALA MILLOR
verkehrsberuhigte Zone, Fußgängerzone
Promenade bis Cala Bona
Tennisplätze
Avinguda Llevant
C. de sa Roca
Aparthotel Mercedes
4023
Cami de son Moro
Naturschutzgebiet Es Cubells
Safari Zoo (Freigehege)
Biomar Thalasso
Punta de Amer
Caprabo Supermarkt
Castell de N'Amer
Av. les Palmeres
Porto-cristo
SA COMA
C. Savines
Platja de Sa Coma
Strandpromenade
C. Alzina
Sa Punta
Talaiots
Platja Cala Moreya
N
0
600 m
S'ILLOT
C. Taronger
Cami de la Mar
Can Mateu
C. la Gavina
CALA MORLANDA
Cala Morlanda
Cala Millor & Umgebung

Nordende *des Strandes von Cala Millor vorm Übergang zu Cala Bona. Hochhauskulisse einerseits, schöne Palmenpromenade andererseits*

Geographie

In Cala Millor gibt es neben dem größeren, von Hotelbauten geprägten Bereich auch einen älteren Ortsteil aus den Anfängen des Tourismus hinter steiniger Küste. Einfachere Hotels, Restaurants und Kneipen, private Wohnblocks und Villen bilden hinter dem Nordende des Strandes eine insgesamt lockere Mischung mit viel Grün. Südlich davon spielt sich in den Fußgängerzonen, speziell in der Geschäftsstraße Cristofol Colom, das pralle Urlaubsleben ab. Dort findet man auch die meisten Hotels. Vom Parc de la Mar (Carrer Llevant) bis zum südlichen Strandende überwiegen kaum voneinander zu unterscheidende **Hotel-Großkomplexe**. In den Blocks dahinter stehen neben dem Veranstaltungszentrum *Sa Maniga* weitere Hotelpaläste.

Promenade

Vor allem dank der streckenweise sehr breiten und durch Palmen, Blumen und Buschwerk aufgelockerten **Strandpromenade** (heißt dort *Polígon de la Mar*) samt zahlloser Lokale unterschiedlichster Provenienz vermittelt Cala Millor Besuchern ein recht positives Bild. Die Promenade auf und ab zu bummeln oder mit einem Mietfahrrad zu erkunden, ist daher keine schlechte Idee – ggf. auch als **Radtour** (ganz auf ebener Strecke) zwischen der Costa de Pins und Sa Coma/S'Illot, ➪ Seite 321.

Strand

Wer in Cala Millor auch Strand und Wasser genießen möchte, sollte das südliche Ende mit den letzten Quadratmetern der einst ausgedehnten Dünenlandschaft aufsuchen. Die Belegung ist dort erfahrungsgemäß nicht ganz so dicht wie weiter nördlich. **Liegen- und Surfboardverleih**, **Wasserskizirkus** und **Wasserspaß für die Kleinen** sind aber auch in dieser Ecke vorhanden.

Südende *des dort besonders breiten Strandes von Cala Millor*

Gastronomie

In Cala Millor fällt es schwer, empfehlenswerte Restaurants zu nennen. Von der Lage her verbucht die Gastronomie **direkt an der Promenade** Pluspunkte, aber zu den auf Seiten 314/315 genannten Restaurants (*Port Verd* und *Sa Punta*) weiter nördlich gibt es nichts Vergleichbares.

Elvis als Blickfang bei den Lokalen Taste of Texas und Pirates

Auf eine ganz originelle Ballung von Lokalen (ohne Wertung) stößt man am Kopf der Straßen Flor und Sol Naixent mit dem Restaurant ***Taste of Texas***, einem Steakhaus im Western-Look mit *Elvis Presley* und *Marilyn Monroe* vor der Tür, daneben ***Pirates*** mit Piratenkapitän am Steuer und der ***Beach Lounge Mint*** ganz in weiß mit freiem Wifi.

- Für mallorquinische Küche fährt man besser nach Son Servera zu den Restaurants ***Can Julia*** oder ***Binicanella***, ➪ Seite 320.

- Im Sommer hat ***Rafa's Terraza*** täglich Barbecue und Sangria bis zum Abwinken (Av. Badia de Llevant) etwas abgelegen zwischen Küste und Ma-4023. Das Lokal wird in erster Linie von Deutschen (Residenten wie Touristen) besucht; www.barrafael.com. Ganzjährig, Mo geschlossen. Winter nur 12-18 Uhr.

Es Cubells

Am südlichen Strandende beginnt die **Halbinsel *Es Cubells***, die den Strand von Cala Millor von der Platja de Sa Coma trennt. *Es Cubells* ist Naturschutzgebiet (fast) ohne Bebauung. **Spaziergänge** oder **Radtouren** über das raue Gelände bis zum *Cap Punta de Amer* sind beliebt (➪ Karte Seite 316). Die im Bogen über das Gebiet führende Straße besteht aus Sand und Schotter, darf aber auch von Autos befahren werden.

- Neben dem restaurierten Turm des ***Castell de N'Amer*** am höchsten Punkt der Halbinsel befindet sich eine populäre **Cafeteria** (zivile Preise, Selbstbedienung) mit einem originellen Außengelände, in dem große Felsblöcke als Tische dienen.

Sa Penyal

Das Hinterland von Cala Millor ist weitgehend ohne besonderen Reiz. Immerhin erreicht aber der Hügel ***Sa Penyal*** 212 m Höhe.

Wanderer und Radfahrer genießen die Februarsonne beim Castell de N'Amer

Vom Restaurant ***Bella Vista*** oberhalb der Straße Son Servera-Portocristo (Zufahrt über den Cami de Sa Penyal, ausgeschildert) führt unverfehlbar (Steinmännchen) ein steiler steiniger **Pfad auf den Berg** (ca. 60 min retour plus Pausen).

Bella Vista/ Tennis

Die kleine Wanderung wird durch eine brillante Aussicht belohnt. Aber die ist schon von der Terrasse des Restaurants ***Bella Vista*** nicht schlecht – der Name sagt es. Unterhalb des Lokals mit mallorquinisch-deutscher Küche liegen mehrere Tennisplätze, die man für sein privates Match mieten kann; © 971 813 519.

Die Zufahrt kreuzt die nicht zu Ende gebaute Schienentrasse der Bahnlinie Manacor-Artá, einen jüngeren mallorquinischen Schildbürgerstreich. Aus ihr wurde die Bikeroute ***Via Verda***, ➪ Seite 376.

Unvollendete Kirche in Son Servera

Son Servera

Kennzeichnung

Son Servera, gute 3 km landeinwärts hinter Cala Millor und Cala Bona und seit kurzem über eine breite Autostraße nördlich des Ortes voll zu umfahren, stellt die **Verwaltung** für diese Ostküstenbäder und profitiert damit stark vom Tourismus.

Für Urlauber gibt es zwei Anziehungspunkte:

Markttag

- zum einen ist das der **Freitagsmarkt**, dessen Stände aber im Übermaß auf die Touristen eingestellt sind und der deshalb – wie in anderen küstennahen Orten auch – viele Besucher eher enttäuschen dürfte (➪ Seite 414).

Revetla/ Kirche

- zum zweiten die ***Revetla* in der unvollendeten Kirche**. Sowohl diese **Folkloredarbietung** mit Volkstänzen und Szenen aus dem bäuerlichen Leben Mallorcas als auch der Veranstaltungsort sind sehenswert. Die *Revetla* findet nur im Sommer statt (jeweils ab 21/22 Uhr; Tage bei der Touristeninformation an der Promenade in Cala Millor; © 971 585 864). Die Kirche steht nur ca. 150 m oberhalb der Plaça; leider ist das Gittertor davor meist verschlossen. Die nur scheinbare **Ruine** – ihr Bau wurde schon 1906 begonnen und 25 Jahre später aus Geldmangel aufgegeben, aber im erreichten Zustand konserviert und gepflegt – ist kein

Einzelfall auf Mallorca (➪ Biniamar, Seite 260). Hier dient das fast fertige, dachlose Hauptschiff gelegentlich auch als **Freiluftbühne** für andere Veranstaltungen.

Lokale

Wer nach Marktbesuch oder Folklore Durst und Appetit hat, ist in der ***Bar Gredo*** an der Plaça Sant Joan für ***Tapas*** gut aufgehoben.

- Im ***La Granja*** nebenan gibt es preiswerte Mittagsmenüs.
- Abends ist eher die ***Trattoria Peperoncino***; ✆ 971 817 382 am Südende der Plaça empfehlenswert und später
- ***Es Misto***, eine Musikbar einen Block oberhalb der Plaça.
- Mallorquinische Gerichte serviert das ***Can Julia*** in der Carrer Joan Massanet 42 am westlichen Ortsausgang, auch preiswerte Mittagsmenüs; ✆ 971 567 413. Kleine Gartenterrasse.
- Wem nach Gegrilltem ist, sollte noch 2 km weiter zum **Restaurant *Binicanella*** Richtung Capdepera fahren. Von der Terrasse blickt man dort weit über die Landschaft; ✆ 971 567 270, www.restaurante-binicanella.com. Di geschlossen.

Sa Coma und S'Illot

Sa Coma

Der helle, ca. 800 m lange Strand von Sa Coma schließt südlich an Landzunge und Naturschutzgebiet *Es Cubells* an, ➪ Seite 318.

Der größte Teil dieses Strandes wird vom Hotel- und Apartmentkomplex *Royal Mediterraneo* und dessen **Poollandschaften** dominiert. Die Bebauung dahinter – weißgetünchte Hotels, Shopping- und Restaurantarkaden sowie viele Ferienvillen in Wildwuchs – reicht bis zur 1,5 km entfernten Küstenstraße Ma-4023. Die Carrer dels Baladres verbindet Sa Coma mit Cala Millor.

Biomar Wellness

Westlich dieser Straße stehen neuere, ziemlich strandferne Hotelkomplexe und – an der Carrer Teixos – das **Thalasso Zentrum *Biomar*** mit 3.500 m² dem Thema ***Wellness*** gewidmeter Fläche (➪ Seite 23) und großem Angebot an Anwendungen. Mehr Infos unter ✆ 971 812 210 und www.proturbiomarspa.com.

Heller Sand und türkisgrün-klares Wasser am Strand von Sa Coma

Promenade

Eine breite gut 1 km lange **Promenade** läuft zwischen Meer, Apartmentblocks und Hotels hinüber zum Nachbarort S'Illot und setzt sich dort fort bis hinunter nach Cala Morlanda, wo sie in den Radweg nach Portocristo übergeht.

S'Illot

Das mit Sa Coma über die Promenade nahtlos verbundene S'Illot gehört zu den Urlaubsorten aus der Frühzeit des Tourismus, was man hinter der ersten Linie leicht erkennt. Die Gebäude am Meer wurden in jüngerer Zeit einigermaßen renoviert.

Talaiots

Zwischen Durchgangsstraße Carrer Savines und Promenade liegt an der Carrer Llebeig ein blockgroßer Park mit den Resten einer alten ***Talaiot*-Siedlung**, ➪ Seite 360. Ein Besucherzentrum erläutert die Siedlungsgeschichte, hat aber nur begrenzte Öffnungszeiten: Di+Do+Sa 10-13 Uhr; ✆ 971 811 475, www.talaiotsillot.es.

Cala Moreya

Am Südende von S'Illot unterbricht an der Einmündung des oft kaum wasserführenden *Torrent de Ca N'Amer* der Sandstrand der ***Cala Moreya*** kurz die nun überwiegend felsige Küstenlinie.

Cala Morlanda

Eine Fußgängerbrücke verbindet dort das Hotelstädtchen S'Illot mit der alten hinter der Strandzeile rein spanischen **Sommerhauskolonie Cala Morlanda**. Sie ist nur an Wochenenden und im Juli/August belebt; zu anderen Zeiten wirken deren Straßen wie ausgestorben. Doch auch dort gibt es ein paar Lokale. Eine einfache Alternative zu den touristischen Bars im S'Illot ist ***Can Mateu*** an der Uferstraße mit ein paar Tischen am Wasser.

Für **Radtouren** in Richtung Portocristo ist der Weg über Cala Morlanda ideal. Denn der erwähnten Fortsetzung der Promenade von S'Illot kann man über Cala Morlanda bis zur Ma-4023 folgen, an der eine breite **Bike- und Joggingroute** die Hauptstraße begleitet.

Safari Zoo

Etwa 2 km von Sa Coma entfernt liegt an der Straße Portocristo-Son Servera der ***Safari Zoo***, ein 40 ha umfassendes **Freigehege für afrikanische Tiere**. Im eigenen Auto oder 9x täglich im offenen Safari-Zug fährt man durch ein Areal mit Herden von Zebras, Antilopen und anderen afrikanischen Tieren. Man darf anhalten und fotografieren, nur nicht aussteigen. Zwar ist Füttern eigentlich untersagt, aber Affen klettern furchtlos über die Autos und langen in Fenster und Schiebedächer. Am Straßenende wartet ein kleiner Zoo mit Vorführungen und einem guten Kinderspielplatz.

Besucher aus Cala Millor, Sa Coma und S'Illot werden vom Safari-Zoo Bus kostenlos abgeholt und wieder zurückgebracht

Geöffnet Sommer 9.30-18.30 Uhr, im Winter 10-16 Uhr täglich. Der *Safari Zoo* bietet mit Kindern ein gutes Programm für 2-3 Stunden, geht aber beim **Eintritt von €19, Kinder bis 12 Jahre €12** ins Geld; ✆ 971 810 909, www.safari-zoo.com.

5.7 Die zentrale Ostküste

5.7.1 Ziele an der Küste

Portocristo

Kennzeichnung

Portocristo, ein altes Fischerstädtchen 13 km östlich von Manacor (daher auch: »Port de Manacor«), befindet sich – soweit es Übernachtungen in den mehrheitlich betagten Hotels betrifft – **überwiegend in britischer Hand**. Deutsche Veranstalter bieten dort zur Zeit kaum Häuser an. Aber nicht wegdenken lässt sich Portocristo aus den Programmen der Ausflugsveranstalter, denn mit der Tropfsteinhöhle ***Coves del Drac*** verfügt der Ort über die wahrscheinlich meistbesuchte Touristenattraktion Mallorcas und mit den ***Coves dels Hams*** über eine weitere populäre Höhle.

Zentraler Stadtbereich

Wegen der Dominanz der Höhlen wird dem Ort Portocristo selbst weniger Aufmerksamkeit zuteil, als es eigentlich verdient. Der zentrale Bereich hinter der geschützten Hafenmole und über dem sich daran anschließenden **Strand** bietet mit seinem Anstieg nach Osten (Carrer d'en Bodils Richtung Cala Millor) ein für Mallorca ungewohntes, wiewohl ansehnliches Bild. Um den schattigen Platz (begrenztes Kurzzeitparken) hinter der Hafenpromenade am Anleger für Ausflugsboote ballt sich die Mehrheit der Hotels, Läden und Lokale. Das Ganze verleiht Portocristo ein freundlich-städtisches, wiewohl etwas in die Jahre gekommenes Gepräge.

Bootshafen/ Passeig des Riuet

Moderner geht's zu am nordwestlich flach auslaufenden Arm der Bucht, der zu einem 300 m langen Bootshafen ausgebaut wurde, in dem – bis zur Brücke der Straße Ma 4014 (Carretera de les Coves) – kleinere Yachten dicht an dicht liegen. An beiden Ufern eingerahmt wird er durch die Verlängerung der im Kommerzhafen beginnenden Promenade, die sich hier **Passeig des Riuet** nennt. Über sie kann man um die Bucht herum bis zu dessen Südseite laufen (Passeig des Toll, ➪ rechts unten).

In den Blocks hinter der Carrer d'en Bordils spielt sich so gut wie nichts mehr ab. Dort befinden sich unattraktive Wohnviertel.

Blick über den Hafen von Portocristo vom Club Nautico aus

Ostseite der Bucht

Die Avinguda Joan Amer läuft parallel zur Uferlinie der die Hafeneinfahrt begrenzenden Landzunge bis fast zur *Punta Pagell.* Ganz am Ende stößt man auf die Carrer Sol Ponent. Zwischen den über der Steilküste stehenden Villen gibt es mehrere Zugänge auf eine Felsebene nur wenig über der Wasserlinie. Von ihr hat man einen wunderbaren Blick über die ganze Bucht auf Portocristo. Schwimmer finden dort gute Einstiegsmöglichkeiten ins tiefe Wasser.

Passeig Cap des Toll

Unübersehbar überragt der ***Club Náutico*** auf der Südseite des Hafenbeckens die Szenerie. Hinter ihm erstreckt sich ein Villenviertel bis zum alten Wachtturm ***Torre de Falcons*** am Ende der Avinguda Son Servera Camps (Anfahrt wie zur Drachenhöhle, ➪ Seite 324). Biegt man von ihr gleich die erste Straße links ab (Carrer de la Vela), identifiziert man leicht das Clubgebäude. Treppen führen daneben zum ***Passeig Cap des Toll*** hinunter, der an Lokalen und den dort liegenden Booten entlang läuft und weiter westlich in den Passeig Riut übergeht (➪ letzen Absatz links).

Gastronomie

- Im rustikal-maritimen Restaurant ***Sa Cantina*** des ***Club Nautico*** gibt's vor allem Fischgerichte, wiewohl mit geteiltem Echo der Gäste; täglich geöffnet; ✆ 971 820 299.
- Fisch- wie Reisgerichte dominieren auch die Karten der Restaurants ***Sa Pedra*** und ***Siroco*** gegenüber in der Carrer Veri mit Terrassenblick über den Hafen; ✆ 971 822 444 bzw. 971 820 932
- Eine prima Rundumsicht und Sonne bis zum Abend bietet das voll verglaste Restaurant ***Flamingo*** ganz hinten links in der Bucht über dem Strand; ✆ 971 822 259, www.flamingo-portocristo.es. Moderate Preise. Man sitzt dort auch gut für einen Kaffee oder Drink auf der Außenterrasse. Täglich geöffnet.

Das Restaurant Flamingo ist sicher kein Ort kulinarischer Hochgenüsse, aber dessen Position über der Bucht in Portocristo unübertroffen

Coves del Drac

Dass die Drachenhöhlen es zu großer Beliebtheit brachten, ist im Prinzip verständlich. Für den (angeblich) weltweit größten **unterirdischen See** (bis zu 177 m lang und 40 m breit) fiel den Betreibern nämlich ein Spektakel ein, das man seit Dekaden täglich x-mal wiederholt: aus der Tiefe der verdunkelten Höhle gleiten lautlos drei nur dezent beleuchtete Boote über das glasklare Wasser. Musiker, die – unterstützt oder mitunter, wie es scheint, ersetzt durch verborgene Lautsprecher – populäre klassische Weisen spielen, sind ihre einzigen Passagiere.

Konzert auf dem unterirdischen See

Über 1000 Menschen können auf einer riesigen Tribüne, die sich dank einer perfekten Organisation im Stundenrhythmus füllt und leert, das Schauspiel bzw. »Konzert« verfolgen. Die Inszenierung zwischen den Stalagmiten und Stalaktiten ist einerseits ganz eindrucksvoll, andererseits künstlich-kitschig und als Massenveranstaltung ein Vergnügen, das nicht allen Freude bereiten dürfte.

Im Gegensatz zu den meisten Höhlen findet in den *Coves del Drac* keine Führung statt. Vielmehr wird von Mitte März bis Oktober täglich ab **10 Uhr bis 17 Uhr stündlich** (außer 13 Uhr) der schmale

Violinenkonzert auf dem unterirdischen See der Drachenhöhle

Eingang geöffnet, durch den sich danach die Scharen drängen und durch lange Gänge (die Höhle ist ca. 1.700 m lang) zum See eilen (müssen). Angemessen Zeit, um die tatsächlich großartigen unterirdischen Formationen gebührend zu betrachten, bleibt kaum. Nach der Vorstellung geht es für das Gros der Zuschauer über eine Brücke schleunigst zum Ausgang. Wer geduldig Schlange steht, darf per Boot über den See setzen

Zum Ablauf

Die Abfertigung funktioniert auch bei großem Andrang perfekt. Tickets – mit Zeitvorgabe – erhält man am Zentralgebäude (wo sich auch der Ausgang befindet); von dort geht es etwa 200 m zu Fuß bis zum Höhleneingang. Manchmal sind »Vorstellungen« im voraus ausgebucht. Gute Chancen auf Einlass ohne Wartezeit hat man gleich morgens oder mit dem letzten Schub des Tages. .

Zeiten und Eintritt

Geöffnet: im Sommer siehe links; November bis Mitte März nur 4x täglich. Einlass: ca. 10.45, 12, 14, 15.30 Uhr. Eintritt €15; Kinder 3-12 Jahre €8. Aktuelle Info unter © 971 820 753 und im Internet: www.cuevasdeldrach.com. Bisweilen gibt es in Touristeninfos und Hotels Discountcoupons über €3. **Parken** ist kostenlos.

5.7

Anfahrt per Auto

Die ausgeschilderte Anfahrt von Manacor durch die Stadt ist oft verstopft und mühsam; besser fährt man ab dem ersten Kreisverkehr vor der Stadt auf der neuen Umgehungsstraße Richtung Porto Colom und ab dem nächsten Kreisel zur *Cova*. Wer von Süden kommt, erreicht die Höhlen ohnehin vor der Stadt. Aus Richtung Norden ist die Durchfahrt meist kein Problem. Von dort kann man aber auch über die Ronda l'Oest die Stadt umgehen.

Coves dels Hams

In den ***Coves dels Hams*** (Zufahrt an der Straße nach/von Manacor Ma-4020) finden Führungen in kleinen Gruppen statt. Durch lange Gänge geht es im Gänsemarsch an bunt beleuchteten unterirdischen Räumen und Felsspalten vorbei, die vielfältig geformte Stalagmiten und Stalaktiten beherbergen. Filigrane Harpunen *(Hams)* ähnliche Gebilde gaben der Höhle ihren Namen. Auf einem Minisee imitiert man die Show der Drachenhöhle (mit nur einem Boot).

Als kostenpflichtige Zugabe wird in der sog. »digitalen« Höhle eine virtuelle LED-Projektion auf die Felsen geboten: ***»Genesis, la Historia de la Vida,*** »Die Geschichte des Lebens« vom Urknall bis zum aktuellen Stand der Dinge. Damit und durch eine besonders bunte Illumination setzt man sich von der großem Konkurrenz ab.

Man betritt die *Coves dels Hams* über einen tiefen, dicht bewachsenen Felstrichter, der auch ohne Höhlenbesuch vom Parkplatz aus zugänglich ist. Unten befindet sich eine Bühne mit *Open-Air*-Restaurant. Im Sommer finden dort (als Sonderveranstaltung) Konzerte, Folklore-Vorführungen mit Barbecue u.a.m. statt.

Geöffnet täglich März-Mitte Nov.10-16.30/17 Uhr, Nov-März 10.30-16 Uhr; Heftige €19 Eintritt, unter 12 Jahre €10; ✆ 971 820 988; www.cuevas-hams.com. Discountcoupons für den Besuch auch dieser Höhle findet man in Touristeninfos und Hotels.

Ostküste zwischen Portocristo und Portocolom

Portocristo Novo

Folgt man der Straße Ma-4014 nach Süden, sind es nur 3 km bis zur Zufahrt in die Villenurbanisation **Portocristo Novo**, die sich zwischen den *Calas Anguila* und *Mandia* und der Hauptstraße Ma-4014 immer weiter ausdehnt. Den versteckten Strand der *Cala Anguila* erreicht man nur über Treppen; am besten zu finden vom **Restaurant *Vista Alegre*** aus (dort schattige Gartenterrasse).

Clubanlagen Cala Mandia, Punta Reina und Romantica

Die ***Cala Mandia*** wird beherrscht von der **gleichnamigen Clubanlage**, einer der größten ortsfernen Tourismus-Urbanisationen Mallorcas. Die hoch über dem Meer thronende Felsnase *Punta Reina* zwischen der *Cala Estany* und der *Cala Mandia* ist dazu mit dem ***Club Punta Reina*** voll belegt. Die Straße läuft um die kleine *Cala Mandia* herum an beiden Clubarealen vorbei und führt hinunter auf die Zufahrt zur ***Cala Estany*** auf der Südseite der *Punta Reina*. Die von steilen Felsen gesäumte Bucht verfügt über einen 100 m breiten, dank Aufspülung heute sehr tief auslaufenden Strand. Dahinter liegt der ***Riu Club Romántica***. Wegen der zahllosen Gäste in den Clubkomplexen ist der für den *Riu Club* einst namensgebende Charme der Bucht längst dahin.

Küstenwanderung zur Cala Varques

Einen guten Grund, die *Cala Estany* zu besuchen, liefert der Einstieg in eine (maximal) 2-Stunden-**Küstenwanderung zur *Cala Varques***, eine der wenigen noch unerschlossenen Sandbuchten der Ostküste, ein traumhaftes Schwimmrevier und auch bei FKK-Fans beliebt. Der Pfad beginnt neben dem *Club Romántica*. Dort steigt man durch eine abgetragene Mauer mit zerstörtem Drahtzaun und sucht sich auf halb zugewachsenen Pfaden den Weg nach oben an die Küste. Ein Klettereinstieg die Felsen hoch existiert auch in Wassernähe am Strand (ebenfalls nur mit Mühe erkennbar). Hinweisschilder gibt es hier wie dort nicht. Oben laufen zahlreiche ausgetretene Pfade durch dichten Bewuchs von Macchia und Zistrose. In Sichtweite des Meeres kann man die Richtung – mal mehr, mal weniger an der Küste entlang – zum Ziel nicht verfehlen (4 km), ➪ auch Wanderbeileger Seite 39.

Natürlicher Ein-/Ausgang der Coves del Hams

Cala Varques mit Fahrzeug

Die ***Cala Varques*** lässt sich auch – bis auf die letzten Meter – mit Fahrzeug erreichen. Ca. 50 m nördlich der Abzweigung der Straße nach Manacor über Sa Cabana (Ma-4015) von der Ma-4014 führt ein Schotterweg in Richtung Küste. Bis zu einem verketteten Eisentor sind es ca. 1,5 km. Dort parkt man am Wegrand. Das Tor steht halb offen, so dass man sich hindurch zwängen kann. Von dort sind es noch ca. 600 m Fußpfad durch lichten Wald an die felsig eingefasste Bucht mit glasklar-türkiser Wasserqualität.

Einsame Cala Varques zwischen der Cala Estany und den Calas de Mallorca

Amoixa Vell

Abseits der Ma 4015 nach Manacor/Cabana Vella liegt – ca. 5 km ab der Küste – das Fincahotel ***Amoixa Vell*** mit **Gourmetrestaurant** in einem gemütlichen Gewölbe: © 971 846 292, www.sonamoixa.com. Ab 19 Uhr, an warmen Abenden auch draußen. Di geschl.

Calas de Mallorca

Mit dem Begriff **Calas de Mallorca** hat man einer Reihe von kleineren Buchten der Steilküste zwischen *Cala Magraner* und der *Cala Murada* einen gemeinsamen Namen gegeben. Die hoch über das Meer in die ehemals unbesiedelte Landschaft gesetzten **Hotelkästen** konzentrieren sich ausschließlich auf den Bereich zwischen der *Cala Domingos* und der tiefeingeschnittenen, extrem schmalen *Cala Antena*. Mehrere einsame Strandbuchten liegen 1-2 km (Luftlinie) weiter nördlich und sind nur auf Küstenpfaden, kurvenreichen Karrenwegen oder per Boot erreichbar.

Für Urlaubsgäste aus anderen Orten ist die Hotelagglomeration von Calas de Mallorca kein lohnendes Ausflugsziel. Ein Abstecher dorthin macht nur Sinn mit Wandervorhaben zur Entdeckung der letzten unberührten Strände der Ostküste oder als Tour zur Besichtigung einer abschreckenden **Urlaubsretorte**, gegen die z.B. Magaluf (⇨ Seiten 180f) als ein fast vornehmes Ferienziel erscheint.

Deutsche Kneipe in der britischen Hochburg Calas Mallorca

Cala Domingos

Für einen Besuch der *Cala Domingos* mit zwei durch eine Felszunge separierten Stränden (*Domingos Petit* und *Tropicana*, ➪ Foto unten) unterhalb der Hotel-Hochhäuser der Calas de Mallorca (von dort lange Treppenzüge hinunter) eignet sich besser die Anfahrt von Süden durch die Villensiedlung Cala Murada.

Cala Murada

Von der Verbindung Porto Colom-Portocristo Ma-4014 führt eine 3 km lange Stichstraße zur **Villenurbanisation Cala Murada**, die sich weitläufig um einen Zentralbereich mit einer Handvoll Läden und Lokalen gruppiert. Zur gleichnamigen Bucht mit einem mäßig attraktiven Strand ist es noch ca. 1 km weiter. Über dem Strand erhebt sich eine weniger ansehnliche Sommerhaus-Reihensiedlung. Durchaus eindrucksvoll sind aber einige Villen über der Küste am Rundkurs in nördliche Richtung. Vom Steilhang über dem Strand *Tropicana* der ***Cala Domingos*** blickt man auf die Betonburgen des Bereichs Calas de Mallorca.

Jumaica Tropical Park

Nördlich der Zufahrt nach Cala Murada liegt an der Hauptstraße in einer Senke die kommerzielle Parkanlage ***Jumaica***, früher *La Bananera*, als ein Gewächshaus mit Bananenstauden wichtigster Bestandteil des kleinen botanischen Gartens war. Er wurde irgendwann erweitert um ein Tiergehege, das aber bestenfalls für kleine Kinder sehenswert ist. Die Berichte über den Zustand der Anlage sind seit einiger Zeit ziemlich negativ. Das Beste an *Jumaica* ist die subtropisch überwachsene und daher im Sommer angenehm schattige Gartenterrasse des Restaurants ***C`an Pep Noguera*** (mallorquinische Küche, 13-16 Uhr und 19-23 Uhr, Mo geschlossen), die ohne vorherigen Parkbesuch betreten werden kann.

Die Burg am Waldrand

Etwa 4 km vor Erreichen von Portocolom vereinigt sich die Küstenstraße Ma-4014 mit der Ma-4010. Am Straßendreieck steht das burgartige Gebäude des Restaurants ***El Castillo del Bosque*** in einem kleinen Waldstück. Das Lokal besitzt eine für die Lage erstaunliche Beliebtheit. Gründe sind seine verfeinerte mallorquinische Küche und das dafür relativ moderate Preisniveau; Mittagstisch bis 15.30 Uhr, abends ab 19 Uhr, Mi geschlossen. © 971 824 144, https://elcastillodelbosque.wordpress.com,

Die Cala Domingos trennt die Villenurbanisation Cala Murada von den Hochhaushotels der Calas de Mallorca

Abstecher

Während man dort für Portocolom und Ziele weiter südlich nach links abbiegt (➪ folgende Seiten), geht es rechts ab (Norden) nach Felanitx und zum Ausflugsziel *Santuari de Sant Salvador*.

Santuari de Sant Salvador

Die gut ausgebaute Zufahrt (6 km) zum ***Santuari de Sant Salvador*** zweigt etwa einen Kilometer vorm östlichen Ortseingang von Felanitx von der Ma-4010 ab. Die ersten 1,5 km geht's geradeaus, dann folgen zahlreiche Serpentinen. Der Charakter von *Sant Salvador* als Wallfahrtsort sorgte für die Anlage großflächiger Parkplätze entlang den letzten 300 m der Straße zwischen einem 30 m hohen Monument samt 7 m hoher **Christusfigur** und einem beachtlichen Gebäudekomplex auf dem kammartigen »Gipfel« des Klosterberges (510 m). Allein schon die **Aussicht** von dort oben entschädigt für die kurvenreiche Auffahrt. Man muss aber wissen, dass dort an kirchlichen Festtagen »der Teufel los« ist und auch an normalen Sonntagen meist ziemlicher Betrieb herrscht.

Kloster

Der äußerlich klobige Bau des einstigen Klosters *Sant Salvador*, das als Pilgerstätte auf das Jahr 1342 zurückgeht, mit einer innen sehenswerten Kapelle von 1715 gleicht eher einer Festung. Denn es galt, die früher auf Mallorca zahlreichen Plünderungen durch arabische Piraten abzuwehren.

Einkehr

- Der einfache **Gasthof** im oberen Teil der Anlage neben der Kirche hat einige Tische und Bänke direkt an den Fenstern.
- Das vordere untere Gebäude links beherbergt heute das ***Petit Hotel Hostatgeria*** (***Zimmer und Apartments) mit einem kleinen, feinen Restaurant und schöner Terrasse mit Ostküstenblick; © 971 51 52 60, www.santsalvadorhotel.com.

Picknicktische findet man beidseitig unterhalb der Parkstreifen.

Steinkreuz

Auf einer separaten Anhöhe nördlich der Auffahrt zun *Santuari* steht ein riesiges Steinkreuz. Ein Pilgerpfad führt von der Straße hinüber zu diesem Aussichtspunkt, von dem man die halbe Insel, die Ostküste und Teile der Nordküste überblickt.

Vom Santuari de Sant Salvador bei Felanitx führt ein Pilgerpfad zum Kreuz auf einem Felsblock nördlich der Erhebung mit den Gebäuden des Klosters. Von dort fällt der Blick über die halbe Insel und hinüber zu Ost- und Nordküste

Kunstvolle Figur »Maria mit dem Kind« umgeben von goldgelockten Engeln, die skulpturenartig in die Wand eingearbeitet wurden, in der Kapelle des Santuari

Portocolom

Kennzeichnung und Geographie

Trotz seiner großen geschützten Bucht hat es Portocolom bislang nur zu einem unwesentlichen Anteil am Geschäft mit dem Tourismus bringen können. Ähnlich wie im Fall Portopetro fehlt es in dieser Bucht nicht nur an Badestränden nennenswerter Größe, sondern flach auslaufende Ufer sorgen in der Ausbuchtung Bassa Nova auch noch für Brackwasser. Die im erhöht liegenden **Hotelviertel** auf der Halbinsel (zwischen der »Neustadt« und der südlichen Cala Marçal) untergekommenen Urlauber orientieren sich daher vorwiegend zum Strand der Marçal-Bucht hin.

Neu- und Altstadt

Neben der Neustadt, die sich hinter dem **Westufer mit einer attraktiven Yachthafenmole** und weiter landeinwärts erstreckt, existiert eine davon völlig **separierte Altstadt**. Sie liegt am Nordende der Bucht und wird kaum berührt vom Leben, das Besucher und Yachtbesatzungen in den Hafen bringen. Die lange Reihe der Fischerboote vor den Häusern am Nordostarm zeigt, dass hier noch mancher Bewohner die Netze zum Broterwerb auswirft.

Sa Punta/Strände

Ein **Villenviertel, Sa Punta**, besetzt die Landzunge vor dem **Leuchtturm** an der *Punta de Ses Crestes.* Anfahrt über die Avinguda Tamarells und Carrer Algar durch die Altstadt und auf der Carrer de Far weiter um die Bucht herum. Wo diese Straße im letzten Stück zur Einbahnstraße wird, muss man sich zunächst links halten, um weiter oben über zweimaliges rechtes Abbiegen zurück auf die Carrer de Far zu gelangen.

Vor einem Waldstück verstecken sich dort **zwei geschützte Sandeinsprengsel** der Bucht von Portocolom. Der starke Austausch mit dem Meer sorgt dort für beste Wasserqualität, ihre südwestliche Ausrichtung für viel Sonne bis zum Abend und einen schönen Blick auf das neuere Portocolom gegenüber. Zwei sehr rustikale schattige **Strandlokale** fehlen auch nicht. Dorthin verirren sich selbst in der Hochsaison nur wenige Urlauber; die Mehrheit der Besucher an diesen Stränden kommt aus den Villen der Umgebung.

Blick vom Yachthafen hinüber zur weitgehend untouristischen Altstadt von Portocolom

Cala S'Algar

Eine einsamere Badebucht in diesem Bereich ist die ungeschützte **Cala S'Algar** weiter nördlich, zu der – ab dem kleinen Bootshafen am oberen Ende der Altstadt – eine geschotterte Stichstraße führt (ca. 600 m). Im Wesentlichen ist die Cala S'Algar felsig.

Gastronomie

Neben den Strandbars gibt es in *Sa Punta* keine, in der Altstadt nur ein paar auf die Bedürfnisse vor Ort zugeschnittenen Lokale. Ganz anders in der Neustadt, speziell am Hafen mit den Straßen Carrer Pescadors und Cristòfor Colom:

- In der Cristòfor Colom 11 hat das durchgestylte ***Florian*** gute Tapas und eine kleine, aber wechselnde Auswahl an Hauptgerichten; © 971 824 171, www.restaurant-florian.com.
- Das seit Jahren besteingeschätzte Restaurant in Portocolom ist das ***Colón*** unter deutscher Leitung noch zwei Gebäude weiter. Tapasbar, verfeinerte mediterran-internationale Küche, recht gehobene Preise; © 971824783, www.restaurante-colon.com.
- Sehr distinguiert englisch gibt sich der zum *Colón* gehörende ***Fidel Sporting Club*** in der #3. Ein *Fidel Castro*-Wandgemälde ehrt ausdrücklich den verstorbenen Namensgeber, der so gar nicht zu diesem unsozialistischen Ambiente passen will.
- Weitab vom Betrieb am Hafen sitzt man auf der Terrasse des Bistros im ***Hostal Bahia Azul*** an der Südecke der Bucht (Carrer Caravela). Einfach und preiswert. Das *Bahia Azul* beherbergt nebenbei eine **Tauchschule**; © 971 825 280, www.bahia-azul.de.

Cala Marçal

Vom zentralen Yachthafen der Neustadt sind es bis zur einzigen größeren Badebucht des Ortes rund 2 km (Ronda Creuer Balear um die Bucht herum, dann Carrer Cala Marçal). Der Strand der durchaus ansehnlichen ***Cala Marçal*** wurde durch Aufspülung auf die heutige Breite und Tiefe gebracht. Im Sommer platzt er trotzdem aus den Nähten, weil er alle Gäste des Hotelbereichs Sa Bateria und des Umfeldes »bedient«. Weder der Strand noch die über dem Südufer angesiedelte Infrastruktur bietet Besonderes.

Am kleinen Strand der für den Ortsnamen Pate stehenden Cala d`Or. Nur wenige hundert Meter sind es von dort bis zum belebten Ortszentrum

Cala d'Or

Kennzeichnung

Die in den 1960er-Jahren um die romantische **Goldbucht** entstandene erste Urbanisation Cala d'Or entwickelte sich zu einem Tourismusmagneten, der bis Mitte der 1990er-Jahre stark expandierte, seit geraumer Zeit aber an seine Wachstumsgrenzen stößt. Das Erfolgskonzept hieß dort **Bauen im Ibiza-Stil** nur ein paar Stockwerke hoch, alles kalkweiß und gefällig fürs Auge. Die anfangs wenigen Hotels durften nur am Abhang der ***Cala Gran*** und der ***Cala d'Or*** ein bisschen höher sein. Außerdem sorgten große Gärten und üppige Bepflanzung für eine der Landschaft harmonisch angepasste Siedlung. Sie ist noch heute in den Villenvierteln zwischen den *Calas Esmeralda* und *Llonga* zu besichtigen.

Beim Baustilkonzept blieb es, aber mit dem über 30 Jahre laufenden Boom stiegen die Bodenpreise gewaltig, und aus war's bald mit der Großzügigkeit von Grundstücksgröße und Begrünung. Immerhin fehlen im Bereich Cala d'Or die andernorts oft so hässlichen Hochhäuser, sieht man von einzelnen Hanglagen ab.

Anfahrt

Verkehrstechnisch liegt Cala d`Or ungünstig. Die An- und Abfahrten via Calonge oder S`Alqueria Blanca/Portopetro sind in jedem Fall etwas mühsam, das Zentrum und die Bereiche Cala Esmeralda wie Cala Ferrera wegen enger Einbahnstraßen und fehlender Parkmöglichkeiten für Autofahrer Problemzonen.

Strände

Die beiden attraktiven Buchten ***Cala d'Or*** und ***Cala Gran*** am Ende von Nebenarmen der *Cala de ses Dones* verfügen beide über Sandstrand. Sozusagen mitten im Zentrum erfreut sich kein anderer Ort Mallorcas vergleichbar malerischer Strände. Der Haken der *Cala Gran* ist nur die dahinterliegende Bettenkapazität. In den Sommermonaten heißt es daher dort zusammenrücken, so lange die Sonne am Himmel steht. Die für den Ort namensgebende Bucht (➪ Foto links) kämpft dank geringer Hotelkapazität im unmittelbaren Umfeld seltener mit dem Überfüllungsproblem.

Zentrum

Cala d'Or besaß lange vor allen anderen Orten im Zentralbereich eine attraktive **Fußgängerzone** voller Kneipen, Open-air-Terrassen und Boutiquen (zwischen den Avingudas Bélgica und Tagomago nördlich der Fernando Tarragó). Drumherum sorgen Einbahnstraßen und verkehrsberuhigte Enge für wenig und dann gebremsten Autoverkehr, damit für viel Flanierraum. Früher war dort auch in der Vor- und Nachsaison (April/Mai+Oktober) zumindest abends noch Einiges los, mittlerweile ist die Kapazität der Lokale dort vielfach größer als die dann mögliche Gästezahl. Nicht zuletzt sorgte dafür wohl auch die Restaurantballung an den Marinas.

Zum »**Sehen und Gesehenwerden**« nach des Tages »Urlaubslast« eignen sich am besten die grünen und teilweise blumenüberrankten **Terrassen** mehrerer ansprechender Lokale an der **Avinguda Fernando Tarrago** zwischen der *Cala d'Or* und der Fußgängerzone. Wer mehr Flair sucht, findet beides in den **Bars** des Hotels ***Cala d'Or*** (mit ***Eco Beach Club*** am Strand) sowie des Hotels ***Rocador*** (liegt über der *Cala Gran*).

Yachthafen

Ein zweites kleines Zentrum hat sich am Bootshafen ***Port Petit*** am Ende der ***Cala Llonga*** entwickelt. Dort genießen Einheimische wie Touristen das Gefühl größerer Exklusivität als im Zentrum.

Auf der **Ostseite der Bucht**, drängen sich zahlreiche Restaurants und Bistros dicht an dicht den Hang hinauf. Ein an der unteren Ebene aufgestellter Lageplan für alle Lokale erleichtert die Übersicht. Egal, ob fürs *Guiness*, für den kleinen Snack oder das gediegene Dinner, hier findet jeder »sein« Lokal.

- Das attraktive ***Port Petit*** gilt als eine der besten kulinarischen Adressen des Ortes. Sogar Königs speisten dort schon. International-mediterrane Küche; gehobene Preise; täglich mittags und ab 19 Uhr; © 971 643 039, www.portpetit.com.

18 Restaurants und Kneipen dicht an dicht mit Übersichtskarte beim Bootshafen Port Petit, nur ein paar hundert Meter entfernt vom Zentrum

5.7

Cala d'Or Indianer auf Ausschau nach Gästen

Empfehlung bei Präferenz für mallorquinische Gerichte:

- Restaurant ***Proas*** in der obersten Reihe, daher auch schöner Weitblick über Hafen und Boote; Zugang am besten von der Straße oben. ✆ 971 643 380, http://restauranteproas.com, mittags und abends ab 19 Uhr, Mo im Sommer mittags zu, sonst Mo ganz geschlossen.

Weitere empfehlenswerte Lokale im Bereich Port Petit sind

- der ***Port Pub*** (ebenfalls oben), eine ganz urige Kneipe
- das Restaurant ***Aquarius*** an der unteren Promenade um den Komplex, ✆ 971 65 98 76
- und der ***Jolly Roger*** gleich eingangs auf halber Höhe für den Drink und *British Food*

Villenviertel

Zur »touristischen Kür« in Cala d'Or gehören **Spaziergänge** durch die Villenviertel auf den durch die Buchten *Cala Esmeralda* bis *Cala Llonga* gebildeten Halbinseln. Dort wurden in der Frühzeit des Tourismus zu uns heute lachhaft erscheinenden Preisen die besten Claims in beneidenswerter Lage für aktuell kaum noch bezahlbare Anwesen abgesteckt. Ein großer Teil dieser Domizile befindet sich nach wie vor in deutscher Hand.

Jazz Festival

Ende Mai findet seit den 1990er-Jahren auf Straßen und Plätzen von Cala d'Or ein mittlerweile weithin bekanntes und sehr gut besetztes ***International Jazz Festival*** statt, das der deutsche Jazzfan *Rolf Wagemann* organisiert. Alle Details und jeweils aktuelles Programm unter www.jazz-rolf.de.

»Vororte«

In den Hotel- und Apartmenturbanisationen **Cala Ferrera** und **Cala Esmeralda** durfte ortsüblicherweise und mit Ausnahmen nicht hoch, aber verdichtet gebaut werden. Da blieb wenig Platz für großflächige Begrünung wie im alten Kern. Diese Vororte sind – wiewohl architektonisch überwiegend ansehnlich – Urlaubsretorten, die man nicht besucht haben muss.

Die kleine ***Cala Serena*** am Nordende des Bereichs Cala d'Or ist zwar öffentlich, wird aber dominiert und teilweise besetzt von der gleichnamigen Anlage des ***TUI-Robinson Club***. Ein individueller Zugang von außerhalb des Clubs ist nur über eine lange Treppe ab der Carrer S'Hortet möglich.

Bereich Cala Egos

Der kleine Sandstrand der ***Cala Egos*** ca. 3 km südlich des Zentrums wurde beidseitig von Großhotels eingemauert. Die daher wenig attraktive Egos-Bucht lieferte nichtsdestoweniger für die

Cala Arsenau
s'Horta
Robinson Club
Av. Sa Horta
Robinson Club
Cala Serena
Cala Ferrera
Bereich Cala Ferrera
Cala Esmeralda
Calonge
CALA D'OR
4013
Sa Punta Grossa
Av. Punta Grossa
Bereich Cala Esmeralda
Av. Cala Gran
Platja d'Or
Cala Gran
Av. Tagomago
Av. de Calonge
Pl. d'Eivissa
Comillas
Av. Bèlgica
D'en Costa
Fußgänger- & Restaurantzone
Cala d'Or
Cala de ses Dones
Es Forti
ECO Beach Club
Villen-viertel
C. Llonga
Restaurantzeile am Port Petit
Port Petit/Proas
Cala d'es Forti
Cala Galera
Av. des Forti
Continental/Port Pub
Cala Llonga
Porto Cari
Bereich Cala Forti
Av. des Forti
Cala Llonga
Av. de Cala Egos
C. de sa Marina
Av. de Cala Egos
Carrer Industrial
C. de sa Marina
Cala Egos
Poligon Llevant
Bereich Cala Egos
C. Tafala
S'Alqueria Blanca
Varadero
Hafen
Can Martina
19
Can Xine
Cala de Sa Torre
Schnitzel-haus
C. Son Durí
Aventura
Poligon Ponent
PORTOPETRO
Carrer des Far
S'Alqueria Blanca
Carrer Blanca
Carrer
Cala Barca Trencada
N
0
450 m
Naturpark Mondragó
Cala Borgit
Cala d'Or & Umgebung
Santanyí
Cala Font de N'Alis
Cala Mondragó
Cala s'Amarrador
Cala Figuera

5.7

gesamte Hotelurbanisation südlich der *Cala Llonga* die Bezeichnung. Insgesamt ist auch dort nichts Spannendes zu entdecken.

Mit dem ***Parque de Mar*** befindet sich aber eine der besten Apartmentanlagen Mallorcas unweit der *Cala Egos* am Ende der Straße Carrer Parc de la Mar. Sie liegt in einem eigenen Park über der Felsküste mit Zugang zum Meer (kein Strand) und verfügt über ein **Restaurant** mit schönem Außenbereich; www.parquemar.com.

Festung und Strand von Es Forti

Ein in dieser Ecke unerwartetes Besuchsziel ist die alte, jetzt restaurierte **Festung *Es Forti*** an der Spitze der breiten Landzunge, welche die *Cala de ses Dones* vom Meer trennt. Zwar ist der Bau als solcher nicht so aufregend, aber der Blick auf Cala d'Or von dieser Seite der Bucht reizvoll. Zufahrt dorthin über die Avinguda d'es Forti vorbei an ein paar sandigen Quadratmetern der recht hübschen ***Cala d'es Forti***, einer Ausbuchtung der *Cala Llonga*.

Cala Arsenau

Ein allgemein bekannter »**Geheimtipp**« für die vielen Cala d'Or-Gäste ohne Strandzugang vor der Hoteltür ist die ***Cala Arsenau*** in etwa 4-5 km Entfernung zum Ortszentrum. Der Weg dorthin ist hinterm Ortsende Cala Ferrera/Serena sowie an der Ma-4012 in S'Horta gut ausgeschildert und wird von vielen per Fahrrad bewältigt. Parken ist dort oft ein Problem; auf einem privaten Platz wird kassiert. An die benachbarte ***Cala Mitjana*** kommt man mit Auto oder Motorrad nicht heran; die Zufahrt ist aber per Bike möglich.

Die *Cala Arsenau* gehört zu den wenigen leicht erreichbaren nicht durch Hotels oder Sommerhäuser gestörten Refugien der Ostküste. Vom oft sehr vollen Strand (im Sommer mit kleinem **Bistro**) können Schwimmer auf ruhige Plätzchen an der rechten Flanke der Bucht ausweichen. Die Felsen fallen stufenweise zum Wasser ab und erlauben so einen relativ einfachen Einstieg.

Cala Mitjana

Man kann auch zur unbewirtschafteten ***Cala Mitjana*** hinüberlaufen (ca. 500 m südlich). Dazu hält man sich zunächst an Uferpfade und verlässt die *Cala Arsenau* über die kleine Landbrücke, welche die Einfahrt zur Bucht südlich begrenzt. Nach weiteren etwa 200 m am offenen Meer entlang wendet man sich an einer Mauer entlang westlich und erreicht nach wiederum etwa 200 m einen breiten Weg in Richtung Ministrand der *Cala Mitjana*.

»Lochfelsen« zwischen den Calas Arsenau und Mitjana

Portopetro

Kennzeichnung

Portopetro liegt je nach Ausgangspunkten ca. 3-4 km südlich von Cala d`Or. Zwischen den letzten Baustellen im Bereich Cala Egos und den ersten Häusern des Ortes auf der Nordseite der Bucht von Portopetro bleiben nur noch ein paar hundert Meter ohne Bebauung. Die heute in vielen Orten übliche **Straßenbimmelbahn** verbindet Cala d`Or mit Portopetro und der Cala Mondragó.

Im Kernbereich besteht Portopetro aus einem Fischer- und Sportboothafen im geschützten südwestlichen Arm der Bucht plus der hübsch geführten Straße Passeig des Port mit einer kurzen Uferpromenade. An ihr befindet sich das Gros der Infrastruktur des Ortes. Portopetro blieb wohl vor allem deshalb vom Massentourismus verschont, weil in der verzweigten Bucht ein größerer leicht zugänglicher Strand fehlt. Im Ort gibt es mit dem *Varadero de Luxe* nur ein – neuerdings – chic durchgestyltes Hotel. Nach Einbruch der Dunkelheit ist in Portopetro nichts mehr los.

Am Bootshafen von Portopetro. Im Hintergrund u.a. das Terrassen restaurant »La Aventura« (im 1. Stock)

Gastronomie

An der Kaimauer des Hafens und in den paar Lokalen trifft man vor allem auf Tagesausflügler und Yachtbesatzungen. **Fisch** aß man früher vorzugsweise im

- unverfehlbaren ***Ca'n Martina*** in der westlichen Ecke des Hafens mit schattiger Terrasse direkt am Wasser. In letzter Zeit war das Feedback über Service und Qualität ziemlich durchsetzt.
- Das zur Zeit beste Restaurant am Hafen von Portopetro ist zweifellos das ***Es Bergant*** (schräg gegenüber dem *Ca'n Martina*) mit einer konstant hohen Gästezufriedenheit. Es liegt wie die meisten Lokale dort landseitig an der durch den Hafen laufenden Straße (Passeig des Port), besitzt aber eine Terrasse oberhalb des Hafenparkplatzes an der Wasserseite mit prima Blick über den Bootshafen. Wie hier üblich dominieren Fischgerichte, aber es gibt auch anderes; © 971 648 400

- Auf der gegenüberliegenden des Bootshafens wartet das Restaurant ***La Aventura*** auf Gäste (ca. 5 min Spaziergang am Wasser entlang). Man sitzt dort ebenfalls nicht direkt am Wasser, aber die gemütliche Terrasse im 1. Stock bietet weite Blicke über den Hafen; normalpreisig, Qualität meist gut; © 971 657 167

; Das Schnitzelhaus Portopetro

- Wem hier nach deutscher Küche ist, geht vom Hafen aus 300 m in Richtung *Cala Mondragó* zum ***Restaurant Suremar*** mitsamt ***Schnitzelhaus***. Dort gibt's 30 Zubereitungsarten der Hausspezialität mit Auswahl der Portionsgröße, aber auch Anderes inkl. Fisch und Meeresfrüchte. Bürgerlich sauberes Ambiente, faire Preise für gute Küche; Mi-Mo ab 18.30 Uhr, Sa+So auch 13-15 Uhr; © 650 299 820, http://suremar.com

Wachtturm

Von der Hafenbucht geht es zunächst geradeaus und dann links (Poligon Ponent) und wieder links (**Cami de sa Torre**) in Richtung *Cala Mondragó* und *Cala Barca Trencada*. Wer auf dem Cami de sa Torre bleibt (also den Abzweigungen zur *Cala Mondragó* und zur Clubanlage *Cala Barca* nicht folgt), erreicht an der abschließenden Straßenschleife den Zuweg zu einem alten **Wachtturm** über der Einfahrt in die Bucht (30 m Fußweg ab Parkplatz).

Cala de sa Torre

Die Straße passiert 500 m vor dem Umkehrpunkt einen Fußweg zur kleinen Strandbucht im Ausläufer der ***Cala de sa Torre*** und weiter zum nächsten Strand. Über beiden thront die **bombastische** *****Anlage des Blau Resort Spa*** mit einem ausgedehnten Gelände samt Sport- und Wellnesseinrichtungen. Wer vom Ausläufer der Hafenbucht direkt das Resort anfährt, findet zwischen Eingangsportal und Personalunterkunft einen **Parkplatz**. Auch von dort ist der Strandzugang öffentlich, aber die Straße durch das Clubgelände gesperrt für Nicht-Gäste (was manches Navi nicht weiß).

Villen über dem Meer

Auf der **Avinguda Jorn Utzon** durch Kiefernwald hinter der Steilküste passiert man viele Villen in toller Lage über dem Meer und gelangt an die Zufahrt zumr *Iberostar* Hotel ***Club Cala Barca***. Den dortigen großen Komplex kann man auf öffentlicher Straße ganz durchfahren und trifft – nach Passieren des Trampelpfads hinunter zur *Cala Burgit* (➪ folgende Seite) – automatisch auf die direkte Verbindung Portopetro–Cala Mondragó.

Cala Mondragó mit den Calas Font de N`Alis und S'Amarrador

Kennzeichnung/ Anfahrten

Die ***Cala Mondragó*** unterteilt sich in zwei Strandbuchten, die ***Cala S'Amarrador*** und die ***Cala Font de N`Alis***. Ihre Strände gehören zu den beliebtesten der südlichen Ostküste. Von See her bringen Boote Passagiere aus dem strandlosen Cala Figuera und aus Cala d'Or. Auf dem Landweg kommen Besucher – Mallorquiner wie

Urlauber – aus der ganzen Umgebung. Wer nicht über Portopetro anfährt, erreicht *Cala Mondragó/Font de N'Alis* am besten über S`Alqueria Blanca, die *Cala S'Amarrador* nur über Santanyi.

Parque Naturál Mondragó

Vor einigen Jahren wurden beide Buchten und die nördliche *Cala Burget* in das Naturschutzgebiet ***Parc Natural Cala Mondragó***, das sich weit ins Hinterland erstreckt, einbezogen. Ein kleines **Infocenter** steht am Straßendreieck Portopetro/S`Alqueria Blanca: http://de.balearsnatura.com/parc-natural-de-mondrago.

Zufahrten: Cala Font de N`Alis

Im Sommer dürfen nur Gäste der beiden Hotels *Condemar* und *Cala Mondragó* die Zufahrt zur ***Cala Font de N'Alis*** mit Fahrzeug benutzen. Die Straße ist für Nicht-Hotelgäste gesperrt; sie müssen das Auto auf dem **Parkplatz am Infocenter des Naturparks** abstellen und ca. **600 m laufen**. In der Vor-/Nachsaison und im Winter (Oktober bis Mai) kümmert sich niemand um die Sperrschilder.

Cala S'Amarrador

Den Strand der ***Cala S'Amarrador*** erreicht man mit Fahrzeug über die Straße von Santanyi nach Cala Figuera. Am Kreisverkehr etwa 2 km südöstlich von Santanyi geht es nach links (ausgeschildert). Nach weiteren 4 km sperrt ein Schlagbaum die Straße. Ein großer Parkplatz nimmt die Besucherfahrzeuge auf. Zum Strand muss man noch 500 m weiter laufen. Ein kleiner **Strandimbiss** versorgt die Besucher. Am Zugang befinden sich schattige **Picknicktische**.

Verbindung

Ein **Verbindungsweg** über das felsige Ufer entlang der Bucht sorgt für einen oft regen Fußgängerverkehr zwischen beiden Stränden.

Cala Burgit

Von der *Cala Mondragó* gelangt man linkerhand – schwimmend oder per pedes auf ausgetretenen Pfaden und über den Uferfels (ca. 600-700 m) – um die breite Biegung herum oder auch quer durch den Wald (ca. 350-400 m) zum Strand am Ende der schmalen ***Cala Burgit***, die zwischen Felsen tief ausläuft.

5.7

Cala S'Amarrador; man erkennt am gegenüber liegenden Ufer den Weg über die trennende Felsnase zur Cala Font de N'Alis, *➪ oben*

7.7.2 Orte im Hinterland

S`Alqueria Blanca

S`Alqueria Blanca wurde bereits mehrfach erwähnt im Zusammenhang mit den Anfahrten an die Küste im Bereich Cala d`Or, Porto Petro und Cala Mondragó.

Einkehr

Am südlichen Ortsausgang liegt das hübsche Gartenrestaurant ***Jade by Es Clos***, neuerdings erweitert um eine Kunstgalerie und Chill-out Bereich; seit 2016 unter neuer Bewirtschaftung und überwiegend positiv bewertet; © 971 653 404.

Oratori de Consolació

Nur wenig südlich des Dorfes S`Alqueria Blanca erhebt sich das ***Oratori*** oder ***Santuari de Nostra Señora de Consolació***. Die Zufahrt ist kurz und rasch gemeistert. Oben erwarten den Besucher ein hübscher Vorhof und das 400 Jahre alte, schlichte Refugium. Der Abstecher lohnt sich vor allem wegen des weiten Blicks von Cala Figuera über Portopetro und Cala d'Or bis nach Portocolom.

Ca`s Concos

Ca`s Concos, ein eher unscheinbares Dorf auf etwa halber Strecke zwischen Felanitx und Santanyi bzw. S`Alqueria Blanca, bedürfte hier kaum der Erwähnung, wäre die weitere Umgebung nicht als sog. »**Hamburger Hügel**« bekannt, wo sich viele betuchte Hansestädter eine Villa oder Finca zugelegt haben. Dem wohlhabenden Zuzug folgten passende Lokale wie das

Einkehr

Restaurant Viena in der Carrer Metge Obrador (Straße Felanitx-Santanyi Ma-14), eine einst deutsche Gründung mit wechselnder Karte, u.a. gute *Tapas*. Moderate Preise; © 971 842 290, www.vienamallorca.com. Mi-Mo abends ab 18 Uhr, Di geschlossen.

Imposante Pfarrkirche Sant Miquel in Felanitx

Felanitx

Bezug zur Südostküste

Felanitx ist eine Versorgungszentrale für den ganzen Südosten Mallorcas. Zwar liegt das Städtchen gute 11 km vom nächsten Küstenort entfernt (Portocolom), gehört aber noch zum Einzugsbereich der Südostküste. Daher erschien es sinnvoll, Felanitx bereits in diesem Kapitel zu berücksichtigen.

Verkehr

Wer keinen Stopp in Felanitx plant, wird weiträumig um die enge Innenstadt herumgeleitet, muss aber in Richtung Santanyi/Cala d'Or gut aufpassen, um keine der vielen Richtungsänderungen zu übersehen. Man findet aber gut hinein und auch heraus und sogar Parkplätze, z.B. – außer am Markttag – an der Plaça.

Zentrum/ Markt

Die Innenstadt wirkt vergleichsweise freundlich und offen. Die **Pfarrkirche *Sant Miquel*** – unverfehlbar am Ende der Carrer 31 de Marzo oberhalb der **Plaça Espanya** mit Palmenbestand – ist eines der eindrucksvollsten sakralen Bauwerke der Insel mit einem riesigen goldenen Hauptaltar, ➪ Foto Seite 448. Vom Kirchenvorplatz führen einige Stufen hinunter zur nie versiegenden **Quelle** der heiligen *Santa Margalida*. Zur Einkehr bieten sich die **Lokale rund um die Plaça** mit Außenbereichen auf dem Platz an. Für gastronomische Highlights ist Felanitx nicht bekannt.

Sonntags ist großer **Markttag** in Felanitx. Er spielt sich in den Straßen oberhalb der Plaça Espanya und hinter der Kirche ab; auch die Geschäfte sind dann geöffnet. Der Markt ist dort eine überwiegend mallorquinische und weniger touristische Angelegenheit als in den küstennäheren Orten, daher besuchenswert.

5.7

Kalvarienberg

Wenn man Felanitx aus Richtung Santanyi/Cala d'Or oder Manacor/Portocolom erreicht, fallen die ihrer Flügel beraubten Windmühlen auf den östlichen Hügeln auf. An ihnen entlang führt der **Kreuzweg** hinauf zum ***Calvari*** oder ***Santuari de Felanitx*** (Carrer d'es Call, rechts ab von der Carrer Mayor, ca. 100 m oberhalb der Pfarrkirche). Die Kapelle ist schlicht (und meistens verschlossen). Lohnenswert am Aufstieg ist vor allem der **Blick über die Stadt** und seine Umgebung – bei guter Sicht bis nach Cabrera.

Weinanbau

Mallorquinischer Weinbau findet auch in der Region um Felanitx statt. Während früher nur die Weißweine aus der Region um Felanitx gelobt wurden, haben es mittlerweile die ***Vinos Tintos*** der ***Bodega Anima Negra*** (Finca ***Son Burguera***) zu erheblichem Exportruhm gebracht. Der Wein ***AN/2*** mit auffälligem roten Etikett ist sogar in den USA zu haben; http://anima-negra.de.

Keramik

Eine weitere Spezialität (nicht nur) von Felanitx ist Keramik. In den ***Céramicas Mallorca*** gibt es neben unvermeidlichem Kitsch auch viele geschmackvolle Kreationen. Hübsch sind aus Kacheln zusammengesetzte Wandbilder, Hausnummern u.ä. Den Laden der Firma findet man in der Carrer Sant Agusti 50-58 parallel zur Ortsaus-/einfahrt in Richtung Porreres/Vilafranca (Crta Porreres an der Ecke Carrer de Socors – *Autocares Grimalt* – geht es leicht bergauf, dann die 3. Straße links); www.ceramicasmallorca.com.

Eine Keramikwerkstattt mit künstlerischen Ambitionen ist ***Call Vermell*** in der Carrer Major 44 mitten in der Stadt; der dazugehörige Laden öffnet Fr+So nur 10-13 Uhr, Mo-Do 17-20 Uhr, Sa geschlossen; www.filebees.com/de/empresa/callvermell.

Ziele bei Felanitx

Zwei **attraktive Ausflugsziele** liegen in Felanitx' Umgebung: das ***Castell de Santueri*** und das ***Santuari de Sant Salvador***. Während *Sant Salvador* unübersehbar über der Straße Ma-4010 Felanitx–Portocolom thront (➪ Seite 330), erkennt man die Konturen der **Schutzmauern** und **Befestigungstürme** vor dem monolithisch aufragenden Hochplateau von Santueri nur von der Straße Ma-4016 (S'Horta/Calonge-Carritxó bei Fahrtrichtung Carritxó/Felanitx) nur, wenn man genau aufpasst. Der Burgberg liegt etwa 2,5 km nördlich dieser Straße (Luftlinie).

Burgberg Castell de Santueri

Das scheinbar uneinnehmbare **Burgplateau** benötigte wegen der ringsum steil abfallenden Hänge nur im Süden und Osten an den zugänglicheren Stellen Befestigungen. Vor allem die mächtigen Mauern auf der Südostseite sind gut erhalten. Auf der Hochfläche selbst blieben dagegen von den sonstigen Anlagen nur spärliche Reste. Die Festung war zunächst von den Christen im 13. Jahrhundert geschleift worden und später – nach Wiederaufbau – internen kriegerischen Auseinandersetzungen zum Opfer gefallen.

Anfahrt

Man kann von der Ma-14 (Straße Richtung Santanyi) über die einzige Zufahrt (Abzweig ca. 3 km südlich von Felanitx; Schild) bis unterhalb der alten Mauern fahren (weitere ca. 5 km). Die gut asphaltierte Straße ist stellenweise eng, hat am Ende ein paar Kehren und endet unterhalb des Plateaus auf einem großen Parkplatz.

Besichtigung

Der Zutritt zum Burgberg war wegen Restaurierungsarbeiten jahrelang unterbrochen. Erst 2014 wurde das ***Castell de Santueri*** wieder zugänglich. Vom Parkplatzende geht es nach Eintrittsentrichtung am Holzkiosk über Treppen zum Burgtor. Außer den alten Türmen und Schutzmauern an dieser südlichen Ecke, wie sie auch auf den meisten Fotos zu sehen sind (➪ unten) und ein paar dahinter liegenden noch halbwegs erhaltenen Ruinen gibt es genaugenommen nicht mehr viel zu sehen. Der Reiz des Rundgangs auf der über 4 ha umfassenden Hochfläche liegt vor allem im sagenhaften Weitblick aus 420 m Höhe in alle Himmelsrichtungen.

Weitere Details zu diesem grandiosen Zeugnis der Vergangenheit unter www.santueri.org (nur Katalanisch, Spanisch und Englisch). Zugänglich ist *Santueri* März-Oktober 10-18.30 Uhr, Rest des Jahres nur Sa+So 10.30-14.30; Eintritt €4.

Erst aus der Nähe erkennt man die respektablen Mauern vorm Plateau von Santueri

Wanderung

Eine schöne Wanderung führt ab der vorletzen Kehre der Zufahrt zum *Castell* hinüber zum weithin sichtbaren ***Santuari de Sant Salvador*** (3 km Luftlinie vom *Castell de Santueri*), ➪ Seite 330 und Wanderbeileger Route 10, Seite 34.

Blick vom Hochplateau des Burgbergs hinüber zu Kloster (xx) und Christusstatue (x) des Santuari de Sant Salvador

5.8 Der Südosten

Cala Figuera

Anfahrt

Hier geht es um das **Dorf Cala Figuera** an der südlichen Ostküste, das man nur über Santanyi (ca. 6 km) oder (als Umwegstrecke) über Cala Santanyi erreicht. Eine schwer zugängliche Bucht und Cap gleichen Namens gibt es südlich von Magaluf und eine weitere *Cala Figuera* auf der Halbinsel Formentor (➪ Seite 276).

Kennzeichnung

Jeder Besucher ist von diesem zum Teil noch echten **Fischerdorf** zunächst begeistert: Die tief in die Felsküste eingeschnittene, an der Einfahrt etwa 250 m breite Bucht teilt sich nach 500 m (auf Höhe der Anlege- und Schutzmauer des Hafens) in zwei flach auslaufende 200 m lange Arme voller pittoresker Häuschen und Boote an Stegen und Ankertonnen. Der weniger attraktive Ort selbst liegt im Wesentlichen zwischen der Steilküste und der einzigen Anfahrt zum Hafen, der Carrer Virgen de Carmen oberhalb des südwestlichen Meeresarms. Diese Straße läuft zwar vom Hafen ansteigend an der Bucht entlang bis zum *Hotel Villa Sirena* und weiter, ist aber im Abschnitt oberhalb des Hafens mit der Restaurantzeile des Ortes Fußgängerbereich. Wer sich mit Fahrzeug bis zum Hafen durchschlägt, muss mangels Parkraum oft wieder zurück und weiter oben einen Platz suchen.

Badestelle am Meer

Cala Figuera besitzt keinen eigenen Strand und bietet daher den örtlichen Hotelgästen einen täglichen (kostenpflichtigen) Pendeldienst zur *Cala Santanyi, Cala Llombards* und *Cala Mondragó*,

Westlicher Arm der Bucht von Cala Figuera

aber man kann durchaus auch **im Ortsbereich schwimmen** und schnorcheln. Hinterm ***Hotel Villa Sirena***, das unübersehbar über der Bucht thront, führt der Weg hinunter zu ein paar Stufen im Fels und einer Badeleiter, danach weiter ans offene Meer.

Besuchsmotiv

Es lässt sich in Cala Figuera nicht viel mehr unternehmen, als den schnuckeligen Hafen und die hübschen Häuser an den Hängen zu bewundern. Dort findet man immer schöne Motive für die Kamera. Kommt man zur rechten Zeit (meist später Nachmittag), gibt es in der kleinen Verkaufsstelle im Hafen frisch gefangenen Fisch. Die örtliche Gastronomie ist auch nicht schlecht.

Restaurant Pura Vida

Bei schönem Wetter und guter Sicht geht vor allem nichts über das ***Restaurant Pura Vida*** an der Carrer Tomarinar (am besten über Carrer de Sant Pere, rechts ab von der Bernareggi; ab Hafen ca. 1 km). Dessen Lage etwas abseits des Ortes hoch über dem Meer auf zwei Ebenen mit Pool ist kaum zu übertreffen. Reservierung unter © 971 165 571, http://pura-vida-mallorca.com. Täglich geöffnet April bis Mitte November 10-23 Uhr.

Weitere Lokale

Gut essen ohne Weitblick bis zum Horizont, aber auf die Hafenbucht kann man in einigen Restaurants der Fußgängerzone:

- Dort galt lange das ***Cala*** als beste, aber nicht eben billige Adresse für Fisch; das Gästeecho ist heute durchsetzt; © 971 645 018

5.8

Restaurant Pura Vida über der Steilküste am Südrand des Ortes Cala Figuera

- Deutlich attraktiver sind derzeit ohnehin die Restaurants ***Es Port*** (✆ 971 165 140,) und ***L'Arcada*** (✆ 971 645 032) ca. 100 m höher am anderen Ende der Fußgängerzone. In beiden sitzt man draußen wegen des Blicks auf die Bucht aus größerer Höhe viel besser als am unteren Ende der Straße. Beide sind April-Okt. ab 12 Uhr geöffnet, ersteres täglich, letzteres Mi geschlossen.
- Ein gutes Preis-/Leistungsverhältnis zeichnet das **Restaurant** des *Hostal* ***Villa Lorenzo*** aus (mallorquinische Küche, speziell Fisch) in der Carrer Magallanes 11 (gleich links ab kurz nach der Ortseinfahrt); ✆ 971 645 029, www.villalorenzo.com

Strände

Bei nur 3 km Entfernung liegt die ***Cala Santanyi*** per Fahrzeug oder Fahrrad quasi um die Ecke. Erheblich reizvoller, aber auch ein Stück weiter (rund 6-7 km) ist es zur bereits beschriebenen ***Cala S'Amarrador***, der südlichen Strandbucht der ***Cala Mondragó***: von Cala Figuera aus geht es hinter Wäldchen und Ortsende zunächst rechts ab, ➪ Beschreibung Seite 348. In Fahrradreichweite befinden sich außerdem noch die *Calas Llombards*, *S`Almonia* und *Moro*; ➪ Seite 352.

Cala Santanyi

Kennzeichnung

Cala Santanyi ist das südlichste der auch bei Veranstaltern zu findenden Ostküstenziele. Hinter und über einer 500 m langen felsig eingefassten Strandbucht (durch Aufspülung vergrößert) gruppieren sich Hotels, Apartmentgebäude und Sommerhäuser an den Hängen bzw. auf der Hochfläche südlich der Bucht. Direkt am Strand stehen nur das *Hotel Cala Santanyi* mit **Strandbar** und das *Hostal Playa* mit **Snack-Terrasse**; ➪ Foto Seite 350. Ein Ort im eigentlichen Sinne existiert dort nicht. Nichtsdestoweniger übersteigt die Summe der Gästebetten ringsum im Verhältnis zu Strandtiefe und -breite im Sommer das zuträgliche Maß.

Felstor Es Pontàs vor der Küste bei Cala Santanyi

Anfahrt

Zwei Straßen führen von Santanyi zur gleichnamigen Cala. Der schnellere und sinnvollere Weg entspricht zunächst der Zufahrt nach Cala Figuera. Nach 3 km biegt man rechts ab und erreicht den Strandparkplatz der *Cala Santanyi* nach weiteren 1,5 km.

Strand

Wem es am – attraktiven – Strand zu voll wird, kann sich auf dessen rechter Seite in Richtung Tauchschule »absetzen«. Am Ende des kurzen Weges gibt es noch eine Mini-Sandbucht. Zwei Treppenzüge führen von dort den Hang hinauf ins »touristische Kerngebiet« mit einer begrenzten Infrastruktur: ein kleiner Supermarkt, ein paar Lokale und die Disco im Hotel *Pinos Playa*.

Es Pontàs

Südöstlich des Hotels *Pinos Playa* enden Bebauung und asphaltierte Straßen. Ein kleines Schild weist den Weg zur mächtigen vor der Küste frei stehenden **Felsbrücke *Es Pontàs***. Spätestens dort müssen Autofahrer den Wagen abstellen. Am Straßenende 50 m weiter hält man sich rechts und wendet sich nach ca. 100 m (noch vor Erreichen eines hohen **Steinkreuzes**) nach links. Nach wenigen Metern durch lockeren Baumbestand liegt das Ziel im Blickfeld. Zahlreiche **Trampelpfade** führen zu Aussichtspunkten und – mit ein bisschen Kletterei verbunden – auch ganz hinunter zum Meer. Der Bereich um *Es Pontàs*, den ein guter Schwimmer auch vom Strand aus erreicht, ist bei Schnorchlern sehr beliebt.

Zur Cala Llombards

Von der Höhe gegenüber *Es Pontas* sieht man rechterhand die ***Cala Llombards*** liegen. Wer zu Fuß dorthin möchte, kann sich an der Küste entlang »durchschlagen« und dann Wegen durch die Sommerhaussiedlung hinunter folgen. Mit Fahrzeug geht es dorthin nur über Santanyi und Llombards, ➪ Seite 351.

Cala Santanyi: links am Strand das gleichnamige Hotel, rechts daneben etwas zurückgesetzt das kleine Hostal Playa

Santanyi

Kennzeichnung

Aus touristischer Sicht ist das Landstädtchen Santanyi eher unergiebig. Verkehrstechnisch führt bei Zielen im Südosten indessen kein Weg an Santanyi vorbei. Immerhin ist die früher schwierige Durchfahrt dank einer weiträumigen Ortsumgehung heute vermeidbar. Wer hineinfährt (aber bloß nicht an den Markttagen Sa+Mi vormittags), stößt im **Zentrum** auf eine kleine, ansprechende Fußgängerzone rund um die Plaça Mayor und Hauptkirche mit Kunstgalerien sowie kunsthandwerklichen Shops.

Einkehr

Fürs leibliche Wohl kommen vor allem in Frage die

- ***Creperia Sa Font***, Plaça Mayor 27, © 971 163 492
- ***Marktwirtschaft***, Plaça Mayor 6A, kleine Karte, auch deutsche Gerichte einschließlich Currywurst; beliebt nicht nur an Markttagen, moderate Preise; © 971 653 853
- ***Café Restaurant Sa Botiga*** gleich um die Ecke in der schmalen Carrer del Roser, ein ganz originelles Lokal in deutscher Hand mit deutsch-mediterraner Küche und sogar Torten. Ein Raum im 1. Stock dient als Bibliothek. Dort kann man beim Cappuccino in Buchregalen stöbern und auch WLAN nutzen; © 971 163 015, www.sabotiga-santanyi.com.
- Ein neueres, äußerlich unauffälliges *Highlight* ist das ***Café Restaurant Goli*** mit einem schönen Innenhof und angenehmen Ambiente in der Carrer Portell 14, gut 100 m von der Plaça Mayor entfernt. In deutscher Hand, Küche mediterran-international, auch Frühstück (mit 12 Teesorten) an den Markttagen. Sehr gediegen der Shop im 1. Stock mit Kunst- und ausgesuchten Deko-Objekten; 10-15 Uhr und ab 19 Uhr geöffnet. So geschlossen.© 971-642248, www.goli-santanyi.com.
- Am östlichen Ortsrand steht eine restaurierte Mühle, die das Restaurant ***Es Moli*** beherbergt (Carrer Consolació 19), eines der besten Restaurants des Ortes, grüne Terrasse; © 971 653 629

Cala Llombards

Kennzeichnung

Die *Cala Llombards* ist die größere Nachbarbucht der *Cala Santanyi.* Sie blieb bislang ohne touristische Infrastruktur, sieht man von der unverzichtbaren Strandbar mit Schirmverleih ab. Der Ort Cala Llombards ist ein überwiegend aus Ferienhäusern (meist in spanischer Hand) bestehendes Dorf oberhalb der Bucht.

Anfahrt

Von den (nur auf dem Wasserweg) nahen Touristenorten Cala Figuera und Cala Santanyi ist es nach Cala Llombards mit Fahrzeug ein relativ weiter Weg über Santanyi und die Straße Ma-6100. Ca. 2 km westlich von Santanyi und eingangs des Ortes Llombards zweigen Zufahrten ab, die sich nach ca. 1 km vereinigen. Nach weiteren 2,5 km biegt man nach links auf die Carrer des Pi ab, folgt weiter der Avinguda Cala Llombards und dann links der Carrer de sa Platja steil hinunter zum Strand.

Beliebtes Ausflugsziel Cala Llombards

Strand

Außer bei den Anwohnern und – im Sommer – Touristen aus der Nachbarschaft ist die Bucht nicht sonderlich bekannt. Dennoch wird es manchmal am nur etwa 70 m breiten, von Felswänden eingefassten Strand ziemlich voll. Am besten besucht man die Cala am späten Nachmittag, wenn die Sonne noch in der Bucht steht, aber die Boote mit ihren Passagieren schon abgefahren sind. Das **Strandlokal** öffnet Mai-Oktober nur bis ca. 18 Uhr

Cala S`Almonia

Ab Sommer 2017 ist mit einer Sperrung der Zufahrt zu rechnen, weil es 2016 oft zu chaotischen Zuständen kam; ein Busservice ist in der Planung

Nicht einmal eine Strandbar gibt es an der ***Cala S`Almonia***, gute 2 km südlich von Cala Llombards. Kurz vor der Ortseinfahrt zweigt die Carrer S'Almonia dorthin nach rechts ab (nach Südwesten; das Straßenschild ist nicht immer vorhanden, wohl um die Suche nach diesem einstigen »Geheimtipp« zu erschweren). Man folgt der engen Zufahrt, indem man sich nach 200 m zunächst links hält, dann gleich wieder rechts und noch einmal links und rechts (am Schluss befindet man sich auf der Carrer Caló des Moro).

Oberhalb der ***Cala S`Almonia*** endet diese Straße zwischen verstreut liegenden Sommerhäusern (ab Hauptstraße gerade mal ca. 1 km). Dort kann man auch parken. Eine steile Treppe führt etwa 100 m vorm Straßenende links neben einem kleinen Apartmentblock

Einfahrt in die Cala S'Almonia

hinunter an die spitz zulaufende Bucht mit einem winzigen Sandzipfel und ein paar hochgezogenen Booten.

Von der Cala S'Almonia zum Cap de Ses Salines

Die felsigen Flanken der *Cala S'Almonia* sind besonders bei Sonnenbadern beliebt. Das Wasser ist dort wegen der relativ offenen Bucht häufig stark bewegt. Hinter dem Strand findet man den Einstieg in eine 3-stündige **Küstenwanderung** zum Cap de Ses Salines, ➪ rechts und Wanderbeileger Route 11d, Seite 42.

Bootsschuppen

Wendet man sich am Fuß des Treppenzuges auf dem breiten Felsufer nach links, sieht man neben einer durchlöcherten schützenden Felsnase, durch die bei Seegang die Wellen spritzen, ein paar im Sommer bewohnte Bootsschuppen in idyllischer Lage.

Cala Moro

Leicht identifiziert man die von dort über ein Plateau hinüber zur ***Cala Moro*** führenden – aus Naturschutzgründen eingezäunten – Pfade; Distanz ca. 200 m. Hinunter an den schmalen Strand dieser langen Ausbuchtung der großen *Cala de sa Comuna* geht es nur über eine kleine Kletterpartie. Die Mühe wird aber belohnt durch eine karibisch-türkise Wassertransparenz.

Eine kurze, leichte **Kletterpartie** führt auf die hoch aufragende Felsnase, welche die *Cala Moro* vom offenen Meer trennt. Mehrere ausgetretene Pfade laufen nach oben und auf der Höhe entlang.

Ses Salines

Botanicactus

Ses Salines, ein Städtchen ähnlicher Größe wie Santanyi; es liegt ca. 6 km östlich von Colonia de Sant Jordi. Eine Attraktion ist der **Kakteenpark *Botanicactus***, 1 km östlich des Zentrums an der Ma-6100. Der Besuch dieser 5 ha großen Anlage (nicht nur Kakteen, sondern zahlreiche Sukkulenten und endogene Gewächse Mallorcas) ist nicht nur für Kakteenliebhaber interessant. Täglich bei jahreszeitlich angepasstem Einlass 9-10.30 Uhr, Schluss 16-19.30 Uhr. Eintritt €10,50, Kinder €5; www.botanicactus.com.

Wer in Ses Salines eien Pause einlegen will, hat eine große Auswahl; an der Hauptstraße machen sich im zentralen Bereich gleich diverse gute Restaurants in kurzer Distanz Konkurrenz:

- ***Casa Manolo*** ist ein für *Tapas* und Fischgerichte seit Dekaden beliebtes Restaurant. Dort sitzt man am späten Nachmittag in der Sonne draußen, wenn es nicht zu heiß ist; täglich außer Mo ab 11 Uhr; immer *Tapas*, aber Küche nur mittags und ab 19.30 in Betrieb; ✆ 971 649 130, www.bodegabarahona.com.

Die Bodega »Casa Manolo« in Ses Salines, dahinter das Restaurant »Asador es teatre«

- Gleich nebenan wird im ***Asador es teatre***, einem früheren Kino, pittoresk gegrillt; Geöffnet täglich 11-17 Uhr und 19-23 Uhr; ✆ 971 649 540, www.asadoresteatre.com.

Cap de ses Salines

Die Ländereien an der Südspitze Mallorcas befinden sich voll im Besitz der mächtigen Familie *March* (⇨ Seite 307). Nur die Küstenpfade und die Stichstraße zum felsigen Cap und Leuchtturm (10 km) sind für die Allgemeinheit zugänglich. Man erkennt von dort in 15 km Distanz die hoch aufragende Insel Cabrera. Beidseitig der Straße verhindern hohe Zäune ein Abweichen vom Weg. Rechts vom Leuchtturm geht es durch zerstörten Zaun ans Ufer.

Vom Cap kann man zu Fuß (am Wasser entlang nördlich) bis zur weißen ***Platja d'es Caragol*** (ca. 1 km) laufen und weiter bis nach Colonia de Sant Jordi (ca. 10 km). Etwa 9 km sind es bis zur ***Cala S'Almonia***, ⇨ links und Wanderbeileger Route 11d, Seite 42.

5.8

Colonia de Sant Jordi

Lage und Kennzeichnung

Zwischen Arenal und der Cala Santanyi ist Colonia de Sant Jordí der einzige Ferienort im südlichen Mallorca. Er liegt relativ isoliert 13 km südlich von Campos und hat ein weitgehend reizloses flaches Hinterland, das landwirtschaftlich genutzt wird. In diesem einstigen Fischerdorf herrschte lange beschauliche Ruhe. Dank Schweizer Initiative wurde dieser Zustand Mitte der 1970er-Jahre beendet. Die Investoren setzten auf das einzige Kapital, mit dem Colònia de Sant Jordi wuchern konnte, nämlich auf die langen dünengesäumten Strände im Süden und Norden des Ortes. Fast nirgendwo sonst auf Mallorca war der Sand so hell und das Wasser so einladend. Die Formulierung sagt es: heute ist der Strand durch Überbeanspruchung nicht mehr ganz so weiß und deutlich schmaler als noch vor 20 Jahren. Dennoch sind die dünengesäumten Strände bei Colonia de Sant Jordi nach wie vor attraktiv.

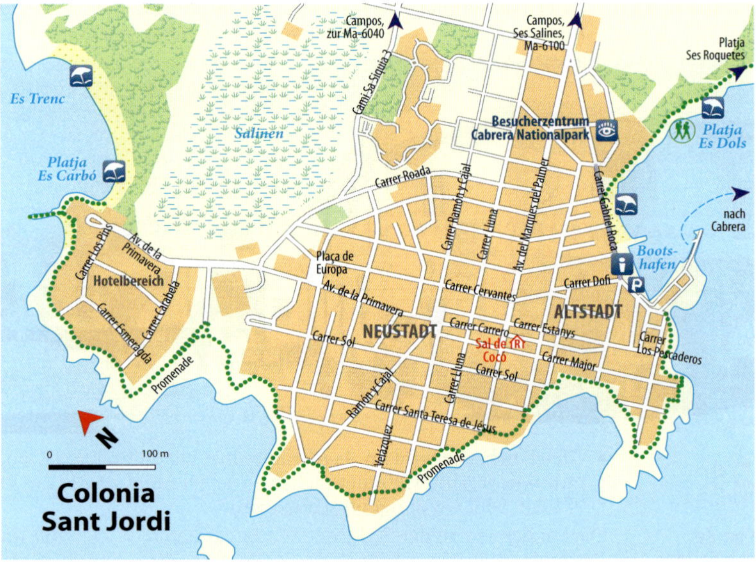

Geographie

Der nördliche Strand ***Es Trenc*** reicht, mit kurzer Unterbrechung durch die Sommersiedlung **Ses Covetes**, bis zum 5 km entfernten Yachthafen von Sa Rapita. Der südliche, bei weitem nicht so lange, aber immer noch beachtliche und ruhigere Strand ***Ses Roquetes*** lässt sich nur zu Fuß oder per Boot erreichen (ab Hafenbereich läuft man 20-25 min). Auch direkt am Hafen und gegenüber der Hafenbucht gibt es hellsandige Strände.

Der Ort ist zweigeteilt. Die hauptsächliche touristische Zone mit der Mehrheit der Hotels besetzt die flache Felsküste im Anschluss

Ein Holzbohlenweg führt von Altstadt und Hafen am Meer entlang zur »Neustadt« mit dem Gros der Hotels und der Platja Es Trenc

Küsten-promenade

an den ***Es Trenc*-Strand**, dessen südliche an die Hotels grenzende Ausbuchtung ***Es Carbó*** heißt. Zwischen diesem und dem Hafenbereich mit einer Art »Altstadt« (direkte Straßendistanz 1,5-2 km) gibt es nur wenig Infrastruktur. Eine fast 4 km lange **Küstenpromenade**, die großenteils als **Holzbohlenweg über Klippen** läuft, verbindet seit einigen Jahren den Hafen und die Hotel-Neustadt.

Hafen/ Platja Els Dols

Am Hafen sorgen neben einer kleinen Strandszenerie und Restaurantterrassen zahlreiche Boote für ein buntes Bild. Auch ein Kiosk der **Touristeninfo** befindet sich dort. Ein Fußweg über Küstenfels verbindet den Hafenstrand mit der ***Platja Els Dols*** (ca. 400 m).

Strand Ses Roquetes

Der ebenso schöne 1300 m lange Strand ***Ses Roquetes*** etwa 2 km südlich des Ortes wurde bereits erwähnt.

Einkehr

Generell fiel Colonia de Sant Jordi nicht als Ort gastronomischer Highlights auf. Das hat sich indessen in den letzten Jahren geändert. Gute Restaurants gibt's jetzt sowohl am Bootshafen wie in der touristischen »Neustadt« Richtung Platja Es Trenc.

Auf der Hafenmole steht das Restaurant

- ***Sal de Cocó***; es wird von einer jungen Mallorquinerin geführt, die sich einer verfeinerten lokalen Küche verschrieben hat; © 971 655 225, www.restaurantsaldecoco.com

An der Avinguda Primavera 26 und 42 (Hauptstraße zum Strand) liegen zwei Lokale, die sich beide bestens für den Cocktail nach dem Strandbesuch ebenso wie für *Lunch* und *Dinner* eignen:

- der moderne Glaspalast ***Laos Club***, © 971 655 873, und
- das gemütliche Tapa-Restaurant ***5illes***; © 638 35 34 95, www.5illesmallorca.com

Strandabschnitt Es Carbó der Platja Es Trenc unmittelbar bei Colonia de Sant Jordi; je weiter man läuft, um so leerer wird es

Nationalpark Cabrera - Boote und Infocenter

Von **April bis Oktober** verkehrt **täglich** (außer bei zu stürmischer See) ein **Ausflugsboot nach Cabrera**, einer Insel, die – einst als militärisches Übungsgebiet genutzt – erst nach jahrelangen Kämpfen von Umweltschützern und Ornithologen 1992 zusammen mit 14 kleineren Nachbarinseln zum **Nationalpark** erklärt wurde. Cabrera ist der Südspitze Mallorcas vorgelagert und größte der sonst gänzlich unbewohnten Inselgruppe. Auf Cabrera gelten strenge Verhaltensregeln, über die Besucher (maximal 200/Tag) bei der Ankunft belehrt werden. Gleichzeitig bieten die Parkverwalter Führungen an, etwa hinauf zur alten **Wehrburg** aus dem 14. Jahrhundert. Sie diente einst der Abwehr von Piraten, die auf Cabrera Unterschlupf suchten. Ein Gedenkstein erinnert an 10.000 französische Kriegsgefangene, die 1808 dort ausgesetzt worden waren. Nicht einmal ein Drittel überlebte die sechsjährige Gefangenschaft.

Höhepunkt des Ausflugs ist – als Unterbrechung der Rückfahrt nach Colonia de Sant Jordí – der Besuch der ***Cova Azul***, einer nur vom **Meer aus zugänglichen Höhle**, die sich hinter dem Eingang erweitert. Ihren Namen erhielt die Blaue Grotte wegen der Reflexe, die unter und über Wasser einfallendes Licht verursacht. Das **Schwimmen/Schnorcheln** in der Grotte ist ein Erlebnis.

Excursiones a Cabrera, Abfahrten jeweils ca. 9, 10 und 11.30 Uhr mit Aufenthalt auf Cabrera und Schwimmpause bei der Grotte täglich **März bis Oktober**; €40, Kinder bis 10 Jahre €25 (insgesamt 6 Stunden). Auf der Insel gibt es fast nichts, für Snacks und Getränke sollte man daher selbst sorgen oder einen Imbiss mitbuchen (€9). Dasselbe samt Fahrt um die ganze Inselgruppe gibt's auch für €55/€30. Verkürzte Tour (3 Stunden) ohne Aufenthalte aber Blaue Grotte mit Schnellboot €45/€29. Die etwas kürzere ***Sunset Tour*** kostet €33, Kinder €22. ✆ 971 649 034, www.excursionsacabrera.es.

Mar Cabrera bietet mit zwei Schnellboottypen mehrere tägliche Abfahrten ab Colonia des Sant Jordi und ähnliche Programme wie die Konkurrenz; Dauer ca. 2,5-7 Stunden mit/ohne Landgang und Blaue Grotte, preislich ähnlich wie oben; Imbiss €7-€9; Führung auf Cabrera €5; ✆ 971 656 403, http://marcabrera.com.

Ticketkiosk für beide Bootsreedereien am Hafen, aber Vorabreservierung ist angezeigt; **bei online-Buchung gibt's 10% Rabatt.**

Erst 2014 wurde auf der Insel eine einfache **Nationalparkherberge** mit 12 Zimmern installiert, geöffnet April bis Oktober. Juni-September €61/Nacht und Zimmer, sonst €51. Selbstversorgung, aber die ***Cantina***, das einzige Lokal auf der Insel, hat einfache Gerichte und Getränke. Das Boot ist indessen mit €60 retour an unterschiedlichen Tagen teuer. Aktuelle Details zu Übernachtung und ggf. Kombitickets (Ü+Transport) unter http://cvcabrera.es/albergue-de-cabrera.

Ein beachtliches **Informationszentrum** des Nationalparks Cabrera mitsamt einem Aquarium steht in Colonia de Sant Jordi hafennah in der Carrer Gabriel Roca, ➪ Karte Seite 354. Das ***Centro de Interpretación*** ist täglich geöffnet von Februar bis November 10-14 Uhr und 15-18 Uhr. Eintritt €8, Kinder bis 12 Jahre €4; ✆ 971 656 282; www.balearsnatura.com/parc-nacional-maritimoterrestre-de-l-arxipelag-de-cabrera/centro-interpretacion.html.

Infocenter und Aquarium

Der an die *Talaiots* (➪ Seite 360) erinnernde Bau zeigt die Besonderheiten des Archipels um Cabrera. Das **Aquarium** mit jeder Menge Fisch und Meeresflora des Gebiets befindet sich im Untergeschoss . Ein informativer Dokumentarfilm läuft mehrfach täglich im Obergeschoss. Von dort geht es an einem riesigen Wandgemälde zur Geschichte des Mittelmeerraums vorbei auf die Dachterrasse, die bei Sonne und guter Sicht einen weiten Blick bis nach Cabrera erlaubt.

Anfahrt Es Trenc

Zum Strand ***Es Trenc*** (ca. 1,5 km nördlich dessen Südende an der Hotel-Neustadt) gelangt man ohne »Ortskontakt« ab der Straße aus Richtung Campos (Zufahrt an der Ma-6040 ausgeschildert). Für Fahrzeuge endet diese Zufahrt am **Parkplatz** 200 m von Strand und ***Restaurant Playa Es Trenc*** entfernt (€6 Mai-Okt).

Flor de Sal

Die Begründer der Firma ***Flor de Sal d'es Trenc*** machten innerhalb weniger Jahre aus dem simplen Meersalz, das man seit Jahrhunderten in den Salinen von Colonia de Sant Jordi »erntet«, ein »neues« Lebensmittel. Das Basisprodukt wird in Handarbeit von der oberen Wasserschicht abgenommen und getrocknet. Es hat einen 16-fach höheren Magnesiumanteil und über die doppelte Menge an Kalzium wie normales Salz. Das Salz und aromatisierte Varianten sind in ***Flor de Sal Boutiquen*** an der Straße nach Campos, in Ses Salines, Santanyi und Alcudia, auf Märkten Mallorcas und in Deutschland z.B. bei Amazon erhältlich. Mehr Details im Internet unter http://flordesaldestrenc.com/de.

Käserei

An der Straße nach Campos unweit der Abzweigung nach Ses Salines passiert man die **Käserei *Burguera*** samt Shop. Der dort produzierte Käse ist ausgezeichnet; www.formatgesburguera.com.

5.8

Strandlokal bei Ses Covetes

Ses Covetes

Siedlung am Strand

Ses Covetes ist eine eher unansehnliche Sommerhaussiedlung, die den Strand von Es Trenc ca. 1,5 km südöstlich von Sa Rapita für ein paar hundert Meter unterbricht. Dort verhängte man vor Jahren ein Baustopp mit der Folge diverser Bauruinen am Meer, die 2013 abgerissen wurden. An der kurzen Straße durch das Dorf warten ein paar Lokale und ein kleiner Supermarkt, sowie das Restaurant ***Ses Aigos Blanques*** am Strand südlich von Ses Covetes.

Anfahrt/ Parken/ Bus

Die Straßen dorthin (von Norden aus oder ab Sa Rapita) durch eine flache Landschaft ohne Abwechslung sind auch mit Fahrrad leicht zu bewältigen. Wobei das Fahrrad oder ein längerer Strandspaziergang von Sa Rapita die unkompliziertesten Alternativen sind. Denn nicht selten herrscht in und bei Ses Covetes wegen eines weiträumigen Halteverbots das totale **Parkchaos**; bisweilen geht's weder vor noch zurück. Ein großer Auffangparkplatz an der Zufahrtstraße kostet €6, egal wie lange man bleibt. Immerhin lässt sich Ses Covetes auch mit dem **Bus** ansteuern, wobei die **Linien #515 und #530** mit jeweils morgendlichen Abfahrten von Palma über S'Arenal und abendlicher Rückfahrt in Frage kommen.

Strand

Vor allem der Strandabschnitt südlich von Ses Covetes wird im Sommer und Herbst stark frequentiert. Den mögen auch Nacktbader. Vor Mitte Mai und nach Mitte Oktober ist dort – außer an Schönwetter-Wochenenden – fast nichts los.

Restaurant »Das letzte Paradies« in Ses Covetes. Doch paradiesisch sind die Zustände in Ses Covetes mitnichten, auch wenn ein paar hässliche Bauruinen inzwischen abgerissen wurden

Sa Rapita & S`Estanyol

Yachthafen Sa Rapita

Die **Sommerhaussiedlung Sa Rapita** hinter einer flachen Felsküste liegt am **Westende des *Es Trenc* Strandes**. Dort wurde in den letzten Jahren der Yachthafen großzügig ausgebaut – einschließlich einer sehr schön zwischen Strand und Marina positionierten **Cafeteria**. Von deren hochgelegenen Terrassen überblickt man den Strand von Es Trenc bis Ses Covetes.

Sa Rapita

Von dort läuft die Straße Ma-6021 wassernah entlang der flachen Felsküste und dient zugleich der darüber liegenden Siedlung Sa Rapita unter der Bezeichnung »Avenida de Miramar« als Hauptstraße. An ihr findet man das Gros der (begrenzten) Infrastruktur des Ortes einschließlich einiger Terrassenlokale mit Meerblick.

Strandende Es Trenc bei Sa Rapita

S'Estanyol

Die Häuser von Sa Rapita begleiten die Straße über fast 3 km, und fast ohne Unterbrechung schließt sich dann die Nachbarsiedlung **S`Estanyol** an. Die Küstenstraße heißt dort **Via Mediterranea**. Am westlichen Ende des Ortes stößt man auf die Straße Ma-6015 nach Llucmayor. Geradeaus geht's auf dem Cami Estalella am **Yachthafen von S'Estanyol** vorbei zur halbrunden steinigen Strandbucht ***Racó de S'Arena***. Der mit Felsbrocken übersäte graubraune Stand ist unattraktiv, aber bei Wohnmobilisten beliebt als inoffizieller Campingplatz.

Campos

Kennzeichnung

Auf dem Weg in den Südosten oder von dort in Richtung Palma führt kein Weg an Campos vorbei. Die Hauptstraße durch den Ort ist dicht mit Geschäften besetzt. Im Gegensatz zu vielen anderen Orten im Inselinneren wirkt Campos offen und freundlich. **Aber Achtung**: die Wegweisung nach Palma und zur Ost-/ Südküste führt beidseitig ums Zentrum herum. Eine Fahrt durch den Kernbereich (Carrer Sa Plaça) funktioniert nur in Richtung Osten.

Zentrum/ Carrer Sa Plaça

In Campos verdienen der überaus originelle Antiquitäten- und Kuriositätenshop ***Tesoro*** in der Carrer Sa Plaça 7 (www.tesoro-campos.com) und die ***Pasteleria Pomar*** in der Sa Placa 20-22 Erwähnung. Bei *Pomar* gibt`s Eis, *Ensaimadas* und *Empanadas*; besonders der mallorquinische Mandelkuchen schmeckt dort gut.

Kirche

In der Kirche ***Sant Julián***, einem mächtigen Bauwerk, das auf das Jahr 1248 zurückgeht (ausgeschildert), sind das ***Murillo*-Gemälde** *El Santo Cristo de la Paciencia* und ein gotischer Altar zu bewundern. Sollte die Tür zur Kirche verschlossen sein, kann man in der *Rectoria* gegenüber (auf der Südseite) nach dem Schlüssel fragen.

Windräder

Südlich und östlich von Campos stehen zahlreiche Windräder (fürs Wasserpumpen), die in den letzten Jahren restauriert wurden.

Moli de Vent

Eine alte Windmühle diente auch als Basis des Restaurants ***Moli de Vent*** an der Carrer Norte 34 (ersten Verkehrskreisel in Campos aus Richtung Palma kommend fast ganz umrunden und dann 200 m nach Norden). Das Restaurant in deutscher Hand zelebriert internationale Küche auf gehobenem Niveau. An warmen Tagen wird auch draußen im Garten voller Sukkulenten serviert. Geöffnet nur abends ab 19 Uhr außer Mi; © 971 169 441, www.moli-de-vent.com.

Talaiots Capocorp Vell - die Spur der Steine von Achim Krauskopf/Eutin

An der Südküstenstraße Ma-6014, die von Ses Salines bis S'Arenal läuft, stößt man 1 km südlich der Abzweigung nach Cala Pi auf Mallorcas bedeutendste sog. ***Talaiots***, die Grundmauern der prähistorischen Siedlung ***Capocorp Vell***.

Überreste der sog. ***Megalith*-Kultur** (griechisch für große Steine) finden sich in fast allen Küstenregionen der Alten Welt von Palästina bis zu den Orkney-Inseln. Die Urbewohner der Balearen machten sich etwa 2000 Jahre v. Chr. ans Werk: Sie bauten Dörfer mit Steinhäusern, einem zentralen Turm und einer Mauer, die alles umgab. Dazu wurden Tausende von Steinen behauen und in Quaderform gebracht. Das Konzept dieser sog. ***Talaiots*** lässt auf eine strukturierte Gesellschaft mit einer geordneten Land- und Viehwirtschaft und Vorratshaltung schließen. Obwohl man damals noch keine Schrift besaß, gelang die Organisation des Baus vom Transport des Materials aus den Steinbrüchen bis zur Aufschichtung der schweren Quader nach einem durchdachten Plan.

Das Gelände ***Capocorp Vell*** wird kontinuierlich betreut und ist **täglich außer Do von 10 bis 17 Uhr zugänglich** (€3). Keine Führungen, aber ein Faltblatt (auch in deutscher Sprache) vermittelt Einzelheiten zu *Talaiot*-Kultur und speziell dieser Siedlung. Wer mehr über die *Talaiots* wissen möchte, besucht das ***Museu de Mallorca*** in Palma, ➪ Seite 124, oder das ***Museu Son Fornés*** bei Montuiri, ➪ Seite 369; ✆ 971 180 155, www.talaiotscapocorbvell.com.

Cala Pi mit Vallgornera

Kennzeichnung

Bei der ***Cala Pi*** an der Steilküste unterhalb Llucmayor handelt es sich um eine tiefliegende, weit in den Fels schneidende Bucht, die in einem Sandstrand ausläuft. Gleichzeitig steht Cala Pi für eine **Villenurbanisation**, die sich in östlicher Richtung an der Küste entlangzieht und in die Villensiedlung Vallgornera übergeht.

Anfahrt/ Lage

Von der Anfahrtstraße und auch von der kurzen Rundstraße zum *Torre de Cala Pi* auf der Spitze der die Bucht abschließenden Landzunge sieht man die versteckt liegende Bucht nicht. Vor dem Erreichen der Apartmentanlage ***Cala Pi Club*** beschreibt die Zufahrt zunächst eine scharfe Linkskurve. Danach geht's rechts ab zum Eingang des Clubkomplexes. Links daneben führt ein langer **Treppenzug hinunter zum Strand**. Die Straße läuft nur noch etwa 150 m weiter bis zum Umkehrpunkt vorm klobigen alten **Wachtturm**. Ein paar Schritte weiter steht man an der 50 m hohen Steilküste. Der Blick fällt von dort übers Meer und in die Einfahrt der *Cala Pi*, in der im Sommer oft viele Boote ankern.

- Gegenüber pflegt das gemütliche **Restaurant *Miguel*** seit Jahrzehnten eine hübsche Gartenterrasse mit dem Turm im Sichtfeld und einem ganz guten Ruf für Fischgerichte und mehr. Ein **Kinderspielplatz** gehört auch zum Haus. Nebenan gibt's noch eine einfache **Caféteria**; ✆ 971 123 000.

Der Strand der Cala Pi im Herbst tief unten zwischen den grün bewachsenen Hängen der weit ins Land reichenden Bucht

Vallgornera/ Restaurant

- Wer würde ein Kleinod wie das ***Mirador de Cabrera*** in der Urbanisation Es Pas de Vallgornera vermuten? Denn abgelegener geht es auf Mallorca kaum noch. Dorthin sind es von Cala Pi noch fast 5 km durch zunächst ein wenig verwirrende Einbahnstraßen (Carrer Penyes, von ihr über Vivaldi, Rossini und Falla auf den Carrer d'Albéniz und nach ca. 4 km rechts auf Carrer Zurbarán, gleich wieder links auf Carrer Dalí und nach 200 m rechts **Carrer Murillo** bis Ende; schlecht ausgeschildert).

Das Restaurant befindet sich in der Ostecke einer bunten Edelwohnanlage und hat einen wuderbaren Garten mit Blick über Küste und Meer in Richtung Cabrera. Gehobenes, aber faires Preisniveau für die kulinarischen Künste eines Meisterkochs aus dem Schwarzwald. Mittags und abends ab 18 Uhr; Mo geschlossen. Aber vor der weiten »Anreise« besser vergewissern. ✆ 971 123 338; www.mirador-de-cabrera.com.

Wer Zeit genug hat, wird bei gutem Wetter und guter Sicht die kleine Mühe der Anfahrt nicht bedauern.

Etwas einfacher ist die Anfahrt, wenn man nicht über Cala Pi kommt. Man kann von der Ma-6014 direkt auf den Cami Vallgornera abbiegen (ca. 3,5 km westlich der Kreuzung mit Ma-6015, dann 4,5 km nach Süden zum Restaurant).

Steilküste bei Vallgornera unweit des Restaurants«Mirador de Cabrera«. Die dort leicht erreichbaren Felsabsätze sind ein beliebter Angelplatz (Anfahrt über Carrers van Gogh oder Rembrandt, dann Picasso bis zum Ende)

5.9 Orte und Ziele im zentralen Hinterland

Kapitelaufbau

(⇨ separate Mallorcakarte und zur raschen Übersicht Karte in der hinteren Umschlagklappe)

Für die weit verstreut liegenden Orte und Ziele im Hinterland Mallorcas gibt es – anders als für die Küstenbereiche – keine von vornherein logische Reihenfolge der Darstellung. Im folgenden orientiert sich die Reihenfolge an den beiden – mittlerweile fast voll als **Autobahnen** ausgebauten – Hauptverkehrsachsen der Insel (**Palma-Manacor** und **Palma-Inca-Alcudia**) und deren »Einzugsbereiche«. Da im zentralen Süden bis auf Llucmayor und den Randaberg alles andere bereits in die vorstehenden Kapitel »passte«, sind diese beiden Ziele im ersten Abschnitt dieses letzten Ortskapitels gleich anfangs untergebracht, zumal die Fahrt (von/nach Palma) über Llucmayor auch eine verkehrstechnische Alternative zur Direktroute Palma- (Airport-Casa Blanca-) Algaida darstellt. Denn die Vermeidung der Ein-/Ausfahrt durch Palmas östliche Vororte und Son Ferriol ist allemal sinnvoll.

Alle nennenswerten Orte **zwischen den beiden Hauptachsen** finden sich im dritten und letzten Abschnitt, in dem nur noch **Sineu**, die wichtigste Stadt in der Inselmitte, ein touristisch wesentliches Ziel darstellt. Zur genauen Lage der Orte sei verwiesen auf die separate Mallorcakarte.

5.9.1 Die Achse Palma-Manacor und südlich

Llucmayor

Verkehrsanbindung

Auf dem Weg aus dem Bereich Palma zur südlichen Ostküste und ggf. auch zu Zielen weiter nördlich, je nach Routenwahl, ist Llucmayor der erste größere Ort und per Autobahn ab Palma in 20 min erreicht. Die Straße Ma-19a über S'Aranjassa war früher verkehrstechnisch eine Alternative zur alten oft überfüllten Landstraße. Seit die zur Autobahn Ma-19 wurde, ist das vorbei.

Markttag

Llucmayor ist mit seinen engen Gassen und verschlossen wirkenden Fassaden trotz des zur **Fußgängerzone** umgestalteten zentralen Bereichs samt Mittelpromenade des Passeig Jaume III touristisch eher unergiebig. Nur freitags bringt der **Markt auf der Plaça Espanya** und in den Nebenstraßen Leben in das Städtchen. Im Vergleich zu einigen Märkten in den Ferienorten ist der Llucmayor-Markt zwar originärer, aber dennoch keine echte Attraktion. Auffällig ist die hohe Zahl der **Kneipen** und **Snackbars** rings um die Plaça. Sehr beliebt bei Einheimischen ist die

- ***Bar Pou*** gleich neben dem Rathaus.
- Preiswert und gut sind die Backwaren in der unverfehlbaren ***Panaderia & Pastelería***, ebenfalls an der Plaça.

Lagerverkauf Modeartikel

Dieter Bohlen-Fans finden im ***Chillout Fashion Outlet*** an der südlichen Ronda Migjorn 63 neben anderen Marken auch das *Bohlen-Label* ***Camp David***; Öffnungszeiten Mo-Fr 11-20 Uhr, Sa 11-14 Uhr; © 971 120 633, www.lagerverkaufsmode.de/chillout-fashion-outlet-in-mallorca-7090.

Historie

Eine **Skulptur** des sterbenden Königs ***Jaume III*** (am Ende des bereits erwähnten Passeig Jaume III, Einfahrt von der südlichen Ortstangente Ronda Migjorn 400 m östlich ab Verkehrskreisel nach links) erinnert an die wichtigste Begebenheit der lokalen Historie. 1349 verlor der mallorquinische König in der Schlacht bei Llucmayor sein Leben. Gleichzeitig endete damit die Epoche des selbständigen Königreichs Mallorca, ➪ Seiten 468.

Randaberg

Tafelberg

Der Tafelberg *Randa* zwischen Llucmayor und Algaida ist die mit Abstand **höchste Erhebung** im zentralen Inselbereich. Am Fuße des immerhin 549 m hohen Berges liegt – etwas abseits der Straße Llucmayor-Algaida – idyllisch das gleichnamige Dorf, durch das sich die Zufahrt zu drei **Heiligtümern** schlängelt:

Das untere Santuari am Randaberg

Unteres Santuari

- das ***Santuari de Nostra Senyora de Gracia*** ist die reizvollste der Eremitagen. Auf einem Absatz unter hoch aufragenden Felsüberhängen gelegen, besteht es aus weiß gekalkter Kapelle und Nebengebäude. Die sorgfältig gepflegte Anlage verleiht dem kleinen Komplex einen freundlichen Charakter. Dennoch ist es eher die Aussicht vom Kirchenvorplatz und von der Terrasse bis hinüber zur Südküste, die den Besuch dort reizvoll macht.

Mittleres Santuari

- Ähnliches gilt auch für das ***Santuari de Sant Honorat*** über dem ersteren auf mehr als halber Höhe des Berges. Der Innenhof vor der Kapelle ist zwar pittoresk, aber ein Besuch weniger lohnend.

Santuari de Nostra Senyora de Cura

- Die bis dahin schöne Streckenführung verflacht auf dem letzten Stück. Vorbei an Antennenanlagen erreicht man das ***Santuari de Nostra Senyora de Cura***. Im Garten des 1275 gegründeten Klosters befindet sich eine Statue des ***Ramon Llull***, dessen Standbild auch in Palma am Passeig Sagrera ins Auge fällt. Hier wirkte dieser vom höfischen Tunichtgut zum Eremiten geläuterte Kämpfer wider den Islam (!) viele Jahre. Ereignisse aus seinem Leben sind in beachtlichen Glasmalereien im ***Museu del Aula de Gràmatica Ramon Llull*** im Kloster festgehalten; täglich geöffnet 10.30-13.30 und 15.30-17.30 Uhr; Spende ab €3.

  Nach Durchschreiten eines zweiten Torbogens gelangt man vom Klosterhof auf eine weiträumige, von einer breiten Mauer begrenzte Freifläche vor dem Panorama der westlichen Insel. Die ***Hospederia*** hat 30 preiswerte einfache Zimmer und einige Apartments; Info: © 971 120 260, www.santuaridecura.com.

Ramon Llull/Raimundus Llullus

Ramon Llull bzw. *Raimundus Llullus*, wie sein lateinischer Name lautete, wurde 1232 – kurz nach der Rückeroberung Mallorcas von den Arabern – geboren und stieg zu einem der größten Gelehrten seiner Zeit auf. Sein Hauptinteresse galt zwar der vernunftmäßigen, argumentativen Missionierung Andersgläubiger, besonders der Araber und Juden, aber seine Schriften waren nicht ausschließlich religiös ausgerichtet: die spätere Leibniz'sche mathematische Logik etwa basiert – so heißt es – auf Llullschen Denkansätzen.

Als gebürtiger Adliger und Höfling wandte er sich dabei erst spät Wissenschaft und Religion zu. Er brachte es nichtsdestoweniger im Laufe seines langen Lebens (bis 1315) auf über **260 Werke**. Die schrieb er fast ausnahmlos **in katalanischer Sprache** nieder und nicht auf lateinisch, wie damals üblich. Der dadurch bewirkte nachhaltige Impuls für das *Catalán*, das unter der Dominanz des kastilischen Spanisch über Jahrhunderte ein Schattendasein führte, machte ihn zu einer **Symbolfigur für die Eigenständigkeit der Kultur Kataloniens und Mallorcas**. Auf ihn zurück gehen die Einsiedelei *Miramar* in den Bergen bei Valldemossa, die zunächst als Priester- und Missionsschule diente, und die Bibliothek des Klosters auf dem Randaberg, in der sich bemerkenswerte mittelalterliche Memorabilia und Handschriften befinden.

Im hohen Alter von 80 Jahren soll *Ramon Llull* im heutigen Algerien zu Tode gesteinigt worden sein, was ihn zum Märtyrer und Nationalhelden Mallorcas machte. Es heißt allerdings auch, dass die Steinigung im Land der Heiden eine fromme Lüge gewesen sei, um seinerzeit die Heiligsprechung zu beschleunigen. Der neben *Junípero Serra* (➪ Seite 371) größte Sohn der Insel wurde in der Basilika des Klosters *San Francesc* (➪ Seite 125) in Palma bestattet.

Aussicht/ Picknick/ Gastronomie

Der Blick von den diversen Aussichtspunkten über fast die ganze Insel macht Randa zum beliebten Ziel touristischer Busladungen und feiertäglicher Wallfahrten Einheimischer. Auf die ist das einfache **Klosterrestaurant** mit hoher Kapazität in erster Linie eingestellt. Viel besser sitzt man draußen an einem der schattigen Steintische für **Picknicker**, wo auch Grillroste zur Verfügung stehen.

Einkehr in Randa

Wer einkehren möchte, sollte das eher unten im Dorf Randa tun:

- Ambiente und Küche des rustikalen Restaurants ***Celler Bar Randa*** an der Carrer Esglesia (Auffahrt von Llucmayor aus) sind o.k., die Preise moderat, mallorquinische Gerichte; Mi geschlossen; ✆ 971 660 989, www.cellerderanda.es

An der Straße de Sa Font liegt das Restaurant

- ***Es Reco de Randa*** im gleichnamigen Landhotel, das eine verfeinerte mallorquinische Küche für ein paar Euros mehr bietet. Bei gutem Wetter genießt man auf der Terrasse Weitblick nach Westen und mit Glück auch noch eine goldene Abendsonne; ✆ 971 66 09 97, www.esrecoderanda.com

Algaida

Kennzeichnung

Algaida etwas abseits der Autobahn Palma–Manacor ist ein kompaktes Dorf und als solches touristisch unergiebig. In seiner Nähe befinden sich mit der Glasbläserei *Gordiola* ein beliebter Anlaufpunkt und die uralte *Ermita de la Pau*, ein Ziel eher für stark kulturhistorisch Interessierte.

Glasbläserei Gordiola

Ein **burgartiges Gemäuer** ca. 2 km nordwestlich von Algaida an der Autobahn Ma-15 Palma-Manacor beherbergt die Glasbläserei ***Gordiola*** (Abfahrt #20, dann ab Kreisverkehr neben der Autobahn ausgeschildert). Deren Verkaufsräume sind voll auf Busladungen eingestellt. Dort hat man neben allerhand Kitsch und Klimbim auch geschmackvolle **Glas- und Keramikartikel**, wiewohl die zu heftigen Preisen. Im kleinen **Museum** des Obergeschosses findet man zwischen alten Möbeln und Ritterrüstungen Glaskunst aus aller Welt; http://gordiola.com.

Bei »Gordiola« kann man Glasbläsern bei der Arbeit zuschauen und das Entstehen kleiner Kunstwerke miterleben (➪ auch »Menestralia« auf Seite 386)

Werkstatt

Eine Attraktion ist die große offene **Werkstatt**, wo in Handarbeit Glas geschmolzen und geblasen wird, als ob die Zeit stehen geblieben wäre. Für eine **Besichtigung** sollte man die Mittagszeit nach 12 Uhr oder den Spätnachmittag nach 17 Uhr vorsehen, wenn der Bustourismus »durch« ist. Museum/Laden geöffnet Mo-Sa 9-19 Uhr, So bis 13.30 Uhr. Die Glasbläser arbeiten nicht in der Zeit 13.30-15 Uhr und maximal bis 18 Uhr.

C'al Dimoni/ Hostal Algaida

- Über das Restaurant ***C'al Dimoni*** (»Zum Teufel«) an der alten Hauptstraße parallel zur Autobahn gehen die Meinungen stark auseinander. Am Verkehrskreisel südlich der Algaida-Ausfahrt #21 von der Ma-15 ist es ausgeschildert. Ein kleines, **bunt bemaltes Teufelchen** steht vor der Tür. Das ziemlich verräucherte Lokal ist einer der bekanntesten »Geheimtipps« für **einfache mallorquinische Kost**. In der rustikalen Gaststube werden u.a. die für Mallorca typischen Wurstspezialitäten ***Sobrasada*** und ***Butifarra*** über der immer glimmenden offenen Glut des Holzkamins gegrillt. Daneben schmeckt dort das *Frito Mallorquin* besonders gut (➪ Seite 497) besonders gut. Das Preisniveau ist insgesamt moderat; Do-Di 8-23 Uhr, Mi geschlossen; ✆ 971 665 035.

- Ebenfalls an der alten Straße (Carretera Manacor Ausfahrt #21) steht das Restaurant ***Hostal Algaida***, eine frühere Herberge, dessen mallorquinische Küche manche als die beste des Ortes bezeichnen. Das Essen schmeckt und die Portionen sind groß, die Preise günstig, daher oft voll. Das Ambiente des Lokals ist alles in allem durchschnittlich; täglich geöffnet; ✆ 971 665 109.

Bio-Weine

Im Gebiet um Algaida wird ebenso wie um Petra/Felanitx und im Bereich Santa Maria/Binissalem/Inca Wein mit der Ursprungsbezeichnung ***Pla i Llevant de Mallorca*** angebaut. Wer sich für den nach ökologischen Prinzipien gekelterten Wein der kleinen **Winzerei *Can Majoral*** interessiert, findet das Gut in der Carrer des Campanar (parallel zur Carrer des Campet) westlich des Ortszentrums; ein Hofladen ist Mo-Fr 16-20 Uhr geöffnet. Man kann auch Besichtigungen für Gruppen vereinbaren; ✆ 971 665 867, www.can-majoral.de.

Ermita de la Pau

Zur ***Ermita de la Pau***, dem **ältesten Kirchlein der Insel** (13. Jahrhundert) sind es von Algaida ca. 3 km auf der Straße in Richtung Randa/Llucmayor (Ma-5010) und dann gemäß Ausschilderung links ab noch einmal 2 km auf enger Kurvenstrecke durch eine hübsche hügelige Landschaft bis zum Weiler Castellitx, der aus einigen alten Gehöften und der ***Ermita*** besteht. Die innen wie außen schlichte Kapelle ist meist verschlossen.

Montuiri

Ort

Nördlich über der Autobahn Palma–Manacor liegt auf etwa halbem Wege Montuiri weithin sichtbar auf einer Anhöhe. Ganz besonders enge und steile Einbahnstraßen charakterisieren dieses Städtchen. Um die zentrale Plaça herum gibt es eine kleine verkehrsberuhigte Zone. Dort ist das rustikale Restaurant

- ***Can Xorri*** in der Carrer Major Platzhirsch unter den Lokalen. Deftige mallorquinische Küche zu freundlichen Tarifen; schöne Aussichtsterrasse mit Weitblick. Bar täglich 7-2 Uhr. Küche mittags und bis 23 Uhr; © 971 644 133, www.canxorri.es.

Bei Montuiri gibt es mit der

Orquidéa und perPiel

- **Perlen-Manufaktur *Orquidéa*,** www.orquideashop.es,
- und dem **Lederwarenmarkt *perPiel*;** © 971 644 102, (www.perpielmallorca.com)

zwei beliebte Ziele für Ausflugsbusse (unverfehlbar an der Ma-15).

Bei *Orquidéa* kann man bei der Perlenherstellung zusehen – außerhalb der Arbeitszeiten an einem Monitor im Shop. In beiden Märkten ist das Sortiment an Schmuck und Perlen bzw. an allem, was sich so aus Leder herstellen lässt, beachtlich.

Ermita de Sant Miquel

Ca. 1 km östlich *von Montuiri* zweigt die Zufahrt zur ***Ermita de Sant Miquel*** ab. In einem Nebengebäude befindet sich das kleine

- **Restaurant *Puig de Sant Miquel*** mit sonniger Weitblickterrasse, ein vor allem bei mallorquinischen Sonntagsausflüglern beliebter Platz. Man kann dort auch übernachten; © 971 646 314.

Unbedingt gesehen haben muss man *Sant Miquel* nicht. Wer aber ohnehin an Montuiri vorbeifährt, macht den Abstecher in wenigen Minuten (Hinweis an der Ma-15 kurz vor der Abfahrt).

Talaiots und Museo Son Fornés

An der Straße von Montuiri nach Lloret passiert man etwa 2 km außerhalb des Ortes weitere Zeugen der prähistorischen Besiedelung der Insel (➪ Seiten 301 und 360). Die ***Talaiots Son Fornés*** sind zwar im Ort ausgeschildert, aber an der Strecke (Ma-3200) muss man aufpassen, wo sich rechts – 50 m von der Straße entfernt – die Erdhügel mit den felsigen Ruinen verstecken.

Das kleine ***Museo Arqueológico Son Fornés*** steht gleich außerhalb von Montuiri an der Straße Richtung Sant Joan und erläutert mit Exponaten das gleichnamige *Talaiot* und die Megalith-Kultur generell, außerdem gleichzeitig den Verlauf mallorquinischer Geschichte; www.sonfornes.mallorca.museum/museodeu.htm.

Geöffnet März bis Oktober Mo-Fr 10-17 Uhr, Nov-Feb 10-14 Uhr. Eintritt €3,50, Jugendliche 13-18 Jahre €2. Gut aufbereitete, aber recht begrenzte Ausstellung. Das ***Museu de Mallorca* in Palma** hat eine umfangreichere und besser dokumentierte Abteilung zur selben Thematik, ➪ Seite124.

Porreres

Kennzeichnung

Im abseits der Hauptstraßen im zentralen Süden Mallorcas zwischen Llucmayor und Felanitx gelegenen – freundlicher als andere 5000-Einwohner-Städtchen wirkenden – **Porreres** gibt es nur das mächtige Kirchengebäude der ***Nostra Senyora de Consolació*** als innerörtliche Sehenswürdigkeit. Am unverfehlbaren zentralen Rathausplatz steht das

- ***Restaurant S'Escrivania*** in einem alten restaurierten Gebäude. Es hat sich der regionalen Küche verschrieben, wobei sich Aprikosen in vielen Zubereitungsvarianten durch die Karte ziehen. Ein Shop existiert auch; Mi geschlossen; © 971 647 094

Santuari de Montí Sion

Ungefähr 3 km südlich (Zufahrt ab der Ortsumgehung Ma-5030) liegt mit dem ***Santuari de Montí Sion*** ein besuchenswerter **Klosterberg**. Die Straße führt in Kehren durch Bergwald zu einem Vorplatz, von dem der Blick bis zur Süd- und Südostküste fällt. Im **Innenhof** des Klosters beeindrucken der Kreuzgang und die kleine Barockkirche. In der **Herberge** (© 971 647 185) des Kloster kann man übernachten, ➪ Unterkunftsbeileger.

Innenhof des Santuari de Monti Sion bei Porreres

Zubringer

Größere Umwege (etwa von der Autobahn Ma-15 ca. 7 km) nach Porreres lohnen sich nur bedingt; ein **Abstecher** auf einer Fahrt von Palma an die südliche Ostküste könnte aber insbesondere dann erwogen werden, wenn als (Zwischen-) Ziel Felanitx angepeilt wird. Die **Verbindung Llucmayor-Porreres ist eines der schöneren Straßenstücke** in diesem Teil Mallorcas und auch die Fortsetzung bis Felanitx attraktiver als die Hauptstrecke über Campos. Natürlich ist man auf diesen Routen etwas länger unterwegs.

Vilafranca (de Bonany)

Durchfahrt

Vilafranca liegt ca. 20 km westlich von Manacor. Während früher die Hauptstraße durch die Mitte des Ortes lief, wurde es nach dem Bau der weiträumig um Vilafranca herumführenden Autobahn ruhig im Ort. Manche Geschäfte und Lokale überlebten das nicht. Aber zwei **Obst- und Gemüseläden** am östlichen Ortsausgang, die mit der farbenprächtigen Zusammenstellung ihrer Auslagen manchen Durchreisenden zum Stopover veranlassten, sind immer noch vorhanden und – besonders abends – gute **Fotomotive**.

Gutshof Els Calderers

Gute 3 km nordwestlich von Vilafranca (zwischen Vilafranca und Sant Joan, 2 km nördlich der alten Hauptstraße) steht das Herrenhaus ***Els Calderers***. Seit 1993 ist dieser einstige **Gutshof** ein absolut **brillantes Museum**. Ohne Führung darf man nahezu alle Räume durchlaufen. Inneneinrichtung und eine sagenhafte Fülle von Gegenständen – Möbel, Gerätschaften aller Art, Gemälde, Kleidung, Waffen etc.pp. – künden vom erstaunlichen Wohlstand mallorquinischer Landadliger. Ein Vergleich mit dem Gutshof ***La Granja*** bei Esporles (➪ Seite 215) liegt nahe, aber die beiden haben wenig gemein, sind ganz andersartig. ***Els Calderers*** (➪ zusätzliches Foto Seite 402) lohnt den Besuch auch für alle, die *La Granja* schon kennen; ✆ 971 526 069, http://elscalderers.com/de.

Eine **Snackbar** hat Getränke und eine kleine Karte. Man kann auch schön auf der Außenterrasse sitzen und übers Land schauen. Täglich 10-18 Uhr im Sommer, bis 17 Uhr im Winter; **€10, Kinder €5**.

- Wer richtig Hunger hat, stoppt bei Vilafranca im ***Restaurant Es Cruce*** am großen Kreisverkehr voller Rostskulpturen östlich von Vilafranca (Ma-15/Ma-3110). Das Riesenrestaurant mit mehreren hundert Plätzen serviert volle Teller mallorquinischer Kost zu unschlagbaren Preisen bei ordentlicher Qualität. Karte nur spanisch & katalanisch.Täglich 12-17 Uhr; Sa+So auch 19-01 Uhr; ✆ 971 560 073, www.restaurantescruce.es/principal.htm

Nostalgische Küche im alten Gutshof Els Calderers

Petra

Junípero Serra

Wäre nicht 1713 der spätere **Franziskanermönch *Junípero Serra*** in Petra geboren worden, das Städtchen 5 km nördlich der Straße #715 zwischen Vilafranca und Manacor (heute wieder mit **Bahnstation** am Nordrand der Stadt) würde kaum beachtet. So aber verfügt es über ein interessantes restauriertes **Museum**, das dem Wirken des ***Fray Junípero*** auf seinem Weg von Mexico bis zum heutigen San Francisco gewidmet ist. Diesem Mann und seinen Ordensbrüdern verdankt man in Amerika die Gründung von **21 Missionsstationen in Kalifornien**, die sich zu Städten entwickelten, von denen viele ihren spanischen Namen bis heute behielten (Los Angeles, Santa Barbara, San Luis Obispo, San José u.a.).

Junípero Serra selbst gilt u.a. als **Gründer San Franciscos**, seine Büste schmückt das *Capitol* in Washington. 1776, das Gründungsjahr der Missionsstation *San Francisco de Assisi*, war zugleich das Jahr der Ausrufung der Unabhängigkeit der Vereinigten Staaten von Amerika. Und so erinnerte man sich 1976 zur 200-Jahr-Feier der USA der Heimatstadt des Paters und schickte Dollars, nachdem man vom desolaten Zustand des in privater Initiative nur mühsam aufrecht erhaltenen Museums gehört hatte.

Museum

Das ***Museu Junípero Serra*** befindet sich in der *Carrer Barracal* (#6-10), die parallel zur schmalen Hauptstraße (Carrer Mayor) durch den Ort läuft. Zwischen beiden liegen auf Höhe des Museums die **Kirche *St. Bernardi*** (10-12.30 Uhr und 16-17.30; klingeln!) und eine hübsche Passage mit Bildtafeln der Stationen des größten Mannes der Stadt.

Das Museum wird nur bei Voranmeldung geöffnet; **✆ 971 561 149**. Man kann aber in der **Carrer Barracar Baix 2** klopfen (ab Museum ca. 50 m nördlich) und um Einlass bitten. Eintritt frei, erwartet wird eine Spende ab €3/Person.

5.9

Kachelbilder zeigen die von Junípero Serra gegründeten Missionsstationen in Kalifornien. Die Mission San Francisco sieht bis heute genauso aus wie auf diesem Bild

Einkehr

- Das Restaurant ***Es Celler*** (Wegweiser überall im Ort; Carrer de l'Hospital 46, ca. 300 m von *Sant Bernardi* entfernt) ist weniger durchgestylt als die *Celler* in Inca; seine Restaurantebene liegt tief im Kellergewölbe. Ein paar dekorative Weinfasstorsos sind auch vorhanden. Grillfleisch wird dort (bei kühler Witterung) auf der Glut einer von hölzernen (!) Schiebetüren verschlossenen Feuerstelle fertiggegart; moderate Preise. © 971 56 10 56, geöffnet 12-24 Uhr, Mo Ruhetag.
- Eine hübsche Alternative bietet der **Garten** des Restaurants ***Sa Plaça*** an der ansonsten ganz mit Tischen und Stühlen mehrerer Lokale ringsum eng vollgestellten Doppelplaza des Ortes. Die Küche von ***Sa Plaça*** hat einen guten Ruf und gehobenes Preisniveau; © 971 561 646, www.petithotelpetra.com.

Wein aus Petra

Über den lokalen Bereich hinaus verkaufter Wein aus Petra kommt meist von der **Winzerei *Oliver***. Wie alle anderen Weine aus der zentralen Ebene führt er die Ursprungsbezeichnung ***Pla i Llevant de Mallorca***. Mitten in Petra betreibt *Oliver* einen Laden: Carrer Sa Font 26, Mo-Fr 10-13.45 Uhr und 15.30-18 Uhr, im Juli und August nur 10-15 Uhr; © 971 561 117; www.miqueloliver.com.

Ermita de Bon Any

Vom südlichen Ortsausgang zweigt die (ganz asphaltierte Zufahrt Carrer de Bonany) zur ***Ermita de Nostra Senyora de Bon Any*** auf einer bewaldeten Anhöhe ab. Sie ist eine der schöneren Wallfahrtsanlagen Mallorcas und täglich von morgens bis abends zugänglich. Neben dem Gebäudekomplex mit der (drinnen) fast überladenen Kapelle beeindruckt in erster Linie der Panoramablick über Petra und den Nordosten der Insel. Auf dem Vorplatz laden schwere Steintische und -bänke unter schattigen Bäumen zum **Picknick** ein (man muss die Utensilien dazu vom Parkplatz einige Stufen und Meter hochtragen). Viele Ausflügler gibt es dort nur an Wochenenden; Toiletten und Wasser sind vorhanden.

Zur *Ermita* gehört auch eine einfache **Herberge**; telefonische Voranmeldung ist ratsam: © 971 561 101.

Manacor

Kennzeichnung

Die mit über 41.000 Einwohnern **zweitgrößte Stadt Mallorcas** ist das kommerzielle Zentrum des Nordostens. **Möbel, Keramik** und **künstliche Perlen** bilden das Rückgrat der lokalen Wirtschaft.

Touristisch hat Manacor wenig zu bieten. Die Stadt besitzt im Zentrum zwischen der Plaça Rector (dort die etwas klobige gotische Kirche ***Dolores de Nostra Senyora***) und der Plaça Sa Bassa nur eine mäßig attraktive Fußgängerzone.

Bahnlinie von/nach Palma bzw. Inca/ Autobahn Ma-15

Verkehrstechnische Bedeutung besitzt Manacor als **Endstation der Bahnlinie** von Palma über Inca. Am Bahnhof befinden sich Haltestellen der Busse zu den umgebenden Orten (speziell an der Ostküste). Auch die **Autobahn Ma-15 endet in Manacor**. Vom abschließenden Verkehrskreisel geht es über die nördliche Stadttangente Via de Palma nach Manacor hinein und ggf. weiter nach Sant Llorenc etc. (Ma-15C). Der Durchgangsverkehr in Richtung Inselnorden nimmte heute aber die nächste Abzweigung (Ma-15) vom Kreisverkehr auf die Manacor-Umgehungsstraße.

Kunstperlen

Zwei Unternehmen konkurrieren auf Mallorca mit Verfahren zur Imitierung von Zuchtperlen, ***Orquidea*** (➪ auch Seite 368) und ***Perlas Majórica***. Letztere residiert gleich eingangs der Stadt in einem neuen Gebäudekomplex (neben Aldi!). Im Untergeschoss wartet ein großer Schmuckladen für alles, was sich so mit und aus Perlen herstellen lässt, im Obergeschoss eine historische Ausstellung zum Thema »Perlen auf Mallorca«. Dort erfährt man u.a. dass die Kunstperlenproduktion auf den deutschen Firmengründer *Eduard F. Hensch* zurückgeht, der 1902 die bis heute geheime Zusammensetzung der künstlichen Perlmuttessenz entwickelt hatte. Den früheren Blick in den Produktionsprozess vom Kern der späteren Perle über Zwischenstadien bis zur Endkontrolle

Bon any 1609, das gute Jahr

Der *Puig de Bonany*, wie der Hügel bei Petra heißt, erhielt diesen Namen erst im 17. Jahrhundert, als man nach Jahren der Trockenheit den Himmel von seiner Höhe aus immer wieder um Regen angefleht hatte. Im Frühjahr 1609 wurden die Bitten endlich erhört, es fiel reichlich Regen, und das Jahr brachte eine gute Ernte. Nach diesem Erfolg fanden Wallfahrten zum Hügel des »guten Jahres« nun alljährlich statt. Der Bau einer Kapelle war nur eine Frage der Zeit, und eine Marienfigur durfte auch nicht fehlen, die *Senyora de Bon Any*. Der heutige Komplex mit *Hostal* und Picknickplatz stammt aus den 1920er-Jahren.

In der Kapelle der Ermita de NS de Bon Any

gibt es bis auf ein paar Tische zur Demonstration einfacher Arbeitsschritte nicht mehr. Ein neuerer moderner *Majorica-Shop* mit Bistro und Terrasse wartet in Portocisto bei den Drachenhöhlen auf Kunden. Mehr unter www.majorica.com.

Majorica in Manacor ist täglich ab 9.30 Uhr göffnet. Die Schlusszeiten liegen jahreszeitlich bedingt bei 17 Uhr bis 19 Uhr. Die Filiale in Portocristo schließt Mitte November bis Ende März ganz.

Die Konkurrenz **Orquidea** residiert samt *Factory-Shop* nur 300 m weiter unübersehbar gleich hinter dem nächsten Kreisverkehr.

Keramik

Ebenfalls an der Via de Palma (#33, Nordseite der Straße) passiert man ein paar Blocks weiter den größten Keramikladen der Insel mit einer sagenhaften Auswahl an **Gebrauchskeramik** und Glasprodukten (➪ Foto) mit relativ günstigen Preisen.

Sprachmuseum

Wer besonderes Interesse an der katalanischen Sprache hat, findet in einem äußerlich eher unauffälligen Bau in der Carrer del Pare Andreu Fernandez im zentralen Stadtbereich das innen hochmoderne ***Museu Alcover***. *Joan Alcover* schuf einst ein umfangreiches Wörterbuch des ***Catalán***. Besuch nach Anmeldung: ✆ 662 320 444, www.institucioalcover.org. Der Eintritt ist frei.

Keramikshop in Manacor mit großer Auswahl für jeden Geschmack. Leider bremsen die Gepäcklimits im Flugzeug den Einkauf

Geschichtsmuseum

Im ***Museu d'Historia de Manacor*** im burgartigen Bau des *Torre dels Enagistes* an der Straße Richtung Calas de Mallorca (Ma-4015, ab Zentrum ca. 2 km, ausgeschildert) sind Mosaiken und alte Keramik aus diversen Epochen ausgestellt, dazu Miniaturmöbel und Modellschiffe. © 971 843 065, museu.manacor.org.

Geöffnet Mitte Juni-Mitte Sept. Mi-Sa+Mo 9.30-14 und 18-20.30 Uhr, Di+So geschlossen. Rest des Jahres 10-14 bzw. 17-19.30 Uhr, So 10.30-13 Uhr und nur Di geschlossen. Ebenfalls freier Eintritt.

In einem alten Gemäuer vor den Toren der Stadt untergebrachtes Manacor-Geschichtsmuseum

5.9

Einkehr

In Manacor findet man als Geheimtipp das Restaurant

- ***Can March*** in der unauffälligen Nebenstraße Carrer Valencia 7 der Avinguda des Tren in einem äußerlich tristen Bau. Das konventionell-konservative Lokal ist berühmt für verfeinerte mallorquinische Küche bei zivilen Preisen. Das gilt ebenso für das Mittagsmenü ab €12 (nur Di-Fr), Di-So 12.30-15.30 Uhr, Fr+Sa 20.30-23 Uhr; ✆ 971 550 002; www.canmarch.com.
- Mo-Fr preiswerte und gute Mittagsmenüs hat das Chinarestaurant ***Gran Muralla*** an der Plaça Ramon Llull 17; ✆ 971 552 507, http://granmuralla.multiespaciosweb.com.
- Nördlich der Stadt ***Edelbistro Rotana*** im Golfresort ***Reserva Rotana***; Gartenterrasse mit Weitblick, gehobene Preise, 13-19 Uhr März-Oktober; ab Via Palma (Hinweischild) auf Cami Beatrix de la Vall ca. 4 km; ✆ 971 845 685, http://www.reservarotana.com.

Via Verda – Jogging- und Bikeroute zwischen Manacor und Artá

Bereits 2003 wurde die vor Dekaden stillgelegte **Eisenbahnverbindung** zwischen Inca und Manacor wiederbelebt mit der Absicht, auch noch den fehlenden Abschnitt bis Artá wiederherzustellen. Die Arbeiten an dieser Verlängerung wurden 2010 begonnen, aber 2013 wegen fehlender Finanzen wieder eingestellt.

Die noch vorhandene alte Bahntrasse war bis dahin immerhin freigelegt und auf dem überwiegenden Teil der Strecke bereits verbreitert worden. Man entschloss sich daher, aus der Not eine Tugend zu machen und die 29 km lange Strecke umzufunktionieren. Es enstand ein »Grüner Korridor«, der ***Via Verda*** für Biker und Jogger mit »Erholungsbereichen«, also Bänken und Picknicktischen. Die Route ist auch insofern reizvoll, als sie großenteils abseits der existierenden Straßen verläuft, nichtsdestoweniger aber die Orte Sant Llorenc, Son Carrió und Son Servera berührt. Da die Strecke ursprünglich für die Eisenbahn gebaut worden war, weist sie nur geringfügige Steigungen bzw. Gefälle auf und eignet sich daher auch für Jogger und sportlich weniger ambitionierte Tourenradfahrer sowie Familien mit Kindern.

Prinzipiell kann man neben den Endpunkten überall, wo der Weg eine Straße kreuzt, in den *Via Verda* einsteigen, speziell gilt das für Urlauber aus den Bereichen Cala Millor/Cala Bona und Sa Coma, wo es jede Menge Fahrradvermieter gibt. Man kann aber auch direkt an den Endpunkten Fahrräder und E-Bikes bei ***BicisVerdes*** mieten; www.bicisverdes.com. Reservierung ebenfalls unter ✆ 622 227213.

In **Manacor** findet man die Station auf dem Parkplatz des *Eroski*-Supermarkts im Stadtosten in Sichtweite der Plaça Madrid, die man über die Ringstraße um Manacor erreicht: von Westen ist das der Passeig de Ferrocarril, von Süden Avinguda Parc. In **Artá** ist der Bahnhof Start- bzw. Endpunkt des *Via Verda*, ➪ Seite 298. *BicisVerdes* bietet *one-way*-Bikern auch die **Rückholung ab Artá bzw. Manacor**.

5.9.2 Die Achse Palma-Inca-Alcudia

Die Drei-Dörfer-Gemeinde Marratxi

Die drei Dörfer **Marratxi** (Station der Bahnlinie nach Inca zwischen Autobahn Ma-13 und der Landstraße Ma-13a), **Sa Cabaneta** und **Portol**, gut 7 km nordöstlich von Palma, bilden unter dem Gemeindenamen »Marratxi« eine verwaltungsmäßige Einheit. Sie sind ausufernde eng bebaute **Wohn-/Schlafvororte Palmas**.

Al Campo

Zur Gemeinde Marratxi gehört auch das (noch) größte konventionelle ***Shopping Center*** Mallorcas ***Al Campo*** mit einem Riesensupermarkt (weit günstigere Preise als in den Touristenorten, ➪ Seite 80) und Kaufhausabteilung plus einer ganzen Reihe separater Markenshops und allerhand *Fast Food,* direkt an der Autobahn Palma-Inca (Ausfahrt #4 *Pont d`Inca*).

Unübersehbares Al Campo-Logo

Mallorca Fashion Outlet

Zwei Ausfahrten weiter (#8 und Bahnstation *Es Caulls*) liegt nördlich der Autobahn an der Ma-2040 nach Bunyola der *Festival Park* mit der ***Mallorca Fashion Outlet Mall.*** 2017 gruppieren sich dort 60 *Label Shops* und zahlreiche Cafés, Eisdielen und Restaurants von *Fast Food* bis *Fine Dining* an einer als Veranstaltungsort konzipierten Hauptplaza samt Großkino ***Cinesa*** (bis zu 18 Filme gleichzeitig, teilweise auch englischsprachig). Im ganzen Bereich ist **freies Wifi** verfügbar. Mehr Infos unter www.mallorcafashionoutlet.com.

Töpfereien in Portol

Die Gemeinde Marratxi, speziell die langgezogenen hintereinanderliegenden Orte **Sa Cabaneta** und **Portol** östlich der Ma-13a gelten als **Urzelle des mallorquinischen Töpferhandwerks**. Viele der für Mallorca typischen, innen braun oder grün lasierten und außen einfach gebrannten Töpfe wie auch rustikales Gebrauchsgeschirr stammen aus Werkstätten Portols, so z.B. die in einfachen Lokalen gerne genutzten Weinkrüge mit dem eigenartig geformten

Die weißen Tonfiguren, sog. Siruells, sind mallorcatypische Produkte, die in Portol produziert werden

Gießschnabel. Dieses Geschirr ist nirgends mehr billig, aber direkt bei den Produzenten immerhin ein wenig preiswerter als anderswo. Die traditionell noch handwerklich arbeitenden ***Alfarerias*** oder ***Ollerias*** (Töpfereien) Portols befinden sich **abseits der Durchgangsstraße**. Um dorthin zu finden, muss man Sa Cabaneta auf der Ma-3010 ganz durchfahren. Sie wird im anschließenden Portol zum **Cami d'en Olesa**. Dort auf ziemlich unauffällige Schilder auf der rechten (östlichen) Straßenseite achten. In der langen Hauptstraße von Portol bietet nur ein einziger Laden die Keramik außerhalb der Töpfereien bzw. ihrer Verkaufsstellen an.

Siruells/ Flohmarkt am Sonntag

In Portols Werkstätten werden auch ***Siruells*** hergestellt, die in vielen Souvenirshops zu findenden **weißen Tonfiguren** mit roter und grüner Strichbemalung, von denen sich einst sogar *Joan Miró* inspirieren ließ. Auch auf dem sonntäglichen **Flohmarkt von Marratxi** (9-14 Uhr) findet man diese Figuren, ➪ Foto oben.

Museu del Fang

Über Geschichte und Produktion der Keramik in Marratxi informiert das **Töpfereimuseum** in **Sa Cabaneta** »***Museu del Fang***«. Die Anfahrt ist am Cami d'en Olesa ausgeschildert, und zwar über die Carrer Cristobal Colón, dann nach recht bis zum Ende der Straße am Minipark des Museums. Darin steht das schlichte kleine Museumsgebäude (mit Turm) mit der offiziellen Adresse Carrer den Moli 4 (andere Seite des Parks). Geöffnet nur Di, Do+Fr 10.30-13 Uhr; www.marratxi.es/museu/index.de.html.

Bild rechts: Infotafel beim Museu del Fang

Töpfer-messe

In der 2. vollen Woche im März jeden Jahres findet in Sa Cabaneta auf dem Hof der Kirche *Sant Marçal* die mehrtägige **Töpfermesse *Fira del Fang*** statt. Die genauen Daten entnimmt man der lokalen Presse. Auch *Mallorca-Magazin* und *Mallorca Zeitung* berichten darüber. Das Ereignis zieht Jahr für Jahr mehr Besucher an, denn eine solche Auswahl an Keramik und verwandten Produkten findet sich auf Mallorca nirgendwo sonst.

Aktuelle Info z.B. unter http://mallorcamagazin.com/was-wann-wo/ferias/fira-del-fang-in-marratxi.html.

Santa Maria (del Cami)

Die alte Landstraße von Palma nach Inca/Alcúdia führt mitten durch Santa Maria, das früher als erster Ort »am Wege« (*del Cami*) lag. Seitdem der Hauptverkehr auf der Autobahn Palma-Inca abseits vorbeirauscht, ist es in Santa Maria ruhiger.

Plaça Hostals

Das eigentliche **Zentrum Santa Marias** befindet sich mit ***Plaça Espanya*, Pfarrkirche** und **Rathaus** einige hundert Meter südlich der trotz Autobahn durchaus noch belebten, aber nicht mehr verstopften Durchgangsstraße. Das Geschäftsleben konzentriert sich nach wie vor auf die frühere Verkehrsader und das Umfeld der Plaça Hostals (einer Straßen- und Gehsteigverbreiterung an der Abzeigung der Ma-2020 nach Bunyola). Dort befindet sich auch der unauffällige Eingang eines früheren **Klosters des Minoriten-Ordens** mit einem malerischen **Kreuzgang** und grünen Innenhof. Darin residierte lange das Edelrestaurant *Convent del Marques*, das aber 2013 seine Tore schloss. Bei Redaktionsschluss für dieses Buch Anfang 2015 gab es noch keine neue Information.

Gastronomie

An der Plaça Hostals warten diverse Lokale auf Gäste:

- Das Restaurant ***Celler Sa Font*** (ebenerdig, genaugenommen kein »richtiger« Weinkeller) hat den Ruf der besten lokalen **Tapatheke**; ✆ 971 620 302, www.restaurantecellersafont.com.
- Ca. 100 m weiter an der Abzweigung der Straße nach Bunyola bietet der tatsächlich einst der Weinlagerung dienende ***Celler Sa Sini*** gute mallorquinische Hausmannskost und große Kuchenauswahl als Nachtisch zu zivilen Preisen; ✆ 971 620 252. Mittags und abends, Mo geschlossen; www.cellersasini.net

Eine alte Windmühle an der Straße Ma-2020 wurde schon in den 1990er-Jahren zum allseits gelobten

Moli des Torrent

- ***Restaurant Moli des Torrent*** umfunktioniert. Gemütlich eingerichtet, auch schöner Patio, mallorquinisch-deutsche Küche unter deutscher Leitung; insgesamt gehobenes Niveau. ✆ 971 140 503, www.molidestorrent.de; Fr-Di 13-15 Uhr und abends 10.30-22.30 Uhr, Mi+Do Ruhetage (Foto nächste Seite).

Lengua-Stoffe

In **Santa Maria** webt die kleine Firma ***Bujosa*** noch die mallorcatypischen ***Telas de Lenguas*** (»Zungenstoffe«), wie man sie vor allem auf Polstermöbeln und als Gardinen auch in vielen Hotels sieht. Der eher unscheinbare Laden mit Werkstatt dahinter liegt

Restaurant Moli des Torrent

in der Carrer Bernat Santa Eugenia 53 (alte Straße nach Palma, ca. 200 m ab der Plaça Hostals). Man kann dort auch beim sogen. Ikat-Weben zuschauen, ✆ 971 620 054, www.bujosatextil.com.

Weingut Maciá Batle

Am nordöstlichen Ortsausgang steht der auffällige Komplex der **Weinkellerei *Maciá Batle*** (nach der Firma *Ferrer* in Binissalem die größte Mallorcas) inmitten eines Weinfeldes; www.maciabatle.com.

Die Toreinfahrt an der Ecke Ma-13a/ Camí de Coanegra und die ***Bodega*** mit Weinen und Produkten zum Thema Wein & Genuss sind geöffnet Mo-Fr 9-18.30 Uhr, Sa 9.30-13 Uhr; ✆ 971 140 014.

Wein/Wine Express

Ein sogenannter **Wine Express** fährt Mo-Fr um 10.30+15 Uhr und Sa um 10 Uhr) ab *Maciá Batle* durch Anbaugebiete der zentralen Ebene zu zwei weiteren Weinkellereien. Inklusive **Weinproben** und kleinen Snacks kostet die 3-4-stündige Tour €35-€45/Person. Auch ***Gourmet Tours***, Details ➪ www.mallorcawinetours.com.

Wanderung

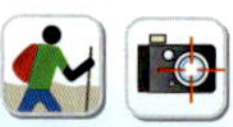

Bei *Macia Batle* beginnt die Straße Cami de Coanegra. Sie läuft hoch bis zum Startpunkt einer schönen **Wanderung** durch das Tal des oft wasserführenden Quellbaches Coanegra (mit steilem Abstecher zu einer riesigen Höhle) und kann bis Orient fortgesetzt werden, ➪ Wanderbeileger Route 9, Seite 31.

Markttag

Der **Sonntagsmarkt** (vormittags) in **Santa Maria** gehört zu den großen und ergiebigeren der Insel. Anfahrt am besten über die Autobahn, Ausfahrt #12.

Binis(s)alem

Weinanbau

Der Bereich zwischen Santa Maria und Inca ist Hauptregion des Weinanbaus auf Mallorca, Binissalem dessen **Zentrum**. Von jährlich 40 Mio Litern auf Mallorca konsumierten Weins werden nur 10% auf der Insel gekeltert, über die Hälfte davon hier.

Unübersehbar sind die ***Bodegas Ferrer*** am südlichen Ortseingang, der größte Weinproduzent Mallorcas. Laden geöffnet Mo-Fr 11-19 Uhr; Führungen 11 Uhr und 16.30 Uhr, Sa auch um 11 Uhr (€6); ✆ 971 51 10 50, www.vinosferrer.com.

Bekannteste Kreszenz ist der ***Tinto Ferrer*** (dunkelgelbes Etikett mit rotem Schrägstreifen), ein Cuvée, der 12 Monate in Eichenfässern lagerte. Man findet ihn ab etwa € 8 auch in vielen Supermärkten.

Tianna Negre

Eine distinguierte Alternative zu Großproduzenten wie *Bodegas Ferrer* oder ***Nadal*** (Ramon Llull 2, www.vinsnadal.com) ist z.B. ***Tianna Negre***, ein 10 ha-Weingut wenige Kilometer nordöstlich Binissalem (ca. 400 m ausgeschilderte Zufahrt). Dort legt man besonderen Wert auf umweltgerechte Weinerzeugung; www.tiannanegre.com. Öfffnungszeiten Bodega Mo-Fr 9-18 Uhr, im Winter (Nov-Feb) nur bis 16 Uhr, Sa 10.30-14 Uhr, So geschlossen.

Einkehr

Schräg gegenüber *Ferrer* bzw. 100 m weiter liegen der

- **Celler *Sa Vinya*** (✆ 971 511 373) und die **Bar *S'Olivera*** (✆ 971 511 255), zwar nicht eben gemütliche, aber für preisgünstige mallorquinische Küche mit großen Portionen bekannte Lokale.
- Unweit davon befindet sich das Schweizer Restaurant ***El Suizo*** in der Carrer Pou Bo 20 (von der Ma-13a in die Carrer del Sol hineinfahren, 2 Blocks östlich von *Ferrer*; ausgeschildert; ✆ 971 870 076). Seit Jahren gelobte Qualität bei mittleren Preisen.

Ortskern

Eine Fahrt in den Ort hinein ist nicht sehr ergiebig, wenngleich die Plaça zu den ansehnlicheren ihrer Art gehört und rundherum einige **historische Gebäude** mit attraktiven Innenhöfen stehen. Der **Freitagsmarkt** in Binissalem gehört zu den besseren seiner Art; er wird oft durch Folklore-Vorführungen aufgewertet.

Winedays

Definitiv Grund zu einem Besuch Binissalems ist das große **Weinfest in der dritten Maiwoche**, das auch die umgebenden Orte Consell, Santa Maria, Sencelles und Santa Eugenia mit einschließt. An den Tagen der ***Winedays Mallorca*** gibt's nicht nur Weinproben von den Produzenten der zentralen Ebene, sondern ein dichtes kulinarisches Programm und Veranstaltungen, in deren Mitte der Wein steht. Mehr dazu unter winedays-mallorca.com/de.

Biniagual

Lage/ Anfahrt

Von der Ampelkreuzung Carrer del Conquistador/ Bonaire geht es südlich auf die Ma-3021 nach Biniali/ Sencelles. Sofort hinter der Ampel zweigt links die schmale Alternativroute Camí de Biniagual nach Sencelles ab. Zum **Minidorf Biniagual** sind es unter der Autobahn hindurch ca. 3 km. Es liegt ein wenig abseits der Straße.

Das Dorf

Biniagual hat keine Besucherinfrastruktur, ist nur **Fotomotiv**. Autofahrer parken am besten außerhalb und genießen den kurzen Spaziergang auf Kopfsteinpflaster vorbei an kleinen schnuckeligen mallorquinischen Häusern zum zentralen Brunnen vor der Kirche.

Faktisch handelt es sich bei Biniagual um eine Art Museumsdorf in Privatbesitz. Ein deutscher Unternehmer hat den einst verfallenden Weinweiler vor Dekaden erworben, restaurieren lassen und den vernachlässigten Weinanbau wiederbelebt. Die Produkte der ***Bodega Biniagual*** findet man unter http://biniagual.de.

Celler-Lokale in Inca

Damit es im Restaurant schmeckt, muss ein bisschen Betrieb sein. Das gilt ganz besonders im *Celler*. Einen gähnend leeren *Celler* (kommt außerhalb spanischer Essenszeiten durchaus vor) sollte man lieber meiden, denn dann gibt's schon mal fix Aufgewärmtes oder in der Friteuse Gegartes.

Von der Handvoll »richtiger« Keller wirkt das Eichenfass-Interieur des ***Sa Travessa*** in der Carrer Pau/Murtra 16 (✆ 971 500 049, mittags und abends, Fr Ruhetag, Juni ganz zu) noch originaler als anderswo. Bei schönem Wetter kann man dort auch draußen im Hof sitzen. Sehr gut schmeckt im *Sa Travessa* die Hammelkeule (*Cordero al Horno*).

Auch ***C'an Ripoll*** in der Jaume Armengol, Ecke Llompart (✆ 971 500 024, www.restaurantcanripoll.com, Mo-Sa 9-16 Uhr und ab 19 Uhr, So Ruhetag) ist bezüglich seiner »Urigkeit« erste Wahl. Es hat sogar einen hinter Mauern versteckten Garten. Weder vom (mittleren) Preisniveau her noch bei der Qualität gibt es bei diesen beiden gravierende Unterschiede.

Etwas teurer ist der ebenfalls voll eichenfassbewehrte ***Celler C'an Amer***, Carrer Pau 39 (✆ 971 501 261, http://celler-canamer.es. Geöffnet im Winter täglich mittags und ab 19.30 Uhr, So abends geschlossen. Im Sommer nur Mo-Fr). Er kommt in vielen Restaurantführern am besten weg, was nicht recht nachvollziehbar ist.

Nicht ganz so authentisch wirkende *Celler* sind das ***C'an Marron*** in der Carrer Rector Rayó 7 und das ***C'an Lau*** in der Carrer Roser 5, etwas abseits (südlich) der Fußgängerzone. Sie werden daher auch kaum von Touristen frequentiert, wegen des guten Preis-/Leistungsverhältnisses umso mehr von Mallorquinern.

Ein »Keller« zu ebener Erde liegt an der Carrer d'Alcúdia schräg gegenüber einem auch auf Mallorca unvermeidlichen *Burger King*: Im ***Ca's Metge Nou*** trifft man selbst zur Mittagszeit an Markttagen keine überwiegend ausländische Gästeschar wie in den erstgenannten Lokalen; nach wie vor preiswert.

Inca

Kennzeichnung

Inca, mit stadtnahen Autobahnanschlüssen gesegnetes Zentrum der westlichen Zentralregion, liegt auf ca. halbem Weg zwischen Palma und Alcúdia. Mit 31.000 Einwohnern ist Inca für Inselverhältnisse schon eine Großstadt, wiewohl keine besonders reizvolle. Zwar ist ein Teil der Altstadt heute eine attraktive **Fußgängerzone** mit ebensolchen Boutiquen; und es existieren ein paar altehrwürdige Kirchengemäuer. Aber so richtig Sehenswertes ist mit Ausnahme der Weinkeller-Restaurants (➪ Kasten) kaum auszumachen. Speziell nicht abseits des Zentrums. Der oft genannte **Donnerstagsmarkt** bietet außer Größe zu wenig. Interessant ist indessen das noch relativ neue **Schuhmuseum**, ➪ übernächste Seite.

Markttag

Der Markt okkupiert den auch an anderen Tagen verkehrsfreien Bereich und mehr von der Plaça José Antoni bis zum Beginn der Carrer Bisbe Llompart, die fast bis zum Bahnhof hinunterläuft (➪ umseitige Ortskarte). Auf dem Markt werden zwar (im Randbereich um die Kirche Santa Maria) auch Obst und Gemüse angeboten, aber sonst im wesentlichen Lederprodukte, Billigtextilien und -artikel von T-Shirts bis zu »Markenuhren«, und das gleich massenhaft. Zwei Drittel aller Stände zielen auf touristische Kundschaft. Man kann dem Markt in Anbetracht des internationalen Publikums und hohen Anteils afrikanischer Händler »Farbigkeit« kaum absprechen, nur ist das ganz und gar nicht mallorquinisch.

Wenn es sich gut mit anderen Vorhaben kombinieren lässt, bietet der Inca-Markt dennoch Motiv genug für einen **Zwischenstopp**, nur dafür eigens einen Ausflug planen, sollte man nicht gerade.

Parken in Inca

Am **Markttag** ist die Parksituation in Inca eine ziemliche **Katastrophe**, aber auch an anderen Tagen fällt es oft schwer, in den Straßen einen Platz zu finden. Immerhin gibt es mehrere **Parkhäuser**, die gut ausgeschildert sind. Am leichtesten erreicht man die Parkebene unter der Plaça Mallorca am östlichen Ende der Fußgängerzone (Einfahrt von der unverfehlbaren Straße Ma-2130 nach Lluc, die zunächst Avinguda Reis Catòlics heißt). Ganz in der Nähe liegt das Marktgebäude. Folgt man dem Schild »***Mercat***«, gelangt man auch zur Parkebene darunter (dies am besten über die Gran Via de Colom). In Bahnhofsnähe befindet sich ein weiteres Parkhaus (ausgeschildert), das meistens weniger voll ist.

Auf dem Incamarkt ist am Stand von Angela meist mehr los als irgendwo sonst. Geduldig warten die Kunden auf die pausenlos im heißen Öl frittierten Bunyoles, kleine überaus schmackhafte Teigkringel

An- und Weiterfahrt nach/von Inca per Eisenbahn

Inca ist dank der **Eisenbahnlinie** von Palma nach Sa Pobla bzw. nach/von Manacor/Artá über Petra/Sineu und seiner Lage an der wichtigsten Verkehrsachse der Insel auch ohne Mietfahrzeug gut erreichbar. Bei der dichten Zugfrequenz haben es vor allem Urlauber aus Palma und Umgebung leicht, sich ohne Vorplanung zu einem Besuch per Bus und Zug zu entschließen (**Umsteigen** in Palmas *Estació Intermodal*, ➪ Seite 129). Der Bahnhof in Inca liegt in Fußgängerdistanz zu Zentrum und Schuhmuseum.

Celleres

- Das *Highlight* jeden Inca-Besuchs bilden – wie im vorstehenden Kasten beschrieben – die mit alten Fässern aus Eichenholz bestückten *Celleres*. Diese urigen **Kellerlokale** sind ein Pfund, mit dem die Stadt wirklich wuchern kann. Sie verbreiten eine originär mallorquinische Atmosphäre; auf den Speisekarten dominieren deftige einheimische Gerichte.

Ledershops

Einst war Inca Hochburg der Lederindustrie. Davon ist nicht mehr viel geblieben. Aber es gibt noch einige größere Leder-Shops. Man findet dort alles, was irgendwie aus Leder hergestellt werden kann, vor allem Schuhe, Bekleidung, Koffer und Taschen. Lederwaren

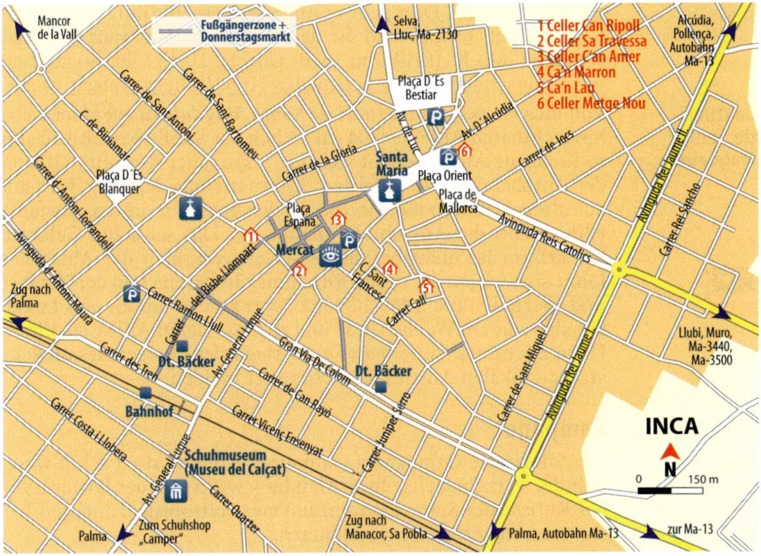

sind indessen weder in Inca noch überhaupt auf Mallorca sonderlich preiswert. Auch auffällige Unterschiede zwischen dem Preisniveau in Inca und Läden in Palma oder sonstwo lassen sich kaum beobachten. Preisgünstig erscheinende Angebote sollte man sorgfältig auf ihre Qualität prüfen.

Camper Outlet

Naheliegender ist da für manchen vielleicht der **Fabrikshop der Schuhmarke *Camper*** im *Polígono Industrial Can Matzari*, Anfahrt auf der Südwestseite Incas über Ausfahrt #25 von der Ma-13. Am Kreisel bei der BP-Tankstelle ausgeschildert (Avinguda General Luque, dann rechts Carrer Sabaters); www.camper.com.

Maschinerie mit komplizierter Mechanik zur industriellen Lederbearbeitung zeigt das Museo del Calzado in Inca

Schuh-museum

Bewundernswerte Mechanik des frühen 20. Jahrhunderts ist im erst vor wenigen Jahren eröffneten ***Museo del Calzado/ Museu del Calçat*** in einem ehemaligen Kasernenkomplex an der Avinguda General Luque unweit der Eisenbahn-Unterführung zu sehen (Anfahrt wie

wie für *Camper*). Dort geht es um Schuhproduktion, dessen Historie speziell in Inca und die dafür ersonnene komplizierte Maschinerie. Mo-Fr 10-14 und 16-20 Uhr, Sa 10-13 Uhr, So zu, frei; www.conselldemallorca.net/media/41653/fulleto_museu_es.pdf.

Santuari de Santa Magdalena

Von Inca ist es zum ***Santuari de Santa Magdalena*** auf einer weithin sichtbaren Anhöhe (304 m) östlich der Straße bzw. Autobahn in Richtung Alcúdia nicht weit (ca. 5 km, über Ausfahrt #30 von der Autobahn Ma-13 anfahren. Alternativ aus der Stadt Inca auf der alten Hauptstraße Ma-13a zu den Kreiseln an der Ausfahrt #30; ab dort der Ausschilderung folgen). Das schlichte Gebäude der *Ermita* ist nicht besonders sehenswert, aber der Abstecher lohnt sich wegen der tollen **Rundumsicht** bereits von der Zufahrt und speziell von der Hochfläche. Dort gibt es ein kleines Lokal, das aber nur am Wochenende und zu besonderen Anlässen öffnet. Dann allerdings sollte man *Santa Magdalena* wegen des oft sehr starken lokalen Ausflugsverkehrs eher meiden.

Campanet

Kennzeichnung

Die Silhouette Campanets – auf einer Anhöhe rund 2 km westlich der Verkehrsachse Inca-Alcudia – wirkt aus der Distanz vor der Kulisse der *Serra Tramuntana* zwar pittoresk, Touristen hat das Städtchen aber wenig zu bieten.

Glasbläserei/ Glaskunst und Keramik

An der alten Hauptstraße liegt bei Campanet der Gebäudekomplex der Glasbläserei ***Menestralía***, deren Besuch einen Zwischenstopp lohnen kann (Hinweis »*area d'artesania*« an der Autobahn, Ausfahrt #35). Zwar geht es dort nicht ganz so eindrucksvoll wie bei *Gordiola* zu (➪ Seite 366), aber das Handwerk der **Glasherstellung** und die **Glasblasekunst** werden dort in der vom Rauch geschwärzten Arbeitshalle noch »mittelalterlicher« betrieben als in Algaida. Im Laden kann man die Kunstwerke aus der eigenen Werkstatt und andere z.T. sehr schöne Glaswaren und Keramik kaufen, indessen für manches Objekt zu Preisen, die sich gewaschen haben; www.menestralia.es.

Bunte Glaskreationen sind die Spezialität von Menestralia

- Das Buffet-Restaurant ***Menestralia*** nebenan wird gerne von Ausflugsbussen angelaufen und bietet weder schöne Aussicht noch Atmosphäre, aber das Preis-Leistungsverhältnis stimmt bei Mittagsangeboten um € 10. Auch Einheimische loben die Qualität und Preisgestaltung; ✆ 971 516 737.

Zur Tropfsteinhöhle

Mit dem Ortsnamen Campanet verbunden ist in erster Linie die gleichnamige Tropfsteinhöhle. Die ***Coves de Campanet*** erreicht man über die Ausfahrt #37 von der Autobahn Ma-13, dann der Ausschilderung folgen. Am ***Oratori de Sant Miquel***, einem der vielen alten Kirchlein Mallorcas, wendet sich der Weg nach rechts. Ein Motiv für den Abstecher könnte auch das

- ***Restaurant Es Mirador*** im ***Hotel Monnaber Nou*** sein (ab der *Ermita* nach links). Ein gediegen rustikaler Gastraum und eine wunderbare Aussichtsterrasse stehen zur Wahl für kulinarischen Genuss bei gehobenen Tarifen; ✆ 971 877 176, http://monnaber.com/hotel-landhotel-finca-mallorca/Aussicht.htm.

Immer blühende Terrassen unter Restaurant und Aussichtsgarten bei der Höhle von Campanet

Besuch Coves de Campanet

Vom Parkplatz unterhalb der Höhle führt eine Treppe durch meist üppige Blumenpracht nach oben. Auf einer Höhe mit dem natürlichen Höhleneingang befindet sich eine große Terrasse. Von dort fällt der Blick auf eine Bilderbuchlandschaft. Draußen an **Steintischen unter alten Bäumen** oder hinter den Panoramascheiben in einer rustikalen **Cafeteria** überbrückt man Wartezeiten bis zur nächsten Führung. Oft trifft man nur eine Handvoll anderer Besucher. Denn die Höhlen gehören – im Gegensatz zur großen »Konkurrenz« an der Ostküste – nicht zu den Standardausflugsangeboten der Reiseveranstalter.

Was die Vielfalt der Formen und Räume angeht, ist diese Höhle fast attraktiver als die Drachenhöhle, die *Coves de Hams* und *d`Artá*, aber es gibt keinen unterirdischen See, keine Geigenspieler auf lautlosen Booten oder bunte Lichteffekte wie in Portocristo und Canyamel (➪ Seiten 324f und 312). Die Höhle ist nicht bunt und nur mit Weißlicht beleuchtet; die Führung erfolgt in kleinen Gruppen.

Täglich 10-19 Uhr im Sommer, bis etwa 18 Uhr im Winter; Eintritt €14, Kinder €8; © 971 516 130, www.covesdecampanet.com/home.php?lang=de.

Nebenstraße nach Pollença

Für eine Weiterfahrt in Richtung Pollença sollte man (vom Höhleneingang kommend) nach rechts abbiegen. Die Straße führt durch ein **malerisches Tal** zur Verbindung Sa Pobla-Pollença (Ma-2200). Ihr ebener Verlauf (Asphalt) ohne nennenswerten Autoverkehr macht sie besonders als Teilstrecke für **Radtouren** geeignet.

Stockfischverkauf auf dem Sonntagsmarkt in Sa Pobla

Sa Pobla

Windmühlen

Im Bereich von Sa Pobla im Hinterland der Bucht von Alcúdia stößt man – wie östlich von Palma und südlich von Campos – auf viele der mallorcatypischen **Windräder**, die Pumpen zur Bewässerung der hier ausgedehnten Kartoffelfelder antreiben.

Plaça/ Markt

Das per **Eisenbahn** gut erreichbare Städtchen mit immerhin 13.000 Einwohnern bietet auf den ersten Blick nicht viel: die ganz ansehnliche **Plaça Mayor** mit Baumbestand, eine alte Pfarrkirche aus dem 14. Jahrhundert und ein paar nostalgische Herrenhäuser. Auf der zentralen Plaça findet ein beliebter **Sonntagsmarkt** statt, den Mallorquiner zum Familieneinkauf nutzen. Neben Obst und Gemüse bestimmen Textilien das Angebot.

Zur Einkehr empfehlen sich folgende Lokale:

- ***Bar Toni Cotxer*** an der Plaça Major 19, seit über 40 Jahren ein lokaler Treffpunkt. Kennzeichen rote Plastiksessel; gute Tapas
- ***Cafeteria La Penya Artistica*** ebenfalls an der Plaça Mayor für Snacks und Bier, gemütliche Kneipe mit irischem Einschlag
- ***Restaurant Marina***, Natursteinbau in der Carrer Marina 15, mallorquinische Küche einschließlich der lokalen Spezialität *Anguiles Fregits* (Brataal), © 971 540 967, www.restaurantmarina.biz

- im ***Celler Ca's Borreret*** in der Carrer Crestatx 23 (ein Block nördlich der Plaça) serviert man mallorquinische Gerichte; überwiegend einheimische Gäste; © 971 542 563

Museu de Sant Antoni

Ein **Kleinod** besonderer Art ist das ***Museu de Sant Antoni*** in der Carrer Antoni Maura 6 (Palast *Can Planes* mitten in der Stadt, Anfahrt und Parken etwas mühsam). Dort werden die nur einmal im Jahr zur Teufelsaustreibung Mitte Januar genutzten überdimensionalen Masken aufbewahrt und ausgestellt. Eine Dokumentation und ein Video erhellen die Besonderheit der ***Fiesta de Sant Antoni*** speziell in Sa Pobla. Unbedingt 30 min dafür einplanen: Erläuterung durch Damen aus Sa Pobla. © 971 542 389; Di-Fr 10-14 Uhr & 16-20 Uhr, Sa+So 10-14 Uhr. Eintritt frei.

Museu Can Planes

Im selben Gebäude befindet sich das **Kunstmuseum *Museu d'Art Contemporani*** mit Werken regionaler Künstler. Öffnungszeiten wie oben; frei. Nur bei spezifischem Interesse lohnenswert.

Teufelsmasken im Museu de Sant Antoni in Sa Pobla im Palau Can Planes

Crestatx

Paintball

Etwa 3 km nördlich von Sa Pobla liegt die noch zur Gemeinde gehörende Villensiedlung Crestatx westlich der Straße Ma-2200 keinen Kilometer oberhalb der Autobahn. Dort gibt es am Ende der Carrer de Vaumera ein sich in die Waldlandschaft hineinziehendes großes *Paintball*-Gelände. 365 Tage im Jahr kann man dort durchs Unterholz pirschen und seine Gegner mit Farbklecksen eliminieren. Details unter www.paintballfantasy.com. Cafeteria, Grillroste für Picknicker und Wifi sind auch vorhanden.

5.9.3 Sineu und Umgebung

Sineu www.visit-sineu.com

Lage

Sineu, ein Städtchen mit nur 3700 Einwohnern, genießt den Vorzug, ziemlich genau in der **Inselmitte** zu liegen und über kleine und große Straßen strahlenförmig mit dem Rest Mallorcas verbunden zu sein. Gut ausgebaut sind die Straßen von/nach Palma (30 km), Inca (15 km) und Manacor (22 km). Sineu ist auch **per Bahn** via Inca bzw. Manacor gut erreichbar, ➪ Seite 99.

Markttag

Als touristisches **Motiv No.1** für einen Ausflug nach Sineu gilt der **Mittwochsmarkt**, auch bei starker Frequentierung nach wie vor **bester Markt** der Insel. Die große untere **zentrale Plaça (es Fossar)** kann man dank Ausschilderung ***»Mercat«*** rund um den Ort nicht verfehlen. Zur auch sonst üblichen Mischung aus Gemüsemarkt und Ständen für alles kommt in Sineu ein Vieh- und Gerätemarkt in den Randzonen der Plaça.

Mercat de Sineu

Zum andere Märkte überragenden Eindruck sorgen vor allem die örtlichen Gegebenheiten: über schmale Gassen, Treppen und miteinander verbundene Terrassen gelangt der Besucher vom unteren **Viehverkauf** zum **Gemüse-, Obst- und Lebensmittelmarkt** auf dem zentralen Platz vor der Kirche. Die üblichen Stände für T-Shirts, Souvenirs und allerlei Krimskrams säumen den Weg. Speziell in Sineu findet man aber auch schöne Keramik, handgearbeitete Heimtextilien und mehr Originelles als anderswo.

Der Löwe von Sineu

Den berühmten geflügelten Löwen vor der klobigen, aber innen ansehnlichen **Pfarrkirche** (selten offen) übersieht man trotz der Buden und Verkaufsstände um ihn herum auch an Markttagen nicht. Ein **Spaziergang** durch die alten Gassen von Sineu ist für Leute mit kulturellem Interesse indessen ergiebiger ohne Markt. Leider bleiben die historischen Gebäude – wie etwa das ***Convent de las Monjas***, welches im 13. Jahrhundert zeitweise sogar als **königliche Residenz** genutzt wurde – meist verschlossen.

Bestickte Tischdecken auf dem Markt in Sineu. Wer zu handeln versteht, kann an solchen und ähnlichen Ständen kurz vor Marktende noch manches Schnäppchen realisieren

Einkehr

Am Markttag sind alle Kneipen und Restaurants im und rund ums Zentrum proppevoll. Empfehlungen für die Pause zwischendurch, sofern man Platz findet (an anderen Tagen kein Problem):

- Cafeteria-Terrasse des Hotels ***Son Cleda*** an der Treppe von unterer Plaça nach oben; © 971 521 027, www.hotelsoncleda.com.
- ***Bar Sabina*** auf der oberen Sa Plaça neben der Kirche, eher ein Café oder Bistro, typisch mallorquinisch, © 971 520 073.
- ***Celler C'an Font***, dessen uraltes Gewölbe es dank seiner Eichenfass-Torsos ohne weiteres mit den Inca-Kellern aufnimmt. Man serviert dort – was sonst? – Mallorquinisches. Das Lokal ist eher ein Tipp für den Abend, da die Terrasse auf dem Platz nicht das Kellerflair hat. Ebenfalls an der Sa Plaça, © 971 520 295, www.canfont.com (Webdresse wie Hotel *Ca'n Font*).
- Abseits des Zentrums ist das ***Restaurant Moli d'en Pau*** in einer alten Mühle mit Garten eine gute Wahl (an der Ortsumgehung Kreisel Ma-3310/Ma-3510 nach Muro, ca. 500 m ab der Plaça); © 971 855 116, www.molidenpau.es.

Hotels

Die zentrale Lage von Sineu macht das Städtchen auch als Standquartier interessant. Mehrere kleine Hotels bieten Alternativen zum Pauschaltourismus, ➪ Unterkunftsbeileger.

Costitx

Schwimmbad

Im zentralen Bereich Mallorcas liegt abseits üblicher Ausflugsrouten 10 km südlich von Inca das Dorf Costitx auf einer Anhöhe mit Weitblick über die Umgebung. Costitx hat sich einen großen öffentlichen **Pool** zugelegt (südlicher Ortsausgang, Eintritt €3).

Planetarium

Ca. 2,5 km außerhalb (Ma-3121 nach Süden, dann links ab Cami de Son Bernat, ausgeschildert) stehen die Teleskope des ***Observatori Astronomic Balear***. Auch ein Planetarium ist vorhanden mit Vorführungen zur Sternenwelt Fr und Sa 19.30 Uhr, sonst nur angemeldete Gruppen: © 638 045 817; www.oam.es.

Ariany

Pfarrkirche

Östlich der Straße Santa Margalida-Petra (Ma-3340) liegt einige Kilometer vor Petra das Dorf Ariany, dessen hübsche Pfarrkirche am Ortsrand erwähnenswert ist. Von der Anhöhe des Kirchgartens fällt der Blick über die sanft hügelig e Landschaft.

Kirche in Ariany mit Weitblickterrasse

Am Kreisverkehr unterhalb des Ortes (Ma-3340/3301) steht das – wegen »einmal zahlen, beliebig zugreifen« – ungemein populäre **Buffetrestaurant *Ses Torres***. Trotz des niedrigen Einheitstarifs von €10 ist die Qualität gut; © 626 493 266. Täglich 7-24 Uhr. Mittags knackvoll.

Santa Margalida

Pfarrkirche

Im hochgelegenen Santa Margalida an der Strecke Can Picafort-Petra-Manacor (Ma-3410/3340) inmitten hügeliger Agrarflächen findet man ebenfalls nur wenig Spuren von Tourismus. Von der Hauptplaça führt eine kurze Fußgängerstraße hinauf zur alles überragenden klobigen **Kirche**, die auf die Zeit nach der christlichen Rückeroberung Mallorcas zurückgeht. Von ihrer Terrasse fällt der Blick weit über das Inselinnere. Vor allem am frühen Abend – wie auch der Kirchvorplatz des Nachbarortes Ariany – ein wunderbarer Ort zum Genießen des Sonnenuntergangs hinter dem immer dunstigen Panorama des Küstengebirges.

Muro

Museu Etnológico

Muro, ein ruhiges 7000-Einwohner-Städtchen im Hinterland der Bucht von Alcudia (➪ Platja de Muro, Seite 291) in einer flachen, landschaftlich reizlosen Agrarregion, besitzt ein sehenswertes ethnologisches Museum. Es gehört administrativ zum *Museu de Mallorca* in Palma: www.artsmallorca.com/es/centro-/museu-etnologic-muro, auch in deutscher Fassung anklickbar.

Für das ***Museu Etnológico*** wurden Wohn- und Arbeitsräume des einstigen Herrenhauses *Can Simó* entsprechend ihrer ursprünglichen Funktion mit Mobiliar undUtensilien liebevoll ausgestattet. Ein hübscher Innenhof rundet das authentische Bild des ländlichen Gutshofes aus der Zeit vor dem 20. Jahrhundert ab. Nur die Gutshöfe *La Granja* bei Esporles (➪ Seite 215) und *Els Calderers* bei Vilafranca (➪ Seite 370) bieten ähnlich gute Einblicke, aber in anderer Aufbereitung bei hohem Eintritt.

Das Museum in der Carrer Major 15 ist per Auto über enge Einbahnstraßen etwas schwer anzusteuern; © 971 860 647. Geöffnet Di-Sa 10-15 Uhr, Do auch 17-20 Uhr, So+Mo geschlossen; Eintritt €2,40.

Kompaktübersichten,
Ausflugsrouten
Veranstalter-
angebote

Strandleben an einem sonnigen Oktobertag an der Platja Cala Millor, Nr. 29 auf Seite 396

6. SEHENSWÜRDIGKEITEN, AUSFLUGSZIELE, MÄRKTE, GASTRONOMIE UND MEHR in tabellarischen Übersichten

Inhalt

Die folgenden Übersichten sind ein kompakter **Extrakt aus den Texten in den voranstehenden Kapiteln**. Sie beziehen sich auf alles, was besonders für die **Tagesplanung**, für kurze und längere Trips von Bedeutung sein könnte: **alle herausragenden Sehenswürdigkeiten** (mit Ausnahme der Kirchen und Paläste Palmas, die einen separaten »Besichtigungsblock« bilden, der bereits unter Palma beschrieben wurde, ➪ ab Seite 119), typische und **empfehlenswerte Ausflugsziele**, eine spezifische (subjektive) Auswahl aus der **Gastronomie Mallorcas** und – als Alternative dazu – eine Liste von schönen **Picknickplätzen**. Die jeweilige Kurzinformation ist ergänzt um die Angabe der Seite, unter der mehr zum jeweiligen Ziel zu finden ist.

Bewertung der Ziele

Damit die **geographische Zuordnung** leichter fällt, gehört zu den meisten Übersichten eine kleine Karte. Dort, wo eine Nummerierung erfolgte, dient diese nicht nur zur raschen Auffindung des einzelnen Ziels, sondern auch einer Bewertung. Die **Reihenfolge** der Buchten, Festungen, Heiligtümer etc. entspricht der Einschätzung durch den Autor (Ausnahme: »Touristenattraktionen« und Museen; dort gibt es keine Bewertungsreihenfolge). Den schönsten Strand Mallorcas zu definieren ist etwas schwierig, da es dafür sehr auf den persönlichen Anspruch ankommt. Auch die Frage, ob z.B. das Kloster Lluc interessanter als die Kartause in Valldemossa ist, lässt sich kaum objektiv beantworten. Die **Einordnung** der Ziele **in eine Art Rangliste** erlaubt aber gewisse Rückschlüsse. Dabei kommt es nicht auf zwei oder drei Plätze in der jeweiligen Liste an, sondern auf die etwas größeren Abstände.

Man beachte, dass die Nummerierung in drei Übersichten/Karten für unterschiedliche Dinge fortlaufend ist (nämlich bei Buchten/Stränden hotelfern/hotelnah, den Festungen, Burgruinen etc. und den Höhlen und kommerziellen Touristenattraktionen). **Als Bewertungskriterium wichtig ist die Reihenfolge** in der jeweiligen Teilübersicht. Zu den Kriterien für die Restaurantempfehlungen findet sich eine ausführliche gesonderte Erläuterung auf Seite 405.

Mallorcas beste Buchten und Strände

Die schönsten Strände und Buchten abseits von Ortschaften und Hotelurbanisationen

Nr.	Bezeichnung	Lage	Bemerkungen	Seite
1	*Cala S`Almonia* und *Cala Moro* (Teil der *Cala de Sa Comuna)*	Südliche Ostküste	Fels- und Sandidylle, fantastisches Wasser	352
2	*Cala Varques* (auch FKK)	Ostküste nördlich Calas de Mallorca	Strand und Felsen, Wasserglasklar (0,6 - 4 km zu Fuß)	328
3	*Cala S`Amarrador* (Teil der *Cala Mondrago* bei Portopetro)	Ostküste	Sandstrand, malerisch-felsig eingefasst	341
4	*Cala Torta* (auch FKK)	Nordosten bei Artá	Schöner Sandstrand, tolle Wasserqualität, Kiosk	300
5	*Platja de Ses Roquetes*	Colonia de Sant Jordi	Weißer Sandstrand/ Dünen und Kiefern (25 min Fußweg vom Hafen)	354
6	*Torrent de Pareis* (Ausgang)	Nordwestküste (➪ Foto Seite 397)	Kieselsteinstrand zwischen hohen Felsen	245
7	*Cala Pi*	Südküste	Tiefe, steile Felsbucht mit flachem Sandausläufer	361
8	*Cala Deià*	Nordwestküste	Idyllische Bucht ohne Sand	229
9	*Platja de Sa Punta*	Ostküste/ Porto Colom	Zwei kleine Sandstrände gegenüber Ort und Hafen	332
10	*Cala Figuera*	Westküste Formentor	nur wenig besuchte Bucht, kaum Strand, tolles Wasser	276
11	*Platja S`Illot*	Pollença Bucht/ Halbinsel Victoria	Kieselstrand unter einer 7-10 m hohen Steilküste	279
12	*Cala Arsenau*	Ostküste/ 5 km nördlich von Cala d'Or	Schmaler tiefer Strand, felsig eingefasst in hakenförmiger Bucht, Kiosk	338
13	*Cala Llombards*	Südliche Ostküste	Breiter, tiefer Strand, felsige Bucht. Zum Ort 5 min zu Fuß bergauf	351

Die schönsten orts- und hotelnahen Strände und Buchten

Nr.	Bezeichnung	Lage	Bemerkungen	Seite
14	*Platja de Illetes & Comtessa*	Westliche Bucht von Palma	Hübsche Strände in begrünter felsiger Bucht	176
15	*Cala Agulla*	Cala Rajada Ostküste	Einer der schönsten Sandstrände überhaupt/Dünen, aber Mai-Oktober voll	308
16	Strände am Passeig Vora Mar	Port de Pollença	Mehrere kleine Strandabschnitte/einfach schön	271
17	*Cala Mesquida*	Nordostküste Cala Mesquida	großer Strand mit Tiefe, (➪ Foto Seite 303)	303
18	*Cala Gat*	Cala Rajada/ Ostküste	Ähnlich *Cala Fornells*, ein bisschen mehr Sand	307
19	*Cala Fornells*	Peguera/ Südwestküste	Hübsche Felsbucht mit Peguerablick/Ministrand	195
20	*Cala Santanyi*	Südliche Ostküste	Mittelgroßer Sandstrand in tiefer, felsiger Bucht	348
21	*Platja Sant Elm*	Südwestecke	Mittelgroßer Strand im Ort	204
22	*Cala Molins*	Cala de San Vincenç	Tiefblaue Klarwasserbucht; kleiner Strand in Felsküste	268
23	*Platja d'es Trenc/ de Sa Rapita*	Colonia de Sant Jordi/Südküste	Heller Sandstrand, Dünen, tolles Wasser	355 359
24	*Cala Portals Vells*	Westliche Bucht von Palma	Zwei hübsche sandige Buchten, Felseinfassung	183
25	*Platja Oratori/ Costa de Bendinat*	Westliche Bucht von Palma	Schöner, breiter Strand hinter einer Steilküste	177
26	*Cala d'Or*	Cala d'Or/ Ostküste	Schöne Felsbucht mit Grün; idyllisch in Nebensaison	335
27	*Platja de Muro/ Can Picafort*	Bucht von Alcudia	Heller Strand und Dünen, prima Wasser, schmal	291
28	*Cala de Sa Font*	Bereich Cala Rajada	Felsige Bucht und mittelgroßer Sandstrand	309
29	*Platja Cala Millor* und *de Sa Coma*	Ostküste	Heller breiter Sandstrand, prima Wasserqualität	317
30	*Cala Estany* (auch: *Romantica*)	Ostküste/südl. von Portocristo	Tiefer Strand, Felswände beidseitig; oft sehr voll	326
31	*Cala Figuera*	Südliche Ostküste	Malerische Bucht, kein Strand, Schwimmstelle	346
32	*Port/Cala de Estellencs*	Nordwestküste	Offene steinige Bucht/ Bootschutzmauer, kein Sand	216

Die schönsten Strände & Buchten

Am Durchbruch des Torrent de Pareis bei Sa Calobra ist der nur ca. 20 m breite Kieselstrand im Sommer als (Sonnen-) Badestelle sehr beliebt (#6 in der Tabelle Seite 395). Diese Foto entstand am frühen Vormittag vor dem Eintreffen von Ausflüglern.

Eine **lückenlose Strand- und Buchtenübersicht** für die Balearen (allein für Mallorca 208 Nennungen) findet man unter der Webadresse www.platgesdebalears.com (komplett auch in deutscher Sprache). Nach Klick auf »Mallorca« und weiter über die Schaltflächen für »Gemeinsame Charakteristika« öffnet man mühelos Kurzbeschreibungen, Lageplan & Anfahrt, Detailtabellen (Steckbrief) und viele Fotos inklusive Luftaufnahmen.

Kloster, Eremitagen und Heiligtümer/ Monastirs, Ermitas und Santuaris

Nr.	Bezeichnung	Lage	Bemerkungen	Seite
1	*Ermita de Nostra Senyora de Refugi*	Burgberg von Alaró	Über der Burgruine, sagenhafter Blick	255
2	*Monastir de Lluc*	Nördliche *Serra de Tramuntana*	Großer Klosterkomplex in schöner Gebirgsumgebung	249
3	*Ermita de* la *Victoria*	Bei Alcùdia/ Halbinsel	Erhöht über dem Meer, mit Restaurantterrasse	279
4	*Santuari de Sant Salvador*	Bei Felanitx/ Ostküste	Wallfahrtsfestung auf »Burgberg«; tolle Ausblicke	330
5	*Ermita Santa Maria Nostra Senyora del Puig*	Bei Pollença	Aufstieg zu Fuß, weiter Blick über nördliche Küste	265
6	*Cartoixa de Valldemossa*	18 km nördlich von Palma	Massenausflugsziel mit Museum, schöne Lage	222
7	*Ermita de Nostra Senyora de Bonany*	Bei Petra im Inselinneren	Hübsche Anlage, schöne Aussicht, Picknicktische	372
8	*Ermita de Betlem*	Bei Artá im Nordosten	Schöne Anfahrt, Blick über die Alcúdia-Bucht	299
9	*Santuari de N.S. de Gràcia*	Randaberg/ Llucmajor	Hübsche Anlage, Blick über das Inselinnere/Südküste	364
10	*Santuari de N.S. de Cura*	Randaberg/ Tafelebene	Panoramablick, Kloster/ Museum Ramon Llull	365
11	*Ermita de Trinitat*	Westküste bei Valldemossa	Terrasse mit Ausblick, Picknicktische	224
12	*Santuari de Monti Sion*	Bei Porreres/ Inselinneres	Anlage mit attraktivem Innenhof, Ausblick	369
13	*Oratori de Consolació*	S`Alqueria Blanca	Hübscher Hof und kleiner Kaktus-Park, Weitblick	342
14	*Ermita de Consolació*	bei Sant Joan/ Inselinneres	Nette kleine Anlage, relativ reizlos	–
15	*Santuari de Santa Magdalena*	Nordöstlich von Inca	Hervorragende Übersicht, bisweilen Drachenflieger	386
16	*Santuari de Sant Honorat*	Randaberg/ mittl. Ebene	Weitblick wie N.S. de Gracia, Anlage schlicht	365
17	*Ermita de la Pau*	Südlich Algaida	Nur altes Kirchlein	367
18	*Ermita de Sant Miquel*	Östlich von Montuiri	Einfache Anlage, Restaurant mit Terrasse/Hotel	368
19	*Ermita de Santa Lucia*	Südlich von Manacor	Demoliertes Kirchlein, Blick über Manacor	376

Klöster, Eremitagen & Heiligtümer

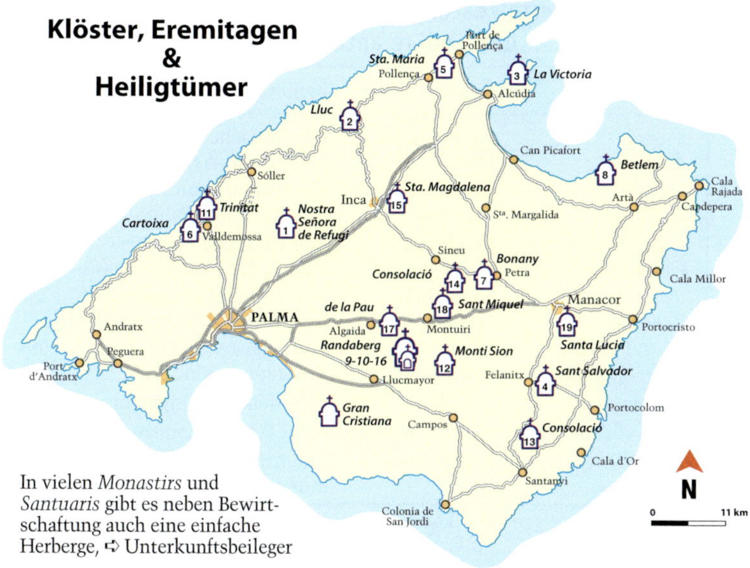

In vielen *Monastirs* und *Santuaris* gibt es neben Bewirtschaftung auch eine einfache Herberge, ➪ Unterkunftsbeileger

Die große achteckige ***Iglesia de la Gran Cristiana*** *(neugotisch, Mitte 19. Jahrhundert) steht zwischen Badia Blava und Llucmayor weit entfernt von den Orten der Umgebung.*

*Über Dekaden kaum genutzt war ihr baulicher Zustand miserabel, als Anfang des Jahrtausends der Hilton-Konzern die Finca Sa Torre kaufte, auf deren Grund sich dieser architektonisch ungewöhnliche Bau befand, und daraus das *****Hotel Sa Torre machte.*

Die Kirche wurde renoviert und dient nicht mehr religiösen Zwecken. Sie ist – zumindest äußerlich – auch von Nicht-Hotelgästen zu besichtigen. ***Anfahrt*** *über die Ma-19, Ausfahrt 22, dann Cami de sa Torre (etwa 7 km ab der Autobahn), oder über die Straße Ma-6014 ab Arenal bis Badia Blava, dann 4 km nach Osten auf dem Cami de Can Cabrians.*

Sehenswerte Festungen, Burgruinen, Wachttürme und andere antike Relikte

Nr.	Bezeichnung	Lage	Bemerkungen	Seite
1	*Castell d`Alaró*	Nördlich des Ortes	Romantische Ruinen auf Felsmassiv, Weitblick	255
2	*Castell* de *Bellver*	Palma/ Terreno	Massive Burg auf Anhöhe mit Blick über Palma/Bucht	138
3	*Castell de Capdepera*	Nordosten/ über dem Ort	Voll erhaltene Festungsmauer, Blick auf Ostküste	302
4	*Castell de Santueri*	Südöstlich Felanitx	Ruinen in toller Lage auf Tafelberg (wieder zugänglich)	345
5	*Castell d`Artà (Sant Salvador)*	In Artà/ Nordosten	Befestigtes *Santuari* über der Stadt, schöne Sicht	298
6	Stadtmauer	Alcudia	Guterhaltene Ringmauer	280
7	*Castell de N'Amer*	bei Cala Millor	Altes Fort auf Landzunge	318
8	*Castell del Rei*	Bei Pollença	Burgruine über Steilküste (nur angemeldete Wanderer)	266
9	*Talaia d`Alcúdia*	Halbinsel *La Victoria*	Wachtturm auf 400 m Höhe, Weg ab *Ermita* oder Mal Pas	279
10	*Talaia d`Albercutx*	bei Port de Pollença	Turm überschaut Formentor, beidseitig das Meer	275
11	*Torre D'Albarca*	Nordküste, Peninsula Llevant	Einsam am Meer, gut erhalten mit Kanone; Wanderung	300
12	*Talaia de Morey*	Cap Ferrutx, Peninsula Llevant	Hoch überm Meer, enorme Weitsicht; lange Wanderung	299
13	*Mirador de Ricardo Roca*	Westküste südl. von Estellencs	Direkt an der Küstenstraße, schöner Aussichtspunkt	216
14	*Torre de Canyamel*	Ostküste, 4 km vor Canyamel	Klobiges Bollwerk mit Restaurant (Spanferkel!)	301
15	*Talaiot Capocorp Vell*	Llucmajor/ Cala Pi	Die wesentlichsten Relikte der Talaiot Kultur	334
16	*Talaiot de Ses Paisses*	Bei Artá	Für Interessierte ebenfalls durchaus sehenswert	291f
17	*Necropolis*	Picafort/Son Baulo	Ruinen einer »Totenstadt«	287
18	*Teatro Romano*	Alcúdia	Beachtliches Relikt aus der Römerzeit	277
19	Römische Brücke	Pollença	Intakte Doppelbogenbrücke,	262
20	*Banys Àrabs*	Palma	Ruine arabischer Baderäume	155
21	*Talaiot Son Fornés*	bei Montuiri	Versteckte Felsblock-Räume	341
22	Kloster *Sa Trapa*	Südwesten bei Sant Elm	Ruine in malerischer Lage über dem Meer/Wanderung	216

Festungen, Burgruinen Wachttürme & antike Relikte

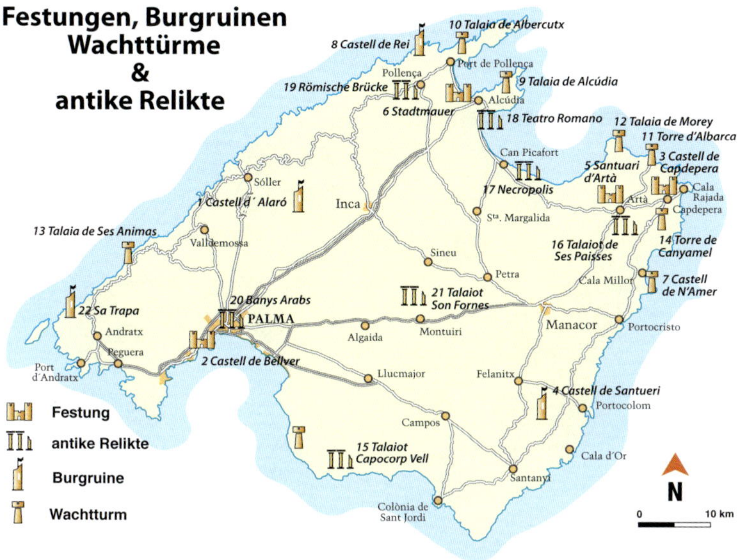

Das Castell de Capdepera lässt sich auf seinen Zinnen fast komplett umrunden

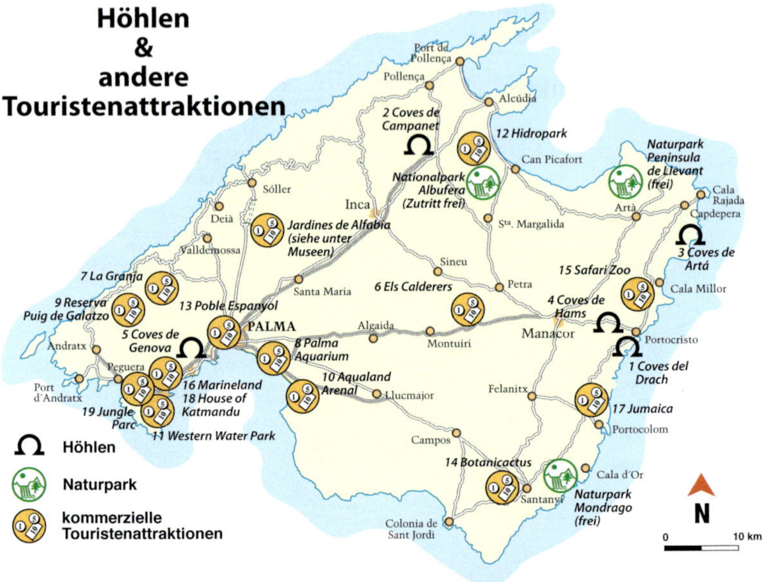

Der alte Gutshof Els Calderers (6) ist schon als solcher ein lohnenswertes Ausflugsziel. Die Terrasse ist südlich ausgerichtet und daher für ein Gläschen Rotwein, einen Espresso oder Cappuccino immer gut (Aufnahme entstand im Februar)

Höhlen und andere kommerzielle Touristenattraktionen

Nr.	Bezeichnung	Lage	Bemerkungen	Seite
1	*Coves del Drac*	Portocristo	Tropfsteinhöhle mit unterirdischem See und Konzert	324
2	*Coves de Campanet*	Nördlich des gleichn. Ortes	Hübsche Höhle mit weniger Betrieb, reizvolle Umgebung	387
3	*Coves d`Artà*	Costa de Canyamel	Große Höhle, riesiger Eingang, kitschige Farbspiele	312
4	*Coves dels Hams*	Portocristo	Filigraner Tropfstein, Mini-See, hübsch	325
5	*Coves de Genova*	Genova (bei Palma)	»Normale« Tropfsteinhöhle, für Besucher in der Nähe	175
6	*Els Calderers*	Zwischen Sant Joan und Vilafranca	Alter Adelshof wie aus dem Bilderbuch Mallorcas vor 100 Jahren; sehr sehenswert	370
7	*La Granja*	Esporles	Bäuerlicher Gutshof als »lebendes« Museum mit Kostproben; sehr lohnend	215
8	*Palma Aquarium*	Playa de Palma	Gutes modernes Aquarium	165
9	*La Reserva Puig de Galatzo*	Bei Puigpunyent/Galilea im Südwesten	Naturpark im Gebirge, Wasserfälle, angelegte Wege; Picknick; gut, hoher Eintritt	213
10	*Aqualand*	Arenal	Guter Wasserplanschpark	159
11	*Western Water Park*	Magaluf	Planschen, *Western Stunts* und Shows; originell	182
12	*Hidropark*	Alcudia	Wasservergnügen weit abgeschlagen auf Platz drei	287
13	*Poble Espanyol*	Palma	Nachbau berühmter span.-Bauten; bedingt sehenswert	141
14	*Botanicactus*	Ses Salines	Kakteengarten und Zucht von Kakteen/Verkauf	353 439
15	*Safari Zoo (Reserva Africana)*	Sa Coma/ Cala Millor	Freigehege afrikanischer Tiere und kleiner Zoo	321
16	*Marineland*	Bendinat/ Palma Nova	Miniversion amerikanischer Marineparks/Delphinshow	178
17	*Jumaica*	Nördlich von Portocolom	Botan. Garten, Kleintiere; Grüne Terrasse	329
18	*House of Katmandu*	Palma Nova/ Magaluf	Haus auf dem Kopf, Staunenswertes und Magisches; 4D-Kino, irre Minigolfanlage	181
19	*Jungle Parc*	Santa Ponça	Klettern in luftiger Höhe	189

Die sehenswertesten Museen (Reihenfolge alphabetisch nach Orten)

Bezeichnung	Lage	Bemerkungen	Seite
Museu de Pollentia	Alcudia	Funde aus römischer Zeit, Ruinen Villa und Amphitheater	282
Yannick & Jakober	bei Alcúdia	Mittelalterliche Kinderportraits	280
Museu de Vidrio Gordiola	Algaida, Ma-15, Ausfahrt 20	Glaskunst aus verschiedenen Ländern und Epochen	366
Centro Culturál	Andratx	Mod. Kunst, wechseln. Niveau	210
Ca N'Alluny	Deià	Das Haus von *Robert Graves*	228
Son Marroig	Westküste bei Deiá	Ehemalige Villa des Erzherzogs *Salvator* von Österreich	225
Museu Etnológico	Muro	Wohnen, Gewerbe und Handel	392
Almudaina	Palma	Königspalast	119
Museu Palau March	Palma	Palast an sich und Skulpturen	122
Fundació March	Palma	Moderne Kunst, oft brillant	127
Museu de Mallorca	Palma	Kultur und Geschichte	124
Es Baluard	Palma	Moderne Kunst	134
Museu Militar	Palma/Porto Pi	Altes Fort, Waffen & Historie	136
Fundació Joan Miró	Palma/C'Mayor	Miró-Werkstatt und -Museum	172
Museu Junípero Serra	Petra	Reminiszenzen des Gründers von San Francisco/USA	371
Museu Sant Antoni	Sa Pobla	Thema: *Fiesta de Sant Antoni*	389
Jardins de Alfabia	Vorm Sóller-Tunnel	Arabische Gärten, mallorquinisches Herrenhaus	253
Museu Balear de Ciencies Naturals	Sóller	Museum zu Geologie und Natur der Balearen mit botan. Garten	233
Museu Sa Prunera	Sóller	Herrenhaus, Kunst-/Stilmuseum	234
Museu Cartoixa	Valldemossa	Wohnung *Chopin*/Apotheke	222

Nostalgische lebensgroße Masken im Museu de Sant Antoni von Sa Pobla, die nur einmal im Jahr zur gleichnamigen Fiesta aktiviert werden. Überaus sehenswert!

Besonders empfehlenswerte Restaurants,
eine subjektive Zusammenstellung (dazu auch Seiten 82f lesen!)

Situation

Von Jahr zu Jahr nimmt die Zahl der Restaurants auf Mallorca vor allem in der gehobenen und Luxusklasse zu. Auch die Mittelklasse orientiert sich qualitativ nach oben. Tatsächlich macht der kulinarische »Aufschwung« Mallorca schon fast zu einem **Gourmet-Geheimtipp** – wiewohl zu oft nicht eben niedrigen Kosten.

Preis und Leistung

Das Preis-/Leistungsverhältnis ist nichtsdestoweniger im Allgemeinen im Lot. Dies bedeutet aber keineswegs günstigere Preise als in Deutschland. Grob gesagt liegen die Gastronomietarife in etwa im auch bei uns gewohnten Rahmen, nur bei starker lokaler Konkurrenz auch mal günstiger. Generell ist Alkoholgenuss nicht so teuer wie hierzulande; das gilt speziell für Wein.

Kriterien für die Restaurantempfehlung

Unter den Ortsbeschreibungen findet der Leser eine große Zahl allgemein empfehlenswerter Restaurants, darunter auch eine ganze Reihe kulinarisch bekannter und gelobter Adressen. Wenn es aber darum geht, **besondere Empfehlungen für den Urlaub** auszusprechen, kann die makellose Küchenqualität kaum das alleinige Kriterium sein. Sicher mögen sich viele Mallorca-Besucher durchaus einmal einen teuren Gourmet-Schmaus gönnen. Aber der Aspekt »Wo sitzt man besonders schön, urig oder originell?« dürfte oft eine größere Rolle spielen, zumindest solange damit eine ordentliche und/oder speziell mallorquinische Qualität der Küche (bei erträglichen Preisen) einhergeht. **Ganz konkret**: Der phänomenale Blick etwa von der Terrasse des Restaurants *La Victoria* auf die hinter den blauen Bergen der *Serra* untergehende Sonne schlägt für den Autor locker ein Michelin-Stern-Erlebnis, selbst wenn Karte und Küche eher Durchschnitt sind.

Und versprechen nicht der urmallorquinische *Celler Sa Premsa* oder das *Cal Dimoni* in Algaida manchem ein originaleres Ferienerlebnis als etwa ein *Jardin* in PortD'Alcudia? Dessen Zubereitungen sind zwar erstklassig (und teuer), aber sie wären eben auch ähnlich in Gourmet-Restaurants in der Heimat zu haben. Der geneigte Leser merkt schon, wohin »der Hase« hier laufen soll.

Subjektive Bewertung

Die **Subjektivität** bei der Zusammenstellung der Favoriten ist also groß im erläuterten Sinn, und auch das **Preisniveau** spielt eine gewisse Rolle. Daher fiel die Entscheidung für oder gegen eine Aufnahme in die »Bestenlisten« nicht leicht. Manch anderes Restaurant hätte ebenso hineingepasst. Welche Punkte im Einzelnen für die Berücksichtigung bedeutsam waren, ergibt sich aus der Kurzkennzeichnung, mehr auf der entsprechenden Seite. Da eine **Rangfolge** in Anbetracht der sehr unterschiedlichen Lokale nicht sinnvoll erschien, wurden sie **nach Orten alphabetisch geordnet**.

Variable Küchenqualität

Klar ist, dass die **Qualität der Küche** nicht bei jedem Besuch und jedem Gericht der Einschätzung entsprechen kann, die hier gegeben wird. Tendenziell jedoch dürfte der Leser mit der Mehrheit der empfohlenen Restaurants – im Rahmen der hier und im vorstehenden Text erläuterten Details – gute Erfahrungen machen:

Nach Qualität, Lage und Ambiente besonders empfehlenswerte Restaurants

Die 20 Favoriten des Autors (alphabetisch nach Orten)

Ort	Name des Restaurants	Kennzeichnung	Seite
Alcúdia	***Mirador Victoria***	Fantastisch positionierte Terrasse über der Bucht von Pollença, aber Küche nicht überdurchschnittlich; Preise o.k.	279
Artá	***Gaudi***	Edelrestaurant im *Hotel Sant Salvador*. Klein und stimmungsvoll; auch am Abend drinnen wie draußen. Küche sehr gut; gehobenes Preisniveau.	298
Cala Bona (Nähe)	***Port Verd*** (nur Mitte Mai bis ca. Mitte September)	An der Straße von Cala Millor/Bona zur Costa de Pins. Tolle Terrasse direkt am Wasser in einem grün-genialen Umfeld mit Ministrand hinter Palmen an felsiger Abbruchküste.	314
Cala Figuera	***Pura Vida***	Restaurant auf zwei Stockwerken direkt auf der Steilküste, Terrasse, Pool, Blick übers Meer. Chill-out-Bereich. Küche o.k.	347
Cala Llamp	***Gran Folies Beach Club***	Restaurant des Clubs mit überdachter Terrasse zwischen Pool, Badefelsen und Chill-out-Bereich. Ruhig und angenehm.	
Campanet	***Mirador*** (im ****Hotel *Monnaber Nou*)	Rustikal eleganter Gastraum und Aussichtsterrasse übers Land. Mallorquinische und internationale Gerichte.	387
Capdepera	***Senzill*** *(Finca Son Jaumell)*	Gourmetrestaurant des kulinarischen Wunderkindes *Andreu Genestra*	302
Deià	***Café Miró*** (im *****Hotel *La Residencia*)	Wunderschöne Gartenterrasse mit Blick auf Deià. Gute, leichte Küche und Tapas. Hohes Niveau in jeder Beziehung.	229
Deià (Nähe)	***Bens d`Avall***	Herrliche Terrasse hoch über dem Meer zwischen Deià und Sóller. Anfahrt etwas mühsam. Gilt als Gourmetrestaurant. Gehobenes Preisniveau.	230
Lloseta	***Santi Taura***	Vielleicht die beste Küche Mallorcas. *Santi Taura* ist der Name des begnadeten noch relativ jungen Inhaber-Kochs. Nur 6-Gang-Menü im Wochenwechsel. Langfrist-Vorausreservierung nötig.	259
Manacor	***Son Amoixa Vell*** (Hotelfinca)	Kleines Restaurant der Edelfinca Amoixa Vell, ca. 6 km östlich Manacor (Ma-4015). Sehr gemütlich, auch auf der Terrasse	328

40 besondere Restaurantempfehlungen

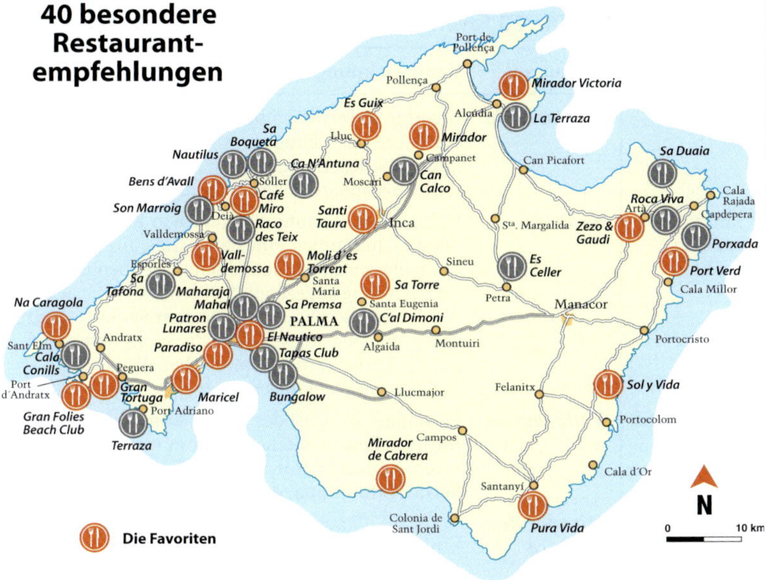

Ort	Restaurant	Kennzeichnung	Seite
Palma	***El Nautico***	Restaurant im Yachtclub über dem Hafen. Sehr gepflegt. Wunderbare Aussicht draußen tagsüber wie bei Nacht. Preise o.k.	144
Palma/ Cala Mayor	***Il Paradiso***	Edelitaliener neben dem Gelände des des spanischen Königs *Palau Marivent*; drinnen gediegen (tolle Intarsiendecke) und draußen Blick über Strand und Bucht. Gehobene Tarife.	
Peguera/ Cala Fornells	***La Gran Tortuga***	Unterhalb der Straße durch die *Aldea Cala Fornells* mit Pool und Weitblick; internationale Küche, gehobene Preise	171
Santa Maria (Nähe)	***Moli des Torrent***	Gepflegtes, gemütliches Restaurant in einem alten Mühlengebäude mit Kräutergarten vor der Tür. Hübscher Innenhof. Dafür angemessene Preise.	380
Sant Agusti/ Cas Catalá	***Maricel***	Edelrestaurant im gleichnamigen ***** Hotel mit wunderbarer Terrasse über der Bucht von Palma und First-class-Service; ein Ort für besondere Anlässe.	174

Fortsetzung: Die 20 Favoriten des Autors (alphabetisch nach Orten)

Ort	Restaurant	Kennzeichnung	Seite
Sant Elm	***Na Caragola***	Meerblick-Terrasse über dem Anleger der Boote nach Dragonera. Gute mallorquinische Küche und mehr. Nur wenig teurer als andere Lokale in Sant Elm.	205
Santa Eugenia (Nähe)	***Sa Torre***	Behagliches Restaurant im hohen Keller der gleichnamigen Finca zwischen alten Eichenfässern und Gemälden. Nur abends, Reservierung angezeigt: © 971 144 011. An der Straße Ma-3020 zwischen Santa Maria und Sencelles, KM 7, ausgeschildert. Große Auswahl mallorquinischer Weine. Preisniveau dafür angemessen.	siehe Foto und Text unten
Valldemossa	***Valldemossa*** (im *****Hotel *Valldemossa*)	Unschlagbare Lage des Hotels kombiniert mit exzellenter Küche in einem makellosen Ambiente mit Blick auf Stadt und Serra Tramuntana, daher nicht billig.	223
Vallgornera	***Mirador de Cabrera***	Von Cala Pi aus oder ab Ma-6014 in die hinterste Ecke von Vallgornera. Gutes Restaurant mit Gartenterrasse an der südlichen Steilküste Mallorcas mit Blick übers Meer bis Cabrera. Wegen der relativ mühsamen Anfahrt nur bei gutem Wetter bei Helligkeit zu empfehlen. Preise o.k.	362

Restaurant im alten Weinkeller des Fincahotels »Sa Torre« bei Santa Eugenia mitten in den hauseigenen Weinfeldern. Öffnungszeiten und Reservierung unter © 971 144 011. Mehr dazu im Internetportal www.sa-torre.com und im Unterkunftsbeileger.

Weitere 20 empfehlenswerte Restaurants (alphabetisch nach Orten)

Ort	Name des Restaurants	Kennzeichnung	Seite
Algaida	***C'al Dimoni***	Verräuchertes Landgasthaus an der alten Straße Palma-Manacor. Mallorquinische Kost. Offenes Feuer mit Grill. Preiswert.	367
Cala Bona, (bei Cala Millor)	***Sa Punta***	Seit Jahren dank prima Küche beliebtes Restaurant auf eigener kleiner Landzunge. Drinnen gemütlich, draußen hübscher Garten direkt am Wasser. Mittlere Preise.	315
Aucanada (bei Port d'Alcúdia)	***La Terraza*** (plus Bistro)	Restaurant am Ortsende am Wasser. Sehr schöne Terrasse. Internationale und Fischgerichte, Preise etwas gehoben.	288
Capdepera Golfplatz	***Roca Viva***	Das besondere Restaurant am Golfplatz, Terrasse mit geschützter Sonnenlage; -drinnen gemütlich, Preise mittel.	301
Canyamel	***Porxada***	Restaurant neben dem alten Wachtturm an der Zufahrt nach Canyamel. Spezialität sind Spanferkel. Rustikaler Gastraum, keine Terrasse. Moderate Preise.	312
Ciutat Jardi	***Bungalow***	Unmittelbar am Wasser an der Promenade Palma-Arenal. Fisch+Meeresfrüchte. Preise mittel. Terrassentische reservieren!	168
Deià	***Es Racó des Teix***	Die kulinarische Alternative zum edlen *El Olivo* im Hotel La Residencia. Auch hübsche Terrasse mit Blick auf Deià. Ebenfalls hohe Tarife; Reservierung.	229
D'en Repic (Port de Soller)	***Es Faro***	Restaurant in sagenhafter Lage über der Einfahrt in die Bucht von Soller. Toller Blick und gehobene Küchenqualität.	242
Esporles	***Sa Tafona***	Gediegene Eleganz im hohen Raum der einstigen Ölmühle. Küche mallorquinisch-international; Tarife mittel bis gehoben. Anfahrt ab Esporles ausgeschildert (5 km).	215
Fornalutx	***Ca N'Antuna***	Mallorquinisch-rustikales Restaurant am Ortsrand, begrünte Terrasse, prämierte Küche, schwankt aber. Mittlere Tarife.	243
Moscari	***Càn Calco***	Geheimtipp für Fischgerichte; Restaurant im kleinen unauffälligen Ortshotel.	261
Palma	***Maharaja Mahal***	Speisen wie ein Sultan, zumindest, was den palastartigen Rahmen (innen) angeht. Indische Küche, mittlere Preise.	146

Weitere empfehlenswerte Restaurants (alphabetisch nach Orten)			
Ort	**Name**	**Kennzeichnung**	**Seite**
Palma	***Sa Premsa***	Der Tipp fehlt in keinem Reiseführer. Zu Recht wegen der Atmosphäre. Eher mittelmäßige, teilweise auch gute Küche, dafür preiswert. Hauswein preiswert+gut.	147
Palma	***Amaya & Patron Lunares***	Originelle Restaurants in Kneipenstraße Carrer Fabrica im Stadtteil Santa Catalina	140
Palma/ Portitxol (Es Molinar)	***Tapas Club***	Palma hat viele gute Tapa-Restaurants, aber nur dieses in unmittelbarer Hafennähe an der Promenade in Es Molinar	169
Petra	***Es Celler***	Ein »richtiger« alter Weinkeller, mallorquinische Küche. Moderate bis mittlere Preise. Auch bei Spaniern recht populär	372
Port Adriano	***Terraza***	Tolle Südwestlage am/überm Yachthafen, Küche mediterran-international, auch Fisch und Meeresfrücht; gute *Menus del Dia*, gehobenes Niveau einschl. der Preise.	185
Port de Sóller	***Bar Nautilus***	Bistro auf dem Felskamm hoch über dem Meer in Nachbarschaft zum ******Hotel Jumeirah*. Panoramaverglaster Gastraum, irre Terrasse, begrenzte Karte, nicht teuer.	240
Sant Elm	***Cala Conills***	Gutes Fischrestaurant modern gestylt dem Strand gegenüber. Freier Blick	204
Soller	***C'an Boqueta***	Kleines Edelrestaurant in einer Villa mit Garten. Nur wechselnde Menüs. Immer voll. Schräg gegenüber *Celler Cas Carreter*.	236

Gran Café Cappuccino, mit 9 Lokalen auf Mallorca vertreten, hier in Port Portals, ist meist eine gute Wahl

Die schönsten Picknickplätze

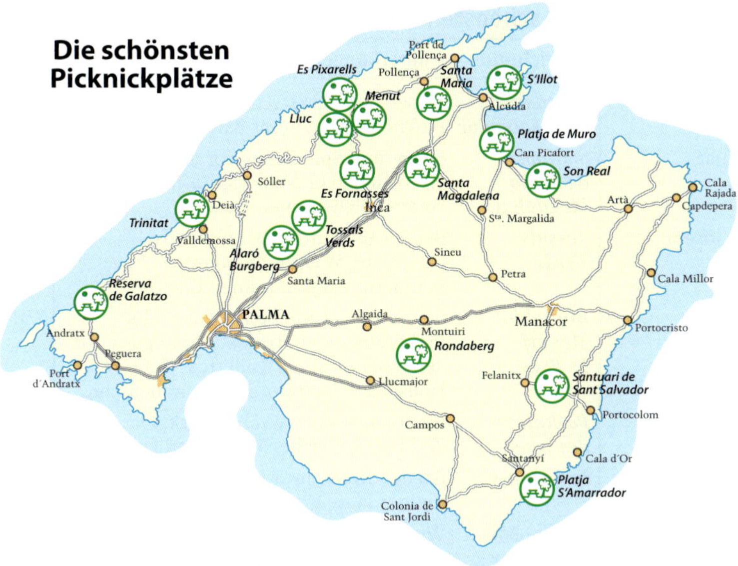

Die schönsten Picknickplätze

Nächster Ort	Bezeichnung	Anmerkungen	Seite
Alaró	***Oratori NS de Refugi*** (improvisiert)	Vorplatz der Anlage über der Burgruine von Alaró. Die breiten Mauern sind ein idealer Sitz mit Weitblick über die Insel. Vom Gasthof *Es Verger* ca. 50 min (45 min bis Ruinen +5 min).	257
Alcúdia	***S'Illot***	Picknicktische unter Kiefern und über der Bucht von Pollença an der Straße von Alcúdia zur Ermita de la Victoria.	279
Cala Figuera (Santanyi)	***SÀmarrador***	Am Südzugang der *Platja S'Amarrador* stehen Picknicktische unter Bäumen gleich hinterm Strand (500 m zu Fuß).	341
Can Picafort	***Platja de Muro***	Zwischen der Straße Picafort-Alcúdia und Strand im Wäldchen ca. 1 km nördlich des Kreisverkehrs vor Can Picafort.	291
Can Picafort/ Son Baulo	***Finca Son Real***	An der Straße Picafort-Arta Agrarfinca mit Museum und kleinem Naturpark, Wegenetz. Picknickplatz 2,5 km fast an der Küste, auch zu Fuß ab Son Baulo.	294

Fortsetzung: Die schönsten Picknickplätze

Nächster Ort	Bezeichnung	Anmerkungen	Seite
Felanitx	***Santuari de Sant Salvador***	Neben den Parkstreifen stehen Picknicktische unter Bäumen	330
Inca	***Santuari de Santa Magdalena***	Grün- und Spielfläche vor dem eigentlichen Gelände der *Ermita*. Feuerstellen zum Grillen.	386
Lloseta	***Tossals Verds***	Bei der Berghütte *Tossals Verds*, Grillroste, Wasser. 45-60 min-Wanderung durch grünen Canyon.	251
Lluc	***Binifaldo: Menut/ Es Pixarells***	Beidseitig der Straße Pollença–Lluc Picknicktische/Grillroste. Spielplatz auf dem oberen Areal. Toiletten. Tolle Felslandschaft. Klettern. 2 km nördlich Lluc.	250
Lluc	***Parkplatz des Klosters***	Picknicktische zwischen Parkplatz und Waldrand; Büsche, Bäume und Felsen.	253
Lluc	***Es Fornasses***	An der Straße Inca-Lluc im Aufstieg; kleiner Platz im Wald mit Tischen.	–
Petra	***Ermita NS de Bonany***	Wuchtige Steintische mit Superblick weit über die Landschaft.	372
Pollença	***Puig de Santa Maria***	Mehrere Picknicktische rund um den Komplex. Grillplatz. Toller Blick. Ab Straßenende 15-20 min Aufstieg.	265
Puigpunyent	***Reserva Puig de Galatzo***	Picknick im kommerziellen Naturpark. Grill mit Feuerholz. 20-30 min zu Fuß.	213
Randa	***Nuestra Senyora de Cura***	Unter Bäumen auf der obersten Ebene des Randabergs zahlreiche Tische und Grillroste; Bolzplatz.	365
Sóller-Lluc	***Sa Bassa***	An der Straße Sóller-Lluc im Aufstieg in die Serra Tramuntana; schlichter Platz.	-
Sóller-Lluc	***Antoni Caimari***	Kleiner Platz am Südende des Stausees *Gorg Blau* an der Straße Sóller-Lluc.	–
Valldemossa	***Ermita de Trinitat***	Steintische unter schattigen Bäumen. Dazu kleine Terrasse über dem Meer.	224

Picknicktische wenige Meter über dem Meer beim Kieselstrand von S'Illot (Seite 411)

Schicke Leggins im Jeans-Look im Angebot für €6 auf demMarkt von Inca

Mallorcas Märkte (vormittags bis ca. 13 Uhr, so nicht anders angegeben)

Wochentag	Markt in
Montag	Caimari, Calviá, Lloret (mit Flohmarkt), Manacor, Montuiri
Dienstag	Alcúdia, Artá, Campanet, Llubi, Porreres, Sánta Margalida, Sóller, S'Alqueria Blanca, S'Arenal
Mittwoch	Andratx, Capdepera, Colonia de Sant Jordi (nachmittags), Lluchmajor, Petra, Port de Pollença, Sa Cabana, Santanyi, Selva, Sencelles, Sineu, Vilafranca,
Donnerstag	S`Arenal (Flohmarkt), Ariany, Campos, Consell, Inca, Portol/Marratxi, Sant Llorenc, Sant Joan, Ses Salines,
Freitag	Algaida, Binissalem (auch Kunsthandwerk), Can Picafort, Llucmajor, Maria de Salut, Pont d`Inca, Sa Cabaneta, Son Carrió, Son Servera, S'Arenal
Samstag	Alaró (nachmittags, auch Kunsthandwerk), Bahia Gran, Buger, Bunyola, Cala Rajada, Campos, Costitx, Esporles, Lloseta (mit Flohmarkt), Magaluf, Palma, Portocolom, Santa Eugenia, Santa Margalida, Santanyi, Sóller, S'Horta
Sonntag	Alcúdia, Felanitx, Llucmajor, Muro, Pollença, Portocristo, Sa Pobla, Santa Maria, Valldemossa
Außerdem:	**Sa Flohmarkt** in **Palma** (➪ Seite 141f), **So** auch in **Consell,** in **Marratxi** (➪ Seite 378) und **Santa Ponça** (➪ Seite 190) Mo, Fr, Sa **Kunstmarkt** Plaça Mayor in Palma (➪ Seite 142)

Bewertung der Märkte

Generell

In allen größeren mallorquinischen **Landstädtchen** und auch in einigen Ferienorten wird wöchentlich ein **gemischter Markttag** abgehalten, in einigen Fällen auch zweimal, in Llucmajor sogar dreimal pro Woche. Die meisten Märkte sind nicht farbiger als Wochenmärkte in Deutschland. Eher ist in einigen Orten das Gegenteil der Fall. Auf stark von Urlaubern besuchten Märkten dominieren zudem die Stände für Billigtextilien und Schnickschnack das ursprüngliche Marktgeschehen.

Die wochentags am Vormittag täglich geöffneten **Markthallen** in **Palma** (speziell **Santa Catalina**, ➪ Seite 139) und **Manacor** verbreiten teilweise mehr »Originalflair« als die durchschnittliche *Open-Air*-Konkurrenz.

Auswahl für den Besuch

Was ist nun wirklich von Märkten zu halten, die oft als besonders besuchenswert hervorgehoben werden? Unter den Ortsnamen in den vorstehenden Kapiteln wird darauf eingegangen. Hier genügt daher eine kurze Kennzeichnung:

Sineu/Mi

Der **beste Wochenmarkt**, da originäre Elemente noch gut vertreten sind, angesiedelt in pittoresker Altstadt; meist sehr stark besucht.

Inca/Do

Größter Markt Mallorcas, aber zu »touristifiziert«. Gemüse- und landwirtschaftlicher Gerätemarkt gerieten über die Jahre arg ins Hintertreffen. Besuch für sich ist kein Motiv für lange Anfahrten.

Llucmajor/Fr

Allgemein gelobter großer Markt, aber auch nur graduell ansehnlicher als in anderen Orten. Markt dort auch Mi und So.

Sa Pobla & Santa Maria/ beide So

Der Sonntagsmarkt von Sa Pobla gehört zwar ebenfalls zu den – auch von Touristen – relativ gut besuchten Märkten, ist aber eine überwiegende Angelegenheit für (preiswertes) **mallorquinisches Familienshopping**. Nur mittelmäßig interessant. Dasselbe gilt für Santa Maria, dort weniger Touristen.

Verkaufsstände für Sobrasada-Würste findet man auf den meisten Märkten Mallorcas

Alcúdia/So Der **beste am Sonntag**: Gute Mischung von Obst- und Gemüsemarkt, Bekleidung, Kunst und Kitsch vor der Stadtmauer.

Pollença/So In Pollença lebt der kleine Markt von der hübschen Plaça. Am Rande des Geschehens sitzt man dort gemütlich in der Sonne.

Palma/Sa Baratillo Der **Flohmarkt** in Palma verdient die Bezeichnung nur bedingt, er ist Markt für alles und jedes (auch gefälschte Markenartikel). Für **Marratxi** und **Bugadelles** gilt Ähnliches.

Der dreimal wöchentlich stattfindende Kunst- und Handwerksmarkt auf der ***Plaza Mayor*** in **Palma** macht seinem Namen durchaus Ehre. Gar nicht selten stößt man dort auf ganz originelle Produkte. Auf dem kleinen Kunstmarkt freitags in **Binissalem** geht es überwiegend um Bilder und Gemälde.

»Mallorcatypische« Produkte und Mitbringsel

Bezeichnung	Anmerkungen	Seite
Perlen	Die Auswahl an Perlschmuck ist bei ***Majorica*** in Manacor oder ***Orquidea*** in Manacor und bei Montuiri kaum zu überbieten – künstliche und echte Perlen.	374 368
Lederwaren (Inca, Montuiri)	In Ledersupermärkten findet man alles, was sich aus Leder herstellen lässt. Preis-/Leistung aber oft kritisch.	385 368
Siruells	Die grün-rot bemalten weißen Tonfiguren sind heute wahrscheinlich die originärsten Mitbringsel aus Mallorca. Sie werden in Marratxi hergestellt.	378
Geblasene Glasprodukte	Die Glasbläser von *Gordiola* und *Menestralia* gehören zu den Sehenswürdigkeiten auf Mallorca. Vieles tendiert zum Kitsch, aber es gibt auch (teures) Geschmackvolles.	366 386
Töpferware/ Keramik	Mit offenen Augen auf Märkten und in Landstädtchen findet man oft inseltypische einfache Ware, meistens moderat gepreist. Schöne, handbemalte Keramik für Gebrauchszwecke und Dekoration gibt es in den Werkstätten in Portol und in Läden z.B. bei Sóller an der Straße Ma-10, in Manacor, Felanitx, Campos oder Banyalbufar.	218 242 344 375 377
Olivenholz-artikel	Neben billiger Dutzendware gibt es wahre Kunstwerke der Olivenholzbearbeitung und schöne Gebrauchsartikel in Souvenir-, Keramik und Ledershops; relativ teuer	
Sobrasadas **(rote Würste)**	Eine fette mallorquinische Spezialität und eher nicht gesund, schmeckt aber vielen sehr, ➪ Foto links.	234
Käse	Ein unerwartetes Mitbringsel: Die Käserei *Burguera* an der Straße Campos-Colonia Sant Jordi produziert mehrere Sorten mit sehr herzhaftem Geschmack.	357
Flor de Sal	»Gesundes« Qualitätssalz aus Colonia de Sant Jordi und Ses Salines; auch auf Märkten in Orten der Ostküste.	357

7. ROUTENVORSCHLÄGE FÜR TAGESTRIPS UND EINE WOCHE RADRUNDFAHRT VON ORT ZU ORT

Mit Mietwagen

Auf den folgenden Seiten sind **12 abwechslungsreiche Routen für (Ganz-) Tagesausflüge***) zusammengestellt.

Vor dem Start einer längeren Tour sollte sich zusätzlich zu der diesem Buch beiliegenden Karte noch eine **Straßenkarte** mit größerem Maßstab zulegen, wer auch kleine Nebenstrecken befahren möchte, ➪ Seite 107.

Tagestrips mit Taxi, Bus, Zug und Boot

Man kann **Tagestouren** durchaus **per Taxi** realisieren. Inklusive Wartezeiten kostet das entfernungsabhängig etwa €200-€300 oder einen auszuhandelnden Tagesfixpreis, was bei 3-4 Personen ggf. zu akzeptablen Kosten/Person führt. Per **Bus** und **Bahn** sind die meisten Routen so nicht nachvollziehbar, weder was die Verbindungen als solche noch die Verkehrsfrequenz betrifft. Mit öffentlichen Transportmitteln wird man sich daher eher auf feste Ziele beschränken müssen. Rundfahrten sind damit nur schwer zu bewerkstelligen; indessen gelten zwei wichtige Ausnahmen:

- **Route 3** lässt sich etappenweise **auch per Bus** absolvieren und mit einer Fahrt auf der Sóller-Bahn abschließen.
- **Route 4** kann man ebenfalls mit Bus und Bahn realisieren, braucht aber für die Bootsfahrt Port de Sóller-Sa Calobra ein mit dem Busfahrplan genau abgestimmtes Timing. In umgekehrter Richtung ist das etwas einfacher, ➪ Seiten 238 und 244.

Andere Strecken können nur in abgekürzter Form über eine Kombination von Bus und Eisenbahn (und ggf. Taxi für kleinere Zwischenabschnitte) bewältigt werden.

Zur Konzeption

Allen Routenvorschlägen gemeinsam ist, dass sie innerhalb eines Tages im Prinzip gut »machbar« sind, was sich schon aus einem Blick auf die Kilometerangaben in der jeweiligen Routenskizze ergibt. Dennoch kann die Zeit bei längerem Verweilen nach Zwischenstopps leicht knapp werden. Vorgaben dafür fehlen, weil Fahrpausen je nach Interessen, Jahreszeit, Wetter, Lust und Laune individuell sehr unterschiedlich ausfallen dürften.

Mit Ausnahme der Routen 4, 7 und 9 wurden die Routen als Rundstrecke konzipiert, wobei sich im **Fall 4** inklusive der Anfahrt, woher auch immer, letztlich ebenfalls leicht eine Rundtour ergibt.

Ähnlich kann es auch im Fall der **Route 7** sein. Dort allerdings geht kein Weg daran vorbei, dass die Stichstraßen hinein in die Halbinseln Formentor und La Victoria hin und zurück zu fahren sind.

Die **Route 9** besteht sogar im Wesentlichen aus Abstechern von einer kleinen dreiecksförmigen Runde auf Stichstraßen zu einer Reihe von Zielorten am Meer, die untereinander nicht durch Küstenstraßen verbunden sind.

*) Zwei weitere Tagesprogramme für Palma und Umgebung finden sich am Ende des Kapitels 4 ab Seite 150.

Für die Zusammenstellung der Routen und Logik dazugehöriger Hinweise wurde von einem **Start nicht später als 10 Uhr** morgens ausgegangen, Anfahrt zur jeweiligen Route nicht mit gerechnet. Ein relativ früher Start ist vor allem in Herbst und Winter wegen früh einsetzender Dunkelheit wichtig.

Neben den Rundfahrtskizzen stehen in allen Fällen Erläuterungen zu Routenverlauf und -details, sinnvollen Start- bzw. Einstiegspunkten und Empfehlungen für die Fahrtrichtung.

Links neben dem Text sind die jeweiligen Seiten angegeben, auf denen der Leser ausführliche Informationen zu den Teilstrecken, Orten und Sehenswürdigkeiten auf der Route findet.

Zeitbedarf

Wie bereits gesagt, ist keine der Routen samt Abstechern kilometermäßig besonders lang. Aber einschließlich einer Anfahrt vom Standquartier kommt man leicht auf mehr Fahrstunden, als es zunächst aussehen mag. Nicht vergessen werden darf auch, dass sich im Gebirge und auf manch kleiner Straße im Inselinneren nur geringe Durchschnittsgeschwindigkeiten erreichen lassen, zumal, wenn an sich kurze Fotostopps die Fahrt immer mal wieder unterbrechen. Sie führen in summa schnell zu erheblichem Zeitbedarf.

Abweichende Routenplanung

Die Routen erfassen zwar alle nennenswerten Sehenswürdigkeiten, besonders reizvolle Straßenführungen und Landschaften, einen Großteil der in den vorausgegangenen Kapiteln empfohlenen Gastronomie und manche »Nebenbei-Aktivität« (Badeunterbrechungen, Bootsfahrten, kleine Wanderungen u.a.m.) Aber natürlich lassen sich Ausflugsrouten dank des sehr engmaschigen Straßennetzes Mallorcas auch anders als in diesem Buch zusammenstellen. Ein Teil der Routen kann durchaus kombiniert werden. Einige von ihnen sind bereits »überlappend« angelegt.

Auf dieser Basis und unter Berücksichtigung individueller Interessen (➪ Übersichten im vorstehenden Kapitel) ist es auch kein Problem, sich abweichende, persönlichen Prioritäten entsprechende Routen für die Entdeckung Mallorcas selbst zu »stricken«.

Rundfahrt für Biker

Da Fahrradurlaub auf Mallorca immer beliebter wird, wie eingangs ausgeführt, hat *Thomas Schröder* eine 7-Tage-Rundfahrt ausgearbeitet, die im Anschluss an die Ausflugsrouten 1-12 ab Seite 440 vorgestellt wird.

Steg zum Anleger für Ausflugsboote am flachen Strand der Bucht von Alcúdia

ROUTE 1 — Südwestliche Sonnenküste und Hinterland

Seiten	
	Diese Route eignet sich zunächst als erste Entdeckungstour für alle, die in einem der populären südwestlichen Touristenorte untergekommen sind, aber ebenso als Rundfahrt zum Kennenlernen der südwestlichsten Region Mallorcas für alle, die anderswo logieren. Für sie ist es in den allermeisten Fällen am günstigsten, über Palma bzw. dessen Umgehungsautobahn *Via Cintura* und dann auf der Ma-1 anzufahren.
ab 184	Hier wird vorgeschlagen, die Autobahn frühestens westlich von Magaluf zu verlassen und über **Port Adriano** nach **Santa Ponça/Peguera** zu fahren.
171-182	Wer sich für die Palma näher liegenden Orte von **Cala Mayor** bis ***Magaluf*** interessiert, verlässt die Autobahn gleich hinter Palma oder fährt über Palmas Meeresavenida an.

195-212 Von **Peguera** geht es – vielleicht mit einem kleinen Abstecher zur **Cala Fornells** – über **Camp de Mar** zum Prominentendorf **Port d'Andratx** und weiter bis **Sant Elm**, sofern die Zeit reicht. So nicht, nimmt man den direkten Weg über **Andratx** für die Rückfahrt. Entweder wie vorgeschlagen über **Capdella** und **Calvia** oder auch zurück auf der Autobahn.

Die abschließende Tour durchs **Hinterland** beginnt mit einer der schönsten Strecken des Südwestens (die sich auf der Route 1b in Richtung *La Granja* weiter fortsetzt), vielleicht nach Kunstgenuss im *Centro Cultural* und dann in der frühen Abendsonne über **Capdella** und **Calvia** zurück.

Kommentar Unterwegs gibt es jede Menge Abwechslung von großen und kleinen Stränden über Kurzwanderungen bis zu kommerziellen Attraktionen. Möglichkeiten zur Einkehr en masse und trotz streckenweise hoher touristischer Dichte auch noch Bereiche voller Naturschönheit.

ROUTE 2 Die schönste Küsten- und Inlandsroute der Insel

Seiten

216-218 Das beste Teilstück der Westküstenstraße von Andratx nach Sóller sind die ca. 20 km zwischen dem letzten Kilometer vor Erreichen der Steilküste über **Estellencs** bis **Banyalbufar**. Allein dafür lohnt sich die Anfahrt, von wo aus auch immer.

215-209 Den nicht minder reizvollen Kontrapunkt bietet die Inlandsstrecke vom unverzichtbaren Besuchsziel ***La Granja*** über **Puigpunyent** und **Galilea** bis **Capdella** oder – noch besser – bis **Andratx**. Autofahrern wird auf dieser kurvenreichen Route Einiges abverlangt. Ist die Küstenstraße noch recht gut ausgebaut, so bilden die Straßen 1011, 1031 und 1032 mit vielen engen Spitzkehren eine echte Herausforderung. Auch wenn die letztgenannte Strecke unter 30 km lang ist, dürfte sie inkl. Ortsquerungen kaum unter einer Stunde zu »machen« sein.

Kommentar Gründe für abwechslungsreiche Zwischenstopps und -aufenthalte sind auch auf dieser Route zahlreich. Speziell bei Besuch von *La Granja* (min. 2 Stunden) und inkl. einiger sonstiger Unterbrechungen wird ein Tag trotz überschaubarer ca. 70 km plus Anfahrt schnell zu kurz, wie übrigens auch bei Route 1.

Hinweis Die **optimale Fahrtrichtung** wäre hier gegen den Uhrzeigersinn. Wer in Andratx oder Capdella beginnt, kommt sicher zeitig genug beim Landgut *La Granja* an, um dort am frühen Nachmittag »durch« zu sein und dann die Küste in der Nachmittagssonne genießen zu können samt Terrassendrink im *Es Grau* 200 m über dem Meer beim *Mirador Ricardo Roca*.

Beide Rundfahrtrouten lassen sich für alle, die mit kurzen Pausen auskommen, rein technisch gut miteinander kombinieren, wie die Karte zeigt. Als Tagestour aber nur um den Preis, dass man an Vielem vorbeifährt, was einen Stopp lohnt.

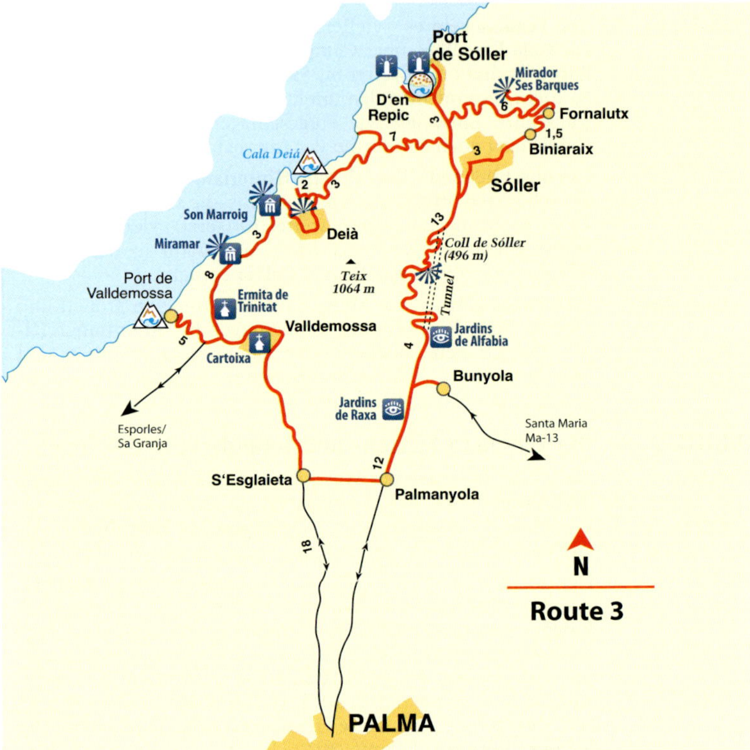

ROUTE 3 Der »klassische« Ausflug nach Sóller/Port de Sóller und über Deia nach Valldemossa oder umgekehrt

Seiten

Zur Route

Auf dieser Route sind Ausflugsbusse unterwegs, seitdem es Tourismus auf Mallorca gibt. Und tatsächlich lassen sich nirgendwo sonst auf Mallorca auf so kurzer Strecke intensives Kultur- und Landschaftserlebnis inklusive Bademöglichkeiten und gastronomischer Genüsse so gut miteinander verbinden. Von Valldemossa sind es über Port de Sóller und Sóller nach Bunyola nur ca. 60 km. Die lassen sich indessen rasch mit serpentinenreichen Abstechern und Umwegen (Port de Valldemossa, Cala Deià, D'en Repic, Fornalutx) auf über 100 km bringen, von der An- und Abfahrt nicht zu reden. Dazu hält die Route reichlich kleine und große Attraktionen bereit, die zu Zwischenstopps und Aufenthalten animieren. Die muss man insgesamt kurz halten, um die Gesamtroute zu schaffen.

Anfahrt

Apropos Route: Wer über Palma oder Santa Maria/Bunyola anfährt, sollte auch hier eine Fahrt gegen den Uhrzeiger starten, so dass man am Nachmittag die Strecke Deià-Valldemossa/Port de Valldemossa mit Sonnenschein auf der Küste fährt.

252f Erstes mögliches Zwischenziel wären bei Interesse die *Jardins de Alfabia*, aber kein »Muss«, ebensowenig die *Jardins de Raixa* ein paar Kilometer weiter südlich. Bei schönem Wetter und guter Sicht ist eine Fahrt auf der alten Straße über den Coll de Sóller erwägenswert (+20 min Zeitbedarf gegenüber der Tunneldurchfahrt, meist wenig Verkehr und €5 gespart).

Das Zentrum von Sóller wartet mit der schönsten Plaça der Insel, einer Fußgängerzone und einigen interessanten Museen auf Besucher. In Port de Sóller legen die Boote nach Sa Calobra ab (⇨ Route 3) und Strandleben gibt's dort auch.

242f Zum Umweg über Fornalutx und ggf. den *Mirador de Ses Barques* reicht die Zeit eines Tages nur bei Verzicht auf Stopps anderswo und ist dann eher sinnvoll für alle, die eine Weiterfahrt nach Deià/Valldemossa nach viel Zeit im Tal von Sóller nicht mehr ins Auge fassen oder ab Valldemossa nach Sóller fuhren und dort erst am späten Nachmittag/frühen Abend ankommen.

230-219 Die bis auf ein kleines Zwischenstück gut ausgebaute Straße nach Valldemossa erreicht wenige Kilometer westlich von Sóller die Passhöhe und kurz darauf den Abzweig zum phänomenal gelegenen Restaurant *Bens d'Avall* (2 km).

Deià muss man einfach besucht haben, die **Cala Deià** ggf. auch; in beiden Fällen gilt: sofern man einen Parkplatz findet.

Son Marroig wartet mit Museum, Restaurant, Aussicht und eventuell einer tollen (anstrengenden) Wanderung. Ein paar Kilometer weiter ist das ebenfalls museale Herrenhaus ***Miramar*** nicht ganz so sehenswert.

Am Ende der Route steht die Besichtigung von **Valldemossa** auf dem Programm. Wer nicht vor 17 Uhr ankommt, erlebt ein ruhigeres Valldemossa, denn das Gros der Ausflugsbusse ist dann wieder weg. Vormittags muss man schon vor 10 Uhr vor Ort sein für diesen Effekt. Zumindest März-Oktober ist das Hauptziel Cartoixa noch bis 18/19 Uhr geöffnet. Die alte wunderschöne **Unterstadt** kann man jederzeit genießen.

Kommentar

Man kann diese Route selbst mit den eingezeichneten Abstechern durchaus an einem Tag durchziehen inklusive kurzer Besuche der Hauptorte Sóller, Deià und Valldemossa und Einkehr etwa auf Sóllers oder Valldemossas Plaças und neben Fotopausen ein bisschen Besichtigungszeit für Sehenswürdigkeiten. Empfehlenswert für Reisende, die Mallorca noch nicht kennen.

Richtig gut und entspannt wären jeweils ganze Tage für die Bereiche Valldemossa/Deià und Tal von Sóller mit Fornalutx.

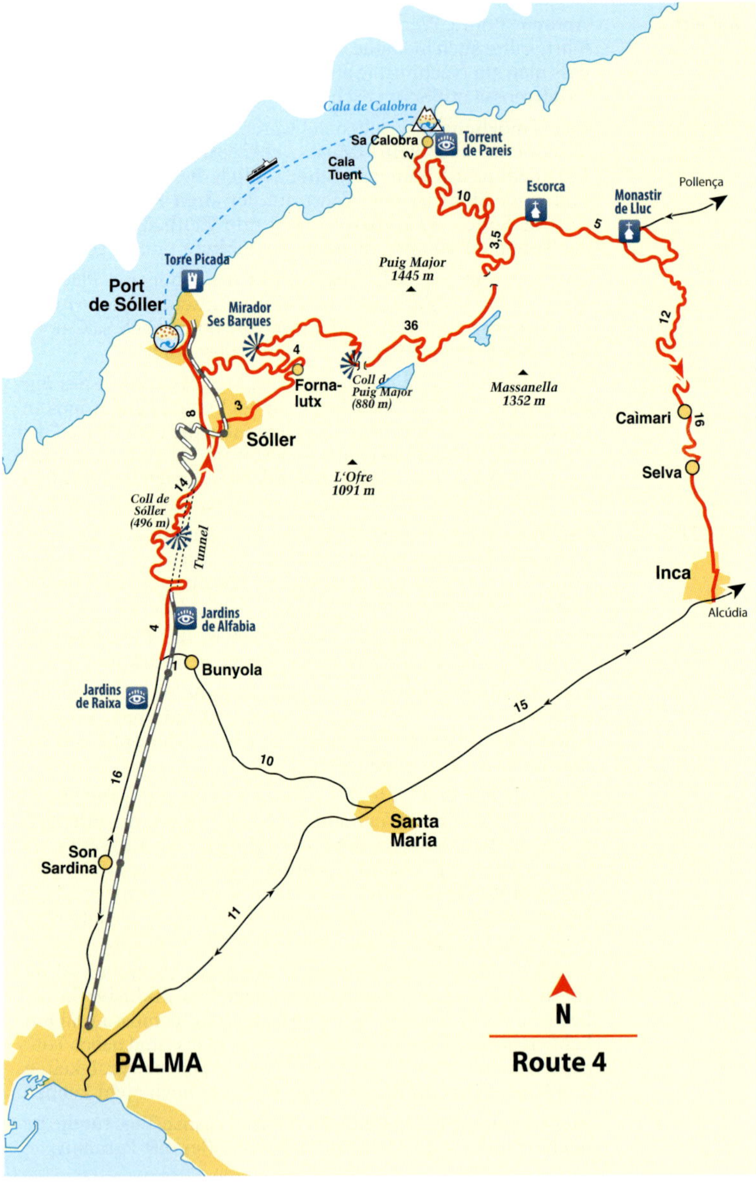
Cala de Calobra
Sa Calobra
Torrent de Pareis
Cala Tuent
Escorca
Monastir de Lluc
Pollença
Torre Picada
Port de Sóller
Mirador Ses Barques
Puig Major 1445 m
Fornalutx
Coll de Puig Major (880 m)
Massanella 1352 m
Sóller
Caìmari
Selva
L'Ofre 1091 m
Coll de Sóller (496 m)
Tunnel
Inca
Alcúdia
Jardins de Alfabia
Bunyola
Jardins de Raixa
Santa Maria
Son Sardina
PALMA
N
Route 4

ROUTE 4 Über Sóller/Port de Sóller oder über das Kloster Lluc zum Torrent de Pareis – mit oder ohne Fahrt durch die zentrale Tramuntana

Seiten

Zur Route

Unter den von **Veranstaltern angebotenen Tagesausflügen** ist die hier skizzierte Tour sehr populär und zwar sowohl in der Kom-
231-241 bination Eisenbahn Palma-Sóller und von dort per Straßenbahn zum Hafen als auch per Bus direkt dorthin. In jedem Fall geht's weiter per Boot nach Sa Calobra (45-60 min). Dahin fährt dann auch der leere Bus, sammelt nach 1-2 Stunden Aufenthalt die Passagiere wieder ein und fährt mit oder ohne Abstecher zum Kloster Lluc wieder zum Ausgangspunkt der Fahrt zurück.

96-99 Tatsächlich lässt sich derselbe Trip in umgekehrter Richtung auch ganz gut **mit öffentlichen Verkehrsmitteln** arrangieren. Und zwar geht es per Bus ab Palma via Inca oder ab Can Picafort via Alcudia und Pollença zunächst nach Lluc und von Lluc (nur einmal täglich) weiter nach Sa Calobra. Dort bucht man eins der Boote nach Port de Sóller, steigt direkt am Hafen in die Straßenbahn nach Sóller und nimmt den Zug nach Palma oder Bunyola. Vorteil ist die individuellere Zeiteinteilung und eine gewisse Ersparnis gegenüber dem Ausflugsangebot.

238 Im Fall der Tour per **Mietauto** muss der Fahrer bereit sein, auf den Bootstrip zu verzichten. Es sei denn, ein Mitfahrer wird in **Port de Sóller** abgesetzt, der in **Sa Calobra** den Wagen übernimmt und den dann aufs Boot steigenden Fahrer seinerseits in Port de Sóller abholt. Aber das ist wahrscheinlich ein eher selten zu arrangierender Ablauf.

Die Autotour hat den Vorteil, die schönsten Gebirgsstrecken Mallorcas nach eigenem Ablauf genießen zu können, mit oder ohne Bootstrip. **Empfehlung hier ist**: **Anfahren über Inca/Lluc**
377-385 (bzw. über Pollença/Lluc für alle, die im Nordwesten logieren), sich den sehenswerten Klosterkomplex anschauen und danach die Wahnsinnsserpentinen hinunter nach **Sa Calobra** fahren. Die Mitfahrer können dort das Boot nehmen oder auch nicht (eventuelle Bootsausfälle wegen Starkwind und Seegang, was vorkommt, kann man dann locker wegstecken). Die Bootsfahrt entlang der steilen Küstenfelsen ist zwar besonders reizvoll,
251-244 aber die Strecke **Escorca-Sóller** ebenfalls sehr attraktiv. Und ein Tagesabschluss in Port de Sóller oder Sóller »passt« obendrein. Wer Lust hat, steigt in Sóller noch in den Zug. Fürs Abholen bequemer als Palma sind Bunyola oder Son Sardina.

Variante

Bei **Anfahrt über Sóller** müssen Mitfahrer mit Interesse am Bootstrip in Port de Sóller abgesetzt werden. Der Fahrer nimmt sie dann in Sa Calobra wieder auf. Weiter geht's von dort über Lluc, denn wieder zurück nach Sóller würde keinen rechten Sinn machen. Insgesamt ist das «Timing« für diese Tour aber tageszeittechnisch ungünstiger; ➪ oben »Abschluss in Sóller«.

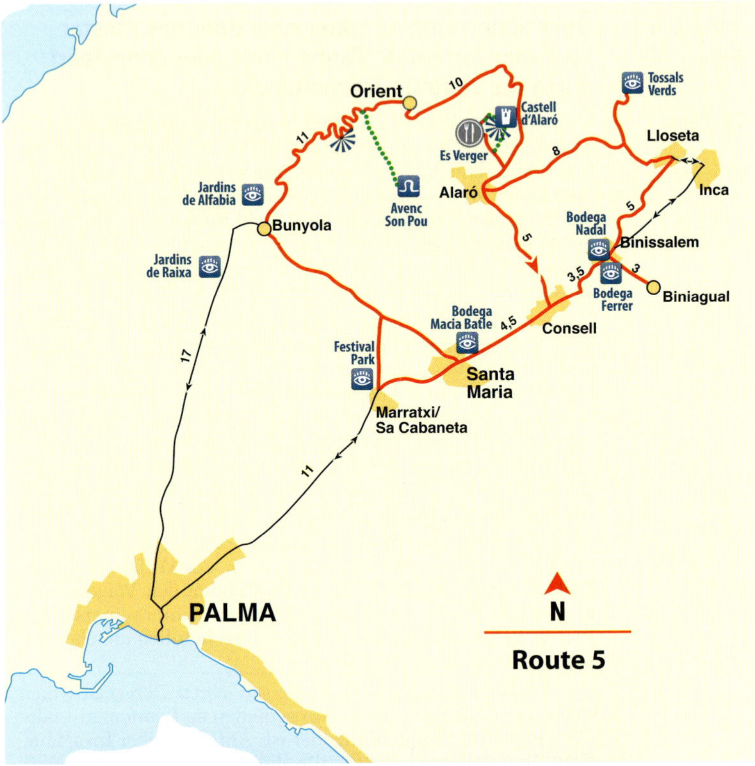

Breiter Weg durch die grüne Schlucht von Tossals Verds fast ohne Steigungen, ein leichter Spaziergang. Auch die halbe Strecke (60 min retour) lohnt sich dort.

ROUTE 5 – Kleine Rundfahrt durch das »andere« Mallorca (Mandelblüte!) mit Aufstieg zum Castell d'Alaró

Seiten	
252-261	Die Straße von **Bunyola über Orient nach Alaró** ist neben der Straßenführung Port d'Andratx-La Granja (➪ Route 1b) die attraktivste Ausflugs(teil)route der Insel. Da sie jedoch abseits der verkehrstechnisch wichtigen und touristisch beonders gut erschlossenen Hauptstrecken liegt, ist auf ihr meist nur wenig Betrieb. Eher begegnet man auf der teilweise schmalen, aber gut ausgebauten Straße Pulks von Bikern, die dort nur moderate Steigungen überwinden müssen. Ein öffentlicher Busverkehr existiert zwischen den genannten Orten nicht. Große Ausflugsbusse scheitern an der engen Durchfahrt in Bunyola und den für sie nicht ausgelegten Haarnadelkurven bei der einzigen insgesamt eher harmlosen Höhenquerung.
385-377	Diese »Rundfahrt« dürfte für viele – je nach Einstiegspunkt – nicht unbedingt einer in sich geschlossenen Route entsprechen, da die »Hauptsache« zwischen Bunyola und Alaró liegt, ggf. unter Einschluss von Tossals Verds, Lloseta und/oder Binissalem. Eine Berücksichtigung von Santa Maria, Marratxi/Sa Cabaneta samt dem *Festival Park* auf einer Tagestour ist zeitlich nur machbar ohne längere Unterbrechungen unterwegs und/oder ohne den nördlichen Schlenker über Lloseta/Binissalem.
	Egal, aus welcher Richtung man anreist, zu empfehlen ist das **Abfahren** dieser Route **im Uhrzeigersinn**. Der Landschaftsblick ist so herum einfach besser. Dann weiß man auch nach Ankunft in Alaró bzw. nach dem Besuch des Castells, wieviel Zeit noch für weitere Ziele der Route bleibt. Wer andersrum fährt, könnte für das beste Teilstück am Ende zu wenig Zeit (Schatten) haben.
253 ➪ Wanderbeileger Route 9, Seite 31	Auch auf dieser Route besteht ebenso wie im Fall der Route 3 die Möglichkeit, die Gärten von *Alfabia* oder *Raixa* zu besuchen. Eine schöne **Wanderung** kann man kurz vor **Orient**, einem der hübschesten Dörfer der Insel, starten, benötigt für den Hin- und Rückweg mit sensationellem Höhlenbesuch (***Avenc de Son Pou***) aber mindestens zwei, leicht drei Stunden. Wer bei Sonne Ende Januar/Februar ins Tal von Orient und weiter fährt, wird von der herrlichen **Obst-/Mandelblüte** der Gegend überwältigt sein.
256	Unverzichtbar ist die Auffahrt bis zum Gasthof *Es Verger* unterhalb des Burgbergs von Alaró und von dort der kurze Aufstieg zu den **Ruinen des Kastells** (inkl. Aufenthalt minimal 2 Std. retour).
258	Wer noch Zeit und Lust hat, wird auch den Weg durch die grüne Schlucht von ***Tossals Verds*** genießen. Für viele ist das sicher ergiebiger als ein Besuch im durchaus netten Städtchen Alaró.
Ausklang	Und am Ende des Tages wartet noch eine Reihe von möglichen Zielen für *Stopover* entlang der Achse Lloseta-Santa Maria. Sollten die Bodegas der Weingüter geschlossen sein, finden sich Alternativen für den Tagesausklang in der Gastronomie aller Orte.

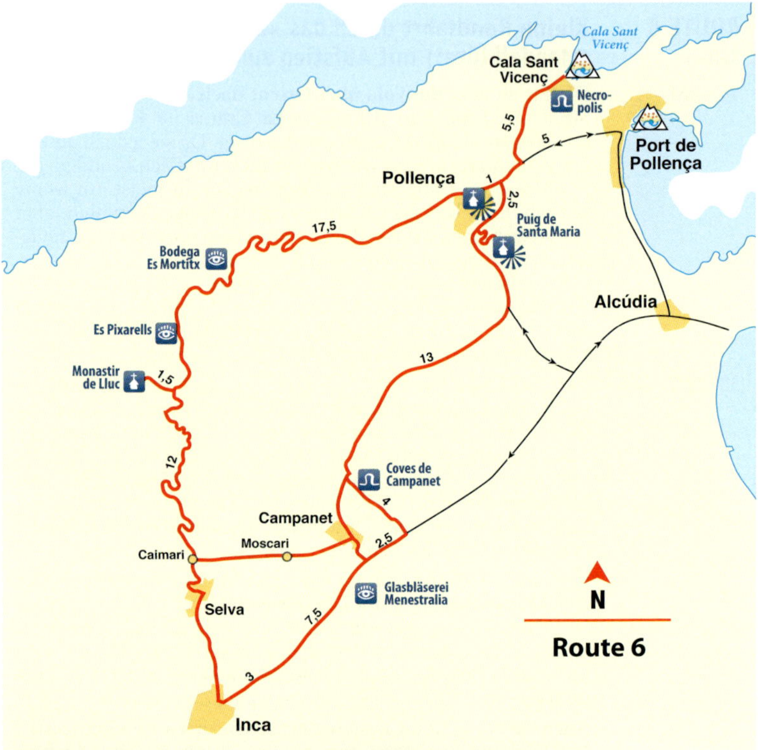

Picknick- und Kinderspielplatz Menut in der Bergwelt der Serra Tramuntana bei Binifaldo ca. 3 km nördlich des Klosters Lluc

ROUTE 6 — Durch die nördliche Serra Tramuntana zu Höhlen und Heiligtümern (mit Inca und Cala Sant Vicenç)

Seiten

Zur Route — Auf dieser Route geht es vor allem um das Landschaftserlebnis der nördlichen Serra Tramuntana, den Besuch des Klosterkomplexes Lluc (⇨ auch Route 3) und ggf. weiterer Sakralbauten, wobei dort eher der Weitblick von den jeweiligen Erhebungen den Reiz der Anfahrt bzw. des Aufstiegs ausmacht. An den Anfang oder das Ende der Tour könnte man eventuell einen Besuch der Ledershops oder des Marktes (Do) von **Inca** stellen oder – eher abends – die Einkehr in eines der Kellerlokale.

260 — Anzuraten wäre hier die **Fahrt im Uhrzeigersinn**. Der Aufstieg ins Gebirge, der in **Caimari** beginnt, bietet mehr fürs Auge mit der Sonne von Osten und auch noch Süden als eine Abfahrt am Nachmittag in Gegenrichtung. Wer im Norden der Insel logiert (einschließlich Port de Pollença), aber durchaus auch Inselgäste aus dem Süden und Osten, könnte Inca ggf. umgehen und
386 — die Route bei **Campanet** mit einem Besuch der Höhle beginnen. Die Straße Ma-2130 erreicht man via Moscari in Caimari.

249-251 — Nach der Besichtigung von **Lluc** passiert man auf weiter kurvenreicher Strecke in der Höhe die Kletterfelsen von **Binifaldo** und die Zufahrt zum hier überraschenden Weingut *Mortitx*.

Im Abstieg hinunter nach Pollença liegt immer wieder das eindrucksvolle **Panorama** der nordwestlichen Ebene um die Bucht von Pollença im Blickfeld der Autofahrer. Im Aufstieg durch die eigenartige Felslandschaft dieses Bereichs bekommt man davon weniger mit. Auch daher ist die gewählte Fahrtrichtung besser.

262-269 — Der Besuch von **Pollença** wird allgemein als lohnend empfunden, nicht zuletzt auch wegen seiner Gastronomie und den 365 Stufen hinauf zum Kalvarienberg. Anspruchsvoller ist der Aufstieg zur festungsartigen *Ermita de Santa Maria* mit einfacher Restauration, Picknicktischen und grandioser Aussicht (bei Anfahrt bis Straßenende minimal noch 45 min zu Fuß retour).

Nach so viel Felsen und Gebirge liegt **Cala Sant Vicenç** idealerweise nur noch wenige Kilometer entfernt für ein Bad im glasklaren Wasser der am Nachmittag sonnenüberstrahlten *Cala Molins* oder einen Drink auf einer der Terrassen. Auf historisch Interessierte wartet die *Necropolis* nahe dem Ortseingang.

Abschluss — Den Abschluss der Rundfahrt bildet die hübsche Nebenstrecke Cami Vell de Pollença (geht über in den Cami de Pontons), die einige Kilometer südlich von Pollença von der Ma-2200 abzweigt. Wer dort noch die ***Coves de Campanet*** besichtigen
386 — möchte, muss sich beeilen bei den Schlusszeiten von 18/19 Uhr und letzter Tour entsprechend vorher. Höhle oder nicht: Die hochgelegene Cafeteria dort mit Blick über die Landschaft und auf die Serra ist ein weiterer toller Platz zum Tagesausklang.

Blick vom Mirador Punta de la Nao hoch über dem Meer auf die schroffe Landschaft der Halbinsel Formentor und den vorgelagerten Colomer-Felsen

ROUTE 7

Rund um die Bucht von Pollença mit den Halbinseln Formentor und La Victoria

Seiten

Zur Route Der Norden Mallorcas ist definiert durch die beiden extrem weit ins Meer ragenden Halbinseln Formentor und La Victoria und die durch sie gebildete Badia de Pollença. Während die Halbinsel Formentor mit seinem bekannten Aussichtspunkt ***Punta de la Nao***, dem einsamen Leuchtturm am Kap hoch über der Steilküste und dem lange einzigen *****Luxushotel Mallorcas täglich Mengen von Besuchern anzieht, geht es auf der gegenüberliegenden Seite der Bucht ziemlich ruhig zu. Vielleicht, weil die Zufahrt mühsamer ist? Wie dem auch sein mag, beide Halbinseln sind ein »Muss« für alle, die Mallorcas attraktivste »Ecken« kennenlernen wollen.

270f Die Fahrt nach **Port de Pollença** gehört in Kombination mit anderen Zielen zum typischen Programm aller Veranstalter. Von dort geht's per kurzer Bootsfahrt zum Anleger an der ***Cala Pi*** von Formentor, wo der Bus wenig später wartet und seine Gäste mit Unterbrechung am Aussichtspunkt wieder zurückkarrt. Das funktioniert sogar mit dem preiswerten Linienbus. Jedoch ist dieser Trip im Gegensatz zur Bootsfahrt Port de Sóller-Sa Calobra (➪ Route 4) verzichtbar, speziell bei großem Andrang.

275 Zum **Cap Formentor** geht's nur mit eigenem Fahrzeug. Die Strecke ist großartig, wie auch schon die Auffahrt zum *Mirador*, Abfahrt zur *Cala Pi* und ggf. Abstecher hinauf zum ***Talaia de Albercutx***. Am besten fährt man bei »Badewetter«, dann sind dort meist weniger Leute unterwegs als bei »Ausflugswetter«, und dann an einem langen Vormittag. Mittags/früher Nachmittag ist die richtige Zeit fürs Pausieren in **Port de Pollença** und/
281f oder **Alcúdia**. Der Nachmittag gehört dann der **La Victoria**.

277f Nicht nur die Fahrt zum Straßenende bei der Kapelle ist Klasse, auch die dort mögliche kleine **Wanderung** zum Kanonenfelsen Penya Rotja (➪ Wanderbeileger, Route 7, ca. 90 min retour) oder noch weiter hoch und der Blick vom ***Restaurant La Victoria*** besonders bei Sonnenuntergang über der Serra Tramuntana.

287 Wer nach Besuch Alcúdias und der La Victoria noch genug Zeit hat (oder vorher), könnte zusätzlich den **Abstecher** über **Aucanada** zum Straßenende erwägen und/oder die **Strände** in Port de Pollença oder in Port de Alcúdia besuchen.

Kommentar Eine **Rundfahrt** im eigentliche Sinne lässt sich hier nicht definieren. Auf beide Halbinseln muss man hin und zurück auf gleicher Strecke. Wer in Alcúdia oder Port de Pollença untergekommen ist, fährt bis auf kleine Alternativen zwischen Alcú-
278 dia, Bacares und Mal Pas fast jeden Kilometer doppelt, sofern er nicht größere Umwege – etwa über Pollença – einbaut. Ausflügler aus anderen Ecken Mallorcas sparen bei entsprechender An-/Abreise die Doppelfahrt zwischen den beiden Städten.

N
Route 8
Port de Pollença
Alcúdia
Port d'Alcúdia
Cova de Sant Marti
4
Platja d'Alcúdia
Las Gaviotas
Palma/ Inca
14,5
10
Albufera Nationalpark
Friedhof
Platja de Muro
7
Museum Sant Antoni
Sa Pobla
Can Picafort
Son Bauló
Platja Son Bauló
10
5
Necropolis
Muro
Ethnologisches Museum
10
Artá/Cala Rajada
Sta. Margalida
11,5
7,5
Ariany
Sineu
Palma
Mittwoch Markt
4,5
10,5
7
Junipero Serra
Alternativroute
Petra
3
5
Sant Joan
Els Calderers
Ermita de Bonany
Manacor
Artá
5
2
2,5
Vilafranca de Bonany
Felanitx
Orte an der Südostküste

ROUTE 8 – Durchs Hinterland der Bucht von Alcúdia mit Sineu (Mittwochmarkt), Els Calderers und Petra

Seiten 281-294

Diese Route ist zunächst naheliegend für Urlauber, die im Bereich zwischen Alcúdia und Can Picafort logieren. Im Gegensatz zu den Vorschlägen 1-6 geht es hier fast gar nicht um landschaftliche Attraktionen und aufregende Straßenführungen, sondern im Vordergrund steht eine ganze Reihe kultureller Sehenswürdigkeiten, zu denen auch – jeweils am Mittwoch – **der beste Markt der Insel in Sineu** gehört. Besonders an diesem Tag sind Besucher aus allen Teilen Mallorcas in Sineu, die von dort ihren Tagesausflug auf einem Teilstück dieser Route fortsetzen könnten: Entweder nach Norden (Muro, Sa Pobla, Alcúdia) oder – eventuell über das Landgut *Els Calderers* – nach Petra.

Start Bei Start im Bereich **Alcúdia/Can Picafort** – egal, ob am Mittwoch oder an einem anderen Tag – macht es Sinn, **gegen den Uhrzeigersinn** zu starten, wobei ein intensiver Besuch der Stadt Alcúdia besser nicht vorgeschaltet, sondern für einen anderen Tag »aufbewahrt« werden sollte. Die Zeit für alles Andere würde sonst doch sehr knapp. Das gilt auch für alle, die aus Port de Pollença oder Richtung Palma anfahren. Sie sollten die Tour in
384 **Sa Pobla** beginnen und dort das Museu *Sant Antoni* besuchen.

370 Wer von der Ostküste via Manacor oder Felanitx kommt, ist besser bedient mit einer Fahrt im Uhrzeigersinn ab Vilafranca oder Petra in Richtung *Els Calderers* bzw. Sineu und Weiterfahrt nach Muro. Bei knapper Zeit kann man in diesem Bereich seine Rundfahrt über Querverbindungen abkürzen.

390 Wichtig ist hier die Prioritätensetzung. Unverzichtbar sind auf dieser Route Sineu auch ohne Markt wegen seines Treppenviertels, *Els Calderers* und die *Ermita de Bonany*, alle weiteren
392 Anlaufpunkte eine Frage des Interesses (Museen in Sa Pobla, Muro und Petra, *Albufera Park*, *Cova de Sant Marti*, die *Necropolis* bei Can Picafort und natürlich die Strände).

Strand von Can Picafort

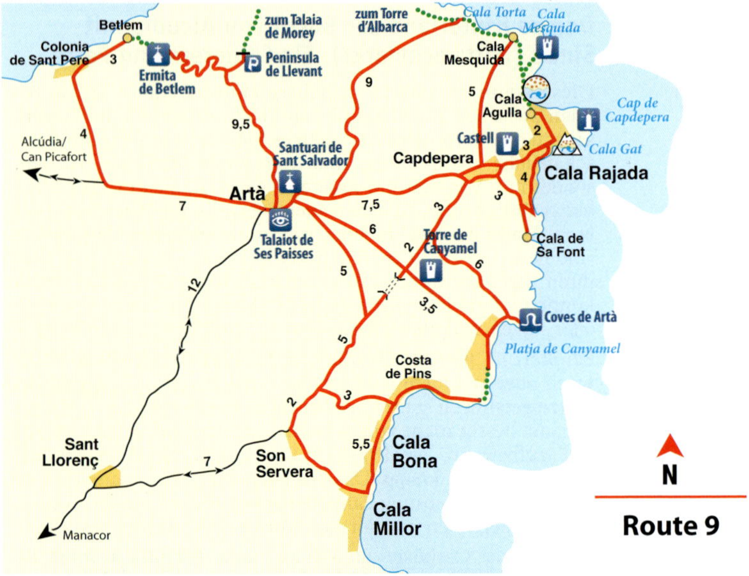

Kunstwerke stehen auf Mallorca nicht nur auf jedem Verkehrskreisel, sondern mittlerweile auch schon an Straßendreiecken, hier an der Verbindung Artá-Canyamel (Ma-4042)

ROUTE 9 – Der vielseitige Nordosten Mallorcas, eine Dreiecksrunde mit Küstenabstechern

Seiten	
Zur Route	Man kann im äußersten Nordosten mit den in der Karte eingezeichneten Abstechern von der kleinen Dreiecksrunde Artá/Capdepera/Torre de Canyamel bei nur kurzen Aufenthalten am jeweiligen Ziel eine ziemlich abwechslungsreiche Tagestour machen. Besser wären aber zwei Tage verbunden mit ausreichender Verweilzeit an den Endpunkten der Abstecher, ggf. kombiniert mit ein paar Kurzwanderungen wie eingezeichnet.
297-313	Wer im Nordosten logiert, lernt mit den hier vorgeschlagenen Strecken das gesamte nähere Umfeld in zwei Tagen ganz gut kennen. Wer von anderswo anfährt, wird sich wundern, wieviel Reiz sich in dieser äußersten Ecke der Insel ballt. Es stellt sich besonders für solche Besucher die Frage der Priorität, da ein Tag kaum reicht, alle denkbaren Abstecher zu realisieren.
315/319	Zunächst gilt, dass man im Nordosten am leichtesten auf den Besuch von **Son Servera** und der Bucht von **Cala Millor** verzichten kann. Die Städtchen **Capdepera** und **Artá** dagegen sind ein absolutes »Muss« und unter einer guten Stunde (ohne Einkehr und nach Parkplatzfindung) nicht zu »machen«. Auch die ***Coves de Artá*** gehören zu den wichtigen Zielen und sei es nur für die Anfahrt und Faszination des enormen Höhleneingangs.
308-299	Der schönste unter den großen Sandstränden der Insel ist die ***Cala Agulla*** gleich nördlich von **Cala Rajada**. Die ***Cala Mesquida*** steht nur wenig dahinter zurück. Beide verbindet eine Kurzwanderung (ca. 60 min), die sich Mitfahrer gut vornehmen können, wenn der Fahrer bereit ist, sie in Cala Mesquida wieder einzusammeln. Oder – für manche vielleicht noch besser –
300	an der viel ruhigeren ***Cala Torta*** eine Stichstraße weiter (für Wanderer plus 30 min). Auch eine Fortsetzung der Küstenwanderung kann man dort erwägen.
299	Besonders schön verläuft die Straße zur ***Ermita de Betlém*** hoch über der gleichnamigen Siedlung am Meer. Ein Wanderweg führt nach unten. Kurz vor Erreichen der *Ermita* geht's rechts ab zum ***Parc Natural de la Península de Llevant***. Aber von dort sind nur zeitraubende Weitwanderungen sinnvoll.
296	Nicht nur zum Abholen wanderfreudiger Mitfahrer lohnt sich der Weg nach **Colonia de Sant Père**. Im Gegensatz zu allen Ostküstenorten kann man dort den Tagesausklang mit Blick aufs Meer und die hinter der *Serra Tramuntana* untergehende Sonne genießen. Wem das attraktiv erscheint, sollte sich die Erkundung des Nordostens von Ost nach West vornehmen (und nicht etwa vormittags in Artá beginnen), um das doppelte Befahren von Teilstrecken so weit möglich zu vermeiden.
315-320	Bleiben nur noch **Son Servera** und die ***Cala Millor*** mit der *Punta D'Amer*, Strandpromenade, *Port Verd* und der *Costa de Pins*.

7

Cala Estany (oder Romantica wegen der im Hintergrund zu sehenden Familien-Ferienanlage »Riu Club Romantica« nur wenig südlich von Portocristo)

ROUTEN 10 **Seiten**	**Zwei Rundfahrten im küstennahen zentralen Osten zwischen Cala Millor, Portocristo und Portocolom**
322-330 343-345	Die nebenstehende Karte zeigt eine große und zwei verkürzte Rundfahrtmöglichkeiten mit den oben genannten Eckpunkten und im Landesinneren Manacor und Felanitx. Diese Routen kombinieren den Besuch einer Reihe touristischer Küstenorte mit drei Highlights des zentralen Ostens, den *Coves del Drach* bzw. *de Hams*, dem *Santuari de Sant Salvador* und dem erst seit 2014 wieder zugänglichen *Castell de Santueri*.
Gesamtrunde	Ein Abfahren der großen Runde ohne Direktrouten von Manacor an die Küste an nur einem Tag mit angemessenen Unterbrechungen für Ortserkundungen, zum Baden, ggf. kleinen Wanderungen und Besuchen der genannten und weiterer Sehenswürdigkeiten ist kaum möglich. Aber für eine Tagesrundfahrt mit ein paar kleinen Zwischenstopps, um sich zunächst einen Eindruck zu verschaffen, ist die links skizzierte Gesamtstrecke durchaus zu realisieren. Wer von Norden anfährt oder in einem der Küstenorte logiert, sollte am Vormittag am besten küstennah in Nord-Südrichtung fahren, wenn die Sonne noch voll auf der Küste steht. Der Nachmittag gehört dann der Inlandsfahrt.
Route 10a 373 324 315-320 328-329	Die obere Rundroute konzentriert sich auf **Manacor,** den Besuch der **Höhlen in Portocristo** und der **Bucht von Cala Millor**. Bei knapper Zeit macht es Sinn, der direkten Straße Portocristo-Manacor zu folgen. Schöner verlaufen die 5 km bzw. 7 km südlich von Portocristo von der Ma-4014 abzweigenden Straßen über **Sa Cabana Vella** oder **Son Maçia (!)** nach Manacor. Beide ieten sich ebenfalls an für alle, die sich für die ***Cala Varques*** interessieren. Auch diese Route ist am besten im Uhrzeigersinn zu befahren. Wer in Portocristo die Höhlen lieber in den Randstunden des Tages mit weniger Andrang besuchen möchte (vor 11 Uhr, nach 15/16 Uhr), sollte die Richtung seiner Fahrt entsprechend wählen. Gerade bei dieser Route kommt es für die Entscheidung der Fahrtrichtung sehr auf den Einstieg an.
Route 10b 343-345	Die untere Route überschneidet sich mit der Route 10a in **Manacor** und auf einer der Verbindungsstrecken zwischen Manacor und der Ma-4014 bzw. Portocristo. Wer beide Routen an getrennten Tagen fährt, kann dies fast ohne Doppelfahrten auf schon bekannten Strecken realisieren (eventuell ein paar Kilometer südlich Portocristo) und in Manacor, wobei das Zentrum der Stadt auf den äußeren Rundstraßen (Ronda Felanitx/Ronda Port, ➪ Karte Seite 343) gut zu umgehen ist.
Hinweise	Ob unter Einschluss der **Höhlen in Portocristo** oder nicht, der wichtigste Anlaufpunkt der »unteren« Rundstrecke ist das ***Santuari de Sant Salvador***, eventuell in Kombination mit dem ***Castell de Santueri*** per Auto und/oder auf einer 2-Std-Wanderung. **Felanitx** ist sonntags am interessantesten, dem Markttag.

Blick auf Cala d'Or vom jenseitigen Ufer der Cala Longa (bei der alten Festung Es Forti). Die für den Ort typische Silhouette ähnelt Urbanisationen auf Ibiza.

ROUTEN 11 Zwei Rundstrecken im küstennahen südlichen Osten zwischen Portocolom und Cala Llombards

Seiten

Gesamtrunde Ähnlich wie im Fall der Routen 10 wäre ein Abfahren aller interessanten Anlaufpunkte in diesem Bereich innerhalb nur eines Tages zwar möglich, aber nur um den Preis äußerst kurzer Zwischenstopps. Eine »volle« Runde unter Einschluss des Abstechers nach Cala Llombards mit zwei der schönsten Buchten Mallorcas in der Nähe eignet sich daher in erster Linie zum raschen Kennenlernen des Gesamtbereichs der südlichen Ostküste. Dabei überschneidet sich das nördlichste Teilstück dieser Runde mit der Route 10b. Wer die ebenfalls abfährt bzw. abgefahren ist, braucht nur noch die Route 11a zu erwägen.

Endpunkte Eine Empfehlung für die beste Fahrtrichtung entfällt hier mangels eindeutiger Kriterien. Lediglich folgende besonders schöne Endpunkte für die gesamte oder auch eine verkürzte Runde 10a bzw. 10b könnten wegen der dortigen Abendsonne ggf. für die
332 Planung hilfreich sein. Und zwar in **Portocolom** die Strandbars
347 hiner der Altstadt im Ortsteil **Sa Punta** und das Restaurant *Pura Vida* über der Steilküste bei **Cala Figuera**.

Route 11a

346-352 Der untere Teil der Gesamtroute schließt **Abstecher nach Cala Llombards und Cala Figuera** mit ein. Leider lassen sich diese Orte nicht über Küstenstraßen miteinander verbinden. Von Cala Figuera aus geht es zwar über verschlungene Wege bis fast zum Strand *S'Amarrador* der Cala Mondragó, aber eine Verbindung nach Norden besteht dort nicht. Aus diesem Grund sind die An- und Abfahrten zu den Calas Figuera und Santanyi und mehr noch nach Cala Llombards ziemlich zeitraubend. Wer sich dann noch zu den – nicht ausgeschilderten (!) – Traumbuchten ***Cala Moro*** und ***S'Almonia*** »durchschlägt« und dort ein bisschen herumwandert/fotografiert, braucht allein für diese beiden Abstecher auch bei nur kurzen Besichtigungsunterbrechungen kaum unter drei Stunden. Von Schwimmpausen nicht zu reden.

In und bei Portopetro und viel mehr noch Cala d'Or gibt's genug zu sehen für mindestens einen halben Tag. Wer dort den Trip beginnt, kann nach Cala Llombards mit den *Calas Moro* und *S'Almonia* **Cala Figuera noch zum Tagesausklang** erreichen.

Route 11b

Wer sich für den »oberen« Bereich der skizzierten Gesamtrunde entscheidet, sollte die Tour vielleicht in **Cala d'Or** beginnen und
339-341 über **Portopetro** und die ***Cala Mondragó*** in Richtung Felanitx fahren. Nach Besuch des ***Castell de Santueri*** und auch noch von
330 ***Sant Salvador*** ist es später Nachmittag bis früher Abend, gerade die richtige Zeit für eine abschließende Abkühlung an den klei-
332 nen Stränden von **Sa Punta** und den verdienten Drink nach dem touristischen »Stress« des Tages. Tatsächlich schafft man diesen Endpunkt auch bei Fahrt gegen den Uhrzeiger und Beginn etwa mit der Auffahrt zum *Santuari Sant Salvador* oder in Felanitx.

Palma
Montuiri
Manacor
Perlas
Orquidea
Algaida
Ermita
de sa Pau
4
Santuari de Nuestra
Seõra de Cura
Randa
Santuari de
Sant Honorat
Santuari de Nuestra
Señora de Gracia
4
13
Porreres
Santuari de
Monti Sion
Llucmajor
Palma
16
Felanitx
13
Campos
Capocorp
Vell
7
7,5
El Arenal,
Playa de Palma
4,5
4
Cala Pi
Vallgornera
S'Estanyol
3
Sa
Ràpita
1,5
4
2
1,5
1,5
Ses
Covetes
6
Botani-
cactus
Es Trenc
Ses
Salines
San-
tanyi
N
Route 12
Colònia de
Sant Jordi

ROUTE 12
Seiten

Rundfahrt durch den zentralen Süden der Insel zu Heiligtümern und zum »Traumstrand« Es Trenc

Zur Route

Die Route 12 führt durch eine Region, die sich mit einem Blick auf die Mallorcakarte leicht als »zentraler Süden« identifizieren lässt. Dank einer weitläufigen Erhebung zwischen Llucmayor, Algaida und Porreres mit dem Randaberg als herausragender Höhe (mit immerhin 550 m über dem Meer) unterscheidet sie sich deutlich vom gewohnten Landschaftsbild der zentralmallorquinischen Tiefebene ringsum. Und auch der Bewuchs ist ein anderer. Wald bedeckt nicht nur große Teile des Randabergs, sondern säumt auch die **attraktivste Strecke** in der *Llanura de Centro* (bzw. *Es Pla* auf katalanisch) **Ma-5020** von
364f Llucmayor nach Porreres. Sowohl auf dem **Randaberg** als auch bei Porreres stehen sehenswerte ***Santuaris***, wobei in beiden Fällen der Rundblick von dort über halb Mallorca ein zusätzliches, wenn nicht sogar stärkstes Motiv für die Auffahrt liefert.

Abgesehen davon, dass auf dieser Route **Porreres** und **Campos** ganz attraktive Städtchen sind und **Llucmayor** an Markttagen (Mi, **Fr** und So) viele Besucher anzieht, wuchert der Süden vor allem mit seinen weißen, flachen Sandstränden zwischen **Sa Rapita** und **Colonia de Sant Jordi** und darüber hinaus. Sie sind zwar an ihren Ausläufern in Ortsnähe oft überfrequentiert und daher nicht mehr ganz so traumhaft wie noch vor 30 Jahren, aber sie üben nach wie vor enorme Anziehungskraft aus. Etwas ruhiger und romantischer ist die ***Cala Pi***.

Start wo?

Wegen des abseits gelegenen Randabergs funktioniert die Runde als solche nur voll, wenn man über Algaida oder Llucmayor anfährt. Im ersteren Fall geht es nach dem Besuch der ***Santuaris de Randa*** und Llucmayor weiter über Porreres und dann nach
354-361 **Colonia de Sant Jordi** etc. Wer früh in Llucmayor beginnt, fährt zunächst nach Süden und schafft es bei zügiger Fahrt über Colonia de Sant Jordi, Campos und Porreres und nicht zu langen
364 Pausen rechtzeitig zum **Sonnenuntergang** bis auf die Hochebene des Randabergs oder die Terrasse des Restaurants *Es Reco*.

Alternativen

Das funktioniert auch beim Start in Porreres unter Auslassung der Ma-5020 und bei Anfahrt über Arenal zu den ***Talaiots de
360 Carpocorp Vell*** (mit oder ohne Abstecher zur *Cala Pi*). Eine Anfahrt über Porreres und Randabesuch mit doppelter Fahrt auf den 4 km dorthin ab Llucmayor kann andererseits gerade richtig sein, um zum Sonnenuntergang am Strand *Es Trenc* an
358 zukommen (**Ses Covetes** oder ***Restaurant Playa Es Trenc*** bei Colonia de Sant Jordi) und/oder danach noch den Restaurant
353 tipps für **Ses Salines** etwas außerhalb der vorgeschlagenen Route zu folgen. Auch der Sukkulentenpark ***Botanicactus*** wartet dort. Wenn die Zeit knapp wird, wäre eine Auslassung von Campos (nach Llucmayor) zur Not zu verschmerzen.

Per Tourenrad in einer Woche rund um die Insel

Ein Beitrag von **Thomas Schröder**/Hemmingen, Autor und Co-Autor etlicher Radbücher und bekennender Alltagsradler. Er und seine Frau sind mittlerweile mehr als 200.000 km durch Deutschland und die Welt pedalt. Mallorca kennen sie seit über 20 Jahren.

Ganz Mallorca steht dem wackeren Rad-Tourero offen. Als Planungshilfe hier der Vorschlag für eine anspruchsvolle **7-Tages-Runde**, die zahlreiche Highlights der Insel mit einbezieht. Die Tour ist ab Can Pastilla*) an der Bucht von Palma beschrieben, könnte aber auch anderswo beginnen und je nach Gusto und Zeitbudget verlängert oder gekürzt werden. Oder man könnte sie andersherum fahren, da hätte man den flachen Südosten zum Einradeln und die Gebirgsstrecken der *Serra Tramuntana* als grandioses Finale.

Los geht's also von Can Pastilla aus im Uhrzeigersinn in westliche Richtung. Der Palmaplan im Buchdeckel reicht aus, um sich im Stadtbereich zu orientieren; für die Weiterfahrt macht eine geeignete Karte Sinn, ➪ Seite 33.

1. Tag: Can Pastilla/Palma – Banyalbufar (ca. 62 km)

Zunächst folgt man der Promenade mit Radspur entlang der Bucht bis zum Passeig Maritim in Palma und folgt weiter der Uferpromenade in Palma bis zur Carrer de Monsenyor Palmer. Ab dort geht's dem Wegweiser nach in Richtung Genova auf die Carrer d'Andrea Doria. Die führt – leicht bis mäßig ansteigend – über die Umgehungsautobahn von Palma, die *Via Cintura* (zwei Verkehrskreisel), und wird danach zur Straße Ma-1043 Richtung Calvia durch eine hübsche Hügellandschaft. Von Calvia sind es nur 4 km bis Capdella und dann noch 9 km auf toller Serpentinenstrecke bis Andratx. Dort stößt man auf die Hauptstraße Ma-10, die 5 km weiter nördlich die Westküste erreicht und über Sóller nach Pollença läuft (bis Banyalbufar weitgehend hoch über der Küste, ➪ Seiten 219f).

2. Tag: Banyalbufar – Port de Sóller (ca. 40 km)

Eine kilometermäßige Kurzetappe, aber durchgehend auf der großenteils herrlich geführten Küstenroute. Ca. 8 km nördlich Banyalbufar lohnt der kleine Abstecher nach ***La Granja*** (➪ Seite 215), und nach weiteren 8 km wartet **Valldemossa**. Über ***Son Marroig*** und **Deià** geht's in langen Kehren hinunter nach Sóller und weiter nach **Port de Sóller** mit größerer Quartierauswahl.

3. Tag: Port de Sóller – Port de Pollença (ca. 60 km)

Die Königsetappe! Zunächst hinauf zum ***Coll de Puig Mayor*** auf 880 m.ü.M., dem höchsten Punkt auf Mallorca, den man per Tourenrad erreichen kann. Die Steigung verteilt sich über 16 km bei Maxima um 9%, dann weiter auf teils fetziger Abfahrt bei ein paar mäßigen Zwischenanstiegen durch beeindruckende Berglandschaft. Wer noch zusätzlich Schmalz in den Waden hat, »macht« auch die Stichstraße hinunter nach **Sa Calobra** (+ 24 km retour und 700 Höhenmeter), das Radler-Highlight auf Mallorca und eine der tollsten Bergstraßen Europas. Vielleicht beendet man die Etappe danach auch schon im **Kloster Lluc** (➪ Seite 249), einer Hauptsehenswürdigkeit der Insel mit bequemer Herberge.

---

*) In Can Pastilla, Platja de Palma und Arenal findet man eine ganze Reihe Fahrradvermieter. Auch wer sein Bike im Flugzeug mitbringt und ggf. sogleich ab Airport losradeln kann (➪ »Lufthansa« Seite 34), erreicht nach wenigen Kilometern in Coll d'en Rebassa oder Ciutat Jardí die Uferpromenade mit Radweg (➪ Seite 156 und Foto Seiten 167).

4. Tag: Port de Pollença – Kap Formentor – Port de Pollença (ca. 45 km)

Diese landschaftliche Topstrecke sollte bei einer Mallorca-Umrundung keinesfalls fehlen. Wer früh startet, erreicht das Kap vor den meisten Autoausflüglern. Danach lässt man den Tag an den Stränden von Port de Pollença ausklingen; ein bisschen Erholung hat man sich jetzt redlich verdient!

5. Tag: Port de Pollença – Artá (ca. 50 km)

Als Kontrast zu den Etappen der letzten Tage geht es jetzt über **Alcúdia** und **Can Picafort** hinter Mallorcas längstem Strand entlang (gute Radwege) durch die Serra de Llevant nach **Artá**. Von dort könnte man am Nachmittag noch zur **Ermita de Betlém** hinausradeln (+20 km hin und zurück, ➪ Seite 296).

6. Tag: Artá – Colonia de Sant Jordi (ca. 70 km)

Es gibt hier mehrere alternative Routen durchs Hinterland der Ostküste. Am besten fährt man zunächst bis **Son Servera** und von dort durch **Portocristo** auf der gut ausgebauten direkten Route nach Colonia de Sant Jordi.

7. Tag: Colonia de Sant Jordi – Palma (ca. 65 km)

Über die Straßen Ma-6040 und Ma-6014 geht es am letzten Tag parallel zur Küste und dem berühmten langen Strand *Es Trenc* zunächst in weitem Abstand dazu bis zum **Cap Blanc**. In **Cala Blava** erreicht man das Südostende der Promenade bzw. des Radwegs um die Bucht von Palma und radelt über Arenal zum Ausgangspunkt zurück bzw. zum Airport.

Rundtour-Tipps:

Weitere gute Rundtouren finden sich unter www.rad-mallorca.de. Diese Website ist für Radfahrer in jeder Hinsicht eine wahre Fundgrube.

Geführte Rad-Rundtouren gibt es auf Mallorca in erstaunlich großer Auswahl. Bei den meisten radelt ein kompetenter Guide vorweg. Manche sind aber auch als Individualreise angelegt, d.h. die Quartiere sind vorgebucht und die Teilnehmer erhalten Karten-/Infomaterial oder sogar ein GPS-Gerät.

Außerdem gibt es Rundtouren mit Begleitfahrzeug und Gepäcktransport (wie im Fall der auf Seite 35 bereits erwähnten organisierten Rennrad-Touren); bei anderen transportiert man sein Gepäck selbst.

Oft werden Mieträder gestellt (es gibt sogar E-Bike-Touren). Man kann aber auch dabei das eigene Rad mitbringen, individuell anreisen und eine derartige Tour in einen längeren »normalen« Urlaub integrieren, so es zeitlich passt. Manche funktionieren mit einer Mindest-Teilnehmerzahl von nur zwei Personen und lassen sich auch vor Ort noch arrangieren.

Hier eine **Auswahl an Veranstaltern**, ➪ auch www.fahrradreisen.de:

Balear Reisen www.balearreisen.de
Pedalo www.pedalo.com
Rückenwind Reisen www.rueckenwind.de
Guido Sackmann www.sackmann-fahrradreisen.de
Sun Bike www.sunbike.info
Velociped Fahrradreisen www.velociped.de
Wikinger www.wikinger-reisen.de

7

Ausflugsbusse auf Mallorca gehören heute überwiegend zur Kategorie »hypermodern« und sind allesamt klimatisiert

8. ORGANISIERTE PROGRAMME

8.1 Reiseveranstalter und Agenturen vor Ort

Situation

Sämtliche Reiseveranstalter bieten ihren Gästen auf Mallorca ein umfangreiches **Ausflugsprogramm** zu den populären Sehenswürdigkeiten der Insel und – am Abend – zu Showveranstaltungen. Die Stelltafeln und »Schwarzen Bretter« mit den entsprechenden Ankündigungen sind in den Foyers der Hotels nicht zu übersehen. Die meist noch zusätzlich ausliegenden Info-Ordner und Broschüren der Firmen enthalten Routen und weitere Details, und die lokale Reiseleitung rührt während der Begrüßungs- und Informationstreffs auch noch die Reklametrommel für ihre Trips. Wer will, kann mit seinem Veranstalter täglich eine andere Tour machen oder ggf. im Nachbarhotel buchen, sollte im eigenen Haus etwas nicht oder nur am »falschen« Tag verfügbar sein.

Freie Buchung

Auch freie **Reisebüros** bieten Ausflüge an; sie haben neben den Standardtouren oft noch Alternativen zur Hand. Preisliche Vorteile – wiewohl in Einzelfällen und speziell außerhalb der Hauptsaison durchaus zu beobachten – sind damit aber nicht durchgängig verbunden. Bei frei gebuchten Trips muss man nicht selten »internationale« Erläuterungen ertragen, d.h., jeder Satz des Reiseleiters wird in den verschiedenen Sprachen der Teilnehmer wiederholt, eine ziemlich nervige Angelegenheit.

Ausflüge mit »Produktpräsentation«

Preiswert und rein national – also mit Erläuterungen nur in einer Sprache – **sind Ausflugsfahrten mit »Informationsveranstaltung« oder »Produktpräsentation«**. Zu konkurrenzlosen Preisen werden die Teilnehmer auf üblichen Routen über die Insel gekarrt und oft noch mit Zugaben (Cocktail, »wertvolles« Geschenk, Verlosung etc.) erfreut. Im Wesentlichen geht es aber nur um eine Verkaufsveranstaltung für allerhand kostspielige Produkte. Die Teilnahme daran ist zwar »freiwillig«, doch was soll man sonst schon anfangen, wenn der Bus stundenlang irgendwo im Inselinneren bei einem Ausflugslokal parkt. Aber keine Frage, wer diesen Umstand »wegsteckt«, kann Formentor, die Drachenhöhlen oder Sa Calobra günstig erreichen, speziell, wenn noch Eintrittsgeld oder das Ticket für eine Bootsfahrt im Preis enthalten ist. In letzter Zeit wurden solche Touren seltener.

8.2 Tagestrips mit Bus, Boot und Jeep

Bustouren

Die zahlreichen verschiedenen Busausflüge – da in den Ausgangspunkten unterschiedlich und variabel bei Streckenführung und Zwischenstopps – lassen sich nicht gut einzeln kommentieren. Einige **generelle Anmerkungen** sind aber möglich, denn trotz der vielen Varianten gehen die Touren auf eine kleine Zahl von Grundmustern zurück. Die Ziele an sich brauchen dabei nicht mehr erläutert zu werden; alle wichtigen Daten finden sich ausnahmslos in den vorstehenden Kapiteln.

Stadtrundfahrt Palma

Die typische Palma-Stadtrundfahrt ist in der Regel als **Halbtagstrip** angelegt, beginnt meistens bei der Kathedrale und führt zum Schloss *Bellver* und/oder zum *Poble Espanyol*. Bisweilen schließt sie noch eine kleine Hafenrundfahrt ein. Speziell für Teilnehmer aus dem Großraum Palma und dem Südwesten sind die Kosten dafür (ab etwa €25 pro Person) relativ hoch. Denn Palma ist von dort mit öffentlichen Verkehrsmitteln leicht zu erreichen und lässt sich leicht zu Fuß erkunden. Größere Distanzen in der Stadt kann man im Taxi überbrücken, ohne dass zu zweit gleich €40 oder höhere Gesamtkosten zusammenkommen. Eine Alternative ist auch ***Palma City Sightseeing*** mit oben offenen Doppeldeckerbussen und 24-Stunden-Ticket (€ 18) mit beliebigen Rundfahrtunterbrechungen, ➪ Foto und Erläuterung auf Seite 116.

Der Südwesten

Eine komplette **Rundfahrt durch den Südwesten** ist mit öffentlichen Verkehrsmitteln nicht durchzuführen. Die Buslinie von Peguera nach Port de Sóller via Andratx, Estellencs und Deià existiert nicht mehr und bot bei nur einer Fahrt pro Tag in jede Richtung ohnehin keine Chance für angemessenes Verweilen unterwegs. Wer also kein Fahrzeug mietet oder sich ein Taxi leistet, muss für diese Inselecke einen organisierten Ausflug buchen.

Ein oft »vergessenes« Thema unterwegs betrifft ***öffentliche Toiletten****. Die sind auf Mallorca ziemlich rar. Die freie Natur und Örtlichkeiten in Lokalen müssen da herhalten oder auch mal die* ***Servicios*** *der Museen (Sonderfall Palma ➪ Seite 123). Hier ganz edel und sauber im Museu de Manacor, für das der Eintritt sogar frei ist, ➪ Seite 375.*

La Granja (Esporles) und Valldemossa

Die Südweststrecke wird dabei üblicherweise mit Besuchen im Gutshof *La Granja* (➪ Seite 215) bei Esporles und in Valldemossa verbunden, **ein rundes Programm**, das viel Landschaft, Folklore und Historie miteinander kombiniert.

La Granja immerhin, ist ab Palma per Linienbus zu erreichen (Linie 200 mit hoher täglicher Frequenz über Esporles und Banyalbufar nach Estellencs). Dasselbe gilt für **Valldemossa** und Fortsetzung der Fahrt über Deià nach (Port de) Sóller. Von dort fährt man ggf. zurück nach Palma per Bahn, ➪ Seite 98. Nur für die Verbindung Andratx-Estellencs gibt's keinen Bus.

Pool am Ausgang der vom Torrent de Pareis durchs Gebirge geschnittenen Schlucht, der den Zugang weiter hinauf versperrt. Erst nach Wochen ohne Regen ist die Schlucht wieder zugänglich

Sa Calobra

Eines der am meisten frequentierten Ziele ist die Bucht von *Sa Calobra* mit der Schlucht ***Torrent de Pareis***. Ob nun die Anreise aus Richtung Pollença oder Inca über das Kloster *Lluc* oder von Palma über Sóller erfolgt, immer ist diese Fahrt (wenn hoher Seegang das nicht gerade verhindert) mit dem schönen **Bootstrip *Sa Calobra-Port de Sóller*** (ca. 60 min) bzw. umgekehrt verbunden. Der Bus fährt derweil zum jeweiligen Endpunkt, um die Gäste wieder einzusammeln. Die Standardversion dieses Trips schließt die Benutzung der Nostalgiebahn Sóller-Palma mit ein.

Linienbus nach Sa Calobra

Trotz der relativ hohen Kosten (etwa ab €50/Person je nach Ausgangspunkt) ist für diese Tour, die häufig unter der ungenauen Bezeichnung **«Inselrundfahrt«** angeboten wird, der **Ausflugsbus fast unschlagbar**. Denn über zwei Teilstrecken (mit Zug und Boot) geht es ohne ihn weiter. **Mit Mietwagen** funktioniert dasselbe nur, wenn der Fahrer auf die beiden »Bonbons« der Route verzichtet und die Serpentinen nach Sa Calobra hinauf- und hinunterkurbelt. **Auf der Strecke Sóller–Lluc gibt`s zwei Busse Mo-Sa** (Linie 354), aber nach Sa Calobra ab Lluc lediglich 1x täglich um 11.50 Uhr (Linie 355 außer am Sonntag). Aus allen Richtungen kann man so zum Umsteigen rechtzeitig in Lluc sein, ➪ auch Seite 244.

Ein **individuelles Vorgehen** mit Kombination von **Zug, Straßenbahn**, **Boot und Taxi** erfordert mithin allerhand Planung und Organisation. Spürbar billiger als der Ausflugsbus wird das erst ab drei

Personen, sofern man nur für die Strecke Inca oder Sóller-Lluc-Sa Calobra das Taxi nimmt und sich für die An-/Abreise nach Inca bzw. Sóller mit Bus/Zug begnügt.

Formentor

Der Ausflug zum **Hotel und Strand von *Formentor*** ist ebenfalls mit einem beliebten, wenn auch weniger spektakulären Bootstrip verbunden. Bei Anfahrten aus dem Raum Palma, aus dem Süden und Südwesten und von der Ostküste bildet das Übersetzen vom Hafen in Port de Pollença zum Formentor-Anleger den Höhepunkt der oft über die Dörfer im zentralen Mallorca geführten Route. Meist wird ein **Marktbesuch** eingeplant, etwa **donnerstags in Inca** oder **mittwochs in Sineu** und/oder eine sonstige Sehenswürdigkeit wie die Stadtmauern von Alcúdia, die Glasbläserei *Menestralía* oder die Höhlen bei Campanet. Der Bus lädt seine Fahrgäste in Formentor wieder ein und stoppt am ***Mirador de la Nao*** mit Blick auf den ***Colomer*-Felsen**, einem unverzichtbaren Fotomotiv, ➪ Foto Seite 428.

Per Linienbus nach Formentor

Eine hübsche **Variante der Fahrt** läuft über Pollença und das Kloster Lluc. Mit öffentlichen Verkehrsmitteln lässt sich weder die Fahrt über Sineu noch über Lluc ohne weiteres nachvollziehen, durchaus aber eine Route Palma–Inca–Alcúdia/Pollença–Port de Pollença. In Formentor stehen für Ausflügler, die ihre Bootsfahrt individuell buchen, 4x täglich Busse der Linie 353 bereit (Mo-So), die ab/bis Can Picafort über Alcudia fahren (nur 01.04.-31.10.).

Urlauber an der Bucht von Alcúdia können mit dem **Linienbus 352** (im Sommer 15-min-Takt, aber Siesta) nach Port de Pollença gelangen und dort aufs Boot oder den **Bus 353** umsteigen.

Das Inselinnere

Ausflüge durch den zentralen Bereich der Insel kursieren unter verschiedenen Bezeichnungen wie **»Dörferrundfahrt«**, **»Bauernfahrt«** oder **»Das unbekannte Mallorca«**. Solche Touren werden gerne auf Tage gelegt, an denen ein **Marktbesuch** einbezogen werden kann, vorzugsweise Llucmajor (meist freitags), Sineu (mittwochs) oder Sa Pobla (sonntags). Auch Abstecher zum Klosterberg *Randa* und zur Glasbläserei *Gordiola* (Algaida) gehören ggf. dazu.

Der Tunnel unter dem »schiefen« Puig Fomat auf der Strecke von und zum Cap Formentor ist nichts für Busse. Dorthin geht's nur per Mietfahrzeug oder -fahrrad in Eigeninitiative

8

Programme

Als Küstenort bietet sich auf derartigen Strecken Can Picafort mit seiner **Strandpromenade** an. Es gibt auch Fahrten, die mittags ein ländliches Restaurant ansteuern, wo zur Mahlzeit ein – meistens nicht so ganz tolles – Folkloreprogramm mitgeliefert wird. Derartige Touren sind für Besucher gedacht, die Mallorcas Hauptattraktionen schon kennen. Wie immer die Kombination der Zwischenziele auch sein mag, sie können mit den oben beschriebenen Trips nicht mithalten. Denn **das Inselinnere** im zentralen Mallorca **ist eben auch ein bisschen langweilig**, auch wenn es ohne Zweifel hübsche und verträumte Ecken gibt. Ausgerechnet im Bus hat man jedoch keine Chance, davon mehr als einen flüchtigen Eindruck zu gewinnen, wenn überhaupt.

Perlen, Höhlen, wilde Tiere

Ganz gleich, in welcher Inselecke man logiert, ein Ausflug zu den **Drachenhöhlen von Portocristo** gehört zum Standardangebot. Im allgemeinen kombiniert man den Höhlenbesuch mit einer Besichtigung der **Kunstperlenhersteller bzw. -läden *Orquidea*** bei Montuiri oder ***Majórica*** in Manacor; gelegentlich auch noch mit einer Fahrt zum ***Safari Zoo*** bei Sa Coma. Die **Glasbläserei** in Algaida, der Ledershop ***perPiel*** bei Montuiri und ein **Keramikladen** in Manacor samt **Likördegustation** sind weitere typische Haltepunkte solcher Trips. In ihrer kompakten Zusammenstellung sind sie mit öffentlichen Verkehrsmitteln nicht innerhalb eines Tages nachzuvollziehen. Wer sich indessen für alle jeweiligen Zwischenziele interessiert, ist mit ihnen gut bedient. Wer aber »eigentlich« nur die Höhlen sehen und sich danach vielleicht ein bisschen in Portocristo und Umgebung umschauen oder baden möchte, kann von manchen Ferienorten aus gut einen **Linienbus** nehmen oder per Zug nach Manacor (ab Palma via Inca/Sineu) fahren.

Südliche Ostküste

Eine weitere Ausflugsroute (➪ **Routenvorschlag 11** für individuelle Touren, Seite 436) führt durch den Südosten mit Zwischenzielen Cala Figuera, Portopetro und Cala d'Or. Dazu gehört eventuell noch ein Abstecher nach Ses Salines zum Kakteenpark *Botanicactus* oder ein Besuch des *Santuari Sant Salvador*, ➪ Seite 330.

Botanicactus bei Ses Salines, gemäß Eigenwerbung der größte Kakteengarten Europas (➪ Seite 353), ist ein typisches Zwischenziel von Bustouren

Bewertung Südosten

Das Städtchen Felanitx, Zentrum des östlichen Weinanbaus, ist dann ebenfalls nicht mehr weit. Je nach Anreise werden am Wege weitere Zwischenstops eingebaut, die teilweise bereits erwähnt wurden (Märkte in Llucmayor oder in Campos, Besichtigungen in Manacor etc.). **Auch diese Region ist innerhalb eines Tages mit öffentlichen Verkehrsmitteln nicht zu erschließen**, am wenigsten das ***Santuari de Sant Salvador*** und das seit 2014 wieder zugängliche tolle ‚***Castell de Santueri***. Der Gegensatz zwischen dem Fischerdorf Cala Figuera, den Stränden der Cala Mondragó und dem etwas »mondäneren« Cala d'Or ist aber eine Visite in direkter Abfolge wert. Empfehlenswert zum Kennenlernen des Südostens.

Quad zur Vermietung in Palma Nova

Jeep-Safaris, Quad-Touren und Cabrio-Ausflüge

Hinter der abenteuerlichen Bezeichnung ***Jeep-Safari*** verbirgt sich oft nichts anderes als eine **Kolonnenfahrt** in offenen Suzuki-Jeeps über etwas abgelegenere Straßen, die man ebensogut mit einem beliebigen Auto mit Schiebedach befahren könnte, wenn es um die Sonne von oben und den Fahrtwind ginge. Tatsächlich gibt es mit Ausnahme der Auffahrt zur ***Finca Es Pouet*** mit Fortsetzung in Richtung Burgberg von Alaró, dem **Waldweg zum *Coll Baix*** auf der Halbinsel *La Victoria* bei Alcúdia und einer üblen Schlaglochstrecke zur *Cala Estreta* (nordwestlich von Artá neben *Cala Torta*) keine interessanten öffentlichen (!) Straßen, die man nicht mit normalen Pkw befahren könnte. Eine etwas **teurere Variante** der *Jeep-Safaris* ist die Nutzung von Privatgelände zur Vierradantriebs-Erprobung, neuerdings auch mit **Quads** über Sandpisten, Stock und Stein. Zur Dokumentation drehen einige Veranstalter **Videos** der Touren und unterlegen sie in Nullkommanix mit Text und Musik. Die Kosten dafür kommen natürlich zum Tagespreis hinzu.

Ebenfalls gebucht werden können hier und dort auch **Ausflüge im Cabrio mit Reiseleiter** vorweg. Wem es nicht auf Erläuterungen an Zwischenzielen und das Mittagessen im Kreise der Cabrio-Fans ankommt, kann sich auf eigene Faust ein Cabrio leihen und damit flexibler, ab 2 Personen meist sogar preiswerter unterwegs sein.

Bewertung

Abgesehen von günstigeren Sonderangeboten in der Vor- und Nachsaison und den erwähnten Ausflügen mit Verkaufsveranstaltung haben **die organisierten Touren** eines gemeinsam: sie **sind ziemlich teuer**. Ganztagesfahrten kosten ab ca. €35-€40 aufwärts. Man kann sich leicht ausrechnen, dass mancher Trip im **Mietwagen schon bei zwei Personen billiger** wäre. Mehr Personen fahren im selbst gelenkten Auto immer günstiger. **Sogar das Taxi** kann auf bestimmten Routen ab drei Personen ökonomischer sein, von anderen Vorzügen wie individuellen Fotostopps usw. nicht zu reden. Natürlich fehlen bei **Touren auf eigene Faust** sachkundige Kommentare, und man ist bei der Planung auf sich gestellt, geht bei der Fahrt über enge, unbekannte Straßen immer kleine Risiken ein, muss sich über Öffnungs-/Anfangszeiten von Sehenswürdigkeiten und Veranstaltungen, über Fahrpläne von Booten informieren usw. Kurz, es ist einiges zu bedenken und zu veranlassen, womit man sich in den Ferien vielleicht nicht belasten möchte.

Hinter den klotzigen, oft unattraktiven Fassaden der zahlreichen Kirchen auf Mallorca verbergen sich oft genug Kostbarkeiten wie dieser goldene Altar in der Hauptkirche von Felanitx.

Wenn die Tür nicht verschlossen ist, sollte man sich nicht scheuen, die Kirchen und Wallfahrtsstätten auf den Erhebungen der zentralen Ebene zu betreten

8.3 Abendprogramme

Aktuelle Shows

Wem die – manchmal dürftigen – hauseigenen Unterhaltungsabende der Hotels, das Fernsehprogramm und die Kneipenrunde nicht reichen, kann sich auch in dieser Hinsicht den Angeboten der Reiseprofis anvertrauen. Die karren – während der Saison mehrmals wöchentlich – ungezählte Urlauber aus allen Ländern Europas und allen Ecken der Insel zu den eindrucksvollen **Shows** in der ***Finca Son Amar*** und im eigens für solche Zwecke errichteten ***Es Fogueró***, das nach einem längeren Dornröschenschlaf kürzlich wieder zu neuem Leben erweckt wurde.

Barbacoa

Neben den Vorstellungen in diesen beiden gibt es vor allem im Bereich der Ostküste und der Bucht von Alcúdia im Sommer die traditionelle ***Barbacoa*** für Touristen. Die **Grillparty** findet vorzugsweise im Freien auf einer umfunktionierten ***Finca*** statt. An **langen Tischen** werden dort die Gäste mit Bier, Wein, Sekt und Sangria nach Belieben bedient. Und bei Hähnchenteilen, Schweinefleisch und Würstchen darf zum **Inklusivpreis** gefuttert und getrunken werden, was \`reingeht.

Ein **folkloristisches Rahmenprogramm** wird oft mitgeliefert, und danach oder zwischen den Showteilen zum Tanz aufgespielt. Bei *»Viva España«, »Palma de Mallorca«* und anderen Ohrwürmern kommt Stimmung auf, Schunkeln und Mitklatschen ist angesagt. Spielchen unter Publikumsbeteiligung und Tanz sorgen zusätzlich für gute Laune – oder auch nicht.

So ein *Barbacoa*-Abend kann lustig und unterhaltsam sein. Das liegt immer ein bisschen an den Unwägbarkeiten: am »richtigen« Wetter, an den ja oft zufälligen Tischnachbarn, den feurigen oder lustlosen Flamenco-Tänzerinnen usw. Höhere Ansprüche an die Qualität der Speisen und des Umtrunks oder gar an das Niveau des Rahmenprogramms dürfen dabei nicht gestellt werden. So nahm die **Beliebtheit der Barbecue-Veranstaltungen** denn auch über die Jahre ziemlich ab, und es blieb von den einst zahlreichen *Barbacoa Fincas* nur eine Handvoll übrig.

Son Amar an der Straße Palma-Sóller

Ungebrochen blieb indessen der Zulauf zur – einst ebenfalls – *Barbacoa* ***Son Amar***, denn die entwickelte sich weiter zum größten Showpalast der Insel. Die Finca liegt ca. 11 km von Palma entfernt an der Straße nach Sóller unübersehbar kenntlich gemacht auf der rechten Seite (von Palma kommend). *Son Amar* bietet heute im Anschluss an ein 3-4-Gänge-Menü in einem relativ gediegenen Rahmen (mitnichten wie früher im Freien) eine professionelle Show spanischer Folklore, brillantem Ballett mit internationalen Elementen, Dressurakte mit Pferden, Zauberei und Humor, dazu Auftritte bekannter Gesangsstars u.a.m.

An dekorativ eingedeckten Tischen finden bis zu 1.500 Personen Platz. Dennoch schaffen es die Organisatoren in der Hauptsaison, alle Plätze mit Angehörigen einer Nation zu füllen – vor allem gilt das für Deutsche und Engländer. Einzelne große Veranstalter wie

TUI, Thomas Cook/Neckermann oder *Thompson* (GB) sind in der Lage, Exklusivabende nur für ihre Gäste zu arrangieren. Dabei versorgt ein Heer von Kellnern die Massen und serviert die Gänge der Menüs in erstaunlich kurzer Abfolge. Wer *Son Amar* beim Veranstalter bucht und per Bus kommt, hat damit in der Regel alles vorab gezahlt (ohne/mit *Diner*) und keine Wahlmöglichkeit.

Individueller Besuch Son Amar

Individualbesucher des ***Son Amar*** haben die Wahl zwischen **Showticket** ohne *Diner* (*Cena*), aber mit einem Getränk (ca. €40), und drei alternativen Menüs **Gold** (ca. €70, 3 Gänge), **Platin** und **VIP** (ca. €100 bzw. €170 für vier Gänge). In allen Fällen inklusive Wein (Platin- und VIP-Bucher bestellen nach Weinkarte; VIP inkl. Champagner) und abgestuft günstigerer Sitzposition zur Bühne als die Besucher ohne Dinner. Aktuelle Preise, Showdaten (Februar-November mehrfach pro Woche; Beginn mit Vorprogramm 20.30 Uhr, eigentliche Show 21.30 Uhr bis ca. 23.30 Uhr plus Umtrunk an der Bar mit den Bühnenstars, wer mag).

Reservierung unter **© 971 617 533**) oder www.sonamar.com.

Platin oder **VIP** unbedingt reservieren, da die Anzahl der bühnennahen Tische begrenzt ist. Speziell der Aufpreis für **Platin** lohnt sich. Wem das zu viel ist, der bucht besser nur das Showticket mit Sekt. **VIP-Bucher** werden mit den Superblick-Tischen, Cocktail vor dem Event und einer *Backstage Tour* zusätzlich erfreut.

Pirates Adventure

Eine als **Piratenabenteuer** vermarktete, seit Dekaden erfolgreiche ***Dinner-Show*** findet in Magaluf in einem eigenen Komplex am Südwestende des Ortes statt (Cami Sa Porrassa 12). Das nach Seeräuberart ohne Besteck schmausende Publikum wird dort in ein Kampfspiel »mittelalterlicher« Piraten einbezogen. Diese **englischsprachige** und ein bisschen flache ***Family Show*** mit allerdings beeindruckender Akrobatik läuft März-Oktober saisonabhängig 2-4x wöchentlich und beginnt jeweils um 18 oder 19 Uhr.

Inklusive Speis und/oder Trank kostet der Spaß je nach Saison und Kategorie **€39-€63/Person**, Kinder bis zu 12 Jahren €24-€39. Und für Kinder ist die Show tatsächlich eine tolle Sache, egal, ob sie das Geschrei der Piraten verstehen oder nicht.

Showkomplex »Pirates Adventure«

Pirates Reloaded

Nur für Erwachsene gibt's im Theater der Piraten die ***Pirates Reloaded Show*** ebenfalls voller Akrobatik, jedoch mit Erotik und derben Späßen. Sie läuft Mai-September 1-2x pro Woche (Fr oder/ plus Sa ab 22.30 Uhr; ca. 120 min inkl. Pause, kein Dinner, zwei *Drinks* oder *all inclusive* in drei Kategorien €39-€79. Aktuelle Tage unter © 971 130 659 und im Internet unter www.piratesadventure.com oder www.globobalear.com.

Es Fogueró (unweit Playa de Palma)

Der Showpalast ***Es Fogueró*** (an der Straße von Playa de Palma in Richtung S`Aranjassa, Ausfahrt 10 von der Autobahn nach Arenal/ Llucmayor) war vor vielen Jahren mal die bessere Alternative zu *Son Amar*. Nach langer Agonie wurde er wiederbelebt und bietet im Sommerhalbjahr eindrucksvolle ***Flamenco Shows***, zuletzt angelehnt an die Opern ***Don Quijote***. und ***Carmen***; ca. 120 min.

Im Gegensatz zu *Son Amar* und früheren Jahren gibt es **keine *Dinner Shows*** mehr. Im Eintrittspreis inbegriffen ist ein Glas Sangria oder ein alkoholfreier Cocktail in zwei Platzkategorien (€25/€45). Bustransport kann mit dazugebucht werden (+€12-€14).

Aktuelle Infos zu Tagen und Zeiten, sowie Buchung unter **© 971 265 260** und unter www.esfoguero.com.

Wissenswertes und Nützliches

9. GESCHICHTE UND KULTUR

9.1 Mallorcas Geschichte in Wort und Bild*)

In der Geschichte Mallorcas spiegeln sich die im Laufe der Jahrtausende wechselnden Machtverhältnisse im Mittelmeerraum ebenso wie der Wandel der Beziehungen zwischen europäischen Herrscherhäusern im Mittelalter und die jüngere Entwicklung Spaniens von der Franco-Diktatur zur Demokratie.

Talaiot Kultur

(⇨ auch Seite 360)

Schon lange bevor die Balearen in griechischen und sizilianischen Schriften erstmals erwähnt werden und damit urkundlich in die Geschichte eintraten, war Mallorca bewohnt. Funde weisen auf **das 6. Jahrtausend vor Christus** hin, in dem vermutlich Siedlergruppen aus dem heutigen Südfrankreich die Insel erreichten. Der ursprünglichen Höhlenkultur folgte die sog. ***Talaiot* Kultur**, deren Bezeichnung sich aus den runden Wachttürmen (arabisch wie *mallorquín: Talaia*) der Bruchsteinbauten ableitet, die noch bis zur Römerzeit die auf den Balearen vorherrschende Siedlungsform gewesen zu sein scheint. Da Mauern und Stützkonstruktionen der Dächer lediglich aus übereinandergeschichteten Felsblöcken ohne Verfugung bestanden, dienten sie der Bevölkerung späterer Jahrhunderten als Materialreserve bei Haus- und Kirchenbau. Das erklärt, warum auf Mallorca zwar Reste von über **200 - *Talaiot*-Dörfern** identifiziert wurden, aber nur die ***Talaiots Capocorp Vell*** bei Cala Pi, ***Ses Paisses*** bei Artá, ***Son Fornes*** bei Montuiri und die ***Necropolis*** bei Can Picafort als nennenswerte Relikte verblieben, die noch Strukturen eines Dorfes aufweisen.

Frühzeit

Obwohl Menorca und Ibiza von den **Phöniziern** (auch Punier oder Karthager – heutiges Tunesien), welche um diese Zeit das westliche Mittelmeer dominierten, bereits im 7. Jahrhundert v. Chr. besetzt wurden, blieb Mallorca verschont. Nichtsdestoweniger verdingten sich **Mallorquiner** als **Steinschleuderer** in den karthagischen Heeren. Da diese Fertigkeit auf den Balearen von klein an geübt wurde, brachten es die jungen Männer mit ihren Steingeschossen zu besonderer Treffsicherheit und Durchschlagskraft. Sogar die Bezeichnung der Inselgruppe geht vermutlich auf die Steinschleuderkunst der Bewohner zurück (griechisch: *ballein* = werfen). Tatsächlich kämpften die Steinschleuderer nicht nur auf der Seite der Punier unter *Hamilkar* und *Hannibal,* sondern waren am Ende auch bei den römischen Truppen *Scipios* zu finden, die Karthago einnahmen und zerstörten (*Cetero censeo* ...). Das Standbild eines Steinschleuderes im Park unterhalb der *Almudaina* in Palma erinnert an die Heldentaten im Altertum.

weiter auf Seite 460

*) Die folgenden 15 Farbseiten, ein historischer Comic voller subtiler Texte mit Gegenwartsbezug, wurden von Herbert Heinrich geschaffen, Autor vieler Wanderbücher und eines Geschichtswerks über Mallorca. Herbert Heinrich hat auch das Kapitel im Beileger über die Natur Mallorcas geschrieben und mit Zeichnungen der mallorquinischen Flora bereichert.

Herbert Heinrich

Höhlen-Kultur
Frühe Bronzezeit 2200-1400 v.Chr.
Neubau: Naveforma-Häuser
Zwerg-Antilope Myotragus balearicus
Mauern aus vortalayotischer Zeit
„Heute gibt es Eichelsuppe mit Kaninchen!"
Wohnhöhle im Torrent de Galatzó

Talayot-Kultur
Bronzezeit 1.400 - 1.000 v. Chr.
„Schiffe aus Karthago und Griechenland!"
CAPOCORP VELL
„Jetzt beginnt die nachtalayotische Epoche!"
Die Talayots waren Wacht- und Verteidigungstürme - aber auch Begräbnisstätten.
„Erst wenn Du Dein Frühstück vom Baum geschossen hast, gibt's was zu essen!"

Nachtalayotische Zeit
Eisenzeit ~1.000 - 123 v. Chr.
METALL-TRANSPORT MALLORCA A.G.
Die Mallorquiner der talayotischen Epoche handelten mit Metall, das sie auf der iberischen Halbinsel kauften und in Italien verkauften.
Die Phönizier hatten jedoch größere Schiffe und lenkten den Metallhandel nach Karthago um – an Mallorca vorbei.
„Hannibal sucht prima Schleuderer."
Jetzt verlegten sich viele Mallorquiner auf Piraterie.
Andere ließen sich von Karthagern oder Römern als Söldner anwerben.

Römische Epoche
123 v.Ch. - 465 n.Ch.
Um die Seeräuberei zu beenden, haben die Römer 123 v. Chr. die Balearen erobert.
Der römische Feldherr Metellus ließ seine Schiffe zum Schutz vor den Steinschleuderern mit Dächern aus Ziegenfellen bespannen.
„Wir bringen aus Rom Ölbäume Weizen und Weinbau.
Römische Brücke in Pollença
Die Römer bauten Städte wie Pollentia (Alcudia), Palmira (Palma) und Sinium (Sineu), verbanden sie mit Straßen und Brücken und schmückten sie mit Marktplätzen, Tempeln und Amphitheatern.
Amphitheater bei Alcudia:
Jeden Sonntag
MARSCHMUSIK
Die Mallorquiner übernahmen die römische Zivilisation.

Römerzeit

Mit dem Niedergang Karthagos entwickelte sich ein Machtvakuum, das die keiner Seite sonderlich verbundenen Mallorquiner zur **Seeräuberei** nutzten. Diese einträgliche Aktivität ließ auch römische Handelsschiffe nicht ungeschoren, was den Unwillen Roms erregte und letztlich – im Jahre 123 v. Chr. – zur **Besetzung der Balearen** führte. Damit begann eine über **500 Jahre** währende friedliche **Epoche unter römischer Verwaltung**. Kriegsveteranen und Verbannte wanderten aus Rom und ganz Italien zu. Pollentia (heute Alcudia), Inca und Palma wurden gegründet, eine verbindende Heerstraße – immer noch Hauptverkehrsachse der Insel – entstand, und eine florierende **Exportwirtschaft** entwickelte sich vor allem mit Öl von den damals eigens eingeführten Olivenbäumen sowie mit Tongeschirr und Keramik. In den ersten Jahrhunderten der neuen Zeitrechnung begann auch auf den Balearen die **Christianisierung**. Die immer noch zugängliche Höhle von *Sant Marti* bei Las Gaviotas (➪ Seite 289) diente den frühchristlichen Gemeinden als Zufluchtsort vor Verfolgung, bis sich das Christentum vollends durchgesetzt hatte.

Vandalen, Ostrom und Araber

Die ***Pax Romana*** endet mit der Eroberung der Balearen und weitgehender Zerstörung römischer Strukturen durch die **Vandalen im Jahre 430**. Hundert Jahre später löste **Ostrom** von Byzanz aus (Istanbul) die Vandalenherrschaft ab und nutzte Mallorca als Basis für den **Kampf gegen die Goten** auf dem spanischen Festland. Gleichzeitig verlor Byzanz nach und nach seine nordafrikanischen Besitzungen an vorrückende arabische Heere (*Mauren*), deren Flotten im 8. Jahrhundert erstmalig auch vor den Balearen auftauchten. Der darauffolgenden Phase von Plünderungen und gegenseitiger Piraterie setzte die **Eroberung Mallorcas durch die Araber**, die sich mittlerweile ganz Spanien – das frühere Westgotenreich – einverleibt hatten, im Jahre 902 ein Ende. Über mehr als **drei Jahrhunderte arabischer Herrschaft** entfaltete sich nun orientalische Kultur auf der Insel. Maurische Hinterlassenschaften sind die bewässerten **Obst- und Gemüseterrassen** vor allem an der südlichen Westküste, die Orangen- und Mandelbaumkulturen sowie die **Gartenanlagen** um Villen und Paläste, wie sie noch heute in Esporles (*La Granja*) oder Alfabia existieren, ➪ Seiten 215 und 255. Viele arabische Ortsnamen überdauerten die Jahrhunderte, so zum Beispiel Alcúdia, Algaida und Alaró, aber auch so fremdartig wirkende Bezeichnungen wie *Andratx, Fornalutx, Binissalem, Banyalbufar* oder *Biniaraix*. Bauwerke aus arabischer Zeit sind dagegen bis auf die *Banys Arabs* in Palma in ihrer ursprünglichen Form so gut wie gar nicht mehr vorhanden.

Ende der Araberzeit

Die **Rückeroberung Mallorcas** am Ende des Jahres **1229** durch ein eigens zusammengestelltes Christenheer erfolgte lange vor der vollständigen Vertreibung der islamischen »Heiden« aus Spanien. Die letzte Bastion der Westgoten in Asturien an der Biskayaküste war Ausgangspunkt der ***Reconquista***, die zunächst das nördliche Spanien mit den Regionen Galicien, León, Navarra, Kastilien, Aragón und Katalonien von der Maurenherrschaft befreite.

weiter auf Seite 429

Vandalen-Herrschaft
Auf Mallorca 465-534 n. Chr.
Der Vandalenkönig Geiserich landete 465 auf Mallorca.
„Ihr dürft alles kaputt hauen, aber laßt das römische Finanzamt intakt!"
„Das ist ja reiner Vandalismus!"
„Ich komme wegen der Kopfsteuer!"
?
„Wir sind bereits katholisch!"
„Wir Vandalen sind Arianer. Laßt Euch taufen! Sonst...!"
Teil des oströmischen Reiches
Bei Byzanz von 534 bis zur Mitte des 8. Jahrhunderts
Nachdem der byzantinische Feldherr Belisar die Vandalen 534 aus der Weltgeschichte heraus geschubst hatte, besetzte sein General Apolinarius im gleichen Jahr die Balearen.
„Wo geht's zum Hotel Palmira?"
Im 7. Jahrhundert flohen viele Christen aus Nordafrika vor den anrückenden Anhängern Mohammeds nach Mallorca.

9

Unabhängig
Mitte 8. Jahrhundert bis 902
Ostrom zerfiel und die Mallorquiner suchten bei Karl dem Großen Schutz vor den wachsenden Überfällen der Mauren.
„Schade, ich habe zuviel Ärger mit den Sachsen."
„Wir bringen Serrano-Schinken aus Mallorca."
Der Schinken schmeckte köstlich, aber der Kaiser konnte nur wenig helfen.
REICH KARLS DES GROSSEN
Ebro
EMIRAT CÓRDOBA
Korsika
Mallorca
Sardinien (bei Ostrom)
813 zerstörte der fränkische Admiral Graf Armengol von Ampurias eine arabische Flotte, die nach der Plünderung Korsikas beutebeladen auf dem Heimweg war.
„Um Allahs Willen, da kommen die Piraten aus Mallorca!"
PALMIRA
Wegen vertragswidriger Piraterie schickte der Emir von Cordoba 848 eine Strafexpedition.
Wechselnde arabische Herrschaft
902 – 1229
Als der General des Emirs von Córdoba, Isamal Jaulani, während einer Pilgerfahrt nach Mekka von einem Sturm nach Mallorca verschlagen wurde, spähte er die Verteidigungsmöglichkeiten der Insel aus.
Bald darauf kam er als Kommandeur einer Invasionsflotte zurück und eroberte Mallorca.

Jaulani wurde zum Gouverneur ernannt und baute Medina Mayurka (Palma) als omaijadische Stadt mit Moscheen, Plätzen, Gasthäusern Bädern und Palästen wieder auf.
Viele Mallorquiner wurden zu Sklaven gemacht.
„Ganz schön sauer diese Zitronen!"
„Die Datteln schmecken aber prima!"
Die Araber haben Zitronen, Datteln u.a. in Spanien eingeführt.
Von der maurischen Stadt sind fast nur die arabischen Bäder in der Calle Serra 13, das Stadtor in der Calle Almudaina sowie der maurische Bogen am Almudaina-Palast erhalten.
Reste arabischer Schöpfräder (Norias) finden wir noch an vielen Stellen.
Die Landwirtschaft wurde verbessert und Terrassenfelder angelegt z.B. bei Banyalbufar.

902-1015 Einige der arabischen Walis waren Kunstfreunde und tolerant gegenüber Christen und Juden. Fast alle führten jedoch Kriegs- und Piratenzüge gegen die christlichen Küsten u. Schiffe.
„In »Das Halsband der Taube« habe ich die Dichtkunst der Troubadure vorweggenommen.
Muyahid, König von Denia eroberte 1015 auch Mallorca. Seine starke Flotte beherrschte das Mittelmeer. An seinen glänzenden Hof flüchtete der berühmte Dichter u. Gelehrte Ibn Hazm.
„Schnell weg, ehe die Almoráviden kommen!"
Um die von Mallorca ausgehende Piraterie zu beenden, schickten Katalonien und die Republik Pisa eine Flotte mit 75.000 Soldaten. Im April 1115 wurde Medina Mayurka erobert und geplündert und 30.000 Christen befreit. Die Eroberer verschwanden jedoch noch vor dem Eintreffen einer almorávidischen Flotte. Diese Berber hatte der mallorquinische Herrscher Mubasir zur Hilfe gerufen.
Dennoch eroberten die fanatischen Almohaden den Süden der iberischen Halbinsel und 1203 auch Mallorca
„Herr aller Almohaden, ich melde Dir den Sieg und bringe den Kopf des Königs Abdallah von Mallorca!"
Die Almoráviden kamen 1116 aus Nordafrika, besetzten Mallorca kampflos und bauten Medina Mayurka wieder auf - als Basis gegen ihre Hauptfeinde, die Almohaden, eine andere islamische Sekte.

Anfang des 13. Jahrhunderts existierte so im Bereich Barcelona/Tarragona/Zaragoza das Vereinigte **Königreich von Aragón und Katalonien**, zu dem auch Provinzen des heutigen Südfrankreich (*Montpellier/Roussillon/Provence*) gehörten.

Rückeroberung Mallorcas durch die Christen

Wegen der nach wie vor imminenten Bedrohung der Küsten und seiner Handelsschiffe durch von Mallorca aus operierende arabische Piraten erschien dem damaligen König *Jaume I.* eine weitere Invasion (vorher unternommene Versuche waren mehrfach fehlgeschlagen) der Insel geboten, die sich zugleich als Kreuzzug deklarieren ließ. So stach er unter Beteiligung dreier Erzbischöfe und ihrer Truppen im **September 1229** mit 150 Schiffen und einer Streitmacht von 13.000 Mann in See und landete zunächst unbehelligt in der Bucht von Santa Ponça. Die ihm entgegengesandten Kräfte der Araber wurden geschlagen, und eine **3-monatige Belagerung Palmas** (arabisch *Medina Mayurca*) schloß sich an. Am **Silvestertag 1229** konnte *Jaume* die Kapitulation des Emirs in der *Almudaina* entgegennehmen. Während der darauffolgenden Plünderung wurden die meisten der arabischen Sakralbauten zerstört, darunter auch die Hauptmoschee. Auf ihren Grundmauern begannen bald darauf die Bauarbeiten zur Konstruktion der bis heute das Stadtbild prägenden Kathedrale.

Jaume I

Die **(Wieder-)Christianisierung** wurde mit der Vertreibung oder Integrierung der überlebenden Araber in den Folgejahren vollzogen. Grundeigentum und Paläste der maurischen Oberschicht gelangten in den Besitz der Mitstreiter und Günstlinge des neuen Herrschers. Menorca unterwarf sich kampflos und entging noch für Jahrzehnte der Eroberung gegen Tributzahlungen. Erst Ende des 13. Jahrhunderts mußten die Araber auch die Nachbarinsel räumen. Der Eroberer, *Jaume I*, veranlasste noch während seiner Regierungszeit neben dem Beginn der Arbeiten an der Kathedrale die Grundsteinlegung zum über Palma thronenden ***Castell de Bellver*** und den Umbau der ***Almudaina*** zum Königspalast.

Königreich Mallorca

Nach seinem Tod **1276 wurde das Königreich** unter den beiden Söhnen **aufgeteilt**: *Pedro* erhielt die spanischen Festlandsbesitzungen, sein jüngerer Bruder *Jaume* die Balearen und die südfranzösischen Reichsteile. Damit war der Keim zu einem Gegensatz gelegt, auf den die heute wieder aktuellen Autonomiebestrebungen zurückgehen. Zunächst aber hatte **Mallorca** durch die Erbteilung **einen eigenen König** erhalten, der tatkräftig die Entwicklung der Insel betrieb und sich auch durch einen 1286 bis ins Inselinnere vorgetragenen Angriff des Sohnes und Nachfolgers seines Bruders, *Alfons von Aragon,* nicht aus dem Sattel heben ließ (➪ Seite 257). Vielmehr erhielt er 1298 Menorca noch dazu. Bevor Mallorca **1311** an **König *Sancho I*** überging, wurden das *Castell de Bellver* fertiggestellt, ein **Königspalast in Sineu** errichtet, die Kirche von *Sant Francesc* in Palma begonnen und eine Reihe von heute wichtigen Städten – u.a. Felanitx, Llucmajor, Manacor, Petra – gegründet.

weiter auf Seite 468

Christliche Rückeroberung
1229 (zeitgleich mit dem 5. Kreuzzug)
„Wir müssen Mallorca für die Christenheit rückerobern!“
„und die Piraterie ausschalten welche den Handel stört!“
Mit Aussicht auf Gewinn von Land u. Beute begeisterte der erst 21-jährige König Jakob I. von Aragonien seine Ritter und Finanziers.
Insel Dragonera
Insel Pantaleu
Nach stürmischer Überfahrt sammelte sich die Flotte aus 155 großen Schiffen, 500 Pferden und 15.000 Soldaten in der Bucht von San Telm.
„König Jakob, meine Mutter hat in den Sternen gelesen: Du wirst der Herr dieser Insel sein.“
Der Maurenwesir Ali schwamm zur Insel Pantaleu und warf sich dem jungen König zu Füßen.
Am 10. September 1229 landete der größte Teil der Flotte in der Bucht von Santa Ponça, der Rest bei Sa Porassa (Magaluf).
Beim heutigen Yachthafen
Am 31. Dezember 1229 eroberten die Truppen von Aragonien nach monatelanger Belagerung die Hauptstadt Medina Mayurka.
König Jakob stellte Abu Yahia, den Maurenkönig, zunächst unter seinen Schutz.
„Es war Allahs Wille.“
© H. W. Heinrich

AUFTEILUNG DER BEUTE zwischen König und Hauptaktionären (Feudalherren)
„Gebt auch den Soldaten etwas ab, wer aber meutert wird aufgehängt!"
Laut Chronik des Königs kostete die Eroberung der Hauptstadt 20.000 Menschenleben. Weitere sind an der Pest gestorben.
„Wir Historiker halten diese Zahl für übertrieben und bedauern die Zerstörung der Stadt."
König Jakob liess Mallorca von Katalanen besiedeln. Lateinisch wurde Amtssprache.
„Eine schöne Insel!"
„Molt bonic!"
1231 unterwarf König Jakob die Nachbar-Insel Menorca mit einer List: Er sandte 3 Galeeren, welche von den eingeschüchterten Mauren höflich empfangen wurden.
„Auf Mallorca wartet König Jakob mit einem großen Heer, um Menorca zu erobern!"
Inzwischen ist der König mit wenigen Begleitern nach Capdepera geritten und hat nachts 300 Feuer entfacht, die man von Menorca aus für die Lagerfeuer eines riesigen Heeres halten mußte. Daraufhin unterwarfen sich die Mauren und boten jährliche Tributzahlungen an.
Bis 1232 verteidigten sich Tausende von Mauren in Mallorcas hohen Bergen. Sie übergaben die Burgen von Alaró, Santueri und Pollença (Castell del Rei) erst gegen Zusicherung ihrer Freiheit. Die Ruinen dieser Fluchtburgen kann man noch heute besichtigen.
Castell del Rei
Castell d'Alaró (822 m)
Castell von Santueri
Die Ruine liegt 7 km von Pollença entfernt auf einem Felsklotz 476 m über dem Meer. Der Zugang durch die Talenge Estret de Ternelles ist nur sonnabends gestattet.
Heute gibt es auf dem Berg 2 Restaurants und eine Herberge. Man kann von Alaró mit dem Auto bis Es Verger hinauffahren und von dort in 45 Min. aufsteigen.
Die Burgruine liegt 5,5 km von Felanitx entfernt. Man kann mit dem Auto vorfahren. Alle 3 Burgen bieten grandiose Ausblicke. Hier nach San Salvador und Port de Colom.

Das bemerkenswerte Wirken des Schriftgelehrten und mallorquinischen Nationalhelden wider den Islam, ***Ramon Llull***, ➪ Seite 365, fällt in jene Zeit.

Jaume III

Der Nachfolger *Jaumes II* starb 1324 nach nur 13 Jahren Regentschaft, und der Sohn seines Bruders übernahm als *Jaume III* die Geschicke Mallorcas. Er führte die Insel zu einer auf Seefahrt und Handel beruhenden wirtschaftlichen Blüte. Die alten aus der Erbteilung resultierenden Probleme waren indessen ungelöst. ***Pedro IV von Aragon*** erhob Anspruch auf die Krone Mallorcas, landete **1343** bei Peguera und schlug die mallorquinischen Truppen. Der König floh auf seine französischen Provinzen und sann auf Rache.

Am Ende verkaufte er die Region Montpellier an den französischen König und rüstete mit dem Erlös ein Heer aus, um nach Mallorca zurückzukehren. Das gelang zunächst, aber er konnte die Insel nicht halten: in der **1349 verlorenen Schlacht von Llucmajor** fiel *Jaume III*. Für die Witwe und seine Kinder wurde Schloß Bellver zum Staatsgefängnis. Mallorca verlor damit für Jahrhunderte seine nur wenige Jahrzehnte genossene Unabhängigkeit und mußte sich nun bis zur Demokratisierung 1975 vom Festland bevormunden lassen.

Handelszentrum Mallorca

Mit dem Autonomieverlust wurde die Bevölkerung den neuen Herren aus Aragon gegenüber abgabepflichtig. Das führte immer wieder zu Unruhen. Auch zwischen den geknechteten Untertanen und der Aristokratie der Insel kam es zu blutigen Auseinandersetzungen. Aber trotzdem setzte sich der bereits unter *Jaume III* begonnene Aufstieg Mallorcas zu einem der wichtigsten Handelsplätze des westlichen Mittelmeers fort. So entstand etwa im 15. Jahrhundert die einem gotischen Kirchenschiff ähnliche Börse *Sa Llotja*. Mallorquinische Seefahrer genossen Weltruf, und die auf Mallorca beheimateten Kartographen zeichneten die besten **Seekarten** ihrer Zeit.

Türkische Piraten

Die historischen Ereignisse schlugen jedoch gegen **Ende des 15. Jahrhunderts** wieder zuungunsten Mallorcas aus. Die Türken erlangten die Herrschaft über das östliche Mittelmeer und setzten sich in Nordafrika fest. Von dort aus überzogen sie die Handelswege des westlichen Mittelmeers mit **Seeräuberei**. Nach einem gescheiterten Versuch Karls V (von Habsburg = *Carlos I* von Spanien, d.h., der durch Heirat 1469 zusammengeschlossenen Königreiche von Aragon mit Balearen und Kastilien), die **Türken** in offener Seeschlacht zu besiegen, stiegen sie zur unangefochtenen Seemacht auf und plünderten um die Mitte des 16. Jahrhunderts nahezu unbehelligt die Küstenstädte der Mittelmeerländer. Auch Mallorca blieb nicht verschont. Orte wie Andratx, Alcúdia, Pollença und Sóller wurden von Piratenüberfällen heimgesucht.

Die Türken nutzten Buchten und Höhlen Mallorcas zudem als Schlupfwinkel für weitere Unternehmungen. Aus dieser auch so genannten **»Türkenzeit«** stammen die zahlreichen Wacht- und Verteidigungstürme *(Talaias)* rund um die Insel.

weiter auf Seite 473

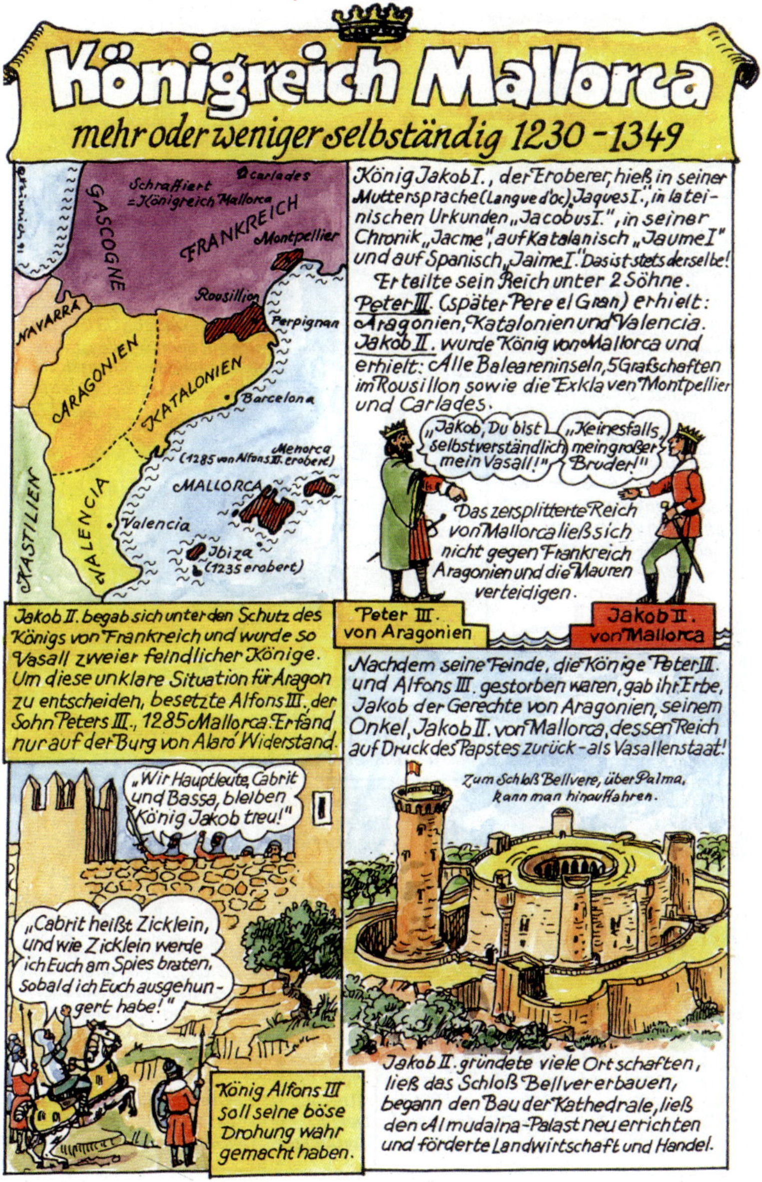
Königreich Mallorca
mehr oder weniger selbständig 1230 - 1349
Schraffiert = Königreich Mallorca
Carlades
GASCOGNE
FRANKREICH
Montpellier
Rousillion
Perpignan
NAVARRA
ARAGONIEN
KATALONIEN
Barcelona
Menorca (1285 von Alfons III. erobert)
MALLORCA
Valencia
Ibiza (1235 erobert)
KASTILIEN
VALENCIA
König Jakob I., der Eroberer, hieß in seiner Muttersprache (Langue d'oc) „Jaques I.", in lateinischen Urkunden „Jacobus I.", in seiner Chronik „Jacme", auf Katalanisch „Jaume I" und auf Spanisch „Jaime I." Das ist stets derselbe!
Er teilte sein Reich unter 2 Söhne.
Peter III. (später Pere el Gran) erhielt: Aragonien, Katalonien und Valencia.
Jakob II. wurde König von Mallorca und erhielt: Alle Baleareninseln, 5 Grafschaften im Rousillon sowie die Exklaven Montpellier und Carlades.
„Jakob, Du bist selbstverständlich mein Vasall!"
„Keinesfalls, mein großer Bruder!"
Das zersplitterte Reich von Mallorca ließ sich nicht gegen Frankreich Aragonien und die Mauren verteidigen.
Peter III. von Aragonien
Jakob II. von Mallorca
Jakob II. begab sich unter den Schutz des Königs von Frankreich und wurde so Vasall zweier feindlicher Könige. Um diese unklare Situation für Aragon zu entscheiden, besetzte Alfons III., der Sohn Peters III., 1285 Mallorca. Er fand nur auf der Burg von Alaró Widerstand.
Nachdem seine Feinde, die Könige Peter III. und Alfons III. gestorben waren, gab ihr Erbe, Jakob der Gerechte von Aragonien, seinem Onkel, Jakob II. von Mallorca, dessen Reich auf Druck des Papstes zurück - als Vasallenstaat!
„Wir Hauptleute Cabrit und Bassa, bleiben König Jakob treu!"
Zum Schloß Bellvere, über Palma, kann man hinauffahren.
„Cabrit heißt Zicklein, und wie Zicklein werde ich Euch am Spies braten, sobald ich Euch ausgehungert habe!"
König Alfons III soll seine böse Drohung wahr gemacht haben.
Jakob II. gründete viele Ortschaften, ließ das Schloß Bellver erbauen, begann den Bau der Kathedrale, ließ den Almudaina-Palast neu errichten und förderte Landwirtschaft und Handel.

„Mit meiner ARSMAGNA bereite ich der Computertheorie den Weg."
So soll der Almudaina-Palast ausgesehen haben, den Jakob II. auf der Ruine des arabischen Palastes des Muyahid erbauen ließ.
Ausguck-Turm Torre del Angel
Heute verläuft hier der Paseo Maritimo
Jakob II. finanzierte dem gelehrten Philosophen Ramon Llull eine erfolglose Missionsschule in Miramar. Mit mehr als 155 Büchern gilt Llull als Vater der katalanischen Literatur.
Dem König Jakob folgte sein Sohn Sancho (1311-1324), ein friedfertiger König, der sich mit dem Vasallenstatus abfand. Er schuf eine Handels- und wachsame Kriegsflotte (gegen Piraten) sowie eine Sozialkasse für Seeleute.
König Sancho litt an Astma und suchte Heilung in Höhenluft - meist in den Pyrenäen aber auch auf Mallorca in Valldemossa oder in seinem Jagdhaus am Teix.
Puig Mayor
Leucht-turm
Von den vier Türmen des Kriegshafens Porto Pi sind noch zwei erhalten.
Torre de Pelaires
König Sanchos Nachfolger wurde sein zehnjähriger Neffe Jakob III., der Unglückliche, (1324-1349) der mit 20 Jahren die Regierung übernahm und sofort zwischen die mächtigen Könige von Aragonien u. Frankreich geriet, wie sein Großvater Jakob II.
Schlacht von Peguera 25. Mai 1343
1/3 der Bevölkerung Mallorcas starb 1348 an der Pest.
1343 landete Peter IV. von Aragonien mit 15.000 Soldaten in der Bucht von Peguera. Es regnete Wasser und Pfeile. Das war fast der einzige Widerstand, Jakob III. flüchtete nach Rousillion.
Jakob III. verkaufte Montpellier an den König von Frankreich und stellte ein Söldner-Heer von 300 Rittern und 700 Soldaten auf. 1349 versuchte er mit 14 Schiffen die Rückeroberung Mallorcas. Er wurde trotz heldenmütigen Kampfes von den dreifach übelegenen Truppen Peters IV. bei Llucmajor geschlagen und getötet. Das Königreich Mallorca war erloschen.

Beim Königreich Aragonien
Meist schlechte Jahre 1343-1469
Montpellier
Genua
KGR. ARAGONIEN
Balearen
Sardinien
Sizilien
Herzogtum Athen
Sultanat Tlemcen
Aragonien war ein großes aber unorganisches Reich.
Mallorca gehörte jetzt zum Königreich Aragon und mußte für die Kriege Peters IV. gegen Genua, Sardinien und Kastilien Schiffe, Mannschaften und Geld stellen.
„Wir haben jetzt schon 150 Schiffe verloren. Mit dem Wohlstand Mallorcas ist es aus!"
„Mit Särgen kann ich leider nicht dienen. Nach der Hungersnot von 1374 und den Pest-Jahren von 1348, 1375 und 1384 sind wir völlig ausverkauft."
Die Landbevölkerung wurde vom privilegiertem Adel und den noch reichen Kaufleuten brutal ausgepresst. Beim Aufstand von 1391 richtete sich der Zorn zunächst gegen die wegen Wuchers verhaßten Juden. Palmas Judenviertel wurde geplündert u. 300 Juden ermordet.
In Alcudia kann man noch die Stadtmauern besichtigen.
Die Aufstände der Bauern und Handwerker von 1391, 1450-53 und 1521-23 wurden von Söldnerheeren blutig niedergeschlagen.

9

Die Warenbörse LONJA
1426 ging es jedoch Palmas Handelsherren wieder so gut, daß sie Guillermo Sagrera beauftragten, innerhalb von 12 Jahren eine wunderschöne, gotische Warenbörse zu bauen. Die LONJA liegt heute am Paseo de Sagrera und wird für Kunst-Ausstellungen genutzt.
Der Bau der „Kathedrale des Lichts" wurde 1230 unter Jakob I. begonnen, aber erst nach 1376 intensiv fortgesetzt Erst 1587 wurde der Schlußstein in das Gewölbe gefügt und erst 1601 das Hauptportal eingeweiht. Nach dem Erdbeben von 1851 wurde im Geschmack der Zeit restauriert, zuletzt 1903 von Gaudi umgebaut.
Die Kathedrale von Palma lag früher direkt am Meer.
Torre de Sa Seca
Wacht- und Signaltürme an Mallorcas Küsten.
Torre de Can Palou
Sa Calobra
Morro de Sa Vaca
Torre de Lluc
Seit der Eroberung durch Aragonien wurden die Küsten Mallorcas bewacht. Die 42 Wachttürme (Talaias) sind jedoch meist erst nach 1530 errichtet worden, als die türkisch-algerische Flotte das westliche Mittelmeer mit Piratenakten bedroht hat.
Schnitt
Zisterne
1479. Durch die Heirat von Isabella von Kastilien und Ferdinand von Aragonien wurden beide Reiche einem Königspaar unterstellt und die Weichen für den spanischen Nationalstaat gestellt. Die „katholischen Könige" eroberten Granada, den letzten maurischen Staat auf der iberischen Halbinsel und ließen „Andersgläubige" (Juden und Mohamedaner) ausweisen.
„Ferdi, sobald Granada gefallen ist, sollten wir diesen Columbus losschicken!"
Durch die Entdeckung Amerikas wurde Spanien das Reich, in dem der Tag nicht sinkt. Mittelmeer u. Mallorca verloren an Bedeutung.

Das späte Mittelalter

Mit der **Seeschlacht von Lepanto 1571**, in der die vereinigten Verbände der europäischen Staaten den Sieg über die türkische Flotte errangen, nahmen Piraterie und Übergriffe von See her ab, wenngleich sie nach wie vor eine latente Bedrohung darstellten und erst im 19. Jahrhundert ganz verschwanden. Zugleich aber rückte – nach der Entdeckung Amerikas und der Verlagerung strategischer und wirtschaftlicher Hauptinteressen vom Mittelmeerraum auf den Atlantik und die neuen Kolonien im Westen – **Mallorca an den Rand des weltpolitischen Geschehens**. Zwar entstand im Zusammenhang mit den spanischen Erbfolgekriegen (1701-13) noch einmal Unruhe, da Aragon und Katalonien nach dem Tod des letzten spanischen Habsburgers auf die österreichische Linie des Hauses setzten und der neue Regent Spaniens, der Bourbone *Philipp V*, (auf Mallorca) die Oberhand behielt, aber danach ergaben sich keine einschneidenden Veränderungen mehr. Ganz im Gegensatz zur Nachbarinsel *Menorca*, die weitere 100 Jahre mehrfach den (englischen und französischen) Besitzer wechselte und erst 1802 endgültig Spanien zugeschlagen wurde.

Neuzeit

Trotzdem kam es auf Mallorca nicht wieder zur früher erlebten wirtschaftlichen Blüte. Epidemien, Landflucht und andere Gründe verhinderten eine kontinuierliche wirtschaftliche Entwicklung. Mallorcas Segelschiffe waren jedoch nach wie vor auf den Weltmeeren zu finden, ab 1833 sogar im regelmäßigen Linienverkehr Barcelona-Palma. Mit dem Aufkommen der Dampfschiffahr verlor Mallorca indessen die einstige maritime Domäne völlig.

Nach wechselvollen Jahren und einer schädlingsbedingten Vernichtung fast aller Weinreben gelang der Landwirtschaft Mallorcas Ende des 19. Jahrhunderts eine devisenbringende Umstellung auf Mandelbaumpflanzungen und Intensivierung der **Obst- und Olivenernten**. Mit der wirtschaftlichen Erholung einhergehend begann auch der **Tourismus**, zunächst überwiegend vom eigenen Festland und aus Großbritannien, aber in den 1920er- bis 1930er-Jahren in wachsendem Umfang auch aus anderen Ländern.

Bürger- und Weltkriege

Nachdem der **1. Weltkrieg** auf Mallorca kaum Spuren hinterlassen hatte, sieht man ab von den schönen Gewinnen, die dem Mallorquiner ***Juan March*** aus Geschäften mit allen kriegführenden Mächten zugeflossen waren (➪ Seite 307), unterbrachen der **spanische Bürgerkrieg** und der bald danach beginnende **2. Weltkrieg** vorübergehend die Entwicklung der Insel. **Mallorca war im Bürgerkrieg** überwiegend **pro Franco**, dessen Militär in großem Umfang von besagtem *Juan March* finanziert wurde. Kämpfe zwischen Republikanern und Faschisten flackerten nur relativ kurz auf, führten aber zu erheblichen Zerstörungen und Opfern. Die offene Sympathie Francos für die deutsch-italienische Allianz bei gleichzeitig offizieller Neutralität Spaniens ließ Mallorca im **2. Weltkrieg** eine **kleine Nebenrolle** als geheimer Anlaufpunkt angeschlagener deutscher Schiffe und Flugzeuge spielen. Ansonsten blieb die Insel von kriegerischen Handlungen weitgehend unberührt.

Franco Regime

Ein Kennzeichen der Franco Ära war die rigide Ausrichtung von Gesellschaft und Staat auf die **Zentralgewalt in Madrid**. Regionale Interessen und Bestrebungen wurden unterdrückt. Dazu gehörte auch das Verbot der vom Kastilischen (*Castellano*, der offiziellen Nationalsprache) abweichenden Regionalsprachen. Für Mallorca bedeutete dies die **Eliminierung des *Mallorquín***, einer Mundart des katalanischen Spanisch (Bereich um Barcelona), das 1229 mit der Eroberung durch *Jaume I* auf die Insel gekommen war, aus dem öffentlichen Leben. Ein anderer Aspekt bezog sich auf die Voraussetzung für die **Expansion des Tourismus**: die Stabilität des totalitären Regimes förderte die Investitionen ausländischen Kapitals in mallorquinische Renditeobjekte.

Demokratie und Tourismus

Aber auch **nach dem Tode Francos 1975** und dem Übergang zur Demokratie unter der Verfassung einer konstitutionellen Monarchie änderte sich nichts an der expansionistischen Fremdenverkehrspolitik. Im Gegenteil: mit der politischen Konsolidierung der neuen, nunmehr föderalistisch geprägten Staatsform boomte bis ins 21. Jahrhundert hinein das Immobilien- und Baugewerbe auf Mallorca, ➪ Kasten rechts und Seite 200. Erst neuerdings sieht es so aus, als ob die Schaffung weiterer Urbanisationen und Bettenburgen langsam zum Stillstand kommt.

Wechselnde Tourismuspolitik

Den entscheidenden Anstoß in diese Richtung gab eine 1999 angetretene Balearenregierung, die von einem Bündnis mehrerer Parteien getragen wurde, wir würden in etwa sagen »Mitte-Links-Öko« mit stark regionalistischem Akzent. Diese Regierung, die bei uns durch die rasch wieder abgeschaffte Ökosteuer (*Ecotasa*) für Touristen einen negativen Bekanntheitsgrad erlangte, wurde 2003 durch die konservative Volkspartei ***Partido Popular*** abgelöst, die in wenigen Jahren erstaunlich viele neue Infrastrukturprojekte in Angriff genommen hatte. Dennoch verlor sie nach üblen Korruptionsfällen die folgende Wahl 2007.

Wahlergebnisse seit der Wirtschaftskrise

Doch dann kam ab 2008 die Immobilenkrise. Dafür wurden die regierenden Sozialdemokraten 2011 abgestraft. Die vier Jahre zuvor in die Wüste geschickte *Partido Popular* stellte allein die Balearenregierung. Aber im Mai 2015 lief es wieder anders herum. Seither regiert eine Links-Koalition mit – erstmalig – einer Frau an der Spitze, die studierte Pharmazeutin ***Francina Armengol***.

Autonomie und Sprache

Den **Autonomiestatus** vergleichbar dem deutscher Bundesländer, erlangten die Balearen **1983**. Die Regionalregierung besitzt seither erhebliche von Madrid unabhängige Kompetenzen, über die eigene Verwaltungsorgane der Balearen seit 1349 (➪ Seite 468, Absatz »Jaume III«) nicht mehr verfügten. Offenbar wird dies u.a. an der **»Wiedergeburt« der insularen Kultur und Sprache**. Das **Katalanische (*Catalán*)** ist heute auf Mallorca **vor** dem hochspanischen *Castellano* **offiziell erste Sprache** und hat in Amtsstuben das Spanische faktisch verdrängt. An den Schulen wird verstärkt in *Catalán* unterrichtet, wiewohl auf dem davon mundartlich abweichenden *Mallorquín* miteinander kommuniziert.

Immobilienboom, Wirtschaftskrise und Erholung

Auf Mallorca fand man bis 2008 noch im kleinsten Dorf Immobilienbüros, in größeren Orten davon gleich mehrere. Denn *Fincas* (so heißen hier im Maklerdeutsch alle freistehenden Häuser) waren unter € 500.000 kaum zu haben. In dieser Preislage gab's aber nur was ganz Kleines oder Steinruinen mit ein paar tausend Quadratmetern und dem Recht, das Haus wieder neu aufzubauen. Mittelprächtige Häuser von 150 m^2 bis 200 m^2 Wohnfläche in ordentlichem Zustand kosteten € 1 Mio. und mehr je nach Lage, von »echten« Villen nicht zu reden. Auch Wohnungen hatten ein Preisniveau erreicht, dass einem schwindelig werden konnte. In Palma wurde für eine relativ einfache 60 m^2-Wohnung glatt € 250.000 gefordert. In Ia-Lagen zahlte man bis €10.000/m^2. Wer bei 5% Provision ein einziges gutes Objekt im Jahr vermittelte, konnte damit mehr verdienen als mit einem sogar überdurchschnittlich entlohnten Job im ganzen Jahr.

Klar, dass mancher Eigentümer, der schon in den 1990er-Jahren oder früher gekauft hatte, bei Verkauf bis 2007/2008 vielfach einen tollen Reibach realisierte. Doch wer nach der Jahrtausendwende eingestiegen war, hatte neben enormen Anfangskosten für Makler, Notar, Grunderwerbssteuern etc. zunächst auch hohe laufende Ausgaben für Zinsen bzw. für Zinsverlust aufs eingesetzte Kapital zu tragen plus happige jährliche Grundsteuern, dazu den normalen Unterhalt und Reparaturen etc. Wenn überhaupt ein Verkaufsgewinn nach Steuern zu realisieren war, dann nur bis etwa 2007. Zwar hieß es, Preisrückgänge gäbe es auf Mallorca nur im mittelpreisigen (!) Bereich unter € 1 Mio, doch die betrugen bis 40-50%. Auch wer Millionen ausgeben konnte, akzeptierte im nachgebenden Markt keine Fantasieforderungen mehr. Es kam zu dramatischen Einbrüchen bei der Zahl der Beurkundungen und von effektiv gezahlten Preisen.

Mittlerweile hat sich die Situation geändert. Die Immobilienpreise stabilisierten sich und steigen schon seit 2012 wieder kräftig in mittlerweile die Vorkrise übersteigende Höhen. In von Ausländern bevorzugten Lagen liegen sie heute etwa auf dem Niveau Hamburg/München und im Luxussektor mit Meerblick nach wie vor darüber. Für die 300-400 m^2-Villa mit Pool, Weitsicht und Golfplatznähe sind zweistellige Millionenbeträge eher die Regel als Ausnahme.

»Schnuckelige« Wohnanlage Monte d'Oro an der Costa de la Calma. Bei Baubeginn 1982 kosteten die Apartments dort etwa 150.000 bis 200.000 DM, heute sind sie kaum unter 500.000 Euro zu haben.

9

9.2 Kulturelle Gegenwart

9.2.1 Sprache

Castellano und Catalán/ Mallorquí(n)

Nach der Wiedererlangung der Autonomie und – damit einhergehend – dem Wiederaufleben der katalanisch-mallorquinischen Sprache (➪ auch Seite 474), hat das *Catalán* auf Mallorca mittlerweile höchstoffiziell das Hochspanische abgelöst. Nach Jahren des Übergangs, in denen kastilische und katalanische Sprache quasi gleichberechtigt nebeneinander ko-existierten, setzte sich die Radikallösung zugunsten des Katalanischen eindeutig durch. Auf Mallorca gibt es heute kein Straßen- und Ortsschild mehr, das nicht die katalanische Bezeichnung trägt, und kein Amtsformular, das noch spanischsprachige Erläuterungen und Hinweise berücksichtigt. Faktisch wird das Spanische intern als eine Art Fremdsprache behandelt, deren Gebrauch im allgemeinen nicht mehr opportun, wiewohl nicht ganz zu umgehen ist. Die jahrhundertelange Unterdrückung des katalanischen Spanisch wurde auf den Balearen durch eine offizielle Diskriminierung des *Castellano* abgelöst, so als ob in der Schweiz Hochdeutsch untersagt würde.

Dabei sind bei weitem nicht alle Bewohner Mallorcas Insulaner, sondern vom Festland »zugereist« und nur teilweise mit dem *Catalán* vertraut. Aber auch unter geborenen Mallorquinern ist die Begeisterung für das eigene Idiom durchaus geteilt – nicht zuletzt aus wirtschaftlichen Gründen.

Denn weder das Gros der Millionen Besucher aus dem eigenen Land versteht bzw. spricht katalanisch, noch zeigen sich die vielen ausländischen Residenten, die zumindest ein wenig Spanisch sprechen, bereit und in der Lage, sich aufs *Catalán* umzustellen. Im Zweifel sind die Auswirkungen, die sich aus dieser Sprachsituation ergeben, abträglich fürs Geschäft. Und so zeigen denn z.B. die Speisekarten vieler Restaurants in den Touristenorten immer noch überwiegend die spanische Bezeichnung an erster Stelle vor den Sprachen der jeweiligen Mehrheit unter den Gästen.

Das amtliche Bekenntnis zum *Catalán* und die praktische Umsetzung im Wirtschaftsleben sind daher zwei Paar Schuh.

Aktuelle Situation

Nichtsdestoweniger ist die Existenz des *Catalán* neben dem *Castellano* zu einem unübersehbaren Faktum geworden. Von den Orts- und Straßenbezeichnungen war bereits die Rede. Zum Glück sind zumindest die abweichenden **Ortsnamen** selten so verschieden, dass man sie – kennt man sie noch von früher oder besitzt eine Karte mit kastilischen Bezeichnungern – nicht leicht identifizieren könnte. So heißt La Puebla heute eben Sa Pobla und Santa Margarita jetzt Margalida etc. Viele **Straßennamen** wurden wegen ihres Bezugs zum Franco Regime umbenannt und sprachlich angepasst: ***Carrer*** statt *Calle* (Straße), ***Passeig*** statt *Paseo* (Promenade/Durchgang), ***Avinguda*** statt *Avenida* (Allee) etc. In den Karten dieses Buches einschließlich des Einlegers sind Änderungen dieser Art berücksichtigt.

Verständigung

Mehr und mehr **Artikel** in Zeitungen und Zeitschriften – einzelne Publikationen und eine Tageszeitung in Palma auch komplett – erscheinen heute auf ***Catalán***, und das Angebot an Publikationen in katalanischer Sprache übertrifft in den großen Buchhandlungen Palmas leicht die spanischsprachiger Titel. Obwohl das Hochspanisch und *Catalán* weitgehende Ähnlichkeiten und Parallelen aufweisen, fällt aber selbst mit guten Spanischkenntnissen das Verständnis eines katalanischen Textes nicht leicht.

Verbal liegen Welten zwischen beiden Sprachen, erst recht, wenn nicht das Hochkatalanische, sondern *Mallorquin* gesprochen wird. Zum Glück kommt man aber mit der »alten« Verkehrssprache Spanisch – außer in abgelegenen Dörfern des Landesinneren, wo die älteren Bewohner seit eh und je »ihre« Sprache bevorzugten – immer noch genausogut durch wie bisher. Wer Mallorca ganz ohne Sprachkenntnisse besucht, für den spielt die Frage »*Castellano* oder *Catalán?*« ohnehin keine Rolle.

Im Hotel/Restaurant

Für viele Länder ist es in Hotels und Restaurants ganz nützlich, wenn man – auch ohne eigentliche Sprachkenntnisse – einige wichtige Begriffe, Zahlen und Floskeln parat hat.

Mallorca macht da eine Ausnahme. Hotel- und Bedienungspersonal, das nicht zumindest über Grundkenntnisse der Sprachen der Hauptgästegruppen verfügt, gibt es praktisch nicht. Bei ausnahmsweise geringen Fremdsprachenkenntnissen hilft im Restaurant die meistens drei- bis viersprachige Speisenkarte. Ernste **Verständigungsprobleme** treten auf Mallorca denn auch im Einzugsbereich des Tourismus nur **äußerst selten** auf.

Sprachführer

Wer sich darauf nicht verlassen möchte, ist mit **kompakten Sprachführern**, wie es sie in der Reihe **»Kauderwelsch«** von **Reise Know-How** sowohl für Spanisch als auch für ***Catalán/Mallorquin*** gibt, gut bedient, ➪ mehr dazu auf Seite 508.

Auch ohne jede Fremdsprachkenntnis kommen Deutsche und Engländer auf Mallorca ohne weiteres durch; in allen Touristenorten hat sich – wie hier in Can Picafort– die Gastronomie auf die vorherrschende Gästeschar eingestellt

Demonstration mallorquinischer Musik in Palmas Innenstadt

9.2.2 Folklore

Wichtiger Bestandteil der mallorquinischen Kultur ist natürlich die **Folklore**, wie sie in **Gesängen, Trachten** und **Volkstanz** zum Ausdruck kommt. Auf zahlreichen weltlichen und mehr noch kirchlichen Festtagen bekommt man regional unterschiedliche **Kostüme** und **Tänze** zu sehen und fröhliche wie schwermütige Lieder auf *Mallorquin* zu hören. Wer so etwas mag, kann durchaus seine Freude daran haben, zumal in einem pittoresken ländlichen Umfeld. Den verwöhnten Fernsehkonsumenten unserer Tage werden aber die echten folkloristischen Darbietungen, etwa am Rande einer dörflichen Veranstaltung, oft enttäuschen.

Meistens mehr oder minder verfälscht, d.h. mit allerlei nicht eben hervorstechend mallorquinischen Elementen angereichert und damit gezielt gefälliger für Auge und Ohr gemacht, sind **kommerzielle Folklorevorführungen für Touristen** nach dem Mittagessen auf Busausflügen, während *Barbacoa*-Abenden und an typischen Brennpunkten des Tourismus wie in *La Granja* bei Esporles und im *Palau del Rei Sanxo* in Valldemossa.

9.2.3 Musik-Festivals

Klassik

Im Laufe der Jahre haben sich eine ganze Reihe von regelmäßig abgehaltenen Festivals klassischer Musik entwickelt – mit Schwerpunkt der Veranstaltungen in den Monaten Juli bis September. Das Niveau der eingeladenen Orchester und Solisten ist oft beachtlich. Zu nennen sind insbesondere die **Musikfestivals** von **Pollença** (Kloster *Santo Domingo)* und von ***Deià*** (Son Marroig und Kirche), sowie das ***Chopin Festival*** in Valldemossa.

Veranstaltungsorte Klassik

Da die Anzahl der Festivals und Veranstaltungen einerseits stetig wächst, andererseits aber vielen Veränderungen unterliegt, ist es unmöglich, eine halbwegs verbindliche Übersicht zu geben. In den Büros der Touristeninformationen verfügt man über das jeweilige lokale und regionale Programm. In der **Mallorca Zeitung** und im **Mallorca Magazin** findet sich ausführlich der aktuelle **Veranstaltungskalender der laufenden Woche** für die ganze Insel.

Veranstaltungs kalender

Wer sich vorab informieren will, sollte den ***Mallorca Newsletter*** abonnieren https://reisebuch.de/mallorca/newsletter.html (gratis).

Mit **Konzerten** darf man an folgenden Orten rechnen:

Gärten von *Alfabia* (bei Bunyola)
Pfarrkirche von Bunyola
Auditorium Sa Maniga in Cala Millor
Pfarrkirche und *Palacio March* in Cala Rajada
Pfarrkirche von Deià
Palau Son Marroig bei Deià
Hotel *Residencia* in Deià
Pfarrkirche von Fornalutx
Golfclub *Bendinat* bei Illetes
Kloster *San Francesc* in Palma
Teatre Principal von Palma
Pfarrkirche von Peguera
Kloster *Santo Domingo* in Pollença
Santuari de Cura auf dem Randaberg
Pfarrkirche von Santa Ponça
Kloster (*Cartoixa*) von Valldemossa

Jazz, Rock und Pop

Einmal abgesehen von kommerziell organisierten Konzertveranstaltungen finden im **Juli** und **August in Palma öffentliche Musiktage** statt. Zahlreiche Solisten und Gruppen jedweder Provenienz treten auf Plätzen und Straßen der Hauptstadt auf. Einen idealen Rahmen für Open-Air-Musik bildet dabei der ***Parc de la Mar*** unter der nachts angestrahlten *Almudaina* und Kathedrale.

9.2.4 Fest- und Feiertage

Religiöse Feste

Die kirchlichen Feiertage, die in vielen Orten mit **Prozessionen** begangen werden, entsprechen weitgehend unseren katholischen Kirchenfesten. Hinzu kommen die Tage des heiligen Jakobus (*Sant Jaume*, der Schutzheilige Spaniens) am 25. Juli und der unbefleckten Empfängnis (*Inmaculada Concepción*) am 8. Dezember.

Karwoche

In der Karwoche finden Passionsspiele und **Prozessionen** sog *Confraries* (Bruderschaften) in Bußgewändern statt. In **Palma** starten die Mitglieder von bis zu 50 dieser ***Confraries*** in langen Umhängen und spitzen Hüten, die an den amerikanischen Ku-Klux-Klan erinnern, ketten- und kreuzbewehrt am **Gründonnerstag** abends zwischen 18 und 20 Uhr jedes Jahr von einer anderen Kirche aus. Die Details stehen in den deutschsprachigen Wochenblättern und in den Tageszeitungen. **Pollença** und **Artá** sind am Karfreitag Schauplatz besonders pittoresker Prozessionen die 365 Stufen den Kalvarienberg bzw. die Treppe zum *Santuari* hinauf. Ostermontag ist **Llucmajor** an der Reihe, Osterdienstag **Campanet**.

Sehenswert ist auch das traditionelle **Passionsspiel** auf der Treppe zum Vorplatz zwischen Almudaina und Kathedrale in **Palma** an jedem Karfreitag um 12 Uhr mittags.

Wallfahrten, sog. Romerias

Zu den zahlreichen Heiligtümern der Insel finden mindestens einmal jährlich Wallfahrten statt. Dabei überwiegen weltliche Festtagsbräuche mit Tanz, Speis und Trank. Besonders in der Woche nach Ostern gibt es die interessanteren ***Romerias*** zu den *Santuaris*; Ausgangspunkt ist dabei meist der nächstgelegene Ort:

Ostermontag:
zur *Ermita de Nostra Senyora/Mare de Deu del Puig* bei **Pollença**.

Osterdienstag: zur kleinen *Iglesia/Capella de Sant Miquel* in der Nähe der Höhlen von **Campanet** (Volksfest unterhalb der Höhle) und von **Montuiri** zur *Ermita de Sant Miquel* an der Straße Richtung Manacor. Von **Porreres** zum *Santuari de Monti Sion*

Ostermittwoch:
zur *Ermita de Nostra Senyora de Bonany* bei **Petra**.

Sonntag nach Ostern: zur *Ermita de Nostra Senyora/Mare de Deu del Refugi* auf dem Burgberg von **Alaró**.

12. April: zum Randaberg, *Ermita de Nostra Senyora/Mare de Deu de Gracia*. Von **Lluchmajor** aus.

Letzter Sonntag im April: zum **Randaberg**, *Ermita de Nostra Senyora Mare de Deu de Cura*. Von **Algaida** aus.

2. Juli: von **Alcudia** zur *Ermita de la Victoria*.

F(i)estas und Ferias

Von über 100 Terminen für Feste (*Fiestas/Festas*), Messen (*Ferias*) und Ausstellungen, die mehr oder minder folkloristischen Charakter tragen bzw. solche Elemente integrieren, sind die wichtigsten:

16./17. Januar: *Revetla de Sant Antoni Abad* in Artá, Manacor, Muro, **Sa Pobla**, Sant Joan und Santa Maria. Freudenfeuer (*Foguerons*), Tänze in Verkleidung, Hirtentrommeln und Tamburine.

17. Januar: *Ses Beneides* (Segen) des Antonius für die Haustiere; in den Ortschaften wie oben und in **Palma**. In **Artá** spielt sich an diesem Tag ein großer Festumzug (*verbena*) ab.

20. Januar: Sant Sebastiá in **Pollença** mit Prozession/Umzug

12. Februar: Mandelblütenfest in **Petra**

Februar generell: Karneval in vielen Orten mit Festumzügen

11. Mai: eine ganze Woche um dieses Datum herum findet das Fest ***Moros y Cristianos***, *Ses Valentes Dones* (Mauren und Christen, die tapferen Frauen) statt. In **Sóller** und am Strand von **Port de Sóller** wird die Abwehr eines Überfalls türkischer Piraten nachgespielt, die am 11. Mai 1561 glückte.

24. Juni: *Festa de Sant Joan* in **Muro** mit Stierkampf (interessante sonst selten zugängliche kleine Arena!), Theater, Tanz. Desgleichen ohne Stierkampf aber mit einer landwirtschaftlichen *Feria* (Ausstellung) im Ort Sant Joan.

29. Juni: *Festa de Sant Père* in **Port d`Alcudia** mit Prozession nicht nur durch den Ort, sondern auch mit Booten.

16. Juli: *Festa de Nostra Senyora bzw. Mare de Deu del Carmen* (Schutzheilige der Fischer) in **Cala Figuera, Cala Rajada, Portocristo, Port d`Andratx, Port de Pollença, Port de Sóller**. Abendliche Schiffsprozession mit Fackelbeleuchtung.

28. Juli: *Festa de Santa Catalina Tomás* (einzige Heilige der Insel, ➪ Seite 222) in **Valldemossa**, Prozession und Umzug.

10. August: *Festa de Sant Llorenç* in **Selva** mit viel Folklore und alten mallorquinischen Tänzen und Liedern der Gebirgsregion.

29. August: *Festa de S'Estiu* in **Sant Joan** mit Umzug und Schleuderwettkämpfen (➪ Seite 454, Stichwort »Frühzeit«, und 457f)

1. Sonntag im September: *Prozession de la Beata* (... »der Glückseligen«, gemeint ist wieder Mallorcas Heilige *Catalina Tomás*, ➪ Seite 222) in **Santa Margalida** mit Festumzug und Trachtengruppen, Feiern am Abend.

2. Sonntag im September: Melonenfest in **Vilafranca** de Bonany.

9.-16. September: *Festa del Desembarco* (Landungsfest) in **Santa Ponça** in Erinnerung an die Landung von *Jaume I.* auf Mallorca im Jahre 1229 zur Befreiung der Balearen von den Arabern.

Letzter Sonntag im September: Das große Weinlesefest (*Festa des Veremar*) in **Binissalem** mit Weinproben und Feuerwerk.

1. Sonntag im Oktober: Blutwurstfest (*Festa de Botifarró*) in **Sant Joan** mit Folklore und dem »großen Fressen« rund um die Wurst.

Letzter Sonntag im Oktober: *Festa des Bunyol* (Schmalzkuchenfest) in **Petra**. Außer den (sehr schmackhaften) *Bunyoles* kommt ähnlich wie beim Blutwurstfest des Nachbardorfes auch das Wurstessen nicht zu kurz. Veranstaltungen.

2. Donnerstag im November: *Dijou-Bou* in **Inca**, große Landwirtschafts- und Gewerbeausstellung mit Fiesta.

31. Dezember: Neben Silvester in **Palma** die *Festa de l'Estandard* (Fahnenfest) im Gedenken der christlichen Rückeroberung Palmas von den Arabern am letzten Tag des Jahres 1229.

Geschmückte Boote in Port d`Andratx am 16. Juli zu Ehren der Schutzheiligen der Fischer (➪ oben)

Die folgenden Seiten sind ein verkürzter »Einstieg« in ein 30 Seiten-Essay zu Literaten, die auf Mallorca ihre Spuren hinterließen, und Literatur über Mallorca bis hin zu Veröffentlichungen im 21. Jahrhundert. Der ganze Beitrag kann unter https://reisebuch.de/mallorca/info/kunst_kultur/mallorca_literatur.html aufgerufen und heruntergeladen werden, ➪ auch Seite 516.

Exkurs Auf den Spuren von Poeten und Schriftstellern:

Ein literarischer Streifzug durch Mallorca

zusammengestellt von Hartmut Ihnenfeldt/Eutin

Literatur und Mallorca?

Wer würde vermuten, dass es sich lohnt, Mallorca auf den Spuren der Literaten zu erschließen, die auf der Insel gelebt und geschrieben haben? Denn zum Thema »Literatur und Mallorca« dürfte nur wenigen mehr einfallen als der bereits im Jahr 1839 erschienene Titel »**Ein Winter auf Mallorca**« der französischen Baronin *George Sand*. In diesem unermüdlich in vielen Sprachen immer wieder neu aufgelegten Buch pflegt die seinerzeit mit dem Komponisten *Frédéric Chopin* auf die Insel gereiste (➪ Seiten 221/485) Autorin langatmig ihre persönliche Abrechnung mit Mallorca und seinen Bewohnern, von denen sie sich missverstanden und schlecht behandelt fühlte. Es erscheint paradox, dass ausgerechnet dieses Werk, das an Positivem nur einige wenige lobende Passagen zur Landschaft enthält, zum meistverbreiteten Buch über Mallorca geworden ist. Aber wirklich gelesen haben es wahrscheinlich – und zu Recht – nur die wenigsten.

Literaten auf Mallorca

Die Insel hat tatsächlich literarisch weit mehr zu bieten. Sie war bereits im 19. und mehr noch im 20. Jahrhundert Reiseziel zahlreicher bekannter europäischer und amerikanischer Schriftsteller. Darüberhinaus gibt es eine Reihe lokaler Poeten, deren Werke bei uns weitgehend unbekannt sind, die aber wesentlich zur kulturellen Identität Mallorcas beigetragen haben und sich dort zum Teil großer Popularität erfreuen.

Beliebte Domizile

Auffällig ist die Vorliebe der Schriftsteller – sieht man von Palma einmal ab – für den Westen und Norden. Die überwiegend angelsächsischen Autoren bevorzugten als Orte kreativen Wirkens Valldemossa, Deià, Sóller und Pollença mit der Halbinsel Formentor. Im Osten konnte lediglich Artá mit den imposanten Höhlen über der Bucht von Canyamel vorübergehend die Aufmerksamkeit vor allem französischer Romanciers auf sich ziehen. Der Süden und die zentrale Inselregion blieben literarisch nahezu unbeachtet.

Fähre Barcelona-Palma in den 1930er-Jahren

Die Reise nach Mallorca

Anreise »damals«

Palma ist und war schon immer das Eingangstor zur Insel. Kommen heute die Touristen überwiegend auf dem Luftweg, brachten noch bis Mitte der 1950er-Jahre Fährschiffe das Gros der Besucher. Von einigen Autoren liegen Schilderungen der kleinen Seefahrt vor. Das »Vergnügen« der Überfahrt war natürlich nicht ganz unabhängig von der Wetterlage, wie uns ***Harry Graf Kessler*** (1868-1937), ein als »roter Baron« bekannt gewordener Schriftsteller und pazifistischer Diplomat, in seinem Tagebuch aus dem Jahr 1926 (Insel-Verlag, Frankfurt 1995) anschaulich schildert.

Ankunft Robert Graves

Im Oktober 1929 floh der zu dieser Zeit schon recht bekannte englische Dichter und Verfasser einer auch kommerziell erfolgreichen Autobiographie, ***Robert Graves*** *(*1895-1985), zusammen mit seiner exzentrischen Lebensgefährtin *Laura Riding* vor familiären Problemen über Frankreich nach Mallorca. Dort sollte er – bis auf eine unfreiwillige Unterbrechung 1936-1946 wegen des spanischen Bürgerkriegs und danach des 2. Weltkriegs – den Rest seines Lebens verbringen. Die amerikanische Dichterin aus jüdisch-deutscher Familie, ***Gertrude Stein*** (1874-1946), hatte *Graves* die Idee gegeben, sich auf Mallorca niederzulassen

Palma 1929

Für *Robert Graves* war der erste Eindruck von Palma geprägt durch den Anblick der Kathedrale *La Seu,* die sich ihm von der Barcelona-Fähre aus im Sonnenlicht des frühen Morgens wie eine goldene Festung präsentierte hatte. Palma aber war für *Graves'* und *Ridings* Geschmack zu laut und zu chaotisch, so dass sie sich auf Empfehlung eines deutschen Künstlers und durch Vermittlung des britischen Konsuls ein Haus in Deià mieteten.

A.V. Thelen

Auch ***Albert Vigoleis Thelens*** (1903-1989) umfangreicher autobiographischer Roman »**Die Insel des zweiten Gesichts**« (1953), für den der Autor 1954 mit dem Fontane-Preis ausgezeichnet wurde, setzt ein mit der frühmorgendlichen Ankunft der Barcelona-Fähre im Hafen von Palma und schildert dann mit teilweise ermüdender Weitschweifigkeit die Erlebnisse des deutsch-schweizerischen Schriftstellerpaares *Vigoleis* und *Beatrice* auf Mallorca in den Jahren zwischen 1931 und 1936.

Paul Theroux

Über 60 Jahre danach wählte der amerikanische Romanautor und Reiseschriftsteller ***Paul Theroux*** (*1941), den man in Deutschland vor allem durch den Roman *Moskitoküste* (1981) und dessen erfolgreiche Verfilmung kennt, den Seeweg von *Alicante,* um im

Rahmen einer umfassenden Mittelmeererkundung nach Mallorca zu gelangen. Es ist erstaunlich, wie sehr sich seine Eindrücke mit den Erfahrungen decken, die seine Schriftstellerkollegen Jahrzehnte zuvor gemacht hatten, obwohl in der Zwischenzeit Mallorca längst aus dem Dornröschenschlaf erwacht und zum beliebtesten Ferienziel Europas aufgestiegen war.

Blick vom Schloß Bellver auf Terreno ca. 1930

Ausländische Literaten in Palma

Palma war als attraktive Stadt und kulturelles Zentrum der Balearen immer wieder Anziehungspunkt für Literaten. Mancher von ihnen nahm dort zumindest auf einige Zeit seinen Wohnsitz.

Nobelpreisträger in Palma

Seit Anfang des 20. Jahrhunderts gab es vor allem im bereits erwähnten Stadtteil **El Terreno** eine internationale Kolonie, zu der auch bekannte europäische und amerikanische Autoren gehörten. Neben den genannten *Gertrude Stein* (1916) und *Harry Graf Kessler* (1933-35) haben dort ***George Bernard Shaw*** (1920er-Jahre) und ***Camilo José Cela*** (1954) gelebt, beide ihres Zeichens Nobelpreisträger für Literatur.

Santiago Rusiñol

Der katalanische Schriftsteller und Maler ***Santiago Rusiñol*** (1861-1931), der eines der schönsten Bücher über Mallorca verfasste, kam bereits 1893 erstmalig nach Palma und ließ sich zusammen mit dem Maler ***Joaquim Mir*** in El Terreno nieder. In **»Die Insel der Ruhe«** (1922) skizziert er mit leiser Ironie die mallorquinischen Lebensverhältnisse seiner Zeit.

Frédéric Chopin und George Sand

Die Suche nach einer angemessenen Unterkunft war offenbar lange Zeit in Palma ein Problem. Im November 1838 mussten ***George Sand*** und ***Frédéric Chopin*** feststellen, dass dort keine Herberge für Reisende existierte: *»In einem Gebiet, das den großen Zivilisationen Europas so nahe lag, gab es keine einzige Unterkunft. ... das verstanden wir nicht.«*

George Sand

Und so war das prominente Paar auf die Gastfreundschaft der Palmeser angewiesen, die offensichtlich nicht dem entsprach, was *Monsieur* und *Madame* erwartet hatten: *»In Palma ist es nötig, zwanzig wichtigen Persönlichkeiten empfohlen und angekündigt worden zu sein und einige Monate zu warten, um nicht im Freien schlafen zu müssen.«* Dazu kam es dann aber nicht, denn man wies ihnen schließlich doch noch ein Quartier zu, allerdings zur geringen Zufriedenheit der Baronin: *»Alles, was man für uns tun konnte, bestand darin, uns zwei kleine möblierte, besser gesagt, unmöblierte Zimmer zu verschaffen, an einem seltsamen Ort ... mit einem Feldbett ... wie ein Schieferstein, einem Baststuhl und Pfeffer und Knoblauch als Lebensmittel.«*

Frédéric Chopin

Die Auswahl an Hotels war auch in den 1920er- und 1930er-Jahren noch recht dürftig: 1933 betrug die Anzahl der Betten sämtlicher Hotels der Insel nur etwa 2.000 (heute über 300.000 plus Apartmentbetten), und nur wenige konnten sich rühmen, fließend (kaltes) Wasser in den Zimmern anzubieten.

Hotels »damals«

Hotels, die in jenen Jahren immer wieder genannt werden, sind das ***Mediterráneo***, in dem ***Agatha Christie*** sich 1936 verwöhnen ließ, und das ***Principe Alfonso***, wo der finanziell nicht eben üppig ausgestattete ***D.H. Lawrence***, Autor der berühmten *»Lady Chatterley«*, im Mai 1929 abstieg. Dasselbe Hotel war für das Pärchen in ***Thelens*** Roman »Die Insel des zweiten Gesichts« 1931 jedoch unerschwinglich, so dass es ernüchtert in der Rumpelkammer der Wohnung des Bruders von *Beatrice* Quartier nehmen mußte.

Graves in Palmas Gran Hotel

Robert Graves und ***Laura Riding*** ließen es sich dank der reichlich sprudelnden Tantiemen während der ersten Tage ihres langjährigen Mallorca-Exils im ***Gran Hotel*** gutgehen. Dieses war 1903 als erste Luxusherberge der Insel an der *Plaça Weiler* eröffnet worden. Das imposante, lange geschlossene und vernachlässigte Gebäude im spanischen Jugendstil wurde 1993 detailgetreu renoviert und beherbergt heute die *Fundacio La Caixa*, ein Kulturzentrum mit wechselnden Ausstellungen und Programmaktivitäten. Im Erdgeschoss befindet sich das Restaurant *Hermen*.

Fronterker des Gran Hotel

9

Blick auf Deià in den 1920er-Jahren

Deià und der Graves-Mythos

Deias größter Literat: Robert Graves

Das Bergdorf Deià, in der *Serra Tramuntana*, zwischen Valldemossa und Sóller hoch über dem Meer gelegen, ist sicherlich der Ort Mallorcas, welcher – was Künstler aller Art betrifft – von den meisten Mythen umwoben ist. Und viele davon beziehen sich auf ***Robert von Ranke-Graves*** (1895-1985), einen Nachfahren des berühmten deutschen Historikers *Leopold von Ranke. Graves* hatte dort in seinem 1932 gebauten Heim *Ca N'Alluny* (*Mallorquin* für »abgelegenes Haus«), am Ortsausgang oberhalb des Fischerpfades zur Bucht »sein Paradies« gefunden. Hier schrieb der Autor, der sich in erster Linie als Dichter empfand, seine wichtigsten Prosawerke, u.a. die **Claudius-Romane**, mit deren Tantiemen er sich im damals noch spottbilligen Mallorca einen angemessenen Lebensstil und ein gastfreundliches Haus leisten konnte.

Robert Graves 1936

Illustre Gäste in Deià

Zu seinen aufsehenerregendsten Gästen muß man ohne Zweifel die Hollywood-Diva ***Ava Gardner*** zählen, die 1955 auf eine Stippvisite nach Deià kam und seitdem als Freundin der Familie galt. Diesen anekdotenreichen Besuch hat *Graves* später in seiner Geschichte **»Ein Toast auf Ava Gardner«** nachgezeichnet, die erstmals auf Deutsch bei Reise Know-How in einem Sammelband »Geschichten aus dem anderen Mallorca« erschien, ➪ rechts.

Aber auch ***Alec Guinness***, ***Peter Ustinov*** und der junge ***Gabriel Garcia Marquez*** gaben sich die Ehre. Im März 1950 kam der damals 10jährige ***Stephen Hawking*** mit seiner Mutter, einer Studienfreundin von *Graves'* zweiter Frau *Beryl*, für einige Wochen auf Besuch nach *Ca N'Alluny*. In Erinnerung geblieben ist der spätere Nobelpreisträger der *Graves*-Familie vor allem durch seinen exzentrischen Humor: so warf er einmal eine Stinkbombe unters Sofa und machte damit den Raum zeitweise unbewohnbar.

Allan Sillitoe

Der englische Schriftsteller ***Allan Sillitoe*** (*1928) war ein Freund und Protegé von *Graves*. Er kam auf dessen Einladung 1954 nach Mallorca und lebte einige Zeit in Sóller. *Graves* ermutigte ihn dort zu seinen bekannten Erzählungen »Samstag nacht, Sonntag morgen« und »Die Einsamkeit des Langstreckenläufers«.

Anthony Burgess

Aber *Robert Graves* hatte nicht nur Bewunderer in Deià. Einer seiner Kritiker war der englische Schriftsteller ***Anthony Burgess*** (1917-1993), der in Deutschland hauptsächlich durch *Stanley Kubricks* Verfilmung seines Klassikers »***Clockwork Orange***« (1971) Aufmerksamkeit erregte. Im Sommer des Jahres 1969 zog es *Burgess* mit seiner Familie nach Deià, »(...) das wenig zu bieten hatte außer dem *Graves*-Zauber. (...) Ich sah *Graves* nicht, wollte ihn auch nicht sehen. (...) Ich hielt nie viel von ihm als Dichter, aber Deià war voll von seinen Bewunderern.«

Graves' Werk

Robert Graves' Leben und Wirken in seiner Wahlheimat liefern Stoff für ein ganzes Buch. Seine Sichtweise der mallorquinischen Verhältnisse hat er in den unterhaltsamen »**Geschichten aus dem anderen Mallorca**« (erschienen bei Reise Know-How), worin er ***Deià*** hinter dem Pseudonym ***Binijiny*** tarnt, mit wohlwollender Ironie dargestellt. Er selbst empfand sich als perfekter Gast und wurde von den Einheimischen respektvoll ***Don Roberto*** genannt, der sich unbefangen im Dorfcafé verdingte und täglich bis ins hohe Alter seinen Gang hinunter zur Cala auf ein Bad im Mittelmeer machte. In den 1970er-Jahren begann er mit zunehmender Senilität wunderlich zu werden und behauptete, er könne durch geschlossene Türen gehen oder er habe ein UFO landen sehen. Seine Grabstätte findet man nur mit Mühe auf dem kleinen Friedhof im Oberdorf direkt neben der Kirche. Die schlichte Grabplatte enthält außer dem Namen und den Lebensdaten den lakonischen Zusatz *Poeta* (Dichter). Sein ehemaliges Wohnhaus am nördlichen Ortsrand von Deià ist heute **Museum**, ➪ Seite 228.

The Laureate

Vor ein paar Jahren war sogar geplant, sein Leben in Starbesetzung zu verfilmen (Englischer Titel »***The Laureate***«). Aber irgendwie klappte die Finanzierung nicht und das Projekt verlief im Sande.

Anaïs Nin

Zu den »verrückten *Forasteros* (Ausländern)«, die damals Deià frequentierten, gehörte in den Augen ihrer Nachbarn sicher auch die amerikanische Feministin und Autorin ***Anaïs Nin*** (1903-1977), die vor allem durch ihre erotischen Geschichten und ihre Kooperation mit *Henry Miller* Berühmtheit erlangte. *Nin* wohnte im

9

Sommer 1941 – als *Graves* noch im englischen »Exil« weilte – in einem Haus im *Clot*, dem Unterdorf, und ritt täglich frühmorgens auf einem Maulesel zur Cala hinunter. Später schrieb sie, angeregt von im Dorf kursierenden Gerüchten, die Geschichte der Fischertochter Maria nieder und ihres erotischen Urerlebnisses mit einem jungen Ausländerpaar unten in der Cala.

Carme Riera

Die mallorquinische Schriftstellerin ***Carme Riera*** (* 1948) hat sich 1980 auf den Spuren von *Anaïs Nin* in Deià bewegt und zu klären versucht, was es mit den Gerüchten nun wirklich auf sich hatte. Heraus kam ihre magische Geschichte »*Report*«, die der erotischen Komponente noch eine tragische hinzufügt: Wie die Erzählerin herausfand, wurden Maria und ihre Freunde von den aufgebrachten Dorfbewohnern in der Cala ins Meer getrieben, wo sie am nächsten Morgen nur noch tot geborgen werden konnten. Aber niemand im Dorf kann sich daran erinnern ...

Paul Theroux

Der amerikanische Reiseschriftsteller und Romanautor (Mosquito Küste) ***Paul Theroux*** (* 1941) wandelte Anfang der 1990er Jahre in Deià auf den Spuren von *Robert Graves*. Die Schönheit des Ortes und dessen wildromantische Lage faszinierten ihn; doch was ihn bei seinen Kontakten mit den Einheimischen am meisten beeindruckte, war der Umstand, dass zwar jeder *Don Roberto* kannte (seit 1969 Ehrenbürger Deiàs), aber offenbar hatte niemand seine Werke gelesen. Das, so meint *Theroux*, sei leider das paradoxe Schicksal vieler Schriftsteller und Dichter. Dies ist um so bedauerlicher, als die mallorquinischen Geschichten von *Graves* zum Besten gehören, was je über die Insel geschrieben worden ist.

Valldemossa und die südliche Westküste

George Sand und Frederic Chopin

Valldemossa und seine Kartause sind ohne ***George Sand*** und ***Frederic Chopin*** und ihren missglückten Aufenthalt dort im Winter 1838/39 nicht mehr vorstellbar. Der Touristenrummel und die schiere Wucht der täglich dort einfallenden Menschenmassen ersticken schon im Keim alle Zweifel an der Legendenbildung um die traute Zweisamkeit in den abgeschiedenen Klosterzellen. Und *George Sands* selbstgerechte Abrechnung mit den Mallorquinern (➪ oben), an denen sie kein gutes Haar lässt, wird kaum beachtet: »*Wir waren allein auf Mallorca wie in einer Wüste, und wenn wir im Krieg mit den* ***Affen*** *(Anm.: den Mallorquinern!) unseren täglichen Lebensbedarf gedeckt hatten, versammelten wir uns en famille um den Ofen und machten uns über sie lustig.*«

Chopin, so meinte jedenfalls *Robert Graves*, soll sich in Wahrheit in Valldemossa gar nicht unwohl gefühlt haben. Er habe vielmehr unter den tyrannischen Allüren der Kinder *George Sands* gelitten ....

Fortsetzung im Internet

Diesen bereits auf 50% des ursprünglichen Inhalts gekürzten Seiten folgen weitere erhellende, ja spannende 15 Seiten bis zur Literatur der Gegenwart und Neuerscheinungen seit dem Jahr 2000.

Fortsetzung im Internet

Der komplette Text von Anfang an ist im Internet nachzulesen und herunterzuladen unter www.reisebuch.de/mallorca/info/kunst_kultur/mallorca_literatur.html.

Folgende Kapitel fehlen hier noch ganz:

Port de Pollença und Formentor – Die Höhlen von Artá – Deutsche Aussteigerträume – Mallorca-Krimis – Die Poeten der Insel

Ein ausführliches **Literaturverzeichnis** gibt es außerdem.

Der Spanische Bürgerkrieg in der Mallorca-Literatur

Eine Reihe von deutschsprachigen Autoren flüchtete ab 1933 vor dem Nazi-Regime nach Mallorca in der Hoffnung, dort unter südlicher Sonne unbehelligt und frei von ökonomischen Zwängen (wegen des niedrigen Preisniveaus) das Ende der faschistischen Herrschaft in Deutschland abwarten zu können.

Diese Hoffnung erwies sich in mehrfacher Hinsicht als naive Illusion. Zum einen lebte es sich auf Mallorca keinesfalls so sorgenfrei wie angenommen. ***Albert V. Thelen*** *schildert in seinem autobiographischen Roman* ***Die Insel des zweiten Gesichts****, wie hart es für ihn war, genügend Geld zum Leben aufzutreiben. Er schlug sich mit Aushilfsjobs durch, arbeitete als Schreibkraft für erfolgreichere Autoren (****Harry Graf Kessler****,* ***Robert Graves****) oder gar in Sóller als Fremdenführer für »teutonische Touristen« aus dem heimatlichen Reich. Oft genug waren er und seine Lebensgefährtin dem Verhungern nahe. Nicht viel besser erging es* ***Franz Blei*** *und* ***Karl Otten****.*

Der Expressionist und Pazifist ***Otten*** *(1889-1963) hatte sich 1933 in Cala Rajada niedergelassen und schrieb später im englischen Exil den antifaschistischen Bürgerkriegsroman »****Torquemadas Schatten****«, der seine eigenen Erfahrungen auf Mallorca im Jahre 1936 reflektiert.*

*Der Ausbruch des Spanischen Bürgerkrieges brachte die Gemeinde der Exilliteraten auf Mallorca, zu der auch der berühmte Robert Graves nolens volens gehörte, in arge Bedrängnis. Nur die nackte Existenz rettend, flüchteten sie vor Francos Schergen auf einem englischen Kriegsschiff aus dem vermeintlichen Paradies, auf das nun lange Schatten fallen sollten. Während Otten in seinem Roman noch hoffnungsvoll auf den Widerstand der Republikaner gegen die Faschisten setzt (was sich bekanntermaßen als vergeblich erweisen sollte), erzählen Robert Graves (»****Está en su casa****«, 1946) und Jahrzehnte später sein Sohn William (»****Bürgerkrieg in Deiá****«, 1995) offen von den Grausamkeiten, die der Bürgerkrieg auch auf Mallorca auslöste.*

Friedliche Nachbarn wurden zu Todfeinden, die sich gegenseitig denunzieren. Harmlose Bürger wurden im Morgengrauen zu einem entsetzlichen »Spaziergang über die Klippen« aus dem Bett geholt, junge Männer auf Lastwagen verfrachtet, wie Vieh abtransportiert und wahllos an die Wand gestellt ...

Lange Zeit, auch noch nach der Demokratisierung, war dieses Thema auf Mallorca tabu. Erst seit kurzem zeigt sich eine wachsende Berreitschaft zur Auseinandersetzung mit der verdrängten Schuld der Bürgerkriegsjahre.

9

10. DAS KULINARISCHE MALLORCA

Hotels und Gastronomie

Leider sind viele Hotels derart auf die angeblichen Wünsche und Vorlieben ihrer ausländischen Gästeschar eingestellt, dass vom Frühstück bis zum Abendessen kaum noch irgendetwas serviert wird, was typisch für die mallorquinische Küche wäre. Selbst eindeutig spanische Elemente wird man in der Speisenfolge und an manchen Buffets nur mit Mühe identifizieren und nicht selten vergebens suchen. So gesehen hat es der **Selbstversorger** leichter, der viel eher als der voll- oder teilverpflegte Hotelgast in der Lage ist, die kulinarischen Besonderheiten seiner Ferieninsel kennenzulernen und zu genießen. Wenn er möchte, denn man kann sich auch ohne weiteres durch Mallorcas halbe Gastronomie essen, ohne mit originelleren einheimischen Gerichten in Berührung zu kommen als gegrillten Gambas oder Tintenfischringen auf Salatblättern und Tomatenscheiben sowie mit der allseits bekannten *Paella*, ⇨ unten. Da die **Speisekarten** heutzutage bis hinunter ins Dorfrestaurant meist **viersprachig** abgefasst sind (deutsch ist immer dabei, wiewohl bisweilen recht eigenwillig übersetzt), erscheint sogar der »versehentliche« Kontakt mit unbekannten Gerichten fast ausgeschlossen. In den größeren Touristenorten besteht dafür die geringste Gefahr. Durchschnittliche Restaurants haben überwiegend die sogenannte **internationale Küche** auf ihr Panier geschrieben, was im wesentlichen heißt: Pommes Frites, ein Stück Fleisch oder Fisch und ein bisschen Salat- oder Gemüsedekoration, ⇨ Seite 83.

Für die **»echte« einheimische Küche** muß man in aller Regel die touristische Hochburg mehr oder weniger weit hinter sich lassen. Siehe die besonderen **Empfehlungen** im Kapitel 6, von denen sich ein Teil auch auf urige Lokale mit bodenständig deftigen Gerichten bezieht. Im Rahmen desselben Kapitels ind noch eine ganze Reihe weiterer Lokale genannt, die überwiegend spanische und/oder mallorquinische Küche bieten, ⇨ Seiten 406f.

Tapas Variadas in der Mitte, links eingelegte Calamares-Stückchen, oben rechts pikante Sardinen

12.1 Typisch Spanisch oder Mallorquin?

Da die einheimische Kochkunst im folgenden über die Rezepte zum Nachkochen noch gesondert zu Wort kommt, sollen zunächst die **kulinarischen »Eckpfeiler«** und **Spezialitäten** angesprochen werden, denen man (auch) auf Mallorca immer wieder begegnet, die aber nur zum Teil typisch mallorquín sind.

Ensaimadas

Wer jemals einen Bäckerladen (*Panaderia*) oder eine Konditorei (*Pasteleria* oder *Forn*, ➪ Seite 130) betritt oder im Flughafen von Palma die Augen offenhält, der kann die *Ensaimadas* nicht übersehen. Dieses vom Gewicht her sehr leichte, mit Puderzucker bestreute schneckenartige **Hefeteiggebäck** ersetzt auf Mallorca traditionell das Frühstücksbrot. Tatsächlich schmeckt es frisch sehr gut, besitzt aber dank hohen Fettgehalts (Schweineschmalz) etliche Extrakalorien. Das gilt erst recht für **die gefüllten Varianten**: beliebt sind vor allem eine vanillepuddingartige Masse und Kürbismarmelade. Letztere zieht beim Essen goldfarbene Fäden, weshalb sie *Cabello de los Angeles* (Engelshaar) genannt wird.

Ensaimadas gibt es in nahezu unglaublichen Größen. **Spezielle Schachteln** dienen zu ihrem sicheren Transport. Kaum ein spanischer Mallorca-Urlauber verlässt ohne sie die Insel für die Lieben daheim. *Ensaimadas* kann man auch noch bis kurz vor dem Abflug in Palmas Airport kaufen.

Tapas

Typisch für Spanien insgesamt, und daher auch auf Mallorca in Einheimischen- wie Touristen-Lokalen allerorten zu finden, **sind die *Tapas***. Diese delikaten **Appetithappen** in vielerlei Form und Zubereitung von gefüllten Oliven über Fleischbällchen und kleinere Tintenfische (*pulpos*) bis zur marinierten Sardine werden nach Auswahl an der **Tapatheke** heiß und kalt serviert. Zum Ausprobieren des »Sortiments« ordert man ***Tapas Variadas***, einen Teller mit fünf bis sechs verschiedenen Tapatypen und Weißbrot. Besser ist aber der persönliche Gang zur Tapatheke und die individuelle Auswahl, will man »falsche« Sorten vermeiden.

Dank der mehrheitlich ölig-fettigen Zubereitung ersetzt eine Portion *Tapas* oft ohne weiteres eine kleine Mahlzeit. *Tapas* besitzen überdies den wesentlichen Vorzug, für die Pause zwischendurch sofort verfügbar zu sein. Mit ihnen schmeckt das Glas Rotwein oder das einheimische Bier gleich doppelt gut. In den **Markthallen** (werktags bis 13/14 Uhr) an der ***Plaça Olivar* in Palma** oder im Stadtteil **Santa Catalina** und in **Inca** und **Manacor** gibt es Theken mit besonders frischen Tapas.

Tapalokale

Immer gibt's *Tapas* in Lokalen, die auch oder (fast) nur von Mallorquinern besucht werden. In Arenal, Peguera und Cala d'Or ist es deshalb schwierig, Kneipen mit einer guten Tapatheke ausfindig zu machen, wohingegen man in **Palma** im Kneipenviertel Apuntadors und außerhalb des Zentrums an jeder Ecke auf sie stößt. Im Inselinneren führt mindestens eines der Lokale rund um die Dorfplaça *Tapas* (➪ auch die Hinweise für Palma auf Seite 144 und unter den Ortsbeschreibungen im Kapitel 5).

Paella

Obschon die *Paella* mit vollem Namen ***Paella Valenciana*** heißt und damit eindeutig ihren festländischen Ursprung verrät, ist sie auch aus der mallorquinischen Gastronomie nicht wegzudenken. Zumindest gilt das für die meisten Restaurants, die von Touristen frequentiert werden. Die Paellapfanne ist indessen nicht typisch für die regionale Kochkunst der Balearen, aber durchaus für den kulinarischen Genuss während eines Mallorcaurlaubs.

Eine wirklich **gute *Paella*** erhält man nur in wenigen Restaurants. Richtig zubereitet ist sie ein hervorragendes Gericht. Reis, Fleisch, Fisch, Muscheln und vielerlei Zutaten müssen in der großdimensionierten Paellapfanne – eigentlich – **auf offenem Feuer** gegart werden. Sehr preiswerten Paella-Angeboten sollte man daher misstrauen. **Billigpaellas** bestehen oft aus wiederaufgewärmtem safrangelben Reis, der mit ein bisschen Hühnerfleisch und farblich kontrastierendem Gemüse versetzt wird. Obendrauf drapiert man einige Miesmuscheln und drei Gambas, und schon hat man eine wunderschöne *Paella*.

Bauernwürste

Mallorca ist eine **Insel deftiger Würste**. In den lokalen Schlachtereien werden denn auch mancherlei Varianten der ***Chorizos*** (»Würste«) produziert. Als Selbstversorger sollte man probieren,

Pata Negra Bellota

Ein Beitrag von Eyke Berghahn/Hamburg

In Spanien und so auch auf Mallorca hängen hier und dort dicke Schinken überm Kneipentresen – kopfüber, mit den schwarzen Hufen nach oben und einem Tropfenfänger unten. Angeschnitten liegt das pfundige Hinterbein verschraubt im Gestell und geübte Hände schnippeln hauchdünne Scheiben auf den ***Tapa*-Teller**.

Grob gesprochen gibt's drei Qualitäten. Die teuerste ist dank eines nussigen Geschmacks der ***Jamón Ibérico***; er stammt nicht vom rosa Hausschwein, sondern vom schwarzen Borstenvieh ***Pata Negra Bellota*** aus Spaniens Osten, der *Estremadura*. Dieser Schweine-Star ist auch auf Mallorca zu Hause.

Für ihn gibt's viel Platz und kein *Junk Food*, sondern ein Angebot für *Gourmets*: saftige Gräser, kernige Getreide und würzige Kräuter wollen aber auf großen Weiden erlaufen sein; das hält jung, gesund und fit. Im Winter erjoggen die Schwarzen im Steineichenwald hochwertige Eicheln; Zusatzleckerli werden im Trog serviert.

Das spanische *Bellota* gilt als weltweit bester Schinkenlieferant: im Laden kostet die Delikatesse €90-€150 pro Kilo. Auch im Lokal wird er daher nur nach Gramm berechnet und – wie gesagt – hauchdünn serviert. Auf jeden Fall aber Vorsicht: Süchtig, heißt es, macht bereits das Schnuppern, ein dem Grunzen ähnliches Luftholen.

welche der verschiedenen, durch viel Paprika rot gefärbten und scharf gewürzten Hartwürste einem zusagen.

Sobrasada/ Butifarra

Als besondere Spezialität gilt die ***Sobrasada***, eine weiche, gepfefferte Schweinsmettwurst, die den Mallorquinern sogar mit Honig bestrichen schmeckt. Die ebenfalls fettige Blutwurst ***Butifarra*** oder *Butifarón* liefert dem Dorf ***Sant Joán*** (zwischen Montuiri und Petra) Anlass für eine eigene ***Fiesta***. Das **Blutwurstfest** mit Dudelsackmusik und Umzug von Riesenmasken findet am ersten Sonntag im Oktober statt. *Sobrasada* und *Butifarra* findet man nur in wenigen Restaurants, aber immer im ***C`al Dimoni*** bei Algaida.

Entremeses Varidos

Ein Begriff, der auf mancher Karte unter der Rubrik **Vorspeise** auftaucht, sind die ***Entremeses Variados***. Allzu oft, da auch in der Übersetzung (»verschiedene Vorspeisen«) unklar, liegt es nahe, die mal zu bestellen, wenn sich sonst nichts Passendes findet. Die scheinbare begriffliche Verbindung zu den immer wieder anderen *Tapas Variadas* lässt kleine spanische Spezialitäten erwarten. Aber diese *Variadas* beziehen sich auf eine Art kalte Platte aus ein paar Wurstscheiben und vielleicht einem Stückchen Fisch, garniert mit Oliven, Tomatenscheiben auf einem Salatblatt und bestenfalls noch drei Spargelabschnitten aus der Dose.

Fische und Meeresfrüchte

Alles, was das Meer hergibt, findet man auf den Karten mallorquinischer **Fischrestaurants**. Aber nur noch ein Bruchteil der Basisprodukte stammt aus den insularen Gewässern rund um die Balearen. Wider Erwarten sind deshalb die Preise für ***Pescados*** und ***Frutas del Mar*** (Fische und Meeresfrüchte) sehr hoch.

Fisch und Preise

Schon im Laden kosten die beliebten ***Gambas*** (ca. 5-8 cm Länge) einschließlich Schale mehr als erstklassiges Rinderfilet aus Argentinien. Daher ist nicht verwunderlich, dass etwa ***Gambas a la Plancha*** (gegrillte Garnelen) oft gerade sechs Tierchen umfassen und dennoch oft teurer kommen als ein komplettes mittägliches Inklusivmenü. **Nahezu unbezahlbar wurden – speziell nach der Euroeinführung – Langusten**.

Fischgerichte

Aber selbst für recht **simple Fischgerichte** muß der Gast meistens tiefer in die Tasche greifen als für manch andere Spezialität einschließlich der einheimischen Fleischgerichte, ohne gleichzeitig eine besonders originelle Zubereitung erwarten zu dürfen. Man darf sich schon glücklich schätzen, wenn die Qualität alles in allem stimmt. Ausnahmen bestätigen nur diese Regel, z.B. ***C'an Eduardo*** am Hafen in Palma oder die (nicht ganz billigen) Restaurants ***Rocamar*** in Port d`Andratx und ***Stay*** in Port de Pollenca.

Calamares/ Mejillones

Erheblich erfreulicher ist die Situation bei den Tintenfisch- und Muschelgerichten. ***Calamares a la Plancha*** (gegrillt), ***Romanas*** (paniert gebacken) oder auch ***Rellenas*** (gefüllt mit einer Masse aus Hackfleisch und Gewürz) sind noch halbwegs erschwinglich und schmecken meist gut. ***Mejillones a la Marinera*** (Muscheln in Weinsoße) gehören ebenfalls zu den bezahlbaren Speisen aus dem Meer, während die kleineren und delikateren ***Almejas*** kaum noch erhältlich und dann prohibitiv teuer sind.

Pa amb oli, Schinken- oder Tomatenbrot à la Mallorca, ➪ *Seite 499*

Getränke/ Palo

Einige Anmerkungen zu den wichtigsten Getränken dürfen nicht fehlen. Zunächst zum **Aperitif**, der auf Mallorca wie anderswo im wesentlichen internationalen Charakter hat. Vorrätig ist im Prinzip alles, was alkoholisch Rang und Namen besitzt. Um eine Besonderheit handelt es sich aber beim ***Palo***, einem **süßlichen Likör** aus gebranntem Zucker mit ein wenig Chinin und gekochten Orangen- und Zitronenschalen. Man genehmigt sich *Palo* gern in kleinen Gläschen, bevor das Essen aufgetragen wird.

Orangensaft

Frisch gepressten Orangensaft pur oder als Basis für einen *Drink* sollte man sich zur Reifezeit der Orangen (fast ganzjährig, ➪ Seite 235) nicht entgehen lassen. Dank des hohen Süßegrades mallorquinischer Orangen schmeckt er sehr gut und ist oft nicht teuer (um €2-€3/Glas). Sofern es ihn gibt! Außerhalb der Anbaugebiete fragt man in manchen Restaurants vergeblich danach. ***Zumo*** oder ***Jugo natural de naranjas*** heißt der Saft.

Bier/Cerveza

Wer nicht auf »Köpi« oder »Warsteiner« besteht (und fast überall bekommt), sollte auf **die einheimischen Sorten** zurückgreifen, die teilweise sogar auf Mallorca gebraut werden. Das spanische Bier ist gut, billiger und durstlöschender als viele Importmarken, wenngleich nicht nach deutschem Reinheitsgebot produziert.

Mallorcas Weine

Zwar wird auf Mallorca um Binissalem/Santa Maria/Sencelles, Algaida/Montuiri und Felanitx/Petra eine anerkannte Weinqualität mit der Ursprungsbezeichnung ***Pla i Llevant de Mallorca*** großflächig angebaut, und auch bei Andratx wächst guter Wein. Aber die Flächen reichen bei weitem nicht, so heißt es, um die Produktionzahlen mallorquinischer Winzer zu erklären. Nun ja ...

Im Kapitel 5 wurde bereits auf die **Weine** aus **Binissalem** (*Ferrer, Nadal, Tianna Negre*), *Petra* (*Oliver*), **Algaida** (*Can Majoral*), **Santa Maria** (*Macia Batle*) und **Andratx** (*Santa Catarina*) hingewiesen.

Zum Thema »Wein auf Mallorca« ➪ z.B. Seiten 258 und 381 und den ***Mallorca Wein Guide***: http://mallorca-weinmagazin.com.

In den Weinregalen der Supermärkte sind die lokalen Weine ohne Frage klar in der Minderheit. Aber man findet sie heute immerhin auf fast allen **Weinkarten der Gastronomie**. Die **Ladenpreise für bessere Weine**, egal ob aus Mallorca oder vom Festland, sind indessen erstaunlich hoch. Eine durchschaubare Beziehung zwischen Weinpreisen und Qualität ist dabei oft nur schwer zu entdecken. Die Gefahr, hochpreisigen Wein minderer Güte in wertiger Aufmachung zu erhalten, ist nicht gering.

Vino de la Casa

In vielen Lokalen ist die Bestellung des »**Hausweins**« (in rustikalen Häusern oft in den typischen Krügen aus Keramik) meist eine gute Wahl. Der *Vino de la Casa* ist außerdem nicht selten die einzige Möglichkeit, weniger als eine ganz Flasche kommen zu lassen. Nur an der Bar lässt sich immer auch Wein glasweise ordern.

Mineralwasser

Durchaus üblich ist es, den **Wein** – vor allem zur Mittagszeit – mit Mineralwasser zur Schorle zu **verdünnen**. Mallorquiner trinken das Wasser eher separat. Abgesehen davon hat man sich in Mallorcas Restaurants auch an ausschließlich Mineralwasser trinkende ausländische Gäste und einheimischer Autofahrer gewöhnt. Das Wasser wird aus inseleigenen Quellen abgefüllt und ist mit und ohne Kohlensäure erhältlich: ***Agua mineral con*** bzw. ***sin gas***.

Sangria

Zum Thema ***Sangría***, also Rotweinbowle mit allerlei mehr oder weniger geeigneten Zutaten, nehmen *Paco* und *Dorothea Ponce* im folgenden Abschnitt Stellung. **Sie gehört zum Spanienurlaub wie die *Paella***, da macht auch Mallorca keine Ausnahme. Man kann sie in fast allen Bars und Restaurants ordern.

Kaffee

Allgemein üblich ist der **Kaffee nach dem Essen**. Und zwar aus der **Espressomaschine**. Das Tässchen starken Kaffees heißt ***Café solo*** und wird normalerweise mit viel Zucker genossen. Wem der Tasseninhalt nicht reicht, bestellt ***Café americano*** oder ***largo*** oder ***doble*** und erhält eine große Tasse Espresso. Kaffee mit Milch heißt ***Café con Leche***, es handelt sich dabei um normalen schwarzen Kaffee, der mit viel warmer Milch aufgefüllt wird. Nur ganz wenig Milch enthält der ***Café cortado***. Für den Kaffee nach gewohnter Art – mit oder ohne Sahne – muß man schon Lokale aufsuchen, die mit deutschem Kaffee werben. Beliebt ist zum *Café solo* ein Schuss Cognac bzw. Brandy. Aus dem derart »verfeinerten« Kaffee wird dadurch ein ***Caragillo***.

10.2 Essen wie die Einheimischen: Rezepte zum Appetitanregen und Nachkochen

von Paco und Dorothea Ponce/Sóller

Konzeption

Um dem Leser die **einheimische Küche** und ihre Eigenheiten nahezubringen, wird hier ein anderer als der sonst übliche Weg begangen. Wer an mallorquinischer Kochkunst interessiert ist, dem sagen **Rezepte** mehr als verbale Beschreibungen. Nebenbei erfährt der Leser daraus eher, welches Gericht ihm besonders schmecken könnte, als aus der Übersetzung und knappen Erläuterung einer Speisenbezeichnung. Nach den Rezepten ist angegeben, welche Restaurants das Gericht voraussichtlich führen.

Zu den Rezepten

Die **Kochgeheimnisse** Mallorcas wurden lange Zeit nicht schriftlich festgehalten. Man gab die Rezepte von Küche zu Küche, von der Mutter zur Tochter, von Familie zu Familie weiter. Daraus entstanden große Unterschiede und Variationen bei der Zubereitung einheimischer Gerichte unter gleicher Bezeichnung.

Die **Auswahl der Gerichte** erfolgte nach den Kriterien *Schmackhaftigkeit, leicht zu beschaffende Zutaten* und *einfache Zubereitung*. **Alle Rezepte beziehen sich auf vier Portionen**, soweit nicht anders angegeben bzw. nicht sinnvoll (z.B. *Caragillo*).

Wichtige Voraussetzung für den »echten« mallorquinischen Geschmack der Speisen ist die Verwendung von **Olivenöl**. Der kleine Mehrpreis gegenüber anderen Pflanzenölarten lohnt sich.

Ansonsten sind **Abweichungen** von den vorgegebenen Zutaten und Mengen kein Problem. Man sollte ruhig **experimentieren**. Auch das ist typisch *mallorquín.* Hauptsache, es schmeckt.

Wer auf den Geschmack kommt, sollte in das nebenstehend genannte Kochbuch der *Sigloch Edition* schauen. Auch der neuere Titel ***Cuina Mallorquina***, ein Bildband und Reiseführer für die mallorquinische Küche von Gabriele Kunze u.a. ist sehr empfehlenswert (ISBN 978-3 89631-208-2, Hugendubel/München).

Sehr individuell ist das **Mallorca Kochbuch: Rezepte zum Nachkochen mit viel Knoblauch und Gefühl** von Elke Menzel sowohl als Taschenbuch und auch als E-Book (nur bei amazon.de).

***Bon profit*! Guten Appetit!**

Hinweis: Nur die im Kasten rechts rot gekennzeichneten Rezepte stehen auf den folgenden Seiten. **Weitere 16 Rezepte** finden Interessenten im Internet im pdf-Format **zum Download** geeignet.

Übersicht über die im folgenden und im Internet*) unter reisebuch.de beschriebenen Gerichte und Zubereitungen
https://reisebuch.de/mallorca/info/kulinarisch/rezepte.html

Suppen

Sopas mallorquinas	Mallorquinische Gemüse-Brot-Suppe
Sopa de ajo)*	Knoblauchsuppe
Arroz brut)*	Reisgemüsesuppe mit Fleisch

Kleine Gerichte/Vorspeisen

Frito mallorquín)*	Gebratene Innereien mit Gemüse
Trampó)*	Sommersalat
Coca con trampó)*	Mallorquinischer Gemüsekuchen
Pan con aceite oder *Pa amb oli*	Mallorquinisches Vesperbrot
Pan tostado)*	Geröstetes Knoblauchbrot

Gemüse- und Eiergerichte

Tortilla Española)*	Spanisches Omelett
Escudella)*	Mallorquinischer Gemüseeintopf
Berenjenas rellenas)*	Gefüllte Auberginen
Tumbet)*	Sommer-Gemüsepfanne

Fleisch und Fisch

Paella)*	Spanisches Nationalgericht
Escaldums	Hähnchenfleisch/Truthahnpfanne
Lomo con col)*	Schweinelende in Kohl
Conejo con cebolla)*	Kaninchen mit Zwiebeln
Lechona	Gegrilltes Spanferkel
Pescado al horno)*	Fisch im Backofen

Nachspeise

Flan)*	Pudding mit Karamelsoße

Getränke

Caragillo)*	Espresso mit Cognac
Cremadillo	Mallorquinischer Punsch
Sangría	Rotweinbowle
Hierbas) (Licor de Paco*	Kräuterlikör/-schnaps, Paco spezial)

Die Fotos auf Seite 494 und den folgenden Rezeptseiten wurden mit freundlicher Genehmigung der *Edition Sigloch* wiedergegeben. Sie stammen aus dem Kochbuch dieses Verlages: ***Kulinarische Streifzüge durch Mallorca*** (ISBN 978-3-89393-046-3).

Sopas Mallorquinas
Mallorquinische Gemüse-Brot-Suppe

Die *Sopas Mallorquinas* war früher ein typisches »**Arme-Leute-Essen**«, welches für das Personal in den Fincas fast täglich morgens und abends auf den Tisch kam.

Zutaten

- 3–5 Eßlöffel Olivenöl
- 1 Bund Petersilie
- 1 Knoblauchknolle
- 1 Lauchstengel
- 1 Tomate
- 1 Paprikaschote
- 1 Zwiebel
- 1 kleiner Kopf Weißkohl oder Wirsingkraut
- einen halben Blumenkohl
- 125g grüne Bohnen
- 125g Zuckererbsen
- etwas Mangold oder Spinat, je nach Jahreszeit
- Salz, Paprikapulver, Pfeffer
- ein sehr dünn geschnittenes, nicht zu helles Weizenbrot, das ein oder zwei Tage alt sein sollte
- 1 Liter Wasser für Brühe aus 2 Würfeln

Sopas Mallorquinas, eigentlich ein »Arme-Leute-Gericht«

Zubereitung

Paprika, Lauchstengel, Zwiebel, geschälte Tomate und gestoßenen Knoblauchzehen kleinschneiden und anbraten. Danach den in Scheibchen geschnittenen Kohl und die Bohnen hinzufügen, dann die (Brühwürfel-) Brühe dazugeben. Suppe mit Salz, Pfeffer, Paprika und Petersilie würzen, 15 Minuten köcheln lassen und dann den zerteilten Blumenkohl und die Erbsen zufügen. Etwa 10 Minuten bei kleiner Flamme »bißfest« garen.

Die Brotscheiben in eine Schüssel legen und die Suppe darübergießen, wobei das Brot die gesamte Flüssigkeit aufsaugen sollte (Brotmenge entsprechend variieren). 10 Minuten bei 175°C ziehen lassen. Nun noch ein bisschen mit Salz und Öl abschmecken.

Empfehlenswerte Restaurants für die Sopas:
Ca S'Amitger beim Kloster Lluc
Mirador de Ses Barques bei Soller
C'al Dimoni bei Algaida

Sopa de ajo
Knoblauchsuppe

Zutaten

- 4 Eßlöffel Öl
- 4 Weißbrotscheiben
- 5-8 Knoblauchzehen
- 3/4 Liter Wasser oder Brühe
- 2-3 Eier
- Salz und Pfeffer

Zubereitung

Knoblauch im Öl leicht bräunen, herausnehmen. Brot in Würfel schneiden und im Knoblauchöl goldgelb rösten, dann das heiße Wasser bzw. die Brühe zugießen, würzen und aufkochen lassen. **Vor dem Servieren die Eier hineinschlagen**. Wenn das Eiweiß fest genug ist, wird die leicht verdauliche Suppe aufgetragen. Man kann sie zusätzlich mit frisch gehacktem Knoblauch bestreuen.

Pa Amb Oli
Mallorquinisches Vesperbrot (➪ Foto auf Seite 494)

Pa amb Oli mit rotem Landwein ist eine ausgezeichnete **Vesper**.

Zutaten

- 2 Scheiben mallorquinisches Weißbrot oder Bauernbrot pro Portion
- 1 große Tomate pro Portion
- Olivenöl, Salz
- Grüne und schwarze Oliven
- Pepperoni und Kapern
- Saure Gurken
- Mallorquinischer Hartkäse (auch gut: Käse von Mahón/Menorca)
- luftgetrockneter roher Schinken

Zubereitung

Auf das Brot etwas Öl gießen, Tomatenscheiben drauflegen und salzen. Eine dicke Scheibe Käse und eine Scheibe Schinken dazu. Das Ganze ißt man **mit den Fingern**, natürlich auch die »Beigaben« Oliven, Pepperoni und Gurke.

Empfehlenswerte Restaurants für das Vesperbrot:

C'an Jaume in Orient
Bar Vicente in Port de Sóller (*Pa amb oli especial*!)
Gutshof *Els Calderers* bei Sant Joan
C'al Dimoni in Algaida

Escaldums
Hühnerfleisch- oder Truthahnpfanne

Escaldums ist ein **ungewöhnlich herzhaftes Geflügelgericht**.

Zutaten

- 3-4 Eßlöffel Öl
- 1 Hähnchen oder Truthahn in Stücke zerteilt
- 1 Zwiebel
- 1 Tomate
- eine halbe Dose Erbsen
- eine halbe Dose Artischocke
- eine halbe Dose Champignons
- 3-4 gelbe Rüben
- 500-700 g in Stücke geschnittene Kartoffeln

- 15-20 Mandeln
- 3-4 Knoblauchzehen
- 1 Bund Petersilie, Salz, Paprika
- 1 Glas herben Weißwein
- 1/2 Liter Wasser oder Brühe

Zubereitung

Das Fleisch würzen, mit dem Öl in einer großen Pfanne leicht anbräunen lassen, dann herausnehmen. Zwiebel und Tomate zerkleinern und auch anbraten, dann das Wasser bzw. die Brühe mit dem Fleisch hinzugeben und **alles etwa 20 Minuten** garen lassen. Die Kartoffelstücke werden separat vorgebraten, bis sie knusprig sind, und zusammen mit dem Gemüse der Hauptpfanne hinzugefügt. Mit dem Mörser oder Mixer werden Knoblauchzehen, Mandeln und Petersilie in ein wenig Öl fein zerkleinert und mit dem Weißwein in die Pfanne gegeben.

Bei kleinem Feuer alles etwa **30 Minuten weitergaren lassen.**

Empfehlenswertes Restaurant für Escaldums:

Ca S'Amitger beim Kloster Lluc

Porcella / Lechona
Gegrilltes Spanferkel (➪ Foto auf Seite 502)

Am besten schmeckt vielen die Kruste (*cuiro*), die nicht lederartig sein darf, sondern fest und kross. Dem Erzherzog *Lluis Salvador* von Österreich (➪ Seite 233) erschien das *Porçella* das beachtlichste Gericht der mallorquinischen Küche.

Zutaten

- 1/2 Spanferkel (für eine größere Gruppe auch ein ganzes Spanferkel)
- Salz, Pfeffer, Knoblauch nach Belieben
- Zitronensaft
- 1 Eßlöffel Weinbrand
- 1 Eßlöffel Schweineschmalz

Zubereitung

Das Fleisch bzw. das ganze Spanferkel einige Stunden bis einen Tag vor der Zubereitung mit Zitronensaft einreiben, mit Knoblauchstückchen spicken und gut mit Salz und Pfeffer würzen.

Fleisch unmittelbar vorm Grillen/Rösten mit dem Schmalz einreiben und mit der Schwarte nach oben in einer geeigneten Form in den auf **200°C vorgeheizten Backofen** legen. Ab und zu mit dem austretendem Sud übergießen. Kurz vorm Herausnehmen Weinbrand und einen Eßlöffel Zitronensaft über den Braten gießen.

Empfehlenswerte Restaurants für das Spanferkel:

Sa Teulera in Sóller (*Porcella a la Brassa*, nur Freitag Abend)
La Porxada beim Torre de Canyamel (an der Ostküste)
Ca N'Antuna in Fornalutx

Gegrilltes Spanferkel – »Lechona« auf spanisch, »Porçella« auf Mallorquín – ist nur in ausgewählten Restaurants eine wirkliche Gaumenfreude

Sangría, wie sie die Einheimischen zubereiten

Die *Sangría* ist genaugenommen ein **Erfrischungsgetränk**, wenngleich mit einigen Prozenten. Was viele Lokale den Touristen servieren, hat mit dem nachstehenden Rezept oft nur den Namen gemein, besonders, wenn es noch als *Sangría Especial* angepriesen wird. Da kommt dann nach Belieben des Barmanns hinein, was sich irgendwie mixen lässt. Die Wirkung spürt man spätestens am nächsten Tag in Kopf und Magen.

Zutaten

- 1 Liter trockener Rotwein
- ein Glas Limonade
- 2 Schnapsgläser Weinbrand (je 4 cl)
- 2 Eßlöffel Zucker
- je eine Orange und Zitrone mit Schale
- ein frischer Pfirsich

Zubereitung

Orange, Zitrone und Pfirsich in Stücke zerschneiden. Die Fruchtstücke, Cognac, Limonade und Zucker in den Rotwein geben. Gut umrühren und **mindestens 2 Stunden im Kühlschrank ziehen lassen**. Mit Eiswürfeln servieren.

Salud!

Cremadillo
Mallorquinischer Punsch

Dieser Punsch ist ein typisches Wintergetränk für »eisige« Temperaturen unter 10°C und bei Regenwetter.

Zutaten

- je 3 kleine Kaffeetäßchen brauner Rum (40%) und Cognac
- 1 kleine Kaffeetasse Rotwein
- 3-4 Eßlöffel Zucker
- 1 Kaffeelöffel Nescafé
- 20-30 Kaffeebohnen
- 1 Stange Zimt
- 4-8 Nelken
- 10-15 kleine Zitronen- u. Orangenstückchen mit Fruchtfleisch
- 10-15 frische Wacholderbeeren, so verfügbar.

Zubereitung

Alle Zutaten möglichst in einer feuerfesten Schüssel erhitzen. Kurz vor dem Sieden vom Feuer nehmen, anzünden und mit einem Holzlöffel umrühren. Sollte ein Löffel aus Wachholderholz zur Hand sein, wird das Getränk noch aromatischer. Möglichst **in kleinen Tassen** servieren. Das Foto macht Appetit, oder nicht?

Wer auf ein optimales Aroma Wert legt, bereitet den Punsch **am allerbesten selbst** zu und serviert ihn so wie auf dem Foto.

INFO-ANHANG

Offizielles Informationsportal Spanien: www.spain.info

Spanische Touristeninformation in deutschsprachigen Ländern:

Turespaña Deutschland

Lietzenburger Straße 99, 5. OG
10707 Berlin
© 030/882 6543

Myliusstraße 14
60323 Frankfurt
© 069/725 038

Postfach 151940
80051 München
© 089/530 74611

Turespaña Österreich

Walfischgasse 8/14
1010 Wien 1
© 01/512 0580

Turespaña Schweiz

Seefeldstr. 19
8008 Zürich
© 044/253 6050

Touristeninformation auf Mallorca

Hinweisschilder befinden sich in allen Orten. Am besten mit Material versorgt ist das Büro im ehemaligen Bahnhofsgebäude von Palma:

- Tourist-Info an der **Plaça Espanya**, täglich 9-20 Uhr, **© 971 754329**,

Weitere Infobüros gibt es

- an der **Plaça de la Reina No. 2** rechts vom Passeig d`es Born (vom Meer aus gesehen): **© 971 173 990**, Mo-Fr 9-20 Uhr; Sa 9-13 Uhr,
- am oberen Ende des Passeig d'es Born im ***Casal Solleric***, **© 902 102 365**
- am ***Parc de la Mar*** unterhalb der Kathedrale, **© 902 102 365**
- im **Ankunftsbereich des Flughafens**: **© 971 789 556**.

Information für alle Inseln der Balearen (deutsch)

www.illesbalears.es/ale/baleareninseln/home.jsp

Konsulate der deutschsprachigen Länder

Deutschland unterhält in Palma ein **offizielles Konsulat**, das bei Bedarf kontaktiert werden kann/muss, etwa bei Verlust der Papiere oder der Finanzen, aber auch in kritischen Situationen nach Unfällen oder bei Konflikten mit der spanischen Obrigkeit. **Österreich** und die **Schweiz** haben sog. **Honorarkonsulate**.

- **Deutschland**
  Palma, Porto Pi 8, 3. Stock im *Edificio Reina Constanza*; © 971 707 737; Notfall-©: 659 011 017, www.palma.diplo.de, Mo-Fr 9-12 Uhr
- **Österreich**
  Palma, Avenida Jaume III 29, Entresuelo, © 971 425 146
- **Schweiz**
  Palma, Carrer Antonio Martinez Fiol 6, © 971 768 836.
  Für Schweizer ist auch das Konsulat in Barcelona zuständig: © 934 090 650

Stromspannung: **220 V/50 Hz**, 2-polige + Schuko-Stecker wie Deutschland

Kliniken, Ärzte, Zahnbehandlung, Medikamente

Erste Hilfe leisten ***Centros Médicos*** oder ***Ambulatorios***, die sich in allen Orten befinden. Sie sind durchweg gut gekennzeichnet, jeder Einheimische kennt ihren Standort. In schweren Fällen sind zuständig

- **Klinikum *Son Llatzer*** in **Palmas Osten**, Straße nach Manacor ein wenig westlich von Son Ferriol, Stadtbus #14: **✆ 971 871 202000**
- **Klinikum *Son Espases*** (seit 2011) in **Palma** nördlich der Ringautobahn (*Via Cintura*, Abfahrt 5B Richtung Valldemossa, Stadtbus # 20): **✆ 871 205 000**
- **Hospital Manacor** an der Straße (durch Manacor) nach Artá: **✆ 971 847000**
- **Hospital Inca** an der Straße nach Llubi (westl Autobahn Ma-13): **✆ 971 888500**

Diese Krankenhäuser sind staatliche Institutionen, die – ebenso wie die *Centros Medicos* – auch von Mitgliedern der gesetzlichen deutschen Krankenkassen **mit** der **Europäische Krankenversicherungskarte** (➪ Seite 103) in Anspruch genommen werden können.

Des weiteren gibt es eine Reihe kleinerer, meist spezialisierter **Privatkliniken**. Dort wird auch privat abgerechnet. Auslandskarten gelten nicht. Man kann sich dort ggf. angefallene Kosten von seiner gesetzlichen Kasse im Rahmen der in der Heimat geltenden Bestimmungen erstatten lassen.

- In Palma existiert sogar eine **AOK-Vertretung:** Passatge Joan XXIII 3 (Nähe Plaça Espanya), **✆ 971 714172+710436**). Dort berät man ggf. auch Mitglieder anderer Kassen bei Problemen mit Behandlung und/oder Kostentragung.

Immer mehr (privat abrechnende) **deutsche und deutschsprachige Ärzte und Zahnärzte** bieten heute auf Mallorca ihre Dienste an. Die meisten inserieren in ***Mallorca Magazin*** und/oder ***Zeitung***. In jeder Ausgabe der Zeitungen findet man außerdem eine Liste deutschsprachiger Mediziner.

- Im Zentrum der Stadt (Carrer Unio 9) liegt das **Ärztehaus Palma** mit Ärzten mehrerer Fachrichtungen und einem **24 Stunden Notfallservice**: **✆ 660 556 640**, www.aerztehaus-palma.com.
- Etwas außerhalb nahe der *Via Cintura* (Ausfahrt 8) in der Avenida Picasso 57 befindet sich das **Internationale Facharztzentrum *Clinica Picasso***: **✆ 971 220 666, ebenfalls mit 24-Stunden-Service**; www.clinica-picasso.com.
- Wer den Aufenthalt auf Mallorca für einen **Rundum-Gesundheits-Check** nutzen möchte: Das **Internationale Facharztzentrum** in Palma Porto Pi (***Centro Medico Porto Pi*** im selben Gebäude wie das Deutsche Konsulat) bietet eine Untersuchung mit allem Drum und Dran innerhalb eines Tages samt Dokumentation mit Laborwerten, Computerdaten, Röntgenbildern etc. Auskunft und ggf. Anmeldung unter **✆ 971 707035+55**; www.centromedicoportopi.es.
- In Paguera-Santa Ponsa residiert das **Deutsche Facharzt Zentrum** im Carrer Malgrat bzw. in der Av Jaume I, **✆ 971 685 333** bzw. **✆ 7695 585;** www.dfz.es

Für manchen interessant könnte auch die Möglichkeit sein, die auf Mallorca günstigeren Tarife für **Zahnbehandlungen**, speziell **Zahnersatz** zu nutzen. **Deutsche Zahnärzte** auf der Insel arbeiten oft mit Kollegen in Deutschland zusammen. Mehrere private Zahnkliniken (***Clinicas Dentales***) bieten sich hier an, z.B. www.dentacare-Mallorca.com oder www.dental-mallorca.com.

Medikamente sind in Spanien z.T. billiger als in D, CH oder A. Es besteht keine Rezeptpflicht für einige Medikamente, die bei uns verschreibungspflichtig sind.

NOTRUF-TELEFONUMMER GENERELL: ✆ 112

Telefonnummern der wichtigsten Fluggesellschaften und Reiseveranstalter (901/902 = Service zum Ortstarif)

Air Berlin	901	434 464
Air Europa	971	401 501
Condor	902	517 300
Easy Jet	902	299 992
Germania	915	296 863
Germanwings	916	259 704
TUIFly	902	020 069
Iberia	902	400 500
Ryanair	971	74 54 65
Lufthansa	902	220 101
Swiss	971	116 712

Flughafen:	
Flugauskunft	**971 789 099**
Alltours	971 789 926+927
Flugbestätigung	971 436 119
FTI	971 212 820
ITS+Jahn+Tjaereb.	971 437 141
Ankunft/Abflug	971 789 882+880
TUI	971 436 429+
Flugbestätigung	902 153 738
Neckermann	971 788 255
Flugbestätigung	971 789 282
Thomas Cook	902 490 902

Trink- und Kochwasser für Selbstversorger

Wer auf Mallorca ein Apartment, ein Haus oder eine Finca mietet, macht sich seinen Kaffee und Tee großenteils selbst, und auch gekocht wird zumindest ab und zu. Während wir gewohnt sind, den Hahn aufzudrehen und das Leitungswasser für heiße und kalte Getränke ebenso wie fürs Kochen der Kartoffeln und Spaghettis zu benutzen, gilt auf Mallorca: Das Wasser ist zwar bakteriologisch im allgemeinen unbedenklich, aber geschmacklich fast in allen Orten unakzeptabel. Das liegt am (Rest-)Salzgehalt des Tiefbrunnenwassers und/oder der mehr oder minder starken chemischen Aufbereitung auch des entsalzten Meerwassers , ➪ Seite 125.

Aus diesem Grund kann man in allen kleinen und großen Supermärkten Quellwasser kaufen, das in der *Serra Tramuntana* in Plastikbehälter abgefüllt wurde. Täglich gehen so auf Mallorca Tausende von Wegwerf-Containern über den Ladentisch und landen binnen kurzem auf dem Müll oder im Meer. In manchen *Hiper Mercats* lassen sich zwar Mehrweg-Container an Wasserautomaten immer wieder auffüllen, aber diese Möglichkeit besteht zu selten und wird zu wenig genutzt.

Für die Selbstversorger unter den Urlaubern bleibt zumindest für Kaffee, Tee und fürs Kochen nur Wasser aus der Plastikflasche und damit die ungewollte Teilnahme an der Ressourcenvergeudung und Müllvermehrung.

Fotonachweis

Carsten Blind/Asperg: Seite 194
Volker Dannenmann/Sant Agusti, Mallorca: Seiten 132, 133, 134, 149, 159, 167, 177, 190, 211, 212, 230, 252, 298, 311, 342, 360 unten, 366, 367, 375
Edition Sigloch Fotoarchiv/Künzelsau: Seiten 494, 498, 500, 502, 503
Kirsten Elsner, Marc Schichor/Karlsruhe: Seiten 29, 225, 247
Finca Cas Curial, Soller: Seite 54
Finca Son Palou, Orient: Seite 25
Fincas Mallora, Sóller: Seiten 57 und 58
Ursula Gersch/Bremen: Seite 17
Hürzeler Radsport/Mallorca: Seite 35
Archiv Hartmut Ihnenfeldt, Eutin: Seiten 294, 482, 484, 485 2x oben, 486 beide, 488
Edith Kölzer, Bielefeld: Seiten 19, 85, 128, 136, 164, 232, 236, 259, 262 und 265
© istockphoto.com: Coverfoto und 352 pkazmierczak, 09+38+90+139+414+417 ArtesiaWells, 10/11+303 SimonDannhauer, 32 unten marcusd, 44 DianaHirsch, 63 santirf, 83 mila croft, 444 Khrizmo, 112+113 Olarty, 124 AlexanderNikiforo, 144 George-Standen, 153 Razvan,195+201 SOMATUSCANI, 208 fschuetz, 220 raeva, 223 Gyuszko, 228 matthewleesdixon, 229 MKCinamatography, 231 umdash9, 235 HelloBrianHogan, 236+279 Lunamarina, 244+246+298 cinoby, 248 Satilda, 276 sebasebo, 282 photoposter, 283+428 Piter1977, 285 BreatheFitness, 288 upton-park, 329 jaumecapella, 347 absolut_100, 393 madamkarol, 397 bitbeerdealer, 434 i_compass, 452+453 Tom_Gruber; diese Seite und hintere Umschlagklappe unten: artist-unlimited
Ralph Lueger/Essen: Seiten 70 unten, 481
Mar Cabrera/Mallorca: Seite 356
Peter Neumann/Palma: Seite 189 oben
Peter Schickert/Fröndenberg: Seiten 65 und 478
Thomas Schröder/Hemmingen: Seite 34
Werner Schmidt/Oldenburg: Seiten 131, 166, 181 unten, 248 oben, 264, 283 unten, 290 oben, 292 oben, 300, 338, 381, 384 und 477

Hans-R. Grundmann: alle anderen Fotos

Kauderwelsch Band 16
Spanisch
Wort für Wort

Kauderwelsch Band 124
Mallorquinisch
Wort für Wort

Kauderwelsch Band 72
Katalanisch
Wort für Wort

ISBN 978-3-89662-293-8

Grundmann, Berghahn, Thomas, Opel

Kanada Ost / USA Nordost

Der grenzübergreifende Reiseführer für Reisen zwischen Atlantik und Großen Seen in beiden Ländern Nordamerikas. Dieses komplette Reisehandbuch beschreibt den Nordosten der USA und den Osten von Kanada als geographisch-historische Einheit und wendet sich an alle, die diese Region auf eigene Faust entdecken wollen. Mit Beileger ‚New York City extra'.

10. Auflage 9/2016 · 764 S. · € 25,-

ISBN 978-3-89662-744-5

Bernd Wagner, Hans-R. Grundmann

Kanada Westen mit Alaska

Dieses Buch wendet sich in erster Linie an Leser, die den Westen Kanadas auf eigene Faust entdecken und erleben möchten. Der Reiseteil bietet ein dichtes Netz von Routen im gesamten Westen und Alaska, außerdem Anfahrt von Toronto/Niagara Falls nach Westen auf dem Trans-Canada-, Yellowhead- oder Northern-Holiday-Highway und Seattle.

17. Aufl. 2017 · 632 Seiten · € 25,-

Folgen Sie uns:
#reise know how grundmann

www.usacanada.de

ALPHABETISCHES REGISTER - INDEX

Im folgenden Register finden sich alle Ortsnamen, Sehenswürdigkeiten und geografischen Bezeichnungen ebenso wie alle wichtigen Sachbegriffe. Die häufig anzutreffende Unterscheidung zwischen Sachregister und geografischem Index wurde hier bewusst nicht angewandt. Egal, wonach man sucht, seien es Informationen zur Automiete oder die Cala Xy oder einen bekannten Namen, alles ist unterschiedslos alphabetisch eingeordnet.

Eine Besonderheit betrifft Palma: Wegen der Vielzahl der Sehenswürdigkeiten dort und der Bedeutung der Stadt als Besuchsziel, sind alle **Palma** betreffenden Begriffe unter Palma zu finden, ein Teil davon (bekannte Anlaufpunkte) ist noch einmal gesondert gelistet.

Abendprogramme 449
Agrofinca Son Real 294
Agroturismo 55
Airlines 62
Al Campo 377
Alaró 255
Alcúdia 281
Aldea Cala Fornells 195
Aldi auf Mallorca 81
Alfabia, Jardins de 253
Alkohol-Promillegrenze 107
Almejas 493
Amoixa Vell (Finca/Restaurant) 328
Anchorage Club 176
Andratx 209
Ankunft 72
Aparthotels 49
Apartmentmiete - Internetagenturen 57
Apotheken 70
Aqualand Arenal 159
Aquarium 165
Araber 460
Arenal 158
Ariany 392
Art Forum Liedtke 203
Artá 297
Ärzte 505
Aucanada 287f
Ausflüge per Mietwagen 39
Ausflugsfahrten mit Informa tionsveranstaltung 442
Ausflugsrouten 416f
Ausflugsziele 93
Automiete 104
....Flughafen 105
Inklusiv-Tarife 105
Internetbuchung 105
Vollkasko 106
Autonomie der Balearen 474
Badeurlaub 26

Badia de Alcúdia 431
Badia de Pollença 429
Bahnhof Sóllerbahn129
Ballermann 160
Ballooning 42
Balnearios (Can Pastilla/ Playa de Palma/Arenal)156
Bankschalter 75
Banyalbufar 217
Barbacoa 449
Bars und Kneipen 86, 148
BCM Music Empire 89, 181
Beach Club Maremar 289
Beach Clubs 84
Beerlovers 283
Behinderung, Reisen mit ... 71
Bekleidung für Mallorca 71
Bendinat 177
Bens d`Avall 230
Berghütten 31, 60
Bestard (Schumarke) 259
Betlém 296
Bevölkerung 15
Bier 494
Bikemiete 34
Biken 33
Bikeroute Manacor-Artá 374
Bikes als Fluggepäck 34
Billigflieger 64
Biniagual 382
Biniamar 260
Biniaraix 242
Binibona 260
Binifaldo 251
Binis(s)alem 381
Bio-Weine 367
Biomar Wellness 321
Bioprodukte 81
Boote nach Formentor 271
Bootsausflüge/-verkehr 100
Botanicactus 353, 439
Botel Alcudiamar 285
Bunyola 252
Bunyoles 215
Burgberg Castell Santueri 345
Burgess, Anthony 487
Burgruine von Alaró 257
Burgruinen, Übersicht 400
Bustouren 443
Busverkehr 95
Butifarra 493

C'al Dimoni 367
Ca`s Concos 342
Cabrera 356
Caimari 260
Cala Agulla 308
Cala Arsenau 338
Cala Barca Trencada 340
Cala Barques 268
Cala Blanca 190
Cala Blava 157
Cala Bona 315
Cala Boquer 274
Cala Burgit 341
Cala Carbó 269
Cala Comtesa 176
Cala Conills 204
Cala d'es Forti 338
Cala d'Or 335, 436
Cala de sa Font 309
Cala de sa Torre 340
Cala de Sant Vicenç 267
Cala de'n Monjo 196
Cala Deià 229
Cala Domingos 329
Cala Egos 336
Cala Embasset 207
Cala Esmeralda 336
Cala Estancia 166
Cala Estany 326
Cala Estreta 300
Cala Falco 183
Cala Ferrera 336
Cala Figuera Formentor 276

Cala Figuera Ostküste 346
Cala Font de N`Alis 341
Cala Fornells 195
Cala Gamba 167
Cala Gat 304, 307
Cala Gran (Cala d'Or) 334
Cala Guya 308
Cala Llamp 197
Cala Lliteras 308
Cala Llombards 349, 351
Cala Llonga 335
Cala Mago 183
Cala Mandia 326
Cala Marçal 333
Cala Mayor 171
Cala Mesquida 303
Cala Millor 315
Cala Mitjana 300, 338
Cala Molins 268
Cala Moltó 308
Cala Mondragó 340
Cala Moreya 321
Cala Morlanda 321
Cala Moro 352
Cala Murada 329
Cala Murta 276
Cala Pi Formentor 275,
Cala Pi Südküste 361
Cala Portals Vells 183
Cala Rajada 304
Cala S'Almonia 351
Cala S'Amarrador 341
Cala Santanyi 348
Cala Serena 336
Cala Son Moll 304
Cala Torta 300, 303
Cala Tuent 246, 248
Cala Varques 326, 328
Calamares 493
Calas de Mallorca 328
Calvari (Pollença) 264
Calvari (Lluc) 250
Calvia 212
Camp de Mar 197
Campanet 386
Camper Outlet (Inca) 385
Camping auf Mallorca 61
Campmobile 61
Campos 359
Ca N'Alluny (Museum Deià) 228
Can Pastilla 166
Can Pere Antoni 170
Can Picafort 52, 292
Canyamel 310
Cap Andritxol 196
Cap de Capdepera 307
Cap de Formentor 276
Cap de Ses Salines 352
Cap del Pinar 277
Cap Enderrocat 157
Cap Gros 242
Cap Vermell 311
Capdella 211
Capdepera 301
Caragillo 495
Cartoixa (Valldemossa) 222
Castell Capdepera 302
Castell d`Alaró 255f
Castell de Bellver 138
Castell de N'Amer 318
Castell de Santueri 345
Castell del Rei 266, 269
Castellano 476
Catalán 476f
Catalina Tomás 222
Celleres Inca 382, 384
Centre Cultural Costa Nord 222
Centro Cultural Andratx 210
Céramicas Mallorca 344
Cerveza 494
Chopin, Frederic 221, 484, 488
Chorizos 492
Christianisierung 465
Citystrand Palma 170
Ciudad Blanca 285, 287
Ciutat Jardí 168
Claper des
Gegants (Talaiots) 311
Claustre Santo
Domingo (Pollença) 264
Club Punta Reina 326
Cluburlaub 38
Coanegra (Wanderung) 380
Colomer Fels
(Formentor) 275, 428
Colonia de Sant Jordi 354
Colonia de Sant Père 296
Corrida de Toros 143
Corte Inglés 127
Costa de Canyamel 311
Costa de la Calma 189
Costitx 391
Cova de Sant Antoni 257
Cova de Sant Marti 289
Coves d'Artá 312
Coves de Campanet 387
Coves del Drac 324
Coves de Genova 175
Coves dels Hams 325
Cremadillo 503
Crestatx 389
Creu de Rei 186, 188

D`en Repic 241
Daniel Libeskind 203
Deià 227, 486
Demokratie Spanien 474
Deutsche Bäcker in Inca 385
Deutsches Konsulat 136
Discoszene 88
Discountflieger 64
Douglas, Michael 222
Drachenhöhlen 324, 446
Dragonera 206

EC-Karte 70
Ein Winter auf Mallorca 482
Einkaufen 79
Einkaufszentren 80
Einreise Spanien 68
Eisenbahn Inca/Manacor 99
Eisenbahn Sóller 98, 231
El Borne 131
El Penyó 168
El Terreno 137
El Toro 184
Elektrizität 92
Els Calderers 370
Ensaimadas 491
Entdeckungsurlaub
per Mietwagen 39
Ermita de Betlem 299
Ermita de Bon Any 372
Ermita de la Pau 367
Ermita de la Victoria 279
Ermita de Sant Miquel 368
Ermita de Santa Lucia 376
Ermita de Santa Maria (Nostra
Senyora de Puig) 265
Ermita de Trinitat 224
Ermitas (alle) 398
Es Bacares 278
Es Baluard (Museum
für moderne Kunst) 132, 134
Es Carbó
(Teilstrand Es Trenc) 355
Es Cubells 318
Es Foguerό Showpalast 451
Es Forti (Strand+Festung) 338
Es Forti (Illetes) 176
Es Guix 251
Es Molinar 169
Es Pixarells 251
Es Pontàs (Felsbogen) 349
Es Trenc (Strand) 355, 357
Es Verger 256
Escaldums 500
Esporles 214

Estació Intermodal 98
Estellencs 216
Eurotel Punta Rotja 313

F(i)estas/Ferias 480
Fabrica de Gelats 233
Fähre nach Menorca 284f
Fahrrad-Rundtour 36, 441
Fährschiffmole Palma 74
Fast Food 82
Felanitx 343
Felanitx, Altar (Sant Miquel) 448
Ferienhäuser 57
Ferienwohnungen 57
Fernwanderweg GR 221 31
Fest- und Feiertage 479
Festival Park 377
Festungen 400
Finca Son Real 294
Fincahotels 56
Fincas zur Miete 57
Fisch 81
Fisch und Preise 493
Flohmärkte 141, 190, 378, 413
Flor de Sal 357, 415
Flora 19
Flughafen Sant Joan 72
Flughafenbus 74
Folklore 478
Font de sa Cala 309
Formentor 429
Fornalutx 243
Forns (mallorq. Bäckereien) 130
Franco Regime 474
Frederic Chopin 221, 484, 488

Galilea 212
Gardner, Ava 486
Gastronomie:
»Geheimtipps« 82
Genova 175
Geocaching 45
Geographie Mallorcas 15
Geographie:
Bezeichnungen 12
George Sand 221, 484, 488
Gepäckregelungen Airlines 65
Gepäckversicherung 69
Genova 175
Giovanni L. 148, 233
Glasbläserei Menestralía 386
Glasbläserei Gordiola 366
Glasprodukte 415
Golfplätze 37
Gordiola, Glasbläserei 366
GPS 34

Gran Folies Beach Club 197f
Gran Hotel Palma 130, 485
Graves Museum 228
Graves, Robert 228, 483, 485

Haftpflichtversicherung 105
Halbinsel La Victoria 277
Handy 76
Handy: Prepaid SIM Cards 77
Hawking, Stephen 486
Hidropark 287
Hierbas 497
Hipermercats 81
Hochburgen, nationale 87
Hochsaison 20
Höhle von Artá 312
Höhlen alle 403
Hostel 60
Hotel Formentor 275
Hotel und Strand
von Formentor 445
Hotelportale Internet 53
House of Katmandu 181

Iglesia de la
Gran Cristiana 399
Illetes 175
Immobilienboom 475
Immobilienskandal 200
Inca 383
Individualbuchung Hotels 53
Insel des zweiten Gesichts 483
Internet-Cafés 77

Jardins de Alfabia 253
Jardins de Ra(i)xa 253
Jazz Festival (Cala d'Or) 336
Jeep-Safari 447
Jugendherbergen 60
Jumaica Tropical Park 329
Jumeirah Hotel
Port de Sóller 240
Jungle Parc 189
Junípero Serra 371

Kaffee 495
Kalvarienberg (Lluc) 250
Kalvarienberg (Pollença) 264
Kameras 70
Kapitelsystematik 110
Kartause Valldemossa 220
Karwoche 479
Käse aus Mallorca 375, 415
Katzenberger, Café 188
Kayaks 27
Kellerlokale in Inca 382

Keramik 218, 415
Keramik Manacor 375
Keramikladen Monti Sion 264
Keramikmuseum 164
Kläranlagen 91
Klettern 42
Klima 17
Klimatabelle 18
Kliniken 69, 505
Kloster Lluc 61
Kneipen und Bars generell 86
König von Mallorca 188
Königreich Mallorca 465
Konsulate 504
Krankenversicherung 69, 505
Kreditkarten 70
Kultur auf Mallorca 25
Kulturgenuss 41
Kunstperlen 374
Küstenpromenade
in Cala Rajada 306

La Granja 215
La Luna (Sobrasada
Museum Sóller) 234
La Morenita Kloster Lluc 248
La Porciuncula
(Park Las Maravillas) 164
La Victoria 277, 429
Landschaftliche Gliederung 16
Las Gaviotas 289
Las Maravillas,
➪ Playa de Palma
Last Minute-Buchungen 63
Lebensmittel Preisniveau 81
Lechona/Spanferkel 501
Ledershop Inca 385
Lidl auf Mallorca 81
Lloseta 259
Lluc 249
Lluc Alcari 230
Llucmajor 363
Lluis Salvador/
Ludwig Salvator 225
Lokalbusse 95
Löwe von Sineu 390
Luxusherbergen 48

Magaluf 180
Mallorca-Produkte 93
Mallorcafähren 66
Mallorcaflüge 62
Mallorcas Geschichte 454
Manacor 373
Mancor de la Vall 260

Manresa 278
Margarita (Boot nach Dragonera) 206
Maricel 174
Marina Cocodrilo 279
Marineland 178
Märkte auf Mallorca 413, 414
Markttag Inca 383
Marratxi 377
McDonald's 87
Medikamente 70, 505
Meerwasserentsalzung 92
Megapark 89, 161
Mejillones 493
Menestralia Glasbläserei 386
Mercat de Sineu 390
Metro Palma 99
Mhares Sea Club 160
Mietfahrräder 102
Mietwagen 104
Mineralwasser 495
Mirador de la Nao 445
Mirador Ricardo Roca 216
Mirador Ses Barques 236
Miramar 225
Miró, Joan (Museum Cala Mayor) 172
Mitbringsel aus Mallorca 415
Monastirs (Klöster) 398
Monte d'Oro 190
Montuiri 368
Mood Beach 178
Mopedmiete 103
Moscari 261
Motorradmiete 103
Mountain Biking 36
Müllverbrennungsanlage 92
Muro 392
Museen, die sehenswertesten 404
Museu Arqueológico Son Fornés (Montuiri) 369
Museu Alcover (Manacor) 376
Museu Balear de Ciencies Naturals (Sóller) 233
Museu Can Planes (Sa Pobla) 389
Museu Can Prunera (Sóller) 234
Museu Cartoixa (Valldem.) 222
Museu Casal de Cultura 233
Museu d'Historia de Manacor 376
Museu de la Mar (Port Sóller) 239
Museu de Pollença 264
Museu de Sant Antoni (Sa Pobla) 389
Museu del Calçat (Inca) 385
Museu del Fang (Sa Cabaneta) 378
Museu Dionís Bennàssar (Pollença) 264
Museu Etnológico (Muro) 392
Museu Iglesia Sant Jaume (Alcúdia) 282
Museu Joán Miró 172
Museu Junípero Serra (Petra) 372
Museu Martí Vicenç (Pollença) 264
Museu Pollentia (Alcúdia) 282
Museu de Vidrio 366
Musik-Festivals 478

Na Burguesa 175
Na (auch Sa) Foradada 226
Nationalpark Cabrera 356
Nautilus (Bistro/Bar) 240
Nebensaison 21
Necropolis Cala Sant Vicenç 267
Necropolis Son Real 294
Nin, Anaïs 487

Oberbayern (Playa Palma) 162
Öffentl. Toiletten 73, 79, 123, 443
Öffentl. Verkehrsmittel 40, 94
Ökologie 90
Olivenholzprodukte 375, 415
Orangen von Sóller 235
Orangensaft 494
Oratori de Consolació 342
Oratori de Santa Catalina 239
Orient 254
Orquidea Perlen 368, 374

Pa Amb Oli 499
Pacha Disco 89
Paella 83, 492
Paintball 389
Palau del Rei Sanxo 222
Palau March Cala Rajada 304, 307
Palau Marivent 174
Palau Son Mas 209

Palma 114-153
- Anfahrt 114
- Almudaina 119
- Bahnhof Sóllerbahn 129
- Bahnhof Inca+Metro 128
- Banys Àrabs 125
- Bar Abaco 148
- Basilica de Sant Francesc 125
- Busbahnhof 98, 128
- Can Marqués 124
- Carrer Apuntadors 132
- Carrer Fabrica 139
- Casal Solleric 131
- Castell de Bellver 138
- Chocolateria 126
- Citystrand 170
- Corrida de Toros 143
- Corte Inglés 127
- Discos 136
- Einkaufsstraßen 127
- El Borne 131
- El Terreno 137
- Es Baluard (mod. Kunst) 134
- Es Baluard 132, 134
- Es Jonquet 140
- Esglesia Santa Eulalia 126
- Estació Intermodal 128
- (mit) Fahrrad 117
- Fähren 136
- Flohmarkt 141
- Forns 130
- Fundació March (Moderne Kunst) 127
- Giovanni L. 148
- Gran Hotel 130
- Kathedrale La Seu 120
- Kneipen und Bars 148
- Konditoreien 130
- Kunst- & Handwerksmarkt 142
- Palau March (Kunstmus.) 122
- La Rambla 129
- Mercat Olivar 128
- Museu Can Morey 125
- Museu de Mallorca 124
- Museu Militar San Carlos 136
- Musikbars 136
- Nahverkehr, öffentlicher 114
- Palau Almoina 119
- Palau Episcopal 122
- Palau March Kunstmuseum 122
- Palma per Fahrrad 117
- Palma per Segway/Triciclo
- Parc d'Estació 128
- Parc de la Mar 119
- Parkgaragen und -plätze 115
- Passeig des Born 131
- Passeig Maritim 135
- Plaça de Toros 142
- Plaça Drassana 133
- Plaça Espanya 128
- Plaça Gomila 137
- Plaça Mayor 127

- Plaças Mercat und Weyler 129
- Poble Espanyol 141
- Puig de Sant Père 132
- Punta Grell 137
- Restaurants 144
- Sa Llotja 133
- Sa Premsa 147
- Santa Catalina 139
- (per) Segway 117, 153
- Shopping Center Porto Pi 137
- Stadtrundfahrt 116, 443
- Stierkampf 143
- Stierkampf-Arena 142
- Tagesprogramme 150
- Tapas 144
- Toiletten, öffentliche 123
- Touristinfo 119

Palma Nova 179
Palo 494
Pantaleu 204
Paragliding 43
Parc de la Mar 119
Parc Nacional de Albufera 290
Parc Natural de la Península de Llevant 299, 433
Parken am Airport 73
Parken in Palma/auf Mallorca 116
Parque La Gola 273
Passeig Cap des Toll (Portocristo) 323
Passeig Vora Mar 271
Pauschalurlaub 62
Pedro Otzoup 195, 202
Peguera 190
Península de Llevant 32, 299
Penya Rotja 279
Perlas Majórica 374
perPiel (Leder Montuiri) 368
Petra 371
Picknickplätze 412
Piktogramme, Bedeutung 110
Piratenabenteuer/Pirates Adventure (Magaluf) 182, 450
Piratenspektakel (Sóller) 232
Pla d'es Pouet 256
Plaça de Sóller 234
Plaça de Toros (Alcúdia) 282
Plaça de Toros (Palma) 142
Planetarium Costitx 392
Platja d`es Rivell 313
Platja de Canyamel 310
Platja de Illetes 176
Platja de Muro 291
Platja de Palma 160
Platja de ses Roquetes 354
Platja Els Dols 355
Platja Es Trenc 355
Platja Formentor 275
Platja Gran/Tora Peguera 191
Platja Oratori 177
Platja Palmira Peguera 190, 192
Platja S'Illot 279
Playa de Palma 160
Playola (Son Marroig) 227
Pollença 262
Porcella/Lechona 501
Porreres 369
Port Adriano 185
Port d`Andratx 199
Port de Pollença 270
Port de Valldemossa 219
Port des Canonge 218
Port Petit Cala d'Or 335
Port Portals 177
Port Verd del Mar Beach Club 314
Portals Nous 177
Porti(t)xol 170
Porto 75
Portocolom 332
Portocristo 322
Portocristo Novo 326
Portol 377
Portopetro 339
Posada del Marqués 215
Post 75
Preisniveau Lebensmittel 81
Presse, deutsche 75
Promenade Sa Coma 321
Promenade/Bike Route Palma-Peguera 175
Promille-Grenzwert 107
Puig de Avila 269
Puig de Santuiri 267
Punt Blanc 205
Punta de la Nao 275
Punta Grell 137
Puro Beach Club 166

Quad-Touren 447
Quadmiete 103
Qualitätstourismus 49

Radfahren 33
Radio, deutsches 75
Radrouten 33
Radurlaub 33
Rail & Fly 63
Ra(i)xa, Jardins de 253
Ramon Llull/ Raimundus Llullus 365
Rancho Grande 295
Randa 366
Randaberg 364, 439
Ranke-Graves, Robert von 486
Rauchge- und verbote 12
Refugis 31
Reiseplanung 47
Reiserücktritt 68
Reiten 26
Reserva Puig de Galatzo 213
Restaurant
- Bewertung 405
- Empfehlungen 406-409
- Rechnung 86
- Trinkgeld 86
Restaurants generell 82
Restaurants Palma 144
Revetla 319
Rezepte 496
Riding, Laura 485
Riera, Carme 488
Robinson Club 38
Römerzeit 460
Rückflug 65
Rusiñol, Santiago 484

S`Alqueria Blanca 342
S`Arenal 158
S`Arraco 203
S`Estanyol 359
S`Illot Picknickplatz/Strand 279
S'Illot (Ort Ostküste) 321
Sa Cabana Vella 435
Sa Cabaneta 377
Sa Calobra 244, 444
Sa Calobra, Boote nach 238
Sa Coma 320
Sa (auch Na) Foradada 226
Sa Mola 202
Sa Penyal 318
Sa Pobla 388
Sa Premsa 147
Sa Prunera (Kunstmuseum Sóller) 234
Sa Punta (Portocolom) 332, 437
Sa Rapita 359
Sa Trapa 207
Safari Zoo 321
Saisonzeiten 20
Sand, George 221, 484, 488
Sangría 495, 502
Sant Elm 204
Sant Julián (Campos) 360
Sant Miquel (Felanitx) 343
Santa Catalina 139
Santa Catarina Weingut 210
Santa Margalida 392

Santa Maria (del Cami) 379
Santa Ponça 186
Santanyi 350
Santi Taura (Lloseta) 259
Santuari de Montí Sion 369
Santuari de Sant Salvador (Artá) 298,
Santuari de Sant Salvador (Felanitx) 330, 345
Santuari Santa Magdalena 386
Santuaris (Übersicht) 398
Santuaris Randaberg 364
Schinkenstraße 161
Schuhmuseum 385
Scuba Activa Sant Elm 205
Security Check Airport 72
Segeln & Kurse 27f
Segelurlaub 28
Segway 117, 153
Selva 261
Serra de Tramuntana 250, 427
Serra, Junipero (Petra) 298
Ses Covetes 358
Ses Salines 353
Shopping 79
Shopping Center Porto Pi 137
Sicherheitskontrollen Palma 73
Sillitoe, Allan 487
Sineu 390
Siruells 378, 415
Sobrasada 415, 493
Sobrasada Museu La Luna 234
Sóller 231
Sometimes (Ort) 164
Son Amar 449
Son Bauló 293
Son Claret 211
Son Maçia 435
Son Marroig 225
Son Net Gran Hotel 213
Son Servera 319
Son Veri 159
Sonntagsmarkt 388
Sopas Mallorquinas 498
Spanferkel/Lechona 501
Spanischer Bürgerkrieg 489
Spas 23
Speicherchips Kamera 70
Sprachen auf Mallorca 476
Sprachführer 477
Stadtbusse 98
Steinschleuderer Mallorca 454
Stern-Kategorien Hotels 47f
Stierkampf 143
Stierkampf-Arena 142
Strandaktivitäten 78
Strandbars, allgemein 85
Strände, beste 395
Strandliegen etc., Tarife 78
Straßenkarten Mallorca 107
Stromspannung 504
Studio Weil 203
Sturm der Liebe (Bistro) 193
Suche und Miete vor Ort (Apartments/Fincas) 59
Supermärkte 81
Surfen 27

Talaia d`Alcudia 279
Talaia d'Albercutx 275
Talaia de Morey 299
Talaiot Kultur 454
Talaiots Capocorp Vell 360
Talaiots de Ses Paisses 301
Talaiots S'Illot 321
Talaiots Son Fornés 368
Tankregelung Mietwagen 106
Tapas & Tapalokale 144, 491
Tauchen 27
Taxen 102
Teatro Romano (Acudia) 282
Telas de Lenguas 380
Telas Mallorquinas 259
Telebanco 70
Telefonnummern Reiseveranstalter/Airlines 506
Telefonsystem 76
Tempolimits 107
Tennis 26
Thelen, Albert Vigoleis 483
Theroux, Paul 483, 488
Tito's Night Club/Disco 88
Toiletten, öffentliche 73, 79, 443
Töpfermesse 379
Torre d'Albarca 300
Torre de Canyamel 312
Torre Falcons (Portocristo) 323
Torre Picada 240
Torrent de Pareis 244, 247, 397
Tossals Verds 258, 424
Touristenattraktionen, kommerzielle 403
Touristeninfo 75, 119, 504
Tourveranstalter vor Ort 442
Transfer ab Flughafen 74
Tranvia Sóller-Port de Sóller 99, 231
Trink- und Kochwasser für Selbstversorger 506
Tropfsteinhöhlen Campanet 387, Genova 175, Artá 312, Hams 325, Drac 324
Turismo de Interior 55
Turismo Rural 55
Türkenzeit 468

Uferpromenade Arenal bis Palma 167
Umwelt 90
Unterkunft Hotelkategorien 47
Urlaub mit Kindern 42
Urlaubsgestaltung 22
Ustinov, Peter 486

Valldemossa 219
Vallgornera 362
Vandalen 460
Veranstaltungskalender 479
Vilafranca 370
Vino de la Casa 495
VIP-Lounge 73
Vorauszahlungen Quartierbuchung 59

Wachttürme 400
Wahlergebnisse Balearen 474
Wallfahrten 480
Wanderführer 31
Wandern 29
Wanderungen, Höhlentouren & Canyoning Peguera 194
Wassersport 26
Wasserversorgung 91
Wave House 180
Wein auf Mallorca 42, 495
Wein aus Petra 372
Weingut Maciá Batle 380
Weingut Son Burguera (Felanitx) 344
Wellness 23
Western Water Park 182
Wifi am Strand 77
Wine Express 380
Winedays Mallorca 381
Wirtschaftskrise 475
WLAN am Strand 77
Wohnmobile 61

Yannick & Ben Jakober (Kunstmuseum) 280

Zahnbehandlung 505
Zeitungen, deutsche 75
Zwischensaison 20

Sie wollen lieber mit
leichtem Gepäck verreisen?
Kein Problem: Alle unsere Reiseführer gibt es auch
als E-Book – immer und überall.
15,99 €
Florida
mit Atlanta, Charleston, New Orleans

Kartenverzeichnis

	Seite
Übersicht Kartenschnitte	Klappe rechts
Stadtplan Palma	Umschlagklappe vorne

Bereichskarten

1 Die Bucht von Palma	156
2 Der Südwesten	184
3 Die zentrale Westküste	224
4 Der Nordwesten	268
5 Bucht von Alcúdia	284
6 Der Nordosten	297
7 Die zentrale Ostküste	327
8 Der Südosten	346

Orts- und Umgebungskarten

9 Alcudia Stadt	281
10 Arenal & östl. Bucht von Palma	158
11 Artá	299
12 Cala d'Or und Umgebung	337
13 Calas Figuera und Santanyi	349
14 Cala Mayor, Illetes, Portals	316
15 Cala Millor und Umgebung	306
16 Cala Rajada und Umgebung	305
17 Can Picafort mit Son Baulo	293
18 Colonia de Sant Jordi	354
19 Felanitx	343
20 Inca	385
21 La Victoria (Halbinsel)	278
22 Manacor	375
23 Palma Nova/Magaluf	179
24 Peguera/Santa Ponça (Bereich)	187
25 Peguera	191
26 Pollença und Umfeld	263
27 Port d'Alcúdia/Ciudad Blanca/Las Gaviotas	286
28 Port d'Andratx/Camp de Mar	199
29 Port de Pollença &Umgebung	270
30 Port de Sóller mit D'en Repic	237
31 Portocolom	332
32 Portocristo und Umgebung	311
33 Sóller Stadt	233
34 Soller und Umgebung	237
35 Valldemossa	221

Sonstige Karten

	Seite
Lage der Balearen	65
Landschaftliche Gliederung	16
Flughafen Sant Joán de Palma	72
Parken in Palma	115
Kloster Lluc	249

Themenbezogene Übersichten

Mallorcas beste Strände und Buchten	
... abseits von Ortschaften	397
... im Umfeld von Ortschaften	397
Kloster und Heiligtümer	399
Sehenswerte Festungen, Burgen, Wachttürme und andere antike Relikte	401
Höhlen und weitere kommerzielle Touristenattraktionen	402
40 besondere Restaurantempfehlungen	
... 20 Favoriten des Autors	407
... 20 weitere Empfehlungen	407
Die schönsten Picknickplätze	411

Streckenkarten für Tagesausflüge

Routen 1 & 2 (Südwesten)	418
Route 3 (Westküste)	420
Route 4 (Westküste+Tramuntana)	422
Route 5 (Zentraler Westen)	424
Route 6 (Nordwesten)	426
Route 7 (Norden)	428
Route 8 (Zentraler Norden)	430
Route 9 (Nordosten)	432
Routen 10 a+b (Zentraler Osten)	434
Routen 11 a+b (Südosten)	436
Route 12 (Zentraler Süden)	438

ISBN 978-3-89662-742-1

Hans-R. Grundmann, Isabel Synnatschke

USA der ganze Westen

Der Westen der USA lockt nicht nur mit Highlights wie San Francisco und Los Angeles, Grand Canyon und Yellowstone Park, Las Vegas und dem Wilden Westen. Grandiose Landschaften und Naturwunder, präkolumbische Relikte und Indianerkultur, wildromantische Küsten, glasklare Seen und Flüsse machen das Reisen auch abseits der üblichen Pfade zum Erlebnis.

21. Auflage 2017 · 836 Seiten · € 26,50

ISBN 978-3-89662-292-1

Grundmann, Synnatschke, Hundt

Kalifornien mit Las Vegas

Dieser Individual-Reiseführer konzentriert sich auf Süd- und Zentral-Kalifornien. Denn: Man muss für eine abwechslungsreiche Amerikareise nicht unbedingt durch alle Südweststaaten düsen. Allein der in diesem Buch intensiv behandelte Teil Kaliforniens zwischen San Francisco/Lake Tahoe/Reno und der mexikanischen Grenze liefert attraktive Routen und Ziele für mehrwöchige Touren.

2. Auflage 2016 · 644 Seiten · € 23,50

ISBN 978-3-89662-296-9

Hans-R. Grundmann, Bernd Wagner

Florida

Wer seinen Urlaub im amerikanischen Sunshine-State individuell gestalten möchte, der liegt mit diesem Reiseführer richtig: Sowohl populäre als auch weniger bekannte Sehenswürdigkeiten und Urlaubsziele werden hier beschrieben. Vorschläge für touristisch ansprechende Reiserouten ermöglichen es, Florida auf eigene Faust zu entdecken.

Mit Atlanta, Charleston, New Orleans!

7. Auflage 2016 · 504 Seiten · € 22,50